V&R

PALAESTRA

Untersuchungen zur
europäischen Literatur

Begründet von Erich Schmidt und Alois Brandl

Herausgegeben von
Wilfried Barner, Heinrich Detering,
Klaus Grubmüller, Volker Honemann,
Dieter Lamping, Gerhard Lauer

Band 330

Vandenhoeck & Ruprecht

Martina King

Pilger und Prophet

Heilige Autorschaft bei Rainer Maria Rilke

Vandenhoeck & Ruprecht

Bibliografische Information der Deutschen Nationalbibliothek

Die Deutsche Nationalbibliothek verzeichnet diese Publikation in der Deutschen Nationalbibliografie; detaillierte bibliografische Daten sind im Internet über http://dnb.d-nb.de abrufbar.

ISBN 978-3-525-20603-4

Gedruckt mit Unterstützung des Förderungs- und Beihilfefonds Wissenschaft der VG-Wort.

Druck und Bindung: ® Hubert & Co, Göttingen

Gedruckt auf alterungsbeständigem Papier.

Inhalt

Danksagung

Für ihre vielfältige Unterstützung in der Dissertationsphase möchte ich mich bei Johann-Christoph Ottow, Charlotte Ottow und Olena Melnichenko bedanken. Unerlässliche Hilfe bei der Abfassung der Arbeit leisteten Richard King, Hanna Stegbauer und Uta Klein, die mir mit kritischer Lektüre, vielfältigen Anregungen und redaktioneller Kompetenz zur Seite standen. Zu danken habe ich ferner Karl Eibl, der mir mit seinem Oberseminar über Jahre hinweg ein wichtiges Forum der Diskussion und Horizonterweiterung eröffnet hat, ferner Heinrich Detering für die Erstellung des Zweitgutachtens.

Herzlicher Dank gilt schließlich meinem Doktorvater Gerhard Lauer. Er hat diese Arbeit und ihre sozialwissenschaftliche Ausrichtung angeregt, mich mit steter Gesprächsbereitschaft und Aufgeschlossenheit begleitet, mich immer wieder ermutigt und neue Wege gewiesen; ihm verdanke ich meine germanistische Prägung.

Gewidmet ist das Buch den Personen, die fünf Jahre lang mit großer Geduld und Toleranz auf das ›Licht am Ende des Tunnels‹ gewartet haben: meinem Mann Richard und meinen Kindern Philippa, Johanna, Lucas und Kilian.

München, im Juni 2008

Einleitung

Gegenstand der Germanistik sind in der Regel Texte, nicht Personen. Dazwischen, an der Schnittstelle von Textwelten und Handlungswelten, befindet sich der Autor. Als Bindeglied beider Sphären fordert er seit jeher die Literaturwissenschaft heraus – sei es, um ihn unermüdlich zu feiern, wie etwa die charismatische Dichtergestalt Rilkes, sei es, um ihn mit großer Geste zu Grabe zu tragen. Doch die Zeiten poststrukturalistischer Autorverneinung sind vorüber. Nun, da die Frage nach dem Funktionieren literarischer Kommunikation aus unterschiedlichsten Perspektiven gestellt wird,[1] ist auch der Totgesagte zum diskussionsträchtigen Wiedergänger geworden.[2] Die Konjunktur des Themas ›Autorschaft‹ gilt es im Folgenden zu skizzieren, allerdings auch Probleme und Defizite aktueller Autorforschung. Schließlich geht es mir an dieser Stelle um eine Verortung meiner Arbeit im Feld der Germanistik, um Klärung von Motivationen und Zielsetzungen.

Da ist etwa die weitreichende Theoriediskussion, die nicht zuletzt durch den zitierten Band *Rückkehr des Autors* angestoßen wurde.[3] Neben solchen systematischen Revisionen des Autorbegriffs hat die gegenwärtige Auseinandersetzung mit dieser Zentralinstanz literarischen Lebens aber auch eine geschichtlich-empirische Dimension. Schon die breite Rezeption von Jochen Schmidts *Geschichte des Genie-Gedankens*, die seit 1985 drei Auflagen erlebt hat,[4] wirft ein Schlaglicht auf das Interesse an überlieferten Autormodellen. Seither liegen mit Grimms *Metamorphosen des Dichters*, Hincks *Selbstbild des Dichters in der deutschen Lyrik*, Selbmanns *Dichterberuf* und Amstutz' *Autorschaftsfiguren* verschiedene Längsschnittuntersuchungen vor, die sämtlich auf das gleiche Problem hinweisen: Es klafft ein Spalt zwischen sozialem Raum und Textwelt, zwischen realen Akteuren und immanenten Künstlerpoetiken. Der Autor gerät entweder unter sozialbiographischer Außenperspektive in den Blick, wie in etlichen Aufsätzen des Grimm'schen Bandes, oder textzentriert als abstrakte Schreibregel[5] und Leitfaden für die Interpretation von

1 Zum aktuellen Interesse an der Instanz des Lesers vgl. exemplarische Beiträge aus historischer Leseforschung oder Kognitionswissenschaften: Jost Schneider, Sozialgeschichte des Lesens; Jannidis, Figur und Person; Katja Mellmann, Emotionalisierung.

2 Vgl. Jannidis u. a., Rückkehr des Autors.

3 Vgl. exemplarisch: Detering, Autorschaft; vgl. auch Norbert Christian Wolf, Wie viele Leben hat ein Autor?

4 Jochen Schmidt, Geschichte des Genie-Gedankens.

5 Nathalie Amstutz geht der Frage nach, inwiefern Autorschaftsfiguren autobiographische und andere narrative Texte bei Rousseau, Goethe, Lenz, Nietzsche, Musil, Bachmann und Mayröcker

literarischen Texten. Nichts anderes sind Untersuchungen über die Geschichte von Genie- oder poeta-doctus-Topos nämlich bei genauer Betrachtung: Literaturdeutungen im klassischen Sinn. Die Auseinandersetzung mit realen Autorpersönlichkeiten war bisher entweder dem biographischen Segment reserviert – und geriet dabei nicht selten zur emphatischen Feier von Identifikationsfiguren – oder aber der Buchmarktforschung. In beiden Fällen gehört die Beschreibung überlieferter Formen der Selbstdarstellung nicht notwendig zum methodischen Rüstzeug.

Dabei leuchtet es unmittelbar ein, dass Künstlertopoi auch zu strategischen Zwecken von Autoren genutzt werden können und in die Alltagspraxis des Literaturbetriebs hineinwirken, literarische Kommunikation beeinflussen. Was also an der Instanz des Autors neben vielerlei theoretischen Implikationen interessiert, ist die Vermittlung von Texten und Akteuren, von literarisierten Selbstbildern und faktischem Handeln. Vereinzelt ist das bereits Gegenstand einer sozialwissenschaftlich informierten Germanistik, so etwa in Christine Künzels Sammelband *Autorinszenierungen*[6] oder in Jochen Strobels Band *Figuren der Autorschaft in der Briefkultur.* Besonders wichtig erscheint mir Letzterer: Mit der Textsorte ›Brief‹ ist ein Medium gewählt, in dem der Autor als empirische Person sichtbar wird, sich darstellt, für bestimmte Zwecke zurichtet und an konkrete Adressaten vermittelt. In diesem Sinn stellt Strobel die Frage, was Briefkommunikation von Schriftstellern mit Autorschaft, Marktstrategien und Selbstinszenierungen zu tun hat.[7] Neben der Relevanz des Briefes für strategische Rollenspiele illustriert Strobels Buch noch einen weiteren Aspekt neuerer sozialwissenschaftlicher Autorforschung: Will man die Selbstdarstellungen historischer Autorpersönlichkeiten auf ihre soziale Wirksamkeit hin befragen, bietet sich Bourdieus Kultursoziologie an. Maria Zens' Aufsatz in diesem Band zu Raabes Position im literarischen Feld bemüht ebenso entsprechende Theoreme[8] wie auch Heribert Tommeks Monographie zu Lenz' literarischer Laufbahn.[9] Auch der Band *Text und Feld*[10] bezieht sich in einem umfassenden Sinn auf Bourdieus Kulturtheorie. Dass diese den Habitus von Autoren zugänglich machen kann, insofern er sich performativ im gewählten Lebensstil und textuell in nichtfiktionalen Textsorten wie Zeitungsartikel, Brief, Essay oder gar Geheimdienstbericht reali-

als Autorfunktion organisieren bzw. „explizit […] als Regelung des Schreibens […]" fungieren, in: Autorschaftsfiguren, S. 16.

6 Der Band thematisiert strategische Inszenierungen und Instrumentalisierungen von Autorschaft im 20. Jahrhundert, etwa bei George, Lasker-Schüler, Brecht und Thomas Mann.

7 Vgl. Strobel, Vom Verkehr mit Dichtern und Gespenstern, gleichnamiger Einleitungsaufsatz, S. 9–11; ders., Genealogie eines Archivromans, S. 105 ff.

8 Vgl. Maria Zens, Noblesse oblige.

9 Vgl. Tommek, J. M. R. Lenz.

10 Vgl. Joch / Wolf, Text und Feld.

siert, zeigen die Aufsätze zu Heines Pariser Habitus und zum nachrichtendienstlichen Engagement des Emigranten Zuckmayer.[11]

Man sieht: Selbstbilder, Rollenmodelle und Karrierestrategien historischer Textproduzenten, seien sie nun brieflich, performativ oder publizistisch vermittelt, gewinnen zunehmend literaturwissenschaftliche Aufmerksamkeit. Wer sich auf Einzelautoren konzentrieren will und an Wechselwirkungen zwischen Literatur und sozialer Praxis interessiert ist, ist mit Bourdieu gut beraten – allerdings nur bis zu einem gewissen Punkt. Die Autorforschung steht nämlich auch vor einigen methodischen Hürden, will sie die Feldtheorie für ihren Gegenstand nutzbar machen. Zum einen, da Letztere eine Theorie der objektiven Relationen und Strukturen und nicht der singulären Subjekte ist.[12] Habituell generierte Wahlentscheidungen und Karriereverläufe von individuellen Autoren lassen sich demnach nur angemessen erfassen, wenn Geschichte und Struktur des Feldes, Letztere verstanden als Matrix oder Koordinatensystem, mit rekonstruiert werden. Orthodox verstanden hieße das, sämtliche aktuellen und potentiellen Konkurrenten und Positionen, Akteursklassen, Distributions- und Konsekrationsinstanzen, Publikumssegmente, Stilrichtungen, ihre jeweiligen Relationen zueinander und zudem die Kräfteverhältnisse im gesamten sozialen Raum mit zu berücksichtigen – ein Vollständigkeitspostulat, das für Einzelautoren allenfalls skizzenhaft zu verwirklichen ist. Dementsprechend dominieren gegenwärtig in einer feldtheoretisch ausgerichteten Germanistik Untersuchungen zu relationalen Aspekten literarischen Lebens, etwa zu historischen Personenkonstellationen,[13] Verlagslandschaften,[14] Markt- und Konkurrenzsituationen,[15] partikularen Feldentwicklungen.[16] Nicht nur die gelisteten Beispiele aus dem Sammelband *Text und Feld* machen diese Tendenz und damit das ungelöste Problem ›Einzelautor‹ deutlich, sondern auch das vorherrschende Interesse einschlägiger Monographien: Sie widmen sich bevorzugt der Entwicklungsgeschichte von literarischem Feld und literarischer Identität im 18.,[17] 19.[18] und 20. Jahrhundert.[19]

Ein zweites Methodenproblem, das sich beim feldtheoretischen Zugriff auf auktoriale Selbstentwürfe, Rollenmodelle und Distinktionsstrategien stellt, liegt im Umgang mit überlieferten Autor- und Künstlersemantiken. Eingangs wurde bereits angedeutet, dass solche Semantiken bevorzugt Gegenstand

11 Vgl. Joch, Ein unmöglicher Habitus; Szodrzynski, Der Nachrichtendienst.
12 Vgl. etwa Bourdieu, Soziologische Fragen.
13 Vgl. Tommek, Trennung der Räume und Kompetenzen; Sabine Cofalla, Die Gruppe 47.
14 Vgl. Serry, Symbolisches Kapital.
15 Vgl. Mix, Wahre Dichtung und Ware Literatur.
16 Vgl. Einfalt, Sprache und Feld.
17 Vgl. Rakefet Sela-Sheffy, Literarische Dynamik und Kulturbildung.
18 Vgl. Christine Magerski, Die Konstituierung des literarischen Feldes; Pollak, Wien um 1900.
19 Vgl. Ohlerich, Sozialistische Denkwelten.

textzentrierter Längsschnittuntersuchungen sind. Es hat gute Gründe, wenn klassische oder weniger klassische Autorbilder von einer soziologisch orientierten Literaturwissenschaft nicht systematisch mit einbezogen werden: In Bourdieus Modell des literarischen Feldes ist die eigenständige Historizität von Gattungen, Rhetoriken oder eben Autorpoetiken nicht mit berücksichtigt. Gerade Autorpoetiken aber lassen sich nie hinreichend im Sozialen begründen bzw. auflösen, da sie sich diskursiven Überlieferungen verdanken und über weite Zeiträume hinweg konstant bleiben können – unabhängig von sozialen Differenzierungsschüben. Ohne die Auseinandersetzung mit solchen Traditionen und Intertexten, die seit Jahrhunderten fest im kulturellen Gedächtnis verankert sind – zu erwähnen wären etwa platonisches Inspirationsmodell, poeta faber oder Genietopos, –[20] sind Rollenpräferenzen und strategische Selbststilisierungen historischer Textproduzenten aber nicht angemessen zu beschreiben. Eine an Bourdieu geschulte Autorforschung muss an dieser Stelle über ihr soziologisches Bezugsraster hinausgehen: Sie bedarf der Philologie und ihrer spezifischen Kompetenzen, „will sie die konkreten Mittel der Selbstobjektivierung und -inszenierung sowie der spezifischen Weltsicht und Darstellung des Kunstwerks erkennen".[21] Deutlich sichtbar wird das Problem in der Skepsis, mit der gerade solche Literaturwissenschaftler, die Soziologie und historische Semantik zu vermitteln suchen, dem Habitus-Terminus begegnen.[22]

Bei aller gegenwärtigen sozialwissenschaftlichen Bemühung um eigengesetzliche Praxisformen und Dynamiken im Literaturbetrieb nimmt es vor dem skizzierten Problemhorizont nicht wunder, dass Monographien zu Karriere, Feldposition und Habitus von Einzelautoren bisher kaum vorgelegt werden. Ausnahmen bilden die bereits erwähnte Studie von Tommek zur literarischen Laufbahn des Genieautors Lenz sowie Hollers literatursoziologische Auseinandersetzung mit Robert Menasse und dem österreichischen literarischen Feld.[23] Doch schon in diesem Nukleus einer kaum existierenden Forschungsrichtung zeigt sich deren Dilemma: Das Projekt eines „literarischen Soziogramms",[24] welches anhand unterschiedlichster, meist poetischer Texte sowie anhand der Beziehungsgeflechte des betreffenden Autors erstellt wird, schließt die Frage nach literarischen Künstlertopoi, ihrer semantikgeschichtlichen Verortung und etwaigen strategischen Nutzung nicht notwendig

20 Auf das entsprechende Rollenrepertoire der französischen Tradition, etwa „Galant, Libertin, honnete homme, Dandy, poète maudit", macht Meizoz aufmerksam, in: Die *posture,* S. 178.

21 Joch / Wolf, Feldtheorie als Provokation der Literaturwissenschaft, S. 14.

22 Wolfgang Braungart betont, dass ›Habitus‹ nicht geeignet sei, um ein Literaturprogramm zur Gänze in den Griff zu bekommen, in: Ästhetischer Katholizismus, S. 100. Kolk zufolge bleibe bei aller Produktivität, mit der die ›Handlungsgrammatik‹ Habitus in der empirischen Kultursoziologie genutzt worden sei, ihre „Verwendung bei der Analyse historischer Texte" doch recht fragwürdig, in: Literarische Gruppenbildung, S. 250, künftig Sigle LG.

23 Vgl. Verena Holler, Felder der Literatur.

24 Tommek, J. M. R. Lenz, z. B. S. 85.

ein. Es bleibt die Frage, wo die bloße Positionierung des Autors in Inszenierung, Stilisierung und Literarisierung des eigenen Selbst übergeht.

Solche Fragestellungen berührt Matías Martínez' jüngst erschienener Sammelband *Gottfried Benn – Wechselspiele zwischen Biographie und Werk* insofern, als hier die vielfältigen Verflechtungen zwischen historischer Autorpersönlichkeit, literarischer Praxis und Werk nachgezeichnet werden: U. a. geht es um Benns Strategien der Textproduktion[25] und der Publikation,[26] seine Selbstpositionierung und -Kanonisierung als Gedenkredner der Expressionistengeneration,[27] um symbolischen Kapitalgewinn durch Eintrag von neurologischem Expertenwissen in poetische Texte,[28] schließlich um Briefkommunikation.[29] Der Band macht folgendes deutlich: Will man den Begriffen ›Autor‹ und ›Autorschaft‹ im Grenzbereich zwischen Ideengeschichte, Hermeneutik, Literatursoziologie und Buchmarktforschung gerecht werden, so gilt es, ein breites Spektrum von Fragestellungen zu den Schnittstellen von empirischem Textproduzenten und literarischen Texten abzuarbeiten.

Ebenso deutlich zeigte sich die Mehrdimensionalität des Themas ›Autorschaft‹ auf der Tagung „Hybride Repräsentanz", die sich 2005 in München mit dem Einzelautor Thomas Mann auseinandergesetzt hat.[30] Explizit wurde hier das Problem der schwierigen Vermittelbarkeit von spezifischer Autorsemantik, in diesem Fall „Semantik der Repräsentanz", und „den sozialen und symbolischen Positionen im ›literarischen Feld‹"[31] benannt. Eine Lösung boten die Veranstalter insofern, als sich die Tagung beider Themenfelder in Gestalt verschiedener Sektionen widmete. Das Ergebnis war ein facettenreicher Überblick über Thomas Manns intra- und extraliterarische Selbststilisierungs- und Medialisierungspraktiken. Er erstreckte sich von der „Inszenierung stigmatisierter Autorschaft im Frühwerk" und auf der Bühne literarischen Lebens[32] über Manns jeweiliges Verhältnis zum Rollenmodell des Charismatikers und des Repräsentanten[33] bis hin zur Selbstplatzierung des ›Großschriftstellers‹ im literarischen Feld als Solitär.[34] Schließlich wurden auch Publikationsstrategien des Fischer Verlages[35] und die Bedeutung von Rezeptionsphänomenen, etwa Gottfried Benns Ko-Autorschaft bei der Etablierung hybrider Repräsentanz,[36] berücksichtigt. Dabei blieb stets präsent, dass Mann mit Hilfe großer Namen der Geistesgeschichte, Goethe oder

25 Vgl. Ries, Notizbuchexperimente.
26 Vgl. Ansel, Zwischen Anpassung und künstlerischer Selbstbehauptung.
27 Vgl. Burgdorf, Benn als Fest- und Gedenkredner.
28 Vgl. Hahn, Die armen Hirnhunde.
29 Vgl. Vietta, Egon Vietta und Gottfried Benn.
30 Konzeption und Leitung: Michael Ansel, Hans-Edwin Friedrich, Gerhard Lauer.
31 Vgl. Nina Ort, Körper, Stimme, Schrift, Aufsatz im Druck.
32 Vgl. Detering, Der Litterat, Aufsatz im Druck.
33 Vgl. Auerochs, Drei Stilisierungsweisen, Aufsatz im Druck.
34 Vgl. Klausnitzer, Jenseits der Schulen und Generationen, Aufsatz im Druck.
35 Vgl. Haefs, Geist, Geld und Buch, Aufsatz im Druck.
36 Vgl. Ansel, Gottfried Benn und Thomas Mann, Aufsatz im Druck.

Nietzsche etwa, eine deutsche Kulturtradition konstruiert, als deren Vollender oder Überwinder er erscheint.[37]

Die Gesamtheit dieser Aspekte – traditionelle Autorsemantiken und deren diskursiver Kontext, Selbststilisierung, Feldposition, Verlagsbeziehungen und schließlich Ko-Autorschaft anderer Akteure – erscheint mir zur angemessenen Beschreibung von Autorkonzepten und Strategien, insbesondere der klassischen Moderne, unerlässlich. Für die vorliegende Arbeit soll deshalb ein vergleichbarer Orientierungsrahmen gelten, wobei sich die Aufgabe stellt, jene Material- und Themendiffusität, die eine Tagung mühelos absorbieren kann, monographisch zu perspektivieren und zu strukturieren.

Neben den genannten Monographien, Martínez' Sammelband und der Thomas-Mann-Tagung existiert meines Wissens nämlich noch keine größere, sozialwissenschaftlich informierte Studie zu einem einzelnen Autor bzw. dessen Konzept von Autorschaft, schon gar nicht aus der klassischen Moderne. Als Defizit ist das besonders insofern zu verzeichnen, als gerade die Epoche um 1900 mit einer Wiederbelebung romantischer kunstreligiöser Impulse unterschiedlichste – plakative, bizarre, exzentrische oder überaus erfolgreiche – Formen auktorialer Selbststilisierung und Selbstsakralisierung hervorbringt und ferner das literarische Feld einen hohen Autonomisierungs- und Komplexitätsgrad erreicht. Zwar verweisen etliche Arbeiten zum Verhältnis von Kunstreligion und Autorschaft auf ein literaturwissenschaftliches Interesse an diesem Phänomen.[38] Zu nennen sind hier vor allem Friedhelm Marx' Beiträge zu Thomas Manns subtilen Selbstsakralisierungen[39] und zu ›heiliger Autorschaft‹ als PR-Strategie in der Moderne.[40] Bei Marx allerdings zeigt sich die Kehrseite des nun schon mehrfach angesprochenen Dilemmas aktueller Autorforschung: Text- und Werkzentriert werden semantische und semantikgeschichtliche Aspekte moderner Autorkonzepte berücksichtigt, etwa die Rückführbarkeit allgegenwärtiger Christusfigurationen auf Nietzsches Zarathustra,[41] biblische Referenzen in Else Lasker-Schülers Peter-Hille-Buch[42] oder die Relevanz zeitgenössischer Christus-Umdeutungen für Thomas Manns Künstlermodelle.[43] Bei der Suche nach sakralen Autorfigurationen in literarischen, vornehmlich fiktionalen Texten und nach relevanten Inter-

37 Vgl. Ansel / Friedrich / Lauer, Einleitung, Aufsatz im Druck.

38 Vgl. etwa Böschensteins Beitrag „Hofmannsthal und die Kunstreligion um 1900“ in dem insgesamt dem Thema gewidmeten Sammelband von Braungart / Fuchs / Koch, Ästhetische und religiöse Erfahrungen.

39 Vgl. Marx, „Ich aber sage Ihnen …“; ders., Künstler, Propheten, Heilige.

40 Vgl. Marx, Heilige Autorschaft?

41 Vgl. Marx, Künstler, Propheten, Heilige, S. 54 ff.; ders., „Ich aber sage Ihnen …“, S. 16.

42 Vgl. Marx, Heilige Autorschaft, S. 117 ff.

43 Marx bezieht sich auf die Christus-Schriften von Kuno Fiedler (1920) und Hans Blüher (1921) sowie auf Dimitri Mereschowskis *Geheimnisse des Ostens* (1924), die die Denkfigur der Präfiguratio Christi ins Zentrum stellen, in: „Ich aber sage Ihnen …“, S. 85 – 97 und S. 135 – 144.

texten bleibt die soziologische bzw. sozialpraktische Dimension naturgemäß ausgeklammert – obwohl sich feldtheoretische Verknüpfungen, etwa Fragen nach dem Distinktionsgewinn der betreffenden Schreiber, angesichts einer Titelmetapher wie „self-fashioning-Strategie“ zusätzlich anbieten würden.[44]

Wie weit die Literaturwissenschaft auf dem Weg zum Verständnis literarischer Kommunikation um 1900 einerseits sakrale Autordiskurse zu analysieren, andererseits sich auf gesellschaftliche Praxis, etwa Gruppenbildung, einzulassen hat, erhellt indes aus dem Phänomen George. Man hat den Eindruck, als seien der Schwabinger Dichter und sein Kreis so etwas wie die Drosophila-Fliege der sozial- und kulturwissenschaftlichen Moderne-Forschung. Am Gegenstand ›George‹ hat sich immer wieder gezeigt, dass Ästhetisches und Soziales, symbolisches und faktisches Handeln, besonders Dichtungspraxis und charismatische Vergemeinschaftung, um 1900 kaum zu trennen sind.[45] Etablierte sich schon die klassische, nicht mehr marxistische Literatursoziologie u.a. anhand des Gegenstandes ›George‹,[46] so wurden seither etliche zentrale Studien zu George und George-Kreis vorgelegt, die die Sujets ›Autorschaft‹, ›Kunstreligion‹ und ihren gesellschaftlichen Bezugsraum berücksichtigen.[47] Vor nicht allzu langer Zeit haben sich zwei umfangreiche Habilitationsschriften mit kunstreligiösen, liturgienahen Ausdrucksformen in Georges Werk und Selbstinszenierung und mit der Geschichte des Kreises auseinandergesetzt;[48] beide fokussieren allerdings nicht den Autor George als Kernthema, sondern eine an ihm explizierte Theorie des literarischen Rituals bzw. der literarischen Gruppenbildung.

Nach diesem skizzenhaften Durchgang durch die Forschungsliteratur, durch längsschnittartige Modellgeschichten, durch eine erst in den Anfängen befindliche Soziologie des Einzelautors, durch eine semantik- und textzentrierte Forschung zu Kunstreligion und heiliger Autorschaft in der Moderne und schließlich durch die George-Forschung lässt sich folgendes Fazit ziehen: Die monographische Vermittlung von Soziologie und Semantik am Beispiel eines kanonischen Autors der klassischen Moderne steht aus. Desiderat wäre eine Studie mit Modellcharakter, die nicht nur empirische Daten zum Untersuchungsgegenstand liefert, sondern auch gewisse Einsichten in die einschlägige

44 Marx bezieht sich explizit auf Greenblatts Begriff des ›self-fashioning‹, den Letzterer anhand der Renaissance herausgearbeitet habe, in: Heilige Autorschaft, S. 7; ferner in: „Ich aber sage Ihnen …“, S. 16.

45 Vgl. die klassische Studie von Mattenklott: Bilderdienst.

46 Zum Beispiel Fügen, Die Hauptrichtungen der Literatursoziologie; dort zu den Strukturmerkmalen der Dichtergruppe anhand des George-Kreises S. 187–192; z.B. auch Lepenies, Die drei Kulturen. Zu George und George-Kreis äußert sich der Verfasser in den Aufsätzen „Gesellschaftsferne und Soziologie-Feindschaft im Kreis um Stefan George“, und „Stefan George, Georg Simmel, Max Weber“.

47 Breuer, Ästhetischer Fundamentalismus; Carola Groppe, Die Macht der Bildung.

48 Wolfgang Braungart, Ästhetischer Katholizismus; Kolk, Literarische Gruppenbildung (künftig Sigle LG).

Systemlogik von Autorschaft, in notwendige Stil- und Habituskonsequenzen vermittelt. Da Rilke das Kriterium der Kanonizität wie wenige andere erfüllt, versucht vorliegende Arbeit, das beschriebene Desiderat am Beispiel des österreichisch-deutsch-französischen Kosmopoliten einzulösen. Rilke ist nämlich neben George der einzige ›Klassiker‹ der Moderne, der langfristig und überaus erfolgreich diejenigen Elemente vereint, die auch George als Modellfall so interessant machen: Gemeindebildung und Selbstsakralisierung. In Anbetracht der abundanten George-Literatur erscheint eine entsprechende Rilke-Monographie als sinnvolle Ergänzung sozialwissenschaftlicher Moderne-Forschung.

Vor dem Hintergrund der geschilderten germanistischen Dilemmata macht es sich die vorliegende Studie zur Aufgabe, den Großautor Rilke „nach der Sozialgeschichte“[49] zur Gänze zu erfassen – was auch den Mythos einschließt, als der Rilke in einer mythenhungrigen Rezeptionsöffentlichkeit fortlebt. Meine Arbeit setzt sich mit der feldspezifischen Laufbahn des Autors auseinander, mit Konkurrenten und Bezugsgruppen innerhalb des Literaturbetriebs, mit Publikationsstrategien und Verlagsbeziehungen, Kapitalsorten und Konversionsprozessen. Der Struktur des literarischen Feldes ist punktuell Rechnung zu tragen, etwa wenn es um den für Rilkes Habitus bedeutsamen Durchbruch der expressionistischen Häretiker-Generation geht. Auch gruppensoziologische Perspektiven sind zu berücksichtigen, da Rilke nur mit Hilfe einer zerdehnten Gemeinde von Mäzenen, Mentoren, Künstlern und Literaturakteuren die Position des berufenen Produzenten reiner Kunst durchsetzen und langfristig innehaben konnte. Im Briefdialog mit dieser Gemeinde stilisiert sich der Dichter lebenslang zum heiligen bzw. prophetischen Autor und nimmt damit wiederum Einfluss auf seine Position im literarischen Feld. Deshalb ist es auch mit sozialwissenschaftlichen Beschreibungskategorien allein nicht getan. Im Sinne der skizzierten Problemlage ist vielmehr systematisch über Bourdieu hinauszugehen.

Um Dimensionen und Möglichkeiten des kunstreligiösen Klimas um 1900 auszumessen, soll nach zeitgenössischen Kontexten und historischen Autorsemantiken gefragt werden, etwa nach lebensphilosophischen, alttestamentarischen, antiken Intertexten, nach dem zeitgenössischen Franziskus-Diskurs und natürlich auch nach Auswirkungen der Nietzsche-Rezeption. Solche, zumeist hochgradig literarisierte Traditionen wirken ihrerseits auf Rilkes epistolaren Habitus, indem sie ein bestimmtes Verhaltens- und Ausdrucksrepertoire vorgeben, das nur begrenzt Alternativen, dafür aber reichlich Systemzwänge kennt. Nicht nur die romantische Vorstellung vom Autor als „fensterlos-monadischem“ Kreator unbedingter Werke ist demnach zu verabschieden,[50] sondern auch diejenige vom Autor als freiem Gestalter des eigenen, kontingenten Images – beide, Texte und Rollenverhalten, sind in ge-

49 Huber / Lauer, Nach der Sozialgeschichte.

50 Vgl. Joch / Wolf, Feldtheorie als Provokation der Literaturwissenschaft, S. 14.

wissen Grenzen von Diskursen geregelt. Wer z. B. wie Rilke konsequent inspirierte Passivität in antiker Tradition inszeniert, der wird kaum zur Rolle des selbstherrlich-genialen Schöpfers überwechseln. Im Aufzeigen solcher diskursiv gebahnter Schemata der Selbstdarstellung kann etwa die Soziologie (von Autorschaft) von philologischer Quellenarbeit profitieren, so wie es die Herausgeber des Sammelbandes *Text und Feld* fordern. Der Brief als Medium (literarisierter) Selbstinszenierung erscheint dabei als ausgesprochen geeignete Quelle, da „die Ebene der Selbstinterpretation (und nicht: die des dichterischen Werks) immer der Ort ist, an dem das Phantasma der Kunstreligion am reinsten erscheint [...]".[51]

Folgt man Joch und Wolf, gilt das Postulat aber auch in die Gegenrichtung. Die Philologie könne von „fortgeschrittener Soziologie" lernen, „auf welche konkrete Situation im literarischen Feld ein Autor reagiert, wenn er ein Bild seiner selbst und anderer [...] in Umlauf bringt". Nach „der Herausforderung Bourdieus" ließen sich „formale und thematische Entscheidungen [...] nicht mehr rein immanent thematisieren", sondern seien auch „auf ihren distinktiven Antrieb zu befragen".[52] Wenn solches nun grundsätzlich für literarische Stellungnahmen gilt, dann umso mehr für das in Umlauf gebrachte briefliche Selbstbild Rilkes. In diesem Sinn soll in der vorliegenden Studie illustriert werden, wie philologischer Zugriff auf Autordiskurse und soziologischer Umgang mit Distinktions- und Positionierungsfragen einander zuarbeiten können, und auch, wo die Grenzen dieses Vermittlungsmodells liegen. Sinnvoll erscheint eine solche Perspektive insofern, als die Rilke-Forschung ihren Gegenstand biographisch, philologisch, hermeneutisch und poststrukturalistisch sehr breit erschlossen hat, sozialwissenschaftliche Fragen bislang allerdings kaum an den notorischen Briefschreiber herangetragen wurden. Warum das so ist, wird zu den Kernfragen meiner Arbeit gehören.

Festzuhalten ist an dieser Stelle zunächst, dass sich die Rilke-Forschung zwar durchaus mit Rilkes (neu-)religiöser Autor- und Künstlersemantik auseinandersetzt[53] und dabei auch – von Ausnahmen abgesehen – die frühere hagiographische oder polemische Autornähe verlassen hat. Allerdings konzentrieren sich solche Beiträge auf Autorschaftsfiguren in fiktionalen bzw. genuin literarischen Texten, die sich nur bedingt auf Rilkes strategische Selbstinszenierungen zurückrechnen lassen. Da soziologische Aspekte wie der distinktive oder auch integrative Antrieb von sakralen Autorbildern dabei methodisch nicht zu den Erkenntniszielen zählen, ergibt sich die Nachrangigkeit des Briefes von selbst. Löwensteins Schriften zu *Poetik und dichterischem Selbstverständnis* des jungen Rilke und zur ästhetischen „Theologie" des *Stundenbuches* etwa setzen sich am Leitfaden früher Dichtungen mit

51 Auerochs, Die Entstehung der Kunstreligion, S. 100.

52 Joch / Wolf, Feldtheorie als Provokation der Literaturwissenschaft, S. 14.

53 Vgl. etwa die programmatische Kapitelüberschrift „Die Legende vom heiligen Rodin" in Michaela Kopps kunst- und literaturwissenschaftlicher Rilke-Studie *Rilke und Rodin*.

kunstreligiösen Motiven und sakralen Künstlertopoi in lyrischen und akzidentell auch epistolaren Texten auseinander, ohne das rekonstruierte Selbstverständnis systematisch an sozialstrategische Überlegungen anzubinden.

Naturgemäß blenden auch Sandra Kluwes Dissertationsschrift *Krisis und Kairos* und Helen Swords Studie *Engendering Inspiration* solche Überlegungen aus. Gemäß dem gewählten poststrukturalistischen Methodenparadigma – Diskursanalyse, Psychoanalyse und Gender Studies – sind sie auf eine eingehende Auseinandersetzung mit produktionsästhetischen und auktorialen Diskursen verpflichtet. Dabei widmen sich beide Verfasserinnen, ähnlich wie die vorliegende Arbeit, u.a. Rilkes prophetischem Selbst- und Werkverständnis, zitieren und subsumieren seine visionäre Rhetorik in Briefen, Elegien und Prophetie-Gedichten und beziehen sie auf alttestamentarische und antike Prätexte;[54] allerdings unter grundsätzlich anderen Annahmen (feminine Genderung von Rilkes Inspirationssemantik bzw. alternative Werkgeschichte als „Kairologie") und ohne den Inszenierungscharakter solcher Prophetie soziologisch auszuloten.

Mit Phänomenen der auktorialen Selbststilisierung beschäftigt sich schließlich auch Stephan Porombkas Aufsatz *Lachen mit Rilke:*[55] So wie sich Rilke selbst zum Dichter der „Schwere" und „Einsamkeit" und zum „Märtyrer" stilisiere,[56] sei seine literarische Produktion u.a. von einem poetologisch wirksamen Lachverbot reguliert. Zwar geht es Porombka auch um Rilkes „Selbststabilisierung"[57] als Autor, also letztlich um Strategiefragen, doch werden diese vornehmlich an Texten mit fiktionalem Status expliziert. Allen genannten Arbeiten ist gemein, dass Rilkes sakraler Habitus im Briefmedium zwar mit berücksichtigt, der Textsorte ›Brief‹ aber kein selbstständiger Rang als Instrument der Selbsterfindung, Selbstplatzierung, Selbstmedialisierung und Distinktion zuerkannt wird.

Der Textsorte ›Brief‹ dagegen widmet sich explizit Anne Overlack in ihrer Monographie zur Epistolarkommunikation bei Hofmannsthal und Lasker-Schüler, und damit zwei kanonischen Autoren der Moderne, die ebenfalls Selbstsakralisierung betreiben.[58] Hintergrund der Studie ist allerdings das Interesse an Brieftheorie, so dass auch hier sozialwissenschaftliche Aspekte nur punktuell in den Blick rücken – etwa männerbündische Strukturen im Verhältnis Hofmannsthal/Borchardt[59] oder eine charakteristische Ablehnung von Ökonomie als strategische Selbstpositionierung bei Hofmannsthal und Lasker-Schüler.[60]

54 Vgl. Helen Sword, ebd., S. 49, 54, 61, 67; Sandra Kluwe, Krisis und Kairos, S. 170–186.
55 Porombka, „Wer jetzt lacht […] lacht mich aus."
56 Ebd., S. 69 und S. 78.
57 Ebd., S. 78.
58 Vgl. Anne Overlack, Was geschieht im Brief?
59 Ebd., S. 102 ff.
60 Ebd., S. 194 ff.

Mit Rilke dagegen hat sich die Briefforschung seit Storcks älterer Monographie[61] nicht mehr umfassend auseinandergesetzt, auch wenn zahlreiche Arbeiten zu entsprechenden Teilaspekten oder Einzelkorrespondenzen erschienen sind. Dabei dominieren philologische und biographische,[62] ferner literaturpsychologische[63] bzw. „psychostilistische"[64] Fragestellungen, so dass auch im Hinblick auf den Briefschreiber Rilke ein gewisses Vakuum entstanden ist: Nach Strobel gilt es, Dichterkorrespondenzen „auf Entwürfe von Autorschaft hin" zu untersuchen und auch die Überlieferungsgeschichte nach dem Tod des betreffenden Schriftstellers mit zu berücksichtigen;[65] Joch und Wolf zufolge sind auktoriale Selbstbilder „auf ihren distinktiven Antrieb zu befragen".[66] Diesen wichtigen Aspekten, Autorschaftsentwurf, Überlieferungsgeschichte und distinktiver Motivation, widmet sich die vorliegende Studie. Schließlich eröffnet sich mit dem Briefwerk eine umfassende soziologische Perspektive auf jenen Dichter, der wie kein Zweiter als Modell für erfolgreiche Selbststilisierung, Gemeindekonstitution und posthume Mythenbildung gelten kann. Ferner lassen sich am Beispiel Rilkes insofern besonders gut Brücken zwischen Soziologie und Semantik bauen, als man hier nicht auf essayistische oder fiktionale Autorpoetiken festgelegt ist. Rilke, der sich systematisch körperlich entzieht, ist vor allem epistolarisch greifbar. An die Stelle schwieriger Verhältnisbestimmungen zwischen Fiktion, Literatur und auktorialer Selbstrepräsentation kann damit eine Textsorte treten, die kategorial näher an der empirischen Person angesiedelt ist und in der sich persönliche Kommunikation vollzieht.

Im Anschluss an diese literaturwissenschaftliche Verortung meiner Arbeit soll nun kurz deren Vorgehensweise skizziert werden.

Im ersten Hauptteil sind zunächst, noch ohne Fokussierung auf Rilke, die historischen Voraussetzungen und soziokulturellen Kontexte zu beschreiben, die für das Verständnis sakraler Autorrollen um 1900 erforderlich sind. Dabei wird es nicht nur um Buchmarktpluralisierung und Vergemeinschaftungsformen gehen, sondern auch um Krisenbewusstsein und kunstreligiöse Impulse im intellektuellen Feld. Weiterhin sollen die Akteure Rilke und George anhand verschiedener Kategorien verglichen werden. Da die Feldtheorie sowohl den subjektzentrierten Glauben an das Autorgenie als auch die diskurszentrierte Substitution des Autors durch die „substantialisierte Schrift" verabschiedet, stattdessen „den Autor als relationale, historisch variable und

61 Storck, Rainer Maria Rilke als Briefschreiber.

62 Zum Beispiel Mason, Merline und die besitzlose Liebe; Storck, Nachbarschaft und Polarität.

63 Constanze Gabriele Schäfer, Projizierte Sehnsucht; Angelika Ebrecht, Rettendes Herz und Puppenseele; dies., Einsamste Gemeinsamkeit.

64 Hepp, Untersuchungen zur Psychostilistik.

65 Vgl. Strobel, Vom Verkehr mit Dichtern und Gespenstern, S. 27.

66 Joch / Wolf, Feldtheorie als Provokation der Literaturwissenschaft, S. 14.

stets umkämpfte Größe umso ernster [nimmt]“,[67] ist dieser Vergleich wichtig – er leistet über die Verhältnisbestimmung Rilke/George eine erste Annäherung an den Autor Rilke als „relationale Größe“. Rilkes Konzeption heiliger Autorschaft ist zu verstehen und besser zu verstehen, wenn Ähnlichkeiten und Differenzen zum großen Antipoden und „poetischen Gegenspieler“[68] deutlich werden; zumal die synchrone und diachrone Rekonstruktion aller für Rilke relevanten Relationen im literarischen Feld aus Gründen der Verhältnismäßigkeit nicht möglich ist.

Nach dieser Diskussion des historischen Kontexts und der Relation zweier konkurrierender Akteure konzentriert sich der zweite Hauptteil auf den Einzelautor Rilke.

In zwei kurzen Kapiteln ist zunächst denjenigen Phänomenen Rechnung zu tragen, die für Rilkes Autorschaftskonzept konstitutiv sind: Schriftlichkeit und Gemeindebildung. Obwohl historisches Beweismaterial meine Argumentation stützt, sind beide Kapitel primär systematisch angelegt. Im Kapitel „Systemische Schriftlichkeit“ soll der Nachweis erbracht werden, dass bei Rilke tatsächlich Briefkommunikation vor Interaktivität dominiert und dass diese Kommunikationstechnologie um 1900 hocheffizient ist. Ferner ist der Brief als Medium der Selbststilisierung, als erste Werkstufe, Kommunikationstechnologie und personales Archiv in den Blick zu nehmen. Daraus ergibt sich die Hypothese eines Zusammenhangs zwischen Briefwerk und langlebigen Rilke-Klischees.

Im Kapitel „Zwischen Gruppe und Netzwerk“ wird es um Rilkes soziale Nahwelt gehen und um soziologische Beschreibungsmöglichkeiten für ein bisher mit der ›Gemeinde‹-Metapher nur vage umschriebenes Gebilde. Dabei ist besonders nach Struktur und modernem funktionalem Differenzierungsmodus sowie nach charismatischer Führung zu fragen, ferner nach Produktion und Erhalt von solchem Sozialkapital, also nach etwaigen symbolischen Investitionsgütern Rilkes. Schließlich ist die Gemeinde zu kennzeichnen als Möglichkeitsbedingung jener Abstinenz von Gesellschaft und Literaturbetrieb, die für den Auratiker Rilke charakteristisch ist.

Nach diesen systematischen Perspektiven sind die weiteren Abschnitte meiner Arbeit der historischen Beschreibung von Rilkes Laufbahn im literarischen Feld gewidmet. Zunächst ist ein kurzer Überblick über „Autor, Laufbahn und Selbstbild“ zu geben, über Rilkes Karrierephasen und korrespondierende Autorrollen. Dabei wird zum einen das Problem der Genderung – Rilke stilisiert sich vor allem für weibliche Gemeindemitglieder zum heiligen Autor – diskutiert, zum anderen der Raum der zu behandelnden Erinnerungsquellen definiert. Den argumentativen Kern der Arbeit bilden dann die zwei folgenden, umfangreicheren Kapitel, die sich chronologisch mit den

67 Joch / Wolf, Feldtheorie als Provokation der Literaturwissenschaft, S. 14.
68 Wolfgang Braungart, Der Maler ist ein Schreiber, S. 67.

zuvor angesprochenen Karriereabschnitten auseinandersetzen: Das Kapitel „Rilke als heiliger Mönch und Mystiker" ist der Durchsetzungsphase des Autors gewidmet, das Kapitel „Rilke als Prophet" bezieht sich auf den Zeitraum von Konsolidierung und Konsekration. Beide Kapitel sind symmetrisch aufgebaut. Nach einer expositorischen Beschreibung des jeweiligen sozialbiographischen Kontexts, die auch Rilkes Feldposition, Gemeindezusammensetzung und Schriftstellerprofil einschließt, sind zunächst jene lyrischen Texte in den Blick zu nehmen, in denen Rilke Autorschaftsfiguren vorformuliert. Schließlich folgen ausführliche Analysen seines brieflichen Habitus, der auf diesen genuin literarischen Prätexten aufruht. Es wird um die zwei sukzessive eingenommenen Sakralrollen ›heiliger Mönch‹ und ›Prophet‹ und um jeweils relevante Intertexte und Diskurse gehen – etwa den zeitgenössischen Mystik-Diskurs oder antike Inspirationssemantiken.

Im Zentrum der semantischen Analysen steht allerdings nicht der Autor und Briefschreiber Rilke allein, sondern ebenso der Adressat, dessen jeweilige Funktionen, diskursive Dispositionen und etwaige Prestigegewinne. Aus brieftheoretischer Sicht versteht sich diese Akzentuierung von Dialogizität von selbst, aus sozialwissenschaftlicher Perspektive ermöglicht sie modellhaft Einsichten in den kooperativen Prozess, dem sich ›heilige Autorschaft‹ u. U. verdanken kann. Wenn Strobel davon spricht, „dass die beteiligten Aktanten" die Beziehung zwischen Brief und Autorschaft seit dem 18. Jahrhundert „immer wieder von neuem [...] aushandeln",[69] so lässt sich am Beispiel Rilkes zeigen, wie ein Akteur des literarischen Feldes mit anderen Akteuren dieses Feldes und mit Akteuren des Machtfeldes exemplarisch die Beziehung zwischen Autorschaft und Brief in der Moderne aushandelt. Aber nicht nur das: Sichtbar wird vor allem, wie Rilke mit den Mitgliedern seiner Anhängergemeinde die Bedingungen, Möglichkeiten und Legitimationen unbedingter, unangreifbarer, religiös codierter Autorschaft aushandelt.

Abschließend ist jeweils die gemeindeeigene Erinnerungsliteratur als Quelle mit zu berücksichtigen. Es geht darum, die postulierten Zusammenhänge zwischen brieflicher Selbststilisierung, posthumer Mythenbildung und langlebigen Rilke-Klischees empirisch nachzuweisen. Meine Arbeit versucht deutlich zu machen, wie Rilkes Selbstbild durch die Gemeinde fortgeschrieben wird, wie es auf diese Weise langfristig die Rezeptionsgeschichte des poetischen Werks beeinflusst und bis in das Selbstverständnis der Rilke-Forschung hineinwirkt. Systemkonsequenzen von Briefkommunikation wie etwa Probleme der Verselbstständigung oder Instrumentalisierung im Eigeninteresse der Multiplikatoren sollen dabei nicht ausgeklammert bleiben.

Zuletzt: Mit der grundsätzlichen Orientierung an Bourdieus Feldtheorie – auch wenn Letztere systematisch durch philologische Gesichtspunkte zu ergänzen ist – geht ein bestimmter, tendenziell distanzierter Sprachstil einher, der sich weit vom emphatischen Autorbegriff des biographischen Paradigmas

69 Strobel, Vom Verkehr mit Dichtern und Gespenstern, S. 28.

entfernt. Er wurde bewusst gewählt, nicht etwa, um zersetzende Rilke-Skepsis zu artikulieren oder an die polemischen Invektiven älterer, ideologiekritischer oder neuerer Provenienz[70] anzuschließen. Ganz im Gegenteil ist in meinen Augen durch die Sachlichkeit des sozialwissenschaftlichen Sprachstils jener Abstand zum personalen Gegenstand sichergestellt, der das von Wolf und Joch geforderte Ernstnehmen des Autors als konstruierte, „historisch variable, relationale Größe“[71] möglich macht. In der Rilke-Forschung existieren derzeit Tendenzen und Vorschläge, die poetologische Forschung zu forcieren, insbesondere die zum spätesten, für komparatistischen Zugriff geeigneten Werk. Das ist insofern nachvollziehbar, als dem (mehr oder minder) wissenschaftlichen Kesseltreiben um den zur Legende gewordenen ›Weltanschauungsdichter‹ auf diese Weise Einhalt geboten werden soll.[72] Und dennoch bin ich der Meinung, daß nicht nur die Poetologie Rilkes, sondern auch der Autor Rilke germanistische Aufmerksamkeit verdient – allerdings als „relationale Größe“ in einem komplexen Bezugsfeld; dass man darüber hinaus die langlebige Autornähe der Rilke-Forschung selbst als deutbaren Befund verstehen kann, der etwas über den Habitus des historischen Akteurs Rilke aussagt. In diesem Sinn soll lediglich nach den objektiven Grundlagen und den Wirkungen von Rilkes Habitus gefragt und auf alle Versuche einer subjektiv wertenden Aneignung verzichtet werden.

70 Als pars pro toto für aktuelle Rilke-Polemik sei eine Passage zitiert aus Graf, In Rilkes Rauschen S.198: Rilke betone „das ›Unbetonte‹, das sein Leben, seine ›Bildung und Hervorbringung‹ doch mehr als alles andere geprägt habe. Diesem Akzentlosen kann er erst im Nachhinein lauschen und es damit zum Schatzkästlein umwidmen. Jedes Beiläufige wird in der Rückschau zum Juwel mit monadischer Aura, denn es handelt sich jeweils um Bilder, die ihm allein gehören, die er mit niemandem hat teilen müssen, sondern ungestört genießen durfte […]“.

71 Joch / Wolf, Feldtheorie als Provokation der Literaturwissenschaft, S. 14.

72 Vgl. Engel, Rilke-Forschung heute, S. 126 ff.; ders., Rilkes späteste französische Gedichte, S. 11–15.

I. Hauptteil: Der Künstler und die Krisis

Zu Voraussetzungen und Funktion heiliger Autorschaft in der Moderne unter besonderer Berücksichtigung Georges und Rilkes

1. Verbürgerlichung und Krisendiskurse um 1900 – zum Verhältnis von Kollektivierung und Opposition

Die fundamentalen soziokulturellen Veränderungen im ausgehenden 19. und beginnenden 20. Jahrhundert, häufig subsumiert unter dem Leitbegriff ›Modernitätskrise‹, sind aus historischer, soziologischer und literaturgeschichtlicher Sicht ausführlich untersucht und dargelegt worden. Wenn diese Epochenphänomene im Folgenden dennoch kurz resümiert werden, so geschieht das im Hinblick auf Fragestellungen der vorliegenden Arbeit: Es ist zu klären, warum das Krisenbewusstsein der Epoche charakteristische Formen von Selbststilisierung, Selbstmonumentalisierung und Gruppenbildung hervorbringt, die einem rationalen und bedingten Verständnis von Autorschaft quer entgegenstehen.

Eine rasche Zunahme der seit dem ausgehenden 18. Jahrhundert irreversibel gewordenen funktionalen Differenzierung bringt Individualisierungsschübe mit sich, die das einzelne Subjekt mit der Erfahrung vollkommener Exklusion konfrontieren. In einem pluralen Gemenge von Sinnverarbeitungsangeboten wird ihm die Konstitution von Identität, die jeweilige Selbstbeschreibung, ausschließlich eigenverantwortlich zugemutet. Dieser Individualisierungslast stehen massive Entfremdungserfahrungen gegenüber, denen der Einzelne durch die Trennung von Berufs- und Wertsphäre, durch Arbeitsteiligkeit, wachsende Abstraktion und Technisierung,[1] unübersichtliche Partikularisierung von Produktionsprozessen ausgesetzt ist. Fortschreitende Rollendifferenzierung und Pluralisierung der Codes führt zum Verlust kommunikativer Zusammenhänge – Fachsprachen, Soziolekte und Jargons behindern Intersubjektivität. Hinzu kommt die Bedrohung einer sich als bürgerlich definierenden Gesellschaft durch Vermassung und Anonymisierung. Der Geltungsverlust ganzheitlicher Weltdeutungssysteme wie Religion oder philosophische Metaphysik schließlich führt zu einer gesellschaftlichen Atomisierung, die die je einzelne Sinnsuche um so dringlicher werden lässt. In diesem Zersetzungsprozess spielen die expandierenden Naturwissenschaften eine zentrale Rolle: Die Dominanz von induktivem, kausalrationalem Denken, das sich zunehmend szientistischer Spezialisierung unterwirft, fördert die Vereinzelung des jeweiligen intellektuellen Prozesses und untergräbt die vormalige Bedeutung ganzheitlicher, auch sinnlich vermittelter Erfahrungs-

1 Zum Verhältnis von Modernitätsbewusstsein, Krisenerfahrung und Technisierung umfassend, vgl. Rohkrämer, Eine andere Moderne?

zusammenhänge. Dieser »sich immer mehr beschleunigende Modernisierungsprozeß«[2] konfrontiert das Einzelindividuum mit einem Sinnvakuum, das durch die entfremdende und anonymisierende Teilnahme an Großgruppen, an Bürokratien oder Organisationen noch verstärkt wird.[3] In der Spannung zwischen »Individualisierung und Kollektivierung« (AB, ebd.) bietet die identitäts- und sinnstiftende kleinere Gruppe eine Möglichkeit, den Ganzheitsverlust zu kompensieren und dennoch der Individualisierung Rechnung zu tragen.[4] Tatsächlich ist die Moderne die Epoche eines klassenübergreifenden Vereinswesens,[5] kollektiver Emanzipationsbewegungen, zahlreicher völkisch-religiöser Bünde und Gruppierungen aus dem Umkreis der Subkultur ›Lebensreform‹,[6] apokalyptischer Sekten und spiritistischer Zirkel,[7] sezessionistischer Künstlergruppen, Autorenassoziationen oder radikal politischer Zirkel. Nicht zu vergessen sind die Kreise weltanschaulicher Prägung, die sich entweder an Lebensphilosophie oder Mythologie orientieren,[8] oder die naturwissenschaftliches Denken in eine ›wissenschaftliche Weltanschauung‹ überführen. Spätestens mit der Gründung des deutschen Monistenbundes durch Ostwald und Haeckel 1906 setzt sich Letztere schließlich als antidualistische Immanenzreligion durch.[9]

Wenn verstärkte Gruppenbildung dem Soziologen grundsätzlich als Krisensymptom und Hinweis auf gesellschaftliche Differenzierungsprozesse gilt (vgl. LG, S. 110), sind auch die Vergesellschaftungsformen des ›bündischen Wesens‹ in der vorangegangenen Jahrhundertwende als Indikator einer

2 Wolfgang Braungart, Ästhetische Religiosität, S. 18.

3 Vgl. Nipperdey, Arbeitswelt und Bürgergeist, S. 189, künftig Sigle AB.

4 Auch wenn die Strukturmerkmale der soziologisch definierten Entität ›Kleingruppe‹ in der praktischen Auffassung mit denjenigen von ›Gruppe‹ im Unterschied zu ›Organisation‹ oder ›Gesellschaft‹ weitgehend zusammenfallen, können die Vergesellschaftungsformen der Moderne nicht im engeren Sinn als Kleingruppen bezeichnet werden, da ihre Mitgliederzahl die definierte Menge von 3–25 in vielen Fällen überschreitet. Da aber die weiteren Strukturmerkmale wie gemeinsames Gruppenziel, Gruppenidentität bzw. kollektives ›Wir‹-Gefühl, gemeinsames Normensystem, face-to-face-Interaktion und Rollendifferential, ferner affekt- und personenorientierte Bindungsformen vorliegen, ist im Unterschied zu anonymen Großgruppen oder bürokratischen Organisationen besser von kleineren Gruppen zu sprechen. Von diesen informellen Gruppen sind weiterhin formelle Assoziationsformen mit Organisationscharakter zu differenzieren, wie z. B. die um 1900 sich etablierenden Schriftstellerverbände; vgl. Schäfers, Einführung in die Gruppensoziologie, S. 20 f., 54 f., 64 f.

5 Tenbruck versteht die »Eigenlogik« des sich seit dem 18. Jahrhundert entwickelnden und expandierenden Vereinswesens – die neue »Freiheit zu willkürlichen Assoziationen« führe zur Kettenreaktion immer weiterer Gruppenbildungen – als konstitutives Element moderner partikularer Gesellschaftsstrukturen. Unter den Bedingungen einer solchen Generalisierung des Vereins gerät die Frage nach dem indikatorischen Charakter von Gruppierungstendenzen um 1900 nicht in den Blick, in: Tenbruck / Ruopp, Modernisierung, S. 73.

6 Vgl. Parr, Interdiskursive As-soziation, S. 49.

7 Vgl. Linse, Geisterseher und Wunderwirker, S. 13.

8 Zum lebensphilosophisch-lebensreformerischen Kreis um Klages vgl. Rohkrämer, Eine andere Moderne?, S. 167 f., zu den ›Kosmikern‹ vgl. Faber, Männerrunde mit Gräfin.

9 Vgl. AB, S. 626 und S. 509 f., sowie Monika Fick, Sinnstiftung durch Sinnlichkeit, S. 71.

Schwellen- oder Sattelzeit zu verstehen.[10] Beiden Jahrhundertwenden eignet das krisenhafte fundamentaler Umstellungen, die mit Individualisierungsschüben einhergehen. Ein wesentlicher Unterschied liegt allerdings in der Auswirkung dieser Prozesse auf die Einheit und Plausibilität der sozialen Konstruktion ›Individuum‹. Während die Beschleunigung der funktionalen Differenzierung um 1800 eine Stärkung des Individuums mit sich bringt, leitet der Individualisierungsschub der folgenden Jahrhundertwende einen skeptischen Ich-Diskurs ein. Vor dem sozialstrukturellen Hintergrund von Entfremdung, Anonymisierung, Vermassung und dem bewusstseinsgeschichtlichem Hintergrund von Empiriokritizismus, Psychoanalyse und Sprachkrise ist nun die Unhaltbarkeit und Dissoziation der vormalig geschlossenen Einheit ›Subjekt‹ thematisch. Die Krise des Individuums trotz Individualisierungsschub ist für die vorliegende Arbeit von zentraler Bedeutung. Zum einen manifestiert sie sich u. a. im literarischen Feld als ›Krise des Autors‹; zum anderen bringt sie gleichzeitig mit extrem individualistischen »Selbstthematisierungen«[11] effiziente Bewältigungsmodelle hervor.

Festzuhalten ist zunächst der Indexcharakter von vermehrten gruppenartigen Zusammenschlüssen in der Moderne: Hier drückt sich der »gesteigerte Nahweltbedarf«[12] des entfremdeten Individuums aus. »Gruppe als Gegenstruktur«[13] ordnet und deutet die anonyme und abstrakte Umwelt durch eigene Codes bzw. gruppenspezifische Symbolisierungen, ermöglicht Orientierung und ersetzt ganzheitliche Welterklärungsmuster. Für das exkludierte Individuum stellt sie einen möglichen Totalitätsraum dar, und schon die zeitgenössische kulturkritische Soziologie spielt sie unter dem oppositionellen Begriffspaar ›Gemeinschaft‹ versus ›Gesellschaft‹ als Gegenideologie des Urwüchsigen und Organischen gegen das Organisierte und Mechanische der Industriegesellschaft aus.[14] Dabei können Gruppen, wie Bereiche des Vereinswesens, gesellschafts- und obrigkeitskonform organisiert sein oder sich als antibürgerliche Opposition verstehen, als Ort von Bildungs-, Kultur-, Zivilisations- oder Gesellschaftskritik.[15] In solchen Assoziationen rangiert die

10 Vgl. Schäfers, Gruppenbildung als Reflex, S. 107. In diesem Zusammenhang ist auch auf Fügens Vergleich von Göttinger Hainbund und George-Kreis hinsichtlich Exklusivität, charismatischer Struktur und kollektiv antizipierten Feindbildern hinzuweisen, in: Die Hauptrichtungen der Literatursoziologie, S. 187 ff.

11 Bäumer, Autor, S. 37.

12 Neidhart, Themen und Thesen zur Gruppensoziologie, S. 23.

13 Ebd., S. 24.

14 Als locus classicus: Tönnies, Gemeinschaft und Gesellschaft. Vgl. dazu Neidhart, Themen und Thesen, S. 19–24; Parr, Interdiskursive As-soziation, S. 50 ff.; Schäfers, Einführung in die Gruppensoziologie, S. 25 f.

15 Vgl. Wolfgang Braungart, Ästhetische Religiosität, S. 18: »Kaum überschaubar sind die verschiedenen Bewegungen und Gruppierungen, die ihr Heil in alternativen Lebens- und Produktionsformen, in einer nicht institutionell gebundenen Religiosität […] oder in einer ästhetisch-kulturellen Praxis am Rande und außerhalb der bürgerlichen Kultur suchen.« Zu

jeweilige Ideologie höher als einzelne konkrete Sozialfunktionen wie etwa Verbesserung der wirtschaftlichen oder rechtlichen Situation von Künstlern, Durchsetzung ästhetischer Programme, Organisation von Ausstellungen etc.[16] Oppositionsgruppen um 1900, gekennzeichnet durch eskapistische, utopistische und eschatologische Tendenzen, stellen nun nicht selten die Schnittstelle zwischen weltanschaulicher und ästhetischer Opposition dar. Exemplarisch zeigt sich das am Verhältnis von Lebensreform, Jugendbewegung und Jugendstil,[17] etwa am Berliner ›St.-Georgs-Bund‹ des Malers Hugo Höppner (Fidus), der das »Leben als Tempeldienst« verstehen will.[18] Höppners *Lichtgebet* wird zum Kultbild der Jugendbewegung. Auch die Mixtur aus antibürgerlichen Ideologemen und weltfremdem Ästhetizismus in der ›Kosmischen Runde‹ weist in diese Richtung. Die »Gegenstruktur« Gruppe absorbiert in der Moderne demnach bevorzugt dort Künstler, wo sie deren modernitäts- und zivilisationskritische Impulse aufnehmen und zur Entfaltung bringen kann. Gustav Landauers programmatischer Vortrag *Durch Absonderung zur Gemeinschaft*, 1900 vor der Friedrichshagener ›Neuen Gemeinschaft‹ gehalten, illustriert diesen Zusammenhang.[19]

Ein entsprechendes gegenweltliches Profil lässt sich nun der Jugendbewegung ablesen und auf diese Weise ein Schema gewinnen, das auch auf die Künstlergruppierung ›George-Kreis‹ anzuwenden ist. Damit wird der Blick freigelegt auf die relative Homogenität von Gruppensignaturen, die den »Exodus aus der bestehenden Gesellschaft in Gruppe oder Bund« bezeichnen (AB, S. 121). Der fundamentale Zusammenhang aus Kollektivierung und

Dynamik, Spektrum und Funktion von Bohemegruppierungen vgl. auch Kreuzer, Die Boheme, S. 170 ff.

16 Diese wichtige Differenz zwischen ideologischem und instrumentellem Profil – die besonders für informelle Assoziationsformen ohne Organisationscharakter relevant ist – wird von Tenbruck als »Verfolgung irgendwelcher Ziele, Absichten und Interessen« versus »Verwirklichung irgendwelcher Werte und Ideen« formuliert, in: Modernisierung, S. 73. Ähnlich ist die von Kolk zitierte Klassifikation Krölls von »Manifest-Gruppe« versus »Service- bzw. Dienstleistungsgruppe«, in: Die Eigengruppe als Ort sozialer Identitätsbildung, S. 655; vgl. LG, S. 119. Selbstverständlich sind die Übergänge fließend, wie die »doppelgleisige, soziale und kulturelle Argumentation« mancher Künstlervereinigungen zeigt, die sowohl für administrative Alltagsgeschäfte im »sozio-professionellen Ereignisfeld« als auch für die Inszenierung etwaiger ästhetischer Revolten verantwortlich sind (Thurn, Die Sozialität des Solitären, S. 301 ff.). Kreuzer differenziert in diesem Zusammenhang zwischen informeller und formeller Gruppe einerseits und Clique bzw. Gesinnungs- und Aktionsgemeinschaft andererseits, wobei in klassischer gruppensoziologischer Terminologie das Merkmal ›formell‹ fast ausschließlich mit ›Organisation‹ verbunden ist, während ›informell‹ sowohl auf Organisation als auch auf Gruppe zutreffen kann. Zwischen der auf intellektuellen Austausch ausgerichteten Gruppe und der Aktionsgemeinschaft zur Durchsetzung »ästhetischer, weltanschaulicher und politischer Normen«, also zwischen Gesprächsorientiertheit und Handlungsorientiertheit gibt es auch für Kreuzer Übergangsformen, in: Die Boheme, S. 170 f.

17 Zu Lebensreform, insbesondere auch zur Nähe von sozialer und ästhetischer Inszenierung in Jugendbewegung und Jugendstil, vgl. Reichel, Protest und Prophetie, S. 767 ff.

18 Vgl. Sprengel, Geschichte, S. 40 f.

19 Vgl. Ebd., S. 41.

Opposition wird in der Jugendbewegung sichtbar als Trias aus spezifischer Praxis (›Fahrt‹), Vergesellschaftungsform (›Horde‹, ›Sippe‹) und ideellem Ziel (organisches Erleben von Natur und Gemeinschaft, Vitalismus, Feier des Einfachen und Unmittelbaren). Der Entfremdung werden auf diese Weise sinnliche Konkretion und Handlungszusammenhänge entgegengesetzt (vgl. AB, S. 118 f.). Ähnliches gilt für den George-Kreis, wo das ideelle Ziel des ›geistigen Staates‹ und der ästhetisch-pädagogischen Erneuerung über eine rituelle Gruppenpraxis vermittelt wird. In ihrer vollen Ausprägung nach 1901 ist die ›Gegenwelt Wandervogel‹ durch Formalisierung, Binnendifferenzierung, Hierarchisierung und Führerprinzip gekennzeichnet.[20] Hinzu kommt ein Symbolrepertoire, das gruppenspezifischen Jargon, Ritualisierungen, Kleidercode und »liturgische Arrangements«[21] umfasst. All dies sind Kernmerkmale, die – bis auf Binnendifferenzierung – auch zum Profil des George-Kreises gehören. Es liegt die Vermutung nahe, dass ein derartiges, tendenziell vormodernes Profil oppositionellen Gruppen die größtmögliche Stabilität und Effizienz im Kampf um kulturelle Legitimität verleiht.

Es geht aber auch anders. Um das ästhetisch Neue durchzusetzen und dennoch an der perhorreszierten modernen Zivilisation Kritik zu üben, ist der ›Exodus aus der bestehenden Gesellschaft in Gruppe oder Bund‹ unter den Prämissen kompromissloser Opposition nicht unbedingt erforderlich; ist auch eine Gruppe, die Stabilität durch starre Stratifikation erkauft, nicht unbedingt notwendig. Vielmehr wird sich im weiteren Verlauf am Beispiel Rilkes zeigen, dass auch eine bewegliche Anhängergemeinde, die den Künstler in die Gesellschaft hineinführt, anstatt ihn zu marginalisieren, bei der Durchsetzung avantgardistischer Positionen und eines elitären Selbstverständnisses von Nutzen sein kann. Das impliziert allerdings Balance zwischen ästhetischer Fortschrittlichkeit und sozialer Anpassung an Bestehendes, erfordert Flexibilität und Vielfalt. Es leuchtet ein, dass hier spiegelverkehrt zur Oppositionsgruppe Formalisierung, Hierarchisierung und Institutionalisierung eher hinderlich sind, so dass eine gesellschaftlich integrierende ›Gruppe‹ wie die Briefgemeinde Rilkes u. U. als solche kaum mehr erkennbar ist.[22] Wie groß dennoch ihre instrumentelle Reichweite sein kann, wird weiter unten zu diskutieren sein. Vorerst ist festzuhalten, dass die historische Problemkonstellation um 1900 ein weites Spektrum an Gruppen zwischen hohem und niedrigem Definitions- und Institutionalisierungsgrad hervorbringt. Mögen sich diese Vergemeinschaftungen konservativ oder progressiv, ästhetisch oder weltanschaulich, bürgerlich oder antibürgerlich geben, als Orden, Loge, Bund, Verein, oder als lockere Assoziationsformen wie Netzwerke oder Zirkel organisiert sein, legen sie doch in der Summe den Blick frei auf ein zugrunde

20 Vgl. Schäfers, Gruppenbildung als Reflex, S. 116 f.

21 Reichel, Protest und Prophetie, S. 769.

22 Zur definitorischen Eingrenzung der Briefgemeinde als Übergangsform zwischen Netzwerk und Gruppe vgl. II. Hauptteil, Kapitel 1.2.

liegendes Paradigma der Moderne: (klein-)gruppenartige Vergesellschaftungsformen stellen Möglichkeiten dar, auf das epochale Krisenbewusstsein zu reagieren.

2. Zur Situation des Künstlers um 1900

2.1 Ökonomisches: Buchmarkt und Krise des Autors

Um die spezifische Situation des Schriftstellers im Kontext der gesamtgesellschaftlichen Veränderungen zu beleuchten, soll nun ein Blick auf die zeitgenössischen Marktbedingungen geworfen werden. Die explosionsartige Expansion des literarischen Marktes seit den 80er Jahren des 19. Jahrhunderts ist nicht zuletzt einer Verbreiterung des Lesepublikums geschuldet, das bei fast vollständiger Alphabetisierung[1] jetzt auch die unteren Schichten, Kleinbürgertum und Arbeiterklasse einschließt. Zwar ebnet die »Entstehung unüberschaubarer, nicht miteinander kommunizierender, anonymer Rezipientenmengen«[2] den Boden für eine moderne Pluralisierung des Literaturbetriebs mit einer Vielzahl neuer Erwerbs- und Absatzmöglichkeiten. Allerdings führen diese quantitativen und qualitativen Wandlungen des Publikums zu weitreichender Kommerzialisierung des literarischen Marktes, die den Zeitschriften und Zeitungen eine Schlüsselstellung zuweist.[3] Die Dichotomisierung des Marktes in ein von der Presse bedientes Massensegment der Tages- und Lohnschriftstellerei und ein weniger expansionsfähiges Segment der Gebildeten führt zur Abdrängung der anspruchsvollen Literatur in den Buchmarkt mit geringeren Erwerbsspannen und kleinerem Rezipientenkreis.[4]

Doch auch der zwischen 1875 und 1915 mit einer Vervielfachung der Titel stark expandierende Buchmarkt[5] wird von der Logik der Kommerzialisierung und Kapitalisierung erfasst. Zum einen impliziert das Anpassung an den Publikumsgeschmack und Neubewertung des literarischen Produkts als Ware (vgl. BB, S. 38 ff.), zum anderen bringt es ein Überangebot anonymer Gelegenheitsschriftsteller hervor. Dieses Heer niedrig qualifizierter, schematisch arbeitender Lohnskribenten bedient den Geschmack der bücherkaufenden Schicht, des bürgerlichen Mittelstandes, der Unterhaltungsliteratur bevorzugt. Sentimentale Heimatromane oder völkisch-nationales Gedankengut erreichen Massenauflagen,[6] während der Raum der anspruchsvollen Litera-

1 Vgl. Füssel, Das Autor-Verleger-Verhältnis, S. 139.

2 Britta Scheideler, Zwischen Beruf und Berufung, S. 40, künftig Sigle BB.

3 Die Arbeiterklasse, überwiegende Mehrheit des Lesepublikums und für den Bücherkauf zu arm, konsumiert neben Zeitschriften vor allem Fortsetzungs-Kolportage, die am Kiosk oder über Zeitschriftenhändler vertrieben wird, oder frequentiert Leihbibliotheken und Bücherhallen.

4 Vgl. BB, S. 27, ferner Winckler, Autor, Markt, Publikum, S. 87 ff. und S. 98.

5 Vgl. Wittmann, Geschichte des deutschen Buchhandels, S. 271; Füssel, Das Autor-Verleger-Verhältnis, S. 137.

6 Vgl. Wittmann, Geschichte des deutschen Buchhandels, S. 298 ff., sowie AB, S. 757 und S. 788 f.

turproduktion zunehmend eingeengt wird. Ein überkommener, antimoderner Wertekanon von Volk, Heimat und Scholle[7] sichert der neuen Massenliteratur Lesepräferenzen über Klassengrenzen hinweg und erreicht mit dem deutschnationalen Landjunker[8] auch die militärisch ausgerichtete Aristokratie, eine Klasse, die tendenziell aliterarisch geprägt ist (vgl. BB, S. 28). Mit hoher Literatur setzt sich »die Professoren-, Beamten-, Titel- und Militärgesellschaft der Kaiserzeit«[9] allenfalls in Gestalt des klassischen Bildungskanons auseinander. Die literarischen Experimente der Avantgarde-Autoren dagegen werden von konservativ-traditionalistischen Gesellschaftskreisen so lange ignoriert, bis sie nach Kanonisierung durch öffentliche Konsekrationsinstanzen selbst in den klassischen Bildungsbestand einrücken. Der Klassikerkult entspricht der auf didaktische Zwecke zugeschnittenen restaurativen und eklektizistischen Kunstauffassung Wilhelms II.: Über die Suggestion historisch-geistiger Einheit lassen sich Klassiker zur Legitimation des Machtstaates instrumentalisieren, ferner zahlreiche Texte der anspruchsvollen zeitgenössischen Literatur in die Nische der ›Oppositionsliteratur‹ verweisen (vgl. BB, S. 50). Das Segment für autonome Literatur, die sich den inhaltlichen Postulaten des Unterhaltungsmarktes verweigert, ist demnach verhältnismäßig klein[10] und aufgrund geringer Nachfrage und niedriger Überlebenschancen einem großen Anpassungsdruck an die Dynamiken des explodierenden Marktes ausgesetzt.[11] Expansion einerseits und Akzentverschiebung andererseits auf Massenproduktion und Unterhaltungsliteratur zeitigen für die betroffenen Autoren eine Reihe folgenschwerer Konsequenzen.

Wachsender Konkurrenzdruck, Überangebot an freien Schriftstellern,[12] tantiemenfreie Nachdruckpraxis und nicht zuletzt der Mangel an objektiven Bewertungskriterien für die berufsspezifische Kompetenz führen nicht selten zu Verarmung und existentiellen Notlagen. Dabei bildet sich marktintern eine

7 Zur Literatur »antimoderner Verweigerer« aus diskursgeschichtlicher und diskursanalytischer Perspektive vgl. Ulrike Haß, Militante Pastorale, S. 14.

8 Vgl. Wittmann, Geschichte des deutschen Buchhandels, S. 255 f.; vgl. Winckler, Autor, Markt, Publikum, S. 99.

9 Füssel, Das Autor-Verleger-Verhältnis, S. 143.

10 Geschätzt 2 % des gesamten Buchmarktes bei 14,2 % Marktanteil für schöne Literatur um 1908, Tendenz in den vorangegangenen Jahren stets steigend, da bis zu 60 % der Bevölkerung lesen können, In. Wittmann, Geschichte des deutschen Buchhandels, S. 271 f.

11 Zwischen den beiden Extremen des Kulturbuches in preziöser Luxusausgabe und dem billigen Massenbuch oder Groschenheft kolportageartigen Zuschnitts differenziert sich eine plurale und kaum überschaubare Verlagslandschaft aus, die sich zunehmend an der Logik von Industrialisierung und Kapitalisierung orientiert. Unter diesem Druck liegen auch die Überlebenschancen des Kulturbuches in einer Senkung der Herstellungs- und Vertriebskosten, die massenhaften Absatz zumindest theoretisch ermöglicht. In diesem Zusammenhang steht die Konzeption erfolgreicher, thematisch anspruchsvoller Billigbuch-Reihen durch Verleger traditionsreicher Literaturverlage, z. B. die Insel-Bücherei oder die Reclam-Reihe, vgl. Wittmann, Geschichte des deutschen Buchhandels, S. 297 ff.

12 Etwa 5000 freie Schriftsteller im Haupt- und Nebenberuf, vgl. BB, S. 28; Anstieg der Haupt und Nebenberufler seit 1895 ca. 60 %, vgl. BB, S. 33.

bestimmte Gattungshierarchie heraus. Im Theatergeschäft ist die Kommerzialisierung besonders weit fortgeschritten (vgl. BB, S. 35), weshalb erwerbsorientierte Autoren hier relativ gute Chancen haben. An zweiter Stelle steht das Segment der Erzählliteratur, deren Vertrieb nicht notwendig an den Buchmarkt gebunden ist. Katastrophal dagegen ist die wirtschaftliche Situation vieler Lyriker, da Selbstverständnis, Produktionsweise und Gattungsstatus den geringsten Spielraum für Anpassungen an Publikumsgeschmack und Kommerzialisierung zulassen. Im Gegenzug gilt für Lyrikproduzenten der Konsens über eine genau spiegelbildliche Gattungshierarchie mit Lyrik in der Spitzenposition, da ihnen »eine Art Kasteneffekt die zumindest subjektive Gewissheit einer wesenhaften Überlegenheit gegenüber allen anderen Schriftstellern«[13] verleiht. Materielle Not und symbolischer Profit verweisen aufeinander, was die ökonomische Praxis bestätigt: Autoren, die ohne materielle Rücklagen kompromisslos auf ›Berufung‹ insistieren wie etwa Liliencron oder Holz, sind besonders schwer von existentiellen Krisen betroffen. Gerade hinsichtlich der für viele Lyrikautoren katastrophalen Nachdruckpraxis kann sich die neue Rechtslage nämlich selbst nach der Urheberrechtsnovelle von 1901 nur zögerlich durchsetzen; Verstöße gegen das Urheberrecht werden (noch) nicht geahndet. Die Abhängigkeit vieler Autoren vom Wohlwollen der Zeitschriften- oder Anthologienverleger lässt Erstere in Passivität verharren, während die Verleger ihre Machtposition auf dem Markt der symbolischen Güter als Druckmittel ausspielen.[14]

Die veränderten Größenordnungen und -verhältnisse machen überdies die Professionalisierung des Schriftstellerberufes notwendig, was das historisch fest etablierte Verständnis von Autorschaft untergräbt. Arbeitsteilige Produktionsformen wie kooperatives oder Auftragsschreiben bringen thematische bzw. konzeptionelle Fremdbestimmung mit sich und stellen den Status des Autors als kompromissloser ›Berufener‹ und den des Schreibens als individueller heiliger Schöpfungsvorgang zur Disposition. Das Epochenphänomen der Anonymisierung hat damit die Instanz des Autors ergriffen und seine bislang wenn auch nicht institutionell, so doch ideell klar umrissenen Konturen unscharf werden lassen. Um 1900 wird die Frage nach Autorschaft zum Problem und die Krise des Subjekts u.a., als »Krise des Autors in der Moderne«[15] manifest.

13 Bourdieu, Die Regeln der Kunst, S. 375, künftig Sigle RK.

14 Vgl. Füssel, Das Autor-Verleger-Verhältnis, S. 140 f., sowie BB, S. 37. Zudem sind Autorenhonorare neuerdings vom Verkaufserfolg abhängig, vgl. Wittmann, Geschichte des deutschen Buchhandels, S. 279. Dies bekommt auch Rilke zu spüren, der in den ersten Jahren beim Insel-Verlag von 1905 – 1908 lediglich mit der Hälfte des Reingewinns honoriert wird, bis Kippenberg ab 1908 regelmäßige Zahlungen festsetzt. Im Zusammenhang mit der Marktproblematik im Lyrik-Segment erwähnt Mattenklott die »zunehmende öffentliche Aufmerksamkeit auf das Lyriker-Proletariat«, in: Bilderdienst, S. 220. Bogdal spricht vom »Proletariat der Feder«, in: Akteure literarischer Kommunikation, S. 283.

15 Bäumer, Autor, S. 35.

Dabei ist die Autonomie des qualifizierten und vom Berufungsethos motivierten Autors durch eine doppelte Front heteronomer Produzenten bedroht: zum einen durch unqualifizierte, anonym arbeitende Gelegenheitsautoren, die handwerkliche Fähigkeiten und kulturelle Wissensbestände entwerten; zum anderen durch den erwerbsorientierten Schriftsteller, der frei von Anpassungs- und Käuflichkeitsskrupeln ist (vgl. BB, S. 43). Diese krisenhafte Situation zwischen Beruf und Berufung, Ware und Heiligtum, Statustradition und Statuswandel, Kommerz und Verarmung wird von den Zeitgenossen normativ reflektiert als Dichotomie von ›Dichter‹ und ›Literat‹, exemplarisch u. a. von Rilke. Er sei »kein Litterat, lieber Freund«, teilt Rilke dem erwerbsorientierten Mäzen Karl von der Heydt 1913 mit, »und vielleicht nur Dichter zu meinem eigenen Herzen hin, meine Arbeit ist herrlich, aber ich werde sie nie den Händen der Engel entreißen und immer nur handeln, wenn Engel da sind«.[16] Man sieht es deutlich an diesem Beispiel: Die krisenhafte Situation spitzt sich vor allem für die Produzenten der Gattung Lyrik zu und mündet in einen wachsenden Behauptungs- und Originalitätsdruck, der sich der Exzentrik zeitgenössischer Selbststilisierungen ablesen lässt. Denn so sehr der »Kasteneffekt« Gewissheit über den eigenen Rang als Lyriker verleihen mag, gilt ohne Einschränkung auch das Distinktionsgesetz eines Universums, »in dem ›sein‹ so viel ist wie ›sich unterscheiden‹, das heißt eine distinkte und distinguierende Position einnehmen« (RK, S. 379). Dies ist allgemein festzuhalten, bevor unterschiedliche Reaktionsmodelle von Akteuren des literarischen Feldes thematisiert werden.

Die Krise des Autors bringt nämlich eine große Vielfalt von Selbstentwürfen bei zunehmendem Bedürfnis nach Selbst- und Werkskommentar hervor. Dabei artikuliert sich das Bedürfnis nach »fundamentaler Reformulierung [ästhetischer] Identitätskonzepte«[17] sowohl in der theoretischen Metareflexion über Literatur als auch auf der praktischen Ebene möglicher sozialer Handlungsrollen. In der Spannung zwischen Genie-›Idolatrie‹ und Genie-›Ikonoklasmus‹ bilden sich sakrale Autorrollen aus wie Priester, Prophet oder Heiliger oder als deren rationalistische Kehrseite Vorstellungen vom Autor als Naturwissenschaftler, Historiker oder Journalist.[18] Der theoretische Diskurs über Autorschaft thematisiert Quantität und Qualität der Autorfunktion – von deren ästhetizistischer Absorption im Text bis zur Monumentalisierung der ›großen Dichterpersönlichkeit‹ durch die Wissenschaftler des George-Kreises (s. u.), auch durch Borchardt in seiner *Rede über Hofmannsthal* (1902). Dabei zeigt sich, wie virulent die Autorproblematik in alle Bereiche literarischen Lebens eindringt, von der sozialen Praxis bis hin zur theoretischen Neubewertung.

16 Rilke an Karl v. d. Heydt, 11.3.1913, in: Rilke, Briefe von der Heydt, S. 187, künftig Sigle KEH.
17 Marx, Heilige Autorschaft, S. 107.
18 Vgl. ebd., S. 109.

In der Individualisierung der Selbstbilder, in Widersprüchlichkeiten und Inkohärenzen dokumentieren sich einerseits Krisenbewusstsein und Statusunsicherheit der Betroffenen und der Verlust orientierungsstiftender Leitbilder.[19] Andererseits kann der je individuelle, exzentrische, künstliche, willkürliche Zuschnitt auktorialer Profile auch als Reflex auf die gesamtgesellschaftliche Individualisierungsproblematik verstanden werden.[20]

Das Spektrum dieser Selbstthematisierungen reicht von Rudolf Borchardt, dem »Typ des modernen poeta doctus, [...] Bildungsdichters und Philologen«[21] bis zum charismatischen poeta vates George im Gefüge von »Herrschaft und Dienst«;[22] es erstreckt sich vom »Seismographen« Hofmannsthal, dessen spezifisches Sensorium zur Wahrnehmung aller »Vibrationen« der eigenen Epoche ermächtigt,[23] bis zur poetischen Fiktion der Else Lasker-Schüler, die sich in ambivalenten Rollenspielen zwischen ›Prophet‹ und ›Clown‹ entfaltet.[24] Selbststeigerungen sind zu verzeichnen, etwa Wedekinds Wandel vom Aufklärer zum messianischen Verkünder soziokultureller Erneuerung[25] oder Hauptmanns Selbsterhöhung vom Wissenschaftler zum repräsentativen Klassiker und zum inspirierten Propheten der Artriden-Tetralogie: Hauptmann habe, wenn er seine Dichtungen diktierte, abgelesen, »unsichtbare Zeilen, ihm sichtbar, von einem Blatt, auf dem nichts geschrieben stand«.[26] Ebenso gehören Selbstverkleinerungen, »Entselbstung, Entäußerung des Autors, Depersonation«[27] zum Ensemble moderner Autorschaftsinszenierungen. Aus der krisenhaften Selbsterfahrung Döblins, der Zerrissenheit zwischen Arzt und Dichter, erwächst z. B. ein reduktionistisches Konzept von Autorschaft, das jedem genieästhetischen Elitarismus eine Absage erteilt und sich über gesellschaftliche und politische Verantwortung definiert.[28] Schließlich realisiert sich der ›verkleinerte Autor‹ als programmatische Re-Anonymisierung in der Zeitschrift *Die losen Blätter,* an der bedeutende Ak-

19 Statusunsicherheit und »Aufweichung traditionaler Orientierungs- und Handlungsrahmen von Autoren« um 1900 bestätigt auch Thurn, der allerdings der Auffassung ist, dass »die Zeiten eines pathosgeladenen Künstlertums endgültig vorüber schienen«, in: Kunst als Beruf, S. 108.

20 Vgl. auch Zitko: »Die Pluralität teils sich überschneidender, teils wechselseitig sich ausschließender Habitusformen in der Kunst entspricht der Struktur moderner Gesellschaften, die sich aus sozialen Gruppen mit differenzierenden Denk- und Lebensstilen zusammensetzen«, in: Die Resistenz des Charisma, S. 23.

21 Zmegac, Geschichte, S. 312 f.

22 Wolters, Friedrich, Herrschaft und Dienst, Berlin 1909.

23 Vgl. Selbmann, Dichterberuf, S. 158, bezugnehmend auf Hofmannsthals Rede *Der Dichter und diese Zeit* (1905).

24 Vgl. Susanne Mittag, Else Lasker-Schüler, S. 68.

25 Vgl. Höger, Der Autor als neuer Prophet, S. 47 ff.

26 So zumindest überliefert es Hauptmanns Sekretärin Elisabeth Jungmann, auf deren Bericht in der rororo-Monographie Tanks (1959, S. 51) sich Zimmermann bezieht, in: Der Dichter als Prophet, S. 41 und Anm. 13, S. 273 f.

27 Döblin, An Romanautoren und ihre Kritiker, S. 123.

28 Vgl. Müller-Salget, Entselbstung und Selbstbehauptung, S. 220 – 228.

teure wie Brod, Musil, Stadler, Walser und Werfel teilnehmen.[29] Bei aller Vielfalt folgen diese Inszenierungen dem dichotomen Schema von ›Mystifizierung‹ und ›Entmystifizierung‹,[30] was den Blick freilegt auf die zugrunde liegende Konkurrenz heiliger, unbedingter Autorschaft mit engagierter und relativer Autorschaft um kulturelle Legitimität.

Nun sind mit radikaler ›Mystifizierung‹ bzw. ›Entmystifizierung‹ nur die zwei Pole einer breiten Skala von Autorschaftsfigurationen markiert, die auch Vermittlungsmodelle kennt. Entsprechend bewegen sich auf Handlungsebene die Strategien »der Produzenten [...] zwischen zwei Grenzen [...], die faktisch nie erreicht werden: der totalen und zynischen Unterordnung unter die Nachfrage und der absoluten Unabhängigkeit vom Markt und seinen Ansprüchen« (RK, S. 228). Vermittlungscharakter hat etwa das von Scheideler namhaft gemachte Modell der »Integration« (BB, S. 69 ff.). Der »Doppelcodierung«[31] des Kunstwerks als Ware und Wirtschaftsfaktor einerseits und unveräußerbarer symbolischer Leistung andererseits wird Rechnung getragen, indem man Erwerbsberuf und Berufung im Sinne eines bürgerlichen Lebensmodells integriert – und sich dennoch nicht von Zwängen des Marktes korrumpieren lässt. Das impliziert eine Zurücknahme von Irrationalismus und auktorialer Mystifikation zugunsten der Vorstellung vom Autor als repräsentativem Kulturträger und Bildungspionier, wie sie etwa Thomas Mann propagiert.[32] Zur Logik der Integration zählen auch Versuche, über die Gründung von Autorenorganisationen die Institutionalisierung und Kodifizierung des Schriftstellerberufes voranzutreiben und seine gesellschaftliche Bestätigung durchzusetzen. Um 1900 führt die Zwangslage von Schriftstellern, insbesondere Lyrikern, nämlich nicht nur zur verstärkten Gruppenbildung, sondern auch zur Entstehung von zweckgebundenen Organisationen. Autoren, die diesem Konzept folgen, akzeptieren grundlegende Marktmechanismen zumindest insofern, als Professionellenorganisationen bzw. -verbände systematisch auf Konversion von kulturellem und symbolischem Kapital in ökonomisches Kapital abstellen. Auch hier zeigt sich die Effizienz des Epochenphänomens ›Assoziation‹, in diesem Fall nicht als Ort von Modernitätskritik und ganzheitlicher Sinnstiftung sondern als Instrument zur Verwirklichung kollektiver Interessen.

Das 1902 gegründete ›Cartell lyrischer Autoren‹ etwa setzt bei den anfangs heftig widerstrebenden Verlagen immerhin ein festes – wenn auch geringes – Abdrucksentgelt für bereits veröffentlichte lyrische Texte durch.[33] Nach dem

29 Vgl. Kittler, Aufschreibesysteme, S. 433.

30 Vgl. Bogdal, Akteure, S. 281.

31 Jäger, Keine Kulturtheorie ohne Geldtheorie, S. 31.

32 Zwar kommt das von Rilke und George favorisierte Konzept der Selbstheiligung für Thomas Mann als Autorrolle nicht in Betracht, doch habe auch Letzterer, wie Marx zeigt, im Medium narrativer Texte »auf eine (vergleichsweise zurückhaltende) Weise teil an der spezifisch modernen Re-Sakralisierung der Kunst«, in: Künstler, Propheten, Heilige, S. 60.

33 Vgl. Füssel, Das Autor-Verleger-Verhältnis, S. 141 f., sowie Martens, Lyrik kommerziell.

Modell des ›Kartells‹ wird 1908 der ›Verband deutscher Bühnenschriftsteller und Bühnenkomponisten‹ als Fachverband zur Interessenvertretung von Dramenproduzenten gegründet. Anders als das ›Kartell‹ engagiert sich der VdBuB weitreichend in der Vereinbarung von Honoraren und Rechten und steuert konkurrenzlos den Markt für dramatische Texte, da ihm nahezu alle Bühnenautoren angehören.[34] Von noch eindeutigerer marktwirtschaftlicher Ausrichtung und Durchschlagskraft ist der 1910 gegründete ›Schutzverband deutscher Schriftsteller‹. Er berät seine zahlreichen prominenten Mitglieder nicht nur in ökonomischen Fragen, sondern engagiert sich auch praktisch bei Zensur-, Honorar-, Vertrags- und Urheberrechtsproblemen, betreibt Berufspolitik und versteht sich als Förderinstitution und Interessenvertretung der Kunstliteratur.[35]

Man sieht: Das Modell der Integration impliziert Verbürgerlichung und bedingte Marktkonformität. Was die modernetypische Tendenz zur Vergemeinschaftung angeht, dominieren hier tendenziell Organisationen und die ihnen konstitutive »formelle Strukturbildung«.[36] Doch es gibt auch Autoren, die auf radikale Mystifikation und entsprechend – komplementär zum Integrationsmodell – auf ›Separation‹ setzen, etwa George. Zur Logik der Selbstausgrenzung und Vereinzelung gehört dann der Assoziationstypus der informellen, persönlichen Gruppe. Der oben in anderem Zusammenhang diskutierte »Exodus aus der bestehenden Gesellschaft in Gruppe oder Bund« erfordert nämlich jene personenzentrierte und emotionale Stabilisierung, die zur informellen Strukturbildung gehört.[37] Solche Autoren verweigern sich programmatisch jeder Marktfähigkeit von Kunst unter dem Verweis auf die Inkommensurabilität des Heiligen, insistieren auf Berufung und lehnen Professionalisierung ab. Statt mit dem Leistungscharakter von Organisationen kalkulieren sie mit der irrationalen Sogwirkung charismatisch geführter Jüngergemeinden, die nicht über Satzungen und Regelwerke, sondern über »gefühlsmäßige Identifikation«[38] integriert werden. So lehnt der ›Hohepriester‹ religiöser Gruppenbildung, Stefan George, selbstverständlich die Teilnahme an den professionellen Autorenorganisationen Lyrik-Kartell und SDS ab.[39] Aber auch Rilke hält sich zeitlebens von diesen Assoziationen fern; le-

34 Vgl. Füssel, Das Autor-Verleger-Verhältnis, S. 142.

35 Vgl. Wittmann, Geschichte des deutschen Buchhandels, S. 292 f.; vgl. Ernst Fischer, Der Schutzverband deutscher Schriftsteller.

36 Schäfers, Einführung in die Gruppensoziologie, S. 64.

37 Vgl. ebd.

38 Ebd.

39 So schreibt George 1902 an Hofmannsthal: »Kürzlich wurd ich mehrmals wegen eines ›Lyrikerkartells‹ (man schämt sich solch ein wort zu schreiben) mit brief und gedruck belästigt; wobei Ihr namen mit dem einiger teils fremder teils in familienschriften gewöhnlicher reimköche angeführt wird; Was in aller welt haben Sie mit solchem zeug zu schaffen – und was soll das MIR?«, in: Briefwechsel mit Hofmannsthal, S. 172.

diglich in der wirtschaftlich ungefestigten Situation des Jahres 1903, das auch ihn mit der Problematik des unerlaubten Nachdrucks konfrontiert hatte,[40] wird er kurzfristig Mitglied des Kartells.[41] Solche Abstinenz ist für die vorliegende Arbeit von zentraler Bedeutung. Sie lässt nicht nur darauf schließen, dass Rilke, ebenso wie George, auf Separation setzt, sie wirft ferner die Frage nach seiner Sozialverankerung auf. Denn auch Rilke, so meine These, agiert nicht als Solitär allein im konfliktreichen Raum der auktorialen Krise – seine Stellungnahmen, Selbstdarstellungen, Inszenierungen von heiligem Solitarismus würden ungehört verhallen. Vielmehr wird zu beweisen sein, dass der Separatist Rilke im Kampf um Durchsetzung und kulturelle Legitimität der zielorientierten Professionellenorganisation ebenfalls das Gewicht der Sozialformation ›Jüngergemeinde‹ entgegensetzt – nur mit ganz anderen Akzentsetzungen als George. An dieser Stelle ist zunächst sein Verständnis des Kunstwerks als unveräußerbare und ökonomisch nicht bewertbare symbolische Handlung festzuhalten. So schreibt der erst 28-jährige Rilke 1903: »Allein schon das Bewußtsein, daß zwischen meinem Schreiben und des Tages Nahrung und Notdurft eine Beziehung besteht, genügt, mir die Arbeit unmöglich zu machen.«[42] Jene bedingte Marktakzeptanz, die nach der Logik der Integration Berufung und Erwerbsberuf vermitteln kann, scheint demnach nicht nur für George, sondern auch für Rilke nicht in Frage zu kommen.

Es scheint so zu sein; doch wird sich bei genauer Betrachtung zeigen, dass Rilke jenseits brieflicher Selbststilisierungen zum besitzlosen Künstler-Minoriten über mehr Realitätssinn verfügt, als ihm die bis heute überlieferten populären Rilke-Klischees zubilligen. Zwar vertritt er ebenso wie George das Programm einer unverkäuflich-kostbaren Kunst, bevorzugt ebenso wie George exklusive buchkünstlerische Luxusausgaben in preziöser Ausstattung und niedriger Auflagenzahl,[43] allerdings mit einem grundlegenden Unter-

40 Nachdem Karl Ernst Knodt, Pfarrer im Odenwald, in seiner Anthologie *Wir sind die Sehnsucht* (Stuttgart: 1903) ohne Rückfrage zehn Gedichte Rilkes nachgedruckt und eigenmächtig mit Titeln versehen hatte, empfiehlt Dehmel das Kartell; vgl. Rilkes Schreiben an Dehmel vom 20. 1. 1903, in: Dehmel, Dichtungen, Briefe, Dokumente, S. 195–199.

41 Rilke tritt im Januar 1903 bei, in der nächsten veröffentlichten Mitgliederliste im Oktober 1905 ist er bereits nicht mehr aufgeführt. Martens weist darauf hin, dass Rilke wohl nicht von ungefähr in seinem Aufnahmeschreiben den Terminus »Kartell« als zu »prosaisch-ökonomisch« vermieden habe, in: Lyrik kommerziell, S. 294 f. Die nachteilige Situation der Lyrikproduzenten im Kampf um Tantiemen, die zur Gründung des Kartells geführt hatte, umgeht Rilke nach der endgültigen Bindung an den Insel-Verlag 1907 durch Distanz von Anthologien, wobei ihn der auf ein mögliches Rilke-Monopol spekulierende Kippenberg unterstützt.

42 Rilke an Ellen Key, 13. 2. 1903, in: Rilke, Briefwechsel Key, S. 12, künftig Sigle EK.

43 Wie sehr die Buchkunstbewegung in England, Frankreich, Österreich und Deutschland u. a. von denjenigen Lyrikproduzenten der Moderne vorangetrieben wird, die einem exklusiven und elitaristischen Verständnis von Autorschaft verpflichtet sind, etwa Mallarmé, George, Hofmannsthal und Rilke, wird deutlich bei Renate Scharffenberg, Der Beitrag des Dichters, zu Rilke vgl. S. 170–194. Die genannten Autoren griffen auf der Suche nach angemessenen Präsentationsformen für ihre nachnaturalistischen Werke systematisch in die äußere Gestaltung ihrer Bücher ein, so Scharffenberg. Rilkes frühe Verbindung mit dem Projekt der Buchkunst zeigt sich

schied. Nach der Trennung von Juncker akzeptiert Rilke 1906 mit Kippenberg einen außerordentlich marktbewussten Verleger, der anspruchsvolle Buchästhetik und ein neues Selbstverständnis – der Verleger als Träger einer »Kulturmission«[44] – auf überzeugende Weise verbindet. Der neue Verlegertypus fühlt sich für Überleben und Demokratisierung des Kulturbuches verantwortlich, das als Massenbuch weiten Leserkreisen zugänglich gemacht werden soll. So verdankt Rilke Kippenberg nicht nur Luxus- und Vorzugsausgaben mit Titelvignetten, in Japan- oder Büttenpapier und Pergament- oder Ledereinband.[45] Mit der Wiederauflage des *Cornet* 1912 als Insel-Buch Nr. 1 beweist Kippenberg sein Gespür für die ökonomische Logik des Massenbuch-Konzeptes: »Das Erscheinen des Cornet Rilke in der Insel-Bücherei« habe, so kann Kippenberg Rilke mitteilen, »geradezu eine Rilke-Hausse zur Folge gehabt [...], mit 8000 Exemplaren Absatz (bedenken Sie in 3 Wochen!)« habe er auch »das Fähnlein der übrigen Bücher mit sich gerissen«.[46]

Dieser Aspekt ist gerade im Vergleich mit George von zentraler Bedeutung, da Kooperation mit »Kultur- oder Individualverlegern«[47] eine Möglichkeit bietet, Marktkonformität und ästhetische Autonomie bis zu einem gewissen Grade zu verbinden, ohne den Modus der Separation preisgeben und Professionalisierung in Kauf nehmen zu müssen. Folgt man Wittmann, so bietet der neue Verlegertypus nämlich ein Leistungsspektrum, das dem der Professionellenorganisationen kaum nachsteht. Vor diesem Hintergrund steigen einzelne Exponenten dieses Typus wie Fischer oder Wolff zu visionären ›Schutzpatronen‹ neuer literarästhetischer Konzepte auf. Nur liegt solchen Leistungen eben keine institutionelle, sondern eine persönliche, emotionale Bindung an Einzelautoren oder Autorengruppen der Avantgarde zugrunde.[48] Bezeichnend ist dabei eine im Verlagswesen relativ neue wechselseitige Identifikation von

in der Zusammenarbeit mit Vogeler: Die Gedichtbände *Mir zur Feier* und *Buch der Bilder*, die 1899 bei Georg Heinrich Meyer und 1902 bei Juncker erscheinen, sind jeweils mit Titelvignetten von Vogeler ausgestattet. Dabei belegen zahlreiche Zitate, wie detailliert Rilke vor allem die äußere Gestaltung der Titel bei Juncker, *Die Letzten* (1901) und das *Buch der Bilder* steuerte.

44 Anton Kippenberg an Hofmannsthal, zitiert nach Wittmann, Geschichte des deutschen Buchhandels, S. 286.

45 Zu den Titelvignetten für das *Stundenbuch* vgl. Scharffenberg, Der Beitrag des Dichters, S. 190 ff., sowie Rilke, Gedichte 1895, S. 723, künftig Sigle KA I. Zur Ausgabe des *Buches der Bilder* als 19. Druck der buchkünstlerischen Ernst-Ludwig-Presse in Darmstadt 1913 in einer limitierten Sonderauflage von 300 Stück, davon 50 auf Japanpapier, vgl. Kippenbergs Brief an Rilke vom 10. 10. 1912, in: Rilke, Briefwechsel Anton Kippenberg I, S. 355, künftig Sigle AK I. Zu Luxusausgaben von *Stundenbuch* und Malte-Roman vgl. Kippenbergs Briefe an Rilke vom 4. 2. 1907, 23. 5. 1910, 1. 6. 1910, AK I, S. 62, 211, 213 f. Zur Sonderausgabe der *Duineser Elegien* im Juni 1923 in dunkelgrünem Maroquin-Leder vgl. Unseld, Der Autor und sein Verleger, S. 218.

46 Kippenberg an Rilke, 25. 7. 1912, AK I, S. 342. Die Startauflage von 10000 Exemplaren ist sofort ausverkauft, bis 1996 erreicht der *Cornet* 51 Auflagen.

47 Wittmann, Geschichte des deutschen Buchhandels, S. 279.

48 Vgl. ebd.

Verleger und Autor: Der Verleger beansprucht den intellektuellen Rang des kongenialen Interpreten und übernimmt gleichzeitig die wirtschaftliche, rechtliche, administrative, publizistische und psychosoziale ›Verwaltung‹ des Autors. Im Gegenzug werden dem Autor u. U. weitreichende Einblicke und Eingriffe in Herstellungs- und Distributionspraktiken ermöglicht. Besonders Rilkes Beziehung zu Anton Kippenberg kennzeichnet dieser Modus der wechselseitigen Annäherung und Identifikation. Aus dem epistolarischen Austausch zwischen Autor und Verleger über Details der Herstellungs- und Vertriebsstrategie Rilke'scher Texte sowie aus Rilkes Lektoratstätigkeit als »literarischer Berater des Insel-Verlages«[49] geht hervor, welche Einflussmöglichkeiten ihm von Kippenberg über Jahre hinweg eingeräumt wurden. Andererseits reicht Kippenbergs Versorgungsverständnis vom »Sachwalter«[50] Rilkes zum »sorgsamen Hausvater«,[51] von der Regelung aller finanziellen Belange über die des Postverkehrs[52] bis hin zur Versorgung mit Naturalien während des Krieges.[53]

Die Beziehung zum Kulturverleger mit Professorentitel, der ebenso auf klassische Goethe-Texte wie auf den avantgardistischen Malte-Roman setzt, ist für Rilkes Positionierungsbemühungen im literarischen Feld bezeichnend: Der tendenziell konservative Kippenberg steht für ein integratives Potential, das Rilkes Beweglichkeit zwischen antibürgerlicher Kunstopposition und bürgerlicher Gesellschaft aufzeigt. Nach einer kurzen Anlaufphase der Betriebsamkeit hält Rilke sich zwar zeitlebens von Literaturbetrieb, bürgerlicher Leseöffentlichkeit und professionellen Interessenvertretungen fern und schafft so den nötigen Freiraum für das inkommensurable Amt des heiligen Dichters. Über die Assoziation mit Kippenberg umgeht er aber gleichzeitig die Nachteile einer ökonomisch ungünstigen Vormodernität, auf die George mit der Verabsolutierung des Unverkäuflichkeitspostulats festgelegt ist. Dessen übersteigertes Berufungsethos ist nur mehr mit dem Status des »Privatmannes« vereinbar, der selbstbewusst mäzenatische Versorgung beansprucht – unter dieser Bezeichnung trägt sich George in Hotelbücher ein.[54]

49 Katharina Kippenberg räumt Rilke ab 1917 diese Nebentätigkeit ein, um ihn vor dem Kriegsdienst zu bewahren, vgl. ihren Brief an Rilke vom 14. 2. 1917, in: Rilke, Briefwechsel Katharina Kippenberg, S. 220, künftig Sigle KK. Rilke wird die freiberufliche Lektoratstätigkeit auch über das Kriegsende hinaus ausüben, vgl. II. Hauptteil, Abschnitt 2.3.1, S. 205.

50 Kippenberg an Rilke, 13. 12. 1907, AK I, S. 91.

51 Rilke an Kippenberg, 3. 6. 1919, in: Rilke, Briefwechsel Anton Kippenberg II, S. 124, künftig Sigle AK II.

52 Vgl. Kippenberg an Rilke, 8. 10. 1912, AK I, S. 354.

53 Vgl. Kippenberg an Rilke, 8. 7. 1918, AK II, S. 87, und Kippenberg an Rilke, 16. 10. 1918, AK, II S. 101.

54 Vgl. Mattenklott, Bilderdienst, S. 197 und S. 191: »George lebte aus Vermögenserträgen, später hauptsächlich von Zuwendungen wohlhabender Freunde.« Zur radikalen Negation jeglicher Ökonomie durch George, die bis zur Ablehnung von Buchführung und eigenem Bankkonto reichte; vgl. auch Breuer, Ästhetischer Fundamentalismus, S. 198.

Für Rilkes Elastizität zwischen heiliger Enthaltsamkeit und Marktbewusstheit spricht dagegen folgendes Beispiel. Sein Verleger Kippenberg ist stets um Einbindung unterschiedlicher Rezipientengruppen und um den Ausgleich zwischen Exklusivität und Demokratisierung bemüht. Da nimmt es nicht wunder, wenn er das *Marien-Leben* 1913 sowohl als luxuriöse Sonderausgabe auf Büttenpapier als auch als Billig-Buch in der Insel-Bücherei erscheinen lässt.[55] Bemerkenswert allerdings ist, dass Rilke selbst den Vorschlag macht, den Zyklus »in die 50 Pfennig-Bücher aufzunehmen«:[56]

Je mehr ich hier die kleinen Bändchen der ›Insel=Bücherei‹ in Gebrauch und Umgang seh, desto mehr frag ich mich, ob wir nicht am besten thäten, dem Marien=Leben gleich diese zugänglichste Existenz zu geben, die seiner Art nicht schlecht entspräche? Es würde als ein solch kleines Buch recht bereit unter die Leute gehen und sich wohl fühlen (will mir scheinen).[57]

Es zeigt sich, dass Rilke Kippenbergs Verkaufsstrategien nicht nur genau beobachtet, sondern auch das Potential der Billigbuch-Reihe für ein »Unter-die-Leute-Gehen« von Lyrik erkennt – zumindest im Hinblick auf einen Zyklus, den er selbst nicht zu seinen Spitzenprodukten zählt.[58]

Es zeigt sich ferner, dass die Assoziation mit dem marktbewussten Kulturverleger Kippenberg Rilke langfristig davor bewahrt, auf den Status des »Privatmannes« festgelegt zu sein. Für Kippenberg als Repräsentanten der neuen Verlegergeneration gehören nämlich Risikoinvestitionen zum operativen Geschäft, die die zeitliche Logik von Kapitalkonversionen im Feld der Avantgarde berücksichtigen. Während die Unternehmungen am heteronom bestimmten, kommerziellen Pol des Feldes »kurze Produktionszyklen« (RK, S. 236) aufweisen und schnellen finanziellen Profit einbringen, sind diejenigen am symbolisch herrschenden, autonom bestimmten Pol durch »lange Produktionszyklen« (RK, S. 229) mit einem »eingeschobenen Zeitintervall« (RK, S. 238) gekennzeichnet. Was bedeutet das? Produzenten der Avantgarde produzieren zunächst nur für ihresgleichen, werden also nur von anderen Akteuren der Avantgarde wahrgenommen, was eine kurzfristige Konversion von symbolischem in ökonomisches Kapital verhindert. Dementsprechend werfen verlegerische Investitionen in solche Akteure erst nach längeren Etablierungs- und Kanonisierungsphasen ökonomische Profite ab. Bourdieu zufolge funktionieren solche auf Langfristigkeit und Geduld angelegten Investitionsbeziehungen u.a. deshalb, weil auch hier jene kollektiven Euphemisierungen zum Tragen kommen, die jeglichen Handel mit Glaubensartikeln

55 Vgl. Rilke, Gedichte 1910, S. 444, künftig Sigle KA II.

56 Kippenberg an Rilke, 26.10.1912, AK I, S. 359.

57 Rilke an Kippenberg, 18.10.1912, AK I, S. 356.

58 Rückblickend wird Rilke am 6.1.1922 für Margot Sizzo den Zyklus als »die kleine Mühle des Marien-Lebens« bezeichnen, die der »Strom des begnadeten Geistes« neben dem wichtigeren Elegienprojekt unterhalten habe, in: Rilke, Briefe Gräfin Sizzo, S. 17, künftig Sigle Sizzo.

überlagern. Autor und Verleger sehen jeweils ihren Beitrag, Kunst oder Dichtersalär, als reine Gabe, für die keine Gegenleistung, weder die der unmittelbaren Anerkennung noch die des wirtschaftlichen Ertrages zu erwarten ist (vgl. RK, S. 238 f.). So empfiehlt Kippenberg Rilke, das »Prosabuch [Malte] so lange liegen [zu lassen], bis es aus sich herausreift«. Er, Kippenberg, werde Rilke »jedenfalls nicht drängen [...] bis Sie ihm das Manuskript einst zu seiner Freude übersenden«.[59] Man kann sich vorstellen, dass dieses Prinzip scheinbarer Zweckfreiheit und Uneigennützigkeit, nach dem der Autor nur für die reine Kunst produziert und der Verleger nur für die reine Kunst in den Autor investiert, die Geduld bisweilen auf harte Proben stellt. Zu Kippenbergs Verlegerrolle des visionären Entdeckers gehört nämlich nicht nur, dass er Rilke seit 1908 unabhängig von dem aktuellem Absatz seiner Bücher oder aktueller Produktivität im Vierteljahres- oder Monatsrhythmus regelmäßige Zahlungen zukommen lässt und selbst Zusatzforderungen nach Möglichkeit prompt auszugleichen sucht; phasenweise mit Hilfe eines von Kassner, Kessler, von der Heydt und ihm selbst unterhaltenen ›Rilke-Fonds‹.[60] Das Prinzip der ›zweckfreien Investition‹ hält der Verleger auch über jene Perioden hinweg aufrecht, in denen Rilkes Produktivität nachlässt und damit die scheinbare Zweckfreiheit einer tatsächlichen bedrohlich nahe kommt.

»Beruhigen Sie sich ganz wegen der Zukunft und widmen sich Ihrer Arbeit; was irgend an mir liegt, werde ich tun, damit Sie materielle Sorgen niemals haben«, lässt Kippenberg etwa 1916 aus Flandern verlauten[61] – in der doppelt defizitären Phase des Krieges, während der Rilke kaum schreibt und die wirtschaftliche Basis des Verlages bedroht ist. Zwar führt Rilkes gelegentlich planlose Lebensführung mit zahlreichen Reisen, Kuraufenthalten, rasch wechselnden Haushalten und Lebenspartnerinnen immer wieder in pekuniäre Engpässe. Dennoch kann er dank Kippenbergs vorausschauender Investitionspraxis immerhin einen Teil seines Lebensunterhaltes aus schriftstellerischer Tätigkeit bestreiten. Nicht zuletzt bringen Rilkes Bücher, folgt man Kippenberg, nach dem Krieg »einen anständigen Lebensunterhalt« ein.[62] Selbst wenn der Dichter dank einer gewissen Sprunghaftigkeit zeitlebens von mäzenatischen Zuwendungen und Einladungen nicht unabhängig wird, unterscheidet sich Rilke als ›Mischtyp‹ zwischen Integration und Separation in diesem Punkt wesentlich vom reinen Separatisten George.[63] Schon für Max

59 Kippenberg an Rilke, 24. 5. 1909, AK I, S. 163.

60 Zunächst sind Einzahlungen von je 500 Mark für die Jahre 1912 – 1914 vorgesehen. Die Laufzeit des Fonds wird dann bis 1917 ausgedehnt, vgl. die Erläuterungen zum Rilke-Fonds von Bohnenkamp in: Rilke und Rudolf Kassner, S. 59 ff., künftig KAS.

61 Vgl. Kippenberg an Rilke, 10. 10. 1916, AK II, S. 60. Von 1916 bis Sommer 1918 leitet Kippenberg die Kriegszeitung der IV. Armee, in seiner Abwesenheit vertritt ihn Katharina im Verlag, vgl. Zeller, Die Insel, S. 175.

62 Kippenberg an Kessler, 3. 11. 1919, zitiert nach KAS, S. 61.

63 In diesem Zusammenhang ist Nipperdeys Feststellung, dass George und Rilke neben Schriftstellern mit bürgerlichem Beruf und freien, marktabhängigen Schriftstellern den Typus des von

Weber ist diese moderne Radikalvariante charismatischen Führertums nur mit der Existenzform des wirtschaftlich unabhängigen »Rentners« vereinbar.[64]

Ob man nun wie George den Markt vollkommen negiert[65] oder aber ihn wie Kippenberg und Rilke unter euphemistischer Tarnung akzeptiert, ist doch den Akteuren des autonomen Avantgarde-Feldes eines gemein. Sie alle folgen der umgekehrten Güterlogik autonomer Kunst, welche den Warencharakter von Literatur ausblendet und Publikumserfolg als negatives Qualitätskriterium wertet. Schließlich wird das ›Publikum‹ schlicht mit ›Masse‹ identifiziert, während sich die intendierte Rezeptionsschicht nur aus den eigenen Reihen gleichgesinnter Produzenten rekrutiert (vgl. RK, S. 345). Allerdings gilt diese umgekehrte Güterlogik nicht erst um 1900, sie bestimmt bereits im ausgehenden 19. Jahrhundert Positionierungsstrategien nichtkommerzieller Autoren. Das geht aus einer weiteren Arbeit hervor, die die Themen ›Feldtheorie‹, ›Brief‹ und ›Einzelautor‹ verknüpft – Maria Zens' Aufsatz zu Wilhelm Raabes Position im literarischen Feld. Zens zeigt, dass bereits Raabe mit dem Insistieren auf Solitarismus, der Ablehnung korporativer Standesvertretungen und dem ständigen Hinweis auf mangelndes Publikumsinteresse gegen den Strom des literarischen Marktes schwimmt.[66] Dabei ist Raabes Abgrenzungshabitus nicht nur erwartbares Indiz für die fortschreitende Autonomisierung des literarischen Feldes. Hier scheint auch das Separationsmodell vorformuliert, dessen sich später George und Rilke bedienen werden; allerdings noch ohne jenen Exzeptionalitätsdruck, den ein pluralisierter Literaturbetrieb auf Autoren der Moderne ausübt. Je größer dieser Druck wird, je mehr sich im Unterfeld der Avantgarde nach 1900 die allgemeine Vorstellung durchsetzt, berufene Autoren müssten einzigartig, unverwechselbar und unhinterfragbar sein, desto deutlicher differenziert sich hier ein Raum des Sakralen aus (s. u.). Analog nehmen auch kollektive Euphemisierungs- und Verdrängungstendenzen zu, etwa die Auszeichnung weltlicher Besitzlosigkeit als Kriterium ›berufener‹, quasi-sakraler Kreativität. Bezeichnend ist ein Notat Katharina Kippenbergs über Rilke. Besitz habe so wenig »zu diesem heiligen Dichtertum [gepasst], daß er es gelassen hinnahm, als das Schicksal ihn noch von dem

Vermögen oder Mäzenen lebenden Autors repräsentieren, weiter zu differenzieren: George konnte sich auf das elterliche Vermögen stützen, während Rilke seit 1902 ohne Zuschüsse seiner Herkunftsfamilie auskommen musste (vgl. AB, S. 756).

64 Vgl. Weber, Wirtschaft und Gesellschaft, S. 181 f.

65 Schon lange vor der Etablierung von Begriffen wie ›symbolisches Kapital‹ oder ›feldspezifisches Kapital‹ hat die frühe Literatursoziologie darauf hingewiesen, dass Marktverneinung und Erfolgsorientiertheit hier Hand in Hand gehen: »Die Wirtschaftsfremdheit charismatischer Jüngerschaft (M. Weber) darf nicht darüber hinwegtäuschen, daß auch hier Erfolg angestrebt wird, wenn auch unter Umgehung des Marktes« (Fügen, Die Hauptrichtungen der Literatursoziologie, S. 191).

66 Vgl. Maria Zens, *Noblesse oblige*, S. 210 f. und S. 206.

verlieren ließ, was er an ererbter und liebgewordener Habe besaß«.[67] Gemeint ist der Verlust von 1914 in Paris zurückgelassenen Aufzeichnungen, Möbeln und Bildern, die ohne Rilkes Wissen zur Deckung von Mietschulden versteigert worden waren. Hier setzen sich legendenhafte Dichtersakralisierung, umgekehrte Güterlogik und Euphemismen des Glaubensuniversums der Kunst sogar gegen die authentische Position des Betroffenen durch: Zahlreiche Briefstellen belegen, wie wenig gelassen und äußerst betroffen Rilke tatsächlich auf den Verlust seiner Habe reagiert hat.[68]

Zusammenfassend lässt sich sagen, dass bei aller Heterogenität auktorialer Selbstthematisierungen als deren kleinster gemeinsamer Nenner »die Inkommensurabilität von Kunst und die Exzeptionalität künstlerischer Existenz«[69] deutlich wird, die auf unterschiedliche Weise gerettet werden kann. Das Modell der Integration reduziert das Genie und folgt einer ökonomischen Güterlogik. Das Modell der Separation, vertreten etwa durch George und Rilke, steigert das Genie und folgt einer strengen Konversionslogik, die eine primäre Rezeptionsschicht Gleichgesinnter voraussetzt. Nun ist mit Separation – und um Separatisten unterschiedlicher Graduierung soll es im Folgenden gehen – der gesellschaftliche und wirtschaftliche Ort des Schriftstellers im Verhältnis zu literarischem Markt und sozialen Bezugsgruppen benannt. Auf der Ebene historischer Konzeptualisierungen von Autorschaft entspricht dem schriftstellerischen Separatismus um 1900, das wurde schon erwähnt, eine aus der Romantik bekannte Tendenz zur Mystifizierung. Diese

67 Katharina Kippenberg, Rainer Maria Rilke zum Gedächtnis, S. 40.

68 Zum Beispiel Rilke an Kippenberg, 5.10.1915, AK II, S. 31, Rilke an Marie Taxis, 6.9.1915, in: Rilke, Briefwechsel Taxis I, S. 438 ff., künftig Sigle TT I. Zu den Akteuren am »wirtschaftlich beherrschten, symbolisch aber herrschenden Pol des literarischen Feldes« (RK, S. 135) gehören auch die Boheme-Autoren, die, der gleichen verkehrten Logik folgend, monetären Misserfolg im Zeichen ›heiliger Armut‹ zum Ausweis ästhetischen Erfolges umdeuten. Spezifisch ist für sie allerdings, dass die Eigengesetzlichkeit des Avantgarde-Feldes, der zufolge der frühere Häretiker sich zum geweihten Avantgardisten wandeln kann, nicht systematisch für ökonomische Stabilisierung genutzt wird. Zwischen dem Verhungern im Zeichen heiliger und heiligender Kunst und der erfolgreichen Assoziation mit findigen Kulturverlegern gibt es selbstverständlich Mittelwege; etwa die weitverbreitete Doppelexistenz des Autors, der Kunst um der Kunst willen und Lohnschriftstellerei zum Gelderwerb betreibt, oder seine ästhetische Unabhängigkeit durch einen reinen Brotberuf sichert. Bourdieu postuliert einen kausalen Zusammenhang zwischen niedrigem Kodifizierungsgrad des Schriftstellerberufes und möglichen Doppelexistenzen: »Offenkundig bietet dieser Doppelstatus jedoch subjektive Profite. Die beanspruchte Identität erlaubt beispielsweise, sich mit sogenannten Brotarbeiten zufriedenzugeben, die der Beruf selbst zugänglich macht: Lektorat oder Redaktion in Verlagen oder benachbarten Institutionen, im Journalismus, beim Fernsehen, Rundfunk usw.« (RK, 359) Beispiele für solche Doppelexistenzen in der Moderne sind Bahr, Bleibtreu, v. Wolzogen, Bierbaum und Max Halbe (vgl. BB, S. 43). Für Rilke kommt ein solcher Doppelstatus auf Dauer nicht in Frage, auch wenn wirtschaftliche Notsituationen in den Anfangsjahren kurzfristige »Brotarbeiten« – wie z. B. Rezensent des Bremer Tageblatts oder Lektor für den Juncker-Verlag in den Jahren 1902/03 unumgänglich werden lassen, vgl. Ingeborg Schnack, Chronik, S. 173.

69 Bäumer, Autor, S. 36.

traditionsreiche »Paradigmatisierung« des schreibenden Subjekts orientiert sich, folgt man Bogdal, an den drei Kategorien »Singularisierung«, »Marginalisierung« und »Nobilitierung«: Exponenten des Exzeptionalitäts-Modells tendierten zur Vereinzelung und Abgrenzung in einer unübersichtlichen Situation, zur exzentrischen Selbstverortung am Rand des Sozialgefüges und zur kompensatorischen Rangerhöhung durch entsprechende Stilisierungen.[70] Selbst die nicht selten unfreiwillige gesellschaftliche Randständigkeit von Autoren der Moderne[71] lässt sich problemlos in dieses historisch erprobte Schema einrücken und entsprechend umwerten. So wie ökonomisches Scheitern als unhintergehbares Erfolgs- und Genialitätsmerkmal gilt, werden auch Außenseitertum und Isolierung als Kriterien der Berufung interpretiert.[72]

Dass dieses von einem kommerzialisierten Markt und einem intellektuell emanzipierten Bürgertum überholte Modell überhaupt kulturelle Akzeptanz erfährt, führt Bäumer auf die Ambivalenz von Industrialisierung einerseits und Originalitäts- und Innovationsdruck andererseits zurück.[73] Letzterer zählt zu den strukturellen Imperativen eines Systems, das auf autopoetische Selbstreproduktion verpflichtet ist. Bestimmte Autorenbilder garantieren demnach jene Originalität und Authentizität, welche dem Epigonentum der (alles andere als marginalisierten) ›Dichterfürsten‹ des 19. Jahrhunderts zum Problem geworden war.[74] Ferner fungieren sie als Bollwerk gegen die kapitalistische Nivellierung des Buchmarktes. Allerdings ist dies meiner Meinung nach nicht der einzige Grund, warum sakrale Reformulierungen geniezeitlicher und romantischer Autorkonzepte um 1900 so erfolgreich sind. Vielmehr erklärt sich diese Erfolgsgeschichte auch aus der Erlöserrolle, die der Kunst im säkularisierten Denkklima um 1900 zugeschrieben wird (s. u.). Sie bildet die Basis für mögliche Konsensbildungen und implizite ›Gruppenverträge‹ zwischen heiligem Autor und Rezeptionsgemeinde. Vor diesem Hintergrund sollen im folgenden Abschnitt die ideengeschichtlichen Grundlagen des Separationsmodells entfaltet werden. Es ist zu klären, warum sich um 1900

70 Vgl. Bogdal, Akteure literarischer Kommunikation, S. 280.

71 Die historischen Voraussetzungen für die Marginalisierung des Schriftstellers in der Moderne, namentlich das Schwinden einer bürgerlichen Öffentlichkeit »kritisch räsonierender Privatleute, die sich in einem prinzipiell unabgeschlossenen und damit auch für das aufsteigende Proletariat offenen Diskurs u. a. über das Medium der Literatur über ihre gemeinsamen Ziele verständigen«, fasst Britta Scheideler unter dem Habermas'schen Terminus »Strukturwandel der Öffentlichkeit« zusammen (BB, S. 44 ff.).

72 Vgl. Marx, Heilige Autorschaft, S. 116; vgl. auch den Bedeutungszusammenhang von Stigma und Charisma bei Zitko, Die Resistenz des Charisma, S. 22 f., und ausführlich bei Lipp, der die Genese von Charisma auf die Kausalkette von Marginalisierung, Kulpabilisierung, Selbststigmatisierung und sozialethische Vergegenteiligung dieses Zusammenhangs zurückführt, in: Stigma und Charisma.

73 Vgl. Bäumer, Autor, S. 36.

74 Vgl. Bogdal, Akteure, S. 275.

Schriftsteller, die auf Separation setzen, bevorzugt als heilige Autoren in Szene setzen.

2.2 Ideengeschichtliches: Autorschaft zwischen Sakralisierung und Löschung

Hinter der Krise des Autors steht naturgegeben auch eine Krise der Kunstliteratur. Sie verdankt sich nicht nur der Lebensrealität ihrer Produzenten, sondern auch einem subjekt- und sprachskeptischen Diskurs, der in den Texten selbst verhandelt wird. Ungeachtet des wachsenden Zweifels an Sprache als angemessenem Instrument ästhetischer Welterschließung wird im Zeitraum um 1900 aber gerade der Literatur und ganz allgemein der Kunst eine gewisse Erlösungsfunktion zugeschrieben, die ihre bewusstseinsgeschichtliche Grundlage im nachmetaphysischen Sinnvakuum hat.[75] Daraus entsteht die paradoxe Situation einer Krisenbefindlichkeit, der die Überwindung der Krise eingeschrieben scheint.[76]

Es ist gerade der skeptische Kultur- und Zivilisationspessimismus, der umschlagen kann in eine emphatische Feier von Kultur und Kunst als Religionsersatz und als »der höchsten Aufgabe und der eigentlich metaphysischen Tätigkeit dieses Lebens«.[77] Die Kunst ist der Ort, wo sich der Mensch als Ganzes mit all seinen Facetten entfalten kann,[78] sie ist die Gegenwelt zu szientistischem Kausalrationalismus, zur kapitalistischen Kulturlosigkeit und zur Welt der Arbeit (vgl. AB, S. 566). In ihr kristallisieren sich ethische und

75 Zur »Erlösungsfunktion« von Kunst, die auf einen »innerweltlichen Erlösungsbedarf« von den Aporien modernen Lebens reagiere, vgl. Lichtblau, »Innerweltliche Erlösung vom Rationalen«, S. 56. Lichtblau legt dar, dass vor allem Simmel das Konzept einer »innerweltlichen Erlösung« durch eine Harmonisierung disparater Lebensphänomene im Medium der Kunst entwickelt, die als »das Andere des Lebens« das Leben zu sich selbst zurückführe. Die »Erlösung von [etwas] durch seinen Gegensatz« reformuliere die mystische ›coincidentia oppositorum‹ unter lebensphilosophischen Bedingungen (S. 65). Allgemein nimmt die Opposition von Krise und Erlösung im kunst- und kulturphilosophischen Diskurs um 1900 breiten Raum ein. Vor allem geht es um die Aufhebung der Opposition im Modus mystischen Sprechens bzw. in den Denkfiguren eines neuen Mystizismus. Vgl. dazu auch Spörl, Gottlose Mystik, vor allem S. 28–170.

76 Solche widersprüchlichen Bestimmungen des Ästhetischen, flankiert von entsprechenden Autorenbefindlichkeiten zwischen apokalyptischem Pessimismus und Aufbruchs-Euphorie, geben ein Beispiel des allgegenwärtigen Relativierungsgestus, den Nipperdey im Rekurs auf Musil als »Ambivalenz der Moderne« bestimmt: zu jeder Meinung existiert die ihr kontrastierende Position mit je gleicher Legitimität, vgl. AB, S. 190.

77 Nietzsche, KSA 1, S. 24 (Vorwort an Richard Wagner, 1871).

78 Vgl. hierzu Breuer, Ästhetischer Fundamentalismus, S. 18: »Schon durch ihre bloße Existenz wirkt die Kunst als eine stets die Gesamtpersönlichkeit fordernde Aktivität, als ein einziger Protest gegen eine Welt, die die Menschen zwingt, sich in Rollen und Rollensegmente zu zerlegen.«

gesellschaftliche Erneuerungsutopien; sie bietet sich an, um das entstandene religiöse Vakuum einer weitgehend säkularisierten Welt neu zu besetzen und die objektlosen Empfindungen »vagierender Religiosität«[79] einem festen Bezugspunkt zuzuordnen.[80] Zwar ist Kunst nicht der einzige Religionsersatz in der nachmetaphysischen Problemsituation, die unterschiedlichste Ganzheitsangebote hervorbringt – von der ›wissenschaftlichen Weltanschauung‹ bis zu einem breiten Spektrum esoterischer Lehren. Doch präsentiert sie sich in dieser Gemengelage nicht als eine von vielen möglichen Neureligionen, sondern als Überbietung aller konkurrierenden Totalitätssubstitute. Mag es in der Epoche des Naturalismus auch vorübergehend so aussehen, als müsse die Kunst Gebietsverluste zugunsten des Deutungsdiskurses ›Naturwissenschaften‹ in Kauf nehmen,[81] so werden diese Verluste nach 1900 wieder aufgeholt: Dann setzt die Überlagerung des naturwissenschaftlichen Weltbildes durch eine »genuin ästhetische Weltanschauung«[82] ein, über die bereits in den zeitgenössischen Kulturwissenschaften Konsens besteht. In dieser ideengeschichtlichen Konstellation versuchen viele Autoren, die nachmetaphysischen Konkurrenzdiskurse ›Naturwissenschaft‹ und ›Esoterik‹ in Dichtung einzubinden und sie der Dichtung unterzuordnen. Poetisches Sprechen konstituiert

79 Nipperdey, Religion im Umbruch, S. 143.

80 Der Säkularisierungsbegriff ist als historisch-philosophische Beschreibungskategorie nicht unproblematisch; zur umfangreichen gegenwärtigen Diskussion des Verhältnisses von Säkularisierung und Moderne vgl. Barth, Artikel »Säkularisierung I«, S. 620–633. Die Problematik des Begriffs zeigt sich u.a. in den unterschiedlichen Deutungspositionen zu religiöser Befindlichkeit und Kunstreligion in der Epoche um 1900. Einerseits ist da die Vorstellung eines Zusammenhangs von Säkularisierung und kompensatorischer Re-Sakralisierung im Medium der Kunst. Literatur um 1900 wolle »die säkulare Welt sakralisieren« (Nipperdey, Religion im Umbruch, S. 151), die »Säkularisation der christlichen Glaubensvorstellungen« führe »zu ihrer Renaissance innerhalb der Kunst« (Marx, Heilige Autorschaft, S. 108). Von anderer Seite wird ein produktives Kontinuum innerweltlicher Realisationen von Religion angenommen, so dass Kunst eher als Variante von Religion, denn als ihr Ersatz in den Blick kommt. Im Schönen und Erhabenen »konvergieren ästhetische und religiöse Momente«, Kunst sei ein Medium, das Unsagbare zu sagen, und führe damit zur Transzendenz. (Wolfgang Braungart, Ästhetische Religiosität, S. 20). Religion ist demnach immer schon ästhetisch kodiert und umgekehrt. Mit diesem ›Kohärenz‹- oder ›Reziprozitätsmodell‹ ist die Mechanik von Abbruch, Verlust und produktiver Kompensation, die das Begriffspaar Säkularisierung/Re-Sakralisierung impliziert, nicht vereinbar. Auerochs wiederum lehnt dieses »Vakuum-Modell« auch für den Säkularisierungsschub um 1800 ab, da es der aufklärerischen Religionskritik nur eine negative Rolle bei der Entstehung einer kompensatorischen Kunstreligion zuschreibe. Auch für ihn ist Kunstreligion »eine Variante von Religion«, und zwar diejenige, die nach der aufklärerischen Religionskritik um 1800 noch möglich ist (Auerochs, Die Entstehung der Kunstreligion, S. 362 f.). Da sich die vorliegende Arbeit auf den Einzelautor konzentriert bzw. auf jene Ausgangsbedingungen, die um 1900 exzeptionelle Autorschaft möglich machen, schließe ich mich der Vorstellung von einem kompensatorischen bzw. produktiven Potential von Säkularisierung an; in Anbetracht der szientistischen und materialistischen Paradigmenwende des ausgehenden 19. Jahrhunderts ist zumindest auf gesellschaftlichem Gebiet ein ausgeprägter Säkularisierungsschub mit sukzessivem Kompensationsbedürfnis schwer von der Hand zu weisen.

81 Vgl. Bogdal, Akteure literarischer Kommunikation, S. 281.

82 Lichtblau, »Innerweltliche Erlösung vom Rationalen«, S. 59.

eine Weltordnung, in der Naturwissenschaften und Geheimlehren ein ebenso fester wie nachrangiger Ort zugewiesen werden kann. Die Deutungshoheit von Dichtung bleibt davon unberührt, wird vielmehr durch die Hierarchisierung der Deutungsangebote immer wieder bestätigt. Dass dies auch für Rilke gilt, habe ich an anderer Stelle zu zeigen versucht: Wie viele andere Zeitgenossen betrachtet der Séancen-Teilnehmer, Verfasser dänischer Gespensterszenarien und Astronomie-Interessierte Dichtung vor Naturwissenschaft und Spiritismus als einzig gültiges Erkenntnismedium.[83]

Welche Konsequenzen hat nun die zeittypische Komplementarität von Sprachskepsis und Kunstüberhöhung für die Institution des Autors? Im Zusammenhang mit den Notständen des Buchmarkts wurde bereits darauf hingewiesen, dass Autorschaft auch theoretisch neubewertet wird. Beherrscht wird diese Neubewertung der Autorfunktion von entsprechend kontrastierenden Positionen. Da ist zunächst die Vorstellung vom Verschwinden des Autors im Text, welche die französische L'art-pour-l'art-Bewegung von Baudelaire bis Mallarmé traditionsbildend in Gang setzt.[84] Wenn Sprache die Dinge nicht mehr adäquat benennen kann, wenn sie keine klare außersprachliche Referenz aufweisen kann, schwindet auch der Glaube an die Instanz des auktorialen Text- und Bedeutungsproduzenten. Dessen Autorität verschiebe sich demzufolge »von der Aussage- auf die Stilebene des Textes, vom Inhalt des Geschriebenen auf die Methode des Schreibens«[85] – so die systematische literaturtheoretische Position, die die historische Entwicklung im französischen Symbolismus beerbt. Dabei gehe es weniger um den vielbeschworenen ›Tod des Autors‹ als um ein Abrücken vom Wahrheitsanspruch dessen, was der als ›Text-Es‹ fortbestehende Autor seinem Publikum offeriert.[86] Auch Rilke fällt weder auf der Ebene sozialer Positionierungskämpfe noch in poetologischer Hinsicht hinter dieses moderne Paradigma der ›minimierten Auktorialität‹ zurück – selbst wenn er auf den ersten Blick hervorgehobene Autorschaft zu favorisieren scheint. Es wird sich zeigen, inwiefern er in Briefen als bewegliches Autor-Ich in Erscheinung tritt, das Selbstüberhöhung und ›demütige‹ Selbstverkleinerung wirkungsvoll verbindet. Und selbst im gehobenen Projekt einer poetischen Daseinsbegründung, den *Duineser Elegien*, tritt an die Stelle »ontologischer Wahrheitsgarantien«[87] ein

83 Vgl. Martina King, Astronomie und Dichtung, S. 154–204.

84 Ingold zeigt, dass die auf Baudelaire zurückgehende Dichotomie von der ›Verdunstung‹ bzw. ›Verdichtung‹ des Ichs das Changieren des auktorialen Subjekts zwischen schwindender und persistierender Autorität über die Bedeutungsebene des Textes reflektiert. Es gehe, so Ingold, um die Ambivalenz zwischen »Fraktalisierung des Autors als schöpferischer Instanz (Auflösung, Gebrochenheit, Spaltung des auktorialen Ichs)« und »Pluralisierung des Autors, […] Multiplikation seiner Namen und Funktionen«, in: Ingold / Wunderlich, Nach dem Autor fragen, S. 13.

85 Ebd., S. 12.

86 Vgl. ebd.

87 Engel, Rilke als Autor der literarischen Moderne, S. 515.

hypothetisches Sprechen, das auf Behauptungen oder Lösungsangebote mit unbedingtem Geltungsanspruch verzichtet.

Ebenso bedeutsam wie die minimierte oder absorbierte Autorfunktion der Moderne ist ihr Gegenteil: die von den Verfechtern der diskutierten Kunst-Apotheose vertretene ›Maximierung‹ und Überhöhung des Autors. Sie geht Hand in Hand mit einem radikalen Genie-Konzept, das den schöpferischen Ausnahme-Menschen zum Bollwerk gegen die alle Kultur einebnende Flut der Massen ausruft.[88] In diesem Sinne wählen die Geistesgeschichtler des George-Kreises gezielt Stoffe, an denen sich Führungs- und gesellschaftliche Gestaltungsqualitäten überragender historischer Persönlichkeiten aufzeigen lassen; beispielhaft sind Gundolfs Heroenbiographien[89] oder Kommerells Reihe *Der Dichter als Führer in der deutschen Klassik.*[90]

Ein solch apotheotisches Künstlerkonzept speist sich aus dem Ideenspektrum eines vor- bzw. antimodernen Aristokratismus[91] und hat mit Nietzsche und Langbehn zwei traditionsbildende Gewährsmänner. Beide Autoren formulieren den Erlösungs- und Totalitätsanspruch von Kunst aus dem Geiste der Kultur-, Bildungs- und Rationalismuskritik. Langbehns zum Kultbuch avancierter Text *Rembrandt als Erzieher* erklärt als triviale Variante der nietzscheanischen Genie-Vorstellung den Künstler zum geistigen Helden, zur vorbildhaften Führerfigur.[92] Vor allem aber Nietzsches Kunstideologie kann als zentraler Subtext für die verschiedenen Ausprägungen ästhetischen Elitarismus und Exzeptionalismus um 1900 gelten.[93] Zwar hatte Nietzsche mit seinem berühmten Diktum von der Wahrheit als »beweglichem Heer von Metaphern, Metonymien, Anthropomorphismen …«[94] den sprachskeptischen

88 Vgl. Jochen Schmidt, Geschichte des Genie-Gedankens, S. 158.

89 Shakespeare und der deutsche Geist (1911), Goethe (1916), George (1920), Caesar. Geschichte seines Ruhms (1924), sämtlich in der Reihe *Werke der Wissenschaft aus dem Kreise der Blätter für die Kunst,* Berlin, Bondi; vgl. hierzu auch Winkler, Der George-Kreis, S. 239 f.

90 Behandelnd Klopstock, Herder, Goethe, Schiller, Jean Paul, Hölderlin, Berlin, Bondi, 1928.

91 Zum Verhältnis von Modernitätsproblematik, Modernitätskritik und »potenzierter Modernität«, deren »Protagonist und Vater« Nietzsche sei, vgl. Nipperdey, Wie das Bürgertum, S. 71.

92 Vgl. Jochen Schmidt, Geschichte des Genie-Gedankens, S. 188 ff. Britta Scheideler begründet die breite Resonanz auf Langbehns Buch mit dem Unbehagen, das die »Akademisierung des Gebildetenbegriffs« in weiten Teilen des Bildungsbürgertums auslöst. Im Zusammenhang mit der Statusproblematik der Schriftsteller werde dem akademischen Bildungsideal ein neues, ästhetisches Bildungsideal entgegengesetzt, das das Defizit an kulturellem Kapital, an Bildungswissen, das in Bildungsbesitz überführt worden sei, auf Seiten der Berufsautoren kompensiere (vgl. BB, 62 f.). Neben dieser statusbezogenen Lesart halte ich auch eine Deutung für plausibel, nach der das Echo auf Langbehn Zeichen für ein spezifisch modernes ›Unbehagen‹ an einer ästhetischen Kultur der Atomisierung, Temporalisierung und Individualisierung ist. Diesem Kohärenzverlust wird die Vorstellung von einer ahistorisch gültigen, ins Mythische überhöhten und den ›deutschen Geist‹ repräsentierenden Führerfigur wie Rembrandt oder Goethe entgegengesetzt; vgl. dazu Lichtblau, »Innerweltliche Erlösungvom Rationalen«, S. 58.

93 Vgl. Marx, Heilige Autorschaft, S. 108, sowie Manfred Koch, Rilkes Engel, S. 124.

94 Nietzsche, KSA 1, S. 880.

Diskurs der Moderne mit angestoßen.[95] Gleichzeitig trägt er aber zur Rettung der dichterischen Rede bei, indem er die schöpferische Dimension von Sprache gegen ihre genuine Fiktivität, den ästhetischen Diskurs gegen den wissenschaftlichen ausspielt. Meyer hat gezeigt, wie das poetische Gleichnis im Zarathustra oder den Dionysos-Dithyramben »zum artistischen Mittel der Weltbewältigung« wird: Es sei nicht nur lügenhafter Schein, sondern bringe gleichermaßen die Dinge zum Aufscheinen.[96]

Nietzsches Verabsolutierung von Kunst und Künstler steht in der Tradition der deutschen Romantik, reicht aber weit über sie hinaus. Die Rückbindung an die christliche Religion ist weggefallen und Kunst wird jetzt als Ausdruck des »vergotteten« Lebens[97] selbst zum sakralen Vollzug. Unüberbietbar ist der Rang einer Kunst, deren Bedeutung sich folgenden drei Grundbestimmungen verdankt: Kunst als »metaphysische Tätigkeit«, als »großes Stimulans des Lebens«[98] und vor allem als Rechtfertigung des Daseins, das nur »als ästhetisches Phänomen […] uns […] immer noch erträglich« sei.[99] Kunst auf diese Grundbestimmungen festzulegen heißt, ihr nicht nur »innersten Antrieb« und »höchste Steigerung des Lebens«[100] zuzuschreiben, sondern auch einzig gültigen Sinn.[101] In der Rechtfertigungsfigur erfährt der moderne Geniekult seine äußerste Zuspitzung: Legitim ist das Dasein nur als ästhetisches Phänomen, dessen eigentlicher Bedeutungskern der ästhetische Akt ist. Da es im Kontext der Lebensfeier nicht um das bleibende Kunstwerk geht, sondern um die Dynamik des Schaffensprozesses, rückt der schöpferische Mensch in den Mittelpunkt von Nietzsches Kunstideologie. In ihm artikuliert sich mit dem Willen zur Macht das Leben selbst, er wird zum eigentlich ästhetischen Phänomen erhöht – und ebnet den Weg für verschiedene Ausprägungen heiliger Autorschaft um 1900.

Der Erlösungsanspruch von Kunst ist nämlich unter der Prämisse, die Nietzsche setzt – Primat des schöpferischen Aktes vor dem Geschaffenen – exemplarisch durch die Rolle des heiligen bzw. sich selbst heiligenden Künstlers einzulösen; einer selbst wieder dezidiert künstlichen Figur, für die Nietzsche mit der ästhetisierten Christus-Figuration Zarathustra ebenfalls das Modell vorgibt.[102] So wie Zarathustra als prophetischer Solitär konzipiert ist, der an eine fiktive Glaubensgemeinschaft appelliert, so erscheinen auch die

95 Vgl. die Ausführungen Spörls zu Nietzsches Sprachskepsis, auch mit Verweisen zu späteren Schriften wie der *Morgenröthe*, in: Gottlose Mystik, S. 28–41.

96 Vgl. Theo Meyer, Nietzsche und die Kunst, S. 141 ff.

97 Jochen Schmidt, Geschichte des Genie-Gedankens, S. 140.

98 Nietzsche, KSA 13, S. 521 f.

99 Nietzsche, KSA 3, S. 464.

100 Theo Meyer, Nietzsche und die Kunst, S. 76.

101 Vgl. ebd., S. 156.

102 Vgl. auch Marx, Heilige Autorschaft, S. 108 f., sowie ders., Künstler, Propheten, Heilige, S. 57. Für Rilke gibt, so Manfred Koch, Zarathustra besonders die Folie ab für sein »Schauspiel der schweren poetischen Existenz«, für die Inszenierung von prophetischem Solitarismus, in: Rilkes Engel, S. 124.

Exponenten heiliger Autorschaft, Rilke und George, als vereinzelte Propheten inmitten einer Jüngergemeinde. Die von Bogdal namhaft gemachten Kategorien exzeptioneller Autorschaft, ›Marginalisierung‹, ›Singularisierung‹ und ›Nobilitierung‹, sind, man sieht es, im Modell des solitären Religionsstifters exemplarisch verwirklicht. Doch erklärt die Popularität von Nietzsche und Langbehn in meinen Augen nicht hinreichend, warum deren Kunstkonzeption für sakrale Selbstbeschreibungen im literarischen Feld so wegweisend ist. Zusätzlich ist nach dem relevanten sozialen Bezugsraum heiliger Autoren zu fragen und nach dem Abgrenzungsdruck, den er gegebenenfalls erzeugt.

Exzeptionelle, separatistische Autorschaft folgt nämlich einer konsequenten Logik der Differenz. Vom weniger künstlichen Integrationsmodell unterscheidet sie die Notwendigkeit, ein deutlich lesbares Zeichenrepertoire der Distinktionen auszubilden; Kolk spricht von einer »kontinuierlich gepflegten Semantik der Distinktion« (LG, S. 57). Dabei stellt sich die Frage, wo diese Distinktionen wirksam werden. Niklas Luhmann hat darauf hingewiesen, dass Adornos idealisierende Vorstellung von der Kunst als »Gegenposition zur Gesellschaft« nicht haltbar sei; dass sich das autopoetische Subsystem ›Kunst‹ nicht jenseits, sondern innerhalb der Gesellschaft verselbstständige.[103] In diesem Sinn ist auch jede Gegenkultur als »Teil der offiziellen Kultur« zu verstehen, bedarf ihrer dringend, »um Differenz sichtbar machen zu können« – so Kolk mit Bezug auf den George-Kreis (LG, S. 248). Wenn aber Autoren Distinktionsstrategien wie Marginalisierung, Singularisierung, Nobilitierung nur in und mit der Gesellschaft verwirklichen können, ist zunächst nach denjenigen sozialen Bezugsfeldern zu fragen, von denen man sich abheben will. Welcher soziale Ort kommt für nichtkommerzielle Autoren in Frage und wie muss das auktoriale Zeichenensemble beschaffen sein, das dort Differenzen sichtbar macht?

Es ist vom Bürgertum die Rede. Trotz numerischer Unterrepräsentation in der Gesamtgesellschaft attestiert Nipperdey der bürgerlichen Klasse eine hegemoniale Führungsrolle (vgl. AB, S. 421). Schließlich trägt sie mit den Segmenten Kultur, Wissenschaft und Wirtschaft jene Funktionsbereiche, die je die Primate von Sinnstiftung, Welterkenntnis und ökonomischer Macht für sich in Anspruch nehmen. Innerhalb der bürgerlichen Schicht geht es vor allem um Abgrenzung vom Bildungsbürgertum, da Letzteres vor Adel, Klein- und Besitzbürgertum das dominierende Rekrutierungsfeld der freien Berufsschriftsteller ist (vgl. BB, S. 32). Die Aspiranten auf das Amt des heiligen Dichters gehören entweder der gebildeten Klasse an, wie z. B. Hauptmann, George und Rilke,[104] oder sie wandern in die Boheme ab, wie etwa Else Lasker-

103 Vgl. Luhmann, Das Kunstwerk, S. 382; vgl. auch LG, S. 51.

104 Rilkes Zugehörigkeit zur gebildeten Klasse verdankt sich vor allem seiner biographischen Entwicklung. Nach dem frühen und endgültigen Weggang aus Prag findet er während der Münchner und Berliner Studienjahre Anschluss an gebildete Schichten, anfangs vornehmlich an

Schüler oder Ludwig Derleth; in eine Boheme, die ihrerseits »Produkt und Element« des Bildungsbürgertums ist.[105]

Abgrenzungsfragen ergeben sich nun aus der Tatsache, dass das Bildungsbürgertum selbst als inhomogener sozialer Raum erscheint. Durch die wachsende Bedeutung von Naturwissenschaften einerseits und die Allianz zwischen Wirtschaftsbürgertum und Adel andererseits ist auch die gebildete Klasse in eine Krisensituation der Pluralisierung geraten. Ihr konservativer, traditionsorientierter Flügel, der von Nietzsche als philiströs abqualifizierte Gelehrtenstand, versteht sich als Träger der kulturellen Überlieferung. Unter dem Konkurrenzdruck der Naturwissenschaften insistieren die Bildungsmandarine auf alleinige Sinnstiftungskompetenz und spielen die Macht akkumulierten kulturellen Kapitals, die Macht der Bildungspatente und gedruckten Hochschulschriften, gegen den niedrig institutionalisierten Schriftstellerberuf aus. Dem akademischen Titel des Gelehrten korreliert auf Seiten des Berufsschriftstellers kein formales Kriterium, das dessen Status verbürgen würde – das Bildungswissen der Schriftsteller kann nicht zur Festschreibung der Profession genutzt werden. Konstitutive Defizite an kulturellem Kapital, also die anfängliche Abwesenheit von Ehrentiteln, publizierten Büchern oder Auszeichnungen, lassen sich u. U. erst nach langwierigen Durchsetzungs- und Konsekrationsphasen aufholen (BB, S. 58 ff.). Aus dieser Problemlage erwächst ein Wettbewerbsnachteil vor allem für diejenigen Schriftsteller, die durch Fehlen eines Bildungspatentes in eine gedoppelt defizitäre Situation dem Gelehrtenstand gegenüber geraten. Betroffen ist etwa Rilke, der einerseits keinen akademischen Abschluss hat und andererseits eine relativ lange Latenzphase bis zur festen Etablierung überwinden muss.[106] Mit den orthodoxen ›Bildungsphilistern‹ ist also eine Front entstanden, die im Konkurrenzkampf um alleinige Sinnstiftung die Obrigkeit einer »obrigkeits-

etablierte Angehörige der Musik-, Theater-, und Literaturszene, die auch künftig seinen sozialen Ort bestimmen. Bezüglich seiner Herkunftsdispositionen lassen sich die sozialstrukturellen Gegebenheiten im deutschen Kaiserreich auf Österreich nicht direkt übertragen, doch ist die soziale Position der Familie einer bürgerlichen in Deutschland in etwa äquivalent: Beide Eltern gehören der sozial privilegierten deutschsprachigen Minderheit in Prag an, die Mutter entstammt dem gehobenen Wirtschaftsbürgertum, das nach Aufstieg in den Adel strebt. Nachdem der Vater Josef Rilke an der Offizierslaufbahn gescheitert ist, wird dessen Bruder Jaroslav, als erfolgreicher Anwalt und Abgeordneter des böhmischen Parlaments in den erblichen Adelsstand erhoben, zur wert- und normensetzenden Vaterinstanz für den jungen Autor, vgl. Freedman, Rainer Maria Rilke 1875 bis 1906, S. 17 ff. und S. 85 ff. George ist einer Randzone des Bildungsbürgertums zuzuordnen, insofern er als Sohn eines katholischen Weingutsbesitzers aus dem Rheinland frühzeitig einen dezidiert bildungsbürgerlichen Habitus ausprägt: Er besucht das Gymnasium, setzt sich früh mit klassischen Bildungsbeständen wie der Odyssee auseinander (die er angeblich in die Geheimsprache IMRI übertragen haben soll) und studiert ohne Abschluss Romanistik, Anglistik, Germanistik, Philosophie und Kunstgeschichte.

105 Vgl. Kreuzer, Die Boheme, S. 45. Vgl. auch Vondung, Zur Lage der Gebildeten, S. 28.

106 Um etwa 1910; Etablierungskriterien werden gelistet und begründet im II. Hauptteil, Abschnitt 2.3.1.

hörigen Untertanengesellschaft« (BB, S. 65) hinter sich weiß und Abgrenzung auf Seiten der deklassierten Literaturproduzenten umso dringlicher werden lässt. Jegliche Professionalisierung mit Hilfe einer genienahen Semantik der ›Berufung‹ normativ abzuwerten und abzulehnen erscheint als eine Möglichkeit, Differenz zum Gelehrtenstand sichtbar zu machen.

Da die gebildete Schicht aber – wie gesagt – von der Pluralisierung der Moderne mit betroffen ist, geht es auch noch um Abgrenzung in andere Richtungen. Thomas Nipperdey hat dargelegt, wie im Bildungsbürgertum, das »die Versteinerungen und die Trivialisierungen, die es erzeugte, immer wieder aufbricht« (AB, S. 383), antibourgeoise, kritische Tendenzen entstehen; wie hier der Boden für die Ausdifferenzierung der ästhetischen Avantgarde bereitet wird.[107] Zum einen sehen gerade sensiblere Bürger nur in der modernen, antibürgerlichen Kunst ihre eigenen Erfahrungen der Verunsicherung und Nervosität reflektiert. Sie erleben die Pluralisierungs-, Technisierungs- und Abstraktionsprozesse der Epoche als große Erschütterung eines bislang ungebrochenen Weltzusammenhangs und nehmen eine gleichermaßen ›verunsicherte‹, plurale Kunst willig auf, tragen sie mit. Im Medium der modernen Kunst, die als Identifikationsangebot, Lebensinterpretation und Gegenwelt gegen philiströse Verkrustungen dient, wird der emanzipationsfreudige, ›unruhige‹ Flügel des Bildungsbürgertums selbst modern, ohne seinen bürgerlichen Standort zu verlassen.[108] Zum anderen gehen auch wirkliche Revolten aus dem Bildungsbürgertum hervor, die in dezidiert unbürgerliche Positionen münden. Linse zufolge stellt sich die »Gebildeten-Revolte«, die jenseits von Industrialismus und Kapitalismus nach politischer und spiritueller Erneuerung strebt, als Summe unterschiedlichster, konkurrierender Ordnungsentwürfe mit je absolutem Geltungsanspruch dar.[109] Es entstehen so unterschiedliche Subkulturen wie die ›wissenschaftliche Weltanschauung‹ mit ihren verschiedenen Sekten (Monistenbund, Giordano-Bruno-Bund) und die Jugendbewegung mit ihren pädagogischen und politischen Filiationen.[110] Überwiegend aus dem Bildungsbürgertum kommen ferner die Führungsfiguren der sektenhaft strukturierten Subkultur ›Lebensreform‹.[111] All diese ursprünglich bildungsbürgerlichen ›Gegenentwürfe‹ vereint der ›Exodus aus der bestehenden Gesellschaft in Gruppe, Bund oder Kreis‹, und auch damit ist natürlich ›Exodus aus der hegemonialen bürgerlichen Schicht‹ gemeint. Offensichtlich bilden sich hier stereotype Übergänge zwischen verschiedenen gesellschaftlichen Standorten aus, so dass ein Schlaglicht auf die zeittypische Nachbarschaft von Bürgerlichkeit und antibourgeoiser Opposition fällt.[112]

107 Vgl. Nipperdey, Wie das Bürgertum.
108 Ebd., S. 62 ff.
109 Vgl. Linse, Die Jugendkulturbewegung, S. 121.
110 Zur Jugendbewegung als Produkt des Bildungsbürgertums vgl. auch Schäfers, Gruppenbildung als Reflex, S. 113, wo die Schichtzugehörigkeiten der jugendbewegten Akteure referiert wird.
111 Vgl. Frecot, Die Lebensreformbewegung, S. 138.
112 Vgl. auch Vondung, Zur Lage der Gebildeten, S. 32.

In der Summe kann man dem liberalen Flügel des Bildungsbürgertums ein spezifisch modernes Profil attestieren. Ausdifferenzierung in Subsysteme, vermehrte Gruppenbildung, Emanzipation, Neubewertung sozialer Rollen, Code-Pluralismus und markante Formen exkludierter Individualität sprechen dafür. Der Modernisierungsprozess findet demnach nicht außerhalb der bildungsbürgerlichen Oberschicht, sondern mit ihr und in ihr statt. Da nun die Autoren innovativer, nicht-kommerzieller Literatur diesen Prozess selbst maßgeblich mittragen, wird Abgrenzung hier zum Problem bzw. zur Paradoxie des simultanen ›inmitten‹ und ›dagegen‹.

Wie markiert man sich als exzeptioneller Autor, wie markiert man Differenz, wenn exkludierte Individualität alternativlos geworden ist? Wenn die Abwesenheit stereotyper Identitätsschemata alle zur Selbstthematisierung verpflichtet und das Ringen um Unterschiede vor allem in den bildungsbürgerlichen Randzonen allenthalben Selbststilisierung, Exzentrik, Künstlichkeit, Solitarismus wuchern lässt?

Um dem Superioritätsanspruch von Kunst Rechnung zu tragen, um den eigenen Code als unverwechselbar auszuweisen, müssen gesellschaftliche Randständigkeit, Exklusivität und Geistesadel des Künstlers entsprechende Inszenierungen im emanzipierten Bildungsbürgertum überbieten. Überbietung bedeutet in diesem Zusammenhang allgemein Steigerung von der Exklusivität zur Exzeptionalität; bedeutet Einzigartigkeit mit einer »Tendenz zum Extremen«: deutsche Autoren seien, so Nipperdey, »im Vergleich zu englischen etwa, individualistischer, antikonventioneller, verzweifelter, ekstatischer, prätentiöser, experimentierender« gewesen (AB, S. 779). Der Abgrenzungsdruck, den eine emanzipierte, bildungsbürgerliche Bezugsklasse erzeugt, ist in meinen Augen eine wichtige Voraussetzung für diesen Extremismus, – kurz: für die Fruchtbarkeit von Nietzsches Ideologie des vergotteten Künstlers um 1900. Vor der Folie bürgerlicher Unruhe und Nervosität wird das sattelzeitliche Genie wiederbelebt und reformuliert zum heiligen Autor einer Epoche der Säkularisation.

Er besetzt die moderne Leerstelle des Priesters, des innerweltlichen Propheten oder Religionsgründers.[113] Das ist schon insofern eine Steigerung alles bisher Dagewesenen, als der kunstreligiöse Sinnstifter nun ohne traditionelle Glaubensreferenz auskommen muss und quasi sein eigener Glaubensgrund ist. Zusätzlich kommt es zu innovativen Akzentverschiebungen. So versucht man, den Widerspruch von Kunst und Leben, den die Genieästhetik als Problem artikuliert und der »für die gesamte romantische Künstlerproblematik konstitutiv wird«[114] durch eine prononcierte Ästhetisierung des eigenen Selbstentwurfes zu entschärfen. Hier werden die Prätentionen, von denen Nipperdey spricht, die Artistik moderner Autorschaft überdeutlich: Wer um

113 Bogdal konstatiert eine »*Intensivierung* und Reformulierung der Autonomie- und Originalitätsvorstellungen«, in: Akteure literarischer Kommunikation, S. 281.

114 Jochen Schmidt, Geschichte des Genie-Gedankens, S. 231.

1900 sichtbar, unübersehbar sein will, der präsentiert ein Autorbild, das gleichzeitig selbst Kunstwerk und beispielhafte Lebensführung ist. So ist von Rilke bekannt, dass er »richtiges Dichten und richtiges Leben« immer wieder zu verbinden sucht.[115] Vergleichbares gilt für George: Wer Schönheit schaffen und schauen wolle, so Gundolf, bedürfe »der gleichmäßigen Durchbildung des ganzen sinnlichen Da-Seins, von der Idee bis zur Kleidung herab«. Im dichterischen Werk müsse »noch derselbe Geist walten wie in der beiläufigsten Gebärde und Handreichung«.[116] Braungart schließlich macht deutlich, dass die katholisierenden Rituale des Dichter-Priesters George eine Gegenwelt zur »zersetzenden subjektivistischen Innerlichkeit«[117] des bildungsbürgerlichen Protestantismus errichten, also auch in diesem Punkt Abgrenzung von einer hegemonialen bürgerlichen Schicht leisten.

Ferner tritt der an das Genie gebundene Anspruch auf Originalität und originales Schöpfertum zurück zugunsten neuer Konnotationen. Vor allem am Beispiel Rilkes lässt sich zeigen, dass heilige Autorschaft medial, als blinde Berufung oder inspiriertes ›Zungenreden‹ konstruiert wird.[118] Auch den von Marx beschriebenen modernen Autor-Dramaturgien des »Priesters«, des »Propheten«, »Heiligen« oder »Erlösers«[119] eignet sämtlich ein Selbstverständnis als Bewahrungs- und Vermittlungsinstanz ästhetischer Offenbarung und nicht als Neuschöpfer des Heiligen[120] – selbst wenn sie den Zugang zur poetischen Offenbarung auf so autoritäre Weise regeln wie der ›Priester‹ George.

Zwar sind ähnliche sakrale Rollenschemata bereits in der Romantik ansatzweise zu beobachten. Auerochs hat jüngst gezeigt, dass mit Schleiermachers *Reden über die Religion* jene Verschiebung des Religionsbegriffs von der allgemeinverbindlichen religiösen Autorität zum subjektiven religiösen Gefühl in Gang gesetzt wird, welche die Annäherung »der symbolischen Form Religion« an die Kunst begünstige.[121] Ganz in diesem Sinn bekennt Friedrich Schlegel 1798, »das Ziel meiner litterarischen Projekte [ist] eine neue Bibel zu schreiben und auf Muhameds und Luthers Fußstapfen zu wandeln«[122]; eine neue, universalpoetische Bibel mit Novalis als »neuem Christus, der in mir seinen wackern Paulus findet« – so Schlegel.[123] Diese Rollenaneignung wird

115 Vgl. Engel zur Liebeskonzeption des Spätwerks, in: Rilke, KA II, S. 426.

116 Gundolf, George, 1930, S. 42; zitiert nach Auerochs, die Entstehung der Kunstreligion, S. 102. Auch die George-Forschung hat sich immer wieder in diesem Sinn geäußert, vgl. Linke, Das Kultische in der Dichtung Stefan Georges; zur »Kongruenz von ›Wesen, Leben und Lehre‹« vgl. auch LG, S. 157 ff.

117 Wolfgang Braungart, Ästhetischer Katholizismus, S. 45.

118 Vgl. II. Hauptteil, Kapitel 2.3.

119 Marx, Heilige Autorschaft, S. 108.

120 Vgl. ebd., S. 116; zur systematischen Differenzierung der beiden »irrationalen Dichtertypen« ›Genie‹ und ›poeta vates‹ vgl. auch Zimmermann, Der Dichter als Prophet, S. 40 ff.

121 Auerochs, Die Entstehung der Kunstreligion, S. 97.

122 Schlegel an Novalis, 1798, zitiert nach Novalis, Werke, S. 484.

123 Schlegel an Novalis, 2.12.1789, ebd., S. 487.

von Novalis bestätigt: Schlegel werde »der Paulus der neuen Religion seyn, die überall anbricht«.[124] Wenn Else Lasker-Schüler 1903 den von ihr verehrten Peter Hille in Briefen zum »Lieben St. Peter« sakralisieren[125] und Rilke sich 1911 wünschen wird, als Künstler wie Mohammed zu sein,[126] so zeigt sich zum einen, wie konstant Autoren religiöse Rollenschemata über verschiedene Epochenschwellen hinweg bedienen. Zum anderen wird deutlich, wie begrenzt letztlich das Reservoir der entsprechenden monotheistischen Leitkulturen ist.

Bei aller Parallelität auf der Ebene der Semantik sind die Unterschiede zur Romantik dennoch fundamental. Zum einen entsteht Schlegels und Hardenbergs ›Idee‹ einer neuen Bibel in der Folge von Deismus und aufklärerischer Religionskritik an der positiven Offenbarungsreligion und ist als spontaneistische, gefühlsgeleitete, universalreligiöse Utopie zu verstehen. Das Christentum soll zwar abgelöst werden, die Linie von der positiven Offenbarungsreligion über den Deismus bleibt aber zunächst bei einer Individualisierung und Anthropologisierung von Religion stehen[127] und endet erst um 1900 im Atheismus, etwa bei Rilke.[128] Zum anderen kennzeichnet heilige Autorschaft in der Romantik noch nicht jene Exklusivität, die aus dem ›blind‹ inspirierten Offenbarungsverwalter der Moderne das unerreichbare Objekt von Anbetung, Legendenbildung und Vergötzung macht. Abgesehen davon, dass um 1800 noch keine breite bürgerliche Leseöffentlichkeit zur Verfügung steht, die Abgrenzung erforderlich macht und auf charismatische Kommunikationsangebote dann entsprechend reagieren kann, steht auch die frühromantische Kunsttheorie quer zu steilen Gefällebildungen. Mit der Konzeption vom Leser als erweitertem Autor und vom Text als potentiell unabschließbarer Schreibprozess wird vielmehr das hierarchische Verhältnis zwischen heiligem Autor und Rezipient tendenziell eingeebnet. Zumindest der Theorie nach hat hier auch der Leser Anspruch auf den Status des heiligen Kunst-Priesters.

Charakteristisch für sakrale Autorschaft in der Moderne ist demnach zum einen die Akzentverschiebung von genialem Schöpfertum zur heiligen Medialität; zum anderen die steilere Hierarchisierung einer ehemalig offen und flach gedachten Autor-Leser-Konfiguration. Georges Lesern, auch den auserwählten Lesern aus seinem Kreis, ist der Status des Ko-Autors oder Ko-Heiligen nachhaltig verwehrt und allenfalls derjenige des Schülers und Anbeters reserviert. Dass im kunstreligiösen Klima der Moderne von Autor-Leser-Entgrenzung auf Autor-Leser-Abgrenzung umgestellt wird, macht ge-

124 Randbemerkungen zu Friedrich Schlegels *Ideen* von 1799, ebd., S. 493. Für die Hinweise auf Schlegel und Novalis bedanke ich mich bei Silvio Vietta, Hildesheim.

125 Zitiert nach Marx, Heilige Autorschaft, S. 117.

126 Vgl. Rilke an Marie Taxis, 31.5.1911, TT I, S. 42; vgl. II. Hauptteil, Abschnitt 2.3.4.

127 Vgl. Auerochs, Die Entstehung der Kunstreligion, S. 91–99, S. 380–408, insbesondere S. 91.

128 Er sei derzeit »von einer beinah rabiaten Antichristlichkeit«, teilt Rilke Marie Taxis am 17.12.1912 mit, TT I, S. 245.

rade das Beispiel George deutlich, aber auch die Vogelperspektive des späten, prophetischen Hauptmann auf eine bewundernde Leseöffentlichkeit. Letzterer suggeriert in einer Dankesrede zum 50. Geburtstag 1912 einer ästhetisch aufgeschlossenen »Jugend« die eigene, überpersönliche Bedeutung: Sein Publikum wolle mit der Würdigung des Autors Hauptmann »auf den Wert künstlerischen Fortschritts auch für die Nation hinweisen«.[129] Es wird sich zeigen, inwiefern Rilke in diesem Punkt individuell und in gewisser Weise noch moderner verfährt. Zunächst sei nur vorweggenommen, dass er sich dem romantischen Konzept vom Leser als erweiterter Autor wieder annähert. Sein Primärpublikum, die Briefgemeinde, wird nämlich unter scheinbarem Autoritäts- und Hierarchieverzicht derart in die Arbeit an Rilkes Selbstbild einbezogen, dass sich die Adressaten durchaus als Ko-Autoren fühlen dürfen. Dies reicht bis zur Selbstheiligung oder Heiligsprechung einzelner Gemeindemitglieder, die etwa als »Heilige jener weiten Heimat, die ich nicht erreichen kann« angesprochen werden.[130] Es ist unter anderem diese spezifische, ›romantische‹ Modernität, die Rilke grundlegend von George unterscheidet.

Sosehr die beschriebenen Distinktionssemantiken nun Differenz innerhalb der sozialen Bezugsgruppe ›Bildungsbürgertum‹ markieren, geht es doch nicht nur um Abgrenzung. Zu erinnern ist hier an die Paradoxie des simultanen ›inmitten‹ und ›dagegen‹, von der eingangs die Rede war. Wenn das Bürgertum Träger von Moderne und kultureller Überlieferung ist, sozialer Ort der Intellektuellen und kulturbestimmende Rezipientenschicht, dann ist gleichzeitig für Abgrenzung und Einbezug zu sorgen, Differenz zu markieren und Anschlusspotential sicherzustellen. Es geht darum, sich nicht von demjenigen sozialen Spektrum abzuschneiden, das einzig ästhetische Existenz und Entwicklung möglich macht, indem es sie mit hervorbringt. So betont auch Zmegac, dass »die Stellung des Künstlers, welcher sich zur Idee absoluter Kunst oder einer anderen Spielart der Exklusivität bekennt, durch eine Paradoxie bestimmbar [ist]: der Künstler stellt demnach den Typus des integrierten Außenseiters dar«.[131]

In diesem Zusammenhang stellt die Reformulierung des Genie-Modells zum einen ein Verstehens- und Anschlussangebot für die gebildete Schicht dar, zum anderen ein zuverlässiges Instrument der Distinktion. Aufwertung von Kunst zur Kunstreligion gehört seit dem ausgehenden 18. Jahrhundert ebenso zum Traditionsbestand wie die Autonomisierung des Dichterberufs zum ›heiligen Amt‹ und sorgt für Lesbarkeit und Nachvollziehbarkeit. Das bestätigt auch die jüngere feldtheoretische Literatursoziologie, wenn sie dem Geniekonzept, das »mit der Stilisierung des Künstlers zum ›Seher‹« in den

129 Gerhart Hauptmann, Kunst und Jugend, S. 692.

130 Rilke an Lou Salomé, 15. 8. 1903, in: Rilke, Briefwechsel Salomé, S. 117, künftig Sigle LAS.

131 Zmegac, Geschichte, S. 307; zum charismatischen Künstler als Grenzgänger »zwischen Zentrum und Peripherie der Gesellschaft« vgl. auch Zitko, Die Resistenz des Charisma, S. 23.

literarischen Diskurs zurückkehre, Brückenfunktion zwischen »Produzenten und gleichgesinntem Betrachter« attestiert.[132] Andererseits garantiert die Umschreibung des Genies zum exklusiven Offenbarungsverwalter moderner Provenienz Originalität, gerade indem sie Entpflichtung vom Originalitätsdruck inszeniert und privilegierte Mittlerschaft an die Stelle von Auctoritas setzt.[133] Ferner liefert die dezidierte Künstlichkeit, deren sich heilige Autorschaft in der Moderne bedient und von der immer wieder die Rede sein wird, ein breites Spektrum distinguierender Zeichen, die Abgrenzung auch vom emanzipierten Bürgertum leisten. Georges auratische Inszenierungen von (verkleideter) Körperlichkeit und seine liturgischen Rituale sind hier ebenso gemeint wie Rilkes Lebensstil des exzentrischen, auf Einsamkeit und vegetarischer Kost insistierenden Schlossbewohners[134] oder seine schriftlichen Selbstdarstellungen als Seher-Prophet der Antike.[135]

Was Integration des bildungsbürgerlichen Bezugsfelds angeht, wird sich George allerdings als der kompromisslosere Grenzgänger erweisen, als Außenseiter, der Selbstmarginalisierung vor Integration stellt. Zwar weist bei aller Zivilisations- und Kulturkritik der hohe Anteil an philologisch Gelehrten bzw. Hochschullehrern – zudem einheitlich bildungsbürgerlicher Herkunft – im späteren Kreis[136] auf Präsenz und Bedeutung ›klassischer‹ bildungsbürgerlicher Wissensbestände hin. Allerdings beeinträchtigen diese Georges Impetus radikaler Distinktion und Abgrenzung kaum. Ganz im Gegenteil wird eher den bildungsbürgerlichen Akteuren die Übernahme von Georges antibürgerlichem, modernitätskritischem Habitus aufgenötigt, als dass das Potential für bürgerliche Anschlusskommunikationen realisiert würde. So etwa habe laut Rainer Kolk die Wissenschaft des George-Kreises »eine Tendenz zum Verschweigen, zum Geheimnis, zum Nicht-Publizieren«; dies begründe sich »aus der Distanz zum Wissenschaftsbetrieb, dessen Gratifikationen mit Herablassung begegnet wird« (LG, S. 377). Lepenies weist auf Gundolfs Schwierigkeiten hin, seine Karriere als Gelehrter vor George zu rechtfertigen und auf die quasi-zölibatäre Lebensform junger Adepten, die sich von familiären und

132 Christine Magerski, Die Konstituierung des literarischen Feldes, S. 80.

133 Vgl. Marx, Heilige Autorschaft, S. 117.

134 Vgl. Rilkes Briefe an Marie Taxis aus Duino, Winter 1911/1912, TT I, S. 75–127.

135 Vgl. II. Hauptteil, Kapitel 2.3. Ähnliche Funktionsweisen sind laut Mehnert Baudelaires Autorrollen des inspirierten Dandys und des »fou« zuzuschreiben. Erstere impliziere »Kunst als Anpassungsverweigerung« und beziehe im »Kult der Melancholie« eine »bewußt gesuchte Erfahrung subjektiven Andersseins«, also Distinktion, auf »ein altes Ideal menschlicher ›Eigentlichkeit‹«, »das aus traditionalistischer Sicht Priorität gegenüber der von der positivistischen Wissenschaft ›vergewaltigten‹ Condition humaine hatte«. Ähnlich wirkt das Modell des »fou«, das »nicht nur gewählt wurde, um sich von der Menge zu scheiden, [...] sondern symbolisch für die Menge, [...] die die Welt wieder im Sinne eines traditionalistischen Konzepts in eine darstellbare, einsehbare und ›heimische‹ verwandeln konnte«, in: Melancholie und Inspiration, S. 52 und S. 103.

136 Vgl. Fügen, Gesellschaft und Literatur, S. 91.

anderen kreisexternen Bindungen im Sinn eines Durchgangsritus zu distanzieren hatten.[137]

Inwiefern diesem konsequenten ›Exodus aus der bestehenden Gesellschaft in Gruppe oder Bund‹ bei Rilke das Projekt eines identifikatorischen Einbezugs des sozialen Bezugsfeldes ›Bürgertum‹ gegenübersteht, wird im weiteren Verlauf immer wieder zu diskutieren sein. Dabei wird deutlich werden, dass Rilke Anschlussoptionen nicht nur für die verschiedenen Segmente des Bildungsbürgertums bietet. Vielmehr setzt der Briefschreiber und Netzwerker in einem sehr umfassenden Sinn auf offene Strukturbildung und realisiert das simultane ›inmitten‹ und ›dagegen‹ für alle führenden Segmente der Klassengesellschaft.

137 Vgl. Lepenies, Gesellschaftsferne und Soziologie-Feindschaft, S. 313 und 321.

3. Heilige Autorschaften: Ein Vergleich zwischen George und Rilke

Nach diesem skizzenhaften Überblick über ideengeschichtliche Voraussetzungen und Kontexte exzeptioneller Autorschaft um 1900 und das soziale Bezugsfeld ihrer Exponenten ist detaillierter auf Rilke und George einzugehen. Beide Autoren stellen auf Selbstheiligung und auf poetische Offenbarung ab; mag sich unter den modernen Prämissen von Säkularisation und Innerlichkeit auch der Bezugspunkt des Dichteramts von der Transzendenz zur Immanenz und zum eigenen Selbst verschieben,[1] persistiert die sakrale bzw. liturgische Semantik. Rilke bezeichnet den poetischen Schaffensprozess als »Hochamt der Seele«,[2] und George als einen »melodienstrom« in einem Kerzen- und Qualm-Szenario »wie in heilgem dom«.[3]

Beide folgen einer ähnlichen Strategie der Selbststilisierung, Selbstmedialisierung und Selbstlegitimation, die anhand dreier gemeinsamer Kernkategorien – ›Gesamtkunstwerk‹, ›Vates-Rolle‹ und ›Jüngergemeinde‹ – zu vergleichen ist. Aus den Differenzen bei der praktischen Umsetzung kann dann abgelesen werden, inwieweit Distinktion dominiert oder eine Mittelstellung zwischen Distinktion und Anschlussangeboten, zwischen modernitätskritischen Impulsen und Modernität gewonnen wird.

Über die Parallele George/Rilke, die aufgrund einer Fülle an Voraussetzungen eigentlich klärungsbedürftig ist, herrscht offensichtlich intuitiver literarhistorischer Konsens. Auch jenseits des periodisierenden Etiketts ›symbolistischer Lyriker‹ bringt die Sozialgeschichtsschreibung der Literatur nahezu selbstverständlich beide Autoren miteinander in Verbindung, wenn es um ästhetische Religiosität, Gemeindebildung und Erlöserfigurationen geht;

1 Zur Substitution der religiösen Referenz ›Gott‹ durch ›Selbst‹ und zur Umlenkung der Perspektive von der transzendenten Außensteuerung zur poetisch vermittelten Innerlichkeit vgl. allgemein Martina Wagner-Egelhaaf, Mystik der Moderne, S. 59 ff.; vgl. ferner Bettina Gruber, Erfahrung und System, S. 14 f.; vgl. zu Rilke speziell Manfred Koch: »Religion in Rilkes Verständnis heißt dagegen, jener ›Sehnsucht nach sich‹ nach zu gehen«, und zwar im »Akt des Schreibens«, der als »Akt umfassender Selbstverständigung eine religiöse Handlung [ist]«, in: Der Gott des innersten Gefühls, S. 50. Zu Georges Indienstnahme des katholischen Kultus als ästhetische Form und Ordnungssystem unter Suspendierung dogmatischer Inhalte vgl. Wolfgang Braungart, Ästhetischer Katholizismus, S. 181 ff. Die durch den Umschlag von Tranzendenz zu Immanenz entstehende referentielle Leerstelle führt für Breuer – im Rekurs auf Max Weber – in die Selbstvergottung Georges, in: Ästhetischer Fundamentalismus, S. 115 ff.

2 Rilke an Xaver von Moos, 30. 12. 1921, in: Rilke, Briefe, zweiter Band, S. 724, künftig Sigle GB II.

3 Aus dem Gedicht *die kohle glüht* der *Hymnen* (1890), zitiert nach Wolfgang Braungart, Ästhetischer Katholizismus, S. 232.

so Nipperdey, der George und Rilke unter dem Stichwort »Kreis und Gemeinde« zusammen denkt (AB, S. 756), so Koch unter der Perspektive der »Sakralisierung von Literatur«. Koch weist auf die Engführung von Dichtung und Leben beider Autoren hin, die »phasenweise zu sakralen Erlöserfiguren« würden.[4] Mattenklott bezeichnet den aristokratischen Habitus Georges und Rilkes vor dem Hintergrund der für zeitgenössische Intellektuelle charakteristischen »Status- und Identifikationsunsicherheit« als »kompensierendes Kokettieren mit historischen Formen«.[5] Für die ideologiekritische Forschung der 70er Jahre liegt die Parallele zwischen Rilke und George in asozialen, elitaristischen und eskapistischen Verhaltensweisen, die den Priestern der modernen Kunstreligion eigne.[6] Braungart schließlich führt eine Unterscheidung »zwischen beiden Dichtern einer Sakralisierung der Poesie« ein, der sich die Argumentation der folgenden Abschnitte anschließt: »Zerknirschungs- und Erniedrigungsübungen« wie sie im ›Malte‹ entfaltet seien, fänden sich bei George nirgends.[7] All diese Äußerungen zeigen, dass der Vergleich zwischen George und Rilke nicht nur unter poetologischen Kriterien sinnvoll ist;[8] dass er sich vielmehr auch aus sozialwissenschaftlicher Perspektive anbietet, um Möglichkeiten und Eigenlogik sakraler, künstlich zugerichteter Autorschaft um 1900 zu beleuchten. Bei genauerer Betrachtung sind Rilke und George nämlich die beiden einzigen kanonisierten Autoren der Moderne, die langfristig und erfolgreich in der Rolle des heiligen Sehers auftreten und dabei von einer langfristig solidarischen Gemeinde getragen

4 Manfred Koch, Rilkes Engel, S. 123.

5 Mattenklott, in: Bilderdienst, S. 195 f.

6 Exemplarisch Egon Schwarz, Das verschluckte Schluchzen, S. 21.

7 Wolfgang Braungart, Ästhetischer Katholizismus, S. 270.

8 Der biographische und poetologische Vergleich zwischen George und Rilke ist unternommen worden von Forster, Dichten in fremden Sprachen, von Victor A. Schmitz, Stefan George und Rainer Maria Rilke, und von Mason, Rilke und Stefan George. Forster entwickelt ihn vor der gemeinsamen Folie des fremdsprachigen Dichtens, insbesondere des Französischen, was auf seine jeweilige qualitative Aussagekraft hinsichtlich des Gesamtwerkes befragt wird. Schmitz verfolgt einen biographisierenden Ansatz, der zentrale poetische und poetologische Motive aus der jeweiligen Lebensgeschichte ableitet und ihre werkgeschichtlichen Konkretisationen vergleicht. Mason unternimmt den Versuch, anhand brieflicher Äußerungen Rilkes und schriftlich überlieferter Stellungnahmen aus dem George-Kreis zu Rilke sowie anhand poetologischer Kriterien im Werk beider Dichter Einflüsse Georges auf die jeweiligen Phasen im Werk Rilkes nachzuzeichnen und kommt zu dem Ergebnis, dass Rilkes Wendung zum »sachlichen Sagen« des mittleren Werks »gar nicht ohne das Vorbild Georges denkbar wäre« (S. 224). In der neueren Rilke-Forschung greift Löwenstein den Vergleich wieder auf: zwar ergäben sich poetologische Berührungspunkte zwischen Rilkes Frühwerk und Georges programmatischen und literarischen Stellungnahmen um 1900, doch distanziere sich Rilke von der formalen Strenge der Georgeschen Lyrik, in: Poetik und dichterisches Selbstverständnis, S. 168–180, besonders S. 174. Zuletzt hat Wolfgang Braungart vergleichende Überlegungen zu einer Poetik des Gott-Suchens im *Stundenbuch* bzw. des Gott-Setzens im *Siebenten Ring* angestellt. Neben dieser Leitdifferenz unterschieden sich beide Zyklen hinsichtlich eines quasi-protestantischen Prinzips der subjektiven Innerlichkeit bzw. des katholisch-kollektiven Vollzugsgeschehens, in: Der Maler ist ein Schreiber, S. 69–72.

werden. Die Frage nach Abgrenzungen und Binnendifferenzierung erscheint demnach mindestens so virulent wie das Aufzeigen von Parallelen. Schließlich bedarf die Gleichzeitigkeit beider ›Erfolgsgeschichten‹ der Erklärung. Vor allem bedarf Rilke, den diese Arbeit zum Gegenstand hat, unter feldtheoretischen Prämissen der kontrastiven Folie, da die »Singularität von Schriftstellern [...] sich nur in Differenz zu vergleichbaren Autoren [erschließt], seien es vorangegangene oder zeitgenössische«.[9] Dabei gehört nicht zuletzt die von Braungart implizierte Differenz zwischen Autorität und Autoritätsverzicht zu den zentralen Aspekten, die der Vergleich sichtbar machen soll. Vorab ist allerdings die Rede von Strategie in ihrem eigentlichen intentionalen Sinn zu relativieren und durch den Habitus-Begriff zu ersetzen.

Exkurs: Strategie und Intention oder Habitus und Bedeutung?

Der Habitus kann im Bourdieu'schen Sinn verstanden werden als Ensemble von Dispositionen, das auf der Basis von klassenspezifischen sozialen Denk-, Wahrnehmungs-, Verhaltensmustern und Werten erworben wurde und handlungsgenerierend ist.[10] In diesem Sinn verstehe ich den Habitus als Auslöseprinzip für diejenigen Sozialpraktiken, die heilige Autorschaft bei George und Rilke markieren und auf Dauer stellen: Selbststilisierung zum poeta vates, Inszenierung von ›Leben als Kunstwerk‹ und Versammeln einer Jüngergemeinde. Warum eignet sich nun ›Habitus‹ besser zur Beschreibung von Autorschaftsmodellen, ihren Prämissen und Systemkonsequenzen, als der Strategie-Begriff?

Zwar ermöglicht Ersterer – das wird in der Forschung immer wieder betont und wurde auch in der Einleitung schon angesprochen – kaum umfassenden Zugriff auf ein literarisches Programm.[11] Insbesondere fiktionale Texte sind es, die sich einer Sozioanalyse Bourdieu'scher Provenienz nur bedingt erschließen und nicht allein im Habitus ihrer Produzenten aufgehen.[12] Insofern lassen sich auch jene Autormodelle, die nur als implizite Künstlerpoetiken in fiktionalen Texten erscheinen,[13] nicht hinreichend über den Habitus-Termi-

9 Joch / Wolf, Feldtheorie als Provokation der Literaturwissenschaft, S. 1.

10 Vgl. etwa Bourdieu, Sozialer Sinn, S. 97 ff.; vgl. auch ders., Die feinen Unterschiede, S. 277–286.

11 Vgl. Wolfgang Braungart, Ästhetischer Katholizismus, S. 100.

12 Hermeneutisch sei es, so Kolk, »eine weitgehend offene, auch von Bourdieu allenfalls peripher gestreifte Frage, inwiefern literaturwissenschaftliche Befunde, zumal an fiktionalen Texten, auf historische Sozialitationsformen [...] bezogen werden können« (LG, S. 251). Zwar ist seit Bourdieus Sozioanalyse der éducation sentimentale immer wieder gezeigt worden, dass sich dieses Verfahren auf fiktionale Texte anwenden lässt und Aussagen über Distinktionsstreben und Position seiner Produzenten zulässt. Meiner Meinung nach beschränken sich die Möglichkeiten der Sozioanalyse allerdings auf Erzähltexte mit realistischer Signatur.

13 Vgl. die Auswahl impliziter Autorpoetiken bei Selbmann, Dichterberuf.

nus zugänglich machen. Geht es allerdings um praktisch wirksame Selbststilisierungen im Raum sozialen Handelns und Tauschhandelns, so steht mit ›Habitus‹ ein angemessenes Beschreibungs- und Erklärungsinstrument zur Verfügung. Dies gilt nicht nur für die theatralisch-performative Selbststilisierung Georges, für deren Beschreibung sich der Habitus-Begriff, so Braungart, anbiete.[14] Auch Rilkes werknahes Selbstbild fällt insofern unter ›Habitus‹, als es in erster Linie in einer nichtfiktionalen Textsorte Gestalt annimmt: im Briefdialog mit Mitgliedern der Jüngergemeinde. Diese Form pragmatischer Kommunikation, die der empirische Autor Rilke nutzt, um als Heiliger oder Prophet in Erscheinung zu treten, steht im Zentrum meiner Untersuchung. Wenn dabei auch fiktionale Texte thematisiert werden,[15] dann nicht ob ihres poetologischen ›Eigenwerts‹, sondern im Hinblick auf ihre Funktion als Stoffquelle für das habituelle epistolare Rollenspiel.

Genau hier erscheint die Verwendung des Habitus-Begriffs nämlich legitim: Sowohl bei George als auch bei Rilke geht es um Rollenspiel in der realen Welt – sei diese nun theatralisch-rituell gegeben oder nur vermittelt über die Kommunikationstechnologie des Briefes. In diesem Zusammenhang erlaubt der Habitus-Begriff dann nicht nur den Rückbezug je einzelner Verhaltensweisen, z. B. der in Rede stehenden Rollenspiele, auf die ihnen zugrunde liegenden »historischen Sozialisationsformen« (LG, S. 250). Für die beiden kunstreligiösen Erlöserfiguren George und Rilke wären hier etwa als handlungsgenerierende Herkunftsdispositionen die Prägung durch katholische Praktiken, Riten und liturgische Semantiken anzuführen – im katholischen Rheinland und in der Metropole Prag.[16] Auch das Problem der Intentionalität von historischen Akteuren, das mitgedacht werden muss, wenn man von Strategie spricht, ist mit dem Habitus-Terminus zu lösen. Strategien stellen sich nämlich häufig erst im Nachhinein als solche dar, bzw. werden im Nachhinein als solche beschrieben, was Absichtlichkeit impliziert. Absichtlichkeit ist zwar sicherlich gegeben, allerdings ist die Frage zu klären, welche Intentionen den historischen Akteuren unterstellt werden dürfen und welche nicht. Aus der Annahme, dass bestimmte Handlungen oder Verhaltensweisen ex post einen Zeichencharakter annehmen können, der für die handelnden Subjekte nicht vorhersehbar ist, ergibt sich z. B. eine Differenz zwischen Intention und Bedeutung. Solche Differenzen sichtbar zu machen und Handlungsbedeutungen zu klären, die mit den Intentionen historischer Akteure

14 Vgl. Wolfgang Braungart, Ästhetischer Katholizismus, S. 100.

15 Aus heuristischen Gründen werden hier Erzähltexte und Lyrik als fiktionale Texte bezeichnet, auch wenn darüber seit Käthe Hamburger eine lange Debatte existiert. Schließlich geht es in meiner Arbeit lediglich um eine kategoriale Abgrenzung genuin literarischer, lyrischer oder erzählerischer Texte von der nichtfiktionalen Textsorte Brief. Zur neueren Fiktionalitätsdebatte vgl. Zipfel, der aber bezeichnenderweise die Frage nach der Fiktionalität von Lyrik ausklammert, in: Fiktion, Fiktivität, Fiktionalität.

16 In der umfangreichen biographischen und psychologischen Literatur zu Rilke wird immer wieder der bigotte Katholizismus der Mutter Phia Rilke hervorgehoben.

nicht identisch sind, ist die Aufgabe exegetischer Metadisziplinen wie Literatursoziologie oder historischer Anthropologie. Erst im historisierenden Rückblick dieser Disziplinen wird die Komplexität einer bestimmten Epochensituation wie der Moderne erfassbar und damit z. B. im vorliegenden Fall der systematische Bedeutungszusammenhang von Phänomenen wie ›Selbststilisierung‹, ›Gemeindebildung‹ und Durchsetzungskraft im literarischen Feld. Den historischen Akteuren, die aus den Bedingungen und Bedingtheiten eines sozialen Kontexts heraus agieren, den sie selbst mit konstituieren, können solche Zusammenhänge gemäß der Standpunktlogik ›extern/intern‹ kaum zugänglich sein. Erst einem späteren, mit sozialwissenschaftlichen Beschreibungsinventaren gerüsteten Beobachter mögen sich verschiedene Einzelhandlungen als schlüssige Antwort des Akteurs auf die historische Problemkonstellation und als Positionierungsstrategie im literarischen Feld erschließen und so als ›Strategie‹ erscheinen.[17] Selbstverständlich sind die je einzelnen Handlungen als solche wie das Schreiben eines Briefes oder eine bestimmte stilistische Modellierung dieses Textes intentional. Sie sind von der Absicht in Gang gesetzt, einen Brief zu schreiben oder ihn in einem bestimmten Stil zu verfassen. Lediglich die Signifikanz der Handlungen sowie etwaige Kohärenzen, die dem wissenschaftlichen Beobachter einleuchten, dürfen in meinen Augen nicht der Akteursintention zugeschrieben werden. In diesem Zusammenhang erscheint es mir sinnvoll, statt von Strategie von habitualisiertem Verhalten zu sprechen, denn dem ›Habitus‹ ist ein unbewusstes Moment konstitutiv: Klassenspezifische Handlungsmuster und Werte werden unbewusst, im Sinne von Prägung, inkorporiert und bilden quasi den motivierenden ›Bodensatz‹ im Individuum, aus dem dann die je aktuelle Praxis hervorgeht.[18] Der Habitus als ›Handlungsgrammatik‹ vermittelt demnach zwischen Kollektiv und Individuum, zwischen klassenspezifischer Disposition und einzelner Handlung, zwischen Unbewusstem und Bewusstem. In diesem Sinn eignet er sich besonders für die Beschreibung exzentrischer Autorkonzepte um 1900, da die Dichte an distinguierenden Zeichen, an Kleidungs-, Rede- und Lebensstilen, Ritualen oder gehobenen Selbstbeschreibungen auf die Ereignisdichte in einem pluralen sozialen Raum bezogen werden kann.

Als Auslöseprinzip für solch komplexe Selbstschöpfungen ist der Habitus »nur so lange schwer zu denken, wie man den üblichen Alternativen von

17 Ganz in diesem Sinn wenden sich auch Joch und Wolf gegen Kritiker Bourdieus, die geflissentlich dessen Argument übergingen, »dass die strategische Motivation den (historischen) Akteuren selbst meist unbewusst bleibt und erst in einer retrospektiven Analyse (re)konstruiert werden kann«, in: Feldtheorie als Provokation der Literaturwissenschaft, S. 7.

18 Zur Theorie des Habitus als verinnerlichte Handlungsgrammatik, die »als Spontaneität ohne Willen und Bewusstsein [...] zur mechanischen Notwendigkeit nicht weniger im Gegensatz [steht] als zur Freiheit der Reflexion, zu den geschichtslosen Dingen mechanistischer Theorien nicht weniger als zu den ›trägheitslosen‹ Subjekten rationalistischer Theorien«, vgl. Bourdieu, Sozialer Sinn, S. 104 f.

Determiniertheit und Freiheit, Konditioniertheit und Kreativität, Bewusstem und Unbewusstem oder Individuum und Gesellschaft verhaftet bleibt, die er ja eben überwinden will«.[19] Genau im Wegfall dieses Korsetts von Alternativen aber liegt sein Vorteil: Akteure im literarischen Feld, etwa die Priester und Propheten der Moderne, können als geschickt, erfolgreich oder kreativ beschrieben werden, ohne dass man ihren Anpassungen notwendig Berechnung oder Raffinesse unterstellen muss. Die systematische Zweckmäßigkeit solch neureligiöser Selbstschöpfung lässt sich dann auch nicht als Realisierung eines etwaigen vorgegebenen Wesens erklären; das hieße einen teleologischen Bildungsmythos bedienen, wie er für die retrospektive Sinngebung autobiographischen Erzählens von Bourdieu namhaft gemacht wurde.[20] Exemplarisch konstruiert etwa Rilkes Hagiographin Katharina Kippenberg ein solches Telos, wenn sie »die Leistung seines Werkes« bereits im Kind René »im Keime vorbereitet« sieht und seine »zartesten und mächtigsten Verse schon in ihm von göttlicher Hand vorgeschrieben [...]«.[21]

Die Zweckmäßigkeit komplexer auktorialer Selbstschöpfungen ist vielmehr aus der kontinuierlichen, »zugleich notwendigen und unvorhersehbaren Konfrontation des Habitus mit dem Ereignis« zu erklären, »das auf den Habitus nur dann einen relevanten Reiz ausüben kann, wenn dieser das Ereignis der Zufallsbedingtheit entreißt und zum Problem macht, indem er genau die Prinzipien darauf anwendet, mit denen es gelöst werden kann«.[22] Konkurrenzdruck, soziale Deklassierung, Schaffenskrisen und ›Lyrikproletariat‹ wären in diesem Zusammenhang sämtlich als Ereignisse zu verstehen, aber auch Emanzipationstendenzen, öffentliche Kunstheiligung und ein hochgespanntes sakrales Redeklima im intellektuellen Feld. Die Gesamtheit dieser Ereignisse wirkt auf den Habitus ein und ruft bestimmte Handlungsmuster hervor – wie die katholisierenden Liturgien des Priesters George oder die paradoxe, ›demütige‹ Selbstheiligung des Briefpropheten Rilke, der »durch den herrlichen Geist« begeistert ist, »der sich nicht rufen läßt, nicht einmal erbitten«.[23] Bedeutsam für Rilke ist besonders der Durchbruch der Expressionistengeneration: Wie sehr gerade dieses Ereignis »einen relevanten Reiz« auf seinen Habitus ausübt, Rilkes Selbstinszenierungen verändert, wird in Kapitel 2.3 des zweiten Hauptteils deutlich werden.

Auch eine etwaige normative Bestimmung des Verhältnisses zur eigenen Rolle, wie sie Goffman mit den Extremen »zynisch« oder »aufrichtig« vorschlägt,[24] wird durch das Habitus-Konzept hinfällig: Die Annahmen von unbewusster, auf jeweilige Bedingungen reagierender Spontaneität einerseits

19 Ebd., S. 103.

20 Vgl. Bourdieu, Praktische Vernunft, S. 76 ff.

21 Katharina Kippenberg, Rainer Maria Rilke, 1948, S. 67.

22 Bourdieu, Sozialer Sinn, S. 104.

23 Rilke an Magda v. Hattingberg, 16.–20. 2. 1914, in: Rilke, Briefwechsel Hattingberg, S. 125 f., künftig Sigle HAT.

24 Goffman, Wir alle spielen Theater, S. 20.

und einer wie immer gearteten Wahrnehmung der eigenen Rolle als Rolle andererseits widersprechen einander. Rilkes wechselnde auktoriale Rollen auf die Verhältnisalternativen von »aufrichtig« bzw. »überzeugt« oder »zynisch« hin zu befragen, hieße ein berechnendes Bewusstsein zu unterstellen, das im Habitus-Konzept nicht mitgemeint ist und das Bourdieu allenfalls als episodisches Phänomen einer »[...] – stets partiellen – Hellsichtigkeit« einräumt (RK, S. 430). Verhindert wird mit diesem Handlungsmodell ein Reduktionismus, zu dem der Strategie-Begriff verführen kann und der Intentionen von konkurrierenden Akteuren mit unterstellten Interessen identifiziert. Über Erstere können Aussagen getroffen werden, auch über Bedeutungen, die erst im Nachhinein aus intentionalem Tun erwachsen. Letztere bleiben Gegenstand meist wertender Spekulation.

3.1 George und Rilke als ›Gesamtkunstwerke‹

Da unter Gesamtkunstwerk im eigentlichen Wortsinn das Ergebnis einer Synthese verschiedener künstlerischer Disziplinen zu verstehen ist, wird der Terminus hier metaphorisch verwendet. Gemeint ist die suggerierte Einheit von Autor und Werk, die über prononcierte Ästhetisierung des eigenen Lebensentwurfes zustande kommt. Wenn sich poetische und faktische Codes ähnlich werden oder überlagern, wenn etwa Parallelen zwischen lyrischen Redeweisen und epistolaren Selbstdarstellungen bei Rilke zu verzeichnen sind oder Parallelen zwischen lyrisch dargestellten und rituell nachgespielten Szenerien bei George, dann rückt der Autor in die Nähe des Werkes; dann wird die Grenze zwischen Ästhetischem und Sozialem überschritten bzw. die »Einheit von Ästhetischem und Sozialem«[25] hergestellt und auch die Lebenswelt zum Kunstwerk erhoben.

Dieses Verständnis von Autorschaft als artistische Synthese zwischen Leben und Werk oder ›Leben als Kunstwerk‹ ist für die Moderne ebenso charakteristisch wie das synästhetische Gesamtkunstwerk im engeren Sinn.[26] Gemeint sind mit Letzterem z. B. das Wagner'sche Gesamtkunstwerk, aber auch die modernetypischen Verbindungen aus Jugendstilkunst und Dichtung oder Impulse der Expressionisten, Gesamtkunstwerke aus Tanz, Musik, Dichtung und Malerei zu inszenieren.[27] Immer geht es dabei um Übergänge, um Verknüpfung des Disparaten, um die Frage, ob sich im Medium der Kunst

25 Wolfgang Braungart, Ästhetischer Katholizismus, hier S. 114.

26 Dass solche Engführung von literarischem und sozialem Habitus bis in die postmoderne Gegenwart reicht, zeigt Meizoz an den französischen Autoren Houllebecq und Céline. Beide inszenierten »in ihren Romanen eine diskursive *posture*, die sie anschließend als öffentliches Verhalten wiederholen. [...] Die literarische Option geht also dem sozialen Verhalten voraus und bestimmt es gewissermaßen«, in: Die *posture*, S. 188.

27 Vgl. Borchmeyer, Gesamtkunstwerk, besonders S. 182.

die verlorene Ganzheit restituieren oder artistisch neu kreieren lässt. In diesem Sinn ist Gesamtkunstwerken Vermittlungsfunktion zwischen ästhetischem und sozialem Diskurs zuzuschreiben – man sieht es etwa an der ästhetischen Durchformung der Alltagswelt durch die Kunsthandwerkbewegung. Gleiches kann nun für das ›Gesamtkunstwerk Autor‹ angenommen werden: Wer sich selbst, die eigene Existenz, Schaffensprozesse und Geschaffenes als einheitliches, schwieriges, kostbares und singuläres Kunstwerk inszeniert, der stellt nicht nur Distinktion sicher, der sichert mit solchem Habitus auch seine Position als Autor, da er eine Antwort auf das historische Bezugsproblem ›Entfremdung‹ anbietet. Eingangs war von Pluralisierung, Temporalisierung und der irreversiblen »Trennung von Wertsphäre und Beruf«[28] die Rede, was nicht wenig zum Krisenbewusstsein der Epoche beiträgt. In dieser Situation stellt nun nicht die Kunst allein, sondern vielmehr das kunstschaffende, ›Kunst-lebende‹, mit seinen Produkten harmonisch verwobene Individuum ein überzeugendes Totalitätsangebot dar – und zwar für eine atomisierte Gesellschaft, die »ihre Bedürfnisse nach ganzheitlichem Produzieren, nach Kreativität und ›freier‹ Arbeit in die Sozialfigur ›Autor‹ projiziert«.[29]

Dabei kann ein solches auktoriales Kunstprodukt über den Körper in Szene gesetzt werden, wie die Selbststilisierungen Georges zum Hohepriester, Dichterfürsten der Renaissance oder einsamen Meister im »Kugelzimmer« zeigen (LG, S. 219). Die Engführung von Leben und Werk kann sich aber auch in erster Linie medial, schriftlich vollziehen. An Rilke, der sich systematisch körperlich entzieht und in erster Linie brieflich in Erscheinung tritt, wird das deutlich werden. Vor der eingehenderen Diskussion dieser beiden Formen von Selbstästhetisierung ist zunächst ein Blick zu werfen auf einschlägige historische Entwicklungslinien und Möglichkeitsbedingungen.

Um 1900 blicken nämlich sowohl das Konzept von ›Leben als Kunstwerk‹ als auch ›heilige Autorschaft‹ bereits auf eine längere kulturgeschichtliche Tradition zurück. Lediglich die Vermittlung beider zu einem neureligiösen Modell, das die Grenzen von Textualität und Fiktionalität überschreitet und sich in den lebensweltlichen Raum ausdehnt, ist spezifisch modern. Die Ausbreitung des Phänomens ›Leben als Kunstwerk‹ – raffiniert und delikat aus exklusiven Details zusammengesetzt – verdankt sich der künstlerischen Boheme, die sich in Frankreich bereits um die Jahrhundertmitte etabliert. Mit dem exemplarisch von Baudelaire verkörperten Dandy bringt sie ein erstes charakteristisches Rollenprofil hervor (vgl. RK, S. 129). Am Ende des Jahrhunderts tritt der Dandyismus mit Figuren wie Montesquiou in ein manieristisches Endstadium ein, dem sich das Phänomen ›Person als Kunstwerk‹ und die Nähe dieses künstlichen Selbst zum dichterischen Œuvre besonders gut ablesen lassen. So macht etwa Ursula Link-Heer darauf aufmerksam, dass

28 Thomé, Modernität und Bewusstseinswandel, S. 22.
29 Bogdal, Akteure literarischer Kommunikation, S. 276.

der »letzte Dandy« Montesquiou als Mann der »Moden und Manieren« Jugendstil und Japonisme gefördert und gesammelt und gleichzeitig preziöse Lyrik über den Japonisme verfasst habe;[30] dass das eigentliche Endprodukt von Montesquious Schaffen »die Person als Kunstwerk« sei und sich einem »exzentrischen Selbstinszenierungs- und Wohnstil«, vor allem aber einer bestimmten Ikonographie verdanke: Montesquious »ästhetizistischer Habitus des Dandys« kommt vor allem in Porträts des Dichters und selbstgedichteten Porträt-Kommentaren zum Ausdruck, die Proust dann als Idolatrie bezeichnen wird.[31] Unter Gesamtkunstwerks-Aspekten liegt der Vergleich zwischen Montesquious preziöser Selbstinszenierung im Gemälde und Georges vieldiskutierter Selbstinszenierung im fotografischen Medium auf der Hand. Er erhellt nämlich, dass Formen der Selbstästhetisierung nicht nur aus dem Dandyismus übernommen, sondern auch für das Rollenprofil ›heiliger Autor‹ neu zugerichtet werden. Während bei Montesquiou, Links Porträt-Beschreibung zufolge, 1897 noch Eleganz, Kostbarkeit und Lässigkeit von Person und Kleidung im Vordergrund stehen und den Selbstgenuss des Décadents markieren,[32] kennzeichnen asketische Strenge, Weihe und Autorität des religiösen Amtsträgers die George-Fotografie. Man sieht, wie die spielerisch-ironischen Selbstinszenierungen des Dandys in den Ernst des Propheten übergehen, wie mit der Selbstheiligung auch Selbstüberschätzung und Geltungsanspruch zunehmen.

Diese sakrale Variante und Steigerung von ›Leben als Kunstwerk‹ repräsentieren in der deutschen Boheme dann nicht nur der an ihren Grenzen angesiedelte George, sondern auch dezidiert bohemische Akteure wie Derleth, Peter Hille und Else Lasker-Schüler. Dem erfolglosen Ordensgründer und Verfasser aggressiv-prophetischer *Proklamationen* Ludwig Derleth etwa attestiert Kreuzer eine »Stilisierung von Erscheinung und Verhalten, die den ›Meister‹ aus der ›Masse‹ heraushob«;[33] von Else Lasker-Schüler, die laut Susanne Mittag ebenfalls in der Rolle des dichterischen Propheten auftrat, heißt es, sie habe »die Grenzen zwischen Dichtung und Leben [...] nach Möglichkeit verleugnet«.[34] Von der Boheme greift die Praxis der Verschmelzung von Kunst und Leben dann auch auf den bürgerlichen Raum über. Zu beobachten ist das bei bürgerlichen Anhängern der Lebensreform und – exemplarisch – bei Rilke. Die ›Gegenkultur‹ Boheme aber, von der ursprünglich in Frankreich und dann später in Deutschland diese Praxis ausgegangen war, verdankt sich der Ausbildung einer modernen bürgerlichen Gesellschaft[35] und ist Be-

30 Ursula Link-Heer, Manieristische Konfigurationen am Fin de siècle, S. 199 und S. 205.

31 Ebd., S. 203.

32 »Dekadenten Selbstgenuß« attestiert Wolfgang Braungart allerdings auch dem jungen George, in: Ästhetischer Katholizismus, S. 8.

33 Kreuzer, Die Boheme, S. 185.

34 Ebd., S. 129; vgl. auch Susanne Mittag, Else Lasker-Schüler.

35 Vgl. Kreuzer, Die Boheme, S. 44 ff.

standteil dieser Gesellschaft. Demnach stellt die hier anzusiedelnde Aufweichung der Grenzen zwischen Fakt und Artefakt, die Ästhetisierung und Fiktionalisierung des eigenen Selbst ein genuin modernes Phänomen dar. Zwar weist schon die Romantik Selbstthematisierungen ähnlichen Zuschnitts auf; Tomasevskij zufolge sei das Leben des romantischen Dichters in der Tradition Byrons selbst Dichtung bzw. werde zur »idealen biographischen Legende« stilisiert, die auf Identifikations- und Illusionswünsche des Publikums reagiere.[36] Nur vollziehen sich solche Verschränkungen von Literatur und Leben vor dem Hintergrund einer noch ständischen Gesellschaft, die keine Ausdifferenzierung in Bürgertum und bürgerliche Subkulturen kennt und deren Literaturbetrieb sich noch nicht als autonomes Feld verselbstständigt.[37]

Parallel zu frühen Tendenzen, Leben und Werk bedeutender Autoren in stilisierten Biographien kurzzuschließen, nimmt im ausgehenden 18. Jahrhundert eine andere Tradition ihren (deutschsprachigen) Anfang: die Tradition der ›heiligen Autorschaft‹. Auch sie verdankt sich dem wachsenden Interesse an der Person des Textproduzenten; einem Interesse, das in einem neuen Verständnis von Subjektivität und Individualität wurzelt.[38] Anders als die dandyistische Praxis, Kunst und Alltag zu verschmelzen, artikuliert sich heilige Autorschaft allerdings zunächst nur in autopoetischen Programmtexten – etwa Hölderlins Dichterhymnen oder Klopstocks *Von der heiligen Poesie* (1754/55).[39] Diese Texte thematisieren nicht nur Dichtung als religiösen Glaubensgegenstand, sondern auch den Status des Dichters als Amtsträger. Dabei kommt es mitunter zu erheblichen Divergenzen zwischen dem alltagspraktischen Selbstverständnis der Verfasser und ihrer poetisch-poetologischen Selbstdarstellung.[40] Da weder Klopstock noch Hölderlin in der Öffentlichkeit des sich etablierenden Literaturbetriebs als exzentrische Kunstpriester auftreten, reflektieren solche Gründungsdokumente heiliger Autorschaft kaum die historische Wirklichkeit. Vielmehr insistieren beide Autoren in Abgrenzung von höfisch-ständischen Existenzformen auf einem rationalen, unabhängigen und engagierten Lebensmodell, das das Amt des heiligen Dichters mit dem Anspruch auf politisch-pädagogische Wirksamkeit bzw. auf öffentliche Reputation verbindet.[41]

36 Vgl. Tomasevskij, Literatur und Biographie, S. 32 – 37.

37 Dass die Autonomisierung des literarischen Feldes etwa parallel zu den Entwicklungen in Frankreich auch in Deutschland erst ab den 1880er Jahren anzusetzen ist, hat jüngst Christine Magerski nachgewiesen, in: Die Konstituierung des literarischen Feldes.

38 Vgl. auch Tomasevskij, Literatur und Biographie, S. 51.

39 Vgl. das Kapitel »Klopstocks Abhandlung ›Von der heiligen Poesie‹« bei Auerochs, in: Die Entstehung der Kunstreligion, S. 182 – 205.

40 Vgl. Selbmann, Dichterberuf, S. 2.

41 Vgl. Mahr, »Die Regeln gehören zu meiner Materie nicht«, S. 40; vgl. auch Kurz, Der deutsche Schriftsteller, S. 127 f. Einen Überblick über Programmtexte zum poetischen Topos des Dichter-Priesters im 18. Jahrhundert von Pyra über Schiller bis zu Novalis bietet Hinck, Magie und Tagtraum.

Nach dem gelehrten ›Dichterfürsten‹ des 19. Jahrhunderts wird das Konzept heiliger Autorschaft in der Moderne unter anderen und neuen Vorzeichen wiederbelebt. Entscheidend ist jetzt neben Eskapismus und Abstinenz von öffentlichen Diskursen die Zunahme von Irrationalität, Exklusivität und Künstlichkeit, die sich als Überschneidung mit der Entwicklungslinie von ›Leben als Artefakt‹ darstellt. Heilige Autorschaft tritt nun aus dem Schatten der poetischen oder kunsttheoretischen Textwelt heraus – anhand von Lasker-Schüler und Derleth wurde das bereits angedeutet – und dehnt sich in die Lebenswelt aus: Wenn George als Priester im hochgeschlossenen Privat-Ornat[42] ästhetisch-liturgische Rituale zelebriert und einen Gymnasiasten zum Gott der Poesie erhöht, wenn der Briefschreiber Rilke als demütiger Heiliger oder glossolalischer Prophet in Erscheinung tritt,[43] dann wird ein bei Klopstock und Hölderlin erst angelegtes Potential schlussendlich realisiert und auf die Spitze getrieben. Dass solche kühnen Steigerungen und Irrationalismen jener modernen, pluralen und differenzierten Gesellschaft bedürfen, auf deren Probleme sie reagieren, liegt auf der Hand.

Auf welche Weise erschaffen sich George und Rilke jeweils als Gesamtkunstwerk? Welche Bedeutung der Körper für George hat, wurde bereits erwähnt. Sein priesterliches Selbstverständnis verwirklicht sich ebenso rituell und gestisch im Alltag, bei weihevollen Leseritualen des Kreises[44], als auch literarisch in Form entsprechender Programmgedichte – wie etwa der *Litanei* oder der *Maximin*-Gedichte im *Siebenten Ring*. Sprengel weist darauf hin, dass diese Texte dem liturgischen Wechselspiel von Priester- und Gemeinderede nachempfunden seien.[45] Hinzu kommt die Inszenierung des Dichterfürsten im Bild, die ausgerechnet für den Zeitgenossen Rilke die Einheit von Person und Werk beglaubigt: 1898 bittet Rilke den Maler Curt Stoeving brieflich um eine Fotografie von dessen George-Porträt mit dem Hinweis, dass »im Kunstwerk diese Verschmelzung [von Mensch und Dichter] geschieht«.[46] In den Kontext der Selbstästhetisierung gehört ferner die wohlbekannte Jugendstil-Signatur von Georges Frühwerk. Sprachliche Techniken und strenge formale Gestaltung der Gedichtbände einschließlich individueller Typographie verweisen auch hier auf die Kunstfigur George, die eher dem Werk als der historischen Wirklichkeit anzugehören scheint.[47] Die Nähe zwischen praktischer Selbst-

42 Vgl. Mattenklott, Bilderdienst, S. 191.

43 Vgl. II. Hauptteil, Abschnitte 2.2 und 2.3.4.

44 Vgl. Wolfgang Braungart, Ästhetischer Katholizismus, S. 109 ff.und S. 154 ff.; vgl. auch Roos, Stefan Georges Rhetorik, S. 154 ff.

45 Vgl. Sprengel, Geschichte, S. 648 f.

46 Unpublizierte Handschrift, zitiert nach Braungart, Ästhetischer Katholizismus, S. 119.

47 Ähnlich weist auch Roos auf die audiovisuellen und körperlich-performativen Aspekte von Georges Selbstinszenierung hin, die sich aus »Aufmachung der Bücher, Typographie, Fotos, Zeichnungen, Faksimile von Erstdrucken sowie [der] Art des Vortrags« zusammensetze, in: Stefan Georges Rhetorik, S. 191.

inszenierung und Dichtung lässt sich nicht zuletzt der George-Forschung ablesen, wenn diese die Semiotik des Rituals in unmittelbarer Nachbarschaft zur Poetologie verhandelt. So beschreibt Wolfgang Braungart unter der Überschrift »Lesen, Hören, Verstehen« rituelle Handlungen, geht in den Folgekapiteln »Katholizismus«, »Liturgische Lyrik« etc. der Ritualität George'scher Lyrik als poetologischem Grundmuster nach und attestiert dieser rituellen Lyrik schließlich wieder Verweischarakter auf die sozialpraktische Dimension des Rituellen.[48] Für Mattenklott schließlich suggeriert George »eine Einheit von Mann und Werk durch die zur Schau getragene Muße des Dichterfürsten, durch die äußere Unabhängigkeit des Mannes von Arbeit und Lohn, die innere, geistige Autonomie des Werks; man weiß da gar nicht, was kostbarer ist: der Produzent oder das Produkt«.[49] Dieser Habitus der Selbstästhetisierung betont in jeder Hinsicht Distinktion, indem er alles Individuelle und Persönliche tilgt zugunsten einer Typisierung, die auf die führenden Schemata des ›Priesters‹ und ›Lehrers‹ abstellt. Die zur Schau gestellte Einheit von Leben und Werk hat statuarisch-monumentalen Charakter und lässt bis auf eine stete Zunahme des imperatorisch-pädagogischen Geltungsanspruchs nach 1900 kaum Prozesshaftigkeit oder Beweglichkeit erkennen. So ist George Gundolf zufolge auf der überzeitlichen »Ebene des ewigen Menschen« angesiedelt; so betont Edith Landmann jenseits aller Kontingenzen des Individuellen die orientierungsstiftende »Norm«, die in Georges Wesen sichtbar geworden sei, »eine Norm, die sich in der Formung seines ganzen Wesens ausprägte, darin, dass Wesen, Leben und Lehre so völlig eins in ihm waren«.[50]

Ganz anders Rilke. Er tritt als anpassungsfähiges epistolarisches Gesamtkunstwerk in Erscheinung und bezieht dabei die Figuren, Motive, Metaphern seiner Selbstdarstellungen immer wieder aus poetischen Prätexten: in der Frühphase, während der er sich bevorzugt als heiliger Mönch und Mystiker entwirft, aus dem *Stundenbuch*; nach 1910 aus den Prophetengedichten der *Neuen Gedichte*, die die Stoffquelle für Rilkes Rolle des prophetischen Sehers abgeben.[51] Auch stilistisch kann man insofern von Parallelisierung sprechen, als der hohen Stillage Rilke'scher Lyrik ein entsprechend ›hoher‹ Ton im Briefwerk korrespondiert – von Passagen mit reinem Mitteilungscharakter oder den eher seltenen umgangssprachlichen Darstellungen einmal abgese-

48 Vgl. Wolfgang Braungart, Ästhetischer Katholizismus, S. 247; ähnlich Linke, der neben seiner Zielsetzung, das »Kultische in der Dichtung Stefan Georges« zu beschreiben, im vierten Teil der gleichnamigen Arbeit unter Überschriften wie »Der George-Kult«, »Das Jünger-Meister-Verhältnis« oder »Herrschaft und Dienst« auch »kultische« Praktiken des Kreises untersucht.

49 Mattenklott, Bilderdienst, S. 192.

50 Gundolf, George, S. 22; Edith Landmann, Gespräche mit Stefan George, S. 21 f.; beide zitiert nach LG, S. 157 ff.

51 Den umgekehrten, für die historische Autonomisierung der Textsorte Brief exemplarischen Fall – wie die briefliche Selbstinszenierung eines Autors die Vorlage für eine fiktionale Figur abgibt – zeigt Schöne anhand von Goethes Brief an Behrisch vom 10.11.1767: Der enthusiastische Briefstil Goethes lasse sich bis in die Details in der enthusiastischen Briefrede Werthers nachzeichnen, in: Über Goethes Brief an Behrisch, S. 202, 213, 216 f., 228 f.

hen. Dabei leuchtet es ein, dass die Mittelbarkeit der Schrift die Parallelisierung von Leben, Person und Werk erleichtert. Die Frage der Einheit wird reduzierbar auf die Frage einer einheitlichen Semantik und Stilistik, die Rilke überzeugend löst. So wie sich das lyrische Ich des *Buches vom mönchischen Leben* nach einem »Kleid aus Stille« sehnt und seine »Einsamkeiten [breitet]«,[52] so bekennt auch der Autor im Brief, er suche »etwas Stilles und Einsames, ein Gefäß, worin ich mich sammeln kann«.[53] So wie die mythopoetische Franziskus-Figur des *Buches von der Armut und vom Tode* »zu seiner großen Armut so erstarkte«,[54] so rechnet sich auch Rilke »zu den Armen Gottes«.[55] Und auch der Prophet des gleichnamigen Gedichts, der Worte »schmelzen muß wie ein Vulkan / um sie in dem Ausbruch seines Mundes / auszuwerfen«[56], hat ein charakteristisches Korrelat im Briefschreiber Rilke: Jener meint, »es müsse der Feuerschein meiner aufständigen Lava über mir stehn, wie über dem Stromboli in seinen Element-Tagen«.[57]

Das Schriftmedium ermöglicht darüber hinaus die Individualisierung des ›Gesamtkunstwerks‹ für den jeweiligen Respondenten. Rilkes Selbstschöpfungen sind im Unterschied zu George nicht statuarisch-monumental, sondern beweglich: Ob er um 1904 für die schwedische Reformpädagogin Ellen Key als demütig-mönchischer Sucher von »Stille«, »Norden, Weite, Wind« und als »Ihr dankbares Kind« in Erscheinung tritt[58] oder um 1920 für die schwärmerische Katholikin Elisabeth Schmidt-Pauli als »Bruder Rilke«,[59] ist das künstliche Autorbild auf den jeweiligen Erwartungshorizont des Adressaten und auch auf Rilkes unterschiedliche Laufbahnphasen zugeschnitten.

Zu vergleichen wäre Rilke unter dem Gesichtspunkt des Gesamtkunstwerks aber noch mit einer anderen zeitgenössischen Autorpersönlichkeit: mit der bereits erwähnten Else Lasker-Schüler. Aus Susanne Mittags Aufsatz über Lasker-Schüler geht hervor, dass deren Konzeption von Autorschaft mit Rilke überraschend weit konvergiert. So ist etwa vom »[unauflöslichen] Konnex von Leben und Werk« die Rede, der über Rollenkonstanz in poetischen Texten, Briefen und Alltagserscheinung vermittelt sei.[60] Zwar lässt sich die von Mittag namhaft gemachte Kohärenz von »literarischem Verhalten« und »literarischer Ausdrucksform«[61] auch im brieflichen Habitus Rilkes nachzeichnen. Ein

52 Rilke, KA I, S. 166, Zeile 6, S. 184, Zeile 16.

53 Rilke an Ellen Key, 25.7.1903, EK, S. 33.

54 Rilke, KA I, S. 251, Zeile 3.

55 Rilke an Ellen Key, 3.3.1904, EK, S. 57.

56 Rilke, KA I, S. 521, Zeile 9–12.

57 Rilke an Magda v. Hattingberg, 16.–20.2.1914, HAT, S. 119.

58 Rilke an Ellen Key, 11.8.1903, EK, S. 35; 29.4.1904, EK, S. 77; 20.11.1904, EK, S. 125.

59 Zum Beispiel. Rilke an Elisabeth v. Schmidt-Pauli, 24.5.1921, zitiert nach Elisabeth v. Schmidt-Pauli, Rainer Maria Rilke, S. 98 f.

60 Vgl. Susanne Mittag, Else Laser-Schüler, S. 64.

61 Ebd.

wichtiger Unterschied zu Letzterem liegt allerdings in der Radikalität, mit der Lasker-Schüler, etwa als ›Prinz Jussuf von Theben‹ oder ›Tino von Bagdad‹, ihre empirische Existenz poetisiert und fiktionalisiert; auch im äußeren Auftreten lebt die Dichterin diesen Fiktionen ihrer Bücher *Die Nächte des Tino von Bagdad* (1909) und *Der Prinz von Theben* (1914) nach.[62] Wenn Rilke ein vergleichbares briefliches Rollenspiel betreibt und z. B. als heiliger Franziskus des *Stundenbuchs* oder als beidhändig schreibender Apokalyptiker Johannes in Erscheinung tritt, so hebt er damit dennoch nicht das empirische Selbst völlig im Raum der Poesie auf – wie das Else Lasker-Schüler als »Erbin der Romantik« anstrebt.[63] Vielmehr wird deutlich werden, dass Rilke stets auch auf Wirkungen in der realen Welt abstellt, auf Gemeindebildung, Motivation und Erhöhung seiner Adressaten und schließlich auf langfristige Rezeptionssteuerung. Zudem kann man für die Bohemienne Lasker-Schüler den von Lipp beschriebenen Zusammenhang aus Kulpabilisierung und »Selbststigmatisierung« geltend machen; in diesen Zusammenhang gehört eine gesellschaftlich randständige Position, von der aus bohemische Märtyrertypen defektive oder kulpative Stigmata wie Armut, Juden- oder Exilantentum zum Ausweis von Singularität und Charisma umwerten.[64]

Von dieser Position unterscheidet sich Rilke, das wurde schon angedeutet, durch das Fehlen eines bohemischen Profils, durch Verzicht auf antibürgerliche Verweigerung, Spontaneität, Punktualismus und Selbststigmatisierung. Zwar ist sein unsteter Lebensstil immer wieder mit Unbürgerlichkeit oder »Geringschätzung« bürgerlicher Verpflichtungen in Verbindung gebracht worden.[65] Doch wird sich in der Auseinandersetzung mit einer ausgedehnten bürgerlich-aristokratischen Jüngergemeinde zeigen, mit welch großem Aufwand Rilke Selbstpositionierung im Zentrum der Gesellschaft betreibt und die Paradoxie des integrierten Solitärs realisiert. Als logische Systemkonsequenz ergibt sich daraus die Unmöglichkeit, das bohemische ›enfant terrible‹ zu geben und einen bürgerlichen Tugendkanon von Disziplin, Bildung und Wissen grundsätzlich zu negieren. In diesem Zusammenhang sei darauf hingewiesen, dass Rilke im Gegensatz zur Boheme einen an Großbürgertum und Aristokratie angepassten Lebensstil pflegt, elegant und tadellos gekleidet ist, lebenslang auf Alkoholabstinenz und dezidiert gesunder Lebensweise mit

62 Vgl. Sprengel, Geschichte, S. 404.

63 Vgl. Susanne Mittag, Else Lasker-Schüler, S. 65.

64 Zur Entstehung des Charismas aus der Kausalsequenz von Marginalisierung, Selbststigmatisierung, Normenbruch und Setzung neuer Wertordnungen vgl. Lipp, Stigma und Charisma, etwa S. 125 ff. Für Thurn liegt der Umwertung von Stigma in Charisma, wie es für exzeptionelle Autorschaft in der Boheme am Ende des 19. Jahrhunderts charakteristisch wird, historisch zunächst die spiegelverkehrte Sequenz der Stigmatisierung und Marginalisierung des ursprünglich charismatischen Genies zugrunde. Diese habe »der Übergang von der feudalen zur bürgerlichen Gesellschaft spätestens im 19. Jahrhundert dem Künstler [...] beschert«, in: Kunst als Beruf, S. 108. Zum Verhältnis von Außenseiterproblematik, Märtyrer- und Erlösertopik in Lasker-Schülers *Peter-Hille-Buch*, vgl. auch Marx, Heilige Autorschaft, S. 117 ff.

65 Vgl. Sprengel, Geschichte, S. 617.

viel Schlaf und vegetarischer Kost insistiert. Zwar gehören Schaffenskrisen auch bei ihm zur Signatur moderner Autorschaft.[66] Die unbohemische Disziplin, mit der Rilke über Jahre hinweg in Paris oder nach 1921 in Muzot einem geregelten Arbeitsleben nachgeht und alle möglichen Ablenkungen, selbst Krankheitsschübe zu ignorieren versucht, darf dabei aber nicht unterschlagen werden. Vor dem Hintergrund der »Annäherung an den Adel, die vor allem auch das Bildungsbürgertum vollzog«,[67] markieren seine enge, nahezu identifikatorische Bindung an Land- und Feudaladel und ein ostentativer Konservatismus eine großbürgerliche Position, die dem ›Gesamtkunstwerk‹ entsprechende Anschlussmöglichkeiten abverlangt.[68] Es soll für das Primärpublikum ›Jüngergemeinde‹ verstehbar sein und diesem weder eine gegen die eigenen Reihen gerichtete Oppositionshaltung zumuten noch eine antibürgerliche Semantik des Exotismus, wie sie etwa die Rollenspiele der Bohemienne Lasker-Schüler kennzeichnet. Provokante Inszenierungen von künstlerischem Außenseitertum oder ästhetischer Opposition sind auch insofern nicht Bestandteil von Rilkes Habitus, als dessen ›dichtes Gewebe‹ aus Selbst und Werk die Jüngergemeinde integriert, jeden Einzelnen individuell einbindet und je exklusive Teilhabe am Entstehungsprozess heiliger Poesie suggeriert – im Gegensatz zum typisierten Gesamtkunstwerk George.[69]

Ungeachtet dieser zentralen Differenzen ist George, Rilke und auch Lasker-Schüler die Funktion solch künstlicher Engführung von Leben und Werk für Textproduzenten um 1900 abzulesen. Man kann davon ausgehen, dass auktoriale Gesamtkunstwerke in einer Epoche der Beschleunigung, Pluralisierung und Unübersichtlichkeit insofern Einprägsamkeit und Wiedererkennbarkeit für das Publikum steigern, als Autor und Werk kontinuierlich aufeinander verweisen. Diese Geschlossenheit ließe sich als frühe Form der ›corporate identity‹ unter die von Marx formulierte Vorstellung von heiliger Autorschaft als Strategie des ›self-fashioning‹ einordnen. Für erhöhte Einprägsamkeit spricht etwa, wenn poetische Motive im sozialen Handeln oder in der Alltagserscheinung des Autors vergegenwärtigt werden. So attestieren Adepten den Dichtern Rilke und George, die jeweils in einer Periode der eschatologischen Erwartungen heilige Poesie herstellen, jeweils die Qualität

66 Vgl. ebd.

67 Vondung, Zur Frage der Gebildeten, S. 31.

68 Anders Löwenstein, der hinsichtlich Rilkes gesellschaftlichem Ort eine eindeutige Meinung vertritt: George und Rilke teilten eine »antibürgerliche Haltung«, die dazu führe, »dass sie sich durch einen betont elitären Zug vom Volk distanzieren und sich außerhalb der bürgerlichen Gesellschaft begreifen. Beiden gemein ist ihre Sympathie für die Boheme«, in: Poetik und dichterisches Selbstverständnis, S. 108.

69 Anders Müller-Seidel, für den die Außenseiterposition des Autors in der Moderne den »Konflikt mit der bürgerlichen Gesellschaft stets voraus[setzt]« und immer ästhetische Opposition impliziert. Exponenten dieser Außenseiterrolle seien jüdische Autoren, zu den »nichtjüdischen Wegbereitern« des Außenseitertums gehöre neben George und Nietzsche auch Rilke, in: Über Marcel Reich-Ranicki, S. 111.

der Parousie-Erfahrung. Edgar Salin fühlt sich anlässlich der Erstbegegnung mit George 1913 vom »Hauch einer höheren Welt gestreift« und stellt die rhetorische Frage, ob das »ein Mensch gewesen, der durch die Menge schritt«, oder »ein Gott, der das Gewühl zerteilt hatte und leichtfüssig zu andern Gestaden enteilt war?«[70] Mit ähnlicher Emphase bekennt die Pianistin Magda von Hattingberg im Rückblick auf das Jahr 1913, Rilke sei für sie »die Gottesstimme, die unsterbliche Seele, Fra Angelico, alles überirdisch Gute, Hohe und Heilige – aber kein Mensch!«[71] Schon aus diesen Beispielen erhellt, dass die künstliche Verschnürung von Autor und Werk einen Rezeptionsmodus der Autornähe und der subjektiven, irrationalen Unmittelbarkeit begründet – zunächst für das Primärpublikum ›Jüngergemeinde‹. Im Rilke-Teil wird dieser Aspekt der ganzheitlichen Rezeption von auktorialen Gesamtkunstwerken anhand der Gedenkliteratur immer wieder deutlich werden. Am Beispiel Rilkes zeigt sich ferner, dass aus dieser autornahen Rezeptionshaltung für den literaturgeschichtlichen Diskurs die Problemsequenz von Biographismus, Hagiographie und Polemik erwachsen kann; dass in solchen Sequenzen die Ursprünge für klischeehafte Verfestigung und langlebige Autormythen zu suchen sind.

Die Rilke-Forschung ist nämlich seit den Anfängen von einer Autorzentriertheit, die selbst als literaturgeschichtlicher Befund der Deutung bedarf. Das beginnt mit den verklärenden Erinnerungsbüchern der Jüngergemeinde und dem biographischen und hagiographischen Schrifttum der ersten, vorwissenschaftlichen Rezeptionsphase.[72] Später mündet die Autornähe der Verklärungsphase in eine Engführung von (prophetischem) »Dasein« und (prophetischer) »Dichtung«, auf der die ältere Rilke-Forschung konsequent beharrt.[73] Solche biographistischen Verkürzungen sprechen ebenso für eine schon von Rilke inaugurierte Autor-Werk-Verschmelzung wie die zeitgleich einsetzende Aneignung des ›Gesamtkunstwerks‹ durch Weltanschauungslehren religiöser oder existenzphilosophischer Provenienz.[74] Selbst wenn Biographismus ganz allgemein zur Forschungslandschaft der 40er und 50er Jahre zählt, ist die Nachhaltigkeit, mit der philosophische und religiöse Interpreten den Autor Rilke in dieser Zeit mit seinem Werk identifizieren, augenfällig. Nach einem vorübergehenden Rezeptionsabbruch in den 60er Jah-

70 Salin, Um Stefan George, S. 11, zitiert nach LG, S. 153 und nach Kreuzer, Die Boheme, S. 185.

71 Magda v. Hattingberg, Rilke und Benvenuta, S. 145.

72 Zur Ideologisierung Rilkes in dieser Phase und zur Retusche, die einen modernen Orpheus kreiert, vgl. Zmegac, Bemerkungen zur Rezeptionsgeschichte Rilkes, S. 69. Zur Retuschierung des Rilke-Bildes in der ersten Rezeptionsphase durch die Erben vgl. Unseld, Der Autor und sein Verleger, S. 230 f.

73 Als pars pro toto sei die zuerst 1944 und dann 1975 in zweiter Auflage erschienene Monographie von Kunisch genannt: Rainer Maria Rilke. Dasein und Dichtung.

74 Vgl. hierzu Engels Überblick über die Forschungsgeschichte in einer Sammelrezension aus dem Jahr 1999 (Engel, Rilke-Forschung heute, besonders S. 111) und auch seine Materialiensammlung zur Rezeptionsgeschichte der *Duineser Elegien* (Fülleborn / Engel, Rilkes ›Duineser Elegien‹, dritter Band).

ren, als Literaturkritik, Germanistik und Studentenschaft den als bürgerlich geltenden Rilke mehr oder weniger abschreiben,[75] setzt in den 70er Jahren die Rezeption unter veränderten Vorzeichen wieder ein. Wie eng Polemik und Hagiographie als unterschiedliche Ausdrucksformen subjektiver Autornähe verwandt sind, wird in dieser Phase der Ideologiekritik deutlich: Der verklärte Weltanschauungsdichter wandelt sich zum gescholtenen Verkünder einer falschen Weltsicht.[76] Ebenso wie ihre ›Positivvariante‹ Hagiographie differenziert auch die Ideologiekritik nicht zwischen empirischem Autor und poetischem Werk[77] und arbeitet nicht weniger als Erstere der Legendenbildung zu, indem sie die Lager spaltet und zu Widerspruch aufruft. Wenn der amerikanische Rilke-Forscher Richard Exner 1976 der »deutschen Rilke-Kritik« vorwirft, sie habe nicht erkannt, »daß die Wahrheit, d.h. die fruchtbarste Anschauung [...] dieses Werks, in der Mitte zwischen den Extremen der Verherrlichung und Schmähung liegt«,[78] so illustriert diese Invektive unter anderem Folgendes: Polemik dient ebenso wie Hagiographie der Langlebigkeit von Autormythen, indem sie die Rede über den Autor nicht mehr verstummen lässt und auf diese Weise posthumes ›Aufmerksamkeitskapital‹[79] generiert. Und auch weiterhin ist die Rilke-Forschung, folgt man den kritischen Anmerkungen Manfred Engels, von einer eigentümlichen Konzentration auf Biographisches und Philologisches bestimmt, mitunter auch von reduktionistisch-positivistischen Tendenzen.[80] Ich gehe von folgender Begründungshypothese aus: Auch wenn die jeweilige Aktualisierung eines künstlichen Autorbildes wechselnden literaturtheoretischen ›Moden‹ unterworfen ist, verdankt sich die eigentümliche Autorzentriertheit in der Rilke-Forschung vermutlich der langfristigen Leserlenkung und Rezeptionssteuerung durch das Ganzheitsangebot ›Gesamtkunstwerk‹. Dies zu belegen und damit zur Selbstverständigung des »germanistischen Teilsystems ›Rilke-Forschung‹«[81] beizutragen, wird zu den Aufgaben des zweiten Hauptteils gehören.

3.2 George und Rilke als poetae vates: Priester und Prophet

Jüngere Traditionslinien heiliger Autorschaft wurden unter der Fragestellung, wo es zur Überschreitung der Grenze von Ästhetischem und Sozialem kommt, bereits kurz skizziert. Nun steht seit der Antike im Zentrum dieser Diskurs-

75 Vgl. Unseld, Der Autor und sein Verleger, S. 235.
76 Vgl. Engel, Rilke-Forschung heute, S. 111.
77 Exemplarisch Schwarz, Das verschluckte Schluchzen; Reinhold Grimm, Von der Armut und vom Regen.
78 Exner, ›Ach, armer Rilke‹, S. 61 f.
79 Vgl. Franck, Ökonomie der Aufmerksamkeit.
80 Vgl. Engel, Rilke-Forschung heute, S. 110 ff.und S. 118 ff.
81 Ebd., S. 108.

formation das Modell des prophetischen Seher-Dichters, des poeta vates. Ursprünglich verläuft die Entwicklung von Modell- und Begriffsgeschichte allerdings getrennt: Plato formuliert bekanntlich im *Ion* und *Phaidros* das Modell des göttlich inspirierten oder vom heiligen Wahnsinn erleuchteten Seher-Dichters.[82] Zu den ersten Belegen des Vates-Terminus zählt dagegen der Abschnitt 214 der Annalen des Ennius aus dem zweiten vorchristlichen Jahrhundert, wo der Begriff zunächst abwertend für ›Wahrsager‹ gebraucht ist. Die Verknüpfung des Seherischen mit dem Dichterischen verdankt sich Varro, der in seiner Schrift *De poematis* irrtümlich davon ausgeht, Ennius habe den Vates-Begriff als Schimpfwort für seine dichterischen Vorgänger gebraucht. In der augusteischen Epoche schließlich überkreuzen sich Modell- und Begriffsgeschichte: Im Rückgriff auf Varros Engführung von Dichtertum und Vorhersage werten Vergil und Horaz[83] den Vates zum göttlich inspirierten Dichter in platonischer Tradition auf und grenzen ihn als überlegen vom abgegriffenen ›Poeta‹-Terminus ab.[84] In der deutschsprachigen Geschichte heilig-enthusiastischer Autorschaft bleibt es dann bei dieser Koppelung von Vates-Begriff und platonischem Inspirationsmodell; so etwa im 18. Jahrhundert, als Pyra und Klopstock vor dem Hintergrund pietistischen Erweckungsdenkens auf einer rein christlich motivierten Dichtung beharren. Hier wird der Vates-Begriff christologisch aufgeladen und markiert Selbstverständnis und Rangerhöhung des religiösen Dichters.[85] Am Modell des inspirierten Dichter-Sehers und Sängers, wie es Klopstock vorgegeben hatte, orientiert sich dann auch Hölderlin – von den Tübinger Hymnen über zahlreiche Dichteroden bis hin zu den späten Hymnen, etwa *Patmos* oder *Der Einzige*.[86]

Als es im Zuge der diskutierten kunstreligiösen Bestrebungen um 1900 zu einer »spezifisch modernen Renaissance des poeta vates«[87] kommt, blickt dieses Autorkonzept demnach auch auf eine wirkmächtige deutschsprachige Tradition zurück. Exklusivität und Erhabenheit[88] sind ihm sowohl von der Produzentenseite als auch von der Textgeschichte her eingeschrieben.

Seit Klopstock und Hölderlin sind Textsorten im ›hohen Ton‹ verpflichtend für inspirierte Seher-Dichter, wie man der Tonlage Georges und Rilkes nicht erst im lyrischen Spätwerk ablesen kann. Dass ein und die gleiche Höhenlage poetische Sprache und Selbstverständnis kennzeichnet,[89] erhellt nicht zuletzt

82 Vgl. Ion, 533c–535a; vgl. Phaidros, 245a-245b (Angaben hier und im Folgenden nach Stephanus-Seiten).

83 Vgl. Vergil, Eklogen, 7,28 und 9,34 und Horaz, Epoden, 16,66.

84 Vgl. Sallmann, Artikel »Varro«, S. 1135; Wachsmuth, Artikel »Vates«, S. 1147.

85 Vgl. Mahr, »Die Regeln gehören zu meiner Materie nicht«, S. 40.

86 Vgl. Kurz, Der deutsche Schriftsteller, S. 127 – 132.

87 Marx, Heilige Autorschaft, S. 109.

88 Dass und inwiefern sich Klopstock etwa in der Schrift *Von der heiligen Poesie* (1755) an Longins Konzeption des Erhabenen anlehnt, macht Auerochs deutlich, in: Die Entstehung der Kunstreligion, S. 197 f. Zu Rilkes Klopstock-Rezeption bzw. zur Intertextualität von Rilkes Rhetorik des Erhabenen in den *Elegien* vgl. Katrin Kohl, »Ruf-Stufen hinan«.

89 Vgl. Hinck, Magie und Tagtraum, S. 23.

aus späten Versuchen des etablierten und geweihten *Elegien*-Propheten Rilke, frühere analytisch-satirische Züge aus dem eigenen Bild zu tilgen.[90] Er sei um die Jahrhundertwende unfähig gewesen, eine »auch nur erträgliche Prosa zu schreiben«,[91] urteilt Rilke 1924 über sein scharfsinnig-realistisches Prosa-Frühwerk und macht damit deutlich, dass satirische und komödiantische Stilebenen mit der Erhabenheits-Verpflichtung des Vates-Modells konfligieren.

So zwingend die Stilisierungslogik, so bedeutsam die Funktion: Es ist davon auszugehen, dass das wiederbelebte Vates-Modell in der Moderne unhintergehbare Letztbegründungen für Textproduzenten und Text leistet. Ersterer erscheint als inspiriertes Medium der Offenbarung, Letzterer als Offenbarung selbst.[92] Inwiefern dies für Rilke in einem umfassenden Sinn, für George dagegen eingeschränkt gültig ist, wird im Folgenden darzulegen sein.

Ein Vergleich zwischen George und Rilke unter dem Kriterium ›Vates-Rolle‹ bietet sich nämlich schon insofern an, als beide Autoren für die Literaturgeschichtsschreibung Exponenten dieser Rolle sind – wenn auch mit gewissen metaphorischen Unschärfen. So spricht Plumpe von der »Wiederbelebung des Motivs vom ›inspirierten Dichter‹« und nennt als Beispiel Rilke.[93] Zimmermann ordnet Rilke ebenso wie Hauptmann dem Typus des »Seherdichters« zu, der kraft seiner künstlerischen Imagination den Text schon vor der Niederschrift »deutlich in allen Teilen, zum Diktat abrufbar« im Kopf habe.[94] Für Metzlers Literaturlexikon wiederum ist George der »poeta vates« der Moderne,[95] für Schmitz »Seher« und »vates«,[96] für Braungart verfolgt er das »Konzept des poeta vates, des Dichters als Künder und Seher«.[97] Breuer attestiert ihm, der Klassifikation Max Webers folgend, den Status des »exemplarischen Propheten«.[98] Auch Übersichtsarbeiten, die das Verhältnis von künstlerischer Avantgarde und »konservativer Revolution«[99] unter dem Gesichtspunkt etwaiger Wegbereiterschaft des Nationalsozialismus in den Blick nehmen, verstehen George als – fragwürdigen – Vates: so etwa Hein, der vom »Seher und

90 Vgl. Zmegac, Bemerkungen zur Rezeptionsgeschichte Rilkes, S. 65.

91 Rilke an Hermann Pongs, 21.10.1924, in: Rilke, Briefe Muzot, S. 321, künftig Sigle BMzt.

92 Auerochs macht deutlich, dass es die Strukturanalogie der Kunst zur Offenbarung ist, die nahezu notwendigerweise den Dichter zum Gegenstand religiöser Verehrung mache. Anders als den Techniker des Wortes, den poeta faber, assoziiere man den Offenbarungsverkünder nicht mit Plan- und Machbarkeit, sondern eher mit kausal nicht ableitbarer »glückhafter Assistenz« bei der Vermittlung von »Tiefe, Fülle, Ernst, Ganzheit«, in: Die Entstehung der Kunstreligion, S. 96.

93 Plumpe, Autor und Publikum, S. 383 f.

94 Zimmermann, Der Dichter als Prophet, S. 40 f.

95 Kühnel, Artikel »Poeta Vates«.

96 Schmitz, Stefan George und Rainer Maria Rilke, S. 32.

97 Wolfgang Braungart, Ästhetischer Katholizismus, S. 80.

98 Breuer, Ästhetischer Fundamentalismus, S. 116.

99 Vgl. Mohler, Die konservative Revolution.

seinen Getreuen« spricht,[100] oder Faber, der in Georges lyrischer Rede die »Selbstverkündigung« eines »Vates-Deus« sieht.[101]

Muschg rubriziert George und Rilke, die Exponenten »mystischer Erleuchtung«, unter den von ihm historisch gesichteten Begriff des »Sehers«[102] und attestiert George »Übergriffe auf das Prophetische«.[103] Das Reallexikon schließlich, das unter dem Stichwort »poeta vates« auf »Inspiration« verweist, versteht beide Autoren, Rilke und George, als Repräsentanten des reformulierten Topos in der Moderne.[104]

Bei genauerer Betrachtung lässt sich diese deskriptive Vielfalt präzisieren. Zwar ist die Moderne ganz grundsätzlich von Tendenzen gekennzeichnet, das eigenmächtige Genie des 18. Jahrhunderts zum inspirierten Religionsgründer umzuschreiben. Dennoch kann man innerhalb dieses diskursiven Wandels zwischen George und Rilke eine Binnendifferenzierung vornehmen: diejenige zwischen Offenbarungsverwalter und passivem Mittler, kurz zwischen Priester und Prophet. Während George priesterliche Herrschaft über Jünger und Texte einfordert,[105] sei Rilkes religiöse Rolle »die des Propheten auf dem Berggipfel, von dem ungewiß ist, ob er jemals wieder herunterkommt oder ob er dort droben, allein der Übermacht ausgesetzt, an der Botschaft zerschellt« – so zumindest formuliert es Manfred Koch.[106] Die »komplementären Typen religiöser Erwartungshaltung«, die Koch zufolge hier bedient werden, kann man auch als mehr oder weniger vollständige Aneignung des Vates-Topos verstehen. Zwar gilt George und seinem Kreis das literarische Kunstwerk »als

100 Hein, Die Brücke ins Geisterreich, S. 114.

101 Faber, Roma aeterna, S. 105.

102 Muschg, Tragische Literaturgeschichte, S. 153 ff. Muschg bietet unter dem Fokus einer alternativen Literaturgeschichtsschreibung, deren Gegenstand, die Dichtung, sich aus einer Typologie auktorialer Grundformen ableiten lasse, einen Abriss solcher Grundformen. Die jeweiligen Autorrollen, wie etwa Priester, Seher, Magier, aber auch poètes maudits, werden dabei nicht auf Historizität und Funktion im Gefüge literarischer Kommunikation befragt, weshalb auch weniger von Rollen als vom Entwurf einer literarischen Motivgeschichte unter der Perspektive angenommener überzeitlicher Grundmuster dichterischen Verhaltens die Rede sein sollte.

103 Muschg, ebd., S. 212.

104 Vgl. Till, Artikel »Inspiration«, S. 152.

105 Vgl. Marx, Heilige Autorschaft, S. 119. Auch Manfred Koch spricht mit Wolfgang Braungart (Ästhetischer Katholizismus, S. 89) vom »Priester [George], der den Zugang zum Heiligen verwaltet«, in: Rilkes Engel, S. 124. Hermand charakterisiert George als »priesterlichen Herrscher«, dem sich »ein willfähriges Gefolge« unterordnet, in: Die deutschen Dichterbünde, S. 163. Zur Akzentverschiebung von Genialität zu Priestertum auf der Ebene des poetologischen Programmgedichtes vgl. Selbmanns Kontrastierung von Georges Gedicht *der dichter in zeiten der wirren* mit Goethes Prometheus-Hymne: »Zum zweiten versteht sich der Dichter als Bewahrer des heiligen Feuers und dadurch als ein anderer Prometheus. Dessen Schöpferkraft lebt nicht mehr im Dichter, sondern mittlerweile im Feuer selbst«, in: Dichterberuf, S. 154.

106 Koch, Rilkes Engel, S. 124.

legitimer Ort der sich ereignenden Wahrheit«, als Offenbarung.[107] Dabei tritt der Meister aber nicht als fremdgesteuertes Medium des Offenbarungsgeschehens in Erscheinung, sondern macht vielmehr autoritären Verfügungsanspruch über die heiligen Texte geltend. Zudem firmiert in der Antike das Kompetenz-Modell, die Vorstellung vom technisch unterrichteten, Regeln befolgenden poeta faber als dezidierten Gegenpol zum gott- bzw. geisterfüllten Vates.[108] Dass der Seher George nun ganz ausdrücklich auch auf Kompetenz abstellt, auf lehr- und lernbare artistische Fähigkeiten, und damit die polaren Modelle der Antike verknüpft, erhellt aus dem normativen Anspruch, Schuldichtung zu produzieren. Der wohlbekannte klassizistische Purismus seiner Texte hinsichtlich Reim, Metrum, Bildlichkeit erlaubt die Rede von einer »systematisierbaren Kunstsprache« aus lyrischen Bausteinen, die im Lernvorgang der Schüler zu »poetischen Versatzstücken eingeschliffen und normiert« würden.[109] Wie sehr diese ohnehin umfassende Vorstellung von ästhetisch-technischer Kompetenz dann zur ethischen, kulturellen und politischen Kompetenz generalisiert wird, macht schließlich Kolk deutlich.[110] Man sieht: George ist mit der Vates-Formel, zumindest in ihrer orthodoxen Bedeutung, nicht hinlänglich zu erfassen, da er sich weder als passiv und fremdbestimmt noch als ausschließlich geisterfüllt entwirft, sondern als autoritär und kompetent. Sein Kompetenzverständnis ist wiederum vom antiken, regelpoetischen Kompetenzbegriff des Faber-Modells abzugrenzen. Zwar gilt auch bei George die poetische Regel, allerdings nicht für ihn selbst; sie erwächst nicht aus einem verbindlichen Kanon klassischer Lehrmeinungen,[111] sondern wird vom Meister kraft dessen individueller Persönlichkeit und Autorität gesetzt und zur obersten Norm erhoben. Aus solchen nicht ganz widerspruchsfreien Selbstinszenierungen geht ein modernes Hybrid aus genialen und medialen Elementen hervor, das sich allerdings im Vergleich mit dem stets auf Integration bedachten Rilke als deutlich separatistisch und kaum flexibel erweist.

Die von Marx postulierte »Renaissance des Vates« ist im engeren Sinn auf Rilke zu beschränken, da nur hier dem Topos eine Stilisierung des Produktionsprozesses im Sinne des antiken ›Enthusiasmus‹ abgerungen wird. Ähnlich wie George erklärt auch Rilke den Text zur kunstreligiösen Offenbarung,

107 Wolfgang Braungart, Ästhetischer Katholizismus, S. 165; das Beispiel von *Komm in den totgesagten Park* erhellt mit der Evokation des Gedichtes als »gesicht« dessen Status als »gestisch verstandene Schau, […] Vision des poeta vates«, ebd., S. 228.

108 Vgl. Jannidis u. a., Rede über den Autor, S. 5.

109 Kluncker, Der George-Kreis als Dichterschule, S. 476.

110 Kolk leitet das weitreichende Kompetenz-Verständnis des Kreises, das die primär ästhetische zur ethischen, pädagogischen und später politischen Kompetenz generalisiert, von den Topoi des melancholischen Dichtergenius und damit vom genial-kompetenten Oberhaupt George ab, vgl. LG, S. 171.

111 Vgl. Jannidis u. a., Rede über den Autor, S. 5.

wenn er ihn wieder und wieder als »Diktat« bezeichnet;[112] zu einer Offenbarung allerdings, die nahezu aus eigener Kraft in die Welt kommt und die der Dichter lediglich ›empfängt‹. Schon hier deutet sich an, wie konsequent Rilke – im Gegensatz zu George – der Systemlogik des Vates-Modells folgt: Autoritäre Verfügungsansprüche werden aufgegeben, der Autor tritt hinter den Text zurück. Diese kontrafakturartige Stilisierung des aktiven Erzeugens zum passiven ›Erfüllt-Sein‹ reicht bis zur auktorialen Dissoziation in zwei ›Stimmen‹: Im Zusammenhang mit den *Elegien* zweifelt Rilke, was seine Stimme »gegen jene dort« sei, mit der er sich nicht gleichzusetzen wage, »so weit fühl ich mich oft hinter der Sicherheit, die sie singt, zurückbleiben«.[113] Die Vorstellung von inspirierter, quasi ›blinder‹ Produktion suggeriert einen für George undenkbaren Verzicht auf Textherrschaft: Der Entstehungsprozess von Dichtung läuft hinter dem Rücken des Subjekts ab und der Text bemächtigt sich seines Autors.[114] Wie nachhaltig Rilke auf diesem umgekehrten Autoritätsverhältnis zwischen Autor und Text insistiert und wie konsequent er damit auf historisch weit entfernte Vorstellungen Bezug nimmt, wird in Abschnitt 2.3 des zweiten Hauptteils an zahlreichen Beispielen deutlich werden. Zwar inszeniert er sich erst nach 1910 bevorzugt in der Rolle des inspirierten Propheten, also als Vates im eigentlichen Sinn. Rilkes scheinbare Autoritätslosigkeit allerdings, konstitutives Element antiker Seher-Topik, ist lebenslang und schon früh in unterschiedlichsten Gestaltungen spürbar; etwa wenn der junge Autor als namenloser Mystiker in Erscheinung tritt und »verloren gehen [will] hinter meinen Liedern wie irgend ein vergangenes Volk ...«[115] Dieser Autoritätsverzicht, mag er sich nun als posthum immer wieder beschworene »tiefe Demut«[116] oder als ekstatischer Enthusiasmus konkretisieren, wird als Teil eines auktorialen Habitus der Ambivalenz zu beschreiben sein. Was den Seher Rilke nämlich so fundamental vom Seher George unterscheidet, sind Gesten der Selbstverkleinerung, ist die modernetypische Minimalisierung von Autorschaft, die einem gleichzeitig ins Sakrale überhöhten Selbstbild komplementär ist. Diese Verklammerung von vergrößertem und verkleinertem Autor, sei Letzterer prophetisch passiviert, mystisch neutralisiert oder gar verschwunden, ist überaus charakteristisch für Rilkes Konzept von Autorschaft. Formale und inhaltliche Aspekte des antiken Vates-Modells sichern dabei Einheit und Kohärenz und erlauben die Ausübung von Autorität genau da, wo der Topos ihr Vorhandensein aufs Entschiedenste negiert.

Für eine funktional differenzierte Gemeinde, deren personale Zusammensetzung hegemoniale Strukturen in der Gesamtgesellschaft reflektiert,

112 Vgl. II. Hauptteil, Abschnitt 2.3.6.

113 Rilke an Lisa Heise, 7.5.1924, in: Rilke, Briefwechsel Heise, S. 81, künftig Sigle LH.

114 Vgl. auch die intuitive Einschätzung von Schmitz: »Der Dichter ist also beiden der Gebieter über das Wort: herrisch und hart wie George, dienend und anschmiegsam wie Rilke«, in: Stefan George und Rainer Maria Rilke, S. 174.

115 Rilke an Ellen Key, 3.4.1903, EK, S. 25.

116 Als pars pro toto: Katharina Kippenberg, Rainer Maria Rilke, 1948, S. 84.

bietet eine solch subtile ›autoritätslose Autorität‹ naturgemäß mehr Anschlussmöglichkeiten. Auratische Distanz kann gehalten werden, dennoch lassen sich Nähe, Privatheit und Identifikationsangebote besser kommunizieren. Es wird sich zeigen, wie Rilke scheinbar autoritätslos eine Vielzahl unterschiedlichst disponierter Adressaten auf Augenhöhe anhebt und dabei genug Autorität aufbringt, um diese heterogene Briefgemeinde dauerhaft auf seine Person einzuschwören. Dabei wird sich auch zeigen, wie sehr heilige Autorschaft Systemzwängen folgt und weniger der Willkür einzelner Akteure. Die Eigenlogik der Briefgemeinde etwa verlangt mit Differenzierung, Heterogenität, Wandelbarkeit die vollständigen Realisierung der Vates-Rolle – Anpassungsfähigkeit, getarnte Autorität und ein dennoch eindeutig sakrales Profil sind hier gefragt.

Schließlich: Heilige Autorschaft in der Moderne ist zur Gänze auf Steigerung hin angelegt und nur im Modus der Steigerung auf Dauer zu stellen. Steigerung von Exklusion zur Exklusivität und Exzeptionalität waren die Ausgangsprämissen zur Markierung von Differenz. Das impliziert anhaltende Selbstüberbietung oder zumindest das Potential zur Selbstüberbietung, um das Charisma des Erhöhten nicht schwinden zu lassen und der drohenden »Veralltäglichung« die Stirn zu bieten.[117] Ein solches Potential eignet dem inspirierten Propheten, der immer wieder Gefäß immer bedeutsamerer Offenbarung werden kann, weitaus eher als dem Priester, der auch noch seinen eigenen Gott gebiert.[118] So kann sich etwa Rilkes prophetische Schau steigern vom profanen Musendiktat, dem Zyklus *Aus dem Nachlass des Grafen C.W.*, der sich »diktierte […] so malgré moi«[119] und doch nur »Spielerei«[120] ist, bis zum hohen ›Seinsevangelium‹ der *Elegien*. Letzteres wird ausgezeichnet durch die Finalvokabel allen liturgischen Sprechens, »Amen«.[121] George dagegen vermag sich nach der Deifizierung Maximilian Kronbergers im Hinblick auf priesterliche Bedeutsamkeit kaum mehr zu überbieten. Vielmehr dominieren, wie Mattenklott zeigt, museale Stillstellung und »Mortifikation«.[122]

117 Vgl. Max Weber, Wirtschaft und Gesellschaft, S. 182 ff.

118 Auerochs weist auf die Paradoxie hin, dass sich George mit dem *Siebenten Ring* selbst zum Ursprung des Göttlichen erklärt, in: Die Entstehung der Kunstreligion, S. 104.

119 Rilke an Marie Taxis, 6.3.1921, in: Rilke, Briefwechsel Taxis II, S. 644, künftig Sigle TT II.

120 Rilke an Nanny Wunderly, 30.11.1920, in: Rilke, Briefe Wunderly I, S. 349, künftig NWV I.

121 Rilke an Marie Taxis, 11.2.22, TT II, S. 698.

122 Zu Dichtung als »Mortifikation des Lebens« vgl. Mattenklott, Bilderdienst, S. 254; zur konservierenden Funktion der Fotografie vgl. ebd., S. 202–205.

3.3 George und Rilke als Führer einer Jüngergemeinde

Es wurde bereits darauf hingewiesen, dass um 1900 die Tendenz zu gruppenartigen Zusammenschlüssen ein gesamtgesellschaftliches Phänomen im Zusammenhang mit Folgeproblemen der Exklusionsindividualität darstellt. Die Suche nach »mikrostrukturellen Konsensbildungen« ist als Reaktion auf den »makrostrukturellen Werte- und Inhalte-Wandel« zu verstehen.[123] Wenn der gesteigerte Nahweltbedarf aber für alle gilt, dann umso mehr für die häufig exponierten und isolierten Akteure des Kunst-Feldes. Zahlreiche Künstlergruppierungen sprechen für diese Zusammenhänge, seien sie informell strukturiert als Gruppe, Clique, Gesinnungs- oder Aktionsgemeinschaft, als Bund, Bruderschaft, Orden, Kolonie, oder formell und organisationsnah als Gesellschaft, Verein oder Verband. Weit ist das Spektrum der Gruppenziele und reicht vom sozialpolitischen Engagement naturalistischer Assoziationen[124] über den weltanschaulichen Naturmystizismus der Friedrichshagener Sezessionen[125] bis hin zum Agrarutopismus lebensreformerischer Landkommunen.[126] Ebenso wie die Antimodernismus-Bewegung neukatholische, neuklassische oder reaktionär-völkische Dichterbünde hervorbringt,[127] formieren sich in Berlin als Ausdruck einer zunehmend agitatorischen Moderne rührige Expressionistengruppierungen. Nicht zu vergessen sind schließlich neolokale Assoziationen ausschließlich bildender Künstler wie z. B. ›Mathildenhöhe‹, ›Worpsweder Künstlerkolonie‹, ›Blauer Reiter‹ oder ›Brücke‹.[128] All diesen Assoziationen ist nach Thurn die Funktion der Vermittlung zwischen Sozialität und Solitarismus zuzuschreiben.[129] Einerseits geht es dabei um die kulturelle und professionelle Unabhängigkeit des Künstlersubjekts; andererseits ist auf die spezifische Problemlage zu reagieren, die aus der völligen Autonomisierung der Künstlerrolle resultiert. In diesem Sinn werden literarische Gruppenbildung und entsprechende Konkurrenzkämpfe um 1900 auch immer wieder in Verbindung gebracht mit der Autonomisierung des literarischen Feldes bzw. der modernen Pluralisierung der Stile, Programme und

123 Thurn, Die Sozialität des Solitären, S. 290.

124 Vgl. Katharina Günther, Literarische Gruppenbildung im Berliner Naturalismus.

125 Vgl. Hein, Die Brücke ins Geisterreich, S. 36; vgl. auch Kreuzer, Die Boheme, S. 269 f.

126 Vgl. Linse, Zurück, o Mensch, zur Mutter Erde, S. 62 ff.

127 Vgl. Hermand, Die deutschen Dichterbünde, S. 144 ff.

128 Eine Übersicht über Autorenassoziationen bieten Wülfing / Karin Bruns / Parr, Handbuch literarisch-kultureller Vereine, Gruppen und Bünde 1825 – 1933. Bibliographische Hinweise zu Monographien über einzelne Assoziationen finden sich bei Parr, Inter-diskursive Assoziation, S. 3. Eine historische Längsschnittuntersuchung vom späten Mittelalter bis zum 20. Jahrhundert bietet Hermand, Die deutschen Dichterbünde. Eine Auswahl von weltanschaulichen Oppositionsgruppen im Umkreis von Lebensreform, Jugendbewegung und biologisch-ästhetischem Monismus listet Linse, Die Jugendkulturbewegung, S. 191.

129 Vgl. Thurn, Die Sozialität des Solitären, S. 290 f.

assoziierten Weltanschauungen.[130] Diese Pluralisierung nährt naturgemäß den Wunsch nach Orientierungs- und Handlungsmustern,[131] nach sozialer Einbindung. Der Vermittlung von Sozialität und Solitarismus tragen Künstlergruppierungen Rechnung, die Abgrenzung nach außen und bis zu einem gewissen Grad interne Konformität unter dem Primat demokratischer Gleichberechtigtheit erzeugen. Beispiele sind der Friedrichshagener Dichterkreis und seine Sezessionen oder die betont aktivistischen Expressionisten-Gruppierungen ›Neuer Club‹ und ›Sturm-Kreis‹[132], ferner der einflussreiche Werdandi-Bund. Trotz völkisch-nationaler Gesinnung weist Letzterer ein heterogenes Mitgliederkollektiv auf, dem bis zu einem gewissen Grad individuelle ästhetische Entfaltung möglich ist.[133] Bei all diesen Gemeinschaften, die auf Stabilisierung des Einzelindividuums und wechselseitige Bestätigung abheben, steht das Doppelziel »Forcierung der Kunst durch Überwindung des Solitarismus«[134] und damit effektivere Durchsetzung des je gruppenspezifischen ästhetischen Programms im Zentrum. Die bereits erwähnten Autorenorganisationen unterscheiden sich zwar von informellen Gruppen mit eigenem ästhetischem Programm oder vorherrschend ästhetisch-kultureller Motivation durch Akzentuierung rein wirtschaftlicher Aspekte. Sie sind frei von Ideologien und setzen bürokratisch-formale Bindungen an die Stelle gruppenspezifischer Lebenspraxis oder kollektiver Rituale. Dennoch verbindet beide Vergesellschaftungsformen das Kernmerkmal der demokratischen Ordnung, der weitmögliche Verzicht auf interne Hierarchien und ideell definierte Führungsfiguren.[135]

Das neureligiöse, eschatologische Klima um 1900 bereitet allerdings noch einem ganz anderen Assoziationstypus den Boden, nämlich der von einem Kultstifter nach dem Legitimitätsprinzip der »charismatischen Herrschaft«[136] geführten Jüngergemeinde. Jost Hermand zufolge »trat zu diesem Zeitpunkt eine geradezu unübersehbare Fülle selbsterwählter Führertypen, Religionsstifter, Dichterpropheten oder Ordensgründer auf, die mit der Pose einsamer Rufer in der Wüste aufbruchswillige Jünger um sich zu scharen versuchten«.[137]

130 Vgl. Christine Magerski, Die Konstituierung des literarischen Feldes, S. 75; vgl. auch Jurt, Das literarische Feld, S. 161; vgl. auch Kluncker: »Die Ablösung individuellen Vorgehens durch kooperative Zusammenschlüsse ist ein soziologisch bedeutsames Äquivalent zu den kraftvollen künstlerischen Innovationen um 1890«, in: Der George-Kreis als Dichterschule, S. 474.

131 Vgl. Thurn, Die Sozialität des Solitären, S. 290.

132 Vgl. Hermand, Die deutschen Dichterbünde, S. 188 ff.

133 Vgl. ebd., S. 154 f.

134 Thurn, Die Sozialität des Solitären, S. 294.

135 Auch wenn es in Assoziationen bildender Künstler fließende Übergänge gibt zwischen Gleichberechtigung und »Positionszentralität«, die einzelnen oder mehreren Personen qua spezifischer, meist sozialer Qualitäten eine Vorrangstellung einräumt, wird dabei allenfalls eine noch demokratische »primus inter pares«-Konfiguration erreicht, vgl. Thurn, ebd., S. 297.

136 Max Weber, Wirtschaft und Gesellschaft, S. 179 ff.

137 Hermand, Die deutschen Dichterbünde, S. 166.

Die kontinuierliche Anwesenheit von Charisma als einer »außeralltäglich geltenden Qualität«, um derentwillen ihr Träger »als mit übernatürlichen oder übermenschlichen oder mindestens spezifisch außeralltäglichen, nicht jedem andern zugänglichen Kräften oder Eigenschaften begabt oder als gottgesandt oder als vorbildlich und deshalb als Führer gewertet wird«,[138] entscheidet dann über den Erfolg der jeweiligen Projekte. Kurz gesagt – Charisma entscheidet darüber, ob es gelingt, eine vertrauensvolle, emotional eng an den Meister gebundene Anhängerschar zu werben, die Rang und Bedeutung des Kultstifters beglaubigt. Auf das Problem der Verzeitlichung bzw. auf die Frage, wie sich das Außeralltägliche, auch Weltabgewandte im Alltag auf Dauer stellen lässt, reagiert bei Weber das Postulat der Bewährung: Solange es denen, »die sich ihm gläubig hingeben, wohlergeht«,[139] solange seine außeralltägliche Qualität fortwährend erfahrbar bleibt, währt die charismatische Sendung des Propheten, Kriegshelden, Revolutionärs. Mit »gläubiger Hingabe« allerdings ist die Lebensform eines »Liebes- bzw. Kameradschaftskommunismus«[140] gemeint, der den charismatischen Führer und seine nach charismatischen Kriterien selektierten Anhänger unter Verzicht auf Hierarchien emotional aneinanderbindet.

Überträgt man diese am religiösen und politischen Handlungsfeld gewonnenen Bestimmungen auf den kulturellen Sektor, folgert für Exponenten des charismatischen Herrschaftsprinzips in der Moderne nicht nur der notwendige Einbau von Steigerungsoptionen. Es geht auch um Disziplinierung hinsichtlich überzogener Machtansprüche. Doch gerade der Verzicht auf Hierarchien wird den ›charismatischen‹ Kultstiftern um 1900 zum Problem. Unter dem Signum der Berufung treten sie – mit Ausnahme Rilkes – nicht selten als tyrannische Imperatoren statt als demütig-dankbare Asketen auf. So notwendig und gewinnbringend die Jüngergemeinde für das Konzept heiliger Autorschaft in der Moderne ist, stellt sie gleichzeitig auch den neuralgischen Punkt dar, an dem heilige Autorschaft scheitern kann: Zu riskant und unangepasst ist der Führungs-Habitus vieler ihrer Repräsentanten. Beispiele liefert die ›Kosmische Runde‹, die sich für Hermand mit Schuler, Wolfskehl, Klages und Derleth aus reinen Führertypen mit je ausschließlichem Machtanspruch zusammensetzt.[141] Ihre inneren Konflikte, spannungsreichen Allianzen und radikalen Brüche sind dem jeweiligen Selbstverständnis aller Beteiligten als Religionsstifter – bei fehlender Gemeinde(!) – geschuldet.

So muss sich Klages erst von den ›Machtblöcken‹ George und Schuler emanzipieren, um individuelle Vorstellungen von philosophischer Prophetie und Gemeindebildung verwirklichen zu können. Immerhin erfolgreich: Dem

138 Max Weber, Wirtschaft und Gesellschaft, S. 179.
139 Ebd., S. 835.
140 Ebd., S. 180.
141 Vgl. Hermand, Die deutschen Dichterbünde, 168 ff.

›Seher‹ Klages gelingt in den 20er Jahren die Etablierung eines Kreises von Schülern, der später als ›Arbeitskreis für biozentrische Forschung‹ und im Medium der *Zeitschrift für Menschenkunde* seine Lehre vertreten wird.[142] Derleths imperatorische Machtvorstellungen dagegen stehen nicht nur einer dauerhaften Verbindung mit George oder den Kosmikern im Wege, sondern auch der Realisierung seiner ins Aggressiv-Politische gewendeten Ordensidee.[143]

Ähnliches gilt für Propheten literarischer ›Kosmogonien‹ wie Mombert oder Däubler, deren überzogener Weltveränderungsanspruch ihre Träger auf den gesellschaftlich wirkungslosen und paradoxen Status der ›Charismatiker ohne Gefolge‹ festlegt.[144] Auch für Rudolf Pannwitz begrenzt ein an Nietzsche geschulter Anspruch auf diktatorische Führerschaft und Religionsstiftung Allianzen mit zur Linde oder George auf kurze Zeitspannen und verunmöglicht die Bildung einer eigenen Gemeinde.[145] Der Erfolg von Otto zur Lindes charismatischem Projekt ›Charon-Kreis‹ hinsichtlich Dauer, Ausdehnung, ästhetischem Rang der Mitglieder und Auflagenstärke des kreiseigenen Mediums hingegen verdankt sich einem näher an Max Webers Charisma-Bestimmungen angesiedelten Habitus des Oberhauptes. Der Charontiker habe versucht, »statt eine totale Verpflichtung auf seine eigene Person zu fordern [...] alle die zu gewinnen, die sich als ›selbstbewußte Einzelne‹« in seinen mythisch-charontischen ›Geisterstaat‹ einordnen wollten.[146] Solche »selbstbewußte Einzelne« entsprechen Webers Auslese der Gemeindemitglieder nach »charismatischen Qualitäten«;[147] der zurückgezogen lebende, asketische Außenseiter-Künstler, von seinen Jüngern mäzenatisch versorgt, entspricht dem Typus des wirtschafts- und hierarchiefernen Propheten.

Diese Beispiele sollen den Blick freilegen auf die binäre Logik, der charismatische Führung in der ästhetischen Moderne folgt, und auf die komplementären Positionen, die Rilke und George hier besetzen. Der charismatische Führer George, den Weber selbst diesem Typus zugeordnet hat,[148] setzt auf hohe Geschlossenheit und steile Hierarchisierung der Gemeinde (vgl. LG, S. 253) und auf autokratische Machtfülle.[149] Der charismatische Führer Rilke

142 Vgl. Rohkrämer, Eine andere Moderne?, S. 167.

143 Vgl. Kreuzer, Die Boheme, S. 334 f.

144 Vgl. Hermand, Die deutschen Dichterbünde, S. 170 ff.

145 Vgl. Breuer, Ästhetischer Fundamentalismus, S. 128, explizit auch zu den Parallelen im Scheitern der beiden ›Cäsaren ohne Gefolge‹, Derleth und Pannwitz.

146 Hermand, Die deutschen Dichterbünde, S. 172.

147 Max Weber, Wirtschaft und Gesellschaft, S. 180.

148 Ebd., S. 182.

149 Einschränkend soll darauf hingewiesen werden, dass die Frühform des George-Kreises als informelle Gruppierung um die *Blätter für die Kunst* deutlich Züge einer Assoziation Gleichberechtigter trägt (vgl. LG, S. 124). Erst nach späterer und endgültiger Verfestigung zum sektenartigen Gebilde unter charismatischer Führung löst sich der Kreis von der professionellen Interessenorientierung der vormaligen *Blätter*-Gruppe und deren (noch) demokratischen Strukturen. Einen anderen Weg geht der früh aus dem *Blätter*-Kreis ausscheidende Hof-

dagegen, das wird zu zeigen sein, verfolgt tendenziell das Programm der vielen selbstbewussten Einzelnen, die in flacher Hierarchie sternförmig auf das Oberhaupt bezogen sind. Bemerkenswert ist in diesem Zusammenhang, dass der späte Rilke ausgerechnet zur Linde als »Propheten« anerkennt und von der »Traditionslosigkeit des heutigen deutschen Schriftstellers« abgrenzt.[150]

Dass George trotz »tyrannischer Machtbesessenheit«,[151] trotz »autoritärer Interaktionsformen, derer er sich ungehemmt bediente« (LG, S. 170) als charismatischer Führer langfristig erfolgreich ist, anders als Derleth, Pannwitz, Schuler, lässt sich mit Breuer tiefenpsychologisch erklären – immerhin existiert der George-Kreis von 1900 bis 1933. Georges autoritäres Verhalten sei von den Jüngern auf der Basis ähnlicher psychischer Dispositionen wie Desintegrationsängste und Selbstzweifel und einer gemeinsamen »symbiontischen Grundhaltung« erwartet worden und sei geeignet, Lebenskrisen und Defiziterfahrungen zu kompensieren.[152] Jenseits solch individualpsychologischer Aspekte ist auf eine nach 1914 systematisierte Rekrutierungspraxis hinzuweisen, der zufolge künftige Mitglieder »die ästhetischen Normen und gruppeneigenen Wertvorstellungen, soweit sie sich in Georges Gedichten ausdrückten, bereits vor der Aufnahme internalisiert hatten«.[153] Schließlich lässt sich Georges lange Regentschaft möglicherweise auch auf die vom Kreis begeistert antizipierte charismatische Legitimierung einer marginalen Lebensform zurückführen. Nach dem bereits erwähnten Transformationsschema von ›Stigma‹ in ›Charisma‹ wird im Kreis nach 1900 die »Marginalisierung [...] offensiv aufgegriffen und als Indikator charismatisch begründeter, radikal neuer Weltsicht vorgestellt«.[154]

Trotz dieses Erfolges hat George mit spezifischen Problemen zu kämpfen, die aus Geschlossenheit und steiler Hierarchisierung erwachsen: Unterallianzen, Sezessionen oder Konflikte[155] stellen solche Systemkonsequenzen dar.

mannsthal: Zur aktiven und eingreifenden Teilnahme am Literaturbetrieb, dessen Strukturen er für sich zu instrumentalisieren weiß, gehört auch Mitgliedschaft in Lyrik-Kartell und SDS, vgl. Wittmann, Die Geschichte des deutschen Buchhandels, S. 294; vgl. auch LG, S. 82 ff. Hofmannsthal zählt als einer der sieben Unterzeichnenden des Gründungsaufrufes vom 1. 8. 1902 zu den Gründungsmitgliedern des Kartells, was ihm eine Rüge Georges einträgt, vgl. Martens, Lyrik kommerziell, S. 62 ff.

150 Rilke an Katharina Kippenberg, 16. 4. 1921, KK, S. 421.

151 Hermand, Die deutschen Dichterbünde, S. 162.

152 Breuer, Ästhetischer Fundamentalismus, S. 62–68.

153 Fügen, Gesellschaft und Literatur, S. 84.

154 LG, S. 171; vgl. auch die systematischen Überlegungen von Lipp zur normativen Umwertung von Stigma in Charisma, in: Stigma und Charisma.

155 Zu den divergenten Kreis-Deutungen von Gundolf, der die ästhetische Dimension in den Vordergrund stellt, und Wolters, der hier »die Keimzelle einer großen nationalen Bewegung« sieht, vgl. Carola Groppe, Konkurrierende Weltanschauungsmodelle, S. 275. Gundolfs Auffassung

Breuer beschreibt, wie sich konkurrierende Herrschaftsbezirke um Gundolf, Morwitz und Wolters gebildet hätten, beschreibt Rivalitäten zwischen Vallentin und Wolters, Wolters und Böhringer, Thormaehlen und Kommerell, Kommerell und Percy Gothein und den Loyalitätskonflikt Salins zwischen Gundolf und Wolters.[156] Entsprechend hoch ist auch die emotionale Dramatik mancher Beziehungen zwischen Meister und Jünger. Der Bruch mit Max Kommerell, von George semantisch markiert als Wandlung des zärtlich behüteten »Kleinsten« zur perhorreszierten »Kröte«,[157] ist dabei nur eines der prominenteren Beispiele; er hat den Suizid von Johann Anton zur Folge, der mit seinem Freund Kommerell das ›Dioskuren‹-Paar gebildet hatte.[158]

Im Gegensatz dazu spielen Konflikte, Brüche oder die Bildung von oppositionellen Splittergruppen in der Rilke-Gemeinde kaum eine Rolle. Natürlich ist das unter anderem dem Umstand geschuldet, dass Rilke mit seinen Anhängern mittelbar brieflich kommuniziert. Gruppentypisches Wir-Gefühl und kollektiver Interaktionsraum fehlen und etwaige Brüche können unmarkiert und unsichtbar für andere Akteure bewältigt werden. Der jahrelang unsichtbar schwelende Konflikt Rilkes mit Ellen Key, die abnehmende Intensität des Briefdialoges nach 1906 und schließlich das für andere Jünger nicht wahrnehmbare Ersetzen der problematischen Mentorin und Mäzenin durch eine andere ›Mutterfigur‹, Marie Taxis, ist hierfür ein gutes Beispiel.[159] Dennoch verdankt sich die relative emotionale Stabilität der Rilke-Gemeinde und das Klima unbeschädigter Solidarität mit dem charismatischen Oberhaupt in meinen Augen auch dessen Verzicht auf Hierarchien und Autoritätsbekundungen – im Unterschied zu den scheiternden Charismatikern Derleth und Pannwitz, im Unterschied auch zu George. Zwar lebt Rilke mit seinem »nach charismatischen Qualitäten ausgelesenem« Gefolge von sensitiven, kulturell differenzierten, gebildeten und kreativen Mäzeninnen, Künstlerfreundinnen und -freunden, Adepten und Verlegern nicht in »Liebes- bzw. Kameradschaftskommunismus«.[160] Allerdings herrscht zwischen ihm und seinen Jüngern tatsächlich eine gewisse ›Epistolarkommunion‹. In dieser Briefgemeinschaft wird Gleichberechtigung selbst dort noch suggeriert, wo z. B. Lehrer-Schüler-Verhältnisse oder klare Asymmetrien zwischen dem geweihten Dichter und werbenden Künstlerfreundinnen Hierarchisierungen unabweisbar machen. Der von ihm protegierten Claire Goll teilt Rilke mit, »wie sehr

hätten sich implizit Morwitz, Edith und Julius Landmann und Böhringer angeschlossen (S. 273–275).

156 Vgl. Breuer, Ästhetischer Fundamentalismus, S. 82–84.

157 Edith Landmann, Gespräche mit Stefan George, S. 162 und S. 186; vgl. auch Breuer, Ästhetischer Fundamentalismus, S. 53.

158 Vgl. auch Breuer, ebd., S. 92 ff. Breuer beschreibt ferner ausführlich die zum Bruch führenden Konflikte mit Gundolf und Glöckner, S. 86–91.

159 Vgl. II. Hauptteil, Kapitel 1.2.

160 Max Weber, Wirtschaft und Gesellschaft, S. 180.

unsere Einsichten die gleichen sind«,[161] den 19-jährigen Dichter-Adepten Rudolf Bodländer spricht der geweihte Autor der *Duineser Elegien* als »Freund und Bruder« an.[162] Entsprechend enthusiastisch fallen die Zuschreibungen von Charisma durch unterschiedlichste Gemeindemitglieder aus.[163] Offensichtlich versetzt ›Charisma‹, von Weber als rein subjektives Phänomen der »Bewertung« durch die Beherrschten beschrieben, auch Rilkes Anhänger in einen gehobenen Zustand und bringt »Wohlergehen« – nämlich spirituelles Wohlergehen. So schwärmt Katharina Kippenberg von der »Ehre«, die einem Haus widerfahre, das »ein großer Dichter« betrete. Ein solcher Dichter – gemeint ist Rilkes Besuch in Leipzig 1911 – bringe »viel heiligen Geist mit, der Feuer schlägt am Großen und das Kleine verzehrt«.[164]

Nun ist es sicherlich problematisch, George-Kreis und Rilke-Gemeinde zu vergleichen, da sie gruppensoziologisch kaum auf einen Nenner zu bringen sind. Ersterer befindet sich seit langem im Blickpunkt der Kultursoziologie, von Ernst Troeltsch und Max Weber über Karlhans Kluncker und Norbert Fügen bis zu Wolf Lepenies, um nur einige wenige Beispiele zu nennen. Zuletzt hat Rainer Kolk ausführlich diskutiert, wie »Elemente einer Soziologie der Gruppe« auf den George-Kreis anzuwenden seien und inwiefern bisher übliche Kategorien, etwa ›Schule‹ oder ›Bund‹, die Komplexität dieser Assoziation nicht erfassen würden (LG, S. 108 – 123). Je präziser sozialwissenschaftliche Erfassung und Nomenklatur des George-Kreises, desto schemenhafter die Umrisse der Rilke-Gemeinde. Es herrscht lediglich Konsens über ihre Existenz, sowohl in der Gedenkliteratur als auch in der späteren Forschung,[165] allerdings liegen keine weiterführenden Untersuchungen vor. Dies nimmt insofern nicht wunder, als sich Rilkes Briefgemeinde tendenziell als Summe »vieler selbstbewusster Einzelner« (s. o.) darstellt und ihr ein spezifisches Gruppenbewusstsein, die kollektive Identität abgeht. Während sich der George-Kreis schon immer als Assoziation versteht und sich entsprechende Bezeichnungen zuschreibt wie »Kreis«, »Ring«, »Bund« und ab 1907 unter dem wachsenden Einfluss Wolters' »Staat« (vgl. LG, S. 178), führen Rilkes Respondenten erst retrospektiv solche Beschreibungskategorien ein: Rilke sei

161 Rilke an Claire Goll, 11. 4. 1923, in: Rilke, Briefwechsel Goll, S. 37, künftig Sigle CG.

162 Rilke an Rudolf Bodländer, 13. 3. 1922, in: Rilke, Briefe, dritter Band, S. 760, künftig Sigle GB III.

163 Vgl. II. Hauptteil, Kapitel 1.2.

164 Katharina Kippenberg, Rainer Maria Rilke, 1948, S. 58.

165 Zu zeitgenössischen Kommentaren über Rilke als Führer und über seine Gemeinde s. u. Als Beispiele aus der neueren Forschung und Sozialgeschichtsschreibung vgl. Manfred Koch und Manfred Engel, die von »Rilke-Gemeinde« und »enthusiasmierter Rilke-Gemeinde« sprechen (Koch, Rilkes Engel, S. 126; Fülleborn / Engel, Rilkes ›Duineser Elegien‹, dritter Band, S. 15), ferner Nipperdey, der von »Gemeindebildung« ausgeht (AB, S. 756).

vielen als »Führer« erschienen, habe eine »Gemeinde« gehabt – so äußern sich etwa Lou Salomé und Katharina Kippenberg 1928 und 1948.[166]

Dass es trotzdem lohnenswert sein kann, die Rilke-Gemeinde unter sozialwissenschaftlichen Fragestellungen in den Blick zu nehmen und als Entität terminologisch zu bestimmen, soll im Netzwerkkapitel dargelegt werden. Zunächst geht es um einen kurz angelegten Vergleich zwischen beiden Jüngergemeinden, der mir unter gewissen Einschränkungen legitim erscheint. Rilke-Gemeinde und George-Kreis sollen nicht als solche einander gegenübergestellt werden, zum einen, da an dieser Stelle für Rilkes Bekanntenkreis nur der vorbegrifflich-metaphorische Ausdruck ›Gemeinde‹ zur Verfügung steht; zum anderen, da es für die produktive Eigenleistung des George-Kreises auf dem Gebiet der Geisteswissenschaften, für sein pädagogisch-politisches Selbstverständnis als »Geheimes Deutschland«[167] auf der Rilke-Seite kein Korrelat gibt. Dessen Gemeinde existiert als Gemeinde nur im Bezug auf das Oberhaupt, nur als relationales, nicht als autonomes Gebilde. Ganz in diesem Sinn sollen George-Kreis und Rilke-Gemeinde auch nur als Instrumente in der Hand ihrer Initiatoren und als Aspekte heiliger Autorschaft in der Moderne einander gegenübergestellt werden. Dabei sind Fragen nach den Leistungsprofilen für beide Dichter zu stellen, nach strukturellen Ähnlichkeiten und Differenzen, nach Schwachstellen und Problemen des Instruments ›Jüngergemeinde‹ – wobei mit George-Kreis die Gruppe in ihrer relativ geschlossenen Form nach 1900 gemeint ist.

Bei aller Unterschiedlichkeit in der praktischen Realisierung sind zunächst vergleichbare Funktionen festzuhalten. Im Vordergrund steht die Abschottung des kontemplierenden Meisters vom öffentlichen Leben und den Niederungen eines Literaturbetriebes, in den selbst einzugreifen Enthöhung und Schwund des Charismas riskieren hieße – unabhängig davon, ob sich die Gemeinde als ›Gegenwelt‹ versteht oder nicht. Der Kampf um kulturelle Legitimität bedient sich hier einer vom kämpferischen, agitatorischen Duktus vieler, insbesondere expressionistischer Künstlergruppen abweichenden Semantik. Nicht der aggressiven Durchsetzung ästhetischer Programme dient die Assoziation, nicht der effektiveren Teilnahme am literarischen Leben, dessen kritischen Instanzen das ›kollektivierte Künstlersubjekt‹ widerständiger ins Auge blickt. Stattdessen ermöglicht eine Gemeinde von Eingeweihten den zur Schau gestellten Rückzug des auratisch-heiligen Autors von den banausischen Massen und dem als profan diskreditierten Literaturbetrieb. Dies gilt für George und die ihn umgebenden näheren und weniger nahen Jünger, etwa Gundolf, Wolfskehl, Kommerell, Hildebrandt, Morwitz, Böhringer, Vallentin oder Wolters. Dies gilt ebenso für Rilke und die ihn einhegenden (Brief-) Freunde und Freundinnen, etwa Katharina Kippenberg, Lou Salomé, Marie

166 Lou Andreas-Salomé, Rainer Maria Rilke, S. 77; Katharina Kippenberg, Rainer Maria Rilke, 1948, S. 218.

167 So der Titel des programmatischen Gedichts aus dem Zyklus *Das neue Reich* (1928).

Taxis, Nanny Wunderly, Sidonie Nádherný, Karl von der Heydt oder Anton Kippenberg. Wie sehr sich z. B. für George im Medium des frühen Kreises Esoterik und Ostentation verknüpfen, Verschweigen und Demonstrieren, dass es etwas zu verschweigen gibt, macht der Umgang mit dem kreiseigenen Organ deutlich: Die *Blätter für die Kunst* erscheinen seit 1892 in limitierter Auflage, zunächst nur 200 Stück. Als nichtöffentliche Publikation für »einen geschlossenen und von den mitgliedern geladenen leserkreis«[168] sind sie nur für eingeweihte Kreisangehörige oder Nahestehende zu haben und markieren damit deutlich die Grenze zum allgemeinen Literaturbetrieb. Die poetischen Erzeugnisse des Kreises werden dem literarischen Markt ostentativ vorenthalten, Kolk spricht von einer nicht ohne Kalkül inszenierten »Distanz zu den perhorreszierten Vertriebsmechanismen des literarischen Marktes« (LG, S. 61); eine Inszenierung, die ebenso wirksam Aufmerksamkeit und Neugier erzeugt, als sie einer Gruppe von Eingeweihten bedarf. Wer sich nicht an dieses Rückzugs-Postulat hält, wer wie Hofmannsthal die Strukturen des autonomen literarischen Feldes akzeptiert und auf vielfältige Präsenz in diesem Feld und auf eingeschränkte Popularität setzt – der Wiener Kollege hat sich die Kooperation mit verschiedensten Zeitschriften und Anthologien stets vorbehalten –, der ist langfristig für die Gruppe nicht haltbar.[169]

Nun kennzeichnet solch auratische Distanz vom Literaturbetrieb auch Rilkes Habitus, selbst wenn sie hier weniger konspirative Züge annimmt. Nach einer frühen Phase der Betriebsamkeit, von der noch ausführlich zu handeln sein wird, zieht sich bereits der junge Autor schrittweise aus dem literarischen Leben zurück. Rilke verweigert zunehmend die Mitarbeit an Zeitschriften und Anthologien und nimmt Kritiken regelhaft nicht mehr zur Kenntnis. Vor allem in der Spätphase verzichtet er auf etwaige PR-Effekte, die der Einmischung in den Literaturbetrieb geschuldet wären:

Ich lese nie das, was ›man‹ über meine Arbeiten schreibt in Zeitungen oder Zeitschriften, oder gar in schon nach ›Wissenschaft‹ schmeckenden Büchern; ich merke nichts von alledem, und so findet jede wirkliche menschliche Stimme den reichsten Raum in meinem Gemüt,[170]

so äußert sich Rilke etwa 1922. Da solche Selbstesoterisierung nur Wirkung zeitigen kann, wenn sie öffentlich gemacht wird, bedarf auch er einer Gemeinde, die den Absenten ins Bewusstsein der Öffentlichkeit zurückruft, auf seinen Rückzug hinweist und diesen im Sinne eines kunstreligiösen Glau-

168 Aufschrift auf allen zwölf Folgen, zitiert nach Kluncker, Der George-Kreis als Dichterschule, S. 468.

169 Zum endgültigen Bruch kommt es wegen einer geringfügigen Meinungsverschiedenheit 1906, vgl. LG, S. 78–86.

170 Rilke an Ilse Jahr, 2. 12. 1922, GB III, S. 797; vgl. auch Rilke an Robert Heinz Heygrodt, 24. 12. 1921, GB II, S. 710: »Herr Dr. Hünich wird Ihnen nicht verschwiegen haben, daß ich mich nicht entschließen kann, Bücher und Aufsätze, die von meiner Arbeit handeln, zu lesen.«

bensartikels normativ bewertet. So teilt der Rilke-Anhänger Stefan Zweig 1913 Paul Zech mit, Rilke lese »keine Kritiken, arbeitet an Zeitschriften nicht mit, bildet sich in seiner Stille, hört die Welt und sieht sie ohne jedes Medium der Literatur«.[171] Noch effektivere Popularisierung des Unpopulären leistet der Mäzen von der Heydt, wenn er in einer Rilke-Ansprache vor dem renommierten ›Lyceum-Club‹ in Berlin 1913 vom publizistischen Interesse an Rilke spricht; von vielen »Artikeln, die ihn behandeln und die er niemals liest, wie er sich alle Kritiken – lobende wie tadelnde – fernhält«.[172]

Man sieht: Gemeinde konstituiert die soziale Nahwelt des charismatischen Autors und schottet ihn gleichzeitig als Puffer von der Öffentlichkeit ab. Sie ist Organ eines Akteurs, der seine auratische Nahferne über diese vermittelte Form von Öffentlichkeitspräsenz gewahrt weiß. Braungart spricht vom Kreis als »Medium« Georges, für Kolk werden »die personal zentrierten ›Gesetze‹ des Kreises [...] verbalisiert und damit extern wahrnehmbar durch das Zeugnis der Jünger«.[173] Wolters etwa fungiert nach 1907 als Durchführungsinstanz von Georges pädagogischen Reformvorstellungen,[174] Morwitz als kontinuierlicher Kommentator und Exeget des poetischen Werks und Wolfskehl als »Verwalter und Mehrer eines Botschafter-Postens in der Nicht-Blätter-Welt«.[175] Aber auch für Rilke ist die Gemeinde Medium zur Außenwelt. Es wird sich z. B. zeigen, wie die Lektorin Katharina Kippenberg Rilke über das literarische Leben auf dem Laufenden hält und ihm Eingriffe in Publikationsprozesse ermöglicht, ohne dass der Dichter seine Solitärposition auf feudalen Landsitzen aufgeben muss – die Vermittlung von Sozialität und Solitarismus geschieht in erster Linie brieflich.[176] Es wird sich ferner zeigen, wie Künstlerfreunde, etwa die im französischen Literaturfeld fest etablierten Autoren Gide und Valéry, Einblicke in unterschiedliche zeitgenössische Produktionsweisen und Subfelder eröffnen – ebenfalls auf der Basis persönlicher, nichtinstitutioneller und vornehmlich brieflicher Beziehungen.[177] Wenn charismatisch geführte Gemeinden derart als Organ der Vermittlung zum Literaturbetrieb und zur Öffentlichkeit fungieren, wird klar, warum sowohl George als auch Rilke auf die stabilisierende Teilnahme am Assoziationstypus ›Professionellenorganisation‹ verzichten. Darüber hinaus illustrieren die Beispiele Rilke und George, welche Bedeutung den Jüngergemeinden bei der

171 Stefan Zweig an Paul Zech, etwa Sommer 1913, zitiert nach Rilke, Briefwechsel Zweig, S. 62, künftig Sigle SZ.
172 Vortrag Karl v.d. Heydt am 11.3.1913, zitiert nach KEH, S. 252.
173 Wolfgang Braungart, Ästhetischer Katholizismus, S. 81 f.; LG, S. 171 f.
174 Vgl. Lepenies, Gesellschaftsferne und Soziologie-Feinschaft, S. 327.
175 Salin, Um Stefan George, S. 141, zitiert nach LG, S. 253.
176 Vgl. II. Hauptteil, Abschnitt 2.3.1.
177 Vgl. II. Hauptteil, Kapitel 1.2.

posthumen Mythenbildung und langfristigen Rezeptionslenkung des jeweiligen literarischen Werks zuzuschreiben ist.[178]

Medium der Mythisierung sind zahlreiche Erinnerungsbücher, im George-Kreis meist von Männern, in der Rilke-Gemeinde überwiegend von Frauen verfasst. Von wenigen Ausnahmen abgesehen, gelangen sie zu einer religiösen Verabsolutierung Georges[179] bzw. zur sakralen Verklärung Rilkes, dessen »heiliger Auftrag«, so die Biographin Kippenberg, »durch die bescheidensten Obliegenheiten seines Lebens [schimmerte] wie im Märchen aus der Umhüllung des verwunschenen Prinzen das Gold«.[180] Als Hagiographen und Multiplikatoren sind die ehemaligen Gemeindemitglieder in der Lage, bestimmte Deutungsmuster festzulegen und die Rezeption in kanonische Bahnen zu lenken, die als mehr oder weniger deutliches Kontinuum auf den Autor zurückgehen.[181] Dass das für beide Autoren gilt, belegen einschlägige Forschungskommentare. Während für Braungart »die Deutung durch den Kreis kanonisiert und die Wirkung der Texte so kontrolliert werden«[182] sollte, bilden »Stimmen aus dem Bekanntenkreis« für Manfred Engel eine »Sondergruppe«; und zwar insofern, als »für Freunde und Bekannte das Werk wohl nur schwer von der Person des Dichters abzulösen war und [...] hier die Rezeption durch briefliche oder mündliche Äußerungen mehr oder weniger direkt vom Autor selbst gesteuert wurde«.[183] Wenn Rilke beispielsweise in zahlreichen Briefen an zentrale Gemeindemitglieder die Fertigstellung der *Elegien* in Muzot 1922 mit Liturgie-Äquivalenten wie »Amen«[184] oder »es ist gethan«[185] kommentiert, so setzt er damit eine nachhaltige Bewertungstradition des Zyklus als Hauptwerk in Gang.

Diese grundsätzlichen Überlegungen zur Funktion der Gemeinde als Instrument gelten nun für George und Rilke. Bei beiden gehört zum Habitus des heiligen, charismatischen Autors ein entsprechendes Gefolge, das den Charismatikerstatus beglaubigt und auf Dauer stellt. Allerdings verdankt sich der George-Kreis einem »religionsäquivalenten Konstitutionsprinzip« (LG, S. 176) und ist aufgrund entsprechend steiler Hierarchisierung strukturell wenig flexibel bzw. anschlussfähig. Die Rilke-Gemeinde kennzeichnen dagegen, das sei im Voraus gesagt, räumliche, zeitliche und personelle Offenheit und hohes Anschlusspotential; allerdings auch Exklusion, im Gegensatz zum

178 Vgl. Linke, Das Kultische in der Dichtung Stefan Georges, S. 143: »Der Kreis machte denn auch nach außen hin den – literarischen – Versuch, Stefan George zu mythisieren und mit einem kultischen Nimbus zu umgeben.«

179 Ebd., S. 144.

180 Katharina Kippenberg, Rainer Maria Rilke, 1948, S. 59.

181 Zu den spezifischen Problemen, die sich jeweils aus den mündlichen bzw. schriftlichen Kommunikations- und Überlieferungsformen ergeben, vgl. S. 102 ff. und II. Hauptteil, Kapitel 1.1.

182 Wolfgang Braungart, Ästhetischer Katholizismus, S. 175.

183 Fülleborn / Engel, Rilkes ›Duineser Elegien‹, dritter Band, S. 10.

184 Rilke an Marie Taxis, 11.2.1922, TT II, S. 698.

185 Rilke an Nanny Wunderly, 10.2.1922, NWV I, S. 669.

Inklusionsprofil des Kreises. Schon aus diesem Grobraster der Unterscheidungen lässt sich jene Leitdifferenz ablesen, der im Folgenden anhand einschlägiger Kategorien nachgegangen werden soll: Modernität und Vormodernität bzw. Modernität und Antimodernität.

3.3.1 Individualisierung – Anonymisierung

Für die Beziehung Rilkes zum jeweiligen Gemeindemitglied gilt die Prämisse des individuellen Zuschnitts, der sich an der Eigenart des Jüngers bemisst. Das moderne Individuum gewinnt als Partizipant unterschiedlicher Funktionssysteme seine Identität aus der Gesamtheit sozialer Handlungsrollen; ein Umstand, dem Rilke systematisch Rechnung trägt, wenn er familiären, sozialen und professionellen Status, Alter, Geschlecht, ferner biographische, emotionale und intellektuelle Dispositionen seines jeweiligen Gegenübers berücksichtigt. Da verbinden sich im Briefwechsel mit der ›Mutterfigur‹ Marie Taxis Lektürereflexionen mit Gesellschaftsklatsch und Familienthemen des Taxis-Clans; da entwickelt sich zwischen Rilke und der Dichterin Marina Zwetajewa ein enigmatischer Brieflyrismus, der kooperativer Literaturproduktion näher steht als faktualer Kommunikation.[186] Mit dem Astronomen und Aristokraten Aretin korrespondiert Rilke über Astronomie und weitere klassenspezifische Interessen des Adressaten wie Geschichte, Politik, Wappenkunde,[187] mit der jungen, veramten, alleinerziehenden Mutter Lisa Heise über deren Lebenskrisen. Auch den diversen Rollenprofilen Katharina Kippenbergs als Mutter, politisch und kulturell informierter Intellektueller und vor allem leitender Lektorin des Insel-Verlages widmet er sich mit Sorgfalt: So äußert er sich über die Töchter, die »lebhafte Bettina«, und über Juttas »Güte im […] Gesichtchen« und legt Kippenberg im gleichen Brief einen neu entdeckten »großen Dichter, Franz Werfel« ans Herz.[188] Stets gilt das exkludierte Individuum mit all seinen Facetten als Bezugspunkt des Briefschreibers.

George dagegen stellt auf Entindividualisierung und Anonymisierung ab, was dem Modell inkludierter Individualität in vormodernen Gesellschaften nahe kommt. Nähe zum Meister beweise sich »nicht durch Vorzeigen der eigenen Individualität, sondern durch aktive Partizipation an der charismatisch geführten ›Gemeinde‹« – so Rainer Kolk (LG, S. 178). In dieser Gemeinde

186 Vgl. Rilke, Briefwechsel Zwetajewa; zur Figur des »Übersteigens« und der »Selbstüberschreitung« im Medium einer Korrespondenz, »in der eigene und fremde, Cvetaevas und Rilkes Rede, fast nahtlos ineinander übergehen«, vgl. Jürgen Lehmann, Übersteigen und Übersetzen, S. 268; vgl. auch Hepps Einschätzung, »daß besonders Rilke und Marina Cvetaeva beabsichtigen, mit ihrem Briefwechsel ein literarisches Werk zu schaffen«, in: Untersuchungen zur Psychostilistik, S. 317.

187 Vgl. Rilke, Briefwechsel Aretin, vor allem Briefe zwischen September 1917 und Februar 1920, S. 67–86, künftig Sigle ARET.

188 Rilke an Katharina Kippenberg, 8.8.1913, KK, S. 59 f.

werden individuelle Ansprüche eingeebnet und synchronisiert zugunsten der charismatisch begründeten Entscheidungsgewalt Georges (vgl. LG, S. 248). Man spricht vom »Individuumchen«, und schon im Diminutiv offenbart sich die Forderung, Individualität zugunsten des großen Künstlers und seines Werks zurückzunehmen.[189] Solche Zurücknahme konkretisiert sich u.a. im Ausblenden der kreisexternen Identität. Die Substitution äußerer durch innere Bindungen, durch Verschweigen des Nachnamens und räumliche Geheimhaltungspraktiken vollzieht sich mit solcher Effizienz, dass ehemalige Mitglieder noch Jahrzehnte später über Enthüllungen zur Kreiszusammensetzung erstaunt sein werden.[190] Vor allem aber geht es George um die Anonymisierung von Autorschaft. Man kann das als Systemkonsequenz jener priesterlichen Verfügungsgewalt sowohl über Jünger als auch Texte verstehen, die für Georges individuelle Vates-Inszenierung namhaft gemacht wurde: Wenn sich Selbstsakralisierung u.a. über kompetente Textherrschaft und Universalitätsansprüche begründet, dann kann es nur einen wahren Autor geben. Ihm allein kommt das Dichter-Prädikat zu, und die systematische Invisibilisierung der Anderen ist notwendig, um diesen Einen sichtbar zu machen. Solcher Logik folgt George mit jenem »Schritt in die Anonymität«, der den Kreis nach 1909 als »streng geschlossene Dichterschule« kenntlich machen wird.[191] Von diesem Zeitpunkt an erscheinen Beiträge jüngerer Autoren in den *Blättern* ohne Namensnennung, gefolgt von dem Hinweis, dass »alle verfasser-namen als nicht unbedingt zur Sache gehörig unterblieben«.[192] Originalität, Aktualität und individuelle stilistische Profile sind nicht mehr gefragt. Vielmehr ist mit der Fähigkeit, sich die stilistischen Vorgaben Georges anzueignen, legitime Zugehörigkeit zum Jüngerkreis unter Beweis zu stellen.[193] An die Stelle des Nachahmungsverbots der Moderne ist das Nachahmungsgebot vormoderner Regelästhetik getreten, was Konkurrenten um die Position des ästhetischen Propheten entsprechende Gegenargumente liefert: Die Lyrikproduktion des George-Kreises sei ihm »abgesehen von einigen

189 Vgl. Wolfgang Braungart, ästhetischer Katholizismus, S. 158.

190 Nach persönlicher Mitteilung von Frau Dr. Dorothea Hölscher; George habe verfügt, dass die Jünger einander nur dem Vornamen nach kennen, ferner, dass jedes Zimmer, in dem er Audienz hält, zweier Türen bedarf; eine räumliche Anordnung, die an die Geheimhaltungspflicht im Arztsprechzimmer oder Beichtstuhl erinnert: Bevor der Nächste eintreten darf, muss der vorherige Besucher den Raum verlassen haben; vgl. auch Hildebrandt, Erinnerungen an Stefan George, S. 61, Anm. 21.

191 Kluncker, Der George-Kreis als Dichterschule, S. 472 f.

192 *Blätter für die Kunst*, 1914, zitiert nach LG, S. 178.

193 In diesem Zusammenhang spricht Linke auch von »Dichtung einer literarischen Schule, [...] die aus dem Trachten erwuchs, dem Vorbilde des Georgeschen Werkes nachzueifern« (Das Kultische in der Dichtung Stefan Georges, S. 6), Winkler von einem »Kreis von Dichtern, [der] überwiegend aus Anfängern bestand, die die Grenze ihres Talents bald erreicht hatten und [...] als schwaches Echo von Georges eigener Stimme [galten]« (Der George-Kreis, S. 235), und Mattenklott vom »Verseschmieden«, das zu den »selbstverständlichen und streng geübten Exerzitien« des Kreises gehörte (Bilderdienst, S. 182); vgl. auch Durzak, Epigonenlyrik.

wenigen wesentlichen Persönlichkeiten [...] Sprach- und Versübung mehr oder minder Begabter«, lässt der ehemalige Koalitionspartner Klages schon 1903 Friedrich Gundolf wissen.[194]

Im jähen Kontrast dazu steht die Logik von Autoritätslosigkeit und Fremdbestimmtheit des Vates Rilke, die alle anderen nicht nur als Individuen anerkennt. Darüber hinaus kann – zumindest der Möglichkeit nach – jeder zum Empfänger ›heiliger Diktate‹ werden: Einem Gedichtmanuskript der Mäzenin und Adeptin Hertha König etwa wird »die Art eines einem empfänglichen Geist innerlich aufgegebenen Diktats« attestiert.[195]

3.3.2 Differenzierung – Homogenisierung

Für das Selbstverständnis moderner Gesellschaften ist beim Stichwort ›Individualisierung‹ Differenzierung stets mitgemeint. Bisher wurde als gemeinsame Funktion beider Gemeinden für den Autor ein gewisser Zeigecharakter – Hinweis auf Rückzug und Absenz – festgehalten, ferner Abschottung und Vermittlung zur Außenwelt. Nun kann man diese Basisleistungen für Rilke weiter aufschlüsseln in ein breites Spektrum an Funktionen, was den Befund einer funktionalen Differenzierung der Rilke-Gemeinde erlaubt. Die oben erwähnten Beispiele deuteten mit der Präsenz von Frauen und Männern unterschiedlichen Alters, Aristokraten, Mäzenen, Künstlern, Verlegern, Intellektuellen, sogar Angehörigen der unteren Klassen, dieses Muster bereits an. Im Netzwerkkapitel wird der Zusammenhang von Heterogenität – liberales und konservatives Bildungsbürgertum sind ebenso vertreten wie Adel und besitzende Klasse – und funktionaler Differenzierung deutlich werden.

Auch für den Antipoden George stellt sich die Frage moderner Spezialisierung innerhalb seiner Nahwelt ›Kreis‹. Kolk zufolge sind Ansätze einer Rollendifferenzierung von der Vergabe verschiedener – redaktioneller, gestalterischer, auktorialer – Aufgaben in der frühen *Blätter*-Gruppe bis hin zur Instrumentalisierung der Mitglieder im späteren Kreis als Nachwuchsrekrutierer, Apologeten der gemeinsamen Ideologie oder nachrangige Mittelsmänner zu beobachten (LG, S. 252 ff.). Quer zu diesen Ansätzen wirkt allerdings die uneingeschränkt gültige Konzeption des ›ganzen Menschen‹, der in der Totalität aller Lebensvollzüge vom Meister angenommen, inkludiert wird. Im Hinblick auf die straffe Hierarchisierung nach Nähegraduierungen wie »die Nächsten« und »zweite Riege«[196] oder »Anhänger ersten, zweiten, dritten Grades«,[197] im Hinblick auch auf die Entwertung intimer, symmetrischer

194 Klages an Gundolf, 21.7.1903, zitiert nach Kluncker, Der George-Kreis als Dichterschule, S. 476.

195 Rilke an Katharina Kippenberg, 11.6.1917, KK, S. 235.

196 Nach mündlicher Mitteilung von Dorothea Hölscher.

197 Diese Klassifizierung überliefert Edith Landmann, in: Gespräche mit Stefan George, S. 58; vgl. auch LG, S. 253. Kolk betont auch die Abgrenzung jüngerer Mitglieder wie Salin oder Percy

Zweierbeziehungen (vgl. LG, S. 254) muss man dem George-Kreis einen vormodernen Differenzierungsmodus attestieren. Stratifikation ist das naheliegende Stichwort, Breuer spricht unter Bezugnahme auf die »Stämme von Wolters-Vallentin, von Gundolf, Morwitz, Böhringer«[198] sogar von segmentärer Differenzierung.[199] Die steile und relativ abgeschlossene vasallitische Schichtungspyramide mit George an der Spitze steht nichthierarchischer Binnendifferenzierung nach Funktionen statt nach Rängen im Wege. Ferner sind das Steckenbleiben funktionaler Ausdifferenzierung und die fehlende Pluralisierung der Ressourcen – der George-Kreis generiert vor allem symbolisches, später auch kulturelles Kapital – mit einem weiteren Charakteristikum von Inklusionsgebilden in Verbindung zu bringen. Gemeint ist die äußere Homogenität und Konformität der Gruppe hinsichtlich »Alter, Bildungsstand, persönlichen Interessen und [...] sozialer Herkunft«.[200] Während Rilkes Anhänger einen Mikrokosmos der Klassengesellschaft darstellen und sich dieses vielfältige Sozialkapital ständig weiter vermehrt, rekrutiert George seine Jünger vornehmlich aus Bildungsbürgertum bzw. akademischem Feld. Unter den 45 Personen, die Kolk für den Zeitraum von 1918 bis 1933 als Kreismitglieder im strengen Sinn identifiziert,[201] finden sich nur drei Frauen, eine Minderheit bekleidet Positionen in Wirtschaft, Recht, Medizin, Militär oder im Kunst-Feld. Die große Mehrheit stellen Hochschullehrer, Geistes- oder Kulturwissenschaftler (vgl. LG, S. 173 f.). Auch die von George eingeforderte Lyrikproduktion der Mitglieder dient – das wurde schon deutlich – weniger der Markierung von Differenz und Individualität als der Disziplinierung und Homogenisierung. Es geht um Uniformität in der als ideal angestrebten Lebensform des ›Wissenschaftlers‹; dieser Typus prägt den späteren Kreis. Er macht die Gruppe zum Instrument der Exegese und Rezeptionslenkung in der Hand des einen gültigen Autors für die eine gültige Dichtung, deren Komplexität die hohen ästhetischen Kompetenzen des Berufsphilologen erfordert (vgl. LG, S. 174). So weit die autorbezogenen Leistungen der Gruppe auf diese Funktionen eingeengt sind, so starr ist auch das Rollenprofil des charismatischen Meisters auf Autorität und autoritäre Durchsetzung eines personenzentrierten pädagogischen Ethos angelegt (vgl. LG, S. 160 ff.). Wandel des gruppenspezifischen Leistungsprofils sowie flexibler

Gothein von der sog. ›ersten Generation‹ (LG, S. 172). Fügen geht sogar davon aus, dass George den Wechsel dreier Generationen systematisch betrieben habe und dass mit der schrittweise vollzogenen Ausgrenzung Gundolfs (bis 1920) die Phase der dritten Generation beginne, in: Gesellschaft und Literatur, S. 86 und 93.

198 Breuer, Ästhetischer Fundamentalismus, unter Bezugnahme auf Hildebrandt, S. 80.

199 Ebd.

200 Fügen, Gesellschaft und Literatur, S. 85.

201 Laut Fügen zählt der Kreis in den 40 Jahren seines Bestehens insgesamt etwa 85 Mitglieder, wobei ihm gleichzeitig etwa 20 bis 40 Personen angehören, bei einem Maximum von ca. 38 zwischen 1910 und 1912. Die Hälfte seien in Lehrberufen tätig, ein Viertel als Hochschullehrer, ebd., S. 90.

Rollenwechsel Georges ist mit diesem Prinzip der Stillstellung aller Konstellationen unvereinbar.

Dabei macht das Beispiel des autoritätslosen Charismatikers Rilke deutlich, wie sehr gerade heilige, aus sich selbst heraus begründete Autorschaft von flexibler Fremdstabilisierung profitieren kann. Kunstreligiöse Seher und Propheten blicken nicht schon immer von charismatischen Höhen auf ein gläubiges Gefolge herab, auch wenn sie im Nachhinein gern als zeitenthoben-ewig stilisiert werden. Vielmehr müssen sie in der Regel ihre Projekte als jugendliche Häretiker gegen herrschende Autoritäten durchsetzen. Es ist leicht einsehbar, dass in dieser Phase der sozialen Nahwelt des Autors andere Leistungen, andere Profile abverlangt werden als später in der Periode der Weihe und Klassizität. So ist etwa die Anwesenheit etablierter Künstler oder Inhaber von Bildungspatenten sinnvoll, um das Defizit an kulturellem Kapital zu kompensieren, das dem noch nicht etablierten Autor anhaftet. Die erfolgreiche Protektion des jungen, kaum bekannten Rilke durch geweihte künstlerische und intellektuelle Autoritäten wie Rodin oder Ellen Key wäre hier zu nennen. Nach der Etablierung dagegen kann Vermehrung von sozialem Kapital, die Ausdehnung des Bekanntenkreises sinnvoll sein, um eingeschränkte Popularität für einen angemessenen Rezipientenkreis zu erlangen, um breiten mäzenatischen Nachschub zu sichern und von Auflagenzahlen unabhängig zu werden – Rilkes Beziehungen zu Salondamen und ›sozialen Brennpunkten‹ wie Marie Taxis oder Sidonie Nádherný werden diese Zusammenhänge illustrieren.[202] Autoren, die den späten Status des kanonisierten Klassikers erreicht haben, droht dagegen u. U. Entwertung durch Banalisierung (vgl. RK, S. 402 ff.). In dieser Situation mag die Anwesenheit von ›Schülern‹ bzw. von Jungautoren dazu beitragen, den erworbenen Nimbus auf Dauer zu stellen. Die für Rilkes späte Laufbahnphasen charakteristische Konstellation von Weisheitslehrer/Schüler wird etwa deutlich, wenn Ersterer in einem Brief an den 21-jährigen Dichter-Adepten Werner Milch vom etwaigen »starken Einfluß durch meine Arbeiten« spricht und von der Freude, in Milchs Gedichten einen solchen, »im Äußerlichen leicht übernehmbaren, kaum zu erkennen«.[203]

Eine derartige Variabilität der Akteure und Leistungen erfordert naturgemäß vom Gemeindeführer ständige Akte der Anpassung. Ganz in diesem Sinn bewegt sich Rilke, dem die Führerschaft nur zugeschrieben wird, der sie nie selbst autoritär einfordert, je nach Lebensphase zwischen den Rollen des Sohnes und Schülers, Lehrers und Ratgebers, Seelenverwandten und Freundes, der etwa »sein Herz« zu einer neugewonnenen Brieffreundin »hinüber-

202 Zur Reproduktion von Sozialkapital vgl. II. Hauptteil, Kapitel 1.2; zum Multiplikatoreffekt von Sozialkapital, der besonders am aristokratischen Segment der Rilke-Gemeinde sichtbar wird, vgl. II. Hauptteil, Abschnitt 2.3.1.

203 Rilke an Werner Milch, 14. 2. 1924, GB III, S. 856.

strömen« lässt.[204] Solche Beweglichkeit ist für George – das impliziert die Logik von Autorität, Textherrschaft und Stratifikation – nicht möglich. Zwar durchläuft auch sein auktoriales Profil vom melancholischen Dandy und Ästhetizisten über den Priester des Maximin-Kults bis hin zum geistigen Führer und Verkünder des ›geheimen Deutschland‹ gewisse Metamorphosen. Diesen Metamorphosen aber durch Anpassung und Pluralisierung des Gefolges und je fundamentalem Habituswandel Rechnung zu tragen, etwa Lernbereitschaft, Demut oder Gleichrangigkeit zu suggerieren, verbietet das gewählte Inklusionsmodell.

Nun gehört zur Analyse vormoderner Sozialstrukturen, das haben Goody und Watt thematisiert, auch die Frage nach dem Literalitätsgrad. Zu deutlich verbindet sich die Ausprägung von individuellem Denken mit der Möglichkeit, Erfahrung zu verdinglichen, zu klar ist der Zusammenhang von Schrift und Selbstvergegenwärtigung – oder auch derjenige von Oralität und typisierten Wahrnehmungsformen.[205] Dies führt zur nächsten und wichtigsten Unterscheidungskategorie.

3.3.3 Schriftlichkeit – Mündlichkeit

Was den Kommunikationsmodus angeht, verfahren beide Autoren nämlich nahezu gegensätzlich. Rilkes bevorzugt den Modus der Schriftlichkeit; er erzeugt, erhält und modifiziert seine Gemeinde durch das Briefmedium – eine Annahme, die dem vorliegenden Abschnitt zugrunde liegt. Anhand quantitativer Daten wird später zu belegen sein, dass Rilke tatsächlich in erster Linie epistolarisch mit seiner sozialen Nahwelt in Verbindung steht und Interaktivität und Performativität – etwa halböffentliche oder private Dichterlesungen – nachrangig sind. George dagegen steuert Identität und Sinnproduktion des Kreises vor allem über rituelle, körperbetonte Kommunikationsformen.[206] Schon die Überschreitung der Grenze von profaner Außenwelt und sakralem Binnenraum ist deutlich markiert: Wer das Kugelzimmer im Hause Wolfskehl oder die Berliner Ateliers von Thormaehlen, ›Pompejanum‹ und ›Achilleion‹, betreten will, dem sind Straßenschuhe verboten, der tauscht im Fasching Alltagskleidung gegen Toga und Lorbeerkranz.[207] Dort wird der theatralische Kultus des gemeinsamen Vorlesens gepflegt; eines rythmisierten ›Psalmodierens‹, das entsprechend hochgespanntes Zuhören erfordert.[208] Für die Jünger fungiert das als Initiationsritus (vgl. LG, S. 221 ff.), für George ist es

204 Rilke an Magda v. Hattingberg, 4.2.1914, HAT, S. 34.

205 Vgl. Goody / Watt / Kathleen Gough, Entstehung und Folgen der Schriftkultur, S. 114 ff.

206 Vgl. Kolk, für den sich die »Sozialität des Kreises [...] über rituelle Interaktion konstituiert und definiert« (LG, S. 12).

207 Vgl. Thormaehlen, Erinnerungen an Stefan George, S. 51 ff.; vgl. auch Hildebrandt, Erinnerungen an Stefan George, S. 66 f.

208 Vgl. Wolfgang Braungart, Ästhetischer Katholizismus, S. 154 ff.

Medium prophetischer Selbstdarstellung.[209] Ausgerechnet der Antipode Rilke liefert einen entsprechenden Hinweis. Das *Jahr der Seele* habe sich ihm »als Überwältigung« erschlossen, als er »den Dichter im lepsiusschen Kreis seine gebieterischen Verse hatte sagen hören«.[210] Hinzu kommen sakramentale Prozeduren mit gemeinsamem Essen und Trinken, ebenfalls in ›liturgischen‹ Gewändern,[211] oder auch die vielfach beschriebenen und kolportierten Masken- und Dichterfeste.[212] Georges antimodern-vormoderner, liturgienaher Konzeption von Gemeinschaftlichkeit entspricht die »Affinität zum gesprochenen Wort« (LG, S. 227), auf dem die Kirche – so Kolk – ihre Autorität begründe; deshalb favorisiere George in mittelalterlicher Tradition das Gehör (S. 225). Lesen und Hören werden als sakramentales Gemeinschaftserlebnis erfahren und entfalten die Integrationskraft archaisch-oraler Symbolhandlungen.[213]

Dementsprechend suspekt ist George jede Form von schriftlicher, quasi protestantischer Bekenntniskultur, die individuelle Innenleitung anstelle kollektiven Vollzugs zu ihren Maximen zählt – nicht zuletzt das Briefmedium. Während Rilke »den Brief noch für ein Mittel des Umgangs [hält], der schönsten und ergiebigsten eines«,[214] ist George gegensätzlicher Meinung. Zu einem Abwesenden könne man nicht sprechen; Briefe, »in denen Freunde ihre Gedanken äussern über ein gestern gelesenes Buch oder ihre Empfindung beim vorgestrigen Sonnenuntergang«, das komme ihm vor »wie Quacksalber, die schwierige Operationen und Heilungen verheissen mit dem Vermerk: auch brieflich« – so zumindest überliefert Edith Landmann das Verdikt des Meisters.[215]

Mit einem riesigen Briefwerk von ästhetischen, dialogischen und diaristischen Dimensionen hinterlässt Rilke u. a. das authentische Dokument seiner Selbstinszenierung, ein material fixiertes Bild heiliger Autorschaft.

Von George dagegen existieren zwar eine Vielzahl von Gesprächsaufzeichnungen und Erinnerungsbüchern aus der Feder Dritter, allerdings fehlt das Bindeglied der Selbstverschriftung. Jenseits intensiver Selbstzeugnisse in der frühen Korrespondenz mit Hofmannsthal nützt er den Brief allenfalls für sachliche Mitteilungen, Anordnungen, Lob oder Tadel[216] und erlässt die mündliche Weisung, dass von ihm verfasste oder an ihn gerichtete Briefe

209 Vgl. Roos, Stefan Georges Rhetorik, S. 155.

210 Rilke an Hermann Pongs, 17. 8. 1924, GB III, S. 879.

211 Vgl. Wolfgang Braungart, Ästhetischer Katholizismus, S. 170; vgl. auch Breuer, Ästhetischer Fundamentalismus, S. 54.

212 Vgl. Linke, Das Kultische in der Dichtung Stefan Georges, S. 113; entsprechendes Bildmaterial versammelt z. B. das Kreismitglied Robert Böhringer, in: Mein Bild von Stefan George.

213 Vgl. Braungart, Ästhetischer Katholizismus, S. 170; zum Verhältnis von Oralität, Gemeinschaft und Heiligem vgl. auch Ong, Oralität und Literalität, S. 77 f.

214 Rilke an Lisa Heise, 2. 8. 1919, LH, S. 10.

215 Edith Landmann, Gespräche mit Stefan George, S. 141.

216 Vgl. Winkler, Der George-Kreis, S. 232.

verbrannt werden sollen.[217] Nichts darf die Unmittelbarkeit des im geschlossenen Kreis und für dessen Mitglieder gesprochenen heiligen, pädagogischen oder poetischen Wortes unterlaufen oder seinen Weisungscharakter verwässern, weder epistolarische Medialität noch die institutionelle, profanierende Mittelbarkeit des literarischen Marktes.

Kein schriftliches Zeugnis soll Einblick gewähren in die Persönlichkeit des Meisters oder gar in die Genese eines Werks mit absolutem, überzeitlichem Geltungsanspruch. Eine solche Offenbarungsdichtung verdankt sich keinem prozesshaften Werden, sie ist immer schon da und ebenso ist ihr Schöpfer »Wesen eigner Art und eignen Rangs, nicht abzuleiten und nicht zu erklären […]«.[218] Briefliche Bildungserzählungen erübrigen sich demnach. Für Rilke dagegen und auch für den Zeitgenossen Hofmannsthal gehört das briefliche Erproben literarischer Figuren und fiktionaler Rollen zum Entstehungsprozess des Werks.[219] Gerade Rilke, der seine Laufbahn als zyklischen Ablauf von Schaffenskrisen und Inspirationsphasen inszeniert und sich selbst und seinem Werk Prozesshaftigkeit zugesteht, lädt die Jünger buchstäblich zur brieflichen Teilhabe an diesen Werdevorgängen ein. So lässt er etwa die wesentlich jüngere Gräfin Margot Sizzo 1923 wissen, die Sonette an Orpheus seien »keine beabsichtigte oder erwartete Arbeit« gewesen, hätten sich vielmehr »völlig unerwartet ein[gestellt], […] da ich dabei war, mich für die Fortsetzung jener anderen Gedichte – der großen Duineser Elegien – zu sammeln«.[220]

Man sieht: Rilke und George kommunizieren tatsächlich auf entgegengesetzte Weise. Der eine setzt auf individuelle, schriftliche, deutungsnahe[221] und interaktionsferne, der andere auf rituelle, mündliche, deutungsferne und interaktionsnahe Kommunikation, die ihre Teilnehmer nicht als moderne Individuen versteht.[222] Während es für Rilke eine Selbstverständlichkeit darstellt, selbst Briefe von Unbekannten zu beantworten, tut George das nie.[223] Der antihermeneutischen Konzeption von Verstehen im George-Kreis[224]

217 Nach persönlicher Mitteilung von Dorothea Hölscher.

218 Salin, Um Stefan George, zitiert nach LG, S. 158.

219 Vgl. Winkler, Der George-Kreis, S. 232.

220 Rilke an Margot Sizzo, 12. 4. 1923, Sizzo, S. 60.

221 Zum Verhältnis von Schriftlichkeit und Interpretation vgl. Schlaffer, Einleitung, S. 11; ferner Raible,Vom Text und seinen vielen Vätern, S. 20–23.

222 Vgl. Wolfgang Braungart, Ästhetischer Katholizismus, S. 159.

223 Vgl. Roos, Stefan Georges Rhetorik, S. 139.

224 Zur Antihermeneutik im George-Kreis, die der Interpretation das Erlebnis unmittelbarer Texterfahrung im Modus des Lesens oder Hörens entgegensetzt, vgl. Wolfgang Braungart, Ästhetischer Katholizismus, S. 161 ff.; zur Homogenität oraler Kulturen, die dem Subjekt wenig Raum zur individuellen Entfaltung einräumt, vgl. Goody / Watt / Kathleen Gough, Entstehung und Folgen der Schriftkultur, S. 113 ff.; zur Lebensnähe oraler Kommunikation vgl. Ong, Oralität und Literalität, S. 47 f.; zu den Kriterien oralen Memorierens wie Redundanz, Formalisierung, Körperlichkeit, die die Nähe zum Ritual markieren, vgl. ebd., S. 61 ff.

kontrastiert die für Rilkes Selbstdarstellung charakteristische Sequenz von Aufschreiben/Interpretieren/Fortschreiben (Erinnerungstexte).

Ähnliche Vorbehalte der Schrift gegenüber, wie sie George an den Tag legt, beschreiben Goody und Watt charakteristischerweise bei protoliteralen, religiös organisierten Hochkulturen: Die Archivierung von Wissensbeständen schwächt die charismatische Autorität des Lehrers als singulärer Überlieferungsträger. Demnach ständen Lehrer und Bibliotheksspeicher in einem umgekehrten Bedeutungsverhältnis zueinander,[225] da »Nachschlagewerke den weisen Mann, die weise Frau degradieren«.[226]

Wenn Georges Jünger den Meister des personengebundenen Wissens, der mündlichen Weisung und des Rituals posthum in Erinnerungstexten zum Mythos verschriften, vollziehen sie den Übergang von der (sekundär) oralen zur literalen Gesellschaft. Dabei treten systematische Probleme auf, die sich aus den Kulturtheorien zu Mündlichkeit/Schriftlichkeit ableiten lassen. Neben der möglichen »Degradierung des weisen Mannes« durch Veröffentlichung des vormals Elitären und Esoterischen impliziert der Medienwechsel von Wort zu Schrift Diskontinuität und damit mögliche Datenverluste und Bedeutungsverschiebungen: Die Bedeutungsstabilität des Rituals ist an dessen Wiederholung, an Partizipation und Einbindung des von ihm konstituierten Kollektivs, an je räumliche und zeitliche Einheit gebunden. Mit der Verschriftung erfolgt der Übergang vom Ganzen des Rituals zur Partikularität einzelner Textzeugnisse, von der Kollektivität, Simultaneität und Außenorientierung[227] zur Individualität, Singularität und Introspektion vieler einzelner, sukzessiv schreibender Überlieferungssubjekte. Da diese je subjektive Datenselektionen vornehmen, rückt an die Stelle von Formelhaftigkeit und Redundanz die nicht unproblematische Freiheit der Interpretation.[228] Hinzu kommt, dass mündliche Informationsbestände mit der Entbindung von der konkreten Sozialstruktur, die sie hervorgebracht hat, alle situativen theatralischen, mimischen oder gestischen Bedeutungsaspekte verlieren. Individualisierung, Pluralisierung der Stimmen und Einengung auf die Sprachdimension implizieren Kontingenzzuwachs und führen zur unkalkulierbaren Verselbstständigung der Inhalte[229] – zu jenem Verlust von Kontrolle und Einheitlichkeit, den George so gefürchtet hat. Beispielhaft lässt sich das späteren Beschreibungen des vorlesenden Meisters entnehmen. So haftet etwa Georges Vortragskunst in den von Friedrich Adam 1972 herausgegebenen Erinnerungen Ernst Glöckners »etwas Katholisches, Unbestimmbares, Ver-

225 Beispiele sind der frühe Islam oder die indischen Veden, vgl. Goody / Watt / Kathleen Gough, Entstehung und Folgen der Schriftkultur, S. 42.

226 Ong, Oralität und Literalität, S. 82.

227 Vgl. ebd., S. 71 f.

228 Vgl. Wolfgang Braungart, Ritual und Literatur, S. 131; vgl. auch Goody / Watt / Kathleen Gough, Entstehung und Folgen der Schriftkultur, S. 68 und S. 110–114, sowie Ong, Oralität und Literalität, S. 77.

229 Vgl. Goody / Watt / Kathleen Gough, Entstehung und Folgen der Schriftkultur, S. 107 f.

wehendes und Bildhaftes zugleich« an.[230] In Kurt Breysigs Gedenkbuch von 1960 wird diese Kunst des Vorlesens dagegen geschildert als »rhapsodisch [...], völlig singend, wundersam und wirksam; so mag Pindar vorgetragen haben«.[231] Für Kurt Hildebrandt schließlich hat George – im Rückblick von 1965 – »nicht laut tönend [gelesen]: der gespannte Wille, die Leidenschaft blieb gebändigt, beinahe versteckt in einer Zurückhaltung des Tones [...]«. Das Fazit dieser Version lautet: »Gebändigte Leidenschaft in der Hingabe an das Schöne«.[232] Die verschiedenen, gleichermaßen vagen wie metaphorischen Fassungen dessen, was doch den Kern von Georges Selbststilisierung ausmacht, weisen zurück auf die Theorieebene: Eine Überlagerung der ›Gebärdenrhetorik‹ durch die reine Sprachdimension kann die Stabilität von Ritualen bedrohen,[233] der Medienwechsel von Wort zu Schrift ist problematisch. Dass auf diese Weise eine für hermeneutische Missverständnisse offene Überlieferungssituation des ›Gesamtkunstwerks George‹ entsteht, bestätigt auch die George-Forschung. Schon zu Lebzeiten des Dichters sei gehäuft von Missverständnissen die Rede,[234] sei ›George‹ ein lebendiges Produkt vielfältiger, rivalisierender und sich gegenseitig verstärkender Interpretationen«.[235] Es ist anzunehmen, dass Mündlichkeit, dem »Strom des Vergessens«[236] ausgeliefert, eine der Ursachen für die Kurzlebigkeit des auktorialen Mythos George im außerwissenschaftlichen Raum darstellt – möglicherweise auch für die ideologische Instrumentalisierung Georges durch den Nationalsozialismus.

Während seine performative Form der Selbstinszenierung nur eine eingeschränkte zeitliche und räumliche Reichweite hat und jenseits der engen Grenzen des kollektiven Versammlungsmoments in München, Berlin und Heidelberg rasch verhallt oder undeutlich wird, ist das bei Rilke anders. Dessen schriftlich-brieflicher Selbstentwurf erreicht Jünger und Multiplikatoren in ganz Europa und in unterschiedlichsten Kulturräumen – von Skandinavien und Frankreich über den pluralen Kulturraum des untergehenden k.-u.-k.-Reichs bis hin zur deutsch- und französischsprachigen Schweiz. Dabei sind Rilkes Briefe nicht nur Akt, sondern auch Gedächtnis der Selbststilisierung. Wenn seine Anhänger posthum diesen Meister der brieflichen Selbstdarstellung und der schriftlich reflektierten Lebenslehre in Erinnerungsbü-

230 Glöckner, Begegnung mit Stefan George, S. 32.
231 Breysig, Stefan George, S. 9.
232 Hildebrandt, Erinnerungen an Stefan George, S. 37.
233 Für Wolfgang Braungart sind die sprachlichen Elemente des Rituals den Gebärden zwar nicht nach- oder untergeordnet, doch stellt sich eben die Frage nach der Stabilität des Rituals, wenn die Sprachdimension diejenige von Handlung bzw. Gebärden überwiegt, in: Ritual und Literatur, S. 98 f.; vgl. auch Goody / Watt / Kathleen Gough, Enstehung und Folgen der Schriftkultur, S. 66; vgl. Ong, Oralität und Literalität, S. 51, S. 71 und S. 102 f.
234 Vgl. Winkler, Der George-Kreis, S. 233.
235 Cornelia Blasberg, »Auslegung muß sein«, S. 20.
236 Aleida und Jan Assmann, Schrift und Gedächtnis, S. 266.

chern zum Mythos erheben, so vollzieht sich diese Vervielfältigung im medialen Kontinuum der Schrift. Im Licht des riesigen Briefkorpus erscheint der Dichter als ›Autor zum Nachschlagen‹; sein Selbstentwurf kann dank materialer Fixierung relativ konstant überliefert werden. Rilke hatte sich z. B. in Briefen aus Muzot 1922 als vom »Orkan im Geist« bzw. vom »Sturm aus Geist und Herz« Inspirierten beschrieben und damit ein ebenso verdinglichtes wie einheitliches Bild prophetischer Autorschaft in Umlauf gesetzt.[237] Entsprechend einheitlich wird dieses für Rilke zentrale Bild dann in der Gedenkliteratur fortgeschrieben: Gemeindemitglieder wie Elisabeth von Schmidt-Pauli, Jean von Salis oder Katharina Kippenberg sprechen zitathaft vom »Geistessturm«, vom »Sturm aus Herz und Geist« und vom »großen Sturm, der in [Schloss Muzots] Mauern getobt«.[238] Überlieferungskontingenzen spielen hier offensichtlich eine geringere Rolle als bei der Mythisierung des Propheten George, der wahlweise als katholisch-unbestimmbar, rhapsodisch-pindarisierend oder gebändigt-leidenschaftlich vergegenwärtigt wird. Die Beispiele für zitathafte Fortschreibung in der Rilke-Gemeinde, die sich übrigens beliebig erweitern ließen, verweisen wiederum auf die Ebene der Theorie. Die Mythenbildung vollzieht sich hier im modernen Raum literaler Kommunikation,[239] und so müssen weder der Übergang vom kollektiven Erleben zur Individualität einzelner Schreibender noch ein Verlust nonverbaler Bedeutungsträger bewältigt werden. Viele einzelne vormalige Korrespondenten schreiben jetzt individuelle Erinnerungstexte, deren gemeinsamer Nenner Bezug auf das briefliche Autorbild ist.

Die vielzitierte Polemik Walter Muschgs gegen den »lyrischen Rasputin« Rilke ist in meinen Augen vor allem deshalb bemerkenswert, weil sie auf den postulierten Zusammenhang zwischen Briefgedächtnis und Multiplikation eines sakralen Autorbildes hinweist. So habe

237 Vgl. ausführlich II. Hauptteil, Abschnitt 2.3.7, mit Quellenangaben und zahlreichen weiteren Zitaten.

238 Elisabeth v. Schmidt-Pauli, Rainer Maria Rilke, S. 113; Salis, Rainer Maria Rilkes Schweizer Jahre, S. 95; Katharina Kippenberg, Rainer Maria Rilke, 1948, S. 328.

239 Einschränkend zur fraglichen Modernität des Literalen vgl. Wolfgang Braungart, Ästhetischer Katholizismus, S. 171. Den Kommunikationsformen ›Oralität‹ und ›Literalität‹ wird hier ein historischer Indexcharakter abgesprochen, da besonders die dadaistische Avantgarde, die George viel verdanke, auf Performanz und phonetische Qualitäten der Sprache abstelle. Sofern es also um die ostentative Wendung der Dadaisten gegen die Sequenz Bedeutung – Interpretation – Verstehen geht, um die Selbstreferentialität literarischen Sprechens oder um Dekonstruktion von Bezeichnungs- und Bedeutungsverhältnissen durch eine lautlich organisierte Poesie, ist die (Re-) Vitalisierung von Mündlichkeit von den Paradigmen der Moderne nahezu gebahnt. Als Distributionsform aber ist Oralität archaisch – was auch Braungart konzediert – und unter hochtechnisierten Marktbedingungen nicht konkurrenzfähig; ihre Inhalte verhallen. Unter der Perspektive der Distributionsform ist demnach Rilkes Habitus systemischer Schriftlichkeit durchaus mit dem deskriptiven Etikett ›modern‹ zu kennzeichnen; im Gegensatz zur Oralität wirkt er langfristig und hat eine ausgedehnte räumliche Reichweite.

die nicht abreißende Veröffentlichung seiner Briefe, mit violetter Tinte meist an Damen geschrieben, [...] einen Zug von Schwärmern und Schwärmerinnen auf den Plan [gerufen], die den neuen Orpheus in ihrer Begeisterung zerrissen wie einst die Mänaden sein antikes Urbild.[240]

In der Folge sei Rilke Projektionsfläche »pseudoreligiöser Bedürfnisse« geworden, man verzerre ihn zum »lyrischen Rasputin« und verehre in als »Seher und Heiliger, als Bringer einer Botschaft und Stifter einer Religion«.[241] Welche Bedeutung Rilkes Briefwerk tatsächlich hat, um das Selbstbild des Heiligen und Sehers auf Dauer zu stellen – weniger den lyrischen Rasputin –, wird im weiteren Verlauf meiner Arbeit immer wieder deutlich werden. Ich bin der Meinung, dass die Hartnäckigkeit, mit der sich einschlägige Rilke-Topoi auch in der breiten Leseöffentlichkeit halten, Rilkes modernem Bekenntnis zur konsequenten Selbstmedialisierung geschuldet ist. Wie zu zeigen war, steht das in deutlichem Gegensatz zur Mündlichkeit und zum Vergessen um George.

Zuletzt: ein abwesender Autor, der sich wie Rilke systematisch entzieht und an die Stelle unmittelbarer körperlicher Präsenz schriftliches Handeln setzt, rekurriert besonders hier habituell auf das Kulturmuster ›erwählter‹, d.h. irrational begründeter Autorschaft. Seit der Melancholiedebatte des 18. Jahrhunderts werden mit literarischen Prototypen wie *Anton Reiser* und *Torquato Tasso* Gesellschaftsferne und auszeichnende Einsamkeit in das Berufungsmodell eingetragen. Zwar ist das Problem, nämlich die Unvereinbarkeit von dichterischem und gesellschaftlichem Sein, damit nicht gelöst, sondern nur benannt. Dennoch wird mit der Etablierung einer entsprechenden Semantik gleichzeitig ein tragfähiges Schema der Transformation von Stigmatischem in Charismatisches verfügbar, dessen sich noch ein moderner Solitär wie Rilke bedienen und auf diese Weise seine programmatische Abwesenheit nobilitieren kann.[242] Der Absente vermag sich im Reflex auf die eigene Einsamkeit,

240 Muschg, Zerschwatzte Dichtung, S. 215 f.

241 Ebd.

242 Zur Genese des ästhetischen Melancholiediskurses im 18. Jahrhundert als Reflex auf ein bürgerliches Verhaltensmuster, das als »Syndrom von realer Aktionshemmung« verstanden wird, vgl. Lepenies, Melancholie und Gesellschaft, S. 79f.–104, vor allem S. 82; in gewisser Weise kann man Rilke als modernen Erben des Traditionszusammenhanges von Gesellschaftsferne und Briefkult verstehen: »Der Rückzug aus der Gesellschaft bringt eine eigentümliche Verlagerung der sozialen Beziehungen mit sich: den Brief- und Freundschaftskult. Im ersten wird die Distanz zur Welt auch noch in die persönliche Beziehung projiziert« (ebd., S. 103). Zur Um- und Aufwertung des Melancholie-Syndroms – zu dessen Charakteristika neben religiöser Schwärmerei und Aktionshemmung auch Solitarismus zählt – als Kehrseite der aufklärerischen Melancholie-Kritik, vgl. Schings, Melancholie und Aufklärung, S. 225 ff. Schings zufolge leiste der ästhetische Diskurs, gegen eine aufklärerische Anthropologie gewendet, deren Positionen er beerbt, die Umdeutung und Instrumentalisierung des Melancholie-Syndroms für den Autonomisierungsprozess des auktorialen Individuums. Das Ergebnis ist ein diachron wirkmächtiges Kulturmuster, dessen Beginn durch die Herstellung der genannten literarischen Prototypen markiert ist (S. 246 ff.und S. 264 ff.).

auf die als schwer und schmerzlich empfundene Existenz anhaltend selbst zu überbieten. Rilke etwa steigert das Solitarismus-Motiv im biographischen Wandel von der kontemplativen Einsamkeit des Mönches zur »großartigen Einsamkeit«[243] des Duineser Propheten. Im Gegensatz dazu steht George vor einem Monotonie-Problem. Zwar ist auch er, ebenso wie Rilke, ein ›Reisender ohne festen Wohnsitz‹, für die Außenwelt schwer greifbar und bisweilen auch für seine Jünger. Dennoch steht seine körperliche Präsenz, wenn auch selten und als kostbares Gut gehandelt, im Zentrum der kollektiven Sinnproduktion. Sie wird von den Jüngern intensiv empfunden und bringt das Charisma des Meisters ursprünglich mit hervor,[244] so dass Unmittelbarkeit und sinnliche Wahrnehmbarkeit des Gesamtkunstwerks Georges dessen Wirksamkeit sichern. Gleichermaßen ist aber für Distanz zu sorgen. Schließlich mündet programmatische Unmittelbarkeit langfristig in eine Monotonie, die Aura und Charisma gefährdet. Wenn also Absenz die von Max Weber beschriebene Veralltäglichung des Charismas weit besser verhindert als die performativen Autoritätsexerzitien Georges, so stellt sich folgende Frage: Wie wird der körperlich Anwesende unerreichbar, wie kann die Paradoxie von Absenz in der Präsenz verwirklicht werden?

Aus der umfangreichen George-Literatur geht hervor, welchen enormen Aufwand der Dichter betreibt, um sekundär mittelbar zu werden, um jegliche, als geschmack- und würdelos bewertete Vertraulichkeit zu vermeiden. Zu diesem »Habitus ritualisierter Distanzierungen«[245] gehört etwa der Verzicht auf Authentizität und Privatheit, gehört eine auffallende Selbsttypisierung. Sie reicht vom priesterlichen Kleidercode, der streng hochgeschlossenen Jacke, bis zur Transposition der eigenen Handschrift in eine Drucktype. Eine Handschrift aber, deren »Zufällige[s], Individuelles[s] [...] ins bedeutsam Allgemeine transkribiert«[246] ist, weil sie zur »Maschinenschrift«[247] stilisiert und stillgestellt wurde, verliert ihre persönlichen, unverwechselbaren Elemente. George weiß nach eigenen Angaben oft selbst nicht mehr, ob er oder der im Kopieren der Handschrift geschulte Jünger Gundolf eine Unterschrift geleistet hätte.[248] Zentrales Instrument der Selbstvermittlung und Selbstauratisierung allerdings ist auch für George ein technisches Medium: die Fotografie. Als Kommunikationstechnologie ist das zwar fortschrittlicher als der von Rilke favorisierte Brief, im Hinblick auf die Überlieferungssituation

243 Rilke an Lisa Heise, 19.5.1922, LH, S. 55.

244 Vgl. Wolfgang Braungart, Ästhetischer Katholizismus, S. 131.

245 Winkler, Der George-Kreis, S. 232.

246 Mattenklott, Bilderdienst, S. 209.

247 Kittler, Aufschreibesysteme, S. 327; Renate Scharffenberg zeichnet die Entwicklung der Drucktype ›St.-G.-Schrift‹ folgendermaßen nach: In der Nachfolge unzialer Buchstabenformen entwickelt George seine Kunstschrift. Als er später auf der Basis dieser Kunstschrift die Drucktype entwirft, kann er sich dabei an eine moderne Druckschrift, die ›Wiener-Grotesk‹ des Malers Rudolf Geyer anlehnen, in: Der Beitrag des Dichters, S. 75.

248 Vgl. Kittler, Aufschreibesysteme, S. 332.

auktorialer Selbstbilder aber ebenso mit dem Problem des Medienwechsels, hier von Bild zur Schrift, behaftet.[249] Nun hat Braungart ausführlich dargelegt, wie sich Benjamins berühmt gewordene enigmatische Bestimmung der Aura – »[e]inmalige Erscheinung einer Ferne, so nah sie sein mag«[250] – vom Kunstwerk auf den Künstler George übertragen lässt.[251] Gerade in den legendären Fotografien der Brüder Hilsdorf sei die Aura des Dichters konserviert, werde George »uneinholbar fern, so nah er auch scheinen mag«, womit »Distanzierung einerseits, Gegenwart und Wirksamkeit [...] andererseits – unabhängig von der physischen Anwesenheit – [...]« gewährleistet seien.[252] Nur beschränkt sich die für die Aura-Formel zentrale Dialektik aus Nähe und Ferne auf die akzidentelle Mittelbarkeit der George-Fotografie, da George ja grundsätzlich unmittelbar anwesend ist.

Anders Rilke: Uneinholbar fern, so nah er auch scheinen mag – das trifft auch auf ihn zu. Allerdings gilt die auratische Nahferne für Rilke viel uneingeschränkter, insofern er auf systemische Mittelbarkeit setzt und, von Ausnahmen abgesehen, grundsätzlich nur im Medium des Briefes greifbar ist. Die von Braungart namhaft gemachten Desiderate »Distanzierung« und »Gegenwart« lassen sich hier dauerhaft verknüpfen, da die Textsorte Privatbrief trotz raumzeitlichen Phasenverschubs die Suggestion von Präsenz erlaubt; eine Kunst, die Rilke in vielen Facetten entfaltet. Ob etwa Ellen Keys »wirksame Gegenwart gefühlt wird«[253] und dem Autor ist, »als *spräche* ich zu dir und hätte jetzt schon die Sicherheit, daß Du mich irgendwie verstehst, Du über alles Verstehende«;[254] ob gar Lou Salomé unter metonymischer Gleichsetzung von Verfasser und Brief empfohlen wird, »leg mich weg bis morgen, übermorgen, wann Du willst«[255] – stets zielt der Briefschreiber auf jene Unmittelbarkeit ab, die das Medium sicher verhindert und die George mit so großem Aufwand hintanhalten muss.

Verfügt die Eigenlogik der Selbstauratisierung, dass bei George alles Private in Sentenzen gegossen wird,[256] kann Rilke gezielt Privatheit in den medial

249 Vgl. der mehrhundertseitige Aufwand, den Böhringer in seinem Gedenkbuch *Mein Bild von Stefan George* betreiben muss, um diese mediale Diskontinuität zu bewältigen, um dem Phänomen der George-Fotografie beschreibend gerecht zu werden.

250 Benjamin, Das Kunstwerk, S. 440.

251 Wolfgang Braungart begründet die Anwendung des Aura-Terminus auf die Person George mit dem technikhistorischen Kontext zwischen früher fotografischer Reproduktion und ›Aura‹-Diskussion um 1900: Man glaubte, das von der theosophischen Bewegung angenommene psychophysische Phänomen ›Aura‹ als ein den Menschen umgebendes immaterielles Fluidum auf der Fotografischen Platte mit abbilden zu können. Für Braungart konserviert demnach die Fotografie, die »gerade für die Zerstörung der Aura des Kunstwerks verantwortlich sein soll«, die Aura des Menschen auch in der übertragenen sozialen Bedeutung, die Benjamin ihr für den Artefakt zuweist, in: Ästhetischer Katholizismus, S. 127.

252 Wolfgang Braungart, ebd., S. 127 und S. 130 f.

253 Rilke an Ellen Key, 29.12.1904, EK, S. 132.

254 Rilke an Ellen Key, 2.3.1905, EK, S. 145.

255 Rilke an Lou Salomé, 20.1.1912, LAS, S. 250.

256 Vgl. Winkler, Der George-Kreis, S. 233.

abgeschirmten Dialog eintragen, ohne Veralltäglichung des Charismas und Enthöhung zu riskieren. Es zeigt sich, dass die Paradigmen moderner Subjektkonstitution, Innerlichkeit und Individualität, in Rilkes schriftlicher Konzeption von Gemeinde exemplarisch verwirklicht sind. Für George dagegen gilt, grob gesprochen, das Gegenteil. Die Konsequenz des problematischen Verhältnisses von auratischem Anspruch und performativer Realität ist Typisierung auf allen Ebenen, auf der des Meisters wie der der Jünger.

Fazit – Positionenkonkurrenz?

Zusammenfassend lässt sich sagen, dass bei einem ähnlich angelegten Konzept von Autorschaft zahlreiche Differenzen, ja Kontraste zwischen dem Habitus Georges und dem Rilkes zu beobachten sind. Zwar begegnen in Werk, Selbst- und Weltbild beider Autoren weitverbreitete modernitätskritische Figuren wie Rationalismus- und Technikfeindlichkeit, Antimaterialismus, kunstreligiöse Topoi und Ablehnung des literarischen Marktes; dennoch sei Rilkes Modernitätskritik, so Manfred Engel, auf moderne Weise regressionsfrei.[257] In meinen Augen ist es diese Abwesenheit reaktionärer Verhaltensschemata, die Rilkes Realisation heiliger Autorschaft im Gegensatz zum durchaus reaktionären George offener für Anschlusskommunikationen in einem pluralen soziokulturellen Kontext macht. Dass es Rilke gelingt, die Paradoxie des integrierten Solitärs zu verwirklichen und Distinktion mit Anschlussangeboten zu verbinden, dass Georges Habitus dagegen in der reinen Opposition aufgeht, blieb bereits den Zeitgenossen nicht verborgen. So formuliert die Rilke-Anhängerin Katharina Kippenberg einen Katalog zeitgenössischer Dichter-Modelle, dessen unverhohlene George-Anspielung klare Abgrenzung vom Solitär Rilke erkennen lässt: Während einzelne Künstler »die Schutzfarbe ihrer Umgebung« annähmen, andere das Verstummen vorzögen, schlügen »ganz starke Geister ihre Mitwelt derartig in Bann, dass sie einen Geistesstaat im Staat bilden […]«. Rilke dagegen habe »keinen Widerstand [getrieben], sich seiner Zeit so offen und so verschlossen dar[geboten], wie immer ein gottgeschaffenes Geschöpf und sein mitgegebenes Geheimnis sich zeigt«.[258]

Es ist anzunehmen, dass die Langlebigkeit eines kulthaften Rilke-Bildes im außerwissenschaftlichen Raum u. a. in dieser Balance zwischen Distinktion und Offenheit gründet. George, der Propagator eines geschlossenen ›Staats im Staat‹, wird dagegen noch als historisches Phänomen wahrgenommen, nicht aber als aktuell wirksamer Mythos.

257 Vgl. Engel, Rilke als Autor der literarischen Moderne, S. 509.
258 Katharina Kippenberg, Rainer Maria Rilke zum Gedächtnis, S. 38 f.

Da nun Rilke und George als einzige Autoren der klassischen Moderne heilige Autorschaft, Rückzug aus der modernen Welt und Gemeindebildung langfristig und erfolgreich miteinander verknüpfen, stellt sich die Frage nach Positionenkonkurrenz. Letztere leuchtet zunächst nicht unmittelbar ein, da George und der jüngere Rilke meist räumlich getrennt und auch zeitversetzt agieren. Anders ist das etwa bei George und Hofmannsthal. Hier legt eine interaktive Sozialbeziehung, die einen schrittweisen Wandel vom spannungsreichen ›Arbeitsbündnis‹ zu Distanzierung und zum Bruch durchläuft (LG, S. 78 ff.), die Rede von Positionenkonkurrenz nahe. Ähnlich verhält es sich mit der in verschiedenen Medien ausgetragenen Fehde zwischen George-Kreis und der von Borchardt vertretenen ›Insel‹-Gruppe um eine Monopolstellung im literarischen Feld – Kolk thematisiert sie unter dem Stichwort »Positionenkonkurrenz« (vgl. LG, S. 296–312).

George und Rilke dagegen halten zeitlebens Abstand und vermeiden eine Sozialbeziehung bis auf ein einmaliges zufälliges Treffen in Florenz April 1898. Dennoch kann man von indirekter Kompetitivität ausgehen; zu zahlreich sind die Belege für eine aufmerksame Beobachtung des Älteren durch den Jüngeren, der das literarische Feld mit Anspruch auf eine ähnliche Position betritt: Rilke erbittet 1898 die Fotografie des George-Porträts von Curt Stoeving,[259] er kennt die Baudelaire-Übertragungen Georges,[260] den *Teppich des Lebens* und das *Jahr der Seele*, und schreibt aus letzteren beiden Zyklen Einzelgedichte für Lou Andreas-Salomé ab,[261] er rezipiert 1914 den *Stern des Bundes,*[262] den ihm angeblich unverständlichen *Siebenten Ring*[263] und verfolgt die *Blätter für die Kunst*, auch in der Schweiz.[264] Bei all dieser aufmerksamen Antizipation kann bereits dem jungen Rilke ein ausgeprägter Instinkt für Positionierungskämpfe am autonomen, nicht kommerziell bestimmten Pol des Feldes, schlicht: für die Notwendigkeit der Unterscheidung, unterstellt werden. Dies zeigt das Widmungsgedicht *An Stefan George*, das der erst Zweiundzwanzigjährige im Herbst 1897 verfasst, nachdem er George im Lepsius'schen Salon in Berlin gehört hat:

> Wenn ich, wie du, mich nie den Märkten menge
> und leiser Einsamkeiten Segen suche, –

259 Vgl. Ingeborg Schnack, Chronik, S. 77 f.

260 Vgl. ebd., S. 733.

261 Vgl. Mason, Rilke und Stefan George, S. 335.

262 Vgl. Ingeborg Schnack, Chronik, S. 472.

263 Vgl. Salis, Rainer Maria Rilkes Schweizer Jahre, S. 153.

264 Vgl. Ingeborg Schnack, Chronik, S. 359 und S. 680; ferner existieren zahlreiche briefliche Äußerungen über George, z. B. Rilke an Tora Vega Holmström, 1.8.1904, ebd., S. 191; Rilke an Friedrich von Oppeln, 29.5.1907, ebd., S. 269; Rilke an Marie Taxis, 13.4.1915, TT I, S. 417; Rilke an Werner Milch, 14.2.1924, GB III, S. 857; Rilke an Alfred Schaer, 26.2.1924, GB III, S. 859.

ich werde nie mich neigen vor der Strenge
der bleichen Bilder in dem tiefen Buche.[265]

Auf die selbstbewusste Identifikation mit dem Elitarismus des älteren, bereits etablierten Konkurrenten folgt programmatische Abgrenzung von der poetologischen ›Strenge‹ Georges.[266] Das ist exemplarisch für eine Positionierungsstrategie des jugendlichen Häretikers, zu dessen Habitus der Instinkt für die Ähnlichkeit der Positionen ebenso gehört wie das Streben nach Binnendistinktion. Als Rilke wenig später auf die briefliche Bitte um Aufnahme in den *Blätter*-Kreis eine Absage erhält, folgt sein Gegenschlag postwendend: Am 5. 3. 1898 unterstellt er anlässlich des im ›Deutschen Dilettantenverein‹ in Prag gehaltenen Vortrages *Moderne Lyrik* George »rein formelle Glaubensmeinungen [...], welche die Verse mit kalter und fast armer Klarheit erfüllen«.[267] In einem Brief an Holitscher vom 25. 1. 1902 bekräftigt Rilke seine Distanz mit folgenden Worten:

Ich werde vor ihm so maßlos stolz, grade weil ich eine gewisse Ehrfurcht vor ihm habe und fürchte, er könnte sie durch seinen Hochmut erniedrigen. Der Besitz seiner Bücher genügt mir vorläufig und sollte ich später damit nicht ausreichen, wird immer noch Zeit sein, ihn zu suchen.[268]

Zwar wird der Gegner weder zu diesem Zeitpunkt noch später »gesucht«, doch erscheint 1902 die erste Ausgabe des *Buches der Bilder* in durchgängigem Versaliendruck[269] – in »unverkennbarer plagiatorischer Umstülpung der Georgeschen Neuerung mit den ausschließlich kleinen Buchstaben«,[270] wie Mason meint. Will man dabei nicht nur den Nachahmungsaspekt sehen, so kann der Versaliendruck auch als weiterer selbstbewusster Akt der Positionierung verstanden werden: mit einem Exklusivitätsanspruch, der auf George verweist, aber dessen Distinktionsprojekt der Kleinschreibung noch überbieten will.[271] In den Schweizer Jahren schließlich äußert sich der konsekrierte ältere Rilke rückblickend »nicht ohne einen Anflug von Humor« über die liturgische Inszenierungspraxis Georges im Lepsius'schen Salon – so überliefert es zumindest Jean von Salis.[272]

Diese Sequenz zeigt exemplarisch, dass Positionenkonkurrenz nicht notwendig an Interaktivität oder intentional gesteuerte und öffentlich ausgetra-

265 Rilke, Sämtliche Werke, Band 3, S. 596 f.

266 Vgl. dazu auch Wolfgang Braungart, Der Maler ist ein Schreiber, S. 67 f.

267 Rilke, Schriften, S. 74, künftig Sigle KA IV.

268 Mitgeteilt von Carl Sieber in: Corona V6, München 1935, S. 675.

269 Vgl. Rilke, KA I, S. 787.

270 Mason, Rilke und Stefan George, S. 222.

271 Kritisch äußern sich über den Versaliendruck z. B. der Konkurrent Hofmannsthal und der Rezensent der Bremer Nachrichten, der den Druck schlichtweg »scheußlich« findet (zitiert nach Rilke, Briefwechsel Juncker, S. 325, künftig Sigle JUN). Die Zweitauflage 1906 bei Juncker erscheint in Fraktur.

272 Salis, Rainer Maria Rilkes Schweizer Jahre, S. 153.

gene Fehden gebunden ist. Ausschlaggebend scheint eher das Vorhandensein objektiv homologer Merkmale wie ›symbolistischer Lyriker‹, ›Mann‹, ›Einzelgänger‹. Sie legen ein ähnliches Positionenprofil am ökonomisch beherrschten und symbolisch herrschenden Pol des Feldes der Kunst fest, das Konkurrenz um die knappe Ressource ›Aufmerksamkeit‹ impliziert und Binnendifferenzierung auf der Ebene der Positionierungen[273] erforderlich macht. Schließlich werden die zu besetzenden Positionen von den Akteuren des Unterfeldes eingeschränkter Produktion nicht nur selbst hervorgebracht, sondern sind auch kaum juristisch oder institutionell kodiert und gerade deshalb »symbolischer Infragestellung stark ausgesetzt« (RK, S. 406).

Vor diesem Hintergrund erscheint es sinnvoll, wenn die jeweiligen heilig-auratischen Projekte auch von anderen Akteuren des gleichen Unterfeldes unterschieden werden können. Schließlich stellen Letztere die primäre Rezeptionsschicht dar, für die heilige Autorschaft je die Illusion von Einzigartigkeit aufrechterhalten muss. Beispiel für solch differenzierende Deutungsmöglichkeiten ist die posthume Kontrastierung Rilkes und Georges entlang der Differenz Reinheit/Pose durch den Dichter und Rilke-Jünger Stefan Zweig: »Rilke [ist] nebst seiner literarischen Werke der letzte Versuch eines dichterisch vollkommenen, wirklich reinen Lebens, einer schöpferischen Einsamkeit ohne die Pose und das Priestertum der georgischen Schule.«[274]

Das Äquivalent auf der George-Seite ist die anhaltend ambivalente bzw. kritische Haltung des Kreises Rilke gegenüber. So behauptet etwa Wolters, dass »ein anderer bekannteren Namens sich als ›einen sehr einsamen, sehr sehnsüchtigen, schönheits-glücklichen Dichter‹ anpries und bettelte, ›ich will bei den Wenigen Einzigen Entgegenkommen finden für meine stille Kunst und ein bisschen Liebe.‹«[275] Während die Skepsis der Georgianer gut dokumentiert ist, stützen sich Aussagen über die Meinung des Meisters auf Vermutungen: George habe »mit Achtung von Rilke gesprochen«, überliefert Elisabeth Gundolf-Salomon, während Mason zufolge George einmal gesagt haben soll, »er lehne alles ab, was ihm von Rilke sicht- und hörbar wird«.[276] Man sieht, dass der konsequente Auratiker George den kompetitiven Handlungsteil im Konkur-

273 Positionierungsakte oder »Positionierungen« sind von Bourdieu definiert als »literarische oder künstlerische Werke selbstverständlich, aber auch politische Handlungen und Reden, Manifeste oder polemische Schriften usw.« (RK, S. 366). Aus diesem Katalog erhellt, dass auch Briefe, bzw. briefliche Selbststilisierungen den Positionierungen zuzurechnen sind, zumal wenn der Autor deren Veröffentlichung verfügt hat (vgl. II. Hauptteil, Kapitel 1.1).

274 Zweig an D. H. Sarnetzki, 4.1.1927, in: Stefan Zweig, Briefe 1920–1931, S. 179.

275 Wolters, Stefan George und die Blätter für die Kunst, S. 59. Bei Mason sind weitere kritische Stellungnahmen des Kreises versammelt, etwa aus Gundolfs »Essener Vortrag« von 1931, in: Rilke und Stefan George, S. 205 f.; vgl. auch Fülleborn / Engel, Rilkes ›Duineser Elegien‹, dritter Band, S. 205: Hier wird aus dem Briefwechsel Gundolf / Wolfskehl zitiert.

276 Elisabeth Gundolf-Salomon, Stefan George, S. 41; Mason, Rilke und Stefan George, S. 337. Diese Notiz fand sich laut Verfasser in seiner Datensammlung, wobei ihm selbst die Quelle des Zitats unbekannt ist.

renzkampf auch nach dem Tod Rilkes dem Organ ›Jüngergemeinde‹ überlässt; dass es ferner für primäre Rezipienten problemlos möglich ist, die beiden heiligen Autoren anhand einschlägiger Leitdifferenzen wie »Priestertum« versus »Einsamkeit« und demütige »Stille« voneinander normativ abzugrenzen.

Offensichtlich haben die fundamentalen Unterschiede im Habitus, Autorität und Autoritätslosigkeit, Distinktionsstreben und Nähesuggestion, antibürgerlicher Opposition und Bürgerlichkeit, Textherrschaft und Inspirationssehnsucht, Selbsttypisierung und Individualitätsbewusstsein, Mündlichkeit und Schriftlichkeit genau jene Positionendistinktion erzeugt, die bei ähnlicher Wahl erforderlich ist und auf das Konto des Jüngeren, des ›Angreifers‹ geht – unabhängig von den unterschiedlichen Positionierungen im engeren Sinn, d. h. den Kunstwerken.

Das Ergebnis ist eine unterschiedlich verlaufende Wirkungsgeschichte, die Rilke als den ›strategischen‹ Gewinner auszeichnet:

> Der Vergleich zwischen Rilke und George macht übrigens eine Paradoxie sichtbar, die gewisse Erfahrungen im Bereich der Wirkung bestätigt. George, der sich im vorgerückten Alter mehr und mehr in der Rolle des Präzeptors gefiel, blieb mit seinem Kreis dennoch eine esoterische Angelegenheit. Der scheue, allen autoritären Gesten abgeneigte Rilke wurde dagegen bald nach seinem Tode zum Propheten und lyrischen Seelsorger stilisiert.[277]

Warum und unter welchen historischen Voraussetzungen dies geschah, habe ich im vorliegenden Abschnitt darzulegen versucht.

277 Žmegač, Bemerkungen zur Rezeptionsgeschichte Rilkes, S. 69.

II. Hauptteil: Zu Soziologie und Semantik von Autorschaft bei R. M. Rilke

1. Systematische Perspektiven

1.1 Systemische Epistolarität und die Folgen

Nach diesem vergleichenden Einstieg, der Rilkes Modernität vor der vormodernen Folie ›George‹ deutlich machen sollte, ist in den folgenden Abschnitten die unbewusst-habituelle ›Gewinner-Strategie‹ des Ersteren nachzuzeichnen. Dabei sollen die Vergleichskriterien des ersten Hauptteils – Jüngergemeinde, Vates und Gesamtkunstwerk – wieder aufgegriffen werden, allerdings mit veränderter Gewichtung. Während dem Thema ›Jüngergemeinde‹ Kapitel 1.2 (»Zwischen Gruppe und Netzwerk«) gewidmet ist, setzt sich Kapitel 2.3 (»Rilke als Prophet«) mit der Vates-Rolle im engeren Sinn auseinander. Versteht man den ›Vates‹ aber auch als formale Kategorie, die Macht und Ohnmacht, Sakralität und Autoritätsverzicht verknüpft, ist die Vates-Figur für den gesamten textanalytischen Teil relevant. Die postulierte Einheit von Autor und Werk schließlich stellt den Leitfaden für die Diskussion von Rilkes brieflichem Selbstbild dar und wird an zahlreichen Beispielen, nicht zuletzt solchen aus der Wirkungsgeschichte, immer wieder deutlich werden.

Zunächst soll es allerdings um Rilke und den Brief gehen. Wenn sein gesamtes Konzept von Selbstsakralisierung, auratischer Nahferne und flexibler Gemeindebildung – wie angenommen – auf dem leitenden Kommunikationsmodus der Schrift aufruht, ist detailliert nach dem Verhältnis des Autors zum Medium ›Brief‹ zu fragen. Vor allem ist der Nachweis zu führen, dass Rilke tatsächlich in erster Linie schriftlich in Erscheinung tritt, dass er systematisch den Brief der face-to-face-Interaktion vorzieht und körperlich ungreifbar bleibt. Ferner sind technische und hermeneutische Konsequenzen dieser Kommunikationsform aufzuweisen. Entsprechend wird es im Folgenden weniger um Brieftheorie gehen und es soll auch kein Forschungsbeitrag zu Rilkes Briefwerk als solchem geleistet werden. Zwar zählt die Briefforschung Rilke neben Kafka, Benn und Hofmannsthal zu den großen Epistolographen der Moderne, die die brieftypische Möglichkeit der Verknüpfung von subjektiver Privatkommunikation und literarischer Rede genutzt haben;[1] hier läge auch

1 Nickisch stellt ihn sogar an die Spitze einer Reihe weiterer Spitzenepistolographen des 20. Jahrhunderts, vor Kafka, Hofmannsthal, Musil, Lasker-Schüler, Th. Mann und Benn, in: Brief, S. 61. Košenina macht auf die intensive Briefpraxis unter Literaten des Wiener Fin de Siècle aufmerksam, die zudem durch die 1875 eingeführte Rohrpost erleichtert worden sei, in: »Der wahre Brief ist seiner Natur nach poetisch«, S. 245 f.

ein wichtiges Forschungsdesiderat.[2] Dennoch soll im Anschluss an die Überlegungen des ersten Hauptteils auch weiterhin Brieflichkeit als Einzelfall von Schriftlichkeit verstanden werden – im Gegensatz zu mündlichen, rituellen Autorinszenierungen wie im George-Kreis.

Epistolarität wird sich dann als Möglichkeitsbedingung erweisen für Bildung und Erhalt der Sozialformation ›Jüngergemeinde‹; jenes zerdehnten, heterogenen, funktional differenzierten und hocheffektiven Netzwerkes, dem das nächste Kapitel gewidmet ist. Die Auseinandersetzung mit einschlägiger Brieftheorie, wie sie etwa von Nickisch, Bürgel, Müller oder Schöne vorgelegt worden ist,[3] soll nur dort erfolgen, wo sie Rilkes Autorschaftskonzept beleuchten hilft. Relevant ist das etwa bei der uneigentlichen Verwendung des Briefes. Da ein »Theil der Ergiebigkeit [seiner] Natur« von einem gewissen Zeitpunkt an in Briefe geflossen sei, stände deren Veröffentlichung, »falls der Insel-Verlag dergleichen vorschlagen sollte«, nichts im Wege, so lautet ein vielzitierter Passus aus Rilkes Testament.[4] Folgt man Nickisch, so fällt Rilkes Briefkommunikation bereits mit dieser Absichtserklärung unter die Kategorie der »uneigentlichen« oder »sekundären Verwendung«, insofern hier die potentielle »Einbeziehung einer partiellen oder uneingeschränkten Öffentlichkeit erfolgt«.[5]

Statt auf gattungsorientierte Brieftheorie ist dagegen verschiedentlich auf Jochen Strobels gleichnamigen Einleitungsaufsatz zum Sammelband *Vom Verkehr mit Dichtern und Gespenstern* Bezug zu nehmen. Ganz im Sinn der vorliegenden Arbeit geht es in diesem Beitrag um Autormodelle, sozialgeschichtliche Kontextualisierungen und briefspezifische Möglichkeiten der Selbststilisierung und Positionierung.

Welche quantitativen und qualitativen Befunde legitimieren nun die Rede von ›systemischer Schriftlichkeit‹? Wie sieht das Verhältnis von körperlicher Präsenz und Briefaktivität aus, wie sehr entzieht sich Rilke tatsächlich in jene auratische Nahferne, die der Brief aufzuheben vorgibt?

Schon der Umfang des bisher nicht vollständig publizierten Briefwerks spricht für sich: In der Rilke-Philologie schätzt man das Korpus auf 10000 Briefe.[6] Einer vielzitierten Notiz des *Berliner Tagblatts* von 1933 zufolge

2 Die einzige Monographie, die sich bisher mit dem gesamten Briefwerk Rilkes auseinandersetzt, ist Joachim Storcks Dissertationsschrift *Rainer Maria Rilke als Briefschreiber* von 1957. Da sich in der Zwischenzeit nicht nur der wissenschaftliche Umgang mit epistolaren Quellen geändert hat, sondern auch das verfügbare Quellenkorpus um zahlreiche philologisch genaue und gut kommentierte Ausgaben bereichert wurde, wäre eine aktuelle Gesamtdarstellung des Briefwerks wünschenswert.

3 Nickisch, Brief; Bürgel, Der Privatbrief; Wolfgang G. Müller, Der Brief; Schöne, Über Goethes Brief an Behrisch.

4 Zitiert nach Rilke, Briefe Nanny Wunderly-Volkart II, S. 1193, künftig Sigle NWV II.

5 Nickisch, Brief, S. 21.

6 Vgl. Storck, Das Briefwerk, S. 498.

habe »der Dichter mit insgesamt etwa 2000 Menschen Briefe gewechselt« und etwa »18000 Briefe« geschrieben: »Legt man der Berechnung 30 Jahre Briefschreibens zugrunde, so kommt man auf jährlich 600 Briefe, also auf etwa zwei an jedem Tag [...].«[7] Der Dichter lebt, wenn auch nicht immer zurückgezogen, so doch häufig ›im Rückzug‹: Nicht nur an den Stätten einsamer Produktion wie Duino, Spanien, Berg und Muzot, sondern auch im geselligen Paris bleibt Rilke systematisch denjenigen fern, die ihm am nächsten stehen. Der Zusammenhang von Absenz und intensiver Briefkommunikation stellt ein Muster dar, das für viele zentralen, intensiven und zeitlich ausgedehnten Beziehungen Rilkes gilt. Beispiele sollen die Größenordnungen verdeutlichen.

Mit der wichtigen Mentorin Ellen Key etwa korrespondiert Rilke zwischen 1902 und 1915, anfangs intensiv, später diskontinuierlich. Der schriftlichen Kommunikationsdichte von 83 erhaltenen Briefen, Karten und Telegrammen stehen nur fünf persönliche Treffen gegenüber, die im Durchschnitt einige Tage umfassen.[8] Ähnlich ist das Verhältnis von Epistolarität und Interaktion in der Freundschaftsbeziehung mit Lou Andreas-Salomé. Während der Briefkontakt nie abreißt – auch wenn sich Phasen intensiver Kommunikation mit Latenzphasen abwechseln – und Rilke in den Jahren 1903 bis 1926 131 Briefe an Lou schreibt,[9] begegnet er dieser zentralen Figur seines Netzwerks im angegebenen Zeitraum nur acht Mal.[10] Dem gleichen Muster folgt Rilkes Beziehung zur gleichaltrigen Mäzenin Sidonie Nádherný. Zwischen 1906 und 1926 stehen kontinuierlichem Briefkontakt lediglich etwa zehn persönliche Treffen gegenüber[11] und obwohl Nádherný Rilke wieder und wieder einlädt, besucht er Schloss Janowitz nur drei Mal. Stattdessen schreibt er in 20 Jahren »212 Briefe, Billette und Telegramme« an Nádherný, deren Anteil man auf 175 Nummern schätzt.[12] Mit der wichtigen Mentorin und Vermittlerin innerhalb des Literaturbetriebs Katharina Kippenberg unterhält Rilke in den Jahren 1910 bis 1926 einen kontinuierlichen, phasenweise intensiven Briefwechsel mit bis zu zwei gewechselten Briefen wöchentlich. In Anbetracht von 139 Schreiben, die Rilke in diesem Zeitraum an Kippenberg richtet, ist die

7 Rilkes Briefe, in: Berliner Tageblatt. Kunst und Unterhaltung. 1. Beibl. Abend-Ausgabe vom 17. 10. 1933, Nr. 488, o. S.

8 August/September 1904 in Schweden, 27. 2. 1905 in Dresden, Mai/Juni 1906 in Paris, März 1907 in Capri, Mai/Juni 1909 in Paris.

9 Rekonstruierende Schätzung des Herausgebers Pfeiffer, da auf beiden Seiten einige Briefe nicht erhalten sind, LAS, S. 622.

10 Juli 1905 in Halberstadt, März 1906 in Berlin, Mai 1909 in Paris, Juli 1913 in Göttingen, September/Oktober 1913 in München, Juli 1914 in Göttingen, April/Mai 1915 in München, April 1919 in München; Angaben zu Begegnungen sind hier und im Folgenden der Chronik von Ingeborg Schnack entnommen.

11 April 1906 in Paris, November 1907 in Janowitz, März/April 1910 mehrmals in Rom, August 1910 in Janowitz, März 1913 in Paris, Oktober 1913 in Dresden, Juni 1916 in Rodaun, Juni 1919 in Nyon, Juni 1919 in Genf.

12 Schätzung des Herausgebers Storck, in: Rilke, Briefwechsel Nádherný, S. 416, künftig Sigle SNB.

relative Interaktionsdichte mit etwa zehn Treffen ähnlich niedrig.[13] Vor allem besucht Rilke Kippenberg in Leipzig nur drei Mal, trotz wiederholter Einladungen. Noch prägnanter erhellt das Ungleichgewicht zwischen körperlicher Unmittelbarkeit und Medialität aus Rilkes Umgang mit Anton Kippenberg. Der Verleger begegnet dem Autor nicht wesentlich häufiger als seine Frau, doch richtet Rilke im Rahmen einer kontinuierlichen und sehr intensiven Briefbeziehung zwischen 1906 und 1926 rund 400 Briefe an Kippenberg.[14]

Zwar kann es vorkommen, dass Rilke während verschiedener Wohnphasen in Großstädten vorübergehend zahlreiche Interaktionsbeziehungen unterhält. Dennoch sind solche ›Einlagen von Geselligkeit‹ wie etwa die Beziehungen Rilkes zu Erwein von Aretin und seinem Kreis, Hertha König und ihrem Salon-Umfeld, Lolou Albert-Lasard oder Else Hotop in München oder die intensive Geselligkeitsphase 1925 in Paris in der Regel zeitlich begrenzt und wechseln sich ab mit Phasen eines ausgeprägten Eskapismus. Anders gesprochen: Alle lang- bzw. längerfristig relevanten Beziehungen Rilkes kennzeichnet der leitende Kommunikationsmodus der Epistolarität. Dies gilt auch für extensivere Relationen wie diejenigen mit der Gräfin Helene Nostitz oder mit der dänischen Übersetzerin Inga Junghanns. Auf losen, aber anhaltenden Briefkontakt mit Nostitz zwischen 1910 und 1925 kommen nur vier Begegnungen.[15] Im Umgang mit Inga Junghanns folgen auf eine kurze Interaktionsphase in München 1915 elf Jahre lockerer, nie abreißender Briefkommunikation mit nur einer einzigen Begegnung im Sommer 1919.[16] Andere wichtige Beziehungen Rilkes laufen ausschließlich schriftlich ab: Rilke lernt seine Respondenten entweder nie oder erst sekundär kennen. Dies gilt für die von 1920 bis 1926 währende Korrespondenz mit der Schülerin Anita Forrer, die Rilke in dieser Zeit nur zwei Mal trifft.[17] Dies gilt auch für andere Adepten-Beziehungen wie diejenige zu dem Offizier Kappus oder der Klavierlehrerin Lisa Heise,[18] denen Rilke niemals begegnet. Weiterhin fallen die österreichisch-ungarische Gräfin Margot Sizzo, die italienische Herzogin Aurelia Galaratti-

13 Gemittelt 12 Tage Dauer, Januar 1910 in Leipzig, März/Juni 1911 in Paris, August/September 1911 in Leipzig, 5.10.1913 in Dresden, Juli/August 1914 in Leipzig, November 1914 in Berlin, September 1915 in München, April/Mai 1918 in München, Juli 1922 in Muzot, April 1924 in Muzot.

14 Insgesamt etwa zwölf Begegnungen: Januar 1910 in Leipzig, März/Juni 1911 in Paris, August/September 1911 in Leipzig, Mai 1913 in Paris, Juli 1913 in Leipzig, November 1913 in Paris, Juli/August 1914 in Leipzig, November 1914 in Berlin, August 1918 in München, Januar 1921 in Berg/Schweiz, Juli 1922 in Muzot, April 1924 in Muzot.

15 Vgl. Vorwort des Herausgebers, in: Rilke, Briefwechsel Nostitz, S. 12, künftig Sigle HN: 1910 in Weimar, 1913 in Heiligendamm und später in Dresden, 1916 in Wien und Rodaun.

16 Im Engadin (Schweiz), vgl. Nachwort des Herausgebers, in: Rilke, Briefwechsel Junghanns, S. 259, künftig Sigle IJ.

17 1923 und 1926, vgl. die Herausgeberbeschreibungen in: Rilke, Briefwechsel Forrer, S. 114 f. und S. 126 ff., künftig Sigle AF.

18 Mit Heise verbindet Rilke eine lockere Korrespondenz von 1919–1924, vgl. LH.

Scotti und die russische Schriftstellerin Marina Zwetajewa unter die Kategorie der rein brieflichen Beziehung.[19]

Wenn es um den empirischen Nachweis von Mittelbarkeit und körperlicher Abwesenheit bei Rilke geht, ist ferner von einem weiteren Verhaltensmuster zu handeln, das zu Rilkes Habitus der Nahferne gehört: die Komplementarität von Absage und brieflichem Präsenzversprechen. Regelmäßig wird Rilke von zentralen oder auch peripheren Gemeindemitgliedern eingeladen, und in der Regel entzieht er sich solchen Interaktionswünschen, um aus der sicheren Distanz intensive Epistolarkommunikation zu betreiben – von selektiven Ausnahmen abgesehen. Katharina Kippenberg etwa äußert zwischen Juni und Oktober 1913 in fünf Briefen den Wunsch, Rilke möge nach Leipzig kommen und den Zeitrahmen selbst wählen;[20] Rilke reagiert ausweichend und lässt schließlich die Absage folgen.[21] Ähnliches geschieht im Dezember 1913, März 1914, Dezember 1914, Oktober 1915, Februar 1914, und November 1918.[22] Gelegentlich geht die Initiative sogar von Rilke aus: Er stellt sein Kommen in Aussicht und lehnt konsekutive Einladungen dann schließlich in ausführlichen Briefen ab. Dass das Beispiel Kippenberg repräsentativ ist für Rilkes Praxis des körperlichen Entzuges, belegen ähnliche Reaktionsmuster anderen wichtigen Mentorinnen bzw. Mäzeninnen gegenüber. Auch Sidonie Nádherný wird mehrfach abgesagt, wobei nicht nur Einladungen nach Schloss Janowitz und St. Moritz betroffen sind,[23] sondern auch eine etwaige gemeinsame Griechenlandreise.[24] Und selbst auf eine Sequenz von Einladungen auf das böhmische Schloss Lautschin der Mäzenin Taxis in den Jahren 1918 bis 1923[25] reagiert Rilke mit dem charakteristischen Typus der ›offenen Absage‹. Dabei wird die Möglichkeit körperlicher Präsenz unverbindlich eingeräumt und immer weiter in die Zukunft verlegt: Rilke zögere, sich anzusagen, obwohl er der Anwesenheit der Fürstin bedürfe,[26] lebe von der Vorstellung, jederzeit nach Lautschin aufbrechen zu können,[27] werfe sich schließlich vor, nicht in das versprochene Gästehaus gezogen zu sein,[28] freue sich erneut auf »Zeiten der Zuflucht und (hoffentlich!) Arbeit in Lautschin«,[29] um sein Kommen doch

19 Korrespondenz mit Sizzo 1921–26, vgl. Sizzo; Galaratti 1921–26; Zwetajewa Frühjahr bis Herbst 1926, vgl. MZ.

20 Vgl. Katharina Kippenberg an Rilke, 6.6.1913, 15.7.1913, 5.8.1913, 19.8.1913, 14.10.1913; KK, S. 51, 54, 59, 63

21 Vgl. Rilke an Katharina Kippenberg, 15.10.1913, KK, S. 64.

22 Vgl. KK, S. 77/81, 102/103, 113 f., 148 ff., 218, 316.

23 Vgl. Rilke an Sidonie Nádherný, 31.8.1912, 9.12.1913, 22.7.1915, 22.1.1919; SNB, S. 144, 195 ff., 239 f., 334.

24 Vgl. Rilke an Sidonie Nádherný, 5.8.1912, SNB, S. 146.

25 Vgl. Marie Taxis an Rilke, 3.12.1918, 31.5.1920, 20.6.1921, 25.6.1922, 3.9.1923; TT II, S. 563 f., 600, 671, 721, 773.

26 Vgl. Rilke an Marie Taxis, 19.12.1918, TT II, S. 565.

27 Vgl. Rilke an Marie Taxis, 13.1.1919, TT II, S. 572.

28 Vgl. Rilke an Marie Taxis, 7.6.1919, TT II, S. 574.

29 Rilke an Marie Taxis, 23.6.1920, TT II, S. 604.

wieder aufschieben zu müssen[30] und schließlich auch für den Winter 1920 endgültig abzusagen.[31] Nicht anders verläuft die einschlägige Dynamik in den folgenden Jahren und mit unterschiedlichen Respondenten. Selbst »Heimweh nach Janowitz« äußert Rilke Nádherný gegenüber; und zwar in einem Brief vom November 1921, der gleichzeitig Erklärungen für sein Fernbleiben in den vergangenen Sommermonaten trotz vorheriger Besuchsankündigung enthält.[32]

Man sieht: Rilkes jeweilige Ablehnung oder Aufschiebung folgt einer spezifischen Rhetorik der Absage, die auf Vorläufigkeit (der Entscheidung) und Möglichkeit (für Alternativentscheidungen) zielt. Dabei stehen konditionale Wunschformeln und Evokationen je individueller räumlicher Szenarios im Vordergrund. Letztere sind häufig Metonymien für das Haus der Respondentin: »Ach, was seufz ich nach dem Turmzimmer [...] schade, schade, daß es nicht sein durfte«, schreibt Rilke etwa an Katharina Kippenberg.[33] Sidonie Nádherný gegenüber beklagt er, er habe »schon manche Stunde im Garten gesessen und mir [...] eingebildet, ich säße im Sidonien-Zelt [in Schloss Janowitz], – aber es duftet kein Phlox«.[34] Er wolle wieder »einmal in Lautschin sein, wenn [...] wir viel allein sein können. Wäre die Reise nur etwas weniger lang und wäre ich beweglicher«, so lautet eine charakteristische Möglichkeitsinszenierung für Marie Taxis.[35] Für die Mäzenin Wunderly schließlich betont der Absente, »wie wichtig und nothwendig es mir vorkommt, das ›Stübli‹ [in Wunderlys Haus in Meilen], und so sehr ich Sie in manchen bedürftenden Momenten herüberreiße, liebe Ersehnte!«[36] Unübersehbar ist hier die Systematik in Rilkes Handeln, insofern die paradoxen Angebote von Präsenz und Nichtrealisierbarkeit der Präsenz stets dem gleichen appellativen Schema folgen: Anspielungen auf biographisch bedeutsame Orte und Verzicht auf endgültige Aussagen erzeugen Intersubjektivität und halten offensichtlich jene Spielräume von Unterstützung und Autonomie offen, deren der Solitär bedarf. So ermöglicht das Briefmedium nicht nur anhaltend dichte Kommunikation aus der Ferne, sondern auch ein Kontinuum von Begegnungsversprechen und Nähesuggestionen; ein Kontinuum, dass das lebenswichtige Kontinuum der Einladungen trotz körperlicher Absenz nicht hat abreißen lassen. Auch wenn sich Rilke nämlich programmatisch entzieht, ist das Geflecht von Rückzugsmöglichkeiten, das ihm die Respondenten offenhalten, gleichermaßen wichtig – um bei Bedarf Wohnangebote anzunehmen. Zu erwähnen sind etwa die Arbeitsphasen in Duino 1911, im von Nanny Wunderly

30 Vgl. Rilke an Marie Taxis, 23.7.1920, TT II, S. 612.
31 Vgl. Rilke an Marie Taxis, 19.11.1920, TT II, S. 623.
32 Rilke an Sidonie Nádherný, 27.11.1921, SNB, S. 370.
33 Rilke an Katharina Kippenberg, 12.2.1917, KK S. 218 f.
34 Rilke an Sidonie Nádherný, 28.8.1914, SNB, S. 212.
35 Rilke an Marie Taxis, 17.9.1923, TT II, S. 774.
36 Rilke an Nanny Wunderly, 17.12.1919, NWV I, S. 37.

vermittelten Schloss Berg 1921, ferner länger dauernde Aufenthalte in Gut Böckel bei der Mäzenin König (1918) oder Gut Schönenberg im Baselland bei der Mäzenin Von der Mühll (1920).

Wer so konsequent und umfassend auf körperliche Absenz und Briefkommunikation setzt, für den erfüllt, so darf man annehmen, der Brief auch unterschiedlichste Funktionen. Tatsächlich hat die Forschung immer wieder auf den breiten Geltungsbereich des Mediums für Rilke hingewiesen. So differenziert Storck etwa zwischen »Bekenntnisbriefen, Ratgeberbriefen, Liebesbriefen, Reisebriefen, Bittbriefen, ästhetischen Briefen, lebensphilosophischen [und] Geschäftsbriefen«.[37] Diesem Klassifikationsschema, das wie die historischen Brieftypologien eher phänomenologisch ausgerichtet ist, ließe sich eine Funktionstypologie gegenüberstellen, die sich mehr an Fragen der literarischen Kommunikation orientiert. So kann der Brief für Rilke verstanden werden als Medium von Selbstreflexion, ästhetischer Metareflexion und Selbststilisierung, von Kunsttheorie und Essayistik,[38] von erster oder auch letzter Werkstufe,[39] aber auch von pragmatischer Alltags- und Sachkommunikation.[40] Nicht zuletzt bewährt er sich in der Spätphase nach Abschluss der Elegien als Instrument der Selbstexegese und Rezeptionslenkung, auch der Steuerung von Vermittlungsprozessen in fremdsprachige Kulturräume.[41] Alternative Textsorten, die den verschiedenen Redeformen üblicherweise reserviert sind, wie Tagebuch oder kunsttheoretischer Essay, kommen zwar sporadisch zum Einsatz, etwa in den frühen Künstleressays oder in den *Tagebüchern aus der Frühzeit*. Auch performative Praktiken nimmt Rilke vereinzelt in Anspruch, etwa wenn er zwischen 1905 und 1907 siebenmal seinen Rodin-Vortrag hält[42] und 1919 Dichterlesungen für den schweizerischen Lesezirkel Hottingen, oder wenn er in Muzot nach Abschluss der Elegien für verschiedene Besucher exklusiv aus dem Zyklus vorträgt.[43] Doch stehen solche

37 Storck, Das Briefwerk, S. 498.

38 Exemplarisch die von Clara Rilke 1952 bei Insel herausgegebenen *Briefe über Cézanne* (KA IV, S. 594 – 636); der Briefforscher Ferenc Szász schlägt anhand des von ihm analysierten Briefes an Lou Salomé vom 25. 7. 1903 vor, einzelne Briefe Rilkes »in die Prosawerke einzuordnen«, in: Nur ein Brief?, S. 349.

39 Als erste Werkstufe sind Passagen aus Rilkes Briefen an Salomé vom 18. 3. 1903 (LAS, S. 66 – 74) und an Clara vom 4. 10. 1907 (GB I, S. 171 f.) zu verstehen, die nahezu wörtlich in den Malte-Roman übernommen werden; als letzte Werkstufe ist der zwischen 1924 und 1926 in Gedichten geführte Briefwechsel mit Erika Mitterer zu sehen (Rilke, KA II, S. 327 – 362). Über die Werknähe von Rilkes Briefen herrscht seit langem Forschungskonsens, vgl. Storck, Das Briefwerk, S. 499.

40 Exemplarisch in den Korrespondenzen mit den Verlegern Kippenberg (AK I und AK II) und Juncker (JUN).

41 Exemplarisch der vielzitierte Fragebogenbrief Rilkes an seinen polnischen Übersetzer Witold Hulewicz vom 13. 11. 1925 (GB III, S. 894 – 901).

42 Vgl. Kommentar zu »Auguste Rodin, zweiter Teil. Ein Vortrag« (1907), in: Rilke, KA IV, S. 950.

43 Private Lesungen der fertiggestellten Elegien und Sonette für Marie Taxis zwischen 6.6. und 9. 6. 1922 in Muzot (Ingeborg Schnack, Chronik, S. 804), für das Ehepaar Kippenberg im Juli 1922 in

Formen von Medialität hinsichtlich der Größenordnung weit hinter dem Brief zurück.

Nun ist bis in die heutige Briefforschung eine normativ unterlegte Negativbestimmung des persönlichen Briefes als ›halbem Gespräch‹ wirksam.[44] Verlässt man diese Vorstellung vom Ersatzcharakter des Briefes zugunsten einer Positivdefinition, die sein spezifisches Potential berücksichtigt, so liegen Ursachen für die Bevorzugung des Briefes bei Rilke auf der Hand. Hier kann aus der raum-zeitlichen Distanz heraus im Modus von Reflexivität und Mittelbarkeit die »Illusion von Reflexionsabstinenz«[45] und Unmittelbarkeit erzeugt werden. Auch wenn die vereindeutigende Wirkung gestischer und mimischer Codes wegfällt, ist es doch möglich, die Kommunikation zu individualisieren, ihr ein persönliches oder intimes Profil zu verleihen und auf diese Weise Interpersonalität zu kultivieren.[46] Gleichermaßen finden aber auch abstrahierende oder poetisierende Redeweisen, die normalerweise von mündlicher Kommunikation ausgeschlossen sind, in der großen ›Mündlichkeitsillusion‹ ihren Platz, so dass der Brief fast eine Paradoxie darstellt. Zumindest ist ihm Gelenkfunktion zwischen Schriftlichkeit und Mündlichkeit zuzuschreiben,[47] nicht im Sinne defizitärer, sondern eher angereicherter Mündlichkeit.[48] Dem Brief eignet zwar der Einmaligkeitscharakter von Mündlichkeit, insofern das persönlich gesprochene Wort situationsgebunden

Muzot (ebd., S. 811), ferner exklusive Lesung aus den eben erschienenen Sonetten für Nanny Wunderly, Regina Ullmann und Ellen Delp im März 1923 in Muzot (biographische Schilderung bei Freedman, Rainer Maria Rilke 1906 bis 1926, S. 418). Zur Wirkung dieser Rituale vgl. die übereinstimmend enthusiastischen, emotional aufgeladenen Bewertungen von Rilkes ›magischem‹ Vortragsstil in der Gedenkliteratur (Marie Taxis, Erinnerungen an Rainer Maria Rilke, S. 24 f.; Katharina Kippenberg, Rainer Maria Rilke, 1948, S. 62 und 209; Elisabeth v. Schmidt-Pauli, Rainer Maria Rilke, S. 59).

44 Vgl. Stiening, Briefroman und Empfindsamkeit, S. 164; ein Beispiel für die von Stiening kritisierte Persistenz dieses »Topos der Brieftheorie bis heute« (ebd.) findet sich bei Csáky, der die Oralität des Briefes ganz in der Vordergrund stellt: Einem Brief eigne »zwar nicht mehr die Authentizität des Gesprochenen, er bleibt aber, was seine Funktion betrifft, so etwas wie ein Surrogat des gesprochenen Wortes«, in: Zwischen Oralität und Literalität, S. 19.

45 Stiening, Briefroman und Empfindsamkeit, S. 172.

46 Allgemein zum Verhältnis von Schriftmedium, Individualisierung und privatem Denken vgl. Goody / Watt / Kathleen Gough, Entstehung und Folgen der Schriftkultur, S. 113 ff.

47 Vgl. hierzu Anne Overlack, die dem Brief »eigentümliche Zwitterstellung zwischen Rede und Schrift« attestiert, in: Was geschieht im Brief?, S. 33.

48 Vgl. hierzu auch Bürgel, der Adornos Ableitung der Kommunikationsform Brief aus naiver Gegenstandsnähe mit einem Kriterienkatalog der brieftypischen Mittelbarkeit widerspricht. Der Brief entstehe »eben nicht allein aus Nähe (zur Sache), sondern meist auch aus Distanz (zur Person), […] nicht nur aus Naivität, aus Lakonismus, aus Identität, sondern auch aus Reflexion, aus Loquenz, aus Nicht-Identität […]«, in: Der Privatbrief, S. 284. Diese briefspezifische Qualität wird laut Schöne schon in der Epoche der Autonomisierung des Privatbriefes im 18. Jahrhundert geltend gemacht und dient dort der Selbstverständigung und Identitätsbildung der entstehenden bürgerlichen Gesellschaft, vor allem der Abgrenzung nach oben – von der galanten Rhetorik des Hofes – und nach unten – vom »Platten und […] Unflätigen« der niederen Schichten, in: Über Goethes Brief an Behrisch, S. 208 ff.

einmalig ist. Dennoch liefert dingliche Objektivation des Einmaligen die Möglichkeit, dieses jederzeit wieder lesen zu können – der Brief stellt ein materielles Archiv einmalig geäußerter persönlicher Worte dar. All diese Aspekte, raum-zeitliche Distanz, Illusion von Unmittelbarkeit trotz Reflexivität und artistischer ›Gemachtheit‹[49] und schließlich Archivierung von Privatkommunikation, sind nun für Rilke von Bedeutung.

Von der Möglichkeit, unter den Bedingungen körperlicher Absenz die Suggestion von Unmittelbarkeit und konstanter Präsenz, ja Intimität zu erzeugen, war bereits mehrfach die Rede. Auch sprechen einschlägige Kommentare von Multiplikatoren für einen entsprechenden Wirkungskatalog. Laut Jean von Salis habe Rilke »alles erzählt, wenn er an Frau Wunderly-Volkart eigentlich nicht schreibt, sondern schreibend zu der Freundin spricht, der er in diesen Jahren alle Freuden, Nöte und Begebenheiten seines Lebens in grenzenlosem Vertrauen mitzuteilen pflegte«.[50] Der *Malte*-Übersetzer Maurice Betz schreibt Rilkes Briefen »trotz mancher Geziertheit der Form« die Qualität zu, »unsere persönlichen Beziehungen aufs feinfühligste auszudrücken, und im gegebenen Augenblick öffneten sie sich wie aufspringende Früchte und boten ihren köstlichen Inhalt dar«.[51]

Entscheidend für Rilkes Konzeption von Autorschaft ist Aufbau und Erhalt eines Netzes von Zweierbeziehungen, und das impliziert dichte persönliche Kommunikation. Der Brief ermöglicht ein solch dichtes Kommunikationsnetz und sichert gleichzeitig den Vorteil der Selbstesoterisierung.[52] Die auratische Spannung zwischen Nähe und Ferne, Privatheit und Ungreifbarkeit lässt sich im Brief auf Dauer stellen, ohne dass Monotonie oder der Zwang zur dauerhaften Selbstüberbietung zum Problem werden. Wer abwesend ist und gleichzeitig immer wieder schriftliche Präsenzversprechen aussendet, hält Wünsche und Aufmerksamkeit wach, ohne den Schutzraum der Distanz aufgeben zu müssen. Die Multiplikatorin Kippenberg, die viele Absagen und noch viel mehr Briefe erhielt, bestätigt diese Einschätzung: »Der Brief, da er

49 Vgl. hierzu besonders Rilkes ›Jubelbriefe‹ vom Februar 1922, die in Abschnitt 2.3.7 ausführlich diskutiert werden.

50 Salis, Rainer Maria Rilkes Schweizer Jahre, S. 76.

51 Betz, Rilke in Paris, S. 25.

52 Der kontextorientierten Perspektive dieser Arbeit ist die literaturpsychologische bzw. psychoanalytische Sichtweise der Briefforscherin Angelika Ebrecht komplementär, insofern diese Rilkes Epistolarität zwar aus innerpsychischen Dispositionen erklärt, aber zu durchaus vergleichbaren Aussagen kommt. Rilke, in einem unlösbaren Konflikt »zwischen Arbeit und Liebe, Schuldgefühlen und Erlösungssehnsucht, Nähe und Distanz, idealisierender Phantasie und Realität« befangen, habe sich realen Beziehungen entzogen und diese durch »distanzierten brieflichen Kontakt zu ersetzen« gesucht. In Briefen sei Nähe möglich, »ohne daß nicht integrierter Haß ihm selbst oder anderen zur Gefahr werden konnte«, hier ließe sich »ein geliebtes Objekt einerseits in der Phantasie idealisieren und im Symbolischen erhalten, […] andererseits aber als wirkliche Person mit ihrer trennenden Realität […] verleugnen«, in: Einsamste Gemeinsamkeit, S. 102.

ihn nicht unmittelbar mit dem anderen in Berührung brachte, war die ihm gemäßeste Art der Mitteilung.«[53]

Der Brief, Spontaneität suggerierend und doch als verdinglichtes Sprechen dem Kalkül aller Schriftlichkeit unterliegend, vermittelt ferner zwischen Subjektivem und Objektivem – und zwar in beide Richtungen. So kann Subjektives in Objektives münden, etwa wenn aus der persönlichen Rede überpersönliche begriffliche oder ästhetische Äußerungen hervorgehen. Bekannte Beispiele sind der bereits erwähnte persönliche Freundschaftsbrief an Lou Salomé, der in die erste Werkstufe einer *Malte*-Aufzeichnung mündet,[54] oder persönliche Stimmungsschilderungen für die Ehefrau Clara im Herbst 1907, die in eine an Cézanne geschulte Kunstprogrammatik übergehen und auch als solche publiziert werden.[55] Rilke hat dieses Potential des Briefes, zwischen Subjektivem und Objektivem zu vermitteln und persönliche Rede im Überpersönlichen literarischer Kommunikation aufgehen zu lassen, als ›Einstimmung‹ auf poetische Produktion genutzt und präzise reflektiert:

> Vor der Hand ist diese Briefarbeit sogar recht nützlich; sie wirkt als ein Aufräumen bis weit ins Gemüth hinein, übt eine lange vernachlässigte Feder und läßt sich gebrauchen als eine Art Übergang vom Mündlichen und Mittheilenden zu der, niemandem Einzelnen mehr zugekehrten Schriftlichkeit der Arbeit.[56]

Auch in Äußerungen der Rilke-Gemeinde spiegelt sich diese Qualität von Rilkes epistolarer Rede, etwa wenn Katharina Kippenberg seine Briefe aus Schweden als Beispiele der ästhetischen Objektivierung subjektiver Sinneseindrücke anführt. Rilke verbiete sich, je ungeformt über die Dinge zu schreiben, er objektiviere streng, »und so werden uns in den Schilderungen von einsetzendem Herbst [...] in immer neuen Wendungen und Worten alle Vorstufen eines Gedichts geboten, wenn man sie nicht besser schon Gedichte in Prosa nennen will«.[57]

Doch dient diese brieftypische Möglichkeit, Subjektives in überpersönliche literarische Äußerungen münden zu lassen, den Brief als erste Werkstufe zu nutzen, nicht nur der Einstimmung auf poetische Produktionsphasen. Wer frühe Werkstufen nicht in der Schublade verschwinden lässt, sondern sie dem Kommunikationsmedium Brief anvertraut und damit einem individuellen Empfänger, der macht diesen Empfänger zum Erwählten und exklusiven Mitwisser heiliger Kunst; der macht wie Rilke viele Empfänger zu vielen Erwählten. Auch dieser bedeutsame Effekt der Adressatenweihe spiegelt sich in den Kommentaren der Gemeinde, etwa wenn die (Brief-)Partnerin Loulou Albert-Lasard den »absoluten Wert« bestimmter Rilke-Briefe hervorhebt:

53 Katharina Kippenberg, Rainer Maria Rilke, 1948, S. 257.
54 Vgl. Anm. 39.
55 Vgl. Anm. 38.
56 Rilke an Lily Ziegler, 23.11.1920, in: Rilke, Briefe an Schweizer Freunde, S. 136, künftig Sigle BSF.
57 Katharina Kippenberg, Rainer Maria Rilke, 1948, S. 138.

Heimgekehrt machte er sich regelmäßig daran, Briefe zu schreiben, und man weiß, daß sie ihn oft unversehens ins Herz seiner Arbeit führten. Große Teile dieser fruchtbaren Korrespondenz sind später fast wörtlich in seinen Schriften aufgetaucht. Es war ein wirkliches Sich-in-Schwung-Setzen. [...] Dies gibt einer großen Anzahl seiner Briefe einen unpersönlichen und absoluten Wert.[58]

Doch kann man Rilkes Briefen nicht nur den Übergang von Persönlichem in Überpersönliches ablesen und damit eine Zunahme des Fetischwertes für den jeweiligen Adressaten. Umgekehrt liefert seine epistolare Praxis ein repräsentatives Beispiel für die Möglichkeit, das Überpersönliche, Objektive, Allgemeine zur persönlichen Mitteilung zu machen. Selbst wenn bestimmte Propositionen in Brief und nichtokkasionellen Textsorten wie Essay und Artikel exakt gleich lauten würden, hätten sie doch im Brief einen kategorial anderen Status – den des Subjektiven, Individuellen und Einmaligen, der dem Status der Textsorte als persönlicher Kommunikationsform geschuldet ist.[59] Diese briefspezifische Qualität der Verpersönlichung überpersönlicher Informationen lässt sich nutzen, wenn es gilt, eine größere Anzahl von Personen mit ähnlichem Bildungsniveau und vergleichbar hohen intellektuellen Ansprüchen zu integrieren und persönlich zu binden. Wer wie Rilke ab einem bestimmten Zeitpunkt alle oder nahezu alle Inhalte, die sich auch in genuin literarischen Medien wie Essay, Artikel, Autobiographie etc. kommunizieren ließen, dem Brief anvertraut,[60] verzichtet zwar für diese Produkte auf das Interesse einer breiten, anonymen Leseöffentlichkeit. Dafür kann er aber die persönliche und individuelle Aufmerksamkeit eines ausgewählten Personenkreises anhaltend bündeln und auf seine Person fokussieren; hier geht es nicht zuletzt um Fragen der Quantität von Aufmerksamkeitskapital.

Dass Rilke vor allem brieflich in Erscheinung tritt, wurde nun dargelegt. Wie er auf vielfältige Weise dabei das spezifische Potential des Briefes zwischen Schriftlichkeit und Mündlichkeit nutzt, um den Status des nahfernen Solitärs aufrecht- und die Aufmerksamkeit seiner Gemeinde wachzuhalten, ebenfalls. Inwiefern er es vor allem nutzt, um sich selbst zu entwerfen, um ein komplexes Selbstbild zu erzeugen und zu medialisieren,[61] wird Kernthema des textanalytischen Teils sein.

58 Loulou Albert-Lasard, Wege mit Rilke, S. 38.

59 Vgl. hierzu Bürgel, dem zufolge sich die »Zwitterstellung des Briefs zwischen Individuum und Gesellschaft in spezifischer Weise insofern [zeigt], als hier sich historisch Objektives stets in der subjektiven Vermittlung vorstellt«, in: Der Privatbrief, S. 295.

60 Vgl. hierzu Stephens: Rilkes Briefe hätten »von relativ früh an eine merklich publikumszugewandte Seite, ja sie übernehmen die Rolle seiner frühen und sehr gekonnten Essayistik [...]«, in: »Alles ist nicht es selbst«, S. 320.

61 Auch für Anne Overlack gilt der Brief als ideales Medium der Selbstinszenierung. So ist von den »Entwicklungschancen« die Rede, »die der Brief, ein in seinen kommunikativen wie literarischen Möglichkeiten beinahe unbegrenztes Medium, der Selbstinszenierung und dem Rollenspiel bietet«, in: Was geschieht im Brief?, S. 19 f.

Zunächst allerdings soll, wie einleitend begründet, der Brief unter systematischen Gesichtspunkten als Einzelfall von Schriftlichkeit thematisch sein. In diesem Zusammenhang sind nun drei für Rilke folgenschwere Merkmale von (moderner) Schriftlichkeit zu diskutieren: räumlich-technische Reichweite, zeitliche Reichweite bzw. Gedächtnisfunktion und Auslegung. Die beiden Letzteren macht auch Strobel unter den Stichworten »Gedächtnisbildung« und »Umschriften« bzw. »Erzeugung neuer Bilder des Autors« durch Editoren, Biographen, Nekrologen als »Figuren der Autorschaft in der Briefkultur« namhaft.[62] Es wird sich zeigen, wie sehr diese von Strobel immer wieder hervorgehobenen Aspekte, Gedächtnisbildung und Umdeutungsproblematik, heilige Autorschaft bei Rilke bestimmen und wie klar sie die Grenzen zu mündlichen, theatralisch-rituellen Formen der Selbstsakralisierung abstecken.

Wer sich nicht mündlich, sondern schriftlich selbst erfindet, verfügt über einen größeren lokalen Radius. Das gesprochene Wort trägt nicht weit, anders das Transportunternehmen ›Post‹, das zuverlässig für die europaweite Verteilung von Rilkes Selbstentwurf sorgt, bis in die entlegensten Winkel des Kontinents. Als Unternehmen der späten Industrialisierungsepoche und führende Kommunikationstechnologie nehmen Effizienz und Transportleistung der Deutschen Reichspost um 1900 ständig zu: Die Anzahl der beförderten Briefe ist von 330 Millionen im Jahr 1871 auf 3,42 Milliarden im Jahr 1913 angewachsen, die Zahl der im Reichspostgebiet (ohne Bayern und Württemberg) aufgestellten Briefkästen von 63850 auf 135200.[63] Spät- und Nachtleerungen sind ebenso üblich wie bis zu acht tägliche Zustellungen in Großstädten wie Berlin um 1910 oder auch Sonntagszustellungen.[64] Wurde 100 Jahre früher der Briefverkehr in den deutschen Fürstentümern durch ›den Posttag‹ geregelt,[65] stellt man jetzt auch in kleineren Ortschaften mit nur einem Postamt und selbst in den Kriegsjahren etwa viermal täglich zu – und dies dürfte häufig die für Rilke zutreffende Situation gewesen sein.[66] Technisierung des Verkehrs, also Eisenbahn, Straßenbahn und Kraftfahrzeug, sorgen nicht nur für die reibungslose Briefbeförderung innerhalb der großen Metropolen – meist innerhalb desselben Tages – sondern auch für ein dichtes Netz von postalischen Überlandlinien, so dass auch in entlegenen Gebieten mit Briefbeförderung innerhalb von 24 Stunden gerechnet werden kann.[67] Diesem Zweck dient nicht zuletzt der systematische Ausbau des »Landpostdienstes«: Fahrende Landbriefträger (Pferd, Rad) stellen die tägliche Vertei-

62 Strobel, Vom Verkehr mit Dichtern und Gespenstern, S. 15.
63 Vgl. Sautter, Geschichte der Deutschen Post, S. 77 und S. 110.
64 Vgl. ebd., S. 111.
65 Vgl. Schöne, Über Goethes Brief an Behrisch, S. 199–201.
66 Vgl. Sautter, Geschichte der Deutschen Post, S. 160.
67 Vgl. ebd., S. 129–152.

lung in immer kleiner werdenden Bezirken und den Anschluss der eingesammelten Briefe an die mehrfach täglich abgehenden Posten sicher.[68]

Dies alles gilt für Deutschland und die deutsche Reichspost – ein Brief Katharina Kippenbergs aus Leipzig erreicht Rilke im niederschlesischen Krummhübel am nächsten Tag beispielsweise[69] –, aber auch für das europäische Ausland um 1900. Selbst das abgelegene Walliser Bergschloss Muzot ist von der Praxis der Sonntagszustellung nicht ausgenommen,[70] und wenn sich Rilke 1904 beklagt, dass man »nur einmal täglich Post auf Borgeby Gard« bekomme,[71] so scheint diese postalische ›Unterversorgung‹ im schwedischen Schonen eine erwähnenswerte Ausnahme darzustellen. Auch wenn diese extrem hohe Beförderungsleistung während der Kriegsjahre eingeschränkt wird, ist die Transportkapazität der europäischen Posten um 1915 für heutige Verhältnisse immer noch erstaunlich. Im Sommer 1915 dauert der Briefverkehr zwischen Rilke in München und Katharina Kippenberg in Leipzig einen Tag,[72] und sogar das an der Küste vor Triest gelegene Duino ist von München aus postalisch in nur zwei Tagen zu erreichen.[73] In der Tat sind die bemerkenswerten räumlichen und numerischen Dimensionen von Rilkes Briefpraxis vor allem dem immer weiter expandierenden und immer effizienteren Auslandspostdienst geschuldet: Allgemeine Abkommen des Weltpostvereins zwischen 1878 und 1885 regeln und veralltäglichen den weltweiten, vor allem den paneuropäischen Transit.[74] Auf zahlreichen Dampferlinien nach Skandinavien, die seit der Mitte des 19. Jahrhunderts fest etabliert sind, wandeln sich die wöchentlichen Verbindungen bis um 1900 in tägliche Verbindungen. Seit 1903 existiert eine direkte Bahn-Fähren-Verbindung zwischen Berlin und Kopenhagen, wohin Rilke im Herbst 1904 reisen wird.[75] 1922, also etwa ein Jahr nach Rilkes Niederlassung in Muzot, wird Luftpostverkehr mit der Schweiz eingerichtet, 1923 mit Wien.[76] So erklärt es sich, dass bei hoher und anhaltender Mobilität Rilkes und seiner Respondenten die briefliche Transferdauer zwischen größeren europäischen Städten in der Regel zwei Tage beträgt: Wenn etwa Rilke in Venedig an Marie Taxis in Sarajewo schreibt[77] oder Marie Taxis aus Venedig oder San Remo an Rilke in München oder Paris,[78] so erreichen die Briefe in dieser kurzen Frist ihren Adressaten. Auch

68 Vgl. ebd., S. 155 ff.
69 Vgl. Katharina Kippenberg an Rilke, 14.10.1913, Antwort 15.10.1913, KK, S. 63 f.
70 Vgl. Rilke an Anton Kippenberg, 11.12.1921, AK II, S. 244.
71 Rilke an Salomé, 20.8.1904, LAS, S. 181.
72 Vgl. KK, S. 119–125.
73 Vgl. Rilke an Marie Taxis, 13.4.–15.4.1915, TT I, S. 417 ff.
74 Vgl. Sautter, Geschichte der Deutschen Post, S. 283 und S. 296.
75 Vgl. ebd., S. 296.
76 Vgl. ebd., S. 303.
77 Vgl. Rilke an Marie Taxis, 22.5.1912, TT I, S. 156 ff.
78 Vgl. Marie Taxis an Rilke, 15.10.1912 und 22.2.1914, TT I, S. 203 und S. 360 f.

die Landsitze von Adel und Wirtschaftsbürgertum, meist außerhalb geschlossener Ortschaften liegend und für Rilke und seine Arbeit am Netzwerk von großer Bedeutung, sind um 1900 postalisch problemlos zugänglich. Aus Rilkes Korrespondenzen mit Kippenbergs und Marie Taxis geht hervor, dass der Briefverkehr zwischen Schloss Berg am Irchel im Kanton Zürich und Leipzig etwa zwei Tage in Anspruch nimmt,[79] dass selbst Rilkes Briefe aus dem weit entfernten Toledo im böhmischen Barockschloss Lautschin 1912 nach drei bis vier Tagen ankommen.[80]

Weitere Möglichkeitsbedingung des treffsicheren paneuropäischen ›Sternenlaufs der Briefe‹ ist eine flexible und zuverlässige Nachsendepraxis. Nur aus ihr erklärt sich die Effektivität brieflicher Kommunikation trotz rastloser Reisetätigkeit aller beteiligten Akteure. Wenn Marie Taxis etwa am 19. 8. 1913 aus Lautschin an Rilke schreibt, den sie noch im Ostseebad Heiligendamm wähnt, so erreicht der Brief den nach Berlin weitergereisten Rilke bereits nach drei Tagen. Dabei soll nicht unerwähnt bleiben, dass dieser reibungslose Ablauf ohne nationales oder internationales Postleitzahlensystem stattfindet und auch von vagen Absender- oder Adressangaben wie »Herrn Rainer Maria Rilke/Bad Rippoldsau/im badischen Schwarzwald«,[81] »Herrn Rainer Maria Rilke/bei Frau Professor Lou Andreas-Salomé, Göttingen«[82] oder »S.H./ Leutnant Thankmar Freiherrn von Münchhausen/Berlin-Schöneberg«[83] nicht gestört wird.

Zusammenfassend wird klar, dass moderne Kommunikationstechnologie, Schrift und Postverkehr, aufs engste verknüpft sind mit einer sozialen Nahwelt, die eine Alternative zu den geschlossenen Gruppen der Moderne darstellt. Im nächsten Kapitel wird darzulegen sein, dass nicht Ortsständigkeit, Geschlossenheit, Interaktivität und Homogenität diese Formation bestimmen, sondern europaweite Ausdehnung, niedrige Dichte, Heterogenität, Pluralität der Orte und Akteure. Wie ein solches Gebilde im Modus der körperlichen Absenz erzeugt und zusammengehalten wird, wie seine Akteure anhaltend motiviert werden, kann man nur verstehen, wenn man sich die Dimensionen von Rilkes Epistolarität und die Leistungsfähigkeit der Kommunikationstechnologie Brief/Post um 1900 vergegenwärtigt. Auch der Briefforscher Ferenc Szász weist auf die »Schnelligkeit des damaligen Postverkehrs« hin, der Rilke in Muzot zugute gekommen sei.[84] Szász' Abgrenzung gegenüber der goethezeitlichen Post greift aber zu kurz. Es zeigt sich, dass

79 Vgl. Kippenberg an Rilke, 25.11.1920, Rilke an Kippenberg, 27.11.1920, Rilke an Kippenberg, 19.2.1921, Kippenberg an Rilke, 21.2.1921, AK II, S. 182 und S. 202 f.

80 November 1912, TT I, S. 215–239.

81 So die Aufschrift des Briefumschlages zu Münchhausens Brief an Rilke vom 23.6.1913, in: Rilke, Briefwechsel Münchhausen, S. 127, künftig Sigle TM.

82 Münchhausen an Rilke, 31.7.1913, TM, S. 129.

83 Rilke an Münchhausen, 5.3.1918, TM, S. 158.

84 Szász, »ich bin überm Berg!«, S. 214.

Briefe um 1900 nicht nur schneller transportiert werden als im 18. Jahrhundert, sondern auch unvergleichlich schneller, effektiver und zuverlässiger als in der Gegenwart. Welche zentrale Stellung das Thema ›Beförderungstechnologie‹ für Rilke einnimmt, erhellt nicht zuletzt aus der Poesiefähigkeit des ›geschlossenen Postamts am Sonntag‹: »O, wie spurlos zerträte ein Engel ihnen den Trostmarkt, / den die Kirche begrenzt, ihre fertig gekaufte: / reinlich und zu und enttäuscht wie ein Postamt am Sonntag«, so lautet der bekannte Passus aus der zehnten Elegie.[85] Welcher andere europäische Dichter hätte dieses Bild aus dem prosaischen Alltag in die hohe Stilebene hymnisch-elegischen Sprechens übernommen und es damit als etwas ausgezeichnet, das mitteilungswürdig und informationshaltig ist?

Nach der räumlichen ist nun von der zeitlichen Reichweite zu handeln und damit von der schon im ersten Hauptteil erwähnten Gedächtnisfunktion der Schrift. Wer sich nicht mündlich, sondern schriftlich selbst erfindet, kann vom weit entfernten Empfänger zu jedem beliebigen Zeitpunkt ›nachgelesen‹ werden, auch posthum. Er erzeugt und hinterlässt ein personales Archiv und bahnt seiner Selbstinszenierung den Weg in die Ewigkeit des kulturellen Gedächtnisses – zumal wenn er, wie eingangs belegt wurde, für die Veröffentlichung des Archivs gesorgt hat. »Entwürfe von Autorschaft im Brief« könnten, so Strobel, »mit Recht Dauerhaftigkeit beanspruchen und damit den erhofften Nachruhm durch eine ausgedehnte Rezeptionsgeschichte unterstützen oder sogar mitbegründen«.[86] Genau das kann man bei Rilke beobachten. Sein Briefwerk stellt ein Autor-Archiv dar, aus dem sich alle, die sich an Rilke erinnern wollen, bedienen – zunächst nur die Gedenkautoren aus der Jüngergemeinde, dann schrittweise eine größere, vor allem wissenschaftliche Öffentlichkeit. Den »erhofften Nachruhm« stellen vor allem die hagiographischen Gedenkschriften sicher, die sämtlich auf das ›Briefarchiv‹ Bezug nehmen und in einem Zeitraum von mehreren Dekaden entstehen: die ersten schon bald nach Rilkes Tod, etwa Lou Salomés *Rainer Maria Rilke* von 1928, während etwa Loulou Albert-Lasard ihre briefgestützten Erinnerungen an Rilke erst 1952, im Alter von 66 Jahren, publiziert.[87]

Mit Hilfe des brieflichen Archivs können ferner Bedeutungen »über die Kontingenzen schneller Kommunikation hinaus«[88] langfristig gesichert und Datenverluste verhindert werden. Exemplarisch zeigt sich das an Ingeborg Schnacks Rilke-Chronik, an der minutiösen Aufarbeitung von Rilkes Lebensspanne, die dank des Briefwerks kaum einen einzelnen Tag im Dunkeln lässt. Ferner ist unter den Bedingungen konsequenter Schriftkommunikation von einer impliziten Kanonbildung auszugehen: Rilkes Briefwerk stellt für

85 Rilke, KA II, S. 230, Zeile 20–22.
86 Strobel, Vom Verkehr mit Dichtern und Gespenstern, S. 14.
87 Vgl. Loulou Albert Lasard, Wege mit Rilke.
88 Strobel, Vom Verkehr mit Dichtern und Gespenstern, S. 14.

Multiplikatoren und solche, die es werden wollen, an sich schon ein ›heiliges‹, zumindest kanonisches Korpus dar, in dem all das, worüber gesprochen werden darf und soll, gültig festgelegt ist. Überlieferungskontingenzen, die sich fehlender schriftlicher Kanonbildung verdanken und bei George in Form von Missverständnissen und Redekonkurrenzen sichtbar werden,[89] sind im memorialen Umgang mit Rilke kaum ein Problem. Das Selbstbild, das hier fortgeschrieben und vervielfältigt wird, ist relativ einheitlich und weicht doch so weit von seinem Urtext, dem Brief ab, dass eine genauere Abweichungsanalyse sinnvoll ist. Doch das ist schon ein Vorgriff.

Zunächst geht es darum, Behauptungen über das Briefwerk als personales Archiv und Gedächtnisstütze für die Multiplikatoren empirisch zu untermauern. Nach Wunberg materialisiere Schrift als systematische Form der Verdinglichung »privates Gedächtnis im Sinne von ubiquitärer Verfügbarkeit«.[90] Dass das Briefwerk tatsächlich diese Funktion erfüllt, belegt eindrucksvoll die Erinnerungsliteratur, die auf einen »ubiquitär verfügbaren« Autor referiert: In allen von mir gesichteten Gedenkschriften aus der Gemeinde, seien sie von Lou Salomé, Marie Taxis, Katharina Kippenberg, Magda von Hattingberg, Elisabeth von Schmidt-Pauli, Maurice Betz, Loulou Albert-Lasard, Jean-Rudolf von Salis, Hertha König, oder Dory Von der Mühll,[91] wird ausgiebig aus dem Briefwerk zitiert, mit besonderer Vorliebe Passagen der Selbststilisierung und Selbstsakralisierung. Zum Erinnerungsbuch der Partnerin Magda von Hattingberg etwa bemerkt Erich Simenauer 1953, die Verfasserin habe »unmöglich lange Gespräche wörtlich wiedergeben« können, die »gläubige Rilke-Gemeinde« habe ihr deshalb Ablehnung entgegengebracht.[92] Das Erinnern langer Gespräche ist auch gar nicht nötig, denn dafür gibt es ja das epistolare Gedächtnis. Es zeigt sich nämlich, dass Hattingberg anhand von Briefen, die sie mit Rilke vor der persönlichen Begegnung gewechselt hat, einen fortlaufenden mündlichen Dialog fingiert. So lässt sie Rilke »Herrliches über Beethoven« sagen, über den Verlust seines Gehörs, mit dem ihm »auch noch das letzte Gegenüber genommen [ward], damit er nur noch rausche und vergäße, daß es möglich sei, das andere zu sein, das den Urwald hört und sich fürchtet …«.[93] Was hier als mündlicher Austausch mit Rilke »im Tiergarten« gekennzeichnet ist, entstammt tatsächlich einem früheren Schreiben des Autors an die Freundin.[94] Aus weiteren Beispielen erhellt, dass dies bei Hattingberg ein Muster der Erinnerung bzw. der Quellen-Instrumentalisierung darstellt. Der Dichter habe von seinen Jugendjahren in Berlin erzählt, vom

89 Vgl. Abschnitt 2.2.8; vgl. auch I. Hauptteil, S. 102 ff.

90 Wunberg, Wiedererkennen, S. 55.

91 Vgl. Angaben im Literaturverzeichnis.

92 Simenauer, Rainer Maria Rilke, 489.

93 Magda v. Hattingberg, Rilke und Benvenuta, S. 63.

94 Vgl. Rilke an Magda v. Hattingberg, 8.2.1914, HAT, S. 50.

> kleinen Landhaus, das Villa Waldfrieden hieß. [...] Ich [...] schrieb dort die Geschichten vom lieben Gott. Am frühen Morgen ging ich zwischendurch – wenn man bedenkt, daß das damals noch möglich war – barfuß in den ländlichen und völlig menschenleeren Dahlemer Wald, zu den Rehen.[95]

Diese angebliche Jugenderzählung erweist sich ebenfalls als (ungenaues) Zitat aus dem Schreiben Rilkes an Hattingberg vom 8.2.1914.[96]

Doch nicht nur an Magda von Hattingberg wird deutlich, wie der Brief privates Gedächtnis in ubiquitäre Verfügbarkeit überführen kann. Auch Lou Salomés Gedenkbuch beleuchtet dieses Phänomen exemplarisch, selbst wenn dort weniger frei und weniger manipulativ mit der Quelle umgegangen wird. Der von korrekten Zitationen durchsetzte Text stellt sich streckenweise sogar als Aneinanderreihung von Briefpassagen dar, die nur von knappen Verfasserkommentaren unterbrochen sind, etwa wenn es um Rilkes problematischen »Anschluß an Menschen« geht.[97] Schließlich dient Rilkes Briefwerk auch als Gedächtnisstütze, wenn es darum geht, den eigenen Stil poetisch anzuheben bzw. ihn Rilke anzugleichen. Zu offensichtlich erinnern charakteristische Fügungen in manchen Erinnerungsschriften an die briefliche Literarizität des Verehrten, als dass sich der Eindruck der stilistischen Nachahmung abweisen ließe. So heißt es etwa bei Salomé, dass Rilke zu Kriegsbeginn »seine Fühlfähigkeit hilflos überstiegen fühlte«,[98] und bei Katharina Kippenberg, dass Rilke »zu Beginn des Krieges [...] über sich hinausgehoben [wurde]«[99] oder dass das Personal der Orpheus-Sonette »vor dem Übermaß von Dasein [flieht]«.[100]

Die Reihe der zitierenden oder imitierenden Schriften ließe sich beliebig verlängern und mit dem verallgemeinerbaren Satz kommentieren: Sich an Rilke erinnern und erinnernd Gedenkbücher verfassen heißt, sich aus dem Briefarchiv zu bedienen.

Dabei ist zwischen Memorialtexten erster Ordnung – solche, die nur auf eigene Briefe an den Verfasser rekurrieren – und Memorialtexten zweiter Ordnung zu unterscheiden. Letztere, etwa die Schriften von Kippenberg, Salis, Betz, Albert-Lasard und Schmidt-Pauli, stellen quasi Summentexte dar, die zur Rekonstruktion oder abweichenden Nacherzählung von Rilkes epistolarem Selbstbild auf eigene Briefe, Fremdbriefe, poetisches Werk und/oder bereits veröffentlichte Gedenkschriften Bezug nehmen. Das Gedächtnispotential des personalen Archivs ›Brief‹ wird erst in diesen nach 1935 publizierten Summentexten zur Gänze sichtbar, wenn ein größerer Teil der Kor-

95 Magda v. Hattingberg, Rilke und Benvenuta, S. 79.
96 Vgl. Rilke an Magda v. Hattingberg, HAT, S. 54.
97 Vgl. Lou Salomé, Rainer Maria Rilke, S. 62 ff., 66 ff.
98 Ebd., S. 74.
99 Katharina Kippenberg, Rainer Maria Rilke, 1948, S. 214.
100 Ebd., S. 288.

respondenzen verfügbar geworden ist. Es wird zu zeigen sein, dass Autoren wie Katharina Kippenberg und Jean von Salis dann das gesamte Figurenrepertoire von Rilkes Selbstinszenierungen in ihren Erinnerungsbüchern wiederholen.[101] All diese Beispiele von Zitieren und Vergegenwärtigen illustrieren den Zusammenhang von Rilkes systemischer Epistolarität, Gedächtnisfunktion der Schrift und Kontinuität eines auktorialen Selbstentwurfes. Ein Zusammenhang, der auch als solcher von den Multiplikatoren der Rilke-Gemeinde reflektiert wird. Laut Regina Ullmann sei »im Verlaufe von 18 Jahren [...] ein Briefwechsel bei mir angewachsen, der das Bild, welches das Hinscheiden eines Menschen zuweilen so wesentlich verändert, zu einem dauernden schafft«.[102]

Nach den Kriterien von räumlicher und zeitlicher Reichweite bzw. Gedächtnisfunktion der Schrift ist nun kurz auf den dritten systematischen Aspekt zu verweisen: auf das im Zentrum der platonischen Schriftkritik angesiedelte Problem der Auslegung. Wer sich nicht mündlich, sondern schriftlich selbst erfindet, ist zwar dauerhaft fixiert, wird aber auch Gegenstand der Interpretation. Einwände sind allenfalls möglich, wenn die Interpretation oder Fehlinterpretation zu Lebzeiten geschieht, wie im Falle Ellen Keys. Gegen deren Essay, welcher Rilke zur Projektionsfigur der Reformpädagogik vereinseitigt, hatte sich der Dichter zunächst mit einigem Erfolg verwahrt.[103] Spätestens posthum allerdings kann sich der Ausgelegte nicht mehr gegen Interpretationen zur Wehr setzen, was für die Fortschreibung Rilkes durch Gedenkautoren höchst bedeutsam ist. So wirkungsvoll seine Konzeption schriftlicher Autorschaft nämlich für Erzeugung eines dezentralen Netzwerks, für werk-

101 Zwischen 1930 und 1935 erscheinen die ersten, von Ruth und Carl Sieber besorgten Briefausgaben des Insel-Verlages und auch das poetische Werk ist bis zu diesem Zeitpunkt weitgehend publiziert, ferner liegen bereits prominente Erinnerungstexte vor, nämlich Marie Taxis' *Erinnerungen an Rainer Maria Rilke* (1932), Lou Salomés *Rainer Maria Rilke* (1928) und Ellen Keys Essay *Ein Gottsucher* (1911).

102 Regina Ullmann, in: Buchheit, Stimmen der Freunde, S. 116.

103 Keys vereinseitigende Selektion von Zitaten aus Briefen und frühen essayistischen Texten lässt Rilke als Projektionsfigur erscheinen, die eher verschiedene weltanschauliche Konzepte der Reformpädagogin bestätigt, als Angemessenes über den empirischen Autor auszusagen. In diesem Essay, dessen Erscheinen Rilke 1906 zunächst verhindert (vgl. Briefe Rilke an Key, 6.11.1906 und Key an Rilke, 8.11.1906, EK, S. 178–182), geht es um den pantheistisch-evolutionistischen Lebensglauben Keys, um die nietzscheanisch geprägten Vorstellungen vom ›werdenden Gott‹ – welche Rilke teilt – und vom ›werdenden Künstler‹, dem schöpferisch-genialischen Kind Rilke (vgl. Key, Ein Gottsucher, S. 215, 217, 219, 189). Vor dem Hintergrund eines fest gefügten Verstehens- und Deutungshorizontes aus monistischer Lebensbegeisterung und jugendstilhafter Literarizität ist es Key nicht möglich, Rilkes Wendung zum Polemischen, zum poetischen Egalitarismus und zur kruden Dinglichkeit des mittleren Werks nachzuvollziehen; als der Text schließlich 1911 im Rahmen der Essaysammlung *Seelen und Werke* in Deutschland erscheint, ist er bereits anachronistisch und wird von Rilke dezidiert abgelehnt (vgl. Fiedler, Einleitung EK, vor allem S. XI-XVIII, vgl. auch Rilkes Brief an Key vom 17.12.1911, EK, S. 221–226 sowie Anmerkungen dazu, S. 398 f.).

nahe Selbststilisierung und für Bewahrung dieses komplexen Selbstbildes ist, so sehr wird sie der Bewahrung des Selbstbildes auch zum Problem. Im Brief weicht die Eindeutigkeit mündlicher Kommunikationsformen der genuinen Mehrdeutigkeit der Schrift,[104] und dieses Grundprinzip von Literalität lässt sich auch den Rilke-Fortschreibungen ablesen. Schrifterzeugnisse sind grundsätzlich offen für Interpretationen, Uminterpretationen, Dekontextualisierungen, Anverwandlungen und Funktionalisierungen. Strobel zufolge könne zwar einerseits ein brieflicher Selbstentwurf mit Dauerhaftigkeit rechnen, andererseits aber liefen Briefe Gefahr, »gerade wenn sie nicht vergessen werden, in einer dem Schreiber nicht genehmen Weise veröffentlicht, verfälscht, gekürzt zu werden«, es eröffneten sich »dem Besitzer von Briefen Tür und Tor für Manipulationen«.[105] Es wird sich zeigen, dass all das in der Erinnerungsliteratur mit Rilke geschieht.

Dabei zerfällt das Auslegungsproblem in zwei einzelne, je systematische Problemkreise: Zum einen wird von der Instrumentalisierung Rilkes im Eigeninteresse der Erinnerungsautoren zu handeln sein, die zu zielgerichteten Aneignungen und Umschriften führt. Zum anderen ist der systematische Kompetenzsprung der Sprecher – zwischen Rilke und seinen Multiplikatoren – zu diskutieren, der notwendig Komplexitäts- und Qualitätsverlust verursacht. Fortschreibung mag sich noch so sehr an schriftlich fixierten Informationsbeständen orientieren und Rilkes Selbstbild ›mit dessen eigenen Worten‹ überliefern; solange die Verfasser nicht über das gleiche ästhetisch-literarische Vermögen wie Rilke verfügen, mündet das schriftliche Wiederholen von einem, der es besser konnte, unausweichlich in populäres Nacherzählen, in triviale Mythen- und Klischeebildung. Wie aus Verdichtungen Rilke-typischer Redeelemente ein dichtes, klischeehaftes Bild heiliger Autorschaft entsteht, das schließlich mehr ›Rilke‹ enthält als der Urtext, mehr und deshalb qualitativ weniger, zeigt etwa die Summenautorin Katharina Kippenberg. Als sie Rilke das erste Mal begegnet sei, habe sie sein Gesicht erschüttert, was sie wie folgt beschreibt:

> Ein Gesicht, so beladen mit Bedeutung, so überschüttet mit Gefühl, so gesegnet mit Sendung und über dem allem von einer so unsagbaren Demut und Stille, daß mir der Atem stockte. […] Das Erstaunlichste war die Stirn dieses Kopfes, sie schimmerte, und es umwehte sie ein Gewölk […], ähnlich den kleinen ernsthaften Engeln, die die versonnenen Häupter der Madonnen auf alten frommen Bildern bisweilen umfliegen.[106]

Ich gehe von der Hypothese aus, dass sich in solchen Verkürzungen und Trivialisierungen von Rilkes assonanzenreichem Stil – in der Gedenkliteratur

104 Zum Problem von epistolarer Mehrdeutigkeit und Deutung im Kontext platonischer Schriftkritik vgl. auch Anne Overlack, Was geschieht im Brief?, S. 30–37.

105 Strobel, Vom Verkehr mit Dichtern und Gespenstern, S. 14 und 26.

106 Katharina Kippenberg, Rainer Maria Rilke, 1935, S. 13 f.

allenthalben zu beobachten – Ansätze zur Bildung jener Klischees und Stereotypen beobachten lassen, die bis heute das Bild des Autors in der nichtwissenschaftlichen Öffentlichkeit prägen. Wurde im vorliegenden Kapitel der systematische Zusammenhang dieses Problemkreises mit Rilkes »enormer Brieflichkeit«[107] beleuchtet, sollen weitere Belege in den textanalytischen Abschnitten diskutiert werden.

1.2 Zwischen Gruppe und Netzwerk: Die Rilke-Gemeinde

Nachdem zunächst aus der Perspektive des Schrift- bzw. Briefmediums Rilkes kommunikative Praxis untersucht wurde, ist der Komplex Briefschreiber/Adressat nun von der anderen, der gruppensoziologischen Seite her zu beleuchten. Wie ist sie strukturiert, Rilkes vielzitierte Gemeinde, die über intensive Epistolarität erzeugt und erhalten wird? Ich gehe von der Hypothese aus, dass es sich um einen besonderen Typus des Netzwerks handelt; besonders insofern, als Mittelbarkeit und Extensität mit charismatischer Führung gekoppelt sind. Rilkes Netzwerk weist demnach auch Züge von ›Gruppe‹ auf, stellt aus sozialwissenschaftlicher Sicht gewissermaßen ein Hybrid aus Netzwerk und Gruppe dar. Aus der historischen Distanz stellt sich das weniger als Zufall dar, denn als Konsequenz bestimmter Systemzwänge, die die Position des auratischen Solitärs mit sich bringt. Rilke muss, so wird sich immer wieder zeigen, einer bestimmten immanenten Logik folgen, wenn er dem gewählten Konzept von Autorschaft treu bleiben will.

Im ersten Hauptteil war von der Unbehaustheit des Individuums in der Moderne die Rede, deren Kehrseite ein gesteigerter Nahweltbedarf ist. Dieser gilt insbesondere für den Künstler, wobei zwischen demokratischen und charismatischen Vergesellschaftungsformen zu differenzieren war. Rilke wurde vor dem Hintergrund charismatischer Konstellationen als exemplarischer Solitär im literarischen Feld vorgestellt, dessen topisch gewordene Einsamkeit lebenslang Singularität markiert und demonstriert.[1] Nun sind Charisma des Künstler-Solitärs und Gemeinde notwendig aufeinander bezogen zu denken, denn Charisma kommt nicht ohne Anhänger, die es zuschreiben, zustande: Gerade der ›einsame‹ Rilke bedarf zur kontinuierlichen Aufrechterhaltung charismatischer Singularität und zur Verhinderung von Randständigkeit einer personellen Nahwelt, die ebenso distant wie verfügbar ist. Er bedarf ihrer als Zuschreibungs- und Bestätigungsorgan des Charismas, als Puffer, Kapitalressource und Multiplikationsinstrument. Rilke geht es – das wurde schon dargelegt – um auratischen Rückzug aus dem Literaturbetrieb, nicht aber um zeittypischen »Exodus aus der Gesellschaft in Gruppe oder

107 Rilke an Erwein v. Aretin, 9.2.1922, ARET, S. 108.
1 Vgl. Abschnitt 2.2.3.

Bund« (AB, S.121). In diesem Sinn bedarf er einer sozialen Nahwelt, die diesen Rückzug ermöglicht, indem sie stellvertretende Öffentlichkeitspräsenz leistet, die aber gleichzeitig in verschiedene soziale Räume wie Aristokratie, bildende Kunst, Musik, Literatur, Besitz- und Bildungsbürgertum hineinführt. Dazu ist einerseits Verpersönlichung der Mitgliederbeziehungen wichtig, andererseits Extensität und Mittelbarkeit, so dass Aspekte der Plessner'schen »Blutsgemeinschaft« wie unkalkulierbare Irrationalität, Aufhebung interpersoneller Schranken und damit Verlust von Individualität und Intimität[2] – wie im George-Kreis – nicht zum Problem werden. Wer sich wie Rilke entwirft, muss Möglichkeiten zur Distanzierung haben; die Dialektik von Absage und Präsenzversprechen hat deren Realisierung gezeigt. Vor dem Hintergrund dieses auktorialen Bedürfniskatalogs erklärt es sich, warum Rilke von einer hochabgeschlossenen Künstlergruppe kaum profitiert haben dürfte, sich vielmehr auf ein weitverzweigtes Netzwerk verlegt. Dass Netzwerke ganz grundsätzlich in Analogie zu Künstlergruppen die Funktion von »›Gegenstrukturen‹ zu allgemeineren gesellschaftlichen Strukturen und Prozessen« erfüllen können,[3] erhellt aus aktuellen Untersuchungen zur Sozialverankerung von Kunst- und Literaturproduzenten.[4] Dass dies nicht nur in der Gegenwart gilt, sondern dass auch in der Epoche gesteigerten Nahweltbedarfes um 1900 Netzwerke eine Alternative zur ›Gegenwelt Gruppe‹ darstellen können, soll im Folgenden am Beispiel Rilkes nachgezeichnet werden. Nun sind Gruppe und Netzwerk keinesfalls als »völlig gegensätzliche und homogene Kategorien« (NG, S. 92) zu

2 Plessner, Grenzen der Gemeinschaft, S. 42 ff.und S. 58.

3 Schenk, Netzwerke, S. 92, künftig Sigle NG.

4 Vgl. dazu zwei Publikationen von Gerhards und Anheier: Das literarische Kräftefeld als ausdifferenziertes und intern stratifiziertes System; ferner: Zur Sozialposition und Netzwerkstruktur von Schriftstellern. Die Verfasser weisen Stratifikation innerhalb des Unterfeldes der »legitimen, hohen Literatur« (Das literarische Kräftefeld, S. 133) nach, das sich unterteilen lasse in Elite, Nachwuchselite und Peripherie. Meiner Meinung nach sind die ersten beiden Kategorien, Elite und Nachwuchselite, den Bourdieu'schen Positionen des konsekrierten Klassikers und des avantgardistischen Häretikers, der langfristig die Position des Klassikers anstrebt, äquivalent. Innerhalb dieser drei Kategorien Elite, Nachwuchselite und Peripherie war die Netzwerkbildung in der Elite am höchsten, dann in der Nachwuchselite, während die Peripherie kaum vernetzt war (Das literarische Kräftefeld, S. 132). Zur Differenzierung geben die Autoren an, dass Schriftsteller vor allem mit Kollegen, in zweiter Linie auch mit Lektoren und Redakteuren vernetzt seien, ferner auch privat eingebettet seien »in eine kulturelle Szene, deren Funktion zur Stimulation, zur Stabilisierung und zum Herstellen von Kontakten nicht unterschätzt werden darf« (Zur Sozialposition, S. 392). Abgesehen von der sehr allgemeinen Formulierung zur »privaten Szene« scheint sich die Bildung ego-zentrierter Netzwerke eher regional (Untersuchungsraum Köln) und innerhalb des Literatur- oder Kulturbetriebs zu vollziehen. Diesen aktuellen Daten steht Rilke als historischer Einzelbefund gegenüber: bestätigend insofern, als in der Phase der Elitezugehörigkeit, als Rilke zum konsekrierten Klassiker wird, sein Netzwerk am größten ist (beginnend mit der Publikation des *Malte* 1910, Höhepunkt der Konsekrationsphase 1922 mit Abschluss der Elegien, s. u. und Abschnitt 2.3.1); vom aktuellen Phänomen regionaler Vernetztheit abweichend, da Rilkes »private Szene« sowie die Vernetzung mit Funktionsträgern im literarischen Feld paneuropäisch dimensioniert ist und verschiedenste Segmente der Klassengesellschaft sowie unterschiedlichste soziale Funktionssysteme umfasst.

denken. Vielmehr stellen sie einerseits Assoziationsformen dar, die – wie Rilkes Hybrid – wechselseitig ineinander übergehen können, andererseits beschreibende Konzepte, die im Verhältnis von Oberbegriff und Sonderfall zueinander stehen.[5] Inwiefern sich nun bei Rilke Gruppentypisches und Aspekte persönlicher, informeller Netzwerke zu einem singulären Kommunikations- und Nahweltgebilde verbinden, das spezifisch auf die soziokulturelle Problemkonstellation der Moderne antwortet, wird im Folgenden zu diskutieren sein. Dabei ist neben den Theorien der Gruppensoziologie der aus der angloamerikanischen Sozialanthropologie stammende Netzwerkansatz zu berücksichtigen.[6]

Dass Rilke nicht nur ein Solitär ist, der eine unverbundene Vielzahl von Briefbeziehungen unterhält, indiziert schon die weitverbreitete Intuition, von ›Gemeinde‹ zu sprechen.[7] Diese Intuition lässt sich präzisieren. Auch wenn das gruppenspezifische Wir-Gefühl fehlt, erfüllt Rilkes Brief-Netzwerk tatsächlich bestimmte Kriterien informeller Gruppen, etwa dasjenige der emotionalen, persönlichen Mitgliederbeziehungen. Sowohl Handlungssoziologie als auch Systemtheorie gilt Emotionalität als Einschlusskriterium;[8] Letztere spricht dann von ›Diffusität‹ und meint damit diejenige »persönliche Selbstdarstellung auf breiterer Basis«,[9] die der Spezifizierung und Zweckbindung von formellen Beziehungen, etwa in Organisationen, entgegengesetzt ist.[10] Zwar gibt es für dieses Kriterium auch in Netzwerken ein Korrelat: Mit ›Multiplexität‹ ist hier der Austausch von »mehreren, voneinander verschiedenen Inhalten innerhalb einer sozialen Beziehung« (NK, S. 67) bezeichnet,[11] im Gegensatz zur ›Uniplexität‹ themen- und sachbezogener Relationen. Doch sind solche Beziehungsmodi, die den ganzen Menschen absorbieren und nicht nur einzelne Funktionen abfragen, so charakteristisch für informelle Gruppen, dass sie in meinen Augen auch in Rilkes Briefgemeinde den Gruppencharakter akzentuieren.

Neben der Ganzheitlichkeit bzw. ›Diffusität‹ zählt die Systemtheorie dann noch ›Dauer‹ und ›Unmittelbarkeit‹ zu den Kriterien ihres Gruppenbegriffs, und auch die ›Dauer‹ ist für Rilke charakteristisch. Auch oder gerade wenn die Größe der Rilke-Gemeinde (zu Lebzeiten) alle gruppentypischen Grenzen

5 Vgl. Neidhart, Themen und Thesen zur Gruppensoziologie, S. 14.

6 Zur Konzeptgeschichte vgl. Schenk, Soziale Netzwerke und Massenmedien, S. 2 ff., künftig Sigle NM; Schenk, Soziale Netzwerke und Kommunikation, S. 1–30, künftig Sigle NK.

7 Vgl. I. Hauptteil, Anm. 326.

8 Zur handlungssoziologischen Definition gehören ferner Mitgliederzahl zwischen 3 und 25, gemeinsames Gruppenziel, ›Wir-Gefühl‹, Rollendifferential und ein System gemeinsamer Normen, vgl. Schäfers, Einführung in die Gruppensoziologie, S. 21 und S. 64.

9 Tyrell, Zwischen Interaktion und Organisation I, S. 79.

10 Nach Neidhart sind neben Diffusität Unmittelbarkeit und Dauer weitere Kriterien des systemtheoretischen Gruppenbegriffs, in: Themen und Thesen zur Gruppensoziologie, S. 14 f.

11 Vgl. auch NG, S. 95 f.; auch Schenk ist der Meinung, dass dem polaren Begriffspaar ›uniplex‹/›multiplex‹ Parsons ›specificity‹ bzw. ›diffuseness‹ korrespondiere (vgl. NK, S. 69).

sprengt, macht Rilke seinen Respondenten in der Regel nämlich ganzheitliche und dauerhafte Beziehungsangebote. Der Partner wird brieflich und langfristig als leidender Mensch, Wahrnehmender, Funktionsträger, Akteur im sozialen Raum oder Teilnehmer an Diskursen an- und aufgenommen, häufig auch als Rilke-Projektion. Kommunikative Breite und zeitliche Ausdehnung gelten mit gewissen Einschränkungen sogar für etliche Männerfreundschaften Rilkes und lassen sich exemplarisch den Briefwechseln mit dem Verleger Anton Kippenberg, dem etablierten Autor André Gide oder dem Offizier Thankmar von Münchhausen ablesen. Vor allem aber gelten sie für Rilkes zahlreiche Relationen zu weiblichen Respondenten, zu Mentorinnen, Mäzeninnen, Geliebten, Protegés, Adeptinnen und Übersetzerinnen. Mit ihnen pflegt der Autor in der Regel jahre- bis jahrzehntelangen intensiven Briefkontakt »auf breiterer Basis«. Besonders deutlich ist die Praxis des uneingeschränkten Austausches etwa in den Korrespondenzen mit der chronisch kranken Ilse Erdmann oder der Partnerin Baladine Klossowska sichtbar. Ilse Erdmann habe »nur aus dem Reichtum, der ihr aus seinen Briefen zufloß, die Kraft des Überstehens geschöpft […]«, so die Einschätzung der Rilke-Freundin und Multiplikatorin Loulou Albert-Lasard.[12] Doch auch in den Briefwechseln mit den Mentorinnen Taxis (16 Jahre), Kippenberg (16 Jahre) und Salomé (28 Jahre) werden die vielfältigen Lebensbezüge der Adressatinnen nachgefragt. In den textanalytischen Abschnitten wird zu zeigen sein, wie solche Beziehungen zu stabilen Totalitätsräumen, zu Austauschforen verschiedenster Inhalte werden. Gründe für diese Gender-Differenz sind im nächsten Abschnitt zu diskutieren.

Was die Funktion betrifft, ist zu vermuten, dass gruppentypische Emotionalisierung, Totalisierung und Dauerhaftigkeit der Relationen bis zu einem gewissen Grad jene mangelnde Kohäsion und Integration der Gemeinde kompensieren, die der brieflichen Mittelbarkeit geschuldet ist. Einschlägige Kommentare von Gemeindemitgliedern sprechen für diese Funktionen: niemand habe die Menschen »mit so viel Wärme, enthusiastischer Bereitschaft oder Entzücken [überflutet]« wie Rilke, der immer bereit für alle jene gewesen sei, die ihn suchten; der »jahrelang […] mit irgendeiner kleinen Postbeamtin korrespondieren [konnte]« oder »mit jenem Dorfpfarrer, mit dem er einmal eine Stunde in einem Omnibus gereist war«.[13] So wie Loulou Albert-Lasard äußern sich auch andere Zeitgenossen zur zeitlichen und inhaltlichen Ausdehnung von Rilkes Beziehungsangeboten und liefern damit weitere Hinweise für deren Integrationskraft. Rilke habe »jeden an seiner besten und tiefsten Stelle [gepackt]«,[14] seinem Gegenüber »jahrelange, jahrzehntelange unver-

12 Loulou Albert-Lasard, Wege mit Rilke, S. 16.
13 Ebd., S. 15 f.
14 Katharina Kippenberg, Rainer Maria Rilke, 1948, S. 219.

drossene Wartung [geschenkt]«,[15] schließlich »die fernen Briefempfänger [...] mit den wunderbaren Überschüssen seines Aufnahme- und Mitteilungsvermögens [beglückt]«,[16] so die Gemeindemitglieder Katharina Kippenberg, Regina Ullmann und der Multiplikator Salis.

Bei aller affektiven Breite und Langfristigkeit ist aber die Diffusität von Rilkes (Brief-)Beziehungen nicht so uneingeschränkt und alternativlos wie im George-Kreis, deshalb auch die Folgeproblematik geringer ausgeprägt. Im Medium des Briefes, das zeigt sich, können unbegrenzter Austausch und emotionale Intensität bei Bedarf gedrosselt und angepasst werden. Die Konfliktkontrolle, die für George zu einem unbeherrschbaren Problem wurde, ist insofern höher, als sich Beziehungen selbst nach scheinbaren Brüchen und Kontroversen mit verminderter Intensität fortführen lassen. So ist es etwa möglich, Liebesbeziehungen in Freundschaften zu überführen, wie Rilkes Korrespondenzen mit Lou Salomé und Claire Goll illustrieren.[17] Auch schwierige Relationen zu wichtigen Mentoren wie Rodin oder Ellen Key scheitern nicht an Auseinandersetzungen, sondern können mit mehr Distanz und geringerer affektiver Intensität brieflich erhalten werden.[18] Es ist leicht nachvollziehbar, dass aus solchen Anpassungen von Emotionalität und ganzheitlicher Breite eine Flexibilität resultiert, die der Künstlergruppe ›George-Kreis‹ grundsätzlich abgeht.

Neben ›Diffusität‹ und ›Dauer‹ der Relationen spricht, davon war eingangs die Rede, die charismatische Herrschaftsform für einen gewissen Gruppencharakter.[19] Wichtig ist dabei, dass Rilke der Führungstopos im orthodox Weber'schen Sinn[20] von seinen Anhängern nur zugeschrieben, nicht von ihm selbst autoritär in Anspruch genommen wird: »Sie wissen ja lieber Freund, daß ich innerlichst weder auf Gläubige noch Jünger halte«, so schreibt Rilke schon 1908 an den Mäzen Karl von der Heydt.[21] Wie weit sich Rilkes Habitus

15 Regina Ullmann, in: Buchheit, Stimmen der Freunde, S. 118.

16 Salis, Rainer Maria Rilkes Schweizer Jahre, S. 39.

17 An eine dreijährige Partnerschaft mit Salomé von 1897 bis 1900 schließt sich nach kurzem Intervall eine lebenslange freundschaftliche Korrespondenz an, ähnlich auch bei Studer-Goll, wo einer kurzen Affäre 1919 ein sechsjähriger lockerer Briefwechsel folgt.

18 Trotz eines jahrelang schwelenden und 1911 kulminierenden Konflikts über Keys einseitigen Rilke-Essay setzt Rilke den diskontinuierlichen brieflichen Austausch bis 1921 fort. Ein ähnliches Muster findet sich in der Beziehung Rilke/Rodin: Nach dem vorläufigen Bruch 1906 und kurzem Intervall hält Rilke zwischen 1907 und 1913 lockeren Kontakt zu Rodin.

19 ›Charisma‹ und ›charismatisch‹ werden in der Gruppensoziologie als Legitimitätsgrundlage und Herrschaftsform »informeller Strukturbildungen« angesehen, vgl. Schäfers, Einführung in die Gruppensoziologie, S. 64.

20 Vgl. I. Hauptteil, Abschnitt 3.3; Rilkes nachdrücklicher Verzicht auf Autorität und Hierarchiebildung stellt tatsächlich ein gewisses ideelles Äquivalent zum »Kameradschaftskommunismus« der freiwilligen charismatischen Vergemeinschaftung Weber'scher Provenienz dar; vgl. Weber, Wirtschaft und Gesellschaft, S.180.

21 Rilke an Karl v. d. Heydt, 12.12.1908, KEH, S. 158.

autoritätsloser Autorität tatsächlich vom starren Personenkult Georges unterscheidet, wird aus den textanalytischen Kapiteln erhellen. Zunächst sind Belege für die Zuschreibung von Charisma und für entsprechende Führungsqualitäten Rilkes zu diskutieren, die sich in den Erinnerungsschriften der ehemaligen Gemeindemitglieder regelhaft finden. Während eines Sommeraufenthaltes von Rilke bei Hertha König auf Gut Böckel 1917 etwa habe »eine Art klösterlicher Ordnung und Weihe [...] absichtslos um sich [gegriffen] und jedes alltägliche Erleben des kleinen Kreises [geadelt]«.[22] Diese Darstellung weist ebenso auf das charismatypische »Wohlergehen für die Beherrschten« hin[23] wie ein entsprechendes Notat des langfristigen Gemeindemitgliedes Lou Salomé. Rilke sei vielen als »Berater, Helfer, ja Führer« erschienen, »ohne den eine ganze Gemeinde sich verwaist vorgekommen wäre und haltberaubt«.[24] Die weitverbreitete Intuition, der gemäß Historiker und Literaturgeschichtler von Rilkes ›Gemeinde‹ sprechen, wird hier von den Gemeindemitgliedern selbst plausibilisiert und gleichzeitig im gruppentypischen Führungsprinzip des Charismas fundiert. Dass Rilke von seiner sozialen Nahwelt als charismatischer Führer und Letztere als Religionsgemeinschaft wahrgenommen wird, belegt auch eine Äußerung Loulou Albert-Lasards. Es habe sich »zwischen den Menschen, die unter dem Zeichen seines Geistes leben, [...] eine geheime Gemeinschaft gebildet. Rilke ist in Wahrheit das Brot derer geworden, die in unserer Welt unter der Auflösung des Menschlichen und der Erniedrigung des Geistes leiden.«[25] Für Helene Nostitz schließlich »soll auch sein Antlitz über uns stehn mit seinem sanften Leuchten und seinem tiefen Begreifen des Unfassbaren in uns und um uns«.[26]

Aus diesen repräsentativen Kommentaren, denen noch zahlreiche weitere Belege für Rilkes charismatische Wirkung anzufügen wären, lässt sich eine gewisse konzentrische Strukturbildung in seiner sozialer Nahwelt ableiten: Rilkes Respondenten erleben sich offensichtlich einheitlich auf den Dichter bezogen, dem einheitlich Charisma und entsprechende Führungsqualitäten zugeschrieben werden. Nun beobachtet auch die Netzwerkforschung in der Gegenwart den Typus des niedrig dichten, radiären, konzentrisch um ein Ego angeordneten Netzwerks, allerdings ist bei solchen sternförmigen Konfigurationen nicht von einem etwaigen Führungsprinzip die Rede.[27] Dies ist so

22 Hertha König, Erinnerungen an Rainer Maria Rilke, S. 42.
23 Weber, Wirtschaft und Gesellschaft, S. 179.
24 Lou Salomé, Rainer Maria Rilke, S. 77.
25 Loulou Albert-Lasard, Wege mit Rilke, S. 188.
26 Helene Nostitz, Aus dem alten Europa, S. 110.
27 Extensität und niedrige Dichte (»loose knit« im Gegensatz zum »dense knit«-Gebilde vormoderner Kontexte, zur Axiomatik der Dichte vgl. NK, S. 57 f.) finden sich in verschiedenen Graduierungen, die von partiellem Überlappen bis zu völliger kontextueller Separation des »radial network« reichen, bei empirischen Untersuchungen zu Netzwerken der Gegenwart. Im Rahmen von Modernisierungsprozessen, abhängig von Mobilität, Dezentralisierung und vor allem Dispersion der Kontexte, sinkt die Wahrscheinlichkeit, dass die Freunde auch untereinander

spezifisch für Gruppen, zumal für Künstlergruppen um 1900, dass sich hier deutlich die Zwitterstellung der Rilke-Gemeinde zwischen Netzwerk und Gruppe abzeichnet. Zwar gehen dem Gebilde alle gruppentypischen Systemzwänge ab, die aus unflexibler Unmittelbarkeit und Affektivität resultieren. Schließlich kommuniziert Rilke, wie nachgewiesen wurde, in erster Linie schriftlich. Dennoch gelingt es ihm offensichtlich, eine zentrale Position als Oberhaupt und Sinnzentrum zu besetzen, was erst die Gemeinde zur Gemeinde und damit zum Instrument macht. Selbst aus der zeitgenössischen Außenperspektive wird diese Position bestätigt, wie ein vorausblickendes Apodiktum des fernstehenden Musil in seiner Rede zur Rilke-Gedenkfeier 1927 zeigt:

> Er sah anders, in einer neuen, inneren Weise. Und wird einst, auf dem Weg, der von dem religiösen Weltgefühl des Mittelalters über das humanistische Kulturideal weg zu einem kommenden Weltbild führt, nicht nur ein großer Dichter, sondern auch ein großer Führer gewesen sein.[28]

Nun impliziert charismatische Führung in der Rilke-Gemeinde, das wurde mehrfach angesprochen, nicht vormoderne Stratifikation und steile Hierarchien; die sternförmige Konfiguration muss man sich als flach, nahezu horizontal vorstellen. Warum? Zum einen, weil sich Rilke als autoritätsloser Mystiker und Seher entwirft. Zum anderen, weil in einer offenen Briefgemeinde ohne gemeinschaftlichen Interaktionsraum, verbindliches Regelwerk und Eigengesetzlichkeit Außendifferenzierung und Binnendifferenzierung zusammenfallen.[29] Das bedeutet konkret, dass die Handlungsrollen im sozialen Raum den Handlungsrollen in der Briefgemeinde entsprechen; dass etwa aristokratische Salondamen auch für Rilke die Funktion der aristokratischen Salondame ausüben, kunstsammelnde Mäzene die Funktion des Geldgebers und emanzipierte weibliche Intellektuelle diejenige der Kulturvermittlerin – z. B. zwischen Rilke und dem skandinavischen Avantgarde-Feld. Daraus ergibt sich das Prinzip der funktionalen Differenzierung, das im ersten Hauptteil mit der tendenziell vormodernen Homogenität und stratifikatorischen Differenzierung des George-Kreises kontrastiert wurde. Unter dem Terminus »Rollendifferential« wird es übrigens von der Handlungssoziologie als weiteres Kriterium für informelle (Klein-)Gruppen namhaft gemacht.[30] Für eine funktionale Differenzierung der Rilke-Gemeinde spricht schon die biographische Forschung, wenn vom schweizerischen »Kreis der mit festen

ander Freunde sind. Mit der sinkenden Anzahl von Querverbindungen nimmt die Dichte des Netzwerks ab (vgl. NK, S. 238 f.).

28 Robert Musil, Gesammelte Werke, Band 8, S. 1240.

29 Vgl. I. Hauptteil, Abschnitt 3.4.2; zur Geschlossenheit von Gruppen, der die Offenheit von Netzwerken gegenübersteht; vgl. auch Neidhart, Themen und Thesen zur Gruppensoziologie, S. 14.

30 Schäfers definiert »Rollendifferential« als »ein Geflecht aufeinander bezogener sozialer Rollen«, in: Einführung in die Gruppensoziologie, S. 21.

Rollen bedachten Bezugspersonen« die Rede ist bzw. von »sorgfältig ausgelesenen Freunden und Rollenträgern«.[31] Wichtige Möglichkeitsbedingung dieses Rollendifferentials ist Heterogenität bezüglich sozialer, ökonomischer und kultureller Dispositionen. Betrachtet man sich das Spektrum von Rilkes längerfristigen Sozialkontakten und Briefbeziehungen, zeigt sich tatsächlich Repräsentanz der Klassengesellschaft – anhand der im Anhang gegebenen Liste kann dies überprüft werden.

Nun lässt sich der Zusammenhang zwischen Heterogenität und funktionaler Differenzierung verdeutlichen, wenn man versucht, Funktionsträger in der Rilke-Gemeinde exemplarisch zu klassifizieren. So könnte man die Aristokratinnen Marie Taxis (BW 1910–1926),[32] Luise Schwerin und Sidonie Nádherný (1907–1926) etwa Funktionsklassen wie ›ältere Mäzenin und Mentorin‹ bzw. ›gleichaltrige Mäzenin und Mentorin‹ zuordnen: Gemäß ihres sozialen Geltungsbereiches stellen sie Rilke feudale Wohn- und Arbeitsbedingungen zur Verfügung und vermehren seine Kontakte zu Aristokratie und intellektuellem Feld. Der Funktionsklasse ›gleichaltrige Mäzenin und Mentorin‹ ließen sich aber auch die Schweizer Fabrikantengattin Nanny Wunderly (1919–1926) oder die Gutsbesitzerin Hertha König (1910–1921) zuordnen. Ebenso wie die Akteure der Funktionsklasse ›männlicher Mäzen‹ – etwa der Industrielle Werner Reinhart (1919–1926) oder der Bankier Karl von der Heydt (1905–1919) – pflegen diese Exponenten des deutschen und deutschschweizerischen Besitzbürgertums einen an den Adel adaptierten Lebensstil; und ganz im Sinne dieses aristokratischen Habitus versorgen auch sie Rilke mit feudalen Wohnmöglichkeiten, zusätzlich natürlich mit materiellen Gütern. Von Reinhart, von der Heydt und Wunderly wird später zu handeln sein; Hertha König, Enkelin des Zuckerfabrikanten Leopold König, Salondame und Schriftstellerin, beherbergt Rilke zweimal längerfristig: 1915 in ihrer Münchner Wohnung und im Sommer 1917 in Gut Böckel.[33]

In Rilkes epistolarem Sozialkosmos spielt auch das Bildungsbürgertum eine herausragende Rolle. Mentorinnen und Protektorinnen wie Ellen Key (1902–1921) und Lou Salomé (1897–1926), beide an der Schnittstelle zwischen Aristokratie und emanzipiertem Bildungsbürgertum angesiedelt,[34] ge-

31 Ris, Blick auf die Schweiz, S. 92 und S. 94.

32 Die Jahreszahlen in runden Klammern geben in diesem Abschnitt jeweils die Dauer der Korrespondenz an, wobei deren Intensität stark variieren kann: Während Rilke mit Anton Kippenberg bis zu mehrere Briefe wöchentlich wechselt, finden sich in anderen Briefwechseln Latenzen und Unterbrechungen, die sogar mehrere Jahre umfassen können – etwa bei Ellen Key, Gide oder Claire Goll.

33 Vgl. Hertha König, Erinnerungen an Rainer Maria Rilke, S. 138; zu erwähnen wäre hier noch die Ingenieurswitwe Gudi Nölke, die Rilke nach 1919 mehrmals nach Ragaz einlädt und monetäre Unterstützung von 1000 Lire gewährt (vgl. Ingeborg Schnack, Chronik, S. 705).

34 Lou Andreas-Salomé ist die Tochter eines baltischen Generals von Salomé, der einer ursprünglich hugenottischen Adelsfamilie entstammt. Ellen Keys Mutter ist eine geborene Gräfin Posse.

hören ebenso wie die Aristokratinnen Taxis und Schwerin der Funktionsklasse ›ältere Mäzenin und Mentorin‹ an. Es wird sich zeigen, dass beide Rilkes Position des ›berufenen‹ Künstlers stärken, insofern sie ihr kulturelles Prestige in die Waagschale werfen und Sozialkontakte im Feld der Kulturproduktion herstellen, zur Popularisierung des Autors beitragen oder als prominente Multiplikatoren an seinem Mythos weben. Gleiches gilt für Katharina Kippenberg (1910–1926), die als Lektorin des Insel-Verlages und geborenes Fräulein von Düring ebenfalls die Schnittstelle von Adel und Bildungsbürgertum repräsentiert und für Rilke als ›gleichaltrige Mentorin‹ wichtige Vermittlungs- und Multiplikationsfunktionen erfüllt. Hier zeigt sich allerdings auch, wie willkürlich jeder Klassifikationsversuch ist und wie vielfältig die Überschneidungsmöglichkeiten: Katharina Kippenberg ließe sich ebenso einer Funktionskategorie ›Akteure des literarischen Feldes‹ zuordnen, die sich naturgemäß aus allen Segmenten der Klassengesellschaft zusammensetzt. Zwar stehen bei Rilke auch hier Adel, konservatives und liberales Bildungsbürgertum im Vordergrund – vertreten etwa durch das Ehepaar Kippenberg, Hugo von Hofmannsthal oder Annette Kolb. Doch ist z. B. mit den Dichterinnen Claire Goll und Regina Ullmann auch die Boheme[35] repräsentiert.

Die Kategorie der Literatur-Akteure ist insofern von besonderer Bedeutung, als ihre Mitglieder den stets im Rückzug befindlichen Solitär Rilke mit dem Literaturbetrieb vermitteln, ihn mit wichtigen Informationen versorgen oder das symbolische Prestige des Abwesenden dokumentieren. Ein Beispiel für letztere Funktion sind verlegerische Konkurrenzkämpfe um Rilke, die zwischen Axel Juncker und Kippenberg und später zwischen Kippenberg, Fischer und Wolff entbrennen.[36] Sowohl mit dem Ehepaar Fischer (1904–1925) und Juncker (1900–1926) als auch mit Kippenberg (1906–1926) unterhält der Umkämpfte längerfristige persönlich-freundschaftliche Briefbeziehungen.[37] In die Funktionsklasse ›Akteure des literarischen Feldes‹ ließen sich neben Verlegern und Übersetzern, welche wie Witold Hulewicz oder Inga Junghanns für Rilke die Funktion des Transfers in andere Kulturräume übernehmen, noch die Literaturproduzenten selbst einfügen – einige wurden schon erwähnt. Rilke unterhält nämlich nicht nur mit dem Polen Hulewicz (1922–1926) und der Dänin Junghanns (1915–1926) zeitweilig intensive

35 Regina Ullmann, Tochter eines jüdischen Kaufmanns, ist qua Lebensstil und defektiver Stigmata als Movens ihres Kunstschaffens eindeutig der Boheme zuzuordnen. Die in der Schule als zurückgeblieben geltende Ullmann hat mit zwei verschiedenen Vätern zwei uneheliche Töchter; einer von ihnen ist der Psychiater, »Vordenker der expressionistischen Anti-Väter-Revolte« und »kokainsüchtige Bohemien« Otto Groß (Sprengel, Geschichte, S. 10); unter dem Einfluss der Münchner Erzbohemiens Ludwig und Anna Derleth konvertiert sie zum Katholizismus. Aufgrund eines rastlosen, punktualistischen und spontaneistischen Lebensstils ohne festes Einkommen bleibt sie zeitlebens von mäzenatischer Förderung abhängig, vgl. Ursula Naumann, Artikel »Ullmann«.

36 Vgl. Abschnitt 2.3.1.

37 Vgl. JUN, AK I/AK II; zu Rilkes Briefwechsel mit Fischer vgl. Samuel Fischer / Hedwig Fischer, Briefwechsel mit Autoren, S. 565–612.

Korrespondenzen. Auch langjährige Briefbeziehungen mit konsekrierten Autoren wie André Gide (1910 – 1926) und Paul Valéry (1921 – 1926) oder mit noch nicht fest etablierten Produzenten wie Stefan Zweig (1906 – 1918), Regina Ullmann (1913 – 1926) oder Claire Goll (1918 – 1925) erlauben es, diese Respondenten der Klasse ›Akteure des Literaturbetriebs‹ und damit der Rilke-Gemeinde zuzuordnen. So vielfältig deren ästhetische und soziokulturelle Positionen, so unterschiedlich ihre Funktionen für Rilke. Gide und Valéry etwa tragen zur Profilierung und Durchsetzung Rilkes als deutsch-französischer Schriftsteller bei: Während Gide Fragmente des *Malte* 1911 ins Französische übersetzt, überträgt Rilke Gides Erzählung *Le retour de l'enfant prodigue* 1913[38] und Essays und Gedichte von Valéry zwischen 1921 und 1926 ins Deutsche. Jüngere Autor(inn)en wie Regina Ullmann oder Claire Goll dagegen besetzen für Rilke die Rolle des Protegés[39] und markieren damit, dass ihr Mentor ab einem gewissen Zeitpunkt selbst in die Rolle des Protektors und geweihten Klassikers aufgerückt ist.[40]

Zusammenfassend lässt sich bei aller Vielfalt der Herkunftsdispositionen und Positionen im literarischen Feld eines feststellen: Offensichtlich vernetzen persönliche Briefbeziehungen mit anderen Literatur-Akteuren den Dichter Rilke mit einem Betrieb, dessen Institutionen und institutionalisierten Kommunikationsformen er systematisch fernbleibt.

Das vorgeschlagene Klassifikationssystem ließe sich natürlich beliebig erweitern, z. B. um die Klasse ›Lebenspartnerinnen‹ – hier finden sich Malerinnen wie Loulou Albert-Lasard und Baladine Klossowska, die zum Feld der bildenden Kunst vermitteln, oder die Pianistin Hattingberg, die Rilke u. a. mit Ferrucio Busoni bekannt macht. Ebenso wichtig erscheint mir allerdings eine Klasse ›Adepten‹, unter der sich jüngere Ratsuchende und Schüler Rilkes subsumieren ließen. Akteure wie der Offizier und dilettierende Schriftsteller Kappus (1903 – 1908), die junge Schauspielerin und Offizierstochter Else Hotop (1918 – 1923), die verarmte Gärtnerin Lisa Heise (1919 – 1924), die Schülerin Anita Forrer (1920 – 1926), die chronisch kranke Philosophentochter Ilse Erdmann (1913 – 1922) oder die adelige Erbauungsschriftstellerin Elisabeth von Schmidt-Pauli (1917 – 1921) stellen in ihrer Gesamtheit einen Resonanzraum dar, der Rilke die Entwicklung eines pädagogischen Habitus der Lebenslehre und des Weisheitswissens ermöglicht. Es müsse »schön sein, mit Ihnen als Lehrer durch das Leben zu gehen«, schreibt 1920 die 19 jährige Anita Forrer.[41] Dieser Habitus erlaubt es nicht zuletzt, für eigene Texte einen Platz im Kanon überzeitlich gültiger, geweihter Lehrdichtung zu reklamieren. Damit kann man jenem Abnutzungseffekt entgegenwirken, der immer dann

38 Vgl. Schmeling, Verlorene Söhne.

39 Zur Förderung der Genannten durch Rilke, speziell zur Fürsprache im Insel-Verlag vgl. Tina Simon, Rilke als Leser, S. 296 – 301 und S. 302 f.

40 Vgl. Abschnitt 2.3.1.

41 Anita Forrer an Rilke, 18.1.1920, AF, S. 16.

droht, wenn das Neue zum Klassischen wird.[42] Sie solle nach dem *Stundenbuch* nur dann greifen, »wenn sich's Ihnen unmittelbar aufdrängt«, solle »vor der Hand […] lieber die Bibel, einen Psalm, ein chinesisches Märchen [nehmen]«, empfiehlt Rilke der Schülerin Forrer.[43] Dabei macht er auf dem Umweg der Verneinung deutlich, in welcher kanonischen Reihe ewiger Texte er das *Stundenbuch* platziert wissen will.

Dieser kurze und natürlich nur exemplarisch gemeinte Durchgang durch Akteursklassen und Funktionsspektrum der Rilke-Gemeinde plausibilisiert Behauptungen, die im ersten Hauptteil aufgestellt wurden: Rilkes Nahwelt ist keine Formation, die zu Exodus und sozialer Randständigkeit führt. Vielmehr repräsentiert sie als solche insoweit moderne, plurale Gesellschaft, dass man ihr charismatisches Oberhaupt als fest in dieser Gesellschaft verankert sehen kann; dass die Paradoxie des ›integrierten Solitärs‹ hier tatsächlich verwirklicht ist. Die weit ausgreifende Differenzierung in unterschiedlichste Rollen und Funktionen verdankt sich einer Heterogenität der Akteure hinsichtlich Alter, Geschlecht, Herkunftsmilieu, Habitus, sozialem und kulturellem Ort, wie sie größer kaum sein könnte; wie sie weder im Kreis der Wissenschaftler und Künstler um Stefan George noch in den vielen lebensreformerischen, jugendbewegten, monistischen oder expressionistischen Zirkeln um 1900 zu beobachten ist. Dort finden sich in der Regel Individuen mit ähnlichen soziokulturellen Dispositionen und ähnlichem Lebensstil zusammen, um ein gemeinsames – ästhetisches oder ideologisches – Gruppenziel durchzusetzen.[44] Von diesem Muster der gruppenartigen Vergemeinschaftungen um 1900 aber weicht die Rilke-Gemeinde so weit ab, dass hier nicht mehr vom Gruppencharakter die Rede sein kann, dass vielmehr der Terminus ›Netzwerk‹ in Anspruch zu nehmen ist. Zwar seien, so Schenk, moderne Netzwerke im Gegensatz zu den heterogenen Clan-Netzwerken oder Verkehrskreisen vormoderner Gesellschaften[45] tendenziell homogen organisiert; insbesondere gebildete Individuen vernetzen sich in pluralen Gesellschaften eher mit Gleichartigen, suchen die maximale Überlappung von Interessen und Dispositionen (NK, S. 234–240). Je größer und je weniger dicht Netzwerke allerdings seien, desto höher auch in modernen Kontexten ihre Heterogenität. Großen Netzwerken eigne eine höhere Reichweite (NM, S. 148), sie »führen das Individuum aus dem engeren sozialen Bezugsfeld heraus« (NM, S. 27). Genau dies gilt, wie zu zeigen war, für Rilke: Die Heterogenität seines Netz-

42 Vgl. RK, S. 401 ff. Mit dem Zirkulieren und der wachsenden Akzeptanz von Werken durch das Publikum gehe eine Ausbreitung der ursprünglich neuen Wahrnehmungs- und Bewertungsnormen einher, die dieses Werk durchgesetzt habe. Diese Ausbreitung, die Bourdieu einer »Abnutzung des Erneuerungseffekts« gleichsetzt, kann für das 1920 im 39. Tausend erschienene *Stundenbuch* guten Gewissens geltend gemacht werden.

43 Rilke an Anita Forrer, 28.1.1920, AF, S. 21.

44 Vgl. Thurn, Die Sozialität des Solitären.

45 Vgl. NK, S. 224, NG, S. 97 f.

werks, dem als Mikrokosmos der Klassengesellschaft selbst Akteure der Unterschicht angehören,[46] indiziert und verbürgt »dass Ego in unterschiedliche gesellschaftliche Sphären und Gruppen integriert ist und Zugang zu verschiedenen Informations-, Kommunikations- und Einflussquellen hat« (NM, S. 17).

Dabei erfüllt Rilkes Briefgemeinde auch das Kriterium der Größe, das sie der Kategorie ›Netzwerk‹ zuweist. Nach der zitierten Schätzung des *Berliner Tagblatts* hat Rilke mit etwa 2000 Personen Briefe gewechselt, Rätus Luck zufolge ein Adressbuch mit über 1000 Eintragungen geführt.[47] Grenzt man diesen großen Personenkreis nach bestimmten Kriterien ein, ergibt sich eine wandelbare Nahwelt von immer noch rund hundert Personen; im Anhang findet sich eine entsprechende Liste. Dabei wurden bestimmte Minimalkriterien – ›mehr als 15 Briefe in einem Zeitraum von mehr als 12 Monaten‹ – deshalb gewählt, weil aufgrund zahlreicher unpublizierter und weit verstreuter Quellen mit einer hohen ›Dunkelziffer‹ zu rechnen ist. Meine Auflistung soll also keinesfalls exakte Nahweltdaten präsentieren, sondern eher eine Vorstellung von Größenordnungen und Pluralität des Netzwerkes geben.[48] Dessen Reichweite wiederum verdankt sich nicht nur der großen Anzahl von Personen, die ihm mittel- und langfristig angehören (von einem Jahr – Hattingberg –, bis zu 29 Jahren – Salomé), sondern auch seiner europaweiten Ausdehnung. Rilkes Respondenten leben in Schweden, Deutschland, Frankreich, Österreich, Ungarn, Böhmen, Italien und der Schweiz, und viele von ihnen weisen darüber hinaus eine hohe Mobilität auf. Kippenbergs und

46 Aus Ingeborg Schnacks Chronik geht hervor, dass Rilkes Briefwechsel mit der Pariser Arbeiterin Marthe Hennebert von 1911 bis mindestens 1920 währt (S. 696). Ferner unterhält er längerfristige Korrespondenzen mit den Haushälterinnen Leni Gisler, Rosa Baumgartner und Frida Baumgartner, vgl. Ebneter, Dienen als »blühende und fruchtende Lebensform«; zu den Korrespondenzen mit den Schwestern Baumgartner zwischen 1921 und 1926 vgl. BSF.

47 Vgl. Luck, Schweiz, S. 115.

48 Als Quellen liegen diesem Eingrenzungsversuch zunächst die zahlreichen Einzelausgaben von Briefwechseln oder Briefen Rilkes an eine bestimmte Person zugrunde (vgl. Siglenverzeichnis), ferner die von Ferencz Szász 2006 vorgelegte Internet-Konkordanz aller gedruckten Briefe Rilkes, die *Blätter der Rilke-Gesellschaft*, die Briefanthologie *Briefe an Schweizer Freunde*, sowie Ingeborg Schnacks Rilke-Chronik und deren weiterführende Angaben zu gedruckten und handschriftlichen Quellen. Enge Familienangehörige wie Ehefrau, Tochter, Onkel wurden ausgenommen, ferner bezieht sich meine Auflistung auf den Untersuchungszeitraum von etwa 1900 – 1926. Auf dieser Basis konnten 104 Personen ermittelt werden, auf die obige Eingangskriterien zutreffen, doch ist die Quellensituation zu berücksichtigen: Das Briefwerk ist nicht vollständig publiziert, die Handschriften befinden sich zum Teil in Privatbesitz, gelegentlich kann auf den Umfang von einzelnen Korrespondenzen nur indirekt geschlossen werden, da in den Ausgaben GB I-III bzw. in den älteren gesammelten Briefausgaben häufig nur ein Bruchteil des tatsächlichen Konvoluts abgedruckt ist. Die Klassenkategorien sind nur als Orientierung zu verstehen, Überlappungen sind häufig, die Geltung dagegen durch eingeschränkte Übertragbarkeit auf außerdeutsche Kulturräume nur relativ. Ausnahmen von den Eingangskriterien, wie die weniger als 15 Briefe umfassenden, aber dennoch wichtigen Korrespondenzen mit Hulewicz, Heise oder Zwetajewa, werden gesondert ausgewiesen.

Lou Salomé etwa befinden sich häufig auf Reisen,[49] Angehörige von Aristokratie und Besitzbürgertum wie Marie Taxis, Sidonie Nádherný, Margot Sizzo, Karl von der Heydt, Hertha König reisen ebenfalls viel und verfügen traditionsgemäß über mehrere Wohnsitze.[50]

Mit dieser numerischen und räumlichen Ausdehnung ist nun nicht nur die mit 25 Mitgliedern veranschlagte Größe der informellen (Klein-)Gruppe überschritten.[51] Die Dimensionen von Rilkes Briefgemeinde gehen auch über Beobachtungen der aktuellen, empirischen Netzwerkforschung hinaus, die bereits bei zehn Kontaktpersonen von großen Netzwerken spricht;[52] zu vergleichen wäre sie wohl nur mit den Netzwerken brieflich kommunizierender Intellektueller in der goethezeitlichen Epoche des Kunstbriefes.[53] Es ist anzunehmen, dass die eine große, heterogene und offene Nahwelt ›Briefgemeinde‹ besonders für einen auratischen Künstler-Solitär wie Rilke die Vielfalt der Nahwelten und Sozialformationen ersetzt, an denen moderne Individuen in funktional differenzierten Gesellschaften üblicherweise teilnehmen, wie Clubs, Vereine, Organisationen etc. (NK, S. 224). Dass dieser Substitutionseffekt tatsächlich für Rilke geltend zu machen ist, dass hier ein mediales Netzwerk die Stabilisierungsfunktionen von Gruppe, Autorenassoziation oder sogar organisation übernimmt, belegen einschlägige Intuitionen von Zeitgenossen und Rilke-Forschern. Es sei »hinlänglich bekannt, wie für Rilke dieses

49 Sarkowski, Jeske und Unseld listen Bildungs- und Kurreisen der Kippenbergs nach Italien, Marokko, Ägypten, Skandinavien, Bayreuth, Salzburg, Partenkirchen, Bad Kohlgrub, Kissingen, Bad Gastein, Dresden und Elmau, in: Der Insel-Verlag, S. 359.

50 Marie Taxis: Wohnungen in Wien und Venedig, Schloss Duino in Italien und Schloss Lautschin in Böhmen; Sidonie Nádherný: Schloss Janowitz in Böhmen, Chalet Manin Sur in Sankt Moritz; Margot Sizzo: Schloss Adamocz in Ungarn und eine Besitzung im Trentino; Karl v. d. Heydt: Landsitz Wacholderhöhe bei Bad Godesberg, Wohnsitz in Berlin; Hertha König: Wohnung in München, Landsitz Gut Böckel in Westfalen.

51 Vgl. Schäfers, Einführung in die Gruppensoziologie, S. 21.

52 Vgl. NM, S. 146; Thurn setzt als Endpunkt der Entwicklung von Künstlergruppen das Ausufern zu Netzwerken »mit mehreren Dutzend Mitgliedern« an (Die Sozialität des Solitären, S. 311); für Schweizer sind weniger als 100 Befragungspersonen bei systematischen Netzwerkerhebungen eine »kleinere oder mittlere Menge« (Netzwerkanalyse als moderne Strukturanalyse, S. 21). Beide Autoren gehen dabei aber von totalen Netzwerken und nicht von den Respondenten eines einzelnen Akteurs in einem partialen, ego-zentrierten Netzwerk aus. Vor diesem Hintergrund ist ein ego-zentriertes Netzwerk mit über 100 längerfristigen Respondenten wie dasjenige Rilkes als ungewöhnlich groß anzusehen.

53 Vgl. die Arbeit von Gertrud Vobis, die hinsichtlich der Größe eines historischen ego-zentrierten Netzwerks zu ähnlichen Ergebnissen wie das vorliegende Kapitel kommt: Die Verfasserin fragt nach den Respondenten der Egos Markus und Henriette Herz und selektiert kriteriengeleitet aus einer Menge von 200 Personen, die Henriette Herz in ihren Memoiren erwähnt, einen Kreis von 141 Personen, mit denen das Ehepaar Herz in direktem oder brieflichem Kontakt stand; dieser engere Kreis wird dem Netzwerk ›Salon‹ zugerechnet, in: Die jüdische Minderheit in Westeuropa, S. 176 ff.; vgl. hierzu auch Strobel, der dem Brief große Bedeutung für das Kommunikationsnetz des Anakreontikers Gleim zuschreibt: »Der Dezentralität, von der ausgehend Lyrikproduktion damals stattfand, wurde damit ein topographisches Zentrum entgegengehalten, das über Briefe organisiert war«, in: Vom Verkehr mit Dichtern und Gespenstern, S. 17.

gewaltige Netz von Beziehungen eine Notwendigkeit war und wie er sich verpflichtet fühlte, auch Briefe von Unbekannten zu beantworten«, teilt etwa der Multiplikator Salis mit.[54] Ähnlich sind für den Rilke-Forscher Bernhard Blume Rilkes Briefe an Aristokraten »Teil einer durchdachten Strategie, die nur ein Ziel kennt: alles im Leben der großen Arbeit unterzuordnen, und die sich zu diesem Zweck ein weitverzweigtes Netz von Stützpunkten und Rückzugslinien ausbaut«.[55]

Ob strategisch durchdacht oder habituell – Blume ist auf jeden Fall noch in einem weiteren Punkt recht zu geben: Briefe, so der Verfasser, hätten in Rilkes Leben eine doppelte Funktion, »they avoid contact and they establish or maintain it, yet always from a safe dis-tance«.[56] Neben den Kriterien ›Größe‹ und ›Ausdehnung‹ ist es nämlich besonders der vermittelte Kommunikationsmodus, der die Rilke-Gemeinde zu dem macht, was sie ist. Netzwerke werden von der systematischen Forschung zwar mit Interaktionsferne, räumlicher Distanz und Extensität in Verbindung gebracht, nicht aber notwendig mit Schriftlichkeit.[57] Kriterien wie Interaktionsferne und Extensität stehen dann üblicherweise im Zusammenhang mit einer für Netzwerke typischen Geometrie der Mehrstufigkeit: je größer der Abstand vom beobachteten Ego, desto höher der Anteil an indirekten Beziehungsstrukturen, an kontingenten Querverbindungen. Es resultieren Geflechte mit Beziehungszonen erster, zweiter und n-ter Ordnung,[58] wo die Beziehungen auf Ego bezogen immer distanter, schwächer, unübersichtlicher werden. Das ist in der Rilke-Gemeinde anders. Hier dominiert das Schriftmedium, hier kommuniziert, das wurde gezeigt, einer systematisch mit allen. Daraus ergibt sich die bereits diskutierte sternförmige Ausrichtung vieler separierter Einzelakteure auf das charismatische Zentrum Rilke hin. Dabei ist die Briefgemeinde noch mehr als ›klassische‹ Netzwerke durch Interaktionsferne gekennzeichnet und kann folglich keine Gruppenidentität ausprägen. Kippenbergs in Leipzig, Marie Taxis in Lautschin (Böhmen), Wien und Duino (Italien), Lou Salomé in Göttingen, Sidonie Nádherný in Janowitz (Böhmen) und Sankt Moritz und Nanny Wunderly im Kanton Zürich etwa stellen synchron wichtige Eckpunkte

54 Salis, Rainer Maria Rilkes Schweizer Jahre, S. 85.

55 Blume, Existenz und Dichtung, S. 25; vgl. auch ders.: »They [Rilke's letters] constitute a tremendous network, connecting and maintaining points of support and lines of retreat in a desperate lifelong battle«, in: Some Thoughts on Rilke's Letters, S. 15.

56 Ebd., S. 20.

57 Dass im Kontext des 20. Jahrhunderts allerdings Kommunikationstechnologien für Netzwerke zunehmend an Bedeutung gewinnen, erhellt aus Schenks Hinweisen zum Telefon (vgl. NK, S. 235). Erst in der jüngsten Gegenwart des mobilen Telefonierens, der Internet-Foren und elektronischen Netzwerke wird der systematische Zusammenhang von Schriftkommunikation und Interaktionsferne in den Blickpunkt der Netzwerkforschung geraten.

58 Zu Mehrstufigkeit bzw. »first« und »second order star« vgl. Graphik in NG, S. 90 und NK, S. 48; zu mehrstufigen Verbindungsnetzen mit Querverbindungen, vgl. auch NG, S. 92 f. oder NK, S. 47 ff.

des Gebildes dar; Eckpunkte, die räumlich und soziokulturell so weit separiert sind, dass sich kaum Berührungspunkte ergeben und es allenfalls episodisch zu Interaktionen kommt. So begegnen sich etwa Sidonie Nádherný und Marie Taxis und Anton Kippenberg und Marie Taxis jeweils einmal kurzfristig, 1914 in Duino[59] und 1912 in Wien.[60] Keinerlei Hinweise liefern die Korrespondenzen auf Kontakte zwischen Kippenbergs und Lou Salomé, Kippenbergs und Nanny Wunderly oder Marie Taxis und Lou Salomé, zumindest nicht zu Lebzeiten Rilkes.[61] Natürlich existieren auch in Rilkes Netzwerk vereinzelt Querverbindungen; zu nennen wäre etwa die Freundschaft zwischen Ellen Key und Lou Salomé[62] oder Katharina Kippenbergs persönliche Verbindungen zu den von Rilke protegierten Schriftstellerinnen Regina Ullmann und Hertha König und zur Malerin Albert-Lasard.[63] Selbst netzwerktypische Clusterbildungen[64] lassen sich beobachten, so z. B. die intensiver untereinander vernetzten Freundeskreise in Schweden[65] und in der Schweiz.[66]

Dennoch ist die Dichte des Gebildes insgesamt niedrig und es dominiert der Modus der Separation: Man weiß voneinander, begegnet sich aber kaum und bleibt auf Distanz. In den kompetitiven Stellungnahmen der Erinnerungsschriften wird diese nicht nur räumliche Separation schließlich ganz deutlich. So schreibt die zentrale Mentorin Kippenberg, die sich in ihrem Rilke-Buch als Rilke-Spezialistin ausweist, über die ihr unbekannte weitere zentrale Mentorin und Mäzenin Taxis, dass diese Rilke nicht recht gekannt habe; ja »nicht kennen konnte, von ihrer Natur her nicht und von ihrem

59 SNB, Anmerkung zu Brief Nr. 156, S. 487.

60 Vgl. Anton Kippenberg an Rilke, 7.5.1912, AK I, S. 338.

61 Dass Rilkes Tod ein gewisses Movens für entstehende Querverbindungen ist, erhellt aus dem unmittelbar posthum einsetzenden Briefverkehr zwischen Marie Taxis und anderen Respondenten wie Nanny Wunderly und Dory Von der Mühll, dokumentiert in TT II, S. 949–966.

62 Dies ist ein Beispiel für die Problematik von Querverbindungen. Salomé hatte 1898 in der Zeitschrift *Die Frau* Keys »Missbrauchte Frauenkraft« besprochen, woraus sich ein langer Briefwechsel mit persönlichen Begegnungen entwickelt. Im Verlauf dieser Beziehung artikulieren Salomé und Key gemeinsam kritische Gedanken hinsichtlich Rilkes poetologischer Entwicklung, tauschen sich quasi über seinen Kopf hinweg aus und erzielen einen skeptischen Konsens, den sie Rilke gemeinsam brieflich mitteilen. Rilke wird über die entsprechende Briefstelle mit Blaustift »Dilettanten« schreiben; vgl. die Anmerkungen zu Keys Brief an Rilke vom 5.10.1908, EK, S. 395; vgl. auch Ursula Welsch / Michaela Wiesner, Lou Andreas-Salomé, S. 132.

63 Vgl. NG, S. 95; zu nennen wären weiterhin die Querverbindungen Ullmann-Delp, Ullmann-Wunderly, Albert-Lasard-Ullmann, Albert-Lasard-Zweig, Albert-Lasard-Clara, Hattingberg-Ullmann, Salomé-Erdmann, Albert-Lasard-Erdmann, Nádherný-Lichnowsky, König-Lichnowsky, Nostitz-Rodin, Nostitz-Hattingberg, Taxis-Kassner-Aretin, Salomé-Key, Zweig-Key, Zweig-Rolland, Zweig-Verhaeren, Rodin-Verhaeren, Rolland-Verhaeren, Gide-Kassner, Gide-Valéry, Gide-Rolland, Kippenbergs-Zweig, Kippenbergs-Nostitz, Nádherný-Rodin, Valéry-Galaratti-Scotti, König-Ullmann, Gide-Strohl, Kassner-Werner Reinhart, Betz-Junghanns, Wunderly-Zwetajewa.

64 Vgl. NG, S. 91.

65 Vgl. 2. Hauptteil, Abschnitt 2.2.1.

66 Vgl. 2. Hauptteil, Abschnitt 2.3.1.

anscheinend von Not aller Art verschonten Leben«.[67] So erscheint der Partnerin Loulou Albert Lasard die zentrale Mentorin Salomé als »etwas zu ausschließlich zerebral«, um als Lebensfreundin für Rilke zu taugen, zudem »keinerlei Sorgfalt auf ihr Äußeres [verwendend]«;[68] so wird wiederum Albert-Lasard von der wichtigen Mäzenin Hertha König als »sehr überschwängliche Dame« geschildert, »die später ihrem Geltungsbedürfnis Luft machte, indem sie in einem Buch über Rilke vornehmlich ihre Beziehung zu ihm veröffentlichte«.[69] Schließlich beschreibt die Partnerin Hattingberg, die tatsächlich in ihrem Erinnerungsbuch vornehmlich ihre Rilke-Beziehung zur Schau stellt, die Konkurrentin Albert-Lasard als »Frau mit fahlem, verblühten Gesicht, das von Schminke entstellt war«.[70]

Man sieht: In Rilkes Nahwelt stehen weder ein gruppentypisches Wir-Gefühl noch die für Netzwerke üblicherweise charakteristischen Querverbindungen im Vordergrund. Es herrscht das Strukturprinzip der Separation, welches räumlicher und soziokultureller Zerdehnung, ferner dem schriftlichen Kommunikationsmodus geschuldet ist.[71] Nicht zuletzt von der Gemeinde selbst wird dieses Strukturprinzip bestätigt. Rilke habe, so Katharina Kippenberg, »niemals einen Kreis gehabt, wohl aber eine Gemeinde; deren Glieder untereinander zu vereinen, lag nicht in seiner Art«.[72]

Dabei bleibt – das ist die zwingende Logik des Netzwerkers Rilke – die Formation für denjenigen weitgehend übersichtlich, der die »Glieder« zwar nicht untereinander vereint, mit allen aber in brieflicher Verbindung steht. Was sich in Fachterminologie als ›Transparenz für Ego bei Intransparenz für Alteres‹[73] beschreiben ließe, hat ganz konkrete Vorteile: Kommunikationsprozesse können ökonomisiert werden. Im ersten Hauptteil war davon die Rede, dass an die Gemeinde je nach Lebensphase und Konsekrationsgrad des Autors andere Funktionsansprüche herangetragen werden.[74] Solche Bedarfsanpassungen lassen sich, das wird am Beispiel Rilkes deutlich, im körperlosen Kommunikationsraum der Schrift ohne große Reibungsverluste und unsichtbar für andere Akteure vollziehen und steuern. Dabei bleibt das Rollendifferential zwar erhalten, die personelle Besetzung aber kann fluktuieren: Als sich die Divergenzen mit Ellen Key wegen ihres einseitigen Rilke-Essays nach

67 Katharina Kippenberg, Rainer Maria Rilke, 1948, S. 177 f.

68 Loulou Albert-Lasard, Wege mit Rilke, S. 56 und S. 59.

69 Hertha König, Erinnerungen an Rainer Maria Rilke, S. 30 und Anm. 22, S. 119.

70 Magda v. Hattingberg, Rilke und Benvenuta, S. 291; dass hier auf Albert-Lasard angespielt wird, erhellt aus der folgenden Beschreibung jenes Hinkens, das für die gehbehinderte Malerin charakteristisch ist.

71 Schenk versteht Separation oder auch »Dispersion der Kontexte« als Modernitätskriterium (vgl. NG, S. 99, NK, S. 232 f. und S. 239).

72 Katharina Kippenberg, Rainer Maria Rilke, 1948, S. 218.

73 Üblicherweise wächst mit zunehmender Distanz von Ego und seinen primären Respondenten auch die Intransparenz für Ego und diese Respondenten (vgl. NG, S. 91 f.).

74 Vgl. I. Hauptteil, Abschnitt 3.3.2.

1910 zu einem ausgeprägten »Miteinander unzufrieden [Sein]« steigern,[75] wird die Rolle der ›älteren Mentorin bzw. Mäzenin‹ und Mutterfigur mit Marie Taxis konfliktfrei neu besetzt. An die Stelle der aufwändigen und konfliktträchtigen Exkommunikationsriten des George-Kreises tritt die schrittweise, nach außen unmarkierte Verabschiedung des bisherigen und Integration des neuen Funktionsträgers. Rilke bleibt nämlich, davon war bereits die Rede, bis 1915 in sporadischem Briefkontakt mit Ellen Key, während sich seine Korrespondenz mit der »gütigsten Fürstin«[76] qualitativ und quantitativ rasch intensiviert. Es sei ihm beim Lesen eines ihrer Briefe zumute, als dürfe er »zum ersten Mal seit Monaten ein Stück meines Herzens fühlen«, lässt Rilke schon 1910 die künftige Mutterfigur wissen.[77]

Auch die Rolle des Vermittlers zum französischen Literaturbetrieb erfährt um 1921 eine Neubesetzung. Als für Rilke selbst ein Rollenwechsel ansteht – vom Übersetzer zum Produzenten französischsprachiger Lyrik – übernimmt der symbolistische Lyriker und Prosaist Valéry mehr und mehr eine Funktion, die bis dahin dem ›klassizistischen‹ Prosaautor Gide zuzuschreiben ist.[78] Rilke korrespondiert mit Valéry, übersetzt zunächst seine Texte und findet schließlich in eigener französischer Lyrik zu einem »poetologischen Neuansatz, der in manchem Spuren seiner Auseinandersetzung mit dem Werk Paul Valérys […] zeigt«.[79] Valéry wiederum vermehrt Rilkes Prestige als französischsprachiger Lyriker, insofern er drei französische Gedichte Rilkes in der angesehenen Zeitschrift *Commerce* veröffentlicht[80] und die Vorrede des Rilke gewidmeten Sonderheftes der *Cahiers du mois, Réconaissance à Rilke* verfasst.[81] Der freundschaftlichen Briefbeziehung mit Gide tut diese Neubesetzung allerdings keinerlei Abbruch, und so wird auch hier jener Kraftaufwand und jene – relative – Transparenz vermieden, die die für alle Beteiligten spürbaren Ein- und Ausschlussverfahren des George-Kreises prägen.[82]

75 Rilke an Ellen Key, 17.12.1911, EK, S. 221; vgl. II. Hauptteil, Kapitel 1.1, Anm. 103.

76 Briefanrede für Marie Taxis von Januar bis Juli 1910, TT I, S. 7–21.

77 Rilke an Marie Taxis, 13.7.1910, TT I, S. 19. Weitere Beispiele für unmarkiertes und konfliktfreies Ausscheiden von Akteuren, deren spezifische Funktion oder Kapitalpool für Rilke nicht mehr relevant ist, sind der Astronom Aretin nach 1922, Anita Forrer nach 1923 (Rilke beantwortet die Briefe der Korrespondentin nicht mehr), der Mäzen Karl v. d. Heydt: Zwischen 1919 und dem Tod v. d. Heydts 1922 existiert nur ein Brief Rilkes, die Korrespondenz mit der Ehefrau Elisabeth v. d. Heydt wird nach dem Tod ihres Mannes nicht fortgesetzt. Schließlich bricht auch die Korrespondenz mit der Malerin Mathilde Vollmoeller nach 1915 bis auf ein Schreiben 1920 ab, wobei Verluste nicht auszuschließen sind (vgl. Nachwort zu Rilke, Briefwechsel Vollmoeller, S. 237, küftig Sigle MV).

78 Zu Gides Vermittlungsfunktion, die Erstkontakte zu Akteuren des Literaturbetriebs um 1910 ebenso einschloss wie eine erneute Einführung Rilkes in literarische Kreise nach dem Krieg, vgl. Dorothea Lauterbach, Frankreich, S. 75.

79 Dorothea Lauterbach, »… fast zu jung im Gebrauch einer zweiten Sprache«, S. 30.

80 Vgl. *Commerce,* Heft 2, Herbst 1924.

81 Vgl. *Les Cahiers du mois*, Heft 23/24 (Paris, 1926).

82 Zum interessanten Aspekt der Wechselwirkung zwischen Diversität des Netzwerkes und Komplexität der Persönlichkeitsstruktur von Ego vgl. auch Keupp, Soziale Netzwerke, S. 32;

Wie weit der Ökonomismus reicht, den die Separation von Akteuren und Kontexten in Rilkes brieflichem Netzwerk möglich macht, erhellt aus einem weiteren Phänomen: dem des ›Rundschreibens‹, das nicht als solches markiert ist. Wer so viele Briefe versendet wie Rilke, wer vor allem über das Schriftmedium mit der Umwelt in Kontakt tritt, für den stellt Mehrfachnutzug von Inhalten und Schreibweisen eine Möglichkeit der Ökonomisierung dar. So schreibt Rilke in gewissen Situationen und unter gewissen Bedingungen, z. B. nach Ortsveränderungen oder nach geglückten Produktionsprozessen, regelhaft deskriptive Briefe ähnlichen Gehalts und ähnlicher Bildlichkeit. Das reicht bis zur wörtlichen Übereinstimmung und richtet sich meist an zahlreiche, weit separierte Netzwerkmitglieder, so dass der Rundmail-Charakter von den Adressaten nicht wahrgenommen wird. Exemplarisch lässt sich diese Praxis den Gebäude- und Landschaftsschilderungen aus Soglio 1919 entnehmen. Fast gleichlautend berichtet Rilke von »alten Boiserien, Tisch und Stühlen, [dem] Bett mit seinen vier gewundenen Baldachinsäulen«,[83] »alten Möbeln, Boiserien, Stucs und den repräsentativen Säulenbetten des Settecento«,[84] den »erhaltenen Boiserien, Stucs, seinen meisten angestammten Möbeln, Marmortischen, Säulenbetten«[85] bzw. den »Boiserien, Stucs, mein[em] Säulenbett«[86] an die Verlegerin Katharina Kippenberg in Leipzig, den Studenten Thankmar von Münchhausen in Heidelberg, die Kraus-Freundin Sidonie Nádherný in Böhmen und die Gräfin Marietta Mirbach in Schwaben.

Diesem Beispiel ließen sich weitere anfügen, vor allem auch das der sogenannten ›Jubelbriefe‹ vom Frühjahr 1922, für die generell Folgendes gilt: Erst posthum, nach schrittweiser Veröffentlichung des brieflichen ›Archivs‹, beginnt die Information zu zirkulieren und wird dann in der Gedenkliteratur als redundant sichtbar – wovon im textanalytischen Teil ausführlich die Rede sein wird. Zu Lebzeiten begründen Separation, Schriftlichkeit und schriftliche Ausrichtung aller auf einen zunächst eine Flexibilität des Gebildes und kommunikative Spielräume des charismatischen Oberhauptes, wie sie im rituellen Interaktionsraum des George-Kreises nicht gegeben sind.

Nun muss ein so großes »Netz von Rückzugslinien«, von Einzelakteuren, die gemeinsam Rilke als charismatische Führungsfigur sehen, erzeugt und auch erhalten werden. Das erfordert unermüdliche Arbeit am Netzwerk, das erfordert ein System an Tauschhandels- bzw. Investitionsgütern: Die »Existenz eines Beziehungsnetzes« verdanke sich, so Bourdieu, »unaufhörlicher Bezie-

»Auf der anderen Seite erhalten Netzwerke, die groß sind, mehr schwache Bindungen beinhalten, eine geringere Dichte, hohe Dispersion und geringe Homogenität aufweisen, eher eine Identität aufrecht, die offen für Veränderungen und relativ komplex ist.«

83 Rilke an Katharina Kippenberg, 3.8.1919, KK, S. 358.

84 Rilke an Münchhausen, 4.8.1919, TM, S. 92.

85 Rilke an Sidonie Nádherný, 5.8.1919, SNB, S. 346.

86 Rilke an Marietta Mirbach, 13.8.1919, GB III, S. 595.

hungsarbeit in Form von ständigen Austauschakten«.[87] Allerdings kommt bei Rilke die ›Gnade der körperlichen Präsenz‹, mit der geweihte Autoren handeln, feilschen, Nachfrage erzeugen und befriedigen oder nicht befriedigen, den eigenen Marktwert prüfen oder in die Höhe treiben, als systematischer Spieleinsatz nicht in Frage. An Stelle des Tauschhandels mit der authentischen Leiblichkeit des geweihten Autors sind alternative Investitionsformen mit alternativen Spieleinsätzen gefragt; Spieleinsätze, die allerdings ebenso wirksam die Zuschreibung von Charisma in Gang setzen, wie es die alle Sinne ansprechende Inszenierung von körperlicher Präsenz Georges offensichtlich getan hat. In Betracht kommt der Handel mit prestigeträchtigen Fetischen, die den abwesenden Autor metonymisch repräsentieren und das Wunder der Anwesenheit durch das Wunder symbolischer Zuwendung ersetzen. Orientiert man sich dabei an Bourdieus Postulat der »Reproduktion von Sozialkapital« durch »ständige Austauschakte«,[88] wäre Rilkes Abwesenheit nur durch ein nicht abreißendes Kontinuum von Glaubensartikeln aus dem Glaubensuniversum der Kunst zu kompensieren – und genau das ist tatsächlich der Fall. Der Zeitgenosse Robert Musil bringt es auf den Punkt: »Irgend ein guter Lyriker, sagen wir beispielsweise Rilke, hat keinen viel größeren Kreis und wie muss er sich dafür anstrengen«.[89]

Wie sehen sie nun aus, die Tauschobjekte und Glaubensartikel aus dem Glaubensuniversum der Kunst? Zunächst ist da natürlich der Brief selbst, dem mit zunehmendem Weihegrad des Autors der Status des künstlerischen Originals und des Kult-Objektes zukommt. Wie konsequent Rilke über kontinuierliche Briefkommunikation zentrale Akteure seines Netzwerkes bindet, motiviert und mobilisiert, erhellt aus den quantitativen Angaben des letzten Kapitels.[90] Dabei muss ihm spätestens seit 1916 der hohe und in klingende Münze konvertierbare Fetischwert einer Rilke-Brief-Handschrift, unabhängig vom Inhalt, bewusst gewesen sein. Zu diesem Zeitpunkt macht ihn nämlich der entrüstete Stefan Zweig auf Auktionshandel mit frühen Rilke-Briefen aufmerksam.[91] Der Vorgang belegt, dass symbolische Tauschgeschäfte und real existierende Kurswerte symbolischer Erzeugnisse bereits von Zeitzeugen

87 Bourdieu, Die verborgenen Mechanismen der Macht, S. 65 und S. 67.

88 Ebd., S. 67.

89 Musil, Gesammelte Werke, Band 7, S. 751.

90 Vgl. dazu auch Thurn: »Wie geschickt der Dichter Rilke beide Sphären: Berufungscharisma und Berufspragmatik auszutarieren wußte, bezeugen die zahlreichen Briefe, die er unentwegt an seine Bewunderinnen, an Mäzene und Verleger sandte«, in: Kunst als Beruf, S. 106.

91 Vgl. Zweig an Rilke, Sommer 1916, SZ, S. 90 f. Laut Herausgeberkommentar wurden beim Auktionshaus Graupe, Berlin, elf Briefe Rilkes und eine Karte an den Schriftsteller Richard Zoozmann aus dem Jahr 1898 angeboten (SZ, S. 164). Unmittelbar nach Rilkes Tod steigt erwartungsgemäß die Konjunktur für den Markt mit Rilke-Briefen. So beklagt der Malte-Übersetzer Betz, dass manche Frauen Rilke rasch »vergessen« und »verleugnen« würden. Sie böten Briefe an, in denen von vielerlei Rilke-Motiven die Rede sei, »hundert Francs für die Karte mit einer kurzen Verabredung, zweihundert Francs der Brief zu drei Seiten«, in: Rilke in Paris, S. 196.

als solche wahrgenommen werden, dass auch entsprechende Informationen kursieren. Dass das epistolare Original dann auch für die Netzwerkmitglieder Fetisch-Rang besitzt, lässt dessen öffentliche Zurschaustellung vermuten: Dem Erinnerungsbuch der Respondentin Else Hotop ist im hinteren Umschlag ein herausnehmbares Brieffaksimile beigelegt, das die Authentizität des Originals suggeriert und aller Welt zeigt, wer hier ein solches Kult-Dokument besitzt.[92]

Auf inhaltlicher Ebene lässt sich der symbolische Wert des Briefes für seinen Adressaten noch steigern, wenn dessen Individualität besonders berücksichtigt wird. So typisiert und redundant Rilke bisweilen kommuniziert, so sehr können seine Briefe nämlich stilistisch und inhaltlich auf das Gegenüber zugeschnitten sein. Im ersten Hauptteil wurde das vor der Folie der Entindividualisierung im George-Kreis bereits angesprochen. Dass auch solch individualisierte Zuwendung einem Ensemble von Tauschgütern zuzurechnen ist, erhellt aus bewundernden Kommentaren von Gemeindemitgliedern. Für Katharina Kippenberg »passen Rilkes Briefe zu dem Empfänger wie der Schlüssel in das Schlüsselloch«, das »Stimmtimbre« verändere sich so, dass man ihnen den Empfänger »ablesen« könne.[93] Lou Albert-Lasard zufolge habe Rilke »oft unbewusst seine Sprache und selbst seine Gedanken [...] dem jeweiligen Empfänger angepasst«[94] und Salis beobachtet »geschmeidige dialektische Anpassungsfähigkeit« und »stilistische Abstufungen und Verschiebungen [im] Vergleich seiner, an verschiedene Empfänger gerichteten Briefe«.[95]

Dabei reichen solch »stilistische Abstufungen« vom Dialekt-Gebrauch in Korrespondenzen mit Hauspersonal[96] bis hin zur Imitation des österreichischen Adels-Soziolekts im Briefwechsel mit Marie Taxis: Sie solle, auf dem Weg von Rom in die Schweiz, nur ja »den Cours hierher immer einhalten«, zwei hübsche Zimmer seien für »Sie und die Prinzeß Maridl« reserviert und »die übrigen für die Domestiquen und den Chauffeur«, schreibt Rilke etwa an Taxis im Frühjahr 1923.[97] Neben dieser epistolaren ›Mimikry‹[98] ist Anpassung der Themen und »Gedanken« in nahezu allen Korrespondenzen zu beob-

92 Vgl. Elya Maria Nevar (alias Else Hotop), Freundschaft mit Rilke; faksimiliert ist Rilkes Brief an Hotop vom 13.12.1920.

93 Katharina Kippenberg, Rainer Maria Rilke, 1948, S. 140.

94 Loulou Albert-Lasard, Wege mit Rilke, S. 71.

95 Salis, Rainer Maria Rilkes Schweizer Jahre, S. 29.

96 Ebneter, Dienen als »blühende und fruchtende Lebensform«, S. 376; der Verfasser weist in seinem Aufsatz zu Rilkes Korrespondenz mit der Haushälterin Gisler Details der dialektalen, »umgangssprachlichen Annäherung [Rilkes] an die Empfängerin« nach.

97 Rilke an Marie Taxis, 27.4.1923 und 11.5.1923, TT II, S. 752 und S. 754.

98 Ähnlich macht Košenina epistolare Anpassungsfähigkeit für Rilkes großen Briefkonkurrenten Hofmannsthal geltend, wenn er eine »Chamäleon-These« formuliert: Jede von Hofmannsthal zahlreichen Einzelkorrespondenzen ließe sich »auf einen Grundton und einen thematischen Nenner bringen« in: »Der wahre Brief ist seiner Natur nach poetisch«, S. 250.

achten und reicht vom psychoanalytischen Fachdiskurs mit Lou Salomé[99] bis zur Reiseberatung für Sidonie Nádherný.[100]

Ferner erstreckt sich Rilkes Beweglichkeit auch auf jeweilige Hierarchien innerhalb der vielen brieflichen Zweierbeziehungen, auf Positionen der Adressaten und seinen eigenen, sich wandelnden Rang als Autor. So bevorzugt der frühe Rilke in Beziehungen mit älteren Mentoren und Protektoren die Rolle des Schülers oder Sohnes, etwa in den Korrespondenzen mit Rodin und Ellen Key. Es gebe für ihn »keinen Fortschritt, den ich nicht Ihnen verdanke«, lässt Rilke den häufig als »mein lieber Meister« titulierten Bildhauer wissen.[101] Für Ellen Key, die Rilke im Eigeninteresse zum Prototyp des ›schöpferischen Kindes‹ stilisiert, unterzeichnet Rilke seine Briefe phasenweise mit Kindschaftsformeln, die von »Ihr Sohn« bis zu »dein liebevolles Kind« reichen.[102] In späteren Beziehungen des bereits etablierten Autors zu gleichaltrigen Mentorinnen, Mäzeninnen und Lebenspartnerinnen stehen dann Inszenierungen von Seelenverwandtschaft im Vordergrund. So betont Rilke für die Lektorin Katharina Kippenberg »unsere unendlichen Verwandschaften« und für die Mäzenin Nanny Wunderly die »unerschöpfliche Gemeinsamkeit«, die ihn mit der »kleinen Nike« verbinde; als konsekrierter Elegien-Dichter schließlich empfindet Rilke selbst für die ältere Mentorin Marie Taxis »tiefste, heiligste Verwandschaft«.[103]

In dieser späten Laufbahnphase der auktorialen Konsekration und beginnenden Kanonisierung schließlich wandelt sich der ehemalige Schüler und Sohn zum Lehrer; eine Rolle, die Rilke – wie bereits diskutiert – in erster Linie für eine künstlerisch oder chronologisch jüngere Respondentenklasse der ›Schüler‹ und ›Adepten‹ in Anspruch nimmt: Claire Goll teilt er nach der Lektüre ihres Gedichtemanuskripts *Gefühle* mit, dass die »Valenz des einzelnen Worts […] immer verantwortet [sei], gekonnt und genau, […] ein paar Mal bewundernswerth«;[104] der Schülerin Anita Forrer empfiehlt er, »dem

99 Zum Thema ›Psychoanalyse‹ in der Korrespondenz mit Lou Salomé, das sich vom Behandlungsverhältnis zum Austausch über Praxis und »intellektuelle Sachverhalte« im Analyse-Kontext wandelt, vgl. Fiedler, Psychoanalyse, S. 166 – 170, vor allem S. 170.

100 Vgl. Belgienreise, Rilke an Nádherný, 21.3.1907, Italien-Sizilienreise, Rilke an Nádherný, 24.1.1913, geplante Ägyptenreise, Rilke an Nádherný, 21.1.1923 (SNB, S. 16 ff., 163 f., 379 ff.).

101 Rilke an Rodin, 11.8.1904, in: Rilke, Briefwechsel Rodin, S. 95, künftig Sigle ROD; laut Michaela Kopp, die sich auch auf die ältere Rilke-Forschung bezieht, wird diese Lehrer-Schüler-Konstellation von Rilke unter den Prämissen des Sakralen, der zeitgenössischen Kunstmetaphysik ins Werk gesetzt und erscheint als »Modell des Jünger-Meister-Prinzips«, in: Rilke und Rodin, S. 65.

102 Rilke an Ellen Key, 2.11. und 29.11.1904, EK, S. 116 und S. 126; einen weiteren Beleg für Kindschaftsinszenierungen innerhalb der Klasse ›ältere Mäzenin und Mentorin‹ liefert der Schlusspassus im Brief Rilkes an Lou Salomé vom 10.8.1903: »aber ich bin ja auch ein Kind vor Dir und verberge es nicht, und rede zu Dir wie Kinder reden in der Nacht […]« (LAS, S. 107).

103 Rilke an Katharina Kippenberg, 17.8.1919, KK, S. 366; Rilke an Nanny Wunderly, 19. 12.1919, NWV I, S. 41 f.; Rilke an Marie Taxis, 14.6.1922, TT II, S. 715.

104 Rilke an Claire Goll, 5.8.1919, CG, S. 17.

Trieb, etwas aufzuschreiben«, immer nachzugeben, »aber thun Sie's in Prosa […]«.[105]

Zusammengenommen illustrieren diese Rollenwechsel und Anpassungen an den situativen Kontext nicht nur, dass heilige Autorschaft keineswegs starre Monumentalität wie bei George bedeuten muss, vielmehr auch beweglich zwischen Positionen der Unter- und Überordnung changieren kann. Im Verbund mit dem unermüdlichen Schreiben von Briefen und den unermüdlichen Anpassungen von Stil und Inhalt zeigt der Wechsel zwischen verschiedenen hierarchischen Rollen auch, was »unermüdliche Beziehungsarbeit« und »Reproduktion von Sozialkapital« für den epistolaren Netzwerker Rilke bedeutet.[106] Dass diese Beziehungsarbeit bei den Gemeindemitgliedern tatsächlich den Eindruck von Intimität und jeweiliger Einzigartigkeit erzeugt, belegen einschlägige Bemerkungen über Nähe und Vertrautheit: Marie Taxis, die »sehr oft das Kind in ihm« zu spüren meint, erscheint es rückblickend, »als hätten wir uns schon von jeher gekannt«.[107] Ähnlich berichtet die Adeptin Else Hotop über eine Erfahrung, die »manche beschrieben haben: das sofortige Vertrautsein«.[108]

Nun erschöpft sich das angesprochene Kontinuum von Glaubensartikeln bzw. prestigeträchtigen Zuwendungen nicht im Schreiben vieler, perfekt angepasster Briefe – selbst wenn hier materielle Originalität und persönliche Kommunikation gut zu verbinden sind. Zu Rilkes System von Tauschgütern und Fetischen, die den abwesenden Autor metonymisch repräsentieren und das Netzwerk erhalten, zählen auch vielfältige Zueignungs-, Widmungs- und Handschriftengeschenke. Da sind zunächst die zahlreichen Zueignungen von Zyklen oder auch Einzelgedichten, von denen die Zueignung der *Duineser Elegien* für Marie Taxis, die Zueignung des *Stundenbuches* für Lou Salomé oder diejenige der *Neuen Gedichte* für Karl von der Heydt nur die bekanntesten darstellen.[109] Im Gegensatz zu dieser öffentlichen Zurschaustellung

105 Rilke an Anita Forrer, 19.1.1920, AF, S. 18.

106 Zum Verhältnis von Epistolarkommunikation und Sprecherrolle vgl. allgemein Nickisch, Brief, S. 10 f. Der Verfasser macht, abhängig von der Entwicklung von Briefkommunikation, möglichen Rollentausch zwischen Emittent und Rezipient namhaft. In diesem Zusammenhang ist auf Rilkes Biographen Freedman hinzuweisen, der von »bewusster Identifikation und zum Teil auch Rollentausch« Rilkes mit Marie Taxis spricht, in: Rainer Maria Rilke 1906 bis 1926, S. 118.

107 Marie Thurn und Taxis, Erinnerungen an Rainer Maria Rilke, S. 12 und S. 14.

108 Elya Maria Nevar (alias Else Hotop), Freundschaft mit Rilke, S. 25.

109 Zyklen: *Cornet*/Mäzenin Gudrun Uexküll (geplant für Luise Schwerin, die aber starb, vgl. Storck, Katalog zur Ausstellung, S. 121; Übertragung der *Sonette von Elizabeth Barrett-Browning*/ posthum Mäzenin Alice Fähndrich; Prosazyklus *Geschichten vom lieben Gott*/ex post Mentorin Ellen Key; *Stundenbuch*/Mentorin Lou Salomé; *Buch der Bilder*/Gerhard Hauptmann; Frauenpreis-Gedichte 1906/Madeleine Broglie; *Neue Gedichte I*/Mäzen v. d. Heydt; (geplant Schwerin, vgl. KA I, S. 874); *Neue GedichteII*/Rodin; *Marien-Leben*/Vogeler; *Duineser Elegien*/ Mäzenin Marie Taxis; *Quatrains Valaisans*/Jeanne Sépibus; *Les Fenêtres*/Baladine Klossowska; Valéry-Übertragungen/Mäzen Werner Reinhart; zugeeignete Einzelgedichte bzw. Elegien u. a.

einer Beziehung zwischen Autor und Zueignungsempfänger stellt die handschriftliche Widmung »den einzigen autographen und damit gewissermaßen einmaligen Teil des gedruckten Buches dar. Daher auch ihr Preis.«[110] Diese Möglichkeit, das gedruckte Buch zum einmaligen und kostbaren Original zu machen, nützt Rilke ebenso abundant wie die rein immaterielle Gabe ›Zueignung‹ – und zwar in gesteigerter Form: durch die große Zahl von Widmungsgedichten, die er in zu verschenkende Rilke-Bücher einschreibt. Anhand der *Kommentierten Ausgabe* lassen sich für die Produktionsphase jenseits des *Stundenbuches*, der diese Arbeit gewidmet ist, mindestens 120 Widmungsgedichte in Büchern, Gästebüchern oder Briefen ermitteln. Nimmt man Zueignungen und Widmungsgedichte zusammen, entsteht der Eindruck, Rilke habe einen nicht unerheblichen Teil seines lyrischen Werks einer konsequenten Praxis der Dedikation zugeführt bzw. zum Teil im Hinblick auf diese Praxis hergestellt. Aus der orientierenden Empfängerliste im Anhang und der Liste in Anmerkung 110 erhellt zudem, dass damit vor allem zentrale Gemeindemitglieder angesprochen und ausgezeichnet sind, dass Rilke auch hier konsequente Arbeit am Netzwerk betreibt.

Ähnlich bedeutsam für Aufbau und Erhalt der Gemeinde ist das Verschenken von Fetischobjekten wie Handschrift, Abschrift, Reinschrift. Wie weitreichend Rilke das Spektrum von Schenkungsmöglichkeiten auslotet bis hin zur Praxis der Mehrfachnutzung, soll aus einigen repräsentativen Beispielen erhellen. Zu erwähnen ist etwa die kalligraphisch gestaltete ›Prachthandschrift‹, im kunstreligiösen Klima um 1900 keine Seltenheit und auch von anderen Autoren wie George als Tauschobjekt genutzt.[111] So erhält der philosophische Freund und Gesprächspartner Rudolf Kassner 1916 eine »nahezu kalligraphische« Abschrift eines Abschnitts aus Emile Males Buch *L'Art religieux de la Fin du Moyen Age en France* (1908) und im gleichen Jahr die einzige Reinschrift des Zyklus *Gedichte an die Nacht* in einem eigens angefertigten

für Marie Taxis, Rudolf Kassner, Hertha König, Marina Zwetajewa, Baladine Klossowska, Julie von Nordeck zu Rabenau.

110 Genette, Paratexte, S. 134.

111 Renate Scharffenberg hat gezeigt, dass Kalligraphie bzw. eine Aufwertung von Handschrift zur stilisierten Kunstschrift als wesentliches Element des Distinktionsprojektes heiliger Autorschaft in der Moderne zu verstehen ist; so die im Mallarmé-Kreis geübte Praxis des kalligraphischen Abschreibens von Gedichten oder Georges Bemühen um kalligraphische Reinschriften, die bis zur Reproduktion verschiedener Proben von Georges Handschrift im ersten Band der Gesamtausgabe von 1927 reichen. George nutzte solche Übungen insofern als Tauschobjekte, als er »manches besonders schön geschriebene und verzierte Blatt« demjenigen Buchkünstler schenkte, der maßgeblich für das ›Gesamtkunstwerk George‹ verantwortlich zeichnet: Melchior Lechter. (Der Beitrag des Dichters, S. 45, 48, 74, 113). Wolfgang Braungart zufolge treibt Ernst Glöckner als Kalligraph des Kreises »einen Kult des handgeschriebenen Buches« (Ästhetischer Katholizismus, S. 50). Zum System von Tauschgütern im George-Kreis, das das sehr seltene Objekt ›Brief‹ ebenso umfasst wie Widmungsgedichte, Vorzugsausgaben mit handschriftlichen Widmungen und das *Blätter*-Signet, vgl. Breuer, Ästhetischer Fundamentalismus, S. 56.

Halblederband.[112] Beide Handschriften wird er in der Notzeit der dreißiger Jahre verkaufen. Die Vermarktungsrhetorik, die Kassner dabei bemüht, sowie der apologetische Gestus, der die Transaktionen begleitet, spricht für sehr genaue Einsichten zeitgenössischer Akteure in Existenz und Dynamik symbolischer Märkte – wie zuvor das Beispiel Stefan Zweig. Er habe, so Kassners Angebot an Kippenberg, »großen Schatz für den Inselverlag: 13 ungedruckte u. unbekannte Gedichte Rilkes«.[113] Den potentiellen Käufern Anton Kippenberg und Carl Jakob Burckhardt gegenüber betont er übereinstimmend sowohl die relevanten dinglichen als auch symbolischen Qualitäten. Die Gedichte fänden sich »in einem köstlichen Büchlein mit eigener Hand niedergeschrieben«,[114] das Buch sei »in seiner Handschrift und in Halbleder gebunden«, elf Gedichte seien »nur in meinem Buch vorhanden, sonst in keiner Handschrift (auch in keiner Abschrift)«.[115] Schließlich falle es ihm schwer, das Buch zu veräußern. Tatsächlich wird Kassner noch Jahre später den Verkauf beklagen: »I had to sell it. Poor me, I had to sell it with other things to Hinterberger.«[116] Wenn das Wissen um symbolische und materielle Werte des Tauschobjekts ›Handschrift‹ bei den Zeitgenossen so vorausgesetzt werden kann, wie es das Beispiel Kassner vermuten lässt, erklärt sich auch die Konsequenz, mit der der Netzwerker Rilke diese Währung einsetzt: Kaum überschaubar ist die Fülle an verschenkten Autographen, an Rein- oder Abschriften.[117]

Dazu zählt auch die Praxis der ›Mehrfachnutzung‹, die sich exemplarisch den Vorgängen um Rilkes Valéry-Übertragungen zwischen 1921 und 1923 ablesen lässt. Zunächst gehen Reinschriften von Einzelgedichten bzw. Gedichtkonvoluten als Oster- und Weihnachtsgeschenke an wichtige Respondenten wie die Mäzenin Nanny Wunderly[118] und die französischsprachige Lebensgefährtin Baladine Klossowska.[119] Nachdem dann Valéry selbst »den

112 Zur Beschreibung beider Objekte vgl. Herausgeberkommentar in KAS, S. 104 ff.

113 Kassner an Anton Kippenberg, 21.6.1932, zitiert nach KAS, S. 107.

114 Kassner an Kippenberg, ebd.

115 Kassner an C. J. Burckhardt, 20.4.1932, ebd.

116 Kassner an Herbert Steiner, 15.2.1938, zitiert nach KAS, S. 108.

117 Wenige ausgewählte Beispiele sollen den Systemcharakter veranschaulichen: Abschrift des Gedichtes *Judith* aus den *Figurines pour un ballet* für Marie Taxis, 1911; Handschrift des Gedichtes *Sankt Christofferus* für Mathilde Vollmoeller, Weihnachten 1913; Gedichtfolge (12 Texte) in ein Schreibbuch eingetragen für Loulou Albert-Lasard, 1914; Reinschrift der *Quatrains Valaisans* für Jeanne Sépibus, 1925; zahlreiche Reinschriften und Abschriften einzelner oder mehrerer Elegien: Marie Taxis 1912, Regina Ullmann 1916, Clara Rilke und Lou Salomé 1919, Nanny Wunderly 1919 und 1922, Dory V. d. Mühll 1920 und 1922, für Letztere von Rilke in ein »goldgeädertes Heft« eingetragen (Rilke an Dory V. d. Mühll, 10.3.22, BSF, S. 282); zu Reinschriften des gesamten Zyklus an Anton Kippenberg, Marie Taxis und Lou Salomé vgl. das Handschriftenverzeichnis in Fülleborn / Engel, Rilkes ›Duineser Elegien‹, erster Band, S. 370 f.

118 Weihnachten 1922, vgl. Ingeborg Schnack, Chronik, S. 825.

119 Ostern 1921, Weihnachten 1922, vgl. Ingeborg Schnack, Chronik, S. 734 und S. 824.

Wunsch erkennen ließ, meine Texte zu besitzen«,[120] erhält er im Februar 1924 eine kalligraphisch gestaltete Abschrift des gesamten Textkorpus in einem repräsentativen Lederband. Zwar sei ein »sorgfältiges Manuscript« der Übertragungen ursprünglich Werner Reinharts »Sammlungen von Handschriftlichem« zugedacht gewesen, lässt Rilke den mäzenatischen Gastgeber und Muzot-Besitzer nachträglich wissen.[121] Doch zeigt er im gleichen Atemzug, wie man solche Güterumschichtung schadensfrei ausgleichen kann: Reinhart erhält als Ersatz die Zueignung des Korpus. Die Antwort des Geehrten illustriert dann, dass immaterielle Gaben wie Zueignungen und materielle Gaben wie Handschriften oder Widmungen bei aller Statusdifferenz, die Genette betont,[122] funktional äquivalent sein können. Erwartungsgemäß äußert sich Werner Reinhart nämlich mit keinem Wort dazu, dass ihm die Handschrift vorenthalten wurde, bestätigt vielmehr den symbolischen Wert der Zueignungsgabe durch »innigen, tiefen Dank« für ein »Schenken im schönsten und höchsten Sinn«.[123] Schließlich wird auch die Mäzenin Wunderly nochmals in die Praxis der Mehrfachnutzung einbezogen, »damit etwas Schönes für Sie dabei in Ihren Händen bliebe«: Sie erhält eine besonders gelungene Probeseite der Reinschrift für Valéry mit dem Gedicht »Granaten«.[124]

Die Reaktion des Reinschriften-Empfängers lässt dann darauf schließen, dass auch die Zeitgenossen einer Epoche der Kunstreligion, der Kalligraphie und der preziösen Gesamtkunstwerke im Autographen nicht nur symbolische Bedeutung als solche, sondern bereits den Glaubensartikel mit sakraler Bedeutung sehen. Valéry bezeichnet die Gabe nach Rilkes Tod in einem Schreiben an Marie Taxis als »un objet sacré«.[125] In vergleichbarer Weise hatte auch Claire Goll von »Heiligtümern« gesprochen, als ihr Rilke 1924 sieben handgeschriebene Gedichte in einem selbst gebundenen Buch - die Urform der »Vergers« - übersandt hatte.[126]

Berücksichtigt man nun den Umstand, dass auch der Zeitgenosse Rilke für all diese symbolischen und quasi-sakralen Werte und Wechselkurse nicht blind gewesen sein dürfte, dass vielmehr die Systematik, mit der Zueignungen, Widmungen, Widmungsgedichte und Handschriften an die Gemeindemitglieder vergeben werden, für relative Hellsichtigkeit spricht - berücksichtigt man all das, so ergibt sich etwas ganz anderes als das Bild vom weltfremden, unpraktischen und lebensuntüchtigen Einsiedler. Ein einzigartiges Netzwerk wie das beschriebene entsteht und erhält sich nicht von selbst. Wie viel Auf-

120 Rilke an Werner Reinhart, 1.11.1925, in: Rilke, Briefwechsel Brüder Reinhart, S. 401, künftig Sigle BR.

121 Vgl. Rilke an Werner Reinhart, ebd.

122 Vgl. Genette, Paratexte, S. 136 und S. 138.

123 Werner Reinhart an Rilke, 3.12.1925, BR, S. 403.

124 Rilke an Nanny Wunderly, 26.3.1923, NWV II, S. 881.

125 Valéry an Marie Taxis 1927, zitiert nach Ingeborg Schnack, Chronik, S. 908.

126 Claire Goll an Rilke, 15.2.1924, CG, S. 57.

wand es erfordert, wie geschickt, wendig und vielfältig Rilke diesen Aufwandserfordernissen in einer für Höhenkammautoren schwierigen historischen Situation entspricht, sollte plausibel geworden sein. Auch im Netzwerk selbst und in der Forschung ist das ein bekannter, wenn auch nur selten namhaft gemachter Tatbestand. So weist Bernhard Blume darauf hin, dass Rilke von seinen Biographen »allzu oft als ›naiv und hilflos‹ [...] betrachtet worden« sei. Kassner habe »da zweifellos viel schärfer gesehen; ihm erschien Rilke als »ein sehr praktischer und gewandter Mensch«.[127] Auf jeden Fall gilt diese Gewandtheit, das ist offensichtlich, für einen Akteur, der sich in der Epoche »gesteigerten Nahweltbedarfs« eine ungewöhnliche Sozialformation aufbaut. Letztere kann mit der ›Gemeinde‹-Metapher umschrieben werden, ist sozialwissenschaftlich aber als Hybrid zwischen Gruppe und Netzwerk zu bestimmen.

127 Blume, Vorwort zur älteren Ausgabe, S. 14; der Originaltext bei Kassner: »Es ist nämlich ganz falsch, zu meinen, dass Rilke unpraktisch gewesen sei, hilflos in den Dingen des täglichen Lebens oder je am halben Weg stehen geblieben wäre« (Rilke, S. 90).

2. Historische Perspektiven

2.1 Autor, Laufbahn und Selbstbild im Überblick

Wurde in den letzten beiden Kapiteln Rilkes Schriftlichkeit und Rilkes soziale Nahwelt unter systematischer Perspektive diskutiert, soll in den nächsten, primär historischen Abschnitten seine Laufbahn als Autor nachvollzogen werden. Dabei geht es sowohl um sozialgeschichtliche Kontexte und Rilkes jeweilige Position im literarischen Feld als auch um Semantiken der Selbstdarstellung. Nachdem in Kapitel 1.1 vom Zusammenhang zwischen Schriftarchiv und Klischeebildung die Rede war, sind schließlich entsprechende Beispiele aus der Erinnerungsliteratur zu diskutieren. Dabei ist nach der Bedeutung der Multiplikatoren aus Rilkes Netzwerk für die Erzeugung eines trivialen und deshalb breit anschlussfähigen auktorialen Mythos zu fragen.
Doch wie sehen sie überhaupt aus, die charakteristischen Rilke-Klischees?

Der marxistische Literaturhistoriker Manfred Müller äußert anlässlich des hagiographischen Duktus der ersten Rilke-Dissertation,[1] dass »der Interpret aus Rilke nicht erst – unter Verdrehung und Hinzufügen verfälschender Fakten – den Metaphysiker, Neuromantiker, religiösen Dichter, Demutsapostel« zu machen brauche, dass Rilke vielmehr »von allem […] in der Tat eine Reihe von Kennzeichen« habe.[2] Dieses für die Ideologiekritik repräsentative Urteil listet klassische Muster, ebenso Klaus Bohnenkamp, der unter Bezugnahme auf Stefan Zweigs Rilke-Gedenkrede[3] Zuschreibungen wie »heiliges Abseits«, »schicksalhaftes Alleinsein« und »innen bewährte Reinheit adeligen Lebens« expressis verbis als »gängige Rilke-Klischees« bezeichnet.[4] Diese Klischees werden weitertransportiert und sind bis in die Gegenwart wirksam, man sieht es im außerwissenschaftlichen Raum und auch in der gelehrten Essayistik.

Die Schauspielerin Nathalie Schorr etwa, die in München seit Jahren als Rezitatorin von Rilke-Gedichten erfolgreich Soloabende bestreitet, inszeniert diese anfangs als liturgisches Ritual in der barocken Kapelle von Schloss Schleißheim. Zum liturgischen Arrangement gehören neben dem räumlichen

1 Vgl. Schwiefert, Rainer Maria Rilke.

2 Manfred Müller, Wo beginnt die Rilke-Legende?, S. 255.

3 Gehalten am 20.2.1927 im Staatstheater München, Erstdruck am 20.2.1927 unter dem Titel »Gedenkrede für Rainer Maria Rilke« in: *Neue Freie Presse*, Wien, wieder unter dem erweiterten Titel »Der reine Dichter. Gedenkrede für Rainer Maria Rilke. Von Stefan Zweig«, in: *Münchner Neueste Nachrichten*, 22.2.1927, S. 1–2.

4 Bohnenkamp, Der reine Dichter, S. 126.

Kontext ›Kapelle‹ brennende Altarkerzen, eine Vase mit einer langstieligen roten Rose, gehobenes, deklamierendes Sprechen der Interpretin und schließlich ein für sakrale Zeremonien oder auch für Bach-Passionen charakteristischer ritueller Schluss: Die Darstellerin verlässt, nachdem sie geendet hat, schweigend den Raum, im Auditorium herrscht Stille. Nach minutenlanger Absenz tritt sie wieder auf und erst nachdem auf diese Weise das angemessene Zeitintervall der Besinnung markiert ist, darf der Applaus einsetzen; das Verlassen des Raumes, Zurücklassen von Stille und Wiederauftreten gehören noch zum Ritual.[5] Verstehen und Akzeptanz dieser mitunter unfreiwillig komischen Inszenierung durch das Publikum und die wachsende Beliebtheit der Schorr-Abende[6] bestätigen, wie weit die entsprechenden Klischees mittlerweile Bestandteil allgemeinen kulturellen Wissens sind. Auf der anderen Seite zeigt etwa das jüngst bei Insel erschienene Buch des Theologen Schiwy, das Rilkes »tiefreligiöse Persönlichkeit«, lebenslange »Gottsuche« und sein angebliches »religiöses Sendungsbewusstsein« thematisiert,[7] die Langlebigkeit solcher Klischees auch in der akademischen Essayistik.

Nun ist die wirkungsgeschichtliche Verfestigung eines Autorbildes in topische Muster, die schon immer zu Frontbildungen zwischen polemischen und identifikatorischen Positionen geführt haben, sicherlich ein multikausales Phänomen. Im Gegensatz zu George wird Rilke nämlich als aktuell gültiger Mythos wahrgenommen und seine Texte sind anhaltend Gegenstand ritualisierter oder auch produktiver Breitenrezeption: Man denke nur an die Häufigkeit, mit der Rilke auf Weihnachtskarten, in Todesanzeigen und Grabsprüchen vertreten ist,[8] oder an das *Rilke-Projekt,* eine erfolgreiche CD-Produktion mit prominenten Schauspielern und Sängern, die zu Musikbegleitung Rilke-Texte vortragen.[9] Dieses anhaltende Interesse am Mythos Rilke gründet vermutlich unter anderem in der hypothetischen Signatur seines Werks. Bei aller poetologischen Vielfalt verzichtet es auf Behauptungen mit absolutem Wahrheitsanspruch oder Zustimmungsforderungen im Stil Geor-

5 Eigene Beobachtung, Juli 2004.

6 Ausdehnung der Schauplätze von der Schlosskapelle Schleißheim zum prominenteren Vortragsort ›Kulturzentrum am Gasteig‹ (München) und dort von der ›Black Box‹ zum ›Kleinen Konzertsaal‹, ferner Häufigkeit der Abende (31.1.2007: *Cornet*, 30.3.2007: *Stundenbuch*, 16.4.2007: *Kalckreuth-Requiem*, jeweils Black Box; 8.6.2007: *Kalkreuth-Requiem* und *Marienleben*, kleiner Konzertsaal; 17.5.2007: Briefwechsel mit Benvenuta, 20.5.2007: *Kalkreuth-Requiem* und *Marienleben*, jeweils Schlosskapelle Schleißheim, 9.11.2007: Briefwechsel mit Benvenuta und *Zehnte Elegie*), ferner Ausweitung des Programms vom Spätwerk auf verschiedenste Gedichtzyklen früherer Werkphasen.

7 Schiwy, Rilke und die Religion, S. 9 und S. 139.

8 Vgl. hierzu auch Wolfgang Braungart, der im *Stundenbuch* die meistzitierten Verse Rilkes, »die längst ritualisiert sind« ausmacht, in: Das Stunden-Buch, S. 217 f.

9 Das Rilke-Projekt hat bereits drei verschiedene CDs hervorgebracht (BMG Ariola Classics GmbH, 2001, LC 00316); zum expandierenden populären Markt der Rilke-Rezitationen und -Vertonungen vgl. auch Stahl, Marginalien zur Rilke-Forschung, 2004, S. 214 f., 2005, S. 278 ff.

ges.[10] Stattdessen umkreist Rilke im Modus von Konditional oder Negation mögliche Lösungen für existentielle Fragen und unterläuft sie nicht selten durch kontrastive Lösungsangebote. Das komplexe ästhetische Repertoire dieser ›Poetik der Annäherung‹, wie Gegen- oder Grenzbilder, Komplementärkonstruktionen, Rhetorik des Hypothetischen, offene Frage- und Appellstrukturen, ist bevorzugter Gegenstand poetologischer Untersuchungen.[11] In der Summe macht es identifikatorische Lektüren und Mitvollzug plausibel, plausibler zumindest als Georges Rhetorik des Apodiktischen. Zudem spielt in Rilkes Werk – ebenso wie bei Hölderlin – »der Schmerz, die Zerrissenheit und die Betonung des Sinns, der im Leiden liegt, eine herausragende Rolle« und prädestiniert die Dichter, die ihn je exemplarisch zu erdulden scheinen, zum »Klischee der Schmerzensmänner«.[12]

Dennoch sind die gelisteten Beispiele für populäre Breitenwirkung, etwa der Erfolg der Schorr-Abende oder das *Rilke-Projekt*, kaum vorstellbar ohne die alles andere als selbstverständliche Autornähe, ohne das anhaltende Interesse an Person und Leben des Dichters, das die Rezeptionsgeschichte des Rilke'schen Werks seit den Anfängen prägt. Im ersten Hauptteil war davon unter dem Stichwort ›Gesamtkunstwerk‹ die Rede. Diese Autornähe verdankt sich nun – so die leitende Hypothese der folgenden Kapitel – einem Phänomen, das als ›schriftliche Handlungskette‹ bereits namhaft gemacht wurde: Entlang poetisch-fiktionaler Prätexte wie dem *Stundenbuch* entwirft und medialisiert Rilke ein briefliches Autor-Ich,[13] das Netzwerk bestätigt dieses ›Gesamtkunstwerk‹ und schließlich wird es von denjenigen Respondenten fortgeschrieben, trivialisiert und popularisiert, die Erinnerungstexte verfassen.

Hier setzt die empirisch-historische Perspektive an, die im Weiteren meine Untersuchung bestimmen wird und die an dieser Stelle vorab zu skizzieren ist. Anhand von Beispielen aus poetischem Werk, Briefwerk und Erinnerungstexten soll die Systematik von Selbstinszenierung und Multiplikation der Selbstinszenierung und damit die Kernthese von der schriftlichen Hand-

10 Bis auf einzelne Lehrgesten wie den bekannten Imperativ »Du musst dein Leben ändern!«; auch in den *Duineser Elegien* gibt es viele Imperative, vgl. KA II, S. 620. Sie sind aber nicht als Zustimmungsforderungen formuliert, sondern relativieren sich aufgrund ihrer Vielgestaltigkeit und Widersprüchlichkeit selbst und können eher als je einzelne und individuelle Lösungsmöglichkeiten für existentielle Probleme betrachtet werden.

11 Stephens etwa weist nach, wie sehr Appellstrukturen in den *Elegien* eine Lektürehaltung des Mitvollzugs evozieren und ein fortschreitendes Textverständnis suggerieren, das sich schließlich als Fiktion erweisen muss. Als moderne Kunstwerke verweigern sich die *Elegien* überliefertem Weltverständnis und konventionalisierten sprachlichen Deutungsmustern; die vielen Polaritäten und Oppositionen eröffnen vielmehr »einen Raum der möglichen Bedeutungen [...], der sich dem Entweder/oder entzieht« und jenseits eindeutiger Bezeichnungsverhältnisse liegt, in: »Alles ist nicht es selbst«, S. 315 und 339.

12 Manfred Koch, Rilke und Hölderlin, S. 193.

13 Vgl. auch Nickisch, der bei Rilke und Brentano ein epistolares »Raffinement der Stilisierung« befundet, das so weit gehe, »daß der scheinbar nur ganz persönlich sich mitteilende Briefschreiber als eine »ästhetische Rolle benutzt wird – das Sich-privat-Mitteilen selbst wird somit Fiktion«, in: Brief, S. 98.

lungskette plausibel werden.[14] Rilkes Habitus als heiliger Autor, der für die vorliegende Untersuchung einzuengen ist auf seinen (schrift-)sprachlichen Habitus – körperbezogene Praxisformen wie Kleidungsstil, Gestik, Essgewohnheiten etc. müssen aus konzeptionellen Gründen ausgespart bleiben –,[15] lässt sich nämlich in zwei aufeinanderfolgende Autorrollen differenzieren: die Rolle des heiligen Mönchs und Mystikers und die Rolle des inspirierten Propheten.[16] Vor allem Letztere fügt sich gut in Max Webers Klassifikation religiöser Führertypen ein.[17]

Diese Abfolge von Rollen ist an Bourdieus Begriff der Laufbahn anzubinden; Letzterer sei unter sozialwissenschaftlicher Perspektive dem der Biographie vorzuziehen, da er »im Unterschied zu den üblichen Biographien [...] die Reihe der von demselben Schriftsteller in den aufeinanderfolgenden Entwicklungsstadien des Feldes sukzessiv eingenommenen Positionen« beschreibt.[18] Abweichend von der als selbstständiges und selbstbezügliches Telos

14 Der Nachweis von Systematik in Rilkes schriftlichem Handeln stützt wiederum die These von der habituellen Natur dieses Handelns und arbeitet polarisierenden Sackgassen wie strategisch/naiv, authentisch/unauthentisch, bewusst/unbewusst insofern entgegen, als Bourdieu zufolge »der Habitus bewirkt, daß die Gesamtheit der Praxisformen eines Akteurs [...] als Produkt der Anwendung identischer [...] Schemata zugleich systematischen Charakter tragen und systematisch unterschieden sind von den konstitutiven Praxisformen eines anderen Lebensstils«, in: Die feinen Unterschiede, S. 278.

15 Kassners rückblickende Schilderung und Deutung von Rilkes Abendgarderobe als »priesterlich« weist auf subtile semiotische Analogien zum fotografisch dokumentierten und von Mattenklott diskutierten Kleidungsstil Georges hin (vgl. Mattenklott, Bilderdienst, S. 191–201), so dass sich hier Ansätze zu einer vestimentären Typik heiliger Autorschaft gewinnen ließen: »Oder zum Smoking abends statt der ausgeschnittenen Weste eine hochgeschlossene aus Sammt und Seide? Es war leicht einzusehen, daß er damit, mit so einer priesterlichen Weste, darüber das russische Andreas-Kreuz hing, die Weltlichkeit des Smokings einigermaßen aufheben oder auch ein wenig herabsetzen und seinem Aussehen etwas Priesterliches oder doch Dichterisches verleihen wollte« (Kassner, Rilke, S. 88). Offensichtlich ist es die Kombination der Merkmale ›wertvoller Stoff‹ und ›Hochgeschlossenheit‹, die den Eindruck des Priesterornats evoziert.

16 Im Rekurs auf Goffman ist ›Rolle‹ hier zu verstehen als »das vorherbestimmte Handlungsmuster, das sich während einer Darstellung entfaltet und auch bei anderen Gelegenheiten vorgeführt oder durchgespielt werden kann«. Allerdings ist Goffmans interaktioneller Darstellungsbegriff – »performance« oder »Gesamttätigkeit eines bestimmten Teilnehmers an einer bestimmten Situation« – zu modifizieren zum schriftlichen Habitus als Gesamttätigkeit eines Teilnehmers an einer vermittelten, d.h. schriftlichen Kommunikationssituation, in: Wir alle spielen Theater, S. 10. Schöne hat darauf hingewiesen, dass Rollenspiel ein konstitutives Element von Briefkommunikation ist. Verständnis des Briefes beruhe »auf der Einsicht in den Rollencharakter der vom Brief entworfenen Figuren des Schreibers und Lesers«, wobei weder Schreiber noch Empfänger mit den Rollen, in die sie einträten, identisch seien, in: Über Goethes Brief an Behrisch, S. 215.

17 Bourdieu hat im Zusammenhang offensichtlicher Strukturanalogien zwischen religiösem Feld und Glaubensuniversum der Kunst – wie etwa der Praxis des Euphemisierens, die paradoxale Begriffspaare wie Apostolat/Marketing, Gläubige/Kunden, Gottesdienst/Arbeit, Schöpfung/Produktion vereinbar mache – wiederholt auf Max Webers Theorie religiöser Akteure hingewiesen und Letztere etwa zur Erklärung komplementärer Phänomene wie Veralltäglichung und Außeralltäglichkeit herangezogen, in: Praktische Vernunft, S. 196, S. 61 und S. 64.

18 Bourdieu, Die Intellektuellen und die Macht, S. 122.

konstruierten Biographie ist im Begriff der ›Laufbahn‹ Relationalität auf verschiedenen Ebenen, zwischen Akteur und anderen Akteuren, zwischen Werk und anderen Werken, zwischen individueller Geschichte und Geschichte des Feldes mitgemeint.[19]

In diesem Sinn lässt sich Rilkes Laufbahn als Karriere eines Charismatikers mit Gemeinde beschreiben, die von seinen jeweiligen Beziehungen zu naturalistischer und expressionistischer Generation, von ökonomischen Zwängen und Exil bestimmt ist. Diese Laufbahn zerfällt in zwei Phasen, die teilweise überlappen und deshalb nicht kategorisch, sondern nur als orientierende Hilfslinien zu denken sind. In jeder Phase, so meine Annahme, passt Rilke seinen brieflichen Habitus als heiliger Autor den jeweiligen Rahmenbedingungen und der eigenen Position an. Zunächst die Phase des Erwerbs von symbolischem Kapital und der Durchsetzung als Neuzugänger im Feld der Avantgarde mit dem Anspruch auf unbedingte, reine Produktion: In dieser Phase – der die bourdieusche Position des Häretikers entspricht – dominiert die Rolle des ›heiligen Mönches‹ und ›Mystikers‹, der auf Demut, Einsamkeit und Selbstverneinung abstellt. Was auf den ersten Blick frei gewählt erscheint, folgt bei genauerer Betrachtung schlicht der immanenten Logik von Rilkes Selbstverständnis als Solitär mit Gefolge. Zu Beginn der Karriere sind symbolischer Kapitalpool und Gemeinde noch klein, das Risiko entsprechend hoch, so dass sich lautstarke Gesten der Selbstinszenierung und -behauptung verbieten.

Dieser Logik entspricht dann auch, dass Rilke seine Selbstinszenierungen in der zweiten, der Konsolidierungsphase verändert, expressiver gestaltet. Diese Phase ist um 1910, nach dem Abschluss des *Malte* anzusetzen. Rilke ist der etablierten Avantgarde zuzurechnen, und es geht langfristig um Konversion von symbolischem in ökonomisches Kapital, ferner um Ausdehnung der Gemeinde, um Vergrößerung des Aktionsradius. In diesem Sinn weichen die leisen Gesten des Anfangs nun zunehmend demonstrativeren Formen der Selbstinszenierung. Rilke präsentiert sich in der Rolle des expressiven Propheten und greift dabei auf traditionsreiche, biblische Inspirationsfiguren zurück – auch wenn formelhafte Elemente der Heiligenrolle wie ›Einsamkeit‹ und ›Askese‹ zeitlebens im Hintergrund präsent sind. Beiden Rollen gemeinsam ist die Komplementarität von Selbstüberhöhung und Selbstverminderung, der von George grundverschiedene Habitus autoritätsloser Autorität. Die bei Rilke allenthalben zu beobachtende Ambivalenz zwischen Macht und Ohnmacht, zwischen Berufensein und »Niedrigkeit« wird von der Forschung als Grundmuster des Dichter-Sehers namhaft gemacht.[20] Demnach ist der ›Vates‹, wie bereits angesprochen, als formales Leitprinzip von Rilkes

19 Vgl. Bourdieu, Praktische Vernunft, S. 72–82.

20 Vgl. etwa Helen Sword zur »oxymoronischen Logik« von prophetischer, inspirierter Poesie: »a power achieved through powerlessness, an authoritative posture maintained through abjection«, in: Engendering Inspiration, S. 1.

Selbstschöpfung jenseits unterschiedlicher inhaltlicher Akzentuierungen anzusehen. Die Funktion dieser programmatischen Ambivalenz – ein Nebeneinander von Distinktion und Identifikationsangeboten – lässt sich den Erinnerungsschriften von ehemaligen Netzwerkmitgliedern ablesen. So schreibt etwa die Partnerin Loulou Albert-Lasard, dass es »gerade diese wahre Demut« sei, die Rilke »so ergreifend« mache, »so menschlich nah und endlich so groß«.[21]

Auf der Basis eines konstruktivistischen Rollenbegriffs versteht es sich von selbst, dass mit den in Rede stehenden Autorrollen nur ein bestimmter Bereich der aus zahlreichen Rollen zusammengesetzten Identität des modernen Individuums Rilke gemeint sein kann; ein Bereich der Selbststilisierung, zu dem artifizielle Autorrollen und entsprechende Semantiken gehören. Die verschiedenen Rollen der alltagssprachlichen Kommunikationspraxis sind als realitätsnah von diesen artifiziellen Rollen abzugrenzen. So stehen den zu symbolischen Ordnungen gehörenden Rollen ›Heiliger‹, und ›Prophet‹ realitätsnahe Rollen wie ›Textproduzent des Insel-Verlages‹ (im Briefwechsel mit Anton Kippenberg), ›beratender Rezensent des Insel-Lektorates‹ (im Briefwechsel mit Katharina Kippenberg), ›Bewohner eines reparaturbedürftigen Hauses‹ (im Briefwechsel mit Werner Reinhart) und ferner hierarchische Rollen wie Sohn, Schüler, Lehrer, Wesensverwandter gegenüber. Damit sind nur einige Beispiele für eine Differenzierung genannt, die aus methodischen Gründen an dieser Stelle vorzunehmen ist. In der epistolarischen Praxis tritt sie allerdings aufgrund der Flexibilität des zwischen verschiedenen Rollen wechselnden modernen Individuums Rilke weniger deutlich in Erscheinung.[22]

Erzeugt wird Rilkes literarisiertes Selbstbild in Wechselwirkung mit Mitgliedern des Netzwerks, deren epistolarisches Sprechen Akzente setzt, Gesten bestätigt oder provoziert, Merkmale des Heiligen oder Prophetischen je nach Adressatendisposition einfordert. Das wandlungsfähige Charismatikerprofil und Gesamtkunstwerk, aus dem ein wirkmächtiger auktorialer Mythos hervorgegangen ist, kommt nur im Verbund mit Rilkes sozialer Nahwelt zustande und wäre ohne sie nicht denkbar. Das Netzwerk ist es schließlich auch, das Rilkes Daseinsform als freier Lyriker und ungreifbarer Solitär ermöglicht. Vor solchem Hintergrund wird es in den folgenden Abschnitten immer auch um entsprechende Leistungen gehen, um mäzenatische Versorgung, Wohnmöglichkeiten und Sozialkontakte. Und es wird sich zeigen, dass die ›gemeinsame Verfertigung des heiligen Rilke‹ im Briefdialog unter anderem der Erhöhung der Respondenten dient, bisweilen auch im Dienst von Motivation und Belohnung steht, dass hier gegebenenfalls Schnittstellen von Soziologie und

21 Loulou Albert-Lasard, Wege mit Rilke, S. 8.

22 Auch Košenina weist anhand von Briefen Hofmannsthals und Beer-Hofmanns darauf hin, dass »weder der Verfasser noch der Adressat eines Briefes ausschließlich mit den historischen Personen gleichzusetzen« seien, dass vielmehr »unterschiedliche Grade der Literarisierung« stets sichtbar blieben, in: »Der wahre Brief ist seiner Natur nach poetisch«, S. 254.

Semantik aufzusuchen sind. Diesen Prämissen folgt dann auch die Auswahl der epistolaren Quellen: Selbst wenn Rilke mit einer Vielzahl zeitgeschichtlich bedeutender Akteure episodisch Briefe gewechselt hat, wie etwa mit Maxim Gorki oder Sophie Liebknecht, so werde ich mich im Folgenden auf die großen Korrespondenzen mit zentralen Netzwerkmitgliedern beschränken, die bereits zu Lebzeiten für das öffentliche Rilke-Bild und später für die posthume Hagiographie maßgeblich waren.

Möglichkeitsbedingung der gemeinsamen Arbeit am Autor ist allerdings ein gemeinsamer Code. Um 1900, das geht aus den Überlegungen des ersten Hauptteils hervor, werden im intellektuellen Feld Pathos, Weihe und Gesten des Erhabenen nicht zensiert. Rilkes Respondenten partizipieren an diesen Rhetoriken, insofern vielen von ihnen ein gemeinsamer mentalitätsgeschichtlicher Horizont nietzscheanischer Prägung eignet. Er erlaubt das Sprechen über Dichtung und Dichter im Medium religiöser Hohlformeln und stellt Intersubjektivität dort her, wo eine heterodoxe, ›vagierende‹ Religiosität eigentlich weltanschauliche Divergenzen vorzeichnet: Die Akteure des Netzwerks sind an den Schnittstellen verschiedener Einheitskonzeptionen angesiedelt – wie Monismus, Lebensphilosophie, Immanenzglaube (Key, Salomé), Religionspsychologie (Salomé), Esoterik (Taxis), Pantheismus (Salomé, Kippenberg) und Mystik (Schmidt-Pauli, Key, Kippenberg)[23] – und kommunizieren doch mit Rilke im Medium eines gruppentypischen Sakralcodes. Von Lou Salomé etwa schreibt Ursula Renner, man meine »Rilke zu hören, wenn es über die Einsamkeit als Bedingung künstlerischen Schaffens geht«.[24] Der gemeinsame Code ruht auf dem Säkularisierungsschub der Moderne auf:[25] Nach dem Siegeszug von Technik, Naturwissenschaften und Darwinismus und mit Nietzsches Religionskritik werden um 1900 überlieferte religiöse Semantiken in einer Weise verfügbar, wie es in der Phase der Individualisierung und Anthropologisierung von Religion um 1800 noch nicht möglich war.

Ein repräsentatives Beispiel für entsprechende Neubesetzungen liefert Rilkes Beschreibung geselliger Abende auf Capri, die er im Hause der Mäzenin Alice Fähndrich im Winter 1906/1907 verbringt. Der Umstand, dass ihm während des abendlichen Beisammenseins von einer der anwesenden Damen regelmäßig ein Apfel geschält wurde, habe ihm »beinah etwas von der mystischen Nahrhaftigkeit des Abendmahls« verschafft, von der er noch Jahre

23 Vgl. exemplarisch Sabine Andresen und Meike Baader zu Ellen Key: Es wird »eine religiöse Haltung formuliert, die eklektizistisch verfährt und Anleihen bei den verschiedensten Religionen vornimmt. [...] Damit findet sich bei Key bereits eine Perspektive auf die Religion, die unter dem Motto steht, »was Religion ist, bestimme ich«, und bei der jeder sich seine eigene Religion bastelt«, in: Wege aus dem Jahrhundert des Kindes, S. 27; vgl. auch II. Hauptteil, Abschnitt 2.2.4.

24 Ursula Renner, Lou Andreas-Salomé, S. 33.

25 Zur Produktivität von Säkularisierung vgl. die historische Längsschnittuntersuchung von Schöne: Säkularisation als sprachbildende Kraft.

profitiert habe.[26] Ohne die Verfügbarkeit kanonischer heiliger Texte wäre eine solche Metaphorisierung eines beliebigen, positiv konnotierten Gemeinschaftserlebnisses schwer denkbar. Es wird zu zeigen sein, wie dieser variantenreiche säkular-religiöse Briefcode die Sprecher integriert, Grenzen markiert und den Autor Rilke auf Dauer stellt, insofern er über dessen Lebensspanne hinaus bedient wird.[27] Hinzu kommt der geistesgeschichtliche Diskurs, der als Subtext vor allem Katharina Kippenbergs epistolarische und memoriale Rilke-(Re-)Konstruktion prägt.

Auffällig ist, dass Rilkes lebenslanger Selbstentwurf entlang einer Gender-Differenz geschieht, die als solche zwar beschreibbar, ursächlich aber schwer auf einen Nenner zu bringen ist. Zwar sind Selbststilisierungen in Korrespondenzen mit Männern tatsächlich die Ausnahme und finden sich allenfalls vereinzelt in Briefen an zentrale Funktionsträger wie den Verleger Kippenberg oder den Mäzen von der Heydt. Das weibliche Adressatenkollektiv allerdings ist hinsichtlich des sozialen und kulturellen Orts, Kapitalreservoir und Funktion in der Rilke-Gemeinde zu heterogen, als dass verallgemeinernde Annahmen über höhere Emotionalität oder höhere poetische Empfänglichkeit diesem Kollektiv gerecht würden. Das Spektrum reicht, wie zu zeigen war, von einflussreichen und im Zentrum der Gesellschaft stehenden Aristokratinnen und Intellektuellen über avantgardistische oder traditionelle Künstlerinnen und Autorinnen bis hin zu randständigen und stigmatisierten Akteurinnen und zu Angehörigen der Unterschicht; es kann also kaum durchgehend eine von der Forschung immer wieder namhaft gemachte ›weibliche Sensitivität‹ oder das undefinierte ›Weibliche‹ schlechthin sein, das Rilkes Selbststilisierungen in Gang setzt.[28]

Gegen solche Stereotypisierung von Weiblichkeit als Auslöser fiktionsnaher Selbsterfindung spricht zudem die Gedenkliteratur: Zwar stilisiert sich Rilke vornehmlich für Frauen zum Heiligen oder Propheten, doch schreiben

26 Rilke an Lou Salomé, 10.1.1912, LAS, S. 245.

27 Die brieftheoretische Entsprechung zu diesen empirischen Beobachtungen findet sich bei Bürgel, der entschieden für die gesellschaftliche Vermitteltheit eines jedweden individuellen Briefstils votiert, in: Der Privatbrief, S. 287 ff. und S. 294. Vgl. dazu auch Csáky: »Das beginnt schon damit, dass Schreiber und Empfänger sich ein und derselben konkreten Sprache bedienen, dass die Vokabeln ihrer Interaktionen mit anderen als Signifikanten ›gelesen‹, die Codes dekodiert und das Signifikat, das z. B. mit einer Metaphorik benannt wird, entschlüsselt werden können«, in: Oralität und Literalität, S. 22.

28 Storcks Einschätzungen, denen zufolge Rilke »ein sensibleres Organ für Frauen« besessen habe (Judentum und Islam, S. 68), seine »Schreibe« in der Korrespondenz mit Katharina Kippenberg »gelöster, freier, warmherziger« als im Briefwechsel mit Anton Kippenberg sei und sich hier »der Weiblichkeit des Gegenübers« verdanke (Das Briefwerk, S. 504), ist sicherlich beizupflichten. Plausibel ist ebenso die psychoanalytisch vertiefte Perspektive von Angelika Ebrecht, die Frauen als Projektionsfläche ohne eigene Erwartungen versteht und den »ununterbrochenen Briefverkehr mit Frauen« als Instrument, »die Einsamkeit zu überbrücken, ohne sie aufgeben zu müssen« (Einsamste Gemeinsamkeit, S. 102 f.). Doch stellt sich die Frage, ob solche individualpsychologischen Erklärungsangebote nicht durch soziologische Überlegungen zur Funktion der Gender-Differenz ergänzt werden können.

auch Männer wie Zweig und Salis, die nicht persönlich derartige Briefe erhielten, Rilkes Selbstbild fort. Der emphatische und irrationale, quasi ›weibliche‹ Redestil solcher Fortschreibungen ist demnach nicht ausschließlich weibliches Terrain, sondern ebenso Sache männlicher Multiplikatoren. Aufgrund dieser Beobachtungen möchte ich hier in Abgrenzung von psychologisch-biographischen Deutungsversuchen eine alternative Begründungshypothese für die Gender-Differenz vorschlagen: Positionenhomologie[29] zwischen Rilke und den weiblichen Mitgliedern des Netzwerks.

Gemeint sind damit Äquivalenzen hinsichtlich des Verhältnisses zu Macht und Ohnmacht, zu Dominanz und zum Dominiert-Werden, zu Kodifizierung von Positionen bzw. Unterbestimmtheit, auch oder gerade wenn die jeweilige Respondentin in einem anderen Feld als dem der Literaturproduktion agiert. Ebenso wie Rilke zählen nämlich zahlreiche Protagonistinnen seines Netzwerks, bei aller sozialen und kulturellen Heterogenität, zu den »Beherrschten unter den Herrschenden« (RK, S. 397). Manche von ihnen besetzen als unselbstständige Ehefrauen von dominanten Akteuren im Feld der bürokratischen oder ökonomischen Macht die Position der »Beherrschten unter den Herrschenden«, der Dominierten im Feld der häuslichen Macht,[30] und füllen sie mit Salontätigkeit. Gemeint sind hier Mäzeninnen wie Marie Taxis, Ehefrau des böhmischen Fürsten Alexander Taxis, Nanny Wunderly-Volkart, Ehefrau des wohlhabenden Lederfabrikanten Hans Wunderly in Meilen, oder Helene Nostitz, deren Mann Alfred Graf von Nostitz hoher sächsischer Verwaltungsbeamter ist.[31]

Andere agieren als Beherrschte im intellektuellen Feld. Auch hier sind Frauen (noch) im Nachteil; als Professionelle ohne institutionalisierte Ausbildung und ohne Bildungstitel werden sie von den herrschenden Bildungsmandarinen dominiert. Dieses Defizit an institutionalisiertem Kulturkapital suchen sie durch Anhäufung von spezifischem Wissen, von inkorporiertem Kulturkapital[32] auszugleichen und ferner durch Erwerb von objektiviertem Kulturkapital – sie schreiben Bücher: so etwa Lou Salomé, die als Frau des seit 1903 in Göttingen lehrenden Professors Andreas und Intellektuelle ohne Bildungstitel den fehlenden Hochschulabschluss[33] mit selbstständiger Aneignung von philosophischen, literarischen und psychoanalytischen Wis-

29 Zur Theorie der Homologie von sozialen Handlungsräumen und den sie strukturierenden Positionen vgl. Bourdieu, Die feinen Unterschiede, S. 286 – 288; ferner RK, S. 395 – 400.

30 RK, S. 397. Zur Definition von »Machtfeld« vgl. Bourdieu, Praktische Vernunft, S. 51.

31 Hinzuzurechnen ist auch die zwar wirtschaftlich und sozial abgesicherte und zur herrschenden Klasse gehörige, juristisch aber von Vormunden dominierte unverheiratete Sidonie Nádherný.

32 Zum relativen Tauschwert von Bildung bzw. spezifischen Kulturkompetenzen in Märkten mit symbolischer Logik vgl. Bourdieu, Die verborgenen Mechanismen der Macht, S. 56 ff.

33 Abbruch des 1880 in Zürich aufgenommenen Studiums der Religionsgeschichte, Dogmatik, Philosophie und Kunstgeschichte aus Gesundheitsgründen nach einem Jahr, vgl. Ursula Welsch / Michaela Wiesner, Lou Andreas-Salomé, S. 31 ff.

sensbeständen und zahlreichen Buchveröffentlichungen kompensiert.[34] Ähnlich verfügt Katharina Kippenberg als Lektorin und Frau des Verlegers mit Professorentitel über ein hohes Maß an akademisch und selbstständig erworbener literarischer und philosophischer Bildung und produziert Literatur über Literatur.[35] Auch Ellen Key eignet sich als Professionelle ohne institutionelle Schul- und Hochschulausbildung einen breiten kulturhistorischen Bildungshorizont mit philosophischen, literarischen, evolutionsbiologischen und pädagogischen Dimensionen an und nimmt auch aktiv an den entsprechenden Diskursen teil.[36]

Dieser exemplarischen Reihe wären noch viele weitere Akteurinnen hinzuzufügen, die gemäß der (noch) gültigen juristischen und sozialen Rollennormen in ihren jeweiligen Handlungsräumen beherrschte Positionen einnehmen. Ihnen steht das männliche Netzwerksegment der deutlich unterrepräsentierten Herrschenden im ökonomischen[37] und der überrepräsentierten Herrschenden im intellektuellen Feld gegenüber. Letztere sind ausgewiesen durch Bildungstitel wie Professor Anton Kippenberg, wie der promovierte Philosoph Kassner,[38] der promovierte Astronom Aretin, der zum Dr. phil. promovierte Autor Stefan Zweig, der nach Kriegsende zum Dr. phil. promovierte Thankmar von Münchhausen,[39] der Zoologieprofessor Jean Strohl oder der promovierte Psychiater Gebsattel. Schreibt Rilke an solche Akteure, stilisiert er sich vergleichsweise wenig.

Inwiefern ist nun auch er ein »Beherrschter unter den Herrschenden« bzw. worin liegen die Äquivalenzen zu den Positionen der professionellen Intellektuellen und den Ehefrauen ökonomischer und bürokratischer Machthaber? Rilke ist Akteur im Feld der Kunst, sogar feldbestimmender Akteur. Das Feld der Kunst wiederum ist aufgrund des symbolischen Prestiges, das hier zu erwirtschaften ist, innerhalb des sozialen Raumes am herrschenden Pol angesiedelt. Demnach gehört der Kunstproduzent Rilke, bezogen auf die Gesamtheit des sozialen Raumes, natürlich zu den Herrschenden. Nun weisen allerdings die Posten im Feld der Kunst einen sehr niedrigen Kodifizierungs- und Institutionalisierungsgrad auf und sind in ähnlicher Weise unterbe-

34 Salomé setzt sich neben Philosophie und Psychoanalyse auch intensiv mit dem Literaturbetrieb und seinen Tendenzen auseinander und gilt als Kennerin der naturalistischen Szene, vgl. Ursula Welsch / Michaela Wiesner, ebd., S. 104 ff.

35 Germanistikstudium ohne Abschluss in Leipzig bei Köster um 1900; ab 1925 lehrt in Leipzig der Geistesgeschichtler Korff; für diese Informationen danke ich Renate Scharffenberg, Marburg.

36 Von Privatlehrern unterrichtet, seit dem 20. Lebensjahr, 1870, berufstätig, zuerst als Sekretärin des Vaters, der Mitglied des schwedischen Reichstages war. Nach einer nur einjährigen intensiven Auseinandersetzung mit dem schwedischen Volkshochschulwesen ist Key ab 1880 als Lehrerin an Sonntags- und Mädchenschulen und Dozentin einer Volkshochschule für Arbeiter tätig, vgl. Katja Mann, Ellen Key, S. 14 ff.

37 Etwa der Bankier Karl v. d. Heydt, die Industriellen Otto Weininger und Werner, Georg und Oskar Reinhart.

38 Promotion 1896 über »Den ewigen Juden in der Dichtung«, vgl. KAS, S. 11.

39 Vgl. Nachwort des Herausgebers, TM, S. 207.

stimmt wie diejenigen der ungelernten, bücherschreibenden weiblichen Intellektuellen, die erst ex post etwa als ›Reformpädagogin‹ etikettiert oder als ›Muse‹ umschrieben werden. Selbst feldbestimmenden Akteuren wie Rilke mangelt es an konvertierbaren Ressourcen, an Geld und Bildungstiteln. Das Feld, das sie bestimmen, ist zwar am herrschenden Pol des sozialen Raumes angesiedelt, wird aber dort sowohl ökonomisch als auch intellektuell dominiert von denjenigen, die über Geld oder Bildungstitel als Spieleinsatz verfügen – z. B. etablierte Verleger, Akademiepräsidenten oder Hochschullehrer, die den Kanon mitbestimmen.[40] Rilke, der dergleichen nicht zur Verfügung hat und sich auf die riskante und unterdeterminierte Position des Produzenten reiner Kunst festlegt, gehört demnach ebenso zu den Dominierten an der Gesellschaftsspitze wie die Ehefrauen der politischen und ökonomischen Machthaber. Ferner ist seine Position vergleichbar – und hier ist Bourdieu zu ergänzen – mit derjenigen erfolgreicher weiblicher Intellektueller ohne Titel oder Berufsdefinition. So asymmetrisch die Beziehungen Rilkes zu den Repräsentanten wirtschaftlicher und intellektueller Macht logischerweise also sein müssen – bei aller freundschaftlichen Oberfläche –, so groß ist das Risiko der Instabilität; Spannungen mit dem Mäzen von der Heydt sprechen für diesen Zusammenhang (s. u.).

Umgekehrt kann man den Beziehungen zwischen den weiblichen Beherrschten unter den Herrschenden und Rilke aufgrund der Homologie ihrer Positionen größere Stabilität unterstellen. In diesem Sinn sind nicht nur die Salon-»Damen der Aristokratie und der Bourgeoisie« – wie Rilkes Mäzeninnen und Mentorinnen Marie Taxis, Sidonie Nádherný, Hertha König, Helene Nostitz, Dory Von der Mühll und Nanny Wunderly – »zu Vermittlern zwischen der Welt der Kunst und der des Geldes, zwischen dem Künstler und dem »Bürger« prädisponiert« (RK, S. 397). Analog sind die weiblichen professionellen Intellektuellen zu Vermittlern zwischen Kulturherrschern und Kunstproduzenten prädisponiert. Das zeigt sich beispielhaft, wenn Ellen Key zwischen dem unbekannten Literaturproduzenten Rilke und dem naturalistischen ›Kulturherrscher‹ Georg Brandes vermittelt.[41] Der Zusammenhang von Positionenhomologie und weiblicher Vermittlungsfunktion ist übrigens schon den Zeitgenossen bewusst, wie ein entsprechendes Notat von Katharina Kippenberg belegt: »Die Frau und der Künstler haben eine sehr ähnliche innere Lage, und sie verstehen sich deshalb auch so innig gut. Viele Frauen haben als die ersten an einen Dichter geglaubt, und auch Rainer Maria Rilkes Ruhm haben sie zuerst verbreiten helfen.«[42] Aufgrund dieser Symmetrien kann in den Briefbeziehungen mit Frauen effektiver gemeinsam am ›heiligen Rilke‹ gearbeitet werden; an einem künstlichen Autorbild, das nur dort risikolos herstellbar ist, wo weder Asymmetrien zwischen Herrschenden und

40 Vgl. die einschlägigen Graphiken in RK, S. 203 und in Bourdieu, Praktische Vernunft, S. 68.
41 Vgl. Abschnitt 2.2.4.
42 Beitrag II, S. 45.

Beherrschtem eine Rolle spielen noch potentielle Konkurrenz zweier Beherrschter. Rilke stilisiert sich nämlich auch in Korrespondenzen mit anderen Autoren, also potentiellen Konkurrenten wie Zweig, Gide oder Hofmannsthal kaum. In diesem Zusammenhang wird ferner zu zeigen sein, dass Rilke Frauen gegenüber auch häufiger ganzheitliche Beziehungsangebote macht. Die enge Verbindung von emotionaler Diffusität und Dichte der Selbststilisierung weist dabei Erstere als angemessene Basis für die gemeinsame ›Arbeit am Autor‹ aus.[43]

So weit der Vorausblick auf Rilkes wandlungsfähigen Selbstentwurf und auf den dialogischen Prozess, in dem er entsteht.

In einem weiteren Schritt sind anhand der gemeindeeigenen Gedenkliteratur Wirkung, Multiplikation und schließlich Wirkung der Multiplikation von Rilkes Habitus zu verfolgen – die Bildung und Überlieferung einschlägiger Klischees. Da nun den meisten Stellungnahmen der ersten vorwissenschaftlichen Rezeptionswelle hagiographische und subjektive, autornahe Akzente eignen, ist in dieser Phase zwischen den Textsorten ›Erinnerungsliteratur‹ und ›Forschungsliteratur‹ nicht immer klar zu differenzieren. Vor dem Hintergrund dieser Klassifikationsproblematik sollen in der vorliegenden Arbeit folgende Einschlusskriterien den Raum der Erinnerungsquellen markieren: Netzwerkzugehörigkeit des Verfassers bzw. persönliche Bekanntschaft mit Rilke und exklusive Bezugnahme auf Brieftexte. Das können eigene Briefe Rilkes an den Verfasser der Erinnerungsschrift sein, wie bei Marie Taxis, Lou Salomé, Katharina Kippenberg, Ellen Key, Magda von Hattingberg oder Elisabeth von Schmidt-Pauli. Das kann auch eine zum Zeitpunkt der Gedenkschrift unveröffentlichte Korrespondenz sein, auf die der Verfasser exklusiven Zugriff hat: Salis' Gedenkbuch über *Rainer Maria Rilkes Schweizer Jahre* ist insofern als Sprachrohr der Mäzenin Nanny Wunderly zu verstehen, als der Verfasser mit Wunderly persönlich bekannt ist und aus ihrer Korrespondenz mit Rilke exklusiv zitieren darf. Einen Sonderstatus beansprucht Ellen Keys Rilke-Essay insofern, als der 1911 erschienene Text nicht im strengen Sinn der Erinnerungsliteratur zuzurechnen ist. Da aber diese wichtige Mentorin und Multiplikatorin ebenso auf Rilkes Briefe zurückgreift und aus ihnen zitiert, selbst gegen seinen Willen, ist auch diese Schrift dem Quellenkorpus zuzurechen.

Mit Ausnahme des Buches von Schmidt-Pauli wurden Erinnerungstexte bevorzugt, deren briefliche Referenz als eigenständige Ausgabe vorliegt, die ferner repräsentativ für bestimmte Selbststilisierungsformen Rilkes sind. Auf

43 Einen weiteren wichtigen Grund, warum Rilke mit Akteurinnen der privilegierten Klassen stabile (Brief-) Beziehungen unterhält, bringt Nádhernýs Biographin Alena Wagnerová ins Spiel. Für viele seiner Korrespondenzen mit Frauen sei Rilkes grundsätzliche Solidarität mit weiblichen Emanzipationsbestrebungen wesensbestimmend, u. a. auch für die Korrespondenz mit Sidonie Nádherný, in: Das Leben der Sidonie Nádherný, S. 68.

diese Weise kann die wirkungsgeschichtliche Spur von der epistolaren Primärquelle zur memorialen Sekundärquelle genau nachgezeichnet werden. Wichtige Quellen wie etwa die Erinnerungsbücher von Albert-Lasard oder Betz wurden aus diesen Gründen nicht systematisch berücksichtigt: Bei beiden liegen der Briefwechsel oder Rilkes Briefe nicht als gesonderte Ausgabe vor. Ferner wird der Übersetzer und französisch-deutsche Kulturvermittler Betz weder persönlich mit epistolaren Elementen heiliger Autorschaft konfrontiert, noch schreibt er dieses Selbstbild fort.

Das Quellenkorpus ist dann zu differenzieren zwischen Memorialtexten erster Ordnung – die Bücher von Taxis, Salomé, Hattingberg, und mit der obengenannten Einschränkung Ellen Keys Rilke-Essay – und Memorialtexten zweiter Ordnung bzw. Summentexten. Letztere nehmen nicht nur auf Briefe, sondern auch auf bereits veröffentlichte Gedenkschriften Bezug; die Schriften von Salis, Schmidt-Pauli und Katharina Kippenbergs *Beitrag* fallen unter diese Kategorie.[44]

Zusammenfassend ist in den folgenden Abschnitten von Rilkes epistolarischem Rollen-Ich, von laufbahnbedingten Rollenwechseln und schließlich von der posthumen Multiplikationstätigkeit der Gemeinde zu handeln. Dabei ist aus konzeptionellen Gründen der Facettenreichtum von Rilkes Briefwerk zwischen literarischer Prosa und Sachtext auf die Perspektive der Selbstdarstellung einzuengen.

Auf die Frage ›Wer spricht?‹ bzw. welches Ich ist es, das hier spricht, gäbe es für Rilkes epistolarisches Sprechen natürlich viele Antworten. Auf eine von ihnen beschränkt sich meine Arbeit. Aus diesem Grund wird auch Rilkes brieflicher Umgang mit Frauen im Vordergrund stehen. Die Korrespondenzen mit Männern – ungeachtet ihrer großen und jeweils eigenständigen biographischen und ästhetischen Relevanz – sind nur schlaglichtartig in den Blick zu nehmen.

2.2 Rilke als heiliger Mönch und Mystiker

2.2.1 Sozialbiographischer Kontext

In dem Zeitraum, in dem Rilke das frühe und mittlere Werk schreibt, dominiert der epistolare Habitus des ›heiligen Mönches‹ und ›Mystikers‹. Fotografien bestätigen diesen Selbstentwurf, denn auch im Bildmedium erscheint der Autor als »mittelalterlicher Mönch«, »der einsam und intensiv immer wieder das gleiche Buch zur Hand nimmt und meditierend studiert« – so Michaela Kopp.[1] Nach abgeschlossener Etablierungsphase und unter dem

44 Vgl. II. Hauptteil, Kapitel 1.1.

1 Michaela Kopp, Rilke und Rodin, S. 22. Wie das Beispiel zeigt, begegnet solche Rollen-Terminologie auch in der aktuellen Rilke-Forschung, allerdings ohne systematische Perspektivierung

Eindruck einer Ästhetik des ungeschönt Existentiellen wird dieses Muster, sofern es nicht einzelne Gemeindemitglieder gezielt einfordern, zunehmend von der auktorialen Rolle des ›Propheten‹ verdrängt.

Ich gehe von folgender Begründungshypothese aus: Wenn Rilke sich ab etwa 1900 zum Heiligen im Stil des *Stundenbuches* entwirft, so ist damit die erste Phase seiner auktorialen Laufbahn und seiner Platzierungsbemühungen im literarischen Feld markiert. Diese erste Etappe in der Laufbahn des Produzenten reiner Kunst bezeichnet Bourdieu als »Askese- und Verzichtphase« (RK, S. 405), und charakteristischerweise entwirft Rilke sich hier als monastische Kunstfigur der Askese und des Verzichts. Das ist durchaus angemessen und folgt einer bestimmten Systemlogik singulärer Autorschaft, denn diese Frühphase der Akkumulation von symbolischem Kapital und der Entwicklung von Behauptungsstrategien ist in vieler Hinsicht risikoreich. Der junge Prager Emigrant entstammt einem verarmten und von Deklassierung bedrohten Haus aus den katholischen Randzonen des Bildungsbürgertums und hat zudem keinen Bildungstitel. Dieser Mangel an ökonomischem, sozialem und kulturellem Kapital stellt eine Konstellation von ungünstigen Dispositionen dar, die die Durchsetzung des Berufungsstatus zum Problem werden lässt.[2] Vor diesem Risikohintergrund erklärt es sich, dass Rilke nicht als avantgardistischer Revolutionär und Aggressor antritt, der bestehende ästhetische Ordnungen und ihre etablierten und konsekrierten Repräsentanten für ungültig zu erklärt. Stattdessen könnte man ihn als ›sanften Häretiker‹ bezeichnen, der unter dem Signum des Konservativen, Beständigen und der Tradition vorsichtig mögliche Nischen für innovative ästhetische Stellungnahmen sondiert. Diese von Bourdieu kaum thematisierte Alternative zur plakativen Häresie[3] wählt Rilke vermutlich nicht zuletzt deswegen, weil er

auf Rilkes epistolaren Selbstentwurf. Kopp bezieht sich hier vor dem Hintergrund der Dichotomie Literatur/bildende Kunst auf die fotografischen, essayistischen und epistolaren Selbstinszenierungen des frühen Rilke.

2 Bourdieu zufolge ist es nicht nur für diejenigen Autoren mit den besten Dispositionen leichter, den Berufungsstatus durchzusetzen; ausgestattet mit sozialem, kulturellem und ökonomischem Kapital seien sie von der Nachfrage unabhängig, was z. B. auch für Rentner wie George zutrifft. Darüber hinaus bedürften Akteure ausreichend ökonomischen, sozialen oder auch kulturellen Kapitals, um überhaupt erst einen Sinn für Positionen zu entwickeln und sich dann als Erste den riskantesten und vielversprechendsten zuzuwenden (vgl. RK, S. 413 f.). Berücksichtigt man diese systematischen Zusammenhänge, erscheint Rilkes Sinn für die Position des berufenen Produzenten reiner Kunst und sein langfristiger Erfolg bei der Durchsetzung dieser Position umso erstaunlicher: Schließlich mangelt es ihm in jeder Hinsicht an Startkapital.

3 Inszenierung von Konservativität zur Lösung von Problemen, die der Häretikerstatus im Feld der Kunst mit sich bringt, ist eine Habitusalternative, die bei Bourdieu nicht thematisiert wird. Seiner feldspezifischen »Logik des Wandels« (RK, S. 257) im ausdifferenzierten Kunstfeld der Moderne zufolge verdrängt der aktuelle avantgardistische Häretiker den ehemaligen Häretiker und jetzigen Orthodoxen, bis er selbst in die Position des Orthodoxen aufgerückt ist. Wem diese Transformation nicht gelingt, weil ihm der Sinn für Platzierungen oder Startkapital fehlt, dem steht z. B. der Weg in den kommerziellen, an der Tradition orientierten Sektor offen (vgl. RK, S. 253 ff., S. 346 f., S. 405, S. 410 f.). Selbstpräsentation eines Neulings im Feld in der Rolle des

keiner bestimmten revolutionären Generation oder künstlerischen Bewegung angehört wie die Naturalisten oder Expressionisten. In solchen Kollektivformationen verleiht ein gewisser Solidaritätseffekt auch schwächeren Akteuren Platzierungschancen, so dass Durchsetzung des Einzelautors und programmatische Durchsetzung der Bewegung aufeinander bezogen sind.[4]
Anders Rilke, der sich weder im Gefüge von Koalitionen noch von Oppositionen präsentiert, sondern als überzeugter Solitär ein ästhetisch inhomogenes Feld der Koexistenz und Konkurrenz unterschiedlichster Programme und Schulen betritt. Die polarisierende Schilderung des Literaturbetriebs durch Katharina Kippenberg bestätigt, dass ähnliche Beobachtungen bereits von Zeitgenossen gemacht wurden: Einer uneinheitlichen Naturalistengeneration mit Hauptmann, Dehmel, Wedekind, Bierbaum, Liliencron und Holz sowie den von »erlesenen Kreisen« umgebenen Auratikern George und Hofmannsthal stellt Kippenberg in ihrem Erinnerungstext »abgewandte Einzelne« gegenüber. »Unter ihnen der Einzelnste« sei der in Paris am *Malte* arbeitende Rilke gewesen.[5]

Allerdings beginnt dieser Solitär erst mit dem *Buch der Bilder* und dem *Stundenbuch*, sich langsam vom Epigonentum der eigenen Anfänge zu emanzipieren. Bis um die Jahrhundertwende experimentiert Rilke mit verschiedenen Formen auktorialer Identität, was sich einerseits in wechselnden Stil- und Textsortenpräferenzen – von naturalistischen Dramen und Prosa zu impressionistischer und jugendstilhafter Lyrik –, andererseits in ostentativer Teilnahme am Literaturbetrieb niederschlägt. So ist Rilke stets darum bemüht, Kontakte zu etablierten Künstlern zu knüpfen, etwa zu Halbe, Ganghofer, Conrad, Bierbaum in München, und später in Berlin zu Dehmel und Liliencron.[6] Unseld spricht unter Bezug auf diese frühe Phase von »ungemein aktiver literarischer Betriebsamkeit« und schildert Rilkes verlegerische Beziehungen als »außerordentlich wechselnd und lebhaft«.[7]

Tatsächlich ist Rilke, als er Juncker 1901 kennenlernt, schon bei sieben, meist kleinen Verlagen gewesen.[8] Auch Löwenstein attestiert Rilke »Betriebsamkeit«[9] und Storck gar »hektische Betriebsamkeit, die vom späteren Rilke

konservativen Traditionalisten und Verzicht auf den Habitus des bilderstürmerischen Avantgardisten muss aber nicht notwendig mit Kommerzialisierung einhergehen, wie im deutschsprachigen Raum etwa das Beispiel Stefan Zweig belegt.

4 Laut Bourdieu bedarf der ketzerische Neuling, wenn er mit geltenden Produktionsnormen brechen will, zusätzlich meist großer Umschichtungs- oder Veränderungsprozesse politischer oder gesellschaftlicher Art (vgl. RK, S. 401). Exemplarisch für einen solchen Zusammenhang ist der Erfolg der expressionistischen Generation. Zum Generationenbegriff vgl. Klausnitzer, Jenseits der Schulen und Generationen, Aufsatz im Druck.

5 Katharina Kippenberg, Rainer Maria Rilke, 1948, S. 45.

6 Vgl. Storck, Katalog zur Ausstellung, S. 52 und S. 61.

7 Unseld, Rainer Maria Rilke und seine Verleger, S. 183.

8 Einführung des Herausgebers, JUN, S. 8.

9 Löwenstein, Poetik und dichterisches Selbstverständnis, S. 98.

aus als eine selbstentfremdete Lebensweise erscheinen musste«.[10] Zu dieser von der Forschung einheitlich konstatierten Betriebsamkeit gehört rege Publikationstätigkeit in unterschiedlichsten Periodika wie *Wiener Rundschau, Ver sacrum, Jugend, Simplizissimus, Die Gesellschaft, Zukunft, Pan* und *Insel.*[11] Bis 1900 habe Rilke, so Renate Scharffenberg, vor allem Lyrik in Zeitschriften platziert, ab 1900 vermehrt kritische Prosa. Nach 1903 trete die Publikationstätigkeit in Periodika zunehmend in den Hintergrund.[12] Der Chronik lässt sich entnehmen, dass sie nach 1910, ausgenommen die Kriegsjahre 1914 und 1917, nur noch eine sehr untergeordnete Rolle spielt.[13] Zur frühen Betriebsamkeit gehört auch die eigene kurzlebige Zeitschrift *Wegwarten*, die Rilke kostenlos in Prag verteilt mit der Hoffnung, seinen Texten auf diese Art eine gewisse Popularität zu verschaffen – nach dem Vorbild des Naturalisten Karl Henckell.[14] Dazu gehört sogar das zeittypische Projekt der Gruppenbildung, lange bevor sich Rilkes soziale Nahwelt als charismatisch geführtes Netzwerk profiliert: Der Plan, in Prag einen ›Bund der wahrhaft Modernen‹ zu gründen, wird zwar nicht verwirklicht;[15] er zeigt aber, dass sich Rilke der Solidaritäts- und Durchsetzungseffekte von Autorenassoziationen durchaus bewusst ist und entsprechende Möglichkeiten der Identitätsbildung und -sicherung in Betracht zieht, bevor er endgültig von allen Zirkeln Abstand nimmt und den Sonderweg des Solitärs mit radiärem Netzwerk wählt.

Nach 1900 findet der einzige und einmalige Platzwechsel des Autors Rilke zur Position des berufenen Produzenten reiner Kunst statt. Er wird vollzogen ohne jede ökonomische Absicherung unter den Bedingungen eines autonomen Universums, in dem auch »Neuankömmlinge ohne Kapital sich durchaus auf dem Markt behaupten können, nämlich indem sie sich auf jene Werte berufen, in deren Namen auch die Herrschenden ihr […] symbolisches Kapital akkumulierten« (RK, S. 241). Dieser Platzwechsel impliziert die Hinwendung zur Lyrik im hohen Ton, langsamen Rückzug aus dem Literaturbetrieb und der »hektischen Betriebsamkeit« der Anfangsjahre und die Ausbildung einer angemessenen auktorialen Semantik des Heiligen. Mit ›Angemessenheit‹ ist hier einerseits Konsistenz, andererseits auch ausreichend Wandelbarkeit und Anpassungsfähigkeit gemeint, um der Durchsetzungsform der ›sanften Häresie‹ Rechnung zu tragen. Es wird sich zeigen, dass und inwiefern Rilke diese Postulate erfüllt.

Werksgenetisch ist der Platzwechsel markiert durch die Entstehung des *Stundenbuches* in den Jahren 1899 bis 1903, und hier ist auch der zeitliche Rahmen für die vorliegende Untersuchung anzusetzen. Dass sich dieser

10 Storck, Katalog zur Ausstellung, S. 39.
11 Vgl. Ingeborg Schnack, Chronik, S. 95 und S. 118.
12 Vgl. Renate Scharffenberg, Der Beitrag des Dichters, S. 134 – 154.
13 Vgl. Ingeborg Schnack, Chronik, S. 362, 391, 418 f., 453, 489 f., 524, 550 f., 584 f., 618 f., 674 f., 720 f.
14 Vgl. Löwenstein, Poetik und dichterisches Selbstverständnis, S. 98.
15 Ebd., S. 99 ff., S. 122.

Platzwechsel nicht plötzlich vollzieht, sondern als langsame Herstellung einer distinkten und distinguierenden Position aufzufassen ist, verdeutlichen widersprüchliche publizistische Manöver Rilkes. Einerseits beobachtet der Autor, der später wertende Stellungnahmen des Literaturbetriebes wie Kritiken oder Essays programmatisch ignoriert, in dieser Übergangsphase den Betrieb sehr genau. Über die Vergabe von Rezensionsexemplaren an etablierte Medien und Autoritäten des Avantgarde-Felds steuert Rilke Platzierung und Rezeption früher Publikationen in diesem, dem angestrebten Segment: Der Verleger Juncker erhält am 22.11.1901 eine ausführliche Liste von Personen und Zeitschriften, an die zunächst der Prosaband *Die Letzten*, sechs Monate später *Das Buch der Bilder* zu versenden seien.[16] Aufgeführt sind u. a. Bierbaum, Bie, Wassermann, Bahr und Harden, *Neue Deutsche Rundschau*, *Ver sacrum*, *Simplizissimus* und *Zukunft*. Besonderen Wert legt Rilke jeweils auf das Übersenden von Rezensionsexemplaren an Georg Brandes.[17] Das spricht dafür, dass er sich dessen Position als Kulturherrscher und ›Drehscheibe‹ des europäischen Naturalismus bewusst ist, den zeitgenössischen Markt der symbolischen Güter einzuschätzen weiß. Andererseits treibt er bereits ebenso konsequent die Singularisierung und Auratisierung von Autor und Werk über Einsamkeits- und Sakralmetaphorik voran, wenn er Fremdwerbung im eigenen Buch untersagt:

> Ich bitte Sie dringend noch um Eines, darum, keine Verlagsankündigungen hinten in den ›Letzten‹ anzubringen. Das ist die größte Gefahr für ein stilles, intimes Buch, dass es hinten, hinter allem, journalistisch und laut ausgeht [...] als ob in einer Kapelle Plakate hingen [...].[18]

Gleiches gilt für das *Buch der Bilder:* Werbung sei dort allenfalls auf einem eingelegten Zettel anzubringen.[19] Auch aus Löwensteins »Notizen zum dichterischen Selbstverständnis« des jungen Rilke geht hervor, dass für Rilkes auktorialen Habitus schon in der Phase der Rollenunsicherheit und literarischen Betriebsamkeit vor 1900 »Abgrenzung vom einfachen Volk beziehungsweise vom gewöhnlichen Menschen« kennzeichnend sei: Rilke schätze sich als »Ausnahmedichter« ein, bereits 1896 sei »sein dichterisches Selbstverständnis [...] durchaus elitär zu nennen«.[20] Selbst der geplanten Auto-

16 Vgl. Rilke an Juncker, 22.11.1901 und 3.7.1902, JUN, S. 39 f.und S. 73.

17 Vgl. Rilke an Juncker, 7.12.1901 und 5.7.1902, JUN, S. 45 f. und S. 74.

18 Rilke an Juncker, Brief ungefähr datiert zwischen 3.11. und 6.11.1901, JUN, S. 31.

19 Rilke an Juncker, 17.6.1902, JUN, S. 72; Renate Scharffenberg weist auf den Einfluss Georges hin, der im Vergleich des Buches mit einer Kapelle sichtbar werde. Im Unterschied zum priesterlichen Selbstverständnis Georges sei Rilkes Haltung eher »die des Ergriffenen, [...], des Laienbruders«, in: Der Beitrag des Dichters, S. 184. Diese Interpretation von Rilkes entstehender auktorialer Semantik deckt sich insofern mit meinen Überlegungen, als hier jene Autoritätslosigkeit und Selbstverminderung impliziert ist, die Rilkes Selbstentwurf von Anfang an bestimmt.

20 Löwenstein, Poetik und dichterisches Selbstverständnis, S. 105.

rengruppierung ›Bund der wahrhaft Modernen‹ war ein exklusives Profil als Sezession, als Alternativunternehmen zu bestehenden Assoziationen zugedacht.[21] Betriebsamkeit und forcierte Präsenz in der literarischen Öffentlichkeit, Distinktionsstreben und Berufungsethos: Es zeigt sich, dass Rilkes Position nach 1900 auf einem längeren und zunächst widersprüchlichen Differenzierungsprozess aufruht.

Die Entscheidung für getarnte Häresie, Assoziationsferne und Solitarismus verlangt nun einen Habitus, der sich von dem des ostentativen, häufig bohemisch lebenden Häretikers grundlegend absetzt. Nicht um den dramatisch inszenierten Bruch mit allem Bestehenden, mit ästhetischen Kanons und mit der bürgerlichen Ordnung geht es, nicht um aggressive Proklamation des Neuen aus dem Herzen hochgradig abgeschlossener Gruppierungen wie der späteren Expressionistenzirkel, sondern um Unterwanderung des Bestehenden mit dem ästhetisch Neuen. Unterwanderung setzt aber Kontinuität an der Oberfläche voraus, und so orientiert sich Rilke zunächst am Überlieferten und seinen Trägern, inszeniert Unterordnung unter Repräsentanten einer liberalen bildungsbürgerlichen Kultur und versucht, den Berufungsstatus mit Hilfe etablierter Mentoren und Kulturträger durchzusetzen.

In dieser Phase der endgültigen Platzwahl beginnt er, seine ungünstigen Herkunftsdispositionen und die Enthaltsamkeit vom Literaturbetrieb im Allgemeinen und stilbildenden Schulen oder Kreisen im Besonderen durch private Kontakte zu kompensieren. An die Stelle der Vernetzung im Literaturbetrieb tritt ein persönliches Netzwerk, das langsam aufgebaut und epistolarisch gefestigt wird. Dabei stehen in der ersten Laufbahnphase vor allem die Rollenfunktionen der älteren, prestigeträchtigen, in je verschiedenen Feldern etablierten Mentoren und Mentorinnen bzw. Mäzenen und Mäzeninnen im Vordergrund, ferner die des wichtigsten institutionellen Multiplikators, des Verlegers. Solche Akteure erweisen sich als geeignet, Rilkes Defizite an sozialem, kulturellem und ökonomischem Kapital auszugleichen; der junge Prager hatte bislang weder einen einflussreichen Bekanntenkreis noch ausreichend Geld und empfindet sich zudem als »fast ohne Kultur«, da »immer erneute Versuche, ein bestimmtes Studium zu beginnen«, kläglich abgebrochen seien.[22] Dafür kann er als Verfasser etlicher Gedichtbände und der *Geschichten vom lieben Gott* (1900) bereits einen gewissen symbolischen Kapitalpool als Investitionsgut in die Waagschale werfen. So setzt sich die Gemeinde anfangs vor allem aus älteren bürgerlichen und aristokratischen Protektoren wie Lou Salomé und Ellen Key und Mäzenen wie Karl von der Heydt, Gräfin Luise Schwerin und Alice Fähndrich zusammen; ferner aus

21 Ebd., S. 100 ff.

22 Rilke an Lou Salomé, 10.8.1903, LAS, S. 106.

einem lokalen Personenkreis von Gönnern und Freunden in Schweden,[23] den etablierten Kulturproduzenten Rodin und Verhaeren sowie den Verlegern Juncker und – ab 1906 – Kippenberg. Erst am Übergang zur nächsten, der Etablierungsphase kommen dann mehr und mehr mäzenatische und protegierende Figuren aus der eigenen Generation hinzu, die den Funktionsklassen ›gleichaltrige Mäzenin und Mentorin‹ zuzuordnen sind wie Helene Nostitz (1910), Sidonie Nádherný (1906) und Katharina Kippenberg (1910), ferner etablierte Kulturproduzenten oder aufstrebende Kulturproduzenten aus der eigenen oder jüngeren Generationen wie Gide, Kassner oder Regina Ullmann.

In dieser Aufbauphase des Netzwerks ersetzt der Brief als Medium kunsttheoretischer Reflexionen zunehmend die bisher betriebene Essayistik.[24] Ein solcher Medienwechsel hin zur persönlichen Kommunikation kann als Konsequenz eines charismatischen Projekts verstanden werden, dessen Gelingen von der individuellen Motivation und Mobilisierung der ›vielen Einzelnen‹ abhängt; unter systematischer Perspektive wurde das in Kapitel 1.1 des zweiten Hauptteils als ›Subjektivierung des Objektiven‹ diskutiert. Motivierend wirkt in diesem Zusammenhang ebenso eine systematisch betriebene Dedikationspraxis: Die Zueignungen in der Durchsetzungsphase spiegeln neben Zueignungen an etablierte Literaturproduzenten die Zusammensetzung des Netzwerks wider. Es zeigt sich, dass Rilkes Instinkt für den Fetischhandel im autonomen Glaubensuniversum der Kunst schon früh relativ ausgeprägt ist. So sollte der *Cornet* primär der Mäzenin Schwerin zugeeignet werden, die allerdings verstirbt; schließlich erhält ihre Tochter Gudrun Uexküll die Zueignung.[25] Die Übertragung der *Sonette von Elizabeth Barrett-Browning* wird posthum der Mäzenin Alice Fähndrich zugeeignet, der Prosazyklus *Geschichten vom lieben Gott* in der zweiten Auflage der Mentorin Ellen Key, das *Stundenbuch* der Mentorin Lou Salomé, die *Neuen Gedichte I* dem Mäzen von der Heydt und die *Neuen Gedichte II* dem Mentor Rodin.

Ferner gehört zum Ensemble von Motivations- und Mobilisierungspraktiken Rilkes Flexibilität, in verschiedenen Beziehungen verschiedene Rollen zu bekleiden und sich je nach Situation und Lebensphase über- oder unterzuordnen. So tritt er nicht nur im Briefwechsel mit der Pädagogin Key in der kommunikativen Rolle des Sohnes und im Briefwechsel mit Rodin in der des Schülers und Jüngers auf, sondern erprobt auch Stilisierung zum Sakralgegenstand zunächst am Respondenten: Rodins Werk wird zu »einer Kommu-

23 Zum Beispiel James Gibson, Ernst Norlind, Tora Vega Holmström. Auch der schwedische Freundeskreis, den Rilke in erster Linie Ellen Key verdankt, reflektiert bereits die anschlussfähige Verbindung von wirtschafts- und liberal bildungsbürgerlichem Segment: Während Norlind und Tora Holmström bildende Künstler sind, gehört der Zivilingenieur Gibson »zum wohlhabenden, progressiven Bürgertum Göteborgs« (Fiedler, Skandinavien, S. 119).

24 Vgl. Storck, Katalog zur Ausstellung, S. 111; vgl. auch Nalewski, dem zufolge die »überwiegende Mehrzahl [nichtfiktionaler Schriften] in dem Jahrzehnt zwischen 1893 und 1904 entstanden« sei, in: KA IV, S. 751.

25 Vgl. Storck, Katalog zur Ausstellung, S. 121.

nion, von der ich […] erleuchtet durch die Hostie ihrer Schönheit, heimkehre«,[26] die »so frohe Botschaft« vom Dasein des Meisters das »Evangelium […], mit dem unsere Tage an die Ewigkeit heranreichen«.[27] Was weiterhin für Rilke charakteristisch sein wird, sakralisierende Selbststilisierung, erscheint hier als Fremdstilisierung eines etablierten Kulturträgers und designierten Mentors. Michaela Kopp zufolge entwirft Rilke Rodin, so wie einst George Mallarmé, als seinen persönlichen spirituellen »Propheten oder Religionsstifter«. Für sich habe er dabei nach dem von der Romantik vorgeprägten Modell von ästhetischem Führertum und Gefolgschaft zunächst die abgeleitete Rolle des Apostels reserviert.[28] Vornehmlich in den Korrespondenzen mit Frauen wandelt sich diese Rolle dann schrittweise zur Rolle des selbstständigen Heiligen, der sein eigenes Gefolge konstituiert. Dies geschieht allerdings vornehmlich medial und so unmerklich, dass dem Gefolge ein entsprechendes, unter Umständen problemstiftendes Gefolge-Bewusstsein abgehen wird.

Sanfte Häresie, Orientierung am Tradierten und Unterwanderung dessen, woran man sich augenscheinlich orientiert – dieser Habitus wird allerdings nicht allein am Alters- und Sozialprofil des frühen Netzwerks sichtbar. Vielmehr dokumentieren in dieser Phase auch Huldigungsmanöver an etablierte oder konsekrierte Kulturautoritäten, die Rilke kaum oder gar nicht kennt – handschriftliche Widmungen, Widmungsgedichte, Zueignungen oder kurze Briefadressen – den Stil des Konservativen. Otto Julius Bierbaum und Karl Kraus erhalten gewidmete Exemplare der Lyriksammlung *Traumgekrönt*, Richard Beer-Hofmann *Mir zur Feier*, Georg Brandes den Dramentext *Das tägliche Leben*, ein nicht publiziertes »Spiel« eignet Rilke Ludwig von Hofmann zu, das *Buch der Bilder* schließlich Gerhart Hauptmann.[29] An George gehen Lob-, Bitt- und Informationsschreiben[30] sowie das im ersten Hauptteil zitierte Widmungsgedicht.[31]

Wie eng dabei Konservativität und Unterwanderung, Huldigung und Abgrenzung verknüpft sind, geht aus der höchst ambivalenten Natur mancher solcher Stellungnahmen hervor und lässt sich exemplarisch Rilkes Umgang mit Hauptmann und George ablesen. Der zweideutige Charakter der Hauptmann-Zueignung zeigt sich bereits im Verhältnis von Dedikationsempfänger und Textsignatur: Das *Buch der Bilder*, ein dezidiert nachnaturalistischer Text, präsentiert sich im Namen dessen oder derer, die man eigentlich hinter sich lassen will. Genette weist auf den performativen Charakter der Werkszueignung hin, welche »immer demonstrativ, ostentativ, exhibitionistisch« sei und sich ebenso an den Zueignungsempfänger wie an die anonyme Öffentlichkeit richte. Nun fragt man sich, was hier zur Schau gestellt wird: die von Genette

26 Rilke an Rodin, 27.10.1902, ROD, S. 62.
27 Rilke an Rodin, 26.10.1905, ROD, S. 117.
28 Vgl. Michaela Kopp, Rilke und Rodin, S. 62 ff.
29 Vgl. Ingeborg Schnack, Chronik, S. 53, S. 77, S. 95 und S. 137.
30 Vgl. ebd., S. 82.
31 Unter »Fazit: Positionenkonkurrenz?«, S. 110.

für prominente Zueignungsadressaten namhaft gemachte »intellektuelle Abstammung« oder aber deren Überwindung.[32] Nichts schließlich relativiert die Bedeutung einer Zueignung so sehr wie ihr Verschwinden, und genau das geschieht mit der Hauptmann-Dedikation. Nach erfolgreicher Etablierung und Einrücken in die ›geweihte Avantgarde‹ lässt Rilke in einer Neuausgabe des *Buches der Bilder* 1913 die Zueignung an einen Akteur fallen, der zu diesem Zeitpunkt bereits der ehemaligen geweihten Avantgarde zuzurechnen ist und mit dem Problem der Stillstellung zum Klassiker konfrontiert ist.[33]

Dass Rilke auch George gegenüber zwischen Unterwerfung und Selbstbehauptung schwankt, geht aus der kurzen Korrespondenz und besagtem Widmungsgedicht hervor und wurde am Ende des ersten Hauptteils dargelegt. Bezeichnend ist, dass beide Autoritäten eine stilbildende Schule oder Generation repräsentieren. In diesem Zusammenhang können Rilkes ambivalente Huldigungsmanöver auch als Distinktionsimpuls und anhaltender Entscheid gegen die Solidaritäts- und Integrationseffekte solcher kollektiver Formationen gelesen werden.[34]

Zum Projekt der ›konservativen Häresie‹ gehört ferner die Konstruktion einer Alt-Jung-Differenz unabhängig vom tatsächlichen biologischen Alter, um sich von Autoren der gleichen Generation abzugrenzen: Rilke pflegt den Habitus des zeit- und altersenthobenen, immer schon reifen Dichters und Lehrers, der über wahre Künstlerschaft reflektiert und Gleichaltrige ob ihrer Unreife kritisiert: Gewissen »Kritici«, die Juncker in einem Brief an Rilke erwähnt habe, darunter dem publizistisch umtriebigen Stefan Zweig, solle der Verleger keine Rezensionsexemplare zusenden, da es sich um »junge Leute« handle, »die mangels eigenen Könnens gerne billige Kritik treiben«;[35] Rilke ist zu diesem Zeitpunkt 27, Zweig 22 Jahre alt. Ein ähnliches künstlerisches Altersgefälle inszeniert Rilke in der Korrespondenz mit dem literarisch dilettierenden Offizier Kappus: Der ›Lehrer‹ Rilke ist zu Beginn des Briefwechsels 28, der ›Schüler‹ Kappus 20 Jahre alt.

Aus all diesen Beobachtungen erhellt, warum der orthodoxiebewusste Neuling bei gleichzeitigem Wahlentscheid für die riskanteste aller möglichen Positionen, für unbedingte, singuläre Autorschaft, am risikoreichen Beginn seiner Laufbahn noch keinen seherischen oder prophetischen Habitus an den Tag

32 Genette, Paratexte, S. 129–132.

33 Die Erstauflage hatte Juncker besorgt, neu aufgelegt wird das Buch nun 1913 bei Insel, vgl. Rilke an Anton Kippenberg, 25.10.1912, AK I, S. 358.

34 Rilkes Ambivalenz hinsichtlich der stilbildenden Generation der Naturalisten erhellt weiterhin aus seinem brieflichen Umgang mit Max Halbe, der sich, so Löwenstein, von anfangs überschwänglicher zu distanzierter Höflichkeit wandle; ferner aus seiner Ablehnung naturalistischer Prosalyrik, wie sie in einem Schreiben an Wilhelm von Scholz aus dem Jahr 1898 zum Ausdruck kommt (Löwenstein, Poetik und dichterisches Selbstverständnis, S. 122 und S. 201).

35 Rilke an Juncker, 17.8.1902, JUN, S. 77.

legt. Stattdessen bevorzugt er zunächst ein Rollenmodell,[36] das sich von der späteren Rolle des inspirierten Propheten hinsichtlich der brieflichen ›Lautstärke‹ unterscheidet. Risikomindernd stellt Rilke zunächst Demut, Askese und Merkmalsarmut des Mystikers in den Vordergrund und wird dabei zudem von zeitgenössischen Diskursformationen und kollektiven Codes gestützt. Statt jener Expressivität und Ostentativität, die nach 1910 das Selbstbild des prophetisch Inspirierten kennzeichnen wird, pflegt Rilke in der Durchsetzungsphase den epistolarischen Habitus einer ›leisen‹, tendenziell negativen Innerlichkeit.

Zwar wird Mystik immer wieder in Zusammenhang mit Offenbarung und Inspiration gebracht, insofern sich der Mystiker als ›Sprachrohr‹ Gottes verstehe, und das mystische Sprechen durch Allegorien und Metaphernreichtum gekennzeichnet sei.[37] Laut Reallexikon bildet »die z.T. narrativ inszenierte Inspiration in der klösterlichen Zelle samt den damit verbundenen Gesichten ein wichtiges Element im thematischen Spektrum mittelalterlicher Visionstexte«.[38] Wenn Rilke sich allerdings als klösterlicher Mönch und Mystiker inszeniert, filtert er aus den Grundfiguren mystischen Denkens solche heraus, die mit Innenleitung kompatibel sind, wie mystische Negativität und Schweigen, und stellt Aspekte von Schau und Inspiration zunächst zurück. Natürlich tauchen auch im *Stundenbuch* und in Briefen dieser frühen Phase schon vereinzelt Inspirationsfiguren auf, etwa wenn Rilke Lou Salomé wissen lässt, er habe auf seinem »einsamen Berg ein Gedicht geschrieben, es wurde so aus mir herausgerissen«.[39] Dennoch prägen solche Figuren das auktoriale Profil noch nicht in dem Maß wie nach der Publikation des Malte-Romans. In der Forschung ist gelegentlich davon die Rede, Rilke habe lebenslang mit Ausnahme der Rodin- und Cézanne-Phase eine Produktionsästhetik der Inspiration vertreten.[40] Zumindest für seine Selbstinszenierungen trifft das nicht uneingeschränkt zu, da erst ab 1911 eine Häufung von Inspirationstopoi im

36 An dieser Stelle ist nochmals dezidiert darauf hinzuweisen, dass »bevorzugen« nicht gleichbedeutend mit Intentionalität oder Zugänglichkeit der Bedingungen dieser Wahl ist, dass vielmehr von »der – meist völlig unbewussten – Orientierung eines Schriftstellers an einer der gebotenen Möglichkeiten« auszugehen ist, die je vom Stand des Feldes abhängen. Diese Orientierung am Möglichen verdankt sich einem nicht auf ultilitaristisches Nutzenkalkül zu reduzierenden »Sinn für das Spiel«, das im Glaubensuniversum der Kunst ernsthaft gespielt wird (Bourdieu, Praktische Vernunft, S. 73 und S. 144 f.); meiner Meinung nach verfügt Rilke in hohem Maß über diesen »Sinn für das Spiel«.

37 Vgl. Martina Wagner-Egelhaaf, Mystik der Moderne, S. 61; vgl. auch Spörl, Gottlose Mystik, S. 17 und S. 20 f.

38 Till, Artikel »Inspiration«, S. 151.

39 Rilke an Lou Salomé, 3.11.1904, LAS, S. 191.

40 Vgl. exemplarisch Löwenstein, Poetik und dichterisches Selbstverständnis, S. 212 f. und S. 217; vgl. auch Adriana Cid: »Auch wenn Rilke immer zur Konzeption des Inspirationsdichters neigte, wurde der Wille in seiner mittleren Phase unter dem Einfluß Rodins und Cézannes stark betont«, in: Mythos und Religiosität, S. 70; zur Problematik der mangelnden literaturgeschichtlichen Differenzierung zwischen mystischem und inspiriertem Habitus Rilkes vgl. auch Abschnitt 2.3.6.

engeren Sinn zu beobachten ist. Rilke gehört zu diesem Zeitpunkt bereits der geweihten Avantgarde an und kann es sich leisten, den Status des Geweihten entsprechend plakativ zu demonstrieren. Die Tätigkeitsbezeichnungen des Betens, Segnens, Kniens und vitalistische Bilder der Selbstauflösung in die Alleinheit dagegen wollen meiner Meinung nach nicht in den Inspirationskatalog passen. Noch wird die expressive Qualität des Vates zugunsten des sich kasteienden Solitärs zurückgehalten, sehnsuchtsvolles Schweigen gegen prophetisches Sprechen ausgespielt:

Darum ist alles was in mir Vertrauen ist, Vertrauen auf Einsame, alles was Liebe ist in mir: Liebe zu Ihnen. Von den Einsamen, die sich nicht verwirren lassen, von den Propheten, die nicht verkündigen, von denen, die schwer sind von ihrem Schweigen und süss von ihrer unvergossenen Sehnsucht: wird das Heil ausgehen.[41]

Der paradoxe Status des integrierten Außenseiters, des ästhetischen und sozialen Solitärs mit einem paneuropäischen System gesellschaftlicher Anschlussmöglichkeiten, erweist sich, einmal etabliert, als stabil und geeignet zur lebenslangen Standortbehauptung. Je ausgedehnter Rilkes Netzwerk im Lauf der Zeit wird, desto radikaler auch sein Solitarismus, bis hin zur sozial eingebetteten Einsiedlerexistenz im Turm von Muzot.[42] Die Durchsetzung dieses paradoxen Status in einem gegebenen »Raum der Möglichkeiten« (RK, S. 371 und S. 412) ist aber eher unwahrscheinlich, da hier einerseits der Besitz von Kapitalien ökonomischer, kultureller oder sozialer Art, andererseits der Auftritt als einheitliche Front, als Clique, stilbildende Schule oder Generation die Chancen der Neulinge maßgeblich steigert. Rilke ist also durch ein doppeltes Defizit benachteiligt und kann sich dennoch als integrierter Außenseiter behaupten. Es ist zu vermuten, dass dies u.a. in den ›leisen‹,[43] zurückhaltenden Gesten des Anfangs gründet. Aus der Distanz betrachtet, spricht aus ihnen zwar schon unverkennbar die Tendenz, sich selbst heiligzusprechen und den Solitarismus durch Einrücken in den Traditionszusammenhang ›heiliger Einsamkeit‹ zu legitimieren. Auf Rilkes Primärpublikum, die wachsende Briefgemeinde, dürften diese Gesten aber als Zeichen der Unterordnung, Timidität der Anfänge und Askese des reinen Künstlers gewirkt haben – an zahlreichen Beispielen aus Korrespondenzen und Gedenkliteratur wird das deutlich werden.

41 Rilke an Ellen Key, Fragebogenbrief vom 14.2.1904, EK, S. 55; vgl. hierzu die der abendländischen mystischen Tradition eignende »Scheu des Mystikers vor dem Wort« bzw. das Verfahren des »sanctum silentium«, auf die Spörl und Wagner-Egelhaaf hinweisen. Wagner-Egelhaaf betont aber, dass die Negativität auf eine positive Erfahrung, auf künftiges Sprechen ausgerichtet sei (Spörl, Gottlose Mystik, S. 20; Wagner-Egelhaaf, Mystik der Moderne, S. 20 und S. 70).

42 Zu Rilkes sozialer Einbettung in der Schweiz vgl. exemplarisch Ris, Blick auf die Schweiz, S. 81–101; vgl. auch die Zeittafel der Begegnungen Rilkes mit Nanny Wunderly, NWV II, S. 1203–1211.

43 Zum Motiv der »Stille« im fiktionalen Prätext *Stundenbuch* vgl. Löwenstein, Poetik und dichterisches Selbstverständnis, S. 203.

2.2.2 Autorsemantik im *Stundenbuch*

Die zeitliche Entwicklung der Heiligenrolle lässt sich etwa folgendermaßen nachzeichnen: 1898 entwickelt Rilke im *Florenzer Tagebuch* eine an Nietzsche geschulte Programmatik der Einsamkeit, die den einsam schaffenden und sich in selbst auferlegter Isolation von der Menge abgrenzenden Ausnahmemenschen ›Künstler‹ ins Zentrum stellt.[44] Die Steigerung des Einsamen »zum imaginierten, alles umfassenden Schöpfer-Gott« entspreche dem Übermenschen aus Nietzsches *Zarathustra*, so Fiedler.[45] Dabei werden bei Nietzsche alle wirkungsästhetischen Aspekte ausgeklammert zugunsten einer reinen Ausdrucksästhetik, die den solitären Schaffensprozess als Medium der Selbstgewinnung und Selbstdarstellung des titanischen Künstlersubjekts in den Mittelpunkt stellt. Das über diesen Vorgang der Selbstgewinnung hinaus wirkungslos gedachte Kunstwerk erschöpft seine Funktion in der Wegbereiterschaft des auktorialen Subjekts zu sich selbst.[46]

Solche Zirkularität löst das zwischen 1899 und 1904 entstehende und 1905 bei Insel erscheinende *Stundenbuch*, dem intensive Lektüren der Bibel[47] und der Franziskus-Biographie von Paul Sabatier[48] vorausgehen, auf poetologischer Ebene: eine neue Referenz – der werdende, vom Künstlersubjekt zu kreierende, nicht mehr vorgängig gedachte Gott – übernimmt die Funktion der Subjektkonstitution. Vor dem Hintergrund einer heterodoxen Religiosität »am Rande des Christentums«,[49] deren Frömmigkeit ihren Bezugspunkt nicht in Gott, sondern in Dasein, Welt und Kunst hat, entsteht ein Modell der Ego-Alter-Reziprozität. Mensch und Gott sind als Ich-Du-Konfiguration angelegt, als Subjekt und sein Anderes. Ohne festgelegte zeitliche oder räumliche Relationen und ohne feste Hierarchie konstituieren sie einander wechselseitig.[50] In einem Prozess unabschließbaren poetischen Sprechens wird dieser Gott »geboren«.[51] Deshalb beziehen sich Demuts- und Frömmigkeitsgesten des

44 Wichtige Subtexte für Rilkes Frühwerk sind *Zarathustra* und Tragödienschrift; zur Nietzsche-Rezeption vgl. auch KA I, S. 619.

45 Fiedler, Zarathustras Kind, S. 297.

46 Vgl. Theo Meyer, Nietzsche und die Kunst, S. 202 f.

47 Rilke benützte zwei verschiedene Ausgaben: eine im Nachlass erhaltene Lutherbibel, 1770 in Minden gedruckt und mit einer Vorrede des Jenaer Theologieprofessors Johann Franz Buddeus versehen; daneben hat er sich wohl gelegentlich die wissenschaftliche Neuausgabe des AT von Emil Kautzsch ausgeliehen (Die Heilige Schrift des Alten Testaments in Verbindung mit Professor Baethgen u.a. übersetzt und herausgegeben von E. Kautzsch, 2., mehrfach berichtigte Ausgabe Freiburg i.B., Leipzig 1896); vgl. Fülleborn, Rilkes Gebrauch der Bibel, S. 21 und S. 35.

48 Sabatier, Vie de Saint François d'Assise, Paris 1893. Deutsche Ausgabe, übersetzt von Margarete Lisco, Leben des Heiligen Franz von Assisi, Berlin 1897.

49 Rilke, KA I, S. 192.

50 Manfred Engel zufolge ist dieser Bezug »durch eine Fülle von Kippstrukturen« gestaltet, »in denen die hierarchischen [...] Relationen zwischen den Polen ›Ich‹ und ›Gott‹ ständig umgekehrt werden [...]«, in: KA I, S. 742.

51 Wolfgang Braungart, Das Stunden-Buch, S. 221.

lyrischen Subjekts nicht nur auf ihn, sondern ebenso auf die schöpferische Produktivität des Gott-Bauens, Gott-Malens und Gott-Schreibens.[52] Für die Rollenfiktionen des *Stundenbuches*, all die Malermönche, Pilger und einsamen Asketen, ergibt sich daraus eine »eigentümliche Verbindung von ›Stolz‹ und ›Demut‹«, da »Frömmigkeit gegenüber dem unverfügbaren Grund der eigenen Subjektivität [...] sich mit Stolz auf die aus diesem Grund abgeleitete kreative Potenz durchaus vereinbaren [lässt]«.[53]

Das ist insofern für die vorliegende Arbeit bedeutsam, als Rilke sein briefliches Selbstbild entlang dieser Rollenfiktionen modelliert. Die spezifische Ambivalenz dieses Selbstbildes zwischen Verkleinerung und Überhöhung ist hier auf der Ebene der Fiktion schon vorgezeichnet und man kann ahnen, wie aus solch hierarchischer Beweglichkeit in der Briefkommunikation Identifikationsangebote entstehen. Meyer konstatiert in diesem Zusammenhang, dass in Abgrenzung zu Nietzsche »bei aller artistischen Selbstverliebtheit hier ein demütiger Artist« spreche, und dass es »bei aller Demutshaltung [...] der narzisstische Sprachvirtuose« sei, der sich hier artikuliere.[54]

Man kann also das Verhältnis zwischen pantheistischer Hohlformel ›Gott‹ und lyrischer Sprechinstanz im *Stundenbuch* als immanente Autorpoetik bestimmen und sich fragen, welches Potential diese Autorpoetik von »Demut« und »Narzissmus« für einen jungen Autor am Beginn seiner Laufbahn im Avantgarde-Feld hat. Doch es sind auch diskurs- und semantikgeschichtliche Aspekte zu berücksichtigen. Wegen ihrer konstitutiven Gegensätzlichkeit und der Implikation einer höheren Einheit lassen sich solche Elemente auf die mystische Grundfigur der Subjekt-Objekt-Identität bzw. auf den zeitgenössischen Mystik-Diskurs beziehen. Er bietet ähnliche Polaritäten wie Demut/Hochgefühl, innere Schmelzung/innere Sprengung, Persönlichkeitsverengung/Persönlichkeitserweiterung, die sämtlich unter die mystische Paradoxie der identischen Gegensätzlichkeit fallen: »Selbstverkleinerung ist zugleich Selbstvergrößerung, Selbstzerstörung zugleich Selbstkonstitution.«[55] Die Parallelen zu Rilkes Habitus der Ambivalenz sind augenfällig und legen die Frage nach mystischen Subtexten nahe bzw. die Frage, ob hier Mystik ohne Transzendenz inszeniert wird. Ganz allgemein ist in der Literatur um 1900 und im Besonderen auch bei Rilke eine »bewußte Auseinandersetzung mit der [mystischen] Tradition«[56] als ästhetischer Reflex auf eine zeittypische »Mystikeuphorie«[57] zu verzeichnen. Die neue Begeisterung für den alten Weg in die Ungegenständlichkeit konkretisiert sich zum einen als Reformulierung des

52 Im ersten Buch ist dieses Subjekt bekanntlich als mönchischer Ikonen-Maler gestaltet, der »in die romantische Tradition von Wackenroders Klosterbruder gehört« (Wolfgang Braungart, ebd., S. 220).

53 Engel, KA I, S. 739.

54 Theo Meyer, Nietzsche und die Kunst, S. 204.

55 Martina Wagner-Egelhaaf, Mystik der Moderne, S. 60.

56 Ebd., S. 1.

57 Ebd., S. 62.

paradoxen Verhältnisses von mystischer Erfahrung und Sprache unter gottlosen Vorzeichen, als »Neomystik« oder Mystizismus zeitgenössischer Skeptiker.[58] Zum anderen führt ein lebhaftes populäres und auch wissenschaftliches Interesse an der mystischen Tradition zu zahlreichen Neuauflagen mystischer Schriften.[59] Insbesondere der für Rilkes Selbstkonstruktion bedeutsame Franziskus von Assisi erlebt eine ungewöhnliche Konjunktur: Als Symbol existentieller Armut und unvermittelter Gottesschau ist er dem Mystik-Diskurs zuzurechnen, gleichzeitig repräsentiert er als Chiffre für heterodoxe Religiosität, Emanzipation und Selbstbestimmung moderne Individualität (s. u.).

Rückbezug auf historische Quellen und »neomystische« Denkweisen ergeben eine diskursive Gemengelage, aus der sich die hohe Intersubjektivität von ›Mystik als Generationencode‹ erklärt.[60] Rilke rezipiert nicht nur zahlreiche mystische Quellen, 1903 Angelus Silesius[61], 1905 Meister Eckart, 1910 Mechthild von Magdeburg, Terese von Avila, Katharina von Siena, 1913 Heinrich Seuse und 1926 Johannes vom Kreuz.[62] Er wird auch von der Forschung der zwanziger und dreißiger Jahre und bereits von der Literaturkritik und Essayistik um 1900 als Mystiker geführt.[63] Rilke sei »bewusst Neuromantiker, Mystiker«, die Welt interessiere ihn »nur insofern, als sie ins Unendliche, Geistige [hineinrage]«, allerdings sei er »kein Mystiker in der naiven, überwältigenden Art des Angelus Silesius oder des Jakob Böhme, sondern bewusst, mit seinem Verstande«, so der Rezensent des *Buches der Bilder* in den *Bremer Nachrichten* 1902.[64] Wilhelm von Scholz' Aufsatz *Mystiker* von 1904 zufolge berührten sich Rilkes poetische Positionen mit denen Heinrich Seuses oder Angelus Silesius'.[65] Solche epochentypischen Rilke-Deutungen fallen zeitlich zusammen mit ersten Bemühungen des Autors, sich selbst zum Mystiker und heiligen Mönch zu stilisieren. Dass Rilkes Verleger Juncker genau diejenigen mystischen Quellentexte neu auflegen wollte, die dann von Diederichs popularisiert wurden, Meister Eckart und Angelus Silesius,[66] ist in

58 Vgl. dazu die Kapitel über Landauer und Mauthner bei Spörl, Gottlose Mystik.

59 Vgl. Martina Wagner-Egelhaaf, Mystik der Moderne, S. 28.

60 Vgl. dazu Bettina Gruber, Erfahrung und System, Einleitung.

61 Vgl. Rilke an Juncker, 26. 2. 1903, JUN, S. 93.

62 Vgl. Martina Wagner-Egelhaaf, Mystik der Moderne, S. 64 f.

63 Einen umfassenden Überblick der *Stundenbuch*-Rezeptionsgeschichte gibt Löwenstein und nennt für die Mystik-Lesart folgende Titel: Steppuhn 1912, Lasch 1916, Meßleny 1919/20, Ehrenberg 1922, Faust 1922, Koch 1929, Wernick 1926, Leschnitzer 1930, Frank 1935, Müller-Schwefe 1935, Kaubisch 1936, Becher 1947, in: »Gebete können nicht zur Diskussion gestellt werden«, S. 238.

64 Zitiert nach JUN, S. 324.

65 Vgl. Wilhelm von Scholz, »Mystiker«, in: Der Tag. Illustrierte Zeitung, Nr. 439, Ausgabe A, 18. 9. 1904, S. 3 (zitiert nach EK, S. 346).

66 Vgl. Herausgeberkommentar JUN, S. 253; der erste Band der Neuübersetzung von Hermann Büttner, »Meister Eckehart: Schriften und Predigten«, war 1903 bei Diederichs erschienen, 1905 folgt »Des Angelus Silesius (Joh. Scheffler) cherubinischer Wandersmann«.

diesem Zusammenhang ebenso von Bedeutung wie die dreizehnbändige Reihe mystischer Schriften, die der Insel-Verlag zwischen 1919 und 1927 herausgibt,[67] oder die auffallende Präsenz von Franziskus-Literatur im Insel-Verlag um 1910 (s. u.). Wesentlich für ein angemessenes Verstehen von Rilkes offensichtlich hoher Verstehbarkeit ist aber nicht nur die Intersubjektivität des Mystik-Diskurses, sondern der Umstand, dass Ersterer nur eine von mehreren Einheitskonzeptionen darstellt und von kurrenten ›Konkurrenzunternehmen‹ nicht immer klar zu differenzieren ist.

Sowohl Lebensphilosophie als auch biologischer Monismus weisen mit pantheistischen Gott- und irrationalen Erkenntniskonzeptionen, mit Verschmelzungsvorstellungen von Subjekt und Objekt, vom Leben als solchem und seinen je einzelnen Aktualisierungen »deutliche strukturelle Übereinstimmungen und Ähnlichkeiten mit der mystischen Erfahrung und ihren Inhalten« auf.[68] Und sie erfüllen eine vergleichbare sozialgeschichtliche Funktion: die Kompensation der verlorenen Ganzheit. Immer geht es um die Vermittlung und Harmonisierung von modernetypischen Gegensätzen, von Individuum und Allheit, von dionysisch Ungeformtem und apollinisch Geformtem, von Leben und Kunst. Bestimmte Redeweisen, Denkfiguren, poetische Motive oder auch habituelle Gesten einsinnig zu Lebensphilosophie, Monismus oder Mystizismus zuordnen zu wollen, kann problematisch sein. Exemplarisch zeigt sich das, wenn etwa der Lebensphilosoph Nietzsche in der Tragödienschrift das dionysische Prinzip der rauschhaften Entindividuation als »mystische Selbstentäusserung« bezeichnet.[69] Ähnlich dehnt Katharina Kippenberg im Briefdialog mit Rilke ihr individuelles Mystik-Verständnis vom Mittelalter bis zum Begründer des psycho-physischen Parallelismus Theodor Fechner aus und eröffnet auf diese Weise Anschlüsse für monistische Positionen der Moderne: Wem daran gelegen sei, »den mystischen Geist aufzusuchen«, der sei berechtigt, »den Begriff der Mystik über die Schöpfungen des Mittelalters, an die er bisher gebunden war, hinaufzuführen bis zu Novalis, Görres und weiter bis zu Baader und Fechner«.[70] Plausibel erscheint

67 Titel der Reihe: Der Dom. Bücher deutscher Mystik, Leipzig 1919 – 1927; enthalten sind nicht nur kanonische Mystiker wie Jakob Böhme, Heinrich Seuse, Johannes Tauler, Meister Eckart und Hildegard von Bingen, sondern auch Franz von Baader und die Schrift »Zend-Avesta« von G. Th. Fechner.

68 Spörl, Gottlose Mystik, S. 24 und S. 102; vgl. auch Martina King, Astronomie und Dichtung, S. 163; zur Nähe von Lebensphilosophie und Monismus vgl. auch Wucherpfennig, Antworten auf die naturwissenschaftlichen Herausforderungen, S. 164.

69 Nietzsche, KSA 1, S. 31 und S. 44.

70 Katharina Kippenberg an Rilke, 26.7.1918, KK, S. 294; die vielfältigen Verschränkungen von Mystik und Monismus gehen auch aus der Studie von Monika Fick hervor, etwa wenn Landauer den Weg von der Sinnlichkeit zur ›Übersinnlichkeit‹ als eine der mystischen Erfahrung ähnliche Form von Weltaneignung beschreibt oder wenn sich die Affinität von Naturalismus, Monismus und Mystik in Gerhart Hauptmanns Böhme-Rezeption artikuliert (Monika Fick, Sinnenwelt und Weltseele, S. 141 f. und S. 224 – 261).

es hingegen, die semantischen Schnittmengen dieser Diskurse als Subtexte für verschiedene kulturelle Äußerungsformen anzunehmen.

Das gilt, folgt man Ulrich Fülleborn, auch ganz konkret für das *Stundenbuch.* Rilke habe, so Fülleborn, dem Rollen-Ich des *Stundenbuches* »die Sprache der mittelalterlichen Mystik zugeordnet und [den Text] gleichzeitig zum Durchgangs- und Kreuzungspunkt für die das geistige Umfeld der letzten Jahrhundertwende beherrschenden Diskurse gemacht«.[71] In diesem Zusammenhang wird zu zeigen sein, dass nicht nur der fiktionale Text *Stundenbuch* sowohl auf mystische als auch auf lebensphilosophische und monistische Diskurse zu beziehen ist – womit verschiedene Forschungspositionen angesprochen wären.[72] Wichtig für die vorliegende Arbeit ist vor allem, dass diese Diskurse auch die semantische Grundlage für Rilkes epistolaren Selbstentwurf entlang des *Stundenbuches* abgeben. Wenn Rilke sich als heiliger Mönch entwirft, vereint diese Rolle ebenso mystische, lebensphilosophische und monistische Elemente. So erklärt sich dann auch deren hohes Anschlusspotential für die zeitgenössische Bildungsschicht und natürlich auch die entsprechende Deutungs- und Umdeutungsproblematik in der Erinnerungsliteratur.

Wie sieht nun diese – lebensphilosophische, monistische und neomystische – Autorsemantik des *Stundenbuches* im Einzelnen aus? Der Zyklus enthält drei Rollenfiktionen, aus denen Rilke im Brief ein werknahes Selbstbild zusammensetzen wird: den ›einsamen Künstler-Mönch‹, das lyrische Ich des ersten, den ›Pilger‹ des zweiten Buches und den ›heiligen Mönch und Mystiker‹ (Franziskus), Gegenstand des letzten Gedichtes. Vor allem letztere Fiktion, die auf einem eigenständigen zeitgenössischen Franziskus-Diskurs aufruht, wird sich als besonders bedeutend für Rilkes Heiligenrolle bis weit in die Wirkungsgeschichte hinein erweisen. Die »eigentümliche Verbindung von Stolz und Demut«, die das Modell für den verkleinerten und monumentalen Autor im Brief abgibt, ist in diesen drei Rollenfiktionen je unterschiedlich aktualisiert. So kennzeichnen die Tätigkeitsmodi des Dienens, Betens, Flehens und Kniens ganz allgemein Demut und Frömmigkeit des russischen Malermön-

71 Fülleborn, Rilke um 1900, S. 296 f. Zur formalen Funktion mystischer Rede für die diskursiven Kontexte des *Stundenbuches*, Ästhetizismus, Lebensphilosophie, Tiefenpsychologie und Existenzphilosophie bemerkt Fülleborn, dass »die Sprache der christlich-abendländischen Tradition, besonders die der christlichen Mystik, für die verschiedenen weltanschaulichen Diskurse der Jahrhundertwende verfügbar« sei.

72 Exemplarisch für den Mystik-Diskurs sind Martina Wagner-Egelhaaf, Mystik der Moderne, und Spörl, Gottlose Mystik; ferner van Ingen, der neomystische Figuren des *Stundenbuches* wie den »dunklen Gott« oder die Abhängigkeit Gottes vom Menschen detailreich auf entsprechende mystische Traditionen und Intertexte bezieht, in: Rebellische Mystik, S. 101 ff. Für die Relevanz monistischer Subtexte votiert Andrea Pagni, Rilke um 1900. Manfred Engel zufolge erklärten sich Rilkes Heterodoxien im *Stundenbuch* aus einer Denktradition, die sich vom romantisch-idealistischen Pantheismus um 1800 bis zu lebensphilosophischen Denkfiguren um 1900 nachzeichnen lasse (vgl. KA I, S. 739).

ches,[73] während sich die Kehrseite, auktorialer Schöpfer-Stolz auf kreative Potenz und sprachliche Gott-Evokation, häufig im Gestus der »Hoffahrt« ausdrückt. Das zeigt sich etwa in der Engführung von »frömmsten Gefühlen« und »Hoffahrt« in der ersten und vierten Strophe des Gedichts *Ich glaube an Alles noch nie Gesagte.*[74] Im Gedicht *Mein Leben hat das gleiche Kleid* bezeichnen »Beten« und »Knien« nicht nur Demut, sondern die Selbstgewissheit des kreativ Tätigen: »Für sie [meine Sinne] ist beten immer noch: Erbauen / aus allen Maßen bauen [...] und: jedes Hinknien und Vertrauen [...] mit vielen goldenen und blauen / und bunten Kuppeln überhöhn«.[75] Die Forschung hat darauf hingewiesen, dass Vorstellungen wie die Abhängigkeit Gottes vom Menschen, die Umkehrbarkeit des Vater-Sohn-Verhältnisses bzw. Gottgeburt im Menschen auch als mystische Denkfiguren auf der Grundlage der »immer neu einzuholenden mystischen Identität zwischen Gott und Mensch«[76] zu lesen seien.

Im zweiten Buch steht das Motiv des demütigen Pilgers im Vordergrund, doch es dominieren weiterhin Kippfiguren von Gott und Rollen-Ich, etwa in der Eingangspassage des dritten Gedichts: »Ich bin derselbe noch der kniete vor dir in mönchischem Gewand: der tiefe, dienende Levite, den du erfüllt, der dich erfand«.[77] Ähnlich erscheint die Figur des Pilgers als konstituierender Teil jenes Ganzen, das das Ziel aller Pilgerschaft ist: »Du Gott, ich möchte viele Pilger sein, um so, ein langer Zug, zu dir zu gehen, und um ein großes Stück von dir zu sein«,[78] so spricht ein lyrisches Pilger-Ich, das strenggenommen zu sich selbst pilgert. Im *Stundenbuch* differenziert sich ferner eine implizite Autorpoetik der Askese aus, die das Künstlersubjekt immer wieder in einem räumlichen Klosterkontext situiert, so etwa im 11. Gedicht des *Buches von der Pilgerschaft:* »Ich bin nur einer deiner Ganzgeringen, der in das Leben aus der Zelle sieht«.[79] In diesem Kontext verdienen die Chiffren ›Armut‹ und ›Ein-

73 Für die Entstehung einer auktorialen Semantik des Heiligen in *Stundenbuch* und Briefkommunikation ist neben den Diskursen Mystik, Lebensphilosophie und Monismus auch Rilkes sentimentalisches Bild des ›naiven‹ Russland von großer Bedeutung. Die zeittypische Utopie des vormodernen, vorzivilisatorischen, unentfremdeten Russland konkretisiert sich bei Rilke im russischen Menschen, der auf den bäuerlich-einfachen Menschen reduziert wird. So wie auch Russland als vorgeschichtlich, unmittelbar natur- und gottnah begriffen wird, ist der russische Mensch einer, der »erlebt und erleidet«, in: KA IV, S. 285 (Aufsatz »Moderne russische Kunstbestrebungen« (1902)). Russland ist das Land der »einsamen Menschen«, »jeder tief in seiner Demuth, ohne Furcht, sich zu erniedrigen und deshalb fromm [...] Menschen voll Ferne [...] Werdende«, (Rilke an Ellen Key, 14. 2. 1904, EK, S. 52). Diese Eigenschaften projiziert Rilke nicht nur auf die Gesamtheit des russischen Volkes, sondern auf die Rolleninstanz des *Buches vom mönchischen Leben* und schließlich auf sein epistolares Ich.

74 Vgl. Rilke, KA I, S. 162.

75 Ebd., S. 187, Zeile 7 – 10.

76 Martina Wagner-Egelhaaf, Mystik der Moderne, S. 72; vgl. auch van Ingen, Rebellische Mystik, S. 105 ff.

77 Rilke, KA I, S. 203, Zeile 3.

78 Ebd., S. 223, Zeile 1 – 3.

79 Ebd., S. 210, Zeile 1 – 2, vgl. auch KA I, S. 217, Zeile 2.

samkeit‹ besondere Beachtung. Erstere, Kernmotiv des *Buches von der Armut und vom Tode*, stellt als normative ethische und ontologische Kategorie eine mögliche Gegenposition zum modernen Problem zivilisatorischer Korrumpierung und Entfremdung dar und verweist ferner über die Assoziation der topischen ›geistlichen Armut‹ auf mystische Kontexte.[80] Letztere ist wie schon im *Florenzer Tagebuch* Bedingung und Indiz von schöpferischer Autonomie und Einheit des Subjekts.[81]

Nun konkretisiert sich die Paradoxie von ›Demut‹ und ›Stolz‹ nicht nur in den unspezifischen, fromm-hybriden Gesten und Tätigkeiten der anonymen Autor-Mönche und Autor-Pilger der ersten beiden Bücher. Vielmehr findet sie eine spezifische Ausformung in der mythopoetischen »Idealgestalt«[82] des heiligen Franziskus im letzten Gedicht des Zyklus. Neben der wahren ›großen Armut‹ eignen der Rollenfiktion ›Franziskus‹ weitere wesentliche Merkmale einer impliziten Poetik von Autorschaft, welche Rilke für sein briefliches Selbstbild fruchtbar machen wird: etwa das solitäre Leben in harmonischer Einheit mit Natur und Kreatur oder rühmende Daseinsbejahung. Vor allem aber verbindet sich die Figur des Franziskus mit der des mythischen Sänger-Dichters Orpheus. Franziskus und Orpheus verschmelzen zu einer vitalistischen Summenchiffre der »›franziskanischen Allbeseelung‹«[83] und Allverwobenheit, in deren Zentrum das Motiv des Sich-Verschwendens und Ausgießens an die Welt steht: »Und er sprach von sich und wie er sich verwende / so daß es allem eine Freude sei; / und seines hellen Herzens war kein Ende, und kein Geringes ging daran vorbei«, so endet die zweite Strophe. In der achten Strophe verflüssigt sich das lyrische Subjekt endgültig in die Alleinheit. Bezeichnend für die auktoriale Stoßrichtung des Bildes sind weniger dessen drastische Vereinigungskonnotationen; entscheidend für seine Brauchbarkeit zur späteren Selbstdarstellung ist vielmehr, dass es hier um einen unabschließbaren Dichtungsprozess geht. Orpheus-Franziskus singt, und weil er sich sterbend in die Welt ausgießt, singt er für immer: »[…] denn ihn erkannten alle Dinge / und hatten Fruchtbarkeit aus ihm. / Und als er starb, so leicht wie ohne Namen, / da war er ausgeteilt: sein Samen rann / in Bächen, in den Bäumen sang sein Samen / und sah ihn ruhig aus den Blumen an. Er lag und sang […]«.[84]

Die ebenso auf Mystik wie auch auf Lebensphilosophie beziehbare Selbstauflösung und Selbstnegativierung wird hier nicht bis zur völligen Löschung

80 Vgl. etwa Meister Eckhardt, Werke I, S. 551–563: Predigt Nr. 52 mit folgendem Titel: »Beati pauperes spiritu, quoniam ipsorum est regnum caelorum (Matth. 5,3)«; ähnlich der Topos bei Thomas von Kempen, vgl. Martina Wagner-Egelhaaf, Mystik der Moderne, S. 70.

81 Vgl. die Gedichte *Wer seines Lebens viele Widersinne*, KA I, S. 165, und *Mit einem Ast, der jenem niemals glich*, KA I, S. 175. Hier heißt es in der zweiten Strophe: »Denn nur dem Einsamen wird offenbart / und vielen Einsamen der gleichen Art / wird mehr gegeben als dem schmalen Einen«.

82 Engel, KA I, S. 778.

83 Theo Meyer, Nietzsche und die Kunst, S. 207.

84 Rilke, KA I, S. 251 f.

des Individuums vorangetrieben. Sie bricht ›auf halber Strecke‹ ab, um auf der Kehrseite des negativen Profils einen ins Übermenschliche und Überzeitliche gesteigerten Künstler-Sänger sichtbar werden zu lassen. In der komplementären Konstruktion von All-Befruchtung und ewigem göttlichem Singen einerseits und vollkommenem Identitätsverlust durch Verlust von Namen und Leben andererseits sind Demut und Hybris, neutralisierter und überhöhter Autor, Selbstverkleinerung und Selbstverewigung, »liegen« (sterben) und »singen« konsequent miteinander verknüpft.

Nun bezeichnet die Franziskus-Chiffre nicht nur in der Fiktion einen idealtypischen Existenzentwurf. Dass sie auch außerhalb fiktiver Welten denjenigen Autorschaftsentwurf als idealtypisch auszeichnet und mit normativem Geltungsanspruch versieht, der den Risiken der Durchsetzungsphase optimal angepasst ist, erhellt aus einschlägigen Notaten Rilkes in seinen Künstlermonographien. Sowohl im Rodin-Essay als auch in der Worpswede-Monographie – beide von 1902 – sind ein Jahr vor Entstehung des Franziskus-Hymnus wesentliche Elemente der franziskanischen Autorsemantik in der nichtfiktionalen Textsorte ›Essay‹ vorformuliert und auf Künstlerindividuen der realen Welt abgebildet. So etwa sei die existentielle »Armut Gottes« auch die Armut des in mönchischen »Zellen« arbeitenden Künstlers Rodin.[85] Auch die Deutung »mönchischen Daseins (wie Franciscus es gemeint hat)« als gegenweltlicher »Protest« einzelner »unzufriedener Sonderlinge« im Vogeler-Abschnitt der Worpswede-Monographie gehört zu Rilkes Programmatik ›leisen‹ solitären Künstlertums. In der franziskanischen Daseinsform sieht er das Individualitätsverständnis der Moderne verwirklicht: Vogeler entspricht dem

> Menschen von heute, der nach dem Willen seines Wesens, wie nach einer Ordensregel seine eigene Welt gebaut, begrenzt und verwirklicht hat. […] Gleich der Kunst jener mittelalterlichen Mönche steigt sie [seine Kunst] aus einer engen und umhegten Welt auf, um an der Weite und Ewigkeit der Himmel leise preisend teilzunehmen.[86]

Das Bild des äußerlich kargen und innen reichen Klosters, das verkleinerten und überhöhten Autor vermittelt und gleichzeitig ein modernes exkludiertes Künstlerindividuum beschreibt, lässt unschwer Heinrich Vogeler als Projektion des Autors Rilke erkennen. Und ganz in diesem Sinn wird Rilke das Bild dann später zur brieflichen Selbststilisierung verwenden; Stahl spricht von einer »Folie […], vor der die Ideale des Heiligen mit denen des eigenen Künstlertums sich gegenseitig verbinden und bestätigen werden«.[87]

85 Rilke, KA IV, S. 448; Stahl macht im Zusammenhang mit diesem Passus darauf aufmerksam, dass Rilke den Zusammenhang zwischen Armut und Künstlertum »zu dieser Zeit, früher oder später, immer wieder her[gestellt]« habe, in: Rilkes Franz von Assisi, S. 78, Anm. 9.

86 Rilke, KA IV, S. 390.

87 Stahl, Rilkes Franz von Assisi, S. 78.

Auch für Martina Wagner-Egelhaaf ist Franziskus Rilkes »große Identifikationsfigur«.[88] In der Tat wird sich zeigen, dass Franziskus zur Summenchiffre für Rilkes Autorrolle des heiligen Mönches und Mystikers in der ersten, risikoreichen Phase der Durchsetzung wird. Dabei stellt das semantische Feld der Chiffre einen Teilcode des Generationencodes ›Mystik‹ dar, der dazu beiträgt, die in dieser Phase bedeutsamen Netzwerkakteure auf Rilke ›einzuschwören‹. Warum? Rilkes poetischer und essayistischer Franziskus-Komplex ist deshalb so geeignet als semantisches Reservoir für den ›leisen‹ Selbstentwurf des Anfangs, weil ihm eine hohe Intersubjektivität eignet. Diese gründet in individuellen und kollektiven Ursachen. Zum einen bietet Rilkes individuelle Franziskus-Reformulierung zum Sänger-Heiligen breite diskursive Anschlussmöglichkeiten, insofern sie als Einheitsutopie von Subjekt-Objekt bzw. Subjekt-Lebenstotalität in die Vorstellungswelt der verschiedenen Einheitskonzeptionen passt. Der mythopoetische Franziskus des *Stundenbuches* lässt sich ebenso als mystische wie als lebensphilosophische bzw. antidualistische Denkfigur lesen. Mystisch, insofern Franziskus von Assisi, stigmatisierter Exponent der ›geistlichen Armut‹, schon immer zum einschlägigen Traditionsbestand gehört und sich Rilkes poetisches Bild besonders mit mystischer Eigenschaftslosigkeit – »so leicht wie ohne Namen« – in Verbindung bringen lässt. Auf lebensphilosophische und monistische Kontexte dagegen verweist die vitalistische Vereinigungs- und Wassermetaphorik – »sein Samen rann in Bächen, in den Bäumen sang sein Samen«. Sie führt vor, wie das Individuum in der lebendigen, dynamischen Alleinheit aufgeht und gleichzeitig als deren statische Objektivation die Kunst hervorbringt.[89] Rilkes Franziskus-Figuration ist also so etwas wie eine konkrete literarische Schnittstelle unterschiedlicher Einheitskonzeptionen; eine wichtige, in Rilkes individueller Franziskus-Gestaltung gründende Ursache für Intersubjektivität.

Zum anderen verdankt sich diese Intersubjektivität der kollektiven Franziskus-Konjunktur um 1900, die sich sowohl in Rilkes sozialer Nahwelt als auch allgemein im intellektuellen Feld nachzeichnen lässt. August Stahl hat darauf aufmerksam gemacht, dass Franziskus, dessen feierlich begangene Jubiläen zum siebenhundertsten Geburtstag und Todestag 1882 und 1926 die Mikroperiode ›Moderne‹ umreißen, zur Projektionsfläche gegnerischer Positionen im Kulturkampf wird: den Protestanten Symbol für Institutionenskepsis, unmittelbare Gottesnähe und spirituelle Innenleitung, vom Vatikan

88 Martina Wagner-Egelhaaf, Mystik der Moderne, S. 70.

89 Michael Kahl zufolge beinhalte die ästhetische Konzeption des Frühwerks die Vorstellung, dass individuelles Leben Teil des anonymen Lebens der Natur sei, und dass diese Teilhabe durch den Künstler gesichert sei: »Im Künstler sieht Rilke den Menschen, der wieder Teil des Lebens der Natur geworden ist – aus diesem Leben geht die Kunst als dessen reine Objektivierung von selbst hervor«, in: Lebensphilosophie und Ästhetik, S. 35.

ausgespielt als Exponent von Orthodoxie und Regeltreue.[90] Vor diesem kulturpolitischen Hintergrund nimmt es nicht wunder, wenn sich Franziskus für das protestantische emanzipierte Bildungsbürgertum zum Repräsentanten moderner, exkludierter Individualität und religiöser Heterodoxie wandelt und schließlich, eingedenk seiner auktorialen Tätigkeit, zum Prototypen autonomer, selbstbezüglicher Autorschaft.

Exemplarisch ist etwa der Katalog von Prädikaten, die Rilkes Mentorin und Mäzenin Ellen Key in ihrem Essay *Assisi* Franziskus zuschreibt und in dem sich Keys intellektuelle Dispositionen widerspiegeln: Franziskus wird in Verbindung gebracht mit Mystik, Pazifismus, Pantheismus, Lebensglaube und Naturrecht des Stärkeren, Sozialismus und schließlich Dichtertum.[91] Auch für vergleichsweise bizarre Repräsentanten heiliger Autorschaft stellt Franziskus offensichtlich eine Orientierungsfigur dar: Ludwig Derleths Atelier ziert eine Statue des Heiligen, der von Else Lasker-Schüler zum ›St. Peter‹ erhobene Bohemien Peter Hille beschäftigt sich lebenslang mit dem Minoriten aus Assisi.[92] Die vom Vatikan indizierte Franziskus-Biographie des Franzosen Paul Sabatier erlebt mit 30 Auflagen zwischen 1893 und 1903 und ebenfalls mehrfach aufgelegten Übersetzungen eine enorme Rezeptionswelle, auch Rilke liest sie und verschenkt sie mehrfach.[93] Im gleichen Zeitraum erscheinen drei weitere biographische Studien zu Franziskus,[94] 1905 legt Diederichs die Legendensammlung der *Fioretti* auf,[95] 1911 dann der Insel-Verlag,[96] und 1926 als Band 70 der Insel-Bücherei eine Auswahl dieser Legenden.[97] 1918 schließlich erscheint das Rilke zugeeignete Buch *Franciscus von Assisi* des österreichischen Arbeiterdichters Alphons Petzold.[98] Dem Autor Franziskus, Verfasser des Sonnengesangs,[99] widmet sich sowohl Sabatier ausführlich als auch der zeitgenössische Akteur im Feld der Avantgarde-Literatur, Hermann Hesse. Letzterer empfiehlt Sabatiers Erfolgstext nachdrücklich und spricht in einer Rezension von Diederichs *Fioretti*-Ausgabe das »auffallende Interesse« an, »das im vergangenen Jahrzehnt sich der Person und Bedeutung des Hei-

90 Vgl. Stahl, Rilkes Franz von Assisi, S. 89–93; wie Franziskus von Seiten bildungsbürgerlich-protestantischer Positionen ausgespielt wird, lässt sich auch dem Abschnitt »Die franziskanische Frage im 19. und 20. Jh.« entnehmen, in: Goez, Artikel »Franciscus von Assisi«, S. 304.

91 Vgl. Ellen Key, Assisi, S. 262, 256, 257, 255, 252, 263.

92 Vgl. Marx, Künstler, Propheten, Heilige, S. 56, Anm. 9. Zu Hille vgl. Bernhardt, »Ich bestimme mich selbst«, S. 175.

93 Vgl. Stahl, Rilkes Franz von Assisi, S. 90 f.

94 Thode: 1885, Hesse: 1904, Chesterton, London, Toronto: 1923, erste französische Ausgabe 1925, vgl. Stahl, ebd., S. 89 und S. 91.

95 Der Blütenkranz des heiligen Franciscus von Assisi. Aus dem Italienischen übersetzt von Otto Freiherr von Taube. Mit einer Einführung von Henry Thode, Jena 1905.

96 Die Blümlein des heiligen Franz von Assisi. Übersetzt von Rudolf G. Binding, Leipzig 1911.

97 Die schönsten Legenden des heiligen Franz, Leipzig 1926.

98 Petzold, Franciscus von Assisi. Dem Bruder Franz dieser Zeit: Rainer Maria Rilke in treuer Gefolgschaft, Warnsdorf 1918.

99 Der 1224 in umbrischer Volkssprache entstandene *Cantico del frate sole* gilt als erstes authentisches Werk italienischer Lyrik, vgl. KA IV, Herausgeberkommentar S. 1064.

ligen zuwandte«.[100] Für Hesse selbst stelle sich Franziskus in einer eigenen Biographie als »Dichter und Sänger« und »provenzalischer Troubadour« dar – so Stahl.[101]

Kollektives Interesse und kollektive Aneignung der Heiligenlegende als moderne Künstlervita spiegeln sich dann auch in Rilkes Nahwelt wider, wo der spätere Multiplikator Kassner Franziskus 1899 als »freiesten Mensch des Mittelalters« umschreibt und 1904 als denjenigen »der der Welt die große Tat wies«.[102] Rilkes Verleger Anton Kippenberg spricht von dem Schriftsteller Guido Gezelle als »vollkommener Franziskus-Gestalt«,[103] während seine Frau Katharina die Schriftstellerin Regina Ullmann mit Franziskus vergleicht.[104] Ellen Keys Essay belegt dieses Interesse ebenso wie Heinrich Vogeler, der Assisi besucht und neben einer frühen Federzeichnung[105] den Buchschmuck für Hesses Franziskus-Biographie liefert; schließlich besitzt auch die Mäzenin Julie von Nordeck zur Rabenau, Rilkes Mitgastgeberin in Capri 1906/1907, seit 1897 Sabatiers Biographie und verschenkt das Buch mehrfach an Angehörige.[106] Vor diesem einheitsstiftenden Hintergrund illustriert die gemeinsame Lektüre der Franziskus-Legenden auf Capri im Winter 1906 dann »eine lebendige Mythengemeinschaft [...], die das Vorlesen und Zuhören als Ritual verband«.[107]

Solch kollektive Franziskus-Rituale weisen darauf hin, dass um 1900 die Franziskus-Chiffre im intellektuellen Feld ausreichend konventionalisiert ist, um sie als vieldeutiges Prädikat zu verwenden und dennoch verstanden zu werden. Dass Franziskus als Symbol für heterodoxe ›Bricolage‹-Religiosität, autonome Autorschaft, Lebensunmittelbarkeit und mystische Schau in dieses Bedeutungsfeld dann auch noch den Status des Heiligen einträgt, lässt ihn besonders geeignet erscheinen für Rilkes epistolare Rolle des heiligen Mönches und Mystikers. So liefert das Bedeutungsspektrum der Figur um 1900 auch die Basis für Rilkes Selbsterfindung; entscheidend ist dabei die Dehn-

100 Zitiert nach Stahl, Rilkes Franz von Assisi, S. 91. Dass die literarästhetische Anziehungskraft des umbrischen Heiligen bis in den Expressionismus hineinreicht, belegt Klabunds Roman *Franziskus* von 1916. Die zeittypische Assoziation Franziskus' mit unmittelbarer, unverstellter Kreatürlichkeit wird hier bis zur Transformation des gleichnamigen, lungenkranken Protagonisten in einen Hund vorangetrieben: »›Werde ein Tier, Franziskus‹, lächelte das Lamm, ›und entäußere dich deiner Menschlichkeit: werdet gut wie das Tier, unwissend wie das Tier, rein wie das Tier, arm wie das Tier und ihr werdet das Himmelreich erwerben‹« (S. 21).

101 Stahl, ebd., S. 97; Hesses Franziskus-Biographie erscheint 1904 bei Schuster & Löffler in der Reihe »Die Dichtung«.

102 Kassner, Sämtliche Werke, Bd.1, S. 142 und S. 699.

103 Anton Kippenberg an Rilke, 7.12.1915, AK II, S. 41.

104 Vgl. Katharina Kippenberg an Rilke, 28.1.1922, KK, S. 446.

105 Vgl. Stahl, Rilkes Franz von Assisi, S. 79: Federzeichnung »Der heilige Franz und die Fische«, 1902.

106 Vgl. ebd., S. 85.

107 Ebd.

barkeit und Formbarkeit des Bildes, die sich seiner Funktion als Hohlform für vagierende Totalitätsbedürfnisse verdankt.[108]

2.2.3 ›Armut‹ und ›Einsamkeit‹ in Briefen an Clara und Kappus

Es ist nun zu klären, wie das Künstler- bzw. Autorvokabular des *Stundenbuches* in die Briefkommunikation einwandert, wie dort im Dialog mit der noch kleinen Gemeinde ein fiktionsnahes Selbstbild hergestellt wird. Die Einschätzung, dass das *Stundenbuch* Modellfunktion für Rilkes Selbstentwurf habe – was ich als ›Gesamtkunstwerk der Moderne‹ bezeichne –, teilt auch Fülleborn. Rilke nehme »den Werkentwurf des *Stundenbuches* quasi in sein Leben hinein«, wenn er »sich in die Rolle des Mönches einfühlt und ihm auch in äußeren Dingen nachlebt – ein zweideutiges, aus der Distanz eher peinlich wirkendes Unterfangen, auf der riskanten Grenze von existentiellem Daseinsvollzug und Schauspielertum angesiedelt«.[109] Der diskursive Kontext um 1900, vor allem die Subtexte Mystik und ›Franziskus‹, plausibilisieren, was weiterhin Reaktionen der Respondenten belegen sollen: dass Peinlichkeit, in der Gegenwart so deutlich empfunden, für die Zeitgenossen, insbesondere für weibliche Mentoren, Mäzene und Partner, offensichtlich noch nicht zum Problem wurde.

Umso plausibler scheint eine Lektüre des *Stundenbuches* als implizite Poetik von Autorschaft und als Modell für Rilkes auktorialen Selbstentwurf. Allerdings vollzieht sich das »Hineinnehmen ins eigene Leben« schrittweise. Den Übergang von der fiktionalen in die reale Welt markiert, das wurde schon gesagt, einschlägiges Sakralvokabular in nichtfiktionalen Textsorten. In Essays etwa dient es der Darstellung empirischer Personen, insbesondere zeitgenössischer Künstlerfiguren.[110] Zwar lässt man damit die Fiktion hinter sich, aber noch nicht den Binnenraum literarischer Kommunikation.

Den entscheidenden Schritt zur Engführung von Dichtung und privatem Ich und zum ›Gesamtkunstwerk‹ im Sinn der vorliegenden Arbeit stellen semantische Elemente des *Stundenbuches* in Briefen dar: Hier wird die Grenze zwischen literarischer Kommunikation, d. h. Kommunikation zwischen Autor und anonymer Öffentlichkeit, und privater Kommunikation zwischen zwei

108 Rilkes epistolarischer Franziskus-Code als Schnittstelle zwischen individuellem und kollektiv verfügbarem Bildkomplex liefert damit ein gutes Beispiel für die nach Bürgel brieftypische »Verbindung zwischen Personal- und Zeitstil«. Erst die Berücksichtigung zweier Maximen, in Anlehnung an Buffon als »Le style c'est l'homme« und »L'homme c'est la societé« benannt, mache Briefanalyse sinnvoll, in: Der Privatbrief, S. 293 f.

109 Fülleborn, Rilke um 1900, S. 298.

110 Damit soll Rilkes Neigung, Künstlerviten bis an die Grenzen der Fiktion in seinen Essays zu poetisieren, nicht in Abrede gestellt werden, vgl. exemplarisch Michaela Kopp, Rilke und Rodin, Kapitel »Die Legende vom heiligen Rodin«, S. 110 – 114.

konkreten Dialogpartnern überschritten.[111] Gleichzeitig ist an diesem Punkt die von Braungart für Gesamtkunstwerke der Moderne namhaft gemachte Grenzüberschreitung zwischen Ästhetischem (literarische Textsorte Essay) und Sozialem (literarisch-pragmatische Textsorte Privatbrief) anzusiedeln,[112] auch wenn Rilke zunächst noch nicht explizit auf sich selbst abzielt. In der Korrespondenz mit Clara und dem Offizier Kappus entwickelt er nämlich etwa zeitgleich mit dem *Stundenbuch* und den Künstleressays eine epistolarische Programmatik von künstlerischer Einsamkeit und Armut, die diese beiden zentralen Kategorien des *Stundenbuches* auf Künstlertum und Autorschaft abbildet. Auch wenn der Dichter Rilke dabei anfangs hinter dem Anspruch auf Allgemeingültigkeit verborgen bleibt, rücken die einschlägigen Merkmale aber doch näher an sein empirisches Selbst: »Auch ich stehe still und voll tiefen Vertrauens vor den Toren dieser Einsamkeit, weil ich für die höchste Aufgabe einer Verbindung zweier Menschen diese halte: daß einer dem andern seine Einsamkeit bewache.«[113]

Aus dem Kontext geht hervor, dass sich das, was so allgemein formuliert ist, auch ganz konkret auf zwei empirische Künstlerindividuen beziehen lässt, auf Rilke und seine Frau, die Bildhauerin Clara Westhoff. Neben Clara, an der sich immer wieder die Aporien von solitärer Künstlerexistenz, Familienleben und Zweisamkeit entzünden, löst auch Franz Xaver Kappus briefliche Reflexionen über Einsamkeit und Armut aus, die auf eine an *Florenzer Tagebuch* und *Stundenbuch* angelehnte allgemeine Konzeptualisierung von Autorschaft hinauslaufen:

> Wenn Ihr Alltag Ihnen arm scheint, klagen Sie ihn nicht an; klagen Sie sich an, sagen Sie sich, daß Sie nicht Dichter genug sind, seine Reichtümer zu rufen, denn für den Schaffenden gibt es keine Armut und keinen armen gleichgültigen Ort. [...] Versuchen Sie die versunkenen Sensationen dieser weiten Vergangenheit zu heben; Ihre Persönlichkeit wird sich festigen, Ihre Einsamkeit wird sich erweitern und wird eine dämmernde Wohnung werden, daran der Lärm der anderen vorübergeht.[114]

Etwa zwei Monate nach diesem Schreiben entsteht der Franziskus-Hymnus und im Licht des poetischen Texts erscheint ›Armut‹ als Kategorie der Auszeichnung, sogar als Merkmal des Heiligen. Man erkennt eine erste autorbezogene Leistung der Franziskus-Mythopoesie jenseits des weltanschaulichen Ziels, »Hoffnung auf Veränderung zu begründen und dieser Veränderung einen Weg zu weisen«:[115] Es geht um die Fundierung und Legitimierung von

111 Vgl. Bürgel: »Neben deren Absenz [der Absenz von pragmatischer Intentionalität] sind auch die nicht-dialogische Struktur und das anonyme Publikum als Merkmale zu nennen, durch die sich die literarischen Gattungen im engeren Sinn von der Sprachform ›Brief‹ unterscheiden«, in: Der Privatbrief, S. 290 f.

112 Vgl. I. Hauptteil, Anm. 184.

113 Rilke an Paula Becker, 12.2.1902, GB I, S. 34.

114 Rilke an Kappus, 17.2.1903, GB I, S. 46 f.

115 Engel, KA 1, S. 778.

Armut, vermutlich ganz praktischer Armut, im Sakralen. Da der zitierte Briefpassus auf Rilkes soziale Situation viel besser zugeschnitten ist als auf den Adressaten, dürfte Ersterer trotz des augenfälligen Ratgebertons zumindest mitgemeint sein. Armut, verstanden als Defizit an ökonomischem Kapital, trifft auf den nahezu mittellosen Rilke nämlich weitaus eher zu als auf den Offizier und dilettierenden Textproduzenten Kappus. Im darauffolgenden Jahr ist dann die poetologische Kategorie der franziskanischen Armut ganz explizit »ins eigene Leben hineingenommen«, insofern Rilke nun seine eigene Mittellosigkeit sakralisiert. In einem Brief an Ellen Key klagt er über »schlaflose und von wirren, viel zu kleinen Zahlen durchzogene Nächte« und insistiert dennoch auf der gewählten Position: »O dass ich etwas mehr Kräfte hätte, Kräfte die sich theilen lassen in Erwerb und Werk. Aber in mir giebt es nur eine Kraft und sie geht ganz in das ein was mich erfüllt und ist im Grossen groß und im Geringen klein und hülflos und arm …«[116]

Damit folgt er zunächst ganz der argumentativen Logik des Feldes und der je neuen Avantgarde, »die sich […] auf die Rückkehr zur anfänglichen und vollkommenen Umschreibung der Praxis berufen muß, d. h. auf die Reinheit, die Unbekanntheit und Armut der Anfänge«.[117] Wenn er dann aber im Brief mit der Behauptung fortfährt, er »werde immer zu den Lebenslinkischen gehören: zu den Armen Gottes«, so kann oder muss man das als Anspielung auf den weithin konventionalisierten Franziskus-Diskurs verstehen. Auf diese Weise liefert der Jungautor eine ebenso intersubjektive wie unhinterfragbare Letztbegründung jenes typischen Startdefizits, das der jeweiligen Avantgarde schon in seiner profanen Gestalt als Gütesiegel fungiert: Nur wer mit seiner Kunst kein Geld verdient, kann berufener Künstler sein. Exemplarisch wird an diesem Umwertungsvorgang die von Lipp beschriebene Transformation eines defektiven Stigmas in Charisma sichtbar, die vor allem marginalisierte Autoren um 1900 für sich in Anspruch nehmen.[118] Dass aber auch solche Transformationsprozesse nicht vom Autor Rilke allein vollzogen, sondern von seiner Gemeinde mitgetragen oder angestoßen werden, geht beispielhaft aus dem Erinnerungstext von Rilkes Partnerin des Jahres 1915, Loulou Albert-Lasard hervor. Die Verfasserin stilisiert Erniedrigung und Erhöhung des Autors Rilke exakt nach dem Modell des *Stundenbuches* zum Franziskus-Mythos:

116 Rilke an Ellen Key, 3.3.1904, EK, S. 57.

117 Bourdieu, Streifzüge durch das literarische Feld, S. 114; vgl. auch Michaela Kopps Bemerkungen zur Diskrepanz zwischen der Realität Rodins – ein kommerziell erfolgreicher Atelierbetrieb – und Rilkes Rodin-Deutung, die alle materiellen Aspekte konsequent unterschlage, in: Rilke und Rodin, S. 103.

118 Vgl. I. Hauptteil, Anm. 94; die defektiven Stigmata ›Einsamkeit‹, ›Schaffenskrise‹ und ›Armut‹, die der junge Rilke für die Autorrolle des heiligen Mönchs in Anspruch nimmt und vergegenteiligt, fasst auch Lipp unter dem Typus des »Asketen« zusammen. Ostentation dieser Stigmata und Vergegenteiligung zum Charisma bringe dann personale und soziale Identifikationen hervor, in: Stigma und Charisma, S. 133.

Denn wirklich erheben kann sich nur, wer sich über den Abgrund neigt, oder besser, wer es wagt, hinabzusteigen. Wie vom heiligen Franz im ›Stunden-Buch‹ ließe sich von ihm sagen, daß er / zu seiner großen Armut so erstarkte, / daß er die Kleider abtat von dem Markte / und bar einherging vor des Bischofs Kleid.[119]

Dass Albert-Lasards Text 1952 erscheint, zu einem Zeitpunkt, als beispielsweise Rilkes inhaltlich an die Franziskus-Hymne angelehnter Brief an Ellen Key vom 3.4.1903 seit längerem einer breiten Leseöffentlichkeit zugänglich ist,[120] wirft zusätzlich ein Schlaglicht auf die zeitliche Reichweite des brieflichen Archivs.

Zurück zu den Kappus-Briefen und zur zweiten ontologischen Kategorie des *Stundenbuches*, der Einsamkeit. Das zitierte Bild von der »dämmernden Wohnung« ist repräsentativ für eine Programmatik solitären Künstlertums, die sich in zahlreichen Variationen des Einsamkeitstopos konkretisiert. Einsamkeit, verstanden als ästhetische und existentielle Qualität, erscheint in der Kappus-Korrespondenz als Postulat, auf dem Rilke konsequent beharrt.[121] Dabei zeichnet sich die Funktion des Topos für Rilkes Selbstverständnis ab. Solitarismus ist nicht nur gewählte Lebensform, sondern Chiffre für schöpferische Autonomie, für Singularität und Einheit des von Dissoziationserfahrungen bedrohten Subjekts: »Mit Einsamsein, das unten oft vorkommt«, meine er »unbeirrt sein, aus sich selbst kommen – ein eigenes Leben haben und eine eigene Kraft«, so erläutert Rilke das für Ellen Key.[122] Dass Einsamkeit um 1900 unter dem Einfluss des sich zum solitären ›Zarathustra‹ stilisierenden Nietzsche »zur essentiellen Form der Künstler-Existenz, zum Zeichen für das Künstlertum schlechthin« aufgewertet wird, zeigt Michaela Kopp.[123] Die wirkmächtige Diskursgeschichte, auf der die Uminterpretationen der Moderne aufruhen, reiche von den Künstlerviten der Renaissance über den vom späteren Goethe propagierten episodischen und ›geselligen‹ Solitarismus bis zur radikalisierten Weltabgeschiedenheit des romantischen Künstler-Mönches. Hier wäre auch die nachaufklärerische Umwertung des Melancholie-Diskurses einzufügen, die anschlussfähige literarische Prototypen auszeichnender Einsamkeit wie etwa Anton Reiser hervorgebracht hat.[124] Kopp akzentuiert besonders die Vorstellung vom schöpferischen Eremiten, die nicht nur im 19. Jahrhundert zur populären Bildformel, sondern in der Moderne zum Künstlerhabitus avanciert – exemplarisch bei Flaubert und Rilke.[125]

119 Loulou Albert-Lasard, Wege mit Rilke, S. 8.

120 Erstveröffentlichung in: Rainer Maria Rilke, Briefe aus den Jahren 1892–1904, Leipzig 1939.

121 Simenauer hat die einschlägigen Zitate aus der Kappus-Korrespondenz versammelt, in: Rainer Maria Rilke, S. 165 f.

122 Fragebogenbrief von Rilke an Ellen Key, 14.2.1904, EK, S. 54.

123 Michaela Kopp, Rilke und Rodin, S. 105.

124 Vgl. I. Hauptteil, Anm. 400.

125 Vgl. Michaela Kopp, Rilke und Rodin, S. 105 f.

Dessen Privatapologie des Solitarismus ist demnach diskursiv gebahnt, ebenso wie diejenige der franziskanischen Armut.

Aus der Konjunktur solitaristischer Künstlerviten in der Moderne erhellt dann auch, warum sich Rilke lebenslang auf die Einsamkeitsfigur beruft – nicht nur in der Durchsetzungsphase. Exemplarisch illustriert Erstere die formelhafte Dimension eines künstlichen Selbstbildes, das bei aller Wandelbarkeit konstante Leitmotive durchziehen.[126] Rilkes niemals profane, stets spirituell überformte Einsamkeit ist Ausdruck einer lebenslang mit äußerster Konsequenz betriebenen Singularisierung; folgerichtig begegnet uns »einsam« als kennzeichnendes Epitheton aller Künstler, Heiligen, Mystiker und Propheten in Rilkes projektivem Kosmos. Das Motiv des einsamen Künstlers erstrecke sich über Rilkes Gesamtwerk und bedeute eine Konstante in Rilkes Selbstverständnis als Künstler, so auch Löwenstein. Dessen Textbeispiele illustrieren, dass das Einsamkeitsmotiv bereits im frühesten Werk, vor der endgültigen Festlegung auf die Rolle des Produzenten reiner, unbedingter Kunst, vorhanden ist.[127]

Weiterhin stellt das Motiv ein semantisches Bindeglied zwischen Durchsetzungs- und Konsolidierungsphase und den entsprechenden Rollen ›Heiliger‹ und ›Prophet‹ dar. Exemplarisch sieht man das an Rilkes Korrespondenz mit Helene Nostitz und an der Art und Weise, wie die Gedenkautorin Nostitz mit Rilkes ›Einsamkeit‹ verfährt. Es gebe für ihn nichts, das »unerschöpflicher, größer, unwillkürlich-seeliger« sein könne als die Einsamkeit, schreibt Rilke 1914 an die kosmopolitische Aristokratin.[128] Da sich Rilke zu diesem Zeitpunkt weitgehend als inspirierter Seher-Dichter inszeniert, hat seine Einsamkeit für die Respondentin auch keine klösterlich-minoritischen Konnotationen mehr, sondern ein dezidiert prophetisches Profil. Rilke sei »einer der wenigen, die sich in das dunkle Tal der letzten Einsamkeit hineinwagen und von dort aus uns Unaussprechliches verkünden« – so Nostitz in ihrem Gedenkessay von 1950.[129]

Einsame Künstlerfiguren bevölkern fiktionale, essayistische und epistolarische Texte, und immer ist der in entlegenen Landsitzen verborgene Autor mitgemeint – man sieht, wie weit sich die Entdifferenzierung von Autor und Werk vorantreiben lässt. Die einprägsame Redundanz, mit der die Figur in allen Textsorten und Korpora Verwendung findet, dürfte an der Verfestigung zum vielleicht prägnantesten Rilke-Klischee wesentlich mitgewirkt haben. Anders als in der biographisch ausgerichteten Literatur kann es hier allerdings nicht um Aufdeckung etwaiger Widersprüche zwischen Authentizität und

126 Vgl. auch Michaela Kopp: »Das rigide Einsamkeitspostulat Rilkes gehört zu den kardinalen Elementen seines dichterischen Selbstverständnisses und wird folglich in poetischen Texten und zahllosen Briefen als unantastbares Recht des Dichters behauptet und kompromisslos gegen die Umwelt durchgesetzt«, ebd., S. 108.

127 Vgl. Löwenstein, Poetik und dichterisches Selbstverständnis, S. 93 ff.

128 Rilke an Helene Nostitz, 25. 1. 1914, HN, S. 63.

129 Helene Nostitz, Aus dem alten Europa, S. 110.

Inszenierung gehen, um die Frage, wie weit sich Rilke wirklich dem geselligen Leben entzogen hat.[130] Vielmehr ist nach der Wirksamkeit eines prägnanten, modernetypischen Sprachgestus im Kontext zeitgenössischer Entwürfe von Autorschaft zu fragen.

Zurück zur Kappus-Korrespondenz. Da die Modellfunktion des *Stundenbuches* für einen Briefwechsel diskutiert wurde, ist natürlich auch nach dialogischen Aspekten zu fragen, zumindest nach der Person des Adressaten – Kappus' Gegenbriefe wurden leider nie publiziert.[131] Dabei provoziert ein etwas genauerer Blick auf Rilkes Briefe an ihn die Frage, wo denn hier der Adressat eigentlich enthalten oder gemeint sei. Die Kategorie der Einsamkeit ist nämlich bei weitem nicht das Einzige, was auf den Autor Rilke hinweist. Neben »Armut« sind mit Einträgen wie »tiefe Demut und Geduld«, »innige, stille, demütige Aufrichtigkeit«, »Einkehr«, »Liebe haben zu dem Geringen«, und »bauen mit seinen Händen«[132] weitere Elemente der auktorialen Semantik des *Stundenbuches* präsent und in einer Weise verdichtet, die Überlegungen zur Funktion der Briefe bzw. zur Funktion ihres Adressaten im Gefüge des Netzwerks nahelegen.

Jenseits gängiger biographischer Verklärung als Dokument der Kadetten- und Künstlersolidarität und jenseits poetologischer Deutung als essayistische Briefprosa im Stil des Florenzer Tagebuchs[133] bieten sich aus soziologischer Perspektive folgende Erklärungen an: Hier erprobt der Neuling Rilke, der auf Konservativität und Orientierung am Bestehenden abstellt, erstmalig den abgrenzenden Habitus des ›reifen Lehrers‹.

Die ausgeprägte Asymmetrie der Briefbeziehung mit Kappus, der als Textproduzent unbekannt und deshalb auch nicht riskant ist, ermöglicht diesen Habitus. Rilke ist zwar selbst noch nicht fest etabliert, verfügt aber im Gegensatz zu Kappus mit mehreren Buchpublikationen in verschiedenen Verlagen, zum Teil in der symbolisch ertragreichen Textsorte ›Lyrik‹, bereits über ein gewisses Fundament an symbolischem und objektiviertem Kulturkapital. Darüber hinaus dient ihm die Kappus-Korrespondenz offensichtlich dazu, nach ähnlichen Manövern in der Textsorte ›Essay‹ eine Autorrolle zu entwickeln, die an der fiktionalen Welt des *Stundenbuches* angelehnt ist. Zwar erscheint diese Rolle zunächst noch als objektiv-allgemeingültiges Postulat, zeigt aber bereits unabweisbare Züge von Rilkes späterem epistolarischen Rollen-Ich. Dass der anonyme Jungautor Kappus hier u. a. als Rilke-Projektion dient, erhellt zudem aus Empfehlungen zur Abstinenz vom Literaturbetrieb:

130 Dieser Frage ist in der älteren Forschung Simenauer unter Bezug auf Wydenbruck und Butler nachgegangen, in: Rainer Maria Rilke, S. 62.

131 »Die Rilke-Briefe an Kappus erschienen von Anfang an ohne die des Adressaten; hatte der doch in seinem Vorwort [zur Erstausgabe 1929] festgestellt: ›[...] wo ein Großer und Einmaliger spricht, haben die Kleinen zu schweigen‹« (Nalewski, KA IV, S. 961).

132 Rilke an Kappus, 23.4.1903, 17.2.1903, 16.7.1903, GB I, S. 51, 46, 47, 52, 55.

133 Nalewski bezeichnet den Korpus als »frühe Rilkesche ›Poetik‹«, KA IV, S. 961.

Er solle »auch nicht den Versuch machen, Zeitschriften für diese Arbeiten zu interessieren: denn Sie werden in Ihnen [...] eine Stimme Ihres Lebens sehen«.[134] Gerade diese Position ist so spezifisch für Rilkes Berufungsethos, dass klar wird, um wen es hier eigentlich geht.[135]

Nicht zuletzt für das posthum sich verfestigende Bild vom heilig-monastischen Dichter darf die Bedeutung der Kappus-Korrespondenz nicht unterschätzt werden: Schließlich werden Rilkes Briefe an den Offizier nach der Erstpublikation 1929 rasch außerordentlich populär, erleben bis 1940 bereits sechs, bis 1998 nicht weniger als 44 Auflagen und zählen damit zu den breit rezipierten Titeln der Insel-Bücherei.

Doch zurück zu Rilkes Situation um 1902. Sinnvoll erscheint das erste Erproben einer fiktionsnahen Autorrolle schon allein deswegen, weil das Konzept zeitgleich bereits im ›Ernstfall‹ seine Tauglichkeit erweisen muss. Dem jungen Ehemann und Familienvater fällt die Selbstbehauptung als Produzent reiner Kunst angesichts einer sich zuspitzenden finanziellen Notlage und eines gescheiterten Versuchs bürgerlicher Existenzgründung zunehmend schwer: Seit Mitte des Jahres 1902 sind Stipendiumszahlungen aus einem Legat von Rilkes Onkel Jaroslav Rilke weggefallen, der gemeinsame Hausstand in Westerwede wird im Herbst 1902 aufgelöst.[136] Über diese riskante Startsituation können Protektoren und Mäzene hinweghelfen, die mobilisiert und motiviert werden müssen.

2.2.4 Die Heiligenrolle in den Korrespondenzen mit Ellen Key und Lou Salomé

Exemplarisch lässt sich dies an der Briefbeziehung mit Ellen Key aufzeigen (s. o.), die sowohl aus Außen- wie Innenperspektive u. a. als instrumentell eingeschätzt wird. Rilke wolle seinen Glanz erhellen »durch Verbindung mit den Strahlen der großen Geister Europas«, darunter seien Tolstoi und Ellen Key, »seine innige Freundin«, schreibt Paula Becker am 3. 3. 1903 an ihren Mann Otto Modersohn.[137] Rilke selbst konzediert im Angesicht wachsender Unstimmigkeiten über Keys geplanten Essay, »daß ich alles annehmen muß, was mein Leben stützen und mir die Möglichkeit, bei meiner Arbeit zu bleiben, verlängern kann. Und dazu ist ein solches Genannt-und Ausgerufen-

134 Rilke an Kappus, 17. 2. 1903, GB I, S. 47.

135 Dass zur Projektionsfläche des Autor-Ichs neben dem Brief auch die Textsorte ›Gedenkrede‹ geeignet ist, geht aus Burgdorfs Aufsatz zu Gottfried Benn hervor, einem weiteren kanonischen Schriftsteller der Moderne, der lebenslang an einem werknahen, künstlichen Selbst gearbeitet hat (Burgdorf, Benn als Fest- und Gedenkredner, S. 111).

136 Rilke sucht verzweifelt in Wien und in Bremen bei Juncker nach einer festbezahlten Anstellung, vgl. Ingeborg Schnack, Chronik, S. 132 ff. Auch die junge Bildhauerin Clara Rilke kann kaum zum Familieneinkommen beitragen.

137 Zitiert nach EK, S. IX.

werden sicher gut«.[138] In diesem 1911 erscheinenden Essay wird die Reformpädagogin anhand des noch formbaren, vielversprechenden Autors und seiner jungen Familie ihre Konzeptionen vom schöpferischen Kind, von der idealen Persönlichkeitsentwicklung und vom hervorzubringenden Gott illustrieren, da sie all diese Vorstellungen auf Rilke projiziert.[139] Zwar setzt sich Rilke gegen diese Instrumentalisierungen zur Wehr, doch betrifft das erst die konflikthafte spätere Phase einer Beziehung, die zunächst, im Frühjahr 1903, stabil und wechselseitig effizient beginnt.

Verstehensgrundlage ist auch hier der gruppentypische Sakralcode, der sich zwischen Rilke und seinen Respondentinnen ausdifferenziert. Im letzten Abschnitt wurde angenommen, dass Säkularisierungstendenzen der Moderne und freie Verfügbarkeit überlieferter religiöser Semantiken einen solchen Gruppencode ermöglichen. An der Respondentin Key erweist sich die Plausibilität dieser Annahme. Auch sie verfügt, wie viele andere, über einschlägige Dispositionen, die Briefkommunikation mit Rilke in franziskanischer Rhetorik zu bahnen. Dazu gehören Keys monistischer und spinozistischer Lebensglaube,[140] ihre zeittypische Auseinandersetzung mit der Mystik[141] und insbesondere mit Franziskus von Assisi. Bedeutsam sind ferner Keys »Vorstellung von Persönlichkeit und Lebensführung als Gesamtkunstwerk«[142] und ihre pathetisch-prophetische Sprachpraxis.[143] Vor allem aber rezipiert sie die *Geschichten vom lieben Gott* als (neu)religiöses Evangelium der Lebensanbetung: »O, was für ein Buch! Ein Andachtsbuch ist es – die Thränen sind mir oft in die Augen gekommen und Zeilen sind da, die ich küssen wollte!!« – so lautet Keys begeistertes Urteil in ihrem zweiten Brief an Rilke.[144]

138 Rilke an Lou Salomé, 13.5.1904, LAS, S. 170.

139 Vgl. Ellen Key, Ein Gottsucher, S. 217, 222, 219. Zur Problematik Key/Rilke vgl. auch II. Hauptteil, Kapitel 1.1, Anm. 103; vgl. auch Sabine Andresen / Meike Sophia Baader, Wege aus dem Jahrhundert des Kindes, S. 48; vor dieser kritischen Phase antizipieren Key und Rilke ähnlich emphatisch den Modernisierungsprozess, sofern Zukunftsorientiertheit, Zivilisations- und Bildungskritik, Neudefinierung des Geschlechterverhältnisses, Um- und Aufwertung von Kind und Mutterschaft und Sexualität gemeint sind (vgl. EK, Herausgebervorwort, S. VII und S. VIII). Rilke hatte vor Beginn der Korrespondenz 1902 eine begeisterte Rezension des JdK verfasst, die im General-Anzeiger und Bremer Tageblatt Nr. 132 vom 8.6.1902 erschienen war (vgl. Sabine Andresen / Maike Sophia Baader, S. 13).

140 Zu Keys eher vagem Monismus, der sich vor allem in ihrem weltanschaulichen Hauptwerk *Der Lebensglaube. Betrachtungen über Gott, Welt und Seele* (Übertragung von Francis Maro, 3. Auflage, Berlin 1906) äußere und sich auf Evolutionstheorie und Psychophysik stütze, vgl. auch Monika Fick, Sinnenwelt und Weltseele, S. 131 und S. 135. Key habe, so Fick, Rilke in ihrem Essay »als einen Vertreter der eigenen Weltanschauung (d.i. des ›Monismus‹) propagiert« (ebd., S. 188).

141 Vgl. Andresen / Baader, Wege aus dem Jahrhundert des Kindes, S. 92 f.

142 Ebd., S. 102.

143 Vgl. ebd., S. 39.

144 Ellen Key an Rilke, 5.2.1903, EK, S. 8; zu Keys Interpretation der *Geschichten* im Sinne des ›Lebensglaubens‹ vgl. Key, Ein Gottsucher, S. 219 f.

Vor diesem Verstehenshorizont entstehen rasch Identifikationswünsche mit dem Autor der *Geschichten* und erste Gebetsformeln zur Beschreibung ihrer Rezeptionshaltung. Key habe »ein Gefühl für Ihnen und Ihre Frau und Ihren Glück, nach dem ich Vom lieben Gott gelesen habe, als wie ich ganz zu Ihnen gehörte«,[145] sie werde ferner »ganz dankbar, fromm freudig wenn ich Ihnen lese! Ich habe keine Worte dafür. Oder vielleicht doch: Gottesgabe – aber das schöne Wort ist verdorben!«[146] Dass solche Gesten und Signale den Weg ebnen für Rilkes Selbstsakralisierungen, macht ein impliziter Bittbrief an Key deutlich. Rilke schreibt ihn wenig später, während der Kappus-Korrespondenz und kurz vor Abschluss des *Stundenbuches:*

> [...] zwei Wochen sind nun schon hier vergangen [in Viareggio], ich bin noch nicht gesund – und doch müsste ich eigentlich schon wieder anfangen an die Zukunft zu denken, zu sorgen ... Und der Gedanke an das Geld, der sonst für mich nur so einzeln bestanden hat, hat andere Qualen mitheraufbeschworen: diese z. B. dass ich nun auf einmal weiss, dass meine Bildung zu gar keiner bestimmten Stellung ausreicht, kaum zu einer journalistischen Thätigkeit. Und vor der gerade habe ich ein namenloses Grauen! Ich fühle zu deutlich die Scheinverwandtschaft zwischen Litteratur und Jornalismus, von denen das eine Kunst ist und also die Ewigkeit meint und das andere ein Gewerbe mitten in der Zeit. [...] Und der Zeit bin ich so fern, allen ihren Wünschen und allen ihren Erfolgen; ich kann nicht an ihr teilnehmen.[147]

Der Abschnitt liest sich wie eine fast schulmäßige Programmatik der feldspezifischen Güterlogik, die über Oppositionen wie Literatur/Journalismus, Kunst/Gewerbe, Zeit/Ewigkeit ein polarisierendes Moralschema an diese Logik heranträgt. Vor allem sieht man, wie sich Rilke in diesem nach der wertvoll/wertlos-Differenz sortierten Glaubenskosmos platziert. Ablehnung weltlicher Erfolge und Profite ist hier Bedingung und Indikator ästhetischer Gültigkeit. Aus dieser einleitenden Selbstbesichtigung ergibt sich dann ganz selbstverständlich der Anspruch auf mäzenatische Versorgung durch ein prädestiniertes Gegenüber, auch wenn die Adressatin in der Allgemeinheit der Formulierung bestenfalls mitzudenken ist: »[...] dann wieder suche ich nach einem Menschen, der meine Noth versteht, ohne mich für einen Bettler zu halten: wovor ich am meisten Furcht habe.«[148]

In den nun folgenden Manövern der Begründung und Legitimation unbedingten Kunstschaffens ist bereits das gesamte franziskanisch-mystizistische Repertoire des *Stundenbuches* versammelt und zur Herstellung eines Selbstbildes verwendet, das zwischen Demut und Stolz, Selbstnobilitierung und

145 Ellen Key an Rilke, 5. 2. 1903, EK, S. 8.
146 Ellen Key an Rilke, 23. 3. 1903, EK, S. 18.
147 Rilke an Ellen Key, 3. 4. 1903, EK, S. 24.
148 Ebd., S. 25.

Selbstneutralisierung changiert – auch wenn die Niederschrift des Buches *Von der Armut und vom Tode* erst drei Wochen später beginnt:

Und im Innersten ist dabei etwas in mir, was gar nicht will, dass diese Bücher bekannt werden sollen; eine Sehnsucht nach dem Namenlosbleiben füllt mich aus, und ich möchte gerne verloren gehen hinter meinen Liedern wie irgendein vergangenes Volk … Aber das ist wieder ›unklug‹ wie mein Vater sagen würde …[149]

Berücksichtigt man Rilkes eingangs zitierte Bemerkung vom sinnvollen »Genannt-Werden«, dann wird hier der Kontrast zwischen realitätsbezogener und fiktionsnaher Autorrolle überdeutlich. Während der praxisorientierte Textproduzent Rilke seiner Freundin Lou Salomé gegenüber bekennt, dass Erwähnung bzw. Popularisierung durch die Mentorin Ellen Key sinnvoll ist, strebt das epistolarische Rollen-Ich im Motivationsschreiben an ebendiese Mentorin nach mystizistischer Entindividualisierung, nach »Namenlosbleiben«.[150] Das ist so augenfällig, dass der Bezug zum zeitgleich entstehenden lyrischen Subtext ›Franziskus-Hymne‹ naheliegt, wo mit Wendungen wie »und als er starb, so leicht wie ohne Namen, da war er ausgeteilt […]« die Nähe zwischen Fiktion und brieflicher Autorrolle sichtbar wird. Doch Rilkes Konzept ambivalenter Autorschaft umfasst immer beides, Selbstminderung und Selbstakzentuierung. So auch hier, wenn das epistolarische Ich in Analogie zur Rollenfiktion des *Buches von der Pilgerschaft* auf dem ›sehnsüchtigen‹ Pilgerweg zu sich selbst vorgestellt wird:

Muss ein Wunder geschehen, damit ich eine Weile Stille finde und das Meine wieder klingen höre; – und wenn ein Wunder dazu nöthig ist: soll ich leben und glauben, dass es kommen wird? Oder was soll ich thun? Habe ich unrecht, mich nach dem Wichtigen in mir Tag und Nacht wundzusehnen, da das Unwichtige, mit der Stimme des Lebens, mich ruft?[151]

Nun kann es riskant sein, der Exponentin des Lebensglaubens gegenüber »die Stimme des Lebens« als »unwichtig« abzuqualifizieren. Schließlich hatte Key drei Wochen vorher Rilke wissen lassen, wie gut es sei, dass »ich lebe – sonst hätt ich auch nicht Rainer Maria Rilke erlebt. […] Jede neue Seele, welche ich ganz freudisch entgegen kommen kann, ist mir im tiefsten Sinn Lebensbejahung.«[152] Und so korrigiert sich Rilke, das rufende »Unwichtige« sei gar nicht die »Stimme des Lebens«, denn »das wollte ich Ihnen noch sagen, theurer Mensch: Ich liebe das Leben und ich glaube daran!«[153] Auf diese Weise ist der Vitalismus als Kern eines gemeinsamen neureligiösen Credos fixiert und sichert Intersubjektivität, auch wenn Rilke dieses gemeinsame Credo mit Ver-

149 Ebd.
150 Zu diesem Topos vgl. Martina Wagner-Egelhaaf, Mystik der Moderne, S. 9.
151 Rilke an Ellen Key, 3. 4. 1903, EK, S. 26.
152 Ellen Key an Rilke, 12. 3. 1904, EK, S. 17.
153 Rilke an Ellen Key, 3. 4. 1903, EK, S. 26.

satzstücken des *Stundenbuches* anreichert. Der Lebensglaube erweist sich nämlich als geeignete Grundlage für die Fortinszenierung eines heilig-mönchischen Selbstbildes aus dem Geiste der Franziskus-Figur:

Darum lebe ich […] von Gemüse, um dem einfachen, durch nichts fremdes gesteigerten Lebensbewusstsein nahe zu sein; darum geht auch kein Wein in mich ein: weil ich will, dass nur meine Säfte reden und rauschen sollen und Seligkeit haben sollen, wie in Kindern und Thieren, tief aus sich selbst.[154]

Nicht nur die Fruchtbarkeitssymbolik der Franziskus-Orpheus-Chiffre – »sein Samen rann in Bächen, in den Bäumen sang sein Samen« – ist hier in eine lebensreformerische Dramaturgie eingebettet. Es finden sich im Folgenden weitere Elemente des lyrischen Prätexts wie die archaisierende Wendung des ›Abtuns‹ – von materiellen Gütern oder von Abstrakta[155] – oder auch die hierarchiefreie Koexistenz mit der Kreatur.[156] All das sind Exerzitien auktorialer Verkleinerung, die wie im Franziskus-Gedicht mit ihrem Gegenteil, mit der Einzigartigkeit und Superiorität orphischen Sängertums kontrastieren:

Und darum will ich auch allen Hochmuth weit von mir abthun, mich nicht heben über das allergeringste Thier und mich nicht herrlicher halten als einen Stein. Aber sein was ich bin, leben, was mir zu leben gesetzt war, klingen wollen, was keiner sonst klingen kann, die Blüthen bringen, die meinem Herzen befohlen sind: das will ich – und das kann doch nicht Überhebung sein.[157]

Wenn Rilke sich hier als werknahe Kunstfigur inszeniert, pendelt er beweglich zwischen mystischer »Gelassenheit«[158] und ästhetischer Singularität, erzeugt Distinktion und bietet Identifikationsmöglichkeiten. Ähnlich beobachtet auch Stephens ein »Nebeneinander von maßloser Selbstbehauptung und fügsamer Passivität beim frühen Rilke […]«.[159] Semantisch ist der Passus unzweifelhaft auf zeitgleich entstehende Dichtung zu beziehen und verbindet Autor und Werk zur einprägsamen Einheit des Gesamtkunstwerks. Doch da es sich schließlich um ein Motivationsschreiben handelt, fehlt auch die empfängerbezogene Appellfunktion von (Brief-)Kommunikation nicht. Dabei handelt es sich um einen Appell, der Key zum berufenen Zeugen von Rilkes Selbsthei-

154 Ebd., S. 27.

155 Vgl. Rilke, Franziskus-Hymnus, KA I, S. 251, Zeile 3; Stahl weist darauf hin, dass Rilke im Franziskus-Hymnus die von allen Biographen dargestellte »Kernszene der Absage und der Bekehrung«, Absage an die Autorität des Vaters und Bekehrung zum christlichen Glauben, akzentuiert habe als Moment der uneingeschränkten Selbstbestimmung, dass hier also ein wesentliches Modernitätsmoment ins Spiel komme, in: Rilkes Franz von Assisi, S. 94.

156 Vgl. Rilke, Franziskus-Hymnus, KAI, S. 251 f., Zeile 6/7, 13/14, 38–40.

157 Rilke an Ellen Key, 3.4.1903, EK, S. 27.

158 Martina Wagner-Egelhaaf, Mystik der Moderne, S. 8.

159 Stephens, Ästhetik und Existenzentwurf, S. 112.

ligung und Selbsterniedrigung macht und auch die von Key im Eigeninteresse nachgefragte Familienfiktion enthält:[160]

> Nun wissen Sie viel von mir, liebe Frau Ellen Key, mehr als Sie wissen wollten: verzeihen Sie das Unbescheidene, das in diesem Zutrauen liegt […]. Nun werden Sie alles verstehen und das sollen Sie. […] Ihnen aber habe ich geschrieben, wie ich so einer Mutter geschrieben haben würde, oder einer älteren Schwester, die mehr vom Leben weiss und von den Menschen als ich.[161]

Nach dieser literarisierten Einlage, die den Autor in der Rolle des Heiligen und Mystikers und die Respondentin in der von ihr bevorzugten Mutterrolle vorführt, findet Rilke zurück zu einem pragmatischen und handlungsorientierten Schluss. Dessen Realitätsnähe knüpft an die Feldbeschreibung und Selbstverortung zu Beginn des Schreibens an. Sichtbar wird erneut die Differenz zwischen realitätsbezogener und fiktionsnaher Autorrolle, aber auch wie mühelos im Schriftmedium die Rollen gewechselt werden können: »Ich lege noch ein zweites Exemplar des Rodin-Buches bei; wollen Sie dieses, wenn es Ihnen gar keine Umstände macht in die Hände Georg Brandes gelangen lassen?«[162] So spricht ein die Machtverhältnisse im Feld, die Problematik des fehlenden kulturellen Kapitals und das Vermittlungspotential Keys durchaus realistisch einschätzender Jungautor, der fiktionsnahe Selbstinszenierung und Kalkül mit einer beschränkten Rezeptionsschicht aus etablierten Produzenten verbindet. Rilke ist sich – das wurde schon erwähnt – der Bedeutung Brandes' als Kristallisationspunkt des skandinavischen Spätnaturalismus und deutsch-skandinavischer Kulturvermittler überaus bewusst und hat bereits mehrere eigene Texte, *Das tägliche Leben* und das *Buch der Bilder* 1902, »in Brandes Hände geraten lassen«.[163] Da er bisher wohl keine Antwort erhalten hat, gehe es ihm hier, so Fiedler, entscheidend um Keys Vermittlung.[164] Ellen Keys briefliche und praktische Reaktionen zeigen, dass Rilkes franziskanisch-lebensreformerische Selbstdeutung auf fruchtbaren Boden fällt. Ferner wird deutlich, wie wichtig die Funktionsklasse ›ältere Mentorin und Mäzenin‹ in dieser frühen Phase ist. Nur etliche Wochen später hat Key den Brandes-Auftrag bereits ausgeführt, Brandes ferner zur Popularisierung Rilkes angeregt[165] und einen eigenen Rilke-Essay angekündigt. Auch die affektive Kommunikationsebene bestätigt Key, der Rilkes Brief »o, so weh getan« habe: »Aus

160 Vgl. Sabine Andresen / Meike Sophia Baader, Wege aus dem Jahrhundert des Kindes, S. 48.

161 Rilke an Ellen Key, 3.4.1903, EK, S. 28.

162 Ebd.

163 So insistiert er am 5.7.1902 und 17.8.1902 darauf, dass Juncker das *Buch der Bilder* an Brandes schicke: »Haben Sie denn Georg Brandes ein Exemplar zukommen lassen? Daran liegt mir doch so viel« (Rilke an Juncker, 17.8.1902, JUN, S. 78).

164 Vgl. Herausgeberkommentar, EK, S. 319.

165 Rilke an Juncker, 15.7.1904, JUN, S. 150: »An Brandes bin ich durch Ellen Key empfohlen«; in Kopenhagen im September 1904 sieht Rilke Brandes dann häufig und geht mit ihm spazieren (vgl. Ingeborg Schnack, Chronik, S. 194).

Kvalen Perlen – daß weiß man ja. Aber jedes mahl, wie traurig es zu erfahren!«[166]

Und auch weiterhin bleibt sie dem gemeinsamen neureligiösen Redestil treu und bestätigt damit implizit Rilkes Selbsterfindung aus dem Geist des *Stundenbuches.* Sie lässt ihn wissen, dass sie eine »eine tiefe Demuth für [seine] Seele« habe[167] und gibt später (ungenau) aus dem Aufsatz *Mystiker* des Wilhelm von Scholz vom 18.9.1904 eine Passage wieder, die Rilke in einer Reihe mystischer Symbolfiguren neben Heinrich Seuse und Angelus Silesius platziert. Dabei zitiert sie Silesius mit einer Wendung, die an Rilkes poetisch-metaphorische Aneignung des unio-mystica-Topos anschließt: »Je mer du dich aus dir kannst austun unt entgießen, je mehr muß Gott in dich mit seiner Gottheit fließen.«[168]

Zusammenfassend ist Rilkes freundschaftliches Verhältnis mit Key als semantisch und handlungspraktisch erfolgreiche Sozialbeziehung einzustufen, selbst wenn sich die in Rilkes Netzwerk häufig spürbare Tendenz zur Verselbstständigung hier bis zur manifesten Fehldeutung steigern wird. Dessen ungeachtet geht nämlich aus der Briefkommunikation ein autorbezogener Leistungskatalog hervor, der in den Jahren 1903–1906 beachtlich und für Rilkes Start- und Durchsetzungsphase kaum hoch genug zu bewerten ist:[169] Die Mentorin popularisiert über Vorträge und Essay Rilke in Skandinavien, stellt Kontakte zum dortigen Literaturbetrieb her und ermöglicht Rilkes Schweden-Aufenthalt 1904 durch Vermittlung verschiedener Einladungen.[170] Schließlich erhöht sie seinen Bekanntheitsgrad auch durch Vorträge in Deutschland und finanziert mit dem Reinertrag eines Prager Vortrags 1905 Rilkes teuren Kuraufenthalt im Sanatorium Weißer Hirsch bei Dresden.[171]

Dass es berechtigt ist, das *Stundenbuch* als Bilderreservoir der Selbsterfindung und der Adressatenmotivation zu lesen, geht neben der Korrespondenz mit Ellen Key ferner aus dem Briefwechsel mit der Mentorin Lou Salomé hervor. Für die Durchsetzung des Autors Rilke ist auch Salomé insofern von großer Bedeutung, als sie im intellektuellen Feld fest etabliert ist und weitreichende Vermittlungsleistungen erbringen kann. Als Kennerin der literarischen Avantgarde[172] verfügt sie über wertvolles feldspezifisches Sozialkapital,

166 Ellen Key an Rilke, 18.4.1903, EK, S. 29.

167 Ellen Key an Rilke, 8.3.1904, EK, S. 58.

168 Ellen Key an Rilke, 24.10.1904, EK, S. 114 und Kommentar S. 346.

169 Ursula Welsch und Michaela Wiesner bezeichnen diese Effekte zu Recht als »public relations«, in: Lou Andreas-Salomé, S. 132.

170 Auf Gut Borgeby Gard ist Rilke Gast bei Hanna Larsson und Ernst Norlind, in Furuborg bei James und Elisabeth Gibson.

171 Vgl. Herausgeberkommentar, EK, S. 364.

172 Als eine der »bestinformierten Frauen in Deutschland« habe Salomé, Erich Unglaub zufolge, Kontakte zu Zentralfiguren der Berliner, Wiener und Münchner Moderne – zu Hauptmann, Brandes, Arne Garborg, den Brüdern Hart, Halbe, Dehmel, Holz, Strindberg, Bang, Wedekind, Schnitzler, Hofmannsthal, Altenberg, Ebner-Eschenbach, Georg Michael Conrad und Jakob

sie nimmt an philosophischen und psychoanalytischen Diskursen mit Affinitäten zu Lebensreform und Frauenbewegung teil.[173] Ferner zeichnet sie sich durch hohe soziale Mobilität zwischen russischem Adel und emanzipiertem deutschem Bildungsbürgertum aus. Wie wichtig Lous Vermittlungsleistungen für Rilke tatsächlich waren, bestätigen Zeitgenossen und Rilke-Forschung. Laut Katharina Kippenberg sei Rilke mit Hauptmann und Vogeler bei ihr eingeladen gewesen[174] und Loulou Albert-Lasard beschreibt, wie Lou 1915 für »ausgefüllte Tage« gesorgt habe: »Des morgens eine spiritistische Sitzung, nachmittags Historiker oder Astronomen, abends schließlich Psychoanalytiker oder Ärzte«.[175] Sascha Löwenstein bemerkt in seiner Studie zur Poetik des *Stundenbuches*, dass »Lou Andreas-Salomé Rilke einer Vielzahl von Menschen vorgestellt und ihn in aristokratische Kreise eingeführt« habe.[176]

Zusätzlich ist dieser Beziehung aufgrund der eingangs beschriebenen positionellen Homologie zweier Beherrschter unter den Herrschenden, zweier Professioneller mit jeweils niedrig kodifizierten Posten ein hohes Stabilitätspotential zuzuschreiben. Dies gilt zwar ebenso für Rilke und Key. Im Unterschied zu Key gehört Salomé aber schon seit 1898 mit einer längeren Unterbrechung zu Rilkes sozialer und epistolarischer Nahwelt und wird bis zu seinem Lebensende ein vertrauter Resonanzraum für ausgedehnte Selbstreflexionen bleiben. Beispielhaft ist dieser Korrespondenz abzulesen, wie flexibel Rilke mit Diffusität, also mit emotionalem Austausch auf breiter Basis umgeht und wie hoch die Kohäsivität solch ganzheitlicher Beziehungen ist. Da man schon als Liebespaar bis 1901 einen quasi totalen Austausch pflegte,[177] kann selbst nach zweijähriger Briefpause die Korrespondenz unproblematisch im gleichen Modus fortgeführt werden. Schon im zweiten Schreiben nach der Wiederaufnahme der Kommunikation stellt Rilke »so viel was ich Dir sagen möchte« in Aussicht und damit ein Szenario schier unbegrenzter persönlicher

Wassermann, in: Die ältere Freundin als ›femme inspiratrice‹, S. 255. Monika Fick hebt besonders Salomés Kontakte mit Vertretern des literarischen Monismus wie Julius und Heinrich Hart, Bölsche, Wille, Dehmel und C. L. Schleich hervor, in: Sinnenwelt und Weltseele, S. 186.

173 Vgl. Caroline Kreide, Lou Andreas-Salomé, S. 119 und S. 52 ff.; vgl. auch Ursula Welsch / Michaela Wiesner, Lou Andreas-Salomé, S. 133 ff. und S. 164.

174 Vgl. Katharina Kippenberg, Rainer Maria Rilke, 1948, S. 108.

175 Loulou Albert-Lasard, Wege mit Rilke, S. 56; mit den »Astronomen« dürfte Erwein von Aretin gemeint sein, mit den »Psychoanalytikern und Ärzten« der Psychoanalytiker Gebsattel und der an Psychoanalyse interessierte Internist Stauffenberg.

176 Löwenstein, Poetik und dichterisches Selbstverständnis, S. 215; natürlich beherrscht Salomés »intellektuelle Vormundschaft« (Stephens, Ästhetik und Existenzentwurf, S. 100), wie sie sich etwa in der Antizipation ihres ›naiven‹ Russland-Bildes durch Rilke konkretisiert, die Beziehung, doch geht es auch um ganz praktische Vermittlungsleistungen. Zu Salomés Vermittlerrolle im Prozess der Psychoanalyse-Rezeption Rilkes und zu ihrer spezifischen Funktion als Reflexionsmedium vgl. z. B. Ursula Welsch, Das leidende Genie.

177 Zwar sind Salomés Briefe an Rilke zwischen Juni 1897 und dem mit »Letzter Zuruf« überschriebenen Abschiedsbrief vom 26. 2. 1901 nicht erhalten, doch geht aus Rilkes Briefstil sowie aus Tagebuchnotizen Salomés, die im Briefwechsel mit abgedruckt sind, unzweifelhaft die emotionale Breite der Beziehung hervor, vgl. LAS, S. 15 – 53.

Bekenntnisrede her. Nach einem mehrseitigen tagebuchartigen Rückblick schließt das Schreiben mit Dank an Lou und der Gewissheit, »daß jetzt alles besser wird, da ich zu Dir reden darf und Du mich hörst«.[178] In diesem Klima emotionaler Breite verwandelt sich die Rolle der ehemaligen Geliebten konfliktlos in diejenige der aktuellen und zukünftigen Mentorin und Ratgeberin. Zusammengenommen sprechen all diese Faktoren für ein eher niedriges Risiko – dementsprechend facettenrcich entfaltet Rilke die Autorrolle des heiligen Mönches und Mystikers. Das beginnt mit der Selbstverortung im Traditionsraum der geweihten Avantgarde, die von der kanonischen Autorität Baudelaire repräsentiert wird. Zu dem Gedicht *à une heure du matin* bemerkt Rilke:

> [...] es endet groß; steht auf, steht und geht aus wie ein Gebet. Ein Gebet Baudelaires; ein wirkliches, schlichtes Gebet, mit den Händen gemacht, ungeschickt und schön wie das Gebet eines russischen Menschen. – Er hatte einen weiten Weg dazu hin, Baudelaire, und er ist ihn knieend und kriechend gegangen.[179]

Dabei stellt er zunächst für Salomé die Verbindung zum gemeinsamen Kontext ›Russland‹ her und projiziert einschlägige autorsemantische Elemente aus dem *Stundenbuch* – ›beten‹, ›schlicht‹, ›knien‹, ›kriechen‹ – auf eine historische Autorpersönlichkeit. Selbst wenn Züge von Künstlersakralisierung auch bei Baudelaire zu beobachten sind und der »spiritualisme« des Dandys »comme une espèce de religion« alle Lebensbereiche erfasst,[180] bietet sich der großstädtische Décadent Baudelaire dennoch für Zuschreibungen von monastischer Askese und Demut nicht fraglos an.[181] Man könnte das als Vereinnahmung der ästhetisch verbindlichen Instanz Baudelaire für die eigene, andersgeartete Deutung von Autorschaft bezeichnen und daraus folgern, dass auch auktoriale Distinktion nicht ohne die Anbindung an kanonische Vorbilder auskommt – zumindest am Anfang einer Karriere. Ganz in diesem Sinn inszeniert sich Rilke nämlich weiterhin als symbolischer Erbe Baudelaires, indem er semantische Ähnlichkeiten konstruiert: »[...] oft kann ich ihn kaum verstehen und doch manchmal tief in der Nacht [...], da war er mein Nächster und wohnte neben mir [...]. Was für eine seltsame Gemeinsamkeit war da zwischen uns, ein Theilen von allem, dieselbe Armuth und vielleicht dieselbe Angst.«[182]

Nach ›beten‹ und ›knien‹ bestätigt nun die Kernchiffre ›Armut‹, dass es hier weniger um Baudelaire als um Rilkes Selbstentwurf zum heiligen Mönch entlang des *Stundenbuches* geht. Legitimiert allerdings wird dieses Selbstbild

178 Rilke an Lou Salomé, 30.6.1903, LAS, S. 57–61.

179 Rilke an Lou Salomé, 18.7.1903, LAS, S. 66.

180 Charles Baudelaire, Œuvres complètes II, S. 709 ff. (Aufsatz »Le peintre et la vie moderne«); zitiert nach Bernd Auerochs, Die Entstehung der Kunstreligion, S. 102.

181 Vgl. auch Dorothea Lauterbach, Frankreich, S. 77 f.

182 Rilke an Lou Salomé, 18.7.1903, LAS, S. 66.

durch die Konstruktion einer auktorialen Verwandtschaftsbeziehung mit einem Vorbildheiligen, der nicht von ungefähr dasselbe Profil wie Rilke erhält. Dass Rilkes Selbstheiligung hier auf einer wenig plausiblen Fremdheiligung aufruht, ändert an der Wirkung auf die Adressatin wenig, zumal die Baudelaire-Einlassungen den Auftakt zur berühmten *Malte*-Passage bilden.[183] Und so bleibt Lou ganz im angebotenen Rahmen religiöser Semantik, wenn sie Rilke im Bergpredigt-Gestus als Dichter der »Mühseligen und Beladenen« bezeichnet, wozu »so viel Muth und Demuth« gehöre. Weiterhin bestätigt sie Rilkes Heiligenrolle durch christologische Assoziationen: Bei Rilkes einfühlsamen Schilderungen großstädtischen Leids könne man »von einem ›rechtfertigenden Leiden‹ des Künstlers sprechen, während alle die andern Leidenden um ihn, denen er zur Auferstehung verhilft, ›nicht wissen, was sie thun‹«.[184]

Rechtfertigendes Leiden in Analogie zum Stellvertreterleiden und Auferstehungstopik – das ist insofern charakteristisch, als Lou Salomé Rilkes Selbststilisierungen häufig mit Motiven aus der neutestamentarischen Heils- und Passionsgeschichte fortschreibt. Rilke dagegen gibt in der gemeinsamen ›Arbeit am Autor‹ alttestamentarischen Quellen und Heiligenlegenden den Vorzug.[185] Lous Fokussierung auf christologische Bilder gründet in ihrer religionspsychologischen Aufarbeitung der Passionsgeschichte, wo Religion nicht theologisch, von ihrem objektiven Grund her, sondern in der Tradition Schleiermachers als subjektives Seelengeschehen und religiöses Gefühl begriffen wird.[186] Der historische Jesus von Nazareth repräsentiert etwa in Lous Essay *Jesus der Jude* (1896) metonymisch das vorexilische religiöse Judentum und den homo religiosus schlechthin und plausibilisiert die Weltgeltung der neuen Religion nicht qua göttlichem Status, sondern qua subjektiver Glaubensintensität.[187] Es zeigt sich die Dynamik jener um 1800 einsetzenden Verschiebung des Religionsverständnisses von der Verbindlichkeit der Autorität zur Unverbindlichkeit subjektiv-individueller Aneignungen, die bereits

183 Vgl. II. Hauptteil, Kapitel 1.1, Anm. 39.

184 Lou Salomé an Rilke, 22.7.1903, LAS, S. 77.

185 Zu Rilkes intensiver Auseinandersetzung mit dem AT und dort vor allem mit den Psalmen, vgl. Fülleborn, Rilkes Gebrauch der Bibel, S. 21 ff.; Löwenstein betont, dass Rilke sich auch für das *Stundenbuch* eher an der Gottesvorstellung des AT orientiert und »sich mit Bezug auf die johanneischen Schriften […] von Inhalten des NT [abgesetzt]« habe. Als alttestamentarische Prätexte führt Löwenstein neben dem Psalter die Geschichtsbücher Gen., Ex., Rut bis 2 Sam. und Jjob an, in: Rainer Maria Rilkes Stundenbuch, S. 62.

186 Im Zentrum von Salomés Religionspsychologie steht der Aufsatz »Jesus der Jude«, erschienen in Freie Bühne, Jg. 7, 1896, S. 342–351; weitere einschlägige Essays sind »Vom Ursprung des Christentums«, in: Vossische Zeitung Nr. 599, 1885, »Religion und Cultur«, in: Die Zeit (Wien) 14, 1898, »Vom religiösen Affekt«, in: Die Zukunft 23, 1898, »Der Egoismus in der Religion«, in: Arthur Dix (Hg.), Der Egoismus, Leipzig 1899. Bereits in ihrem ersten Roman *Im Kampf um Gott* (1885) ist das Motiv des Gethsemane-Jesus als Symbol für ungebrochenen Vitalismus und kraftvolle religiöse Affekte mehrfach vorformuliert (Neuausgabe, S. 174).

187 Vgl. Salomés Brief an Rilke vom 28.12.1909, LAS, S. 234; vgl. auch Ernst Pfeiffers Zusammenfassung des Aufsatzes in LAS, S. 488–490.

thematisch war.[188] Im Briefdialog zwischen Salomé/Rilke mündet die romantische Anthropologisierung von Religion in die zwischen Atheismus und diffuser Spiritualität schwankende religiöse Befindlichkeit der Moderne; sakrale Semantiken stehen zur Verfügung und das Jesus-Motiv kann mühelos in eine Autor-Metapher transformiert werden.

Und so ist Lou auch keineswegs die Einzige, die Christologie bemüht. Friedhelm Marx hat immer wieder darauf aufmerksam gemacht, dass der historische Jesus um 1900 vielfach zur Chiffre der künstlerischen Existenz, ihrer Leiden und Exzeptionalitäten avanciert – u. a. bei Nietzsche, Oscar Wilde, Max Weber, Thomas Mann und in der bildenden Kunst.[189] Schließlich wird Thomas Mann der fiktionalen Figur Dr. Krokowski in den zwanziger Jahren genau jene Bergpredigt-Formel auf den Leib schreiben, mit der Lou Salomé den heiligen Rilke gekennzeichnet hatte: »Kommet her zu mir, sagte er mit anderen Worten, die ihr mühselig und beladen seid! Und er ließ keinen Zweifel an seiner Überzeugung, daß alle ohne Ausnahme mühselig und beladen waren.«[190]

Ob ironisch wie bei Mann oder pathetisch-psychologisch wie bei Lou Salomé: Die Beispiele machen deutlich, wie der Säkularisierungsschub der Moderne je individuelle Neubesetzungen ermöglicht, die doch deshalb kollektiv verständlich sind, weil sie aus dem gleichen Arsenal gepflegter Semantik schöpfen. Ganz in diesem Sinn stört es auch nicht, wenn im Briefdialog zwischen Lou und Rilke christologische auf alttestamentarische Versatzstücke treffen. Schließlich teilt Salomé – neben ihrem Interesse an Religionspsychologie – mit Rilke die Begeisterung für die Einheitskonzeptionen ›Monismus‹[191] und ›Lebensphilosophie‹.[192] Als rhetorische Hohlformeln für ein neues Evangelium der Kunst- und Lebensanbetung leisten Christologie, Altes Testament und Heiligenlegende hier Äquivalentes. Bedingung gelingender Kommunikation ist weniger die Identität der Intertexte als vielmehr der kontinuierliche und nahezu formalisierte Austausch von Bestätigungs- und Sakralisierungsgesten.

Dazu gehört auch, dass Rilke für die Mentorin und Protektorin im nächsten Schreiben eine angemessene Position in seinem fiktionsnahen Kosmos hei-

188 Vgl. I. Hauptteil, Abschnitt 2.2.

189 Vgl. Marx, »Ich aber sage Ihnen ...«, S. 12 f.

190 Thomas Mann, Gesammelte Werke III, S. 183, zitiert nach Marx, ebd., S. 88.

191 Monika Fick zufolge konkretisiert sich Salomés Monismus vor allem in ihrer Beschäftigung mit der Liebesthematik in den Schriften »Der Mensch als Weib« (1899), »Gedanken über das Liebesproblem« (1900) und »Die Erotik« (1910). Auf der Basis einer intensiven Bölsche-Rezeption verstehe Salomé, so Monika Fick, »das Körperliche als Voraussetzung und zugleich integralen Bestandteil des seelischen Erlebens«, der Liebesakt diene in erster Linie der »›Vermählung‹ des eigenen Leibes mit der Seele«, in: Sinnenwelt und Weltseele, S. 132 und S. 146.

192 Zur lebensphilosophischen Ausrichtung, die »Andreas-Salomés Texte durchgängig grundiert«, und zum »lebensunmittelbaren« leibseelischen Einheitsdenken Salomés vgl. Ursula Renner, Lou Andreas-Salomé, S. 35 ff.

liger Kunst kreiert – und dabei auf den Intertext ›Heiligenlegende‹ zurückgreift:

Zu denen, welche in der Wüste waren, kamen die Vögel so und brachten Brot; sie nährten sich vielleicht aus sich selbst, aus der Tiefe ihrer Noth und Einsamkeit, aber sie wußten es nicht, bis der fremde Vogel kam mit dem kleinen Brote, wie mit dem äußeren Zeichen jener inneren Speise, aus der sie lebten … So kommt Deine Stimme zu mir und deine große Zustimmung, die ich vielleicht nicht verdiene […].[193]

Wie eng Selbst- und Partnerstilisierung tatsächlich an Rilkes Dichtung angelehnt sein können, und zwar thematisch und zeitlich, erhellt besonders aus dieser Passage. Es ist die Legende von Paul von Theben (Paulus Eremita), die hier als Folie der Heiligsprechung von Lou und Rilke dient. Paul, den »Vater des Einsiedlerlebens« und damit idealtypischen Eremiten, versorgt in der Legende ein Rabe in der Wüste täglich mit einem Wecken Brot.[194] Diese Erzählung war zunächst Quelle für einen lyrischen Text. Kurze Zeit vor dem Brief, im Frühsommer 1903, hatte Rilke die Reinschrift des *Buches von der Pilgerschaft* für Lou Salomé hergestellt, wo das Motiv im Gedicht *Ein Pilgermorgen* begegnet: »Wie Weise alle, welche viel erfahren / Erwählte, welche in der Wüste waren / wo Gott sie nährte durch ein fremdes Tier«.[195] Der Brief ergänzt nun die vorherige Handschriftengabe durch eine symbolische Gabe: Lou wird in die fiktionale Welt der Paul-von-Theben-Legende und damit in diejenige des *Pilgermorgens* eingeschrieben. Allerdings hat sich der Bezugspunkt geändert. Es ist nicht mehr Gott, der den eremitischen Künstler-Heiligen mit Hilfe des Raben nährt, sondern der Künstler selbst, der aus seinem eigenen Inneren existentielle Kraft gewinnt. Der Respondentin bleibt dabei die Funktion des Symbols, des »äußeren Zeichen jener inneren Speise«, das an die Stelle des göttlichen Raben rückt.

Diese Verknüpfung von Selbstheiligung und Fremdheiligung im Medium eines beweglichen, fiktionsnahen Sakralcodes erscheint mir von systemati-

193 Rilke an Lou Salomé, 25.7.1903, LAS, S. 78.

194 Vgl. Hiltgart Keller, Reclams Lexikon der Heiligen, S. 468 f. Die Historizität des angeblich im 3. Jahrhundert n. Chr. in die Wüste geflohenen Paulus von Theben ist fraglich; einzige Quelle ist die sog. *vita pauli* von 375, Erstlingsarbeit des Hieronymus, der seinen Protagonisten zur »Urgestalt eines idealisierten, heroisierten und romantischen Mönchstums« machte und damit sein erzählerisches Talent unter Beweis stellte (Karl Suso Frank, Artikel »Paulos v. Theben«, S. 1528 f.). Es ist sehr charakteristisch für Rilke, dass die Referenz auch hier ein literarischer Stoff bzw. eine Repräsentation und nicht historische Wirklichkeit ist; dass dies ein Muster ist, wird sich anhand weiterer Heiligenvergleiche zeigen, die auf literarische oder ikonische Repräsentationen von historischen Heiligenfiguren Bezug nehmen, etwa Hieronymus selbst oder Johannes auf Patmos.

195 Rilke, KA I, S. 225, Zeile 28–30; Szász, der den gesamten Brief einer detaillierten Analyse unterzieht und auch diese Passage zitiert, äußert sich nicht zu den dargelegten Zusammenhängen. Lediglich von einem »Gleichnis« ist die Rede, das »die Form einer an die Bibel erinnernden Parabel« habe und veranschaulichen solle, »was der Brief im Empfänger hervorrief«, in: Nur ein Brief? S. 336.

scher Bedeutung für Rilkes Konzeption heiliger Autorschaft. Exemplarisch führt sie vor, was in der Durchsetzungs- und in der Konsolidierungsphase immer wieder sichtbar werden wird: Es ist selten Rilke allein, der sich in den Raum heiliger Dichtung einschreibt. Mit ihm wird der Respondent ›auf Augenhöhe‹ angehoben und rückt als Ko-Heiliger selbst in die Nähe des fiktionalen Werkes.

Im Briefdialog des jungen Autors mit der älteren Mentorin Lou Salomé aktualisiert sich diese Tendenz gelegentlich sogar als Rollentausch, als ausschließliche Respondentenheiligung:

> Aus dieser Stille, wenn sie mir gegeben wird, will ich mich manchmal aufheben zu Dir, wie zu der Heiligen jener weiten Heimat, die ich nicht erreichen kann, ergriffen davon, daß Du heller Stern gerade über der Stelle stehst, wo ich am bangesten und dunkelsten bin.[196]

In Rilkes polarer Autorschaftskonzeption sind der verkleinerte und der monumentale Autor als integriert, aufeinander bezogen zu denken. Das wurde bereits diskutiert, das hat auch der Passus mit Rilke in der Rolle des heiligen Wüsten-Eremiten gezeigt. Offensichtlich ist diese Konzeption aber so beweglich, dass der Pol des Größen-Autors unter Umständen auch ausgelagert und auf das Gegenüber projiziert werden kann. Der kontrastierende Pol des minimierten, »bangesten und dunkelsten« Autors bleibt dabei Rilke reserviert. Laufbahngeschichtlich machen solche Demutsexerzitien in der frühen Durchsetzungsphase 1903, vor dem Publikationserfolg des *Stundenbuches*, durchaus Sinn. Schließlich geht es nicht nur um Distinktion, sondern ebenso um starken Rückhalt durch prestigeträchtige Autoritäten und Fürsprecher, die Distinktion als heiliger Autor überhaupt erst möglich machen.

Wie sehr ein gemeinsamer Sakralcode die Bildung solcher Allianzen zwischen Autor und etablierten Mentoren erleichtert, erhellt aus einem etwas früheren Brief Lous an Rilke. Dabei geht es zunächst um Rilkes Rodin-Essay, in den Lou bezeichnenderweise Aspekte einer ›unio mystica‹ zwischen Rilke und Rodin hineinliest. »Etwas von Vermählung« liege für sie in dem Buch, »von einer sehr heiligen Zwiesprache«, von »Aufgenommensein« und von »Mysterium«. Schließlich dient dieses »Mysterium« aber vor allem der Identifikation mit Rilke: »[…] und dies ist das Allerpersönlichste an dem Buch für mich, dass ich uns Verbündete glaube in den schweren Geheimnissen von Leben und Sterben, eins im Ewigen was die Menschen bindet. Du kannst Dich von nun ab auf mich verlassen.«[197]

Zusammengenommen machen diese Passagen deutlich, inwiefern der Austausch von Hohlformeln bzw. unhintergehbaren Letztbegriffen wie »Hei-

196 Rilke an Lou Salomé, 15.8.1903, LAS, S. 117; aus Fiedlers Beitrag zur Nietzsche-Rezeption Rilkes im *Florenzer Tagebuch* geht hervor, dass Rilke Salomé bereits in diesem essayistischen Text auf sehr ähnliche Weise zur »Lieben, Einzigen, Heiligen« stilisiert hat, in: Zarathustras Kind, S. 295.

197 Lou Salomé an Rilke, 8.8.1903, LAS, S. 89 f.

liges«, »unerreichbare Heimat«, »Leben und Sterben« und »Ewiges« Intersubjektivität sichert und einen gemeinsamen sakralen Binnenraum erzeugt, in dem sich beide Gesprächspartner auf Augenhöhe befinden. Deutlich wird ferner, dass solchem Austausch der gemeinsame Gruppen- oder Generationencode, der lebensphilosophisch-neomystische Diskurs zugrunde liegt. So weit das Spektrum einzelner Aktualisierungen dieses Codes auch sein mag und von der Passionsmetapher (Salomé) über Mystikzitationen (Key) bis hin zur alttestamentarischen und legendenhaften Gleichnisrede (Rilke) reicht, scheint eine gewisse Grundverständigung über die ritualisierte Verwendung von vagen und beliebig füllbaren religiösen Letztbegriffen zu bestehen – etwa ›Gott‹, ›Dasein‹, ›Leben und Tod‹, ›Ewigkeit‹, ›Gebet‹ und der allgegenwärtige Begriff der ›Demut‹.

Wie die erfolgreichen Briefbeziehungen mit Key und Salomé zeigen, erleichtert der kontinuierliche Austausch religiöser Formeln die für Rilkes Gemeinde charakteristische Heterogenität. Vor allem ermöglicht er Vielfalt schon zu einem Zeitpunkt, wo das Netzwerk an Funktionsträgern noch überschaubar, Rilkes Abhängigkeit von den wenigen Mentoren dagegen relativ groß ist. Zur Erinnerung: Je kleiner das soziale Netz, desto eher wird nach gleichartigen Individuen gesucht.[198] Das ist bei Rilke anders. In seiner Gemeinde dominieren mit Key und Salomé schon früh Funktionsträger, die in nahezu allen sozioökonomischen Merkmalen, Alter, Klassen- und Nationenzugehörigkeit, Geschlecht, Ausbildung, Mobilität und Sozialstatus, mit Rilke nicht überlappen. Wenn aber die Mitakteure nicht ›zu einem passen‹, sollten sie zumindest so sprechen wie man selbst. Auf der Basis des gemeinsamen neureligiösen Codes und des formalisierten Austauschmusters kann die ausgeprägte Unterschiedlichkeit selbst schon jetzt frei gewählt werden und mit ihr der Vorteil größeren Anschlusspotentials für plurale moderne Kontexte. Anzuführen wären hier etwa die ausgedehnten Vermittlungsleistungen Keys in den skandinavischen Kulturraum oder die intellektuelle Vormundschaft Salomés bei der Prägung von Rilkes Russlandbild. Dies alles ist möglich, ohne Nicht-Verstehen in Kauf nehmen zu müssen und ohne Isolierung zu riskieren, auch wenn noch wenig personelle Reserven kompensatorisch zur Verfügung stehen. Rilkes Beziehungen mit den älteren, unterschiedlich sozialisierten Mentorinnen Key und Salomé kann man als mittel- oder langfristig erfolgreiche Sozialbeziehungen einstufen. Welche Bedeutung dabei einem gemeinsamen Sakralcode und dem Prinzip der Adressatenweihe zukommt, wurde gezeigt und auch, wie der heilige Rilke im Dialog hergestellt wird.

Nun entsteht dieses literarisierte Autor-Bild in der Korrespondenz mit Salomé und weiteren frühen Netzwerkmitgliedern nicht nur aus allgemeinen Versatzstücken des *Stundenbuches*, aus dem unspezifischen Repertoire von Armut, Askese und Einsamkeit, von Beten, Danken, Knien und Pilgern.

198 Vgl. II. Hauptteil, Kapitel 1.2.

Vielmehr ist auch von spezifischen Motivsequenzen zu handeln, die sich je auf das *Stundenbuch* zurückführen lassen. Manche dieser Bilder unterliegen im Lauf der Zeit einem funktionalen semantischen Wandel, andere stellen Konstanten der Heiligenrolle dar.

2.2.5 Bildsequenzen

Das oben erwähnte Klostermotiv etwa ist ein Beispiel für den schrittweisen Gestaltwandel einer Figur, die bis in Rilkes mittlere, konsolidierte Lebensphase hinein Verwendung findet. Veränderungen des Motivs tragen der sich verändernden Situation des Autors im literarischen Feld insofern Rechnung, als das Verhältnis von Demut und Hybris dem Statuswandel angepasst wird. In dem Maß, wie sich Rilkes Position festigt, schwinden charakteristische Erniedrigungsrituale, verschiebt sich der Akzent von mystizistischer Negativität zu einer sprachlichen Positivität und Plastizität, die unmissverständlich Differenz markiert.

Im lyrischen Prätext *Stundenbuch* ist zunächst das Gegenteil inszeniert, eine Steigerungsbewegung von der Selbsterniedrigung zur Selbstlöschung. Im 10. Gedicht des Zyklus hatte das lyrische Ich noch als »einer deiner Ganzgeringen« gesprochen, »der in das Leben aus der Zelle sieht«.[199] Im 19. Gedicht verlagert sich die topographische Situation der Sprechinstanz nach unten, in die Erde, in ein symbolisches Grab der mystischen »Abgeschiedenheit«[200] und Eigenschaftslosigkeit:

> Weißt du von jenen Heiligen, mein Herr? / Sie fühlten auch verschloßne Klosterstuben zu nahe an Gelächter und Geplärr, / so daß sie tief sich in die Erde gruben. / Ein jeder atmete mit seinem Licht die kleine Luft in seiner Grube aus, / vergaß sein Alter und sein Angesicht / und lebte wie ein fensterloses Haus / und starb nicht mehr als wär er lange tot.[201]

Der Zusammenhang zwischen lyrischer Figur und Autorschaft wird dann in der Textsorte ›Essay‹ hergestellt: vom Bild des äußerlich kargen und innen reichen Klosters als Vogeler-Signifikant im Worpswede-Essay war bereits die Rede, und ebenso vom ästhetisierten Rodin des Essays von 1902, der in grauen, kahlen Zellen sein franziskanisches Künstlerdasein fristet.[202] Im darauffolgenden Jahr taucht die Figur schließlich in der Privatkommunikation auf, so wie es modellhaft im vorangegangenen Abschnitt für die Chiffren ›Armut‹ und ›Einsamkeit‹ skizziert wurde. Im Briefwechsel mit Lou Salomé bezeichnet das Wortfeld ›Kloster‹ abwechselnd den Autor selbst oder den ihn

199 Vgl. Anm. 79; Rilke, KA I, S. 210, Zeile 1–2.
200 Martina Wagner-Egelhaaf, Mystik der Moderne, S. 8.
201 Rilke, KA I, S. 217, Zeile 1–4.
202 Vgl. Rilke, KA IV, S. 390 und S. 448; vgl. auch Anm. 85 und 86.

umgebenden Raum. Dabei vollzieht Rilke eine dem *Stundenbuch* äquivalente Sprachbewegung von der Zurückgezogenheit des Klosters zur mystischen Abgeschiedenheit des Erdgrabs. Man muss sich die lyrischen und essayistischen Prätexte vor Augen halten, um zu sehen, wie konsequent er sich entlang dieser Vorgaben entwirft, wie eng epistolarer Autor und poetisches Werk als ›Gesamtkunstwerk‹ aufeinander bezogen sind:

> Und ich möchte mich irgendwie tiefer zurückziehen in mich, in das Kloster in mir, in dem die großen Glocken hängen. [...] O daß ich Werktage hätte, Lou, daß meine heimlichste Herzkammer eine Werkstatt wäre und Zelle und Zuflucht für mich; daß all dieses Mönchische in mir klostergündend würde, um meiner Arbeit und Andacht willen,[203]

so heißt es noch 1903. Anfang 1905, in der Spannung zwischen Arbeit am *Malte*, Anpassungsdruck an den ungewohnten schwedischen Sozialkontext und problematischer Vaterrolle, ist das Bild des Klosters zur Selbststilisierung des eremitischen Solitärs nicht mehr ausreichend. Wie im *Stundenbuch* erscheint Rilke jetzt als vergrabener Autor-Mönch mit verborgener Identität: »Welches [Lebensereignis] ging nicht in dieser tiefen Klostersehnsucht aus? Sehnsucht nach Jahren in der Wüste; ganz in die Erde eingegraben, nicht nach oben blühend nur an den Wurzeln arbeitend, die keiner sieht.«[204] Hier ist Rilke am ›tiefsten‹ Punkt einer überhöhenden Selbstdeutung angelangt. Bezeichnenderweise geschieht das in der Korrespondenz mit der intellektuellen Leitfigur Lou, die es immer wieder auf die Demuts-Signatur solcher Autorschaft einzuschwören gilt.

Ganz anders sieht es zwei Jahre später in einem Schreiben an den Mäzen von der Heydt aus. Nicht mehr Askese und mystische Abgeschiedenheit sind mit der Klosterfigur bezeichnet, sondern das Gegenteil. Um den Konnex zwischen Soziologie und Semantik in besagtem Brief sichtbar zu machen, bedarf es jedoch einiger Vorüberlegungen zur Person von der Heydts und zu Rilkes Standort.

Die Situation des Dichters hat sich gewandelt. Akkumulation von spezifischem Kapital durch erfolgreiche Publikation von *Stundenbuch* 1905 und Rodin-Monographie 1903 mit jeweils zwei Auflagen in zwei Jahren haben seine Position als Neuling im Feld stabilisiert. Ferner stellt die Erweiterung eines deutschen Netzwerkes von Personen und Orten mit Karl von der Heydt, Gräfin Luise Schwerin auf Schloss Friedelhausen und Alice Fähndrich in der Villa Discopoli auf Capri Unabhängigkeit von den problematischen Mentoren Key und Rodin in Aussicht. Mit der Abhängigkeit von einem neuen Mäzen, Karl von der Heydt, kommt Rilke aber gewissermaßen vom Regen in die Traufe. Einerseits reduziert der Traditionalist von der Heydt Rilke ebenso wie

203 Rilke an Lou Salomé, 10.8.1903, LAS, S. 105.
204 Rilke an Lou Salomé, 6.1.1905, LAS, S. 197, Antwortbriefe nicht erhalten.

Ellen Key auf den Dichter des *Stundenbuches* und frommen »Gottsucher«.[205] Andererseits klagt er als strenger Calvinist ökonomischen Realitätssinn ein und verschließt sich Rilkes riskantem auktorialem Selbstverständnis als Produzent ausschließlich reiner Kunst.[206] Damit entspricht der Mäzen dem Habitus der »Herrschenden [die] sich selbst gegenüber den Kulturproduzenten – und insbesondere den ›reinen‹ Künstlern – als Repräsentanten [...] des Handelns, der Männlichkeit und auch als Vertreter des gesunden Menschenverstandes, der Ordnung und der Vernunft fühlen können« (RK, S. 399).

Grundsätzlich entspricht von der Heydt dem Prototyp des mäzenatischen Besitzbürgers, wie er sowohl von der historischen Leseforschung als auch von Arbeiten zum mäzenatischen Bürgertum beschrieben worden ist.[207] Darin ist auch die mehrschichtige Problematik seiner Beziehung mit Rilke vorgezeichnet. Als Angehöriger einer traditionsreichen Dynastie, die seit 1794 ein familieneigenes Bankhaus betreibt, und als erfolgreicher selbstständiger Bankier engagiert sich von der Heydt intensiv in privater und institutioneller Kunstförderung. Unter anderem ist er Beiratsmitglied im Berliner Kaiser-Friedrich-Museum Wilhelm von Bodes, dessen berühmt gewordene Museumspolitik »eine bestimmte Form des kollektiven Mäzenatentums im deutschen Kaiserreich, nämlich die Allianz von privaten Mäzenen mit Vertretern des Staates oder der kommunalen Verwaltung« vorantreibt.[208] Auch von der Heydt kann dem neu entstehenden »repräsentativen Sammlertypus«[209] zugeordnet werden, der sich selbstbewusst zur wirtschaftlichen und politischen Elite des Staates zählt. Er wird von Wilhelm von Bode, vermutlich mit der Hoffnung auf Schenkungen, beim Gemäldekauf beraten[210] und präsentiert seine Kunstschätze der Berliner Öffentlichkeit in anspruchsvollem gesellschaftlichem Rahmen – bezeichnend für die mäzenatische Praxis von Repräsentation und Distinktion.[211] Das für Mäzene charakteristische Streben nach Metamorphosen, nach Übertritt in den gelehrten und ästhetisch aufgeschlossenen bildungsbürgerlichen Sektor[212] findet in der Förderung zeitgenössischer Kunst und der Unterstützung des noch nicht etablierten Rilke ebenso Ausdruck wie in eigener dilettierender Textproduktion.[213]

205 In seiner Rezension des *Stundenbuches* (Preußische Jahrbücher, Berlin Januar 1905, 123. Band, Heft 1) deutet v. d. Heydt den Gedichtzyklus als »Suchen der Seele nach Gott«; zitiert nach KEH, S. 246.

206 Vgl. Einleitung des Herausgebers, KEH, S. 9.

207 Vgl. Jost Schneider, Sozialgeschichte des Lesens, S. 226–247; vgl. Kocka / Frey, Bürgerkultur und Mäzenatentum; ferner Frey, Macht und Moral des Schenkens.

208 Frey, Macht und Moral des Schenkens, S. 14 f.

209 Ebd., S. 112.

210 Vgl. ebd., ferner Einleitung des Herausgebers, KEH, S. 13.

211 Vgl. Sarasin, Stiften und Schenken, S. 205 ff.

212 Vgl. Sarasin, ebd., S. 207 ff.

213 V. d. Heydt muss im Alter von 23 sein Philosophiestudium abbrechen und tritt ins elterliche Bankgeschäft ein. Es ist anzunehmen, dass dilettierende Kunstproduktion den nicht erreichten Bildungstitel kompensieren soll.

Kehrseite dieses Strebens nach bildungsbürgerlicher Modernität ist ein traditionalistischer Habitus im stereotypen Umgang mit Kunst, wie er für besitzbürgerliches Rezeptionsverhalten beobachtet worden ist. Nicht um die gelehrte Reflexivität der ›stillen Lektüre‹ geht es, sondern um Performativität im kollektiven, geselligen Rahmen; so auch im Hause von der Heydt, wo in »traditionsreichen, mit Kunstwerken erfüllten Räumen« der Kunstgenuss von der Unmittelbarkeit des Lesens durch Delegieren, durch »Rezitationen, Theaterszenen und Konzerte« auf Distanz verschoben wird.[214] Diese Spannung zwischen Traditionalismus und Moderne, zwischen ästhetischem Interesse und Mangel an kulturellem Kapital[215] – wie es für die Herrschenden am ökonomisch dominanten Pol des Machtfeldes kennzeichnend ist – stellt neben dem calvinistischen Hintergrund von der Heydts eine zentrale Problemquelle im Umgang mit Rilke dar. Zwar funktioniert der für die Konstellation Mäzen/Künstler spezifische Tauschhandel insofern, als der auf dem Weg zur Etablierung befindliche Rilke von der Heydts schriftstellerische Versuche lobend anerkennt.[216] Damit erhöht er dessen Pool an spezifischem Kapital, arbeitet dem »Inklusionsprozess vom Industriellen zum anerkannten Mitglied des Bildungsbürgertums« zu[217] – und erhält im Gegenzug 1906 wirtschaftliche Unterstützung. Doch kann der konservative Besitzbürger Rilkes ästhetische Entwicklung hin zur polemischen Sachlichkeit des mittleren Werkes und zur Modernität des *Malte* nicht mittragen,[218] und Rilke gerät immer weiter unter Rechtfertigungsdruck.

Als er Ende 1906 um ein weiteres Jahr mäzenatische Versorgung ansucht,[219] insistiert von der Heydt erneut auf der für Rilke inakzeptablen Vereinbarkeit von ökonomischem Realitätssinn und Berufungsstatus. Der Mäzen fordert genau jene wirtschaftliche »Verflechtung in den Alltag«, die die »charismatische Bedarfsdeckung« nach Max Weber konsequent ausschließt und die auch mit Rilkes Charismatikerhabitus konfligiert.[220] Konkret bedeutet das nämlich etwas, wovon Rilke sich dezidiert verabschiedet hat, Betriebsamkeit im Literaturbetrieb: »Menschen die berufen sind zu einem Herrn- und Schöpferamt in der Geisteswelt« müssten, so von der Heydt, »ihres eigenen Lebens mächtig

214 Einleitung des Herausgebers, KEH, S. 13; zum Modus des Delegierens und zur Performativität vgl. Jost Schneider, Sozialgeschichte des Lesens, S. 231.

215 Zwar werden v. d. Heydts Einakter *Variationen über das Thema Weib* 1905 und 1906 erfolgreich aufgeführt und sein Drama *Jehanne D'Arc* erscheint 1904 (Berlin, Continent). Weitere Texte allerdings erscheinen nur im Selbstverlag, etwa Reiseberichte; vgl. KEH, Einleitung des Herausgebers, S. 14 und Kommentarteil, S. 339.

216 Vgl. vor allem Rilkes anerkennende und engagierte briefliche Stellungnahmen zu v. d. Heydts Drama *Jehanne D'Arc* am 26.11. und 29.11.1905 und zum entstehenden Drama *Aphrodite* vom 11.9.1906, 10.11.1906 und 13.11.1906, KEH, S. 38–41, 92, 96–99.

217 Hermsen, Kunstförderung zwischen Passion und Kommerz, S. 100.

218 Hermsens Arbeit liefert auch eine systemtheoretische Begründung des ästhetischen Konservatismus des Besitzbürgertums, S. 105 ff.

219 Vgl. Rilke an v. d. Heydt, 15.11.1906, KEH, S. 100–103.

220 Max Weber, Wirtschaft und Gesellschaft, S. 181.

sein«, deshalb müsse Rilke, für dessen *Malte* er eine Chance bei Fischer sieht, »kämpfen«.[221] Auf diese konflikthafte Konstellation reagiert Rilke nun mit einem Rechtfertigungsschreiben an das Ehepaar von der Heydt, in dem die Klosterfigur eine ganz neue Gestalt hat. Sie dient nicht mehr der demütigen Selbstlöschung, sondern der rollen- und statusbewussten Selbstbehauptung und der Legitimation des reinen Berufungsstatus.[222]

Rilke betont zunächst nicht von ungefähr produktives »Alleinsein« und »Recht zur Selbstbestimmung«, das ihm seine aktuelle Gastgeberin Alice Fähndrich in Capri gewähre, und fährt dann fort:

> Es giebt vielleicht nichts so Eifersüchtiges wie meinen Beruf; und nicht ein Mönchsleben wäre meines in eines Klosters Zusammenschluß und Abtrennung, wohl aber muß ich sehen, nach und nach zu einem Kloster auszuwachsen und so dazustehen in der Welt, mit Mauern um mich, aber mit Gott und den Heiligen in mir, mit sehr schönen Bildern und Geräthen in mir, mit Höfen, um die ein Tanz von Säulen geht, mit Fruchtgärten, Weinbergen und Brunnen, deren Grund gar nicht zu finden ist.[223]

Ähnlich wie im Vogeler-Essay und im ersten Klosterbrief an Salomé ist die Klosterfigur nicht Signifikant für den Ort des Autors, sondern für den Autor selbst, allerdings mit völlig neuen Konnotationen. Aus den puritanisch-asketischen Ensembles von Werkstatt/Zelle/Zuflucht und Arbeit/Andacht, die den Autor merkmalsarm bzw. tendenziell negativ bestimmten, wird eine opulente ikonische Komposition aus Kulturzeichen. Die in der Korrespondenz mit Salomé beschworene heilig-monastische Existenz stellt keine Alternative mehr dar und stattdessen kennzeichnen »Bilder«, »Geräthe«, »Höfe«, »Säulen«, »Fruchtgärten«, »Weinberge« und »Brunnen« den Autor als ein Kloster der Bilderfülle. Zwar schließt Rilke mit der Verknüpfung von »Alleinsein« und »Kloster« unmissverständlich an jenen lyrischen Prätext an, der von der Heydts Protektionsbemühungen ursprünglich in Gang gesetzt hatte – das *Stundenbuch*. Allerdings sind das die einzigen Zugeständnisse an den Adressaten, dessen monetäre Leistungen in dieser Phase karrierebestimmend sind.

Entscheidend ist, dass sich in der Wendung von der Negativ- zur Positivfüllung der Heiligenrolle ein gewandeltes auktoriales Selbstverständnis abzeichnet. Der akkumulierte symbolische Kapitalpool der »Bilder«, »Säulen« und »Fruchtgärten«, vor allem der im Dichter eingeschlossene Gott, verschieben den Akzent von mystischer Negativität auf plastisch gestaltete Autorschaft und zeigen, worum es hier geht: nicht nur um werknahe Selbststilisierung, sondern um Apologetik, Distinktion und Demonstration des Er-

221 V. d. Heydt an Rilke, 16.11.1906, zitiert nach KEH, Kommentarteil, S. 326.
222 Auch Fülleborn hat darauf hingewiesen, dass Rilkes Anpassung an den problematischen Mäzen über gewisse formelhafte Wendungen nicht hinausgeht, in: Rilke 1906 bis 1910, S. 169.
223 Rilke an v. d. Heydt, 11.12.1906, KEH, S. 104.

worbenen. Um Rückzug zwar, aber nicht mehr um fiktiven Rückzug in das Erdgrab der Anonymität, sondern um faktischen, finanzierten und legitimen Rückzug in die Abstinenz vom Literaturbetrieb. Der Zusammenhang von Selbstverminderung, Adressatenweihe und Identifikationsangebot tritt hier zur Gänze in den Hintergrund und es wird deutlich, wie flexibel Rilke die Rolle des *Stundenbuch*-Heiligen je nach Bedarf einzusetzen vermag. Vergleicht man nämlich die Klosterpassagen in den Briefen an Salomé und von der Heydt, so zeigt sich das Leistungsspektrum dieser Rolle, so wird exemplarisch der Konnex zwischen Soziologie und Semantik sichtbar. Dieses Spektrum umfasst Ostentation von Bescheidenheit, Geduld, Hierarchiebewusstsein, aber auch von Autonomie, Selbstbehauptung und steigendem Marktwert und reicht bis zur Motivationsfunktion für problematische Mäzene. In der tendenziell sachbezogenen Beziehung mit von der Heydt etwa hat die Heiligenrolle und mit ihr das Klostermotiv vor allem den Charakter des rhetorischen Instruments: Von der Heydt zieht sich zwar zunächst zurück, gewährt aber im März 1907 schließlich die gewünschte Unterstützung. Den praktischen Ausschlag hat dabei wohl der Ausverkauf des *Stundenbuches* gegeben.

Ganz anders sieht das mit Rilkes emotional breiter, ›diffuser‹ Beziehung zur Mentorin Salomé aus. Hier zeigt sich, dass Figuren wie das Klostermotiv nicht ausschließlich auf die extratextuelle Welt sozialen Handelns, Motivierens und Protegierens zielen, dass sich ihre Funktion nicht allein im Sozialen auflösen lässt. Vielmehr sind sie auch als literarische Elemente einer werknahen ›Erzählung vom Autor‹ zu verstehen, an der gemeinsam gewoben wird. Zu allgegenwärtig sind Elemente einer solchen Erzählung in der Korrespondenz mit Salomé, verglichen mit Rilkes Briefen an von der Heydt, wo sich der Autor vergleichsweise wenig stilisiert; zu allgegenwärtig, als dass sich der naheliegende systematische Zusammenhang zwischen Diffusität, Weiblichkeit und künstlichem Selbstbild abweisen ließe. Kurz gesagt – literarischer Selbstbezug ist in Rilkes emotional breiten Beziehungen zu Frauen ebenso wichtig wie die pragmatische Kommunikationsfunktion. Manchmal sogar wichtiger, wie eine weitere Anwendungssituation des Klosterbildes nahelegt.

Fünf Jahre nach dem Heydt-Passus – Rilke hat sich als Autor erfolgreich durchgesetzt – beschreibt er sich für die Pianistin Hattingberg, mit der er ebenfalls eine briefliche Ganzheitsbeziehung unterhält, erneut als ›Kloster‹ der Opulenz. Nun kennt Rilke Hattingberg zu diesem Zeitpunkt noch nicht persönlich, und auch die Briefbeziehung hat kaum sachlich-praktische Zielsetzungen, so dass der Klosterfigur schwerlich eine Funktion in der außerliterarischen Welt zu unterstellen ist. Vielmehr ist sie auch hier Bestandteil der literarischen ›Erzählung vom heiligen Autor‹, die Rilke gemeinsam mit der Briefpartnerin anfertigt – wovon noch zu handeln sein wird. Zunächst ist vor allem festzuhalten, wie wandelbar derartige Figuren der Selbstdeutung tatsächlich sind. Im Schreiben an Hattingberg ist der ursprüngliche Subtext *Stundenbuch* und sein gesamter Konnotationsraum von Demut und Selbstlöschung weggefallen und hat einer neuen Tonart der auktorialen Opulenz Platz gemacht hat. Rilke beschreibt nun seine »Kunst« als

von einer Herrlichkeit, wie nicht das Haus Davids herrlich war. Magda, da stehen die goldenen **Säulen** wie die Stämme des Waldes und in den **Bildern** der Vorhänge ist kein Faden, der nicht in der echtesten Farbe schön geworden wäre. Was muss Gott bei mir gestanden haben, dass ich das sagen darf. Hier bin ich rein, denn ich habe dagelegen, wenn ich unfruchtbar war, und habe nichts hervorgebracht.[224]

Da nun auch an die Stelle des Wortes »Kloster« ein alttestamentarisches Motiv gerückt ist, lässt sich die Entwicklung des Bildes nur rekonstruieren und bis zum *Stundenbuch* zurückverfolgen, wenn man den Motivzusammenhang von »Haus« bzw. »Mauern«, »Gott in mir«, »Bildern« und »Säulen« aus dem Heydt-Brief berücksichtigt. Im Gestalt- und Bedeutungswandel von der Selbstlöschung hin zu einer Auktorialität der Pracht äußert sich aber nicht nur der offensichtliche Wandel von Rilkes Status- und Wertbewusstsein. Die ›Endfassung‹ der Klosterfigur stellt auch eine für Rilke ungewöhnliche Selbstmonumentalisierung dar. Komplementäre Verkleinerungselemente fehlen bis auf »daliegen« und »unfruchtbar sein«, obwohl die Empfängerin aktuell keine handlungspraktische Funktion wie etwa von der Heydt ausübt. Obwohl oder vielleicht gerade deswegen? Über diese Frage wird weiter unten ausführlich zu sprechen sein.
Als weitere Bildsequenz ist das heiligmäßige Subjekt, das sich in die Alleinheit oder in die Gottheit verflüssigt, anzuführen. Wasser- und Fließmetaphern fügen sich, das wurde schon angedeutet, ebenso gut in den lebensphilosophischen wie auch in den monistischen oder auch neomystischen Kontext der Epoche. Wucherpfennig und Rasch zufolge ist es das Bild des Meeres, das Autoren aus lebensphilosophischem und monistischem Lager zur Darstellung von lustvoller Selbstauflösung und Einheitserleben bemühen.[225] In diesem Sinn zitiert etwa Nietzsche in der Tragödienschrift eine einschlägige Passage aus *Tristan und Isolde:* Der »tragische Mythus« führe »die Welt der Erscheinung an die Grenzen, wo sie sich selbst verneint und wieder in den Schooss der wahren und einzigen Realität zurückzuflüchten sucht«. Adäquaten Ausdruck fände dies in Isoldes »metaphysischem Schwanengesang«: »In des Wonnemeeres / wogendem Schwall, / in der Duft-Wellen / tönendem Schall, / in des Weltathems / wehendem All – / ertrinken – versinken – / unbewusst – höchste Lust!«[226]

Auch Georg Simmels lebensphilosophisches Hauptwerk *Lebensanschauung* prägen dort, wo es um den Gegensatz von ›Leben‹ und ›Form‹ geht,

224 Rilke an Hattingberg, 16.–20.2.1914, HAT, S. 126; Hervorhebungen von mir.

225 Vgl. Wucherpfennig, Antworten auf die naturwissenschaftlichen Herausforderungen, S. 168; der Verfasser zitiert exemplarisch Bleibtreu und Klages; vgl. Rasch, Zur deutschen Literatur, S. 25: »Vor allem aber bildet das Verhältnis der Welle zum Meer in unvergleichlicher Genauigkeit das Verhältnis des Individuums zur Lebensganzheit ab.«

226 Nietzsche, KSA 1, S. 141.

Wasser- und Fließmetaphern, allen voran das zentrale Bild vom »Lebensstrom«: So etwa spüre man »bei stark individualisierten Menschen […] eine Feindseligkeit gegen ihre Funktion, eine Welle in dem durch sie hin weiterrauschenden Lebensstrom zu sein«.[227] Eine ähnliche Figur findet sich bereits bei dem um 1900 populären Meister Eckart. Das Bild der ›strömenden Seele‹, die sich mit ihrem »Urquell« Gott vereinigt, wird den Zeitgenossen in der Büttner'schen Ausgabe von 1903 nahegebracht.[228]

Im *Stundenbuch* taucht das Motiv der Allverflüssigung nicht erst in der Franziskus-Hymne auf, wo der »Samen« des lyrischen Subjekts metonymisch »in den Bächen rann«. Vielmehr erscheint es ganz konkret als Bild der Selbstauflösung ins Meer im Gedicht *Ich glaube an Alles noch nie Gesagte:* »Mit diesem Hinfluten, mit diesem Münden / in breiten Armen ins offene Meer, / mit dieser wachsenden Wiederkehr / will ich dich bekennen, will ich dich verkünden / wie keiner vorher«,[229] so spricht das lyrische Rollen-Ich in der zweiten Strophe und zeigt mit der Nietzsche-Anspielung, dass die Selbstverflüssigung ins Meer als dionysische Entindividuation und ›Ent-Formung‹ zu denken ist. Auch dieser Passus ist ein wichtiger lyrischer Prätext für Rilkes Selbstentwurf zum heiligen Mönch und Mystiker, der in etliche Briefe an unterschiedlichste Respondenten Eingang findet. Im Unterschied zur Klosterfigur bleibt das Bild dabei weitgehend konstant und reflektiert nur sehr subtil den etwaigen Statuswandel des Autors, allerdings die Verschiedenheit der Gemeindemitglieder.

Säkularisierung und Heterodoxie implizieren ja unter anderem, dass der ursprünglich fixe transzendente Bezugspunkt aller religiösen Sprechbemühungen, ›Gott‹, nach Verlagerung in die Immanenz unfest werden kann und variabel besetzbar ist durch beliebige Mittlerfiguren oder Anbetungsobjekte. Wenn Rilke bereits im *Buch vom mönchischen Leben* ein fiktives Gebet an Lou richtet,[230] so hat solche Beweglichkeit wiederum ihren Ursprung in der romantischen Anthropologisierung von Religion; die Denktradition pantheistischer Mittlerschaft wird bekanntlich von der produktiven Spinoza-Rezeption des ausgehenden 18. Jahrhunderts in Gang gesetzt und von Novalis poetisiert.[231] Entsprechende Möglichkeiten, den Referenzpunkt sakraler Rede frei zu variieren, macht sich Rilke nun auch im Brief zunutze. Das Ziel der auktorialen Selbstverflüssigung wandelt sich je nach Empfänger, die semantische Leerstelle des ›Meeres‹ kann sogar mit dem Adressaten selbst besetzt werden. Möglichkeitsbedingung solcher ›Mehrfachnutzungen‹ ist die Radiärstruktur eines Netzwerkes, von dessen niedriger Dichte und Separation bereits ausführlich die Rede war.

227 Simmel, Gesamtausgabe Bd. 16, S. 227; vgl. auch S. 222, 225, 231, 262.
228 Vgl. Meister Eckeharts Schriften, S. 82.
229 Rilke, KA I, S. 162, Zeile 11–14.
230 Vgl. Gedicht »Lösch mir die Augen aus«, KA I, S. 207.
231 Vgl. Engel, KA I, S. 738 f.

Lou Salomé etwa teilt Rilke in Analogie zum zitierten Gedichtpassus mit, »daß mein Mund, wenn er ein großer Strom geworden ist, einmal münde in Dich, in Dein Hören und in die große Stille Deiner aufgethanen Tiefe – das ist das Gebet, das ich zu jeder Stunde sage [...]«.[232] So wie an die Stelle des göttlichen Raben, der im Gedicht den heiligen Autor-Eremiten ernährt, im Brief Lous ›Stimme‹ getreten ist, wird auch in dieser Parallelstelle das ›Andere‹ des lyrischen Subjekts, das Meer, durch ›Lou‹ ersetzt. Die Tradition des pantheistischen Mittlers wird hier systematisch für Rilkes Kommunikationsprinzip der Adressatenweihe fruchtbar gemacht: Den Briefpartner auf Augenhöhe des heiligen Autors anzuheben bedeutet, starre Selbstmonumentalisierung und Hierarchiebildung wie z. B. im George-Kreis zu vermeiden; bedeutet im vorliegenden Fall sogar eine sinnvolle Hierarchieumkehr zwischen Jungautor und älterer Mentorin und Protektorin.

Natürlich ließe sich das »Münden« Rilkes in die »Stille« Salomés auch als neomystische Subjekt-Objekt-Verschmelzung lesen und als Beleg, wie weit Briefkommunikation über die modernetypischen Parallelen zwischen Mystik, Ästhetik und Poetik[233] noch hinausgeht. Es bietet sich nämlich an, von ›Mystik als Habitus‹ zu sprechen, von der freien Verwendung diskursiver Versatzstücke, die offensichtlich auch mystische Figuren einschließt.[234] Wie Rilke die Figur der Selbstverflüssigung in weiteren dialogischen Konstellationen nutzt, liefert Aufschlüsse über die Anpassungsfähigkeit des Bildes, über Mystik als formalisierte und funktionale Sprachpraxis. Im Frühsommer 1905 etwa erhält Rilke von Gräfin Luise Schwerin, die der Netzwerkklasse ›ältere Mäzenin‹ zuzuordnen ist und Rilke für den Sommer eingeladen hat, die bereits erwähnte Büttner'sche Übersetzung der Predigten Meister Eckarts. Obwohl Rilke den Mystiker gerade erst zu rezipieren beginnt, stilisiert er sich im Dankschreiben an Luise Schwerin zum Bruder-Heiligen, zu »dieses Meisters Schüler und Verkünder«, dem er »seit Jahren« wesensverwandt sei. Doch die Position des Erben und Epigonen erzeugt noch nicht hinreichend auktoriale Distinktion. Rilke bedient sich weiterhin der Strom-Figur, um den originären Mystiker zu überbieten und zu korrigieren; und zwar dort zu korrigieren, wo er das zeittypisch-paradoxe Gleichgewicht zwischen Form und Auflösung nicht einhält:

232 Rilke an Lou Salomé, 15.1.1904, LAS, S. 131.

233 Vgl. Martina Wagner-Egelhaaf, Mystik der Moderne, S.4; Spörl, Gottlose Mystik, S. 14 f.

234 Dass auf poetologischer Ebene dem Phänomen ›Mystik als Habitus‹ eine intertextuelle Autorsemantik korreliert, die sich mystischer Traditionen bedient, geht aus van Ingens Analyse mystischer Topoi im *Stundenbuch* hervor. In diesem Zusammenhang spricht der Verfasser von »allgemeiner Verfügbarkeit der Tradition« und der »grundsätzlichen Möglichkeit eines Rückbezugs auf einen jahrhundertealten Intertext, dessen glutvolle Ekstasen ebenso bekannt sind wie dessen motivliche Verrenkungen«. Van Ingen bezieht sich – ähnlich wie die vorliegende Arbeit für den Bereich des Autors bzw. denjenigen literarischer Kommunikation – auf das Phänomen von Mystik als Form: »So konnte die Gedankenform übernommen werden, sie konnte sich aber ohne das Gerüst jenes traditionellen Verstehens neuen Inhalten öffnen«, in: Rebellische Mystik, S. 107.

Irgendwo (ich fühls in aller Demut) wuchs ich über ihn hinaus: an den Stellen, wo er feststellte, stehen blieb, endgültig formte; wo er aber floß, wo er rauschte und in großen Gefällen zu Gott niederfiel, da bin ich nur ein kleines Stück, mitgerissen von ihm, dem Strom, der mit dem breiten delta der Dreieinigkeit in die Ewigkeit ausgeht.[235]

»In aller Demut« positioniert sich Rilke hier neben und über einer kanonischen Instanz der mystischen Tradition und markiert sich damit deutlich als ambivalenter Autor der Verkleinerung, die Nähe suggeriert, und der Vergrößerung, die Distinktion erzeugt. Berücksichtigt man die früh einsetzende funktionale Differenzierung in der Rilke-Gemeinde, macht solch konsequente Komplementarität Sinn: Luise Schwerin steht exemplarisch für den Funktionszusammenhang Schloss – aristokratische Mäzenin – Salontätigkeit – häuslicher Kultursektor, der auch weiterhin für Rilkes Konzeption unbedingter Autorschaft wichtig sein wird, nur mit wechselnder Rollenbesetzung. So wie Schwerin Rilke zwei Monate nach dem zitierten Schreiben in ihrem Schloss Friedelhausen beherbergt und mit einem »harmonischen, kunstsinnigen Kreis«[236] bekannt macht, wird nach 1910 die Mäzenin Marie Taxis den Autor wiederholt auf ihre Schlösser Lautschin und Duino einladen und dort zur Erweiterung seines sozialen Rahmens beitragen. Mit der Konfiguration Schloss – Mäzenin – Autor liegt ein Muster der Akkumulation von sozialem und symbolischem Kapital vor, in dessen Zentrum die Vermittlungstätigkeit der aristokratischen Salondame steht: In Friedelhausen lernt Rilke die Schwester der Gräfin kennen, Alice Fähndrich, die in den folgenden Jahren dreimal längerfristig seine Gastgeberin sein wird;[237] ferner ihre Stiefmutter Julie Freifrau von Nordeck zu Rabenau, den Biologen Jacob von Uexküll einschließlich Familie sowie Karl von der Heydt. In Duino wird er beispielsweise 1910 und 1912 den Kontakt mit Kassner intensivieren oder in Lautschin 1911 den italienischen Schriftsteller Carlo Placci kennenlernen, der seinerseits Rilkes Begegnung mit Eleonora Duse vermittelt.

Es leuchtet ein, warum die erste Exponentin dieser Konfiguration, die begeisterte Meister-Eckart-Leserin Luise Schwerin, gleichzeitig von der auktorialen Superiorität ihres Protegés und von dessen demütiger ›Meister-Eckart-Nähe‹ zu überzeugen ist. Anders als im Schreiben an Lou, wo das epistolare Ich in die Adressatin mündet, spiegeln sich hier in der Figur des verflüssigten Autor-Heiligen die kulturellen Präferenzen der Mäzenin Schwerin. Dass zu solch perfekt angepasster Überzeugungsarbeit jeweils ein ausgesprochen künstliches und werknahes Autorbild gehört, belegt einmal mehr den Zusammenhang von Selbststilisierung und Weiblichkeit (der Respondenten).

235 Rilke an Luise Schwerin, 5.6.1905, in: Rilke, Briefe aus den Jahren 1904 bis 1907, S. 73, künftig Sigle BF04.

236 Freedman, Rainer Maria Rilke 1875 bis 1906, S. 341.

237 Gastgeberin für einen Monat 1906 in Friedelhausen und Dezember 1906 bis Mai 1907 und März bis April 1908 in der Villa Discopoli, Capri.

Das wird besonders deutlich, wenn man den Schwerin-Passus mit einem Notat vergleicht, das drei Jahre früher an den Verleger Juncker anlässlich dessen geplanter Neuausgabe von Meister Eckarts Schriften geht. Er könne schlecht raten, bedauert Rilke Juncker gegenüber, da er »die Schriften der Mystiker zu wenig« kenne und es auch nicht für nötig halte, »sie wieder herbeizuziehen; was Verwandtes in unserer Zeit anklingen und aufwachen mag, muß lieber ohne Anschluß an alte Schriftsteller eigene Wege finden [...]«.[238] Während Rilke seine literarisierten Selbstentwürfe für die Funktionsklasse ›weibliche Mäzenin und Mentorin‹ reserviert hat und dort auch einen neomystischen bzw. pantheistischen Sprachhabitus pflegt, stellt er in der Korrespondenz mit männlichen Akteuren des Literaturbetriebs offensichtlich auf Sachlichkeit und realitätsnahe Darstellungen ab.

Ohne Bezug zum Intertext ›Meister Eckart‹ setzt Rilke die Figur der Selbstauflösung aus dem *Stundenbuch* ein weiteres Mal ein und zwar in der bereits erwähnten, neun Jahre später beginnenden Korrespondenz mit der Pianistin Hattingberg. Zum ersten Mal wird durch ein konkretes Sakralsubjekt, »den Heiligen«, explizit gemacht, dass die Fließ- und Strömungsprädikationen Attribute heiliger Autorschaft sind:

> Darum ging mich der Heilige so namenlos an, weil er allein es dazu bringt, weder Überschwemmungen zu bilden noch Sümpfe, noch auszutrocknen, noch in kleinen Adern ins Geröll zu versickern, noch muss er daran denken, schiffbar zu sein –, er hat nichts zu thun, als all die reinen Rinnsale seines Herzens zu sammeln, hundert unbewusste Quellen aufzunehmen und die Zuflüsse seiner Thränen, um dann, durch das immer größere Gemüth der Natur, hinzustürzen in das steinige Strombett Gottes, rauschend, rauschend von dem Vorgefühl der unendlichen Mündung. Was hab ich mich gesehnt, zu sein wie er.[239]

Diese neue und vereindeutigende Rede vom Heiligen stellt insofern eine gewisse Steigerung dar, als bisher nur vom Sich-Verströmen, auch vom Sich-Verströmen wie Meister Eckart »in die Ewigkeit« die Rede war. Schließlich befinden wir uns im Jahr 1914, und Rilke hat mit *Stundenbuch*, *Buch der Bilder*, *Neuen Gedichten*, Malte-Roman, *Marienleben* und den Requien – um nur die prominentesten Publikationen zu nennen – ausreichend symbolisches und kulturelles Kapital akkumuliert, um seine Position als heiliger Autor deutlicher demonstrieren zu können. Und doch verweigert die Struktur der Passage die simple Gleichung ›Rilke ist wie der Heilige‹, wie sie die Memorialautoren später so gerne bemühen werden. Der Heilige gehe ihn an, schreibt Rilke, da er sich sehne, so zu sein. Das ist ein erstes Beispiel für eine sehr charakteristische Rhetorik der Uneigentlichkeit, die demonstriert, was Rilke sein könnte, in dem sie bezeichnet, was er nicht ist. Hinter dem Wunsch wird nicht behauptete Wirklichkeit, sondern behauptete Möglichkeit sichtbar. Was

238 Rilke an Juncker, 14.2.1903, JUN, S. 90.
239 Rilke an Hattingberg, 7.2.1914, HAT, S. 46.

dem Respondenten dabei präsentiert wird, ist ebenso der kleine, strebende, unfertige Autor der Nähe als auch die ins Sakrale überhöhte Idealgestalt. Hattingbergs Antwort macht deutlich, wie auf diese Weise die Bereitschaft gefördert wird, Selbstsakralisierungen zu akzeptieren. Zwar problematisiert sie zunächst Rilkes »Sehnen zu sein wie der Heilige«. Rilkes Kunst sei »in ihrer letzten Erfüllung« menschliche Kunst und auch der Heilige sei nicht Gott. Nur wenige Zeilen später allerdings prophezeit sie dem Menschen Rilke »mit einem Gott im Herzen«, dass »sich die Blüte erschließen [wird], nach der Ihr Sehen träumt – und sie wird warten auf die eine heiligste Befruchtung, dass sie zur Frucht werde: rein und heil!«[240] Am gewählten Vokabular zeigt sich, dass schließlich trotz aller Bedenken der Konsens über Rilkes auktoriale Rolle im Vordergrund steht.

Jenseits dieser individuellen Gesprächsdynamik erlaubt Rilkes Umgang mit der Figur heiliger Selbstverflüssigung, wie oben angedeutet, Einsichten in Eigenlogik und Vorteil des radiären Netzwerks. Dessen Mitglieder sind räumlich und durch mittelbare Kommunikation separiert. Redundanzen bzw. Mehrfachnutzungen einschlägiger Figuren der Selbststilisierung sind problemlos möglich, ohne dass die Information – wie etwa in dichten Netzwerken oder Gruppen – zu zirkulieren beginnt und damit die Suggestion von Singularität aufgehoben wäre. So begegnet ein und dasselbe Bild in Briefen an die Mentorin Salomé in Göttingen, die Mäzenin Schwerin in Friedelhausen bei Lollar und zehn Jahre später an die Partnerin Hattingberg in Berlin, je mit individuellen Bedeutungsverschiebungen. Bei Salomé mündet das flüssige Autor-Ich in die Respondentin, bei Schwerin wird es vom flüssigen Meister Eckart mitgerissen und bei Hattingberg wird es dem Heiligen zugeordnet, der in Gott mündet. Zwischen den Respondentinnen existieren in diesem Zeitraum keine Querverbindungen.

Dass die Suggestion von Einzigartigkeit tatsächlich erhalten bleibt und das Bild als exklusives und hochpersönliches Deutungsangebot wahrgenommen wird, belegt wiederum Hattingbergs Reaktion. Sie übernimmt die Figur nämlich in ihrem nächsten Schreiben und verwendet sie, um sich selbst zur Erlösungsbedürftigen und Rilke zum einzig möglichen, exklusiven Privaterlöser zu stilisieren. Rilke besitze »unerschöpfliche Quellen der Seele«, sie wolle ihm »wohl einmal alles« von sich erzählen und hoffe, »einmal, einmal die flutende Erlösung unendlicher Tränen finden zu dürfen, […] die sich wie ein stürmender Bach zum rauschenden Strom meiner […] Lebenskraft drängen um darin gelöst zu sein für ewig«.[241]

Den Beteiligten scheint nicht bewusst zu sein, dass am Sprach- und Motivationsspiel mit der zeittypischen Auflösungsfigur in Rilkes Kommunikations-Netzwerk verschiedene potentielle Auf- und Erlöser und Erlösungsbedürftige beteiligt sind; Hattingbergs Exklusivitätsanspruch macht das deut-

240 Hattingberg an Rilke, 10.2.1914, HAT, S. 72.
241 Hattingberg an Rilke, 11.2.1914, HAT, S. 77.

lich. Solche Transparenz erforderte eine Gruppenöffentlichkeit, und die fehlt schließlich in Rilkes Netzwerk.

2.2.6 Hattingberg-Korrespondenz

Mehrfach war schon von ihr die Rede, nun soll sie kurz ins Zentrum des Interesses rücken: Rilkes Briefbeziehung mit der Pianistin Magda von Hattingberg. Zu Beginn des Jahres 1914 schreibt eine 31-Jährige, dem Autor unbekannte Künstlerin mit noch geringem spezifischem Prestige begeistert an Rilke. Seine Geschichten vom lieben Gott gehörten zu den »guten Geistern«, die ihrer Musik »den Weg finden halfen«.[242] Für die nächsten fünf Wochen entspinnt sich eine Korrespondenz von wachsender Intensität: Zwischen Hattingberg in Berlin und Rilke in Paris gehen nahezu täglich lange Briefe hin und her. Vor allem setzt Hattingbergs emphatische Rezeption von Rilkes Frühwerk, *Geschichten vom lieben Gott* und Rodin-Monographie, ausgedehnte briefliche Selbstreflexionen des Autors in Gang, die vielfach die Grenze von epistolarer und diaristischer Rede überschreiten. Da man sich in den folgenden Monaten gemeinsamen Reisens, von Berlin über München nach Paris und schließlich Duino, rasch entfremdet und schließlich trennt, ist die Bedeutung Magda von Hattingbergs für Rilke vor allem in dieser vorangehenden, dichten Korrespondenzphase zu suchen.

Zwar bringt Hattingberg Rilke das Medium Musik näher und vermittelt ferner den Kontakt zu ihrem Lehrer Ferrucio Busoni. Dessen *Entwurf einer neuen Ästhetik der Tonkunst* wird auf Rilkes Anregung hin 1916 in erweiterter Neuausgabe als Band 202 der Insel-Bücherei erscheinen.[243] Busoni eignet die Ausgabe Rilke zu mit der Formel »Dem Musiker in Worten Rainer Maria Rilke verehrungsvoll und freundschaftlich dargeboten« – ein Beispiel dafür, dass der symbolische Tauschverkehr auch zwischen unterschiedlichen Produktionsfeldern funktioniert. Über diese Vermittlungsleistung hinaus sind Hattingberg jedoch kaum sozialpraktische Funktionen für Rilke zuzuschreiben. Wenn sie später den *Cornet* zu popularisieren versucht, so ist das weniger als Multiplikationsleistung im Sinne des Autors denn als Nutzung von Rilkes Prestige im Eigeninteresse zu verstehen. Gegen die musikalische *Cornet*-Dramatisierung der betriebsamen Künstlerin hat Rilke nämlich heftigen Einspruch eingelegt.[244] So gering also die sozialpraktische Relevanz dieser

242 Hattingberg an Rilke, 22.1.1914, HAT, S. 21.

243 Vgl. Herausgeberkommentar, HAT, S. 205.

244 Der Komponist Kasimir von Pasthory hatte 1914 eine Begleitmusik zum *Cornet* geschrieben, die Hattingberg anlässlich zweier Aufführungen in Leipzig (15.2.1915) und Wien (27.3.1915) spielte. Den Rezitationspart dieser sog. ›Rilke-Abende‹ übernahmen die Schauspieler Stieler (Leipzig) und Onno (Wien). Gegen die spätere serienmäßige Vermarktung des *Cornet*-Melodrams durch Pasthory versuchte Rilke indirekt über den Insel-Verlag Einspruch zu erheben (vgl. Rilke an Katharina Kippenberg, 30.3.1916, KK, S. 161 f.). Solange das Projekt aber von Hattingberg selbst

Beziehung, umso bedeutender Hattingbergs Funktion als Resonanzraum für Rilkes Selbstreflexionen[245] und für poetische Entwürfe.

Dies zeichnet sich u. a. im lebhaften wissenschaftlichen Interesse ab, das dem Briefwechsel seit den Anfängen entgegengebracht wird. Dabei dominieren philologische und einflussgeschichtliche Beiträge[246] sowie das literaturpsychologische Paradigma,[247] und naturgemäß liegt der Akzent auf Rilkes nahezu sprichwörtlicher brieflicher Monologizität.[248] Bei all diesen psychologischen, philologischen und biographischen[249] Perspektiven auf eine Beziehung mit nur geringer sozialpraktischer Relevanz stellt sich die Frage, wieso Erstere nun in einer Studie mit sozialwissenschaftlicher Ausrichtung thematisch sein soll. Die Antwort: Weil sie aufgrund des fehlenden Konnexes zwischen Soziologie und Semantik geeignet ist, die Grenzen meines Vermittlungsmodells deutlich zu machen. Obwohl Magda von Hattingberg keine Akteurin ist, die in der Welt sozialen Handelns und Tauschhandelns auf die Laufbahn des Autors Einfluss nimmt, stilisiert sich Rilke im Briefwechsel mit ihr in einer einzigartigen Dichte zum heiligen Autor. Das vollständige Repertoire von Heiligen- und Prophetenrolle wird hier entfaltet, auch wenn die beiden Rollenschemata im Übrigen in unterschiedliche Laufbahnphasen fallen.

Damit zeigt die Hattingberg-Korrespondenz überdeutlich, was schon mehrfach angeklungen ist: Rilkes literarische Selbstinszenierungen gehen nie ausschließlich im Sozialen auf, selbst wenn sie vermittelt über Multiplikatorentätigkeit und Multiplikatoreninteressen auf die Position des Autors, die

verfolgt wurde, griff er offensichtlich direkt ein. So schreibt er am 12.5.1915 an Kippenberg, er »habe in der letzten Zeit bei Frau v. Hattingberg Verwahrung einlegen müssen gegen die erfolgsausbeuterischen Vorführungen des Cornet, die mir so durchaus zuwider sind« (AK II, S. 29). Die Herausgeber teilen in Rilkes Briefwechsel mit Hattingberg (HAT) einen einschlägigen Briefentwurf Rilkes an die Pianistin mit, der von einer für Rilke einzigartigen Schärfe ist und die Asymmetrie der Beziehung hinsichtlich tauschbarer Kapitalien illustriert: »Sie sollten sich damit begnügen, dass ich Ihnen meine besten Freunde eröffnet habe, statt außerdem eine alte wehrlose Arbeit, unter Musiklärm, für Ihr Fortkommen auszunutzen. Thun Sie es dennoch, so wissen Sie, dass es gegen meinen Willen geschieht; ich werde keine Möglichkeit versäumen, dies auch öffentlich zu erklären. Sollte auch das Ihnen schließlich zur Reklame nützlich sein, so kann ich Sie nur bitten, unsere Irrung so groß als möglich aufzufassen. In diesem Fall können auch meine Briefe nie an Sie geschrieben sein« (undatiert, zitiert nach HAT, S. 225).

245 Zur Selbstreflexion und Selbstvermittlung Rilkes in den Briefen an Hattingberg vgl. Storck, Rainer Maria Rilke als Briefschreiber, S. 60–85; ders., Das Briefwerk, S. 503 f.

246 Fiedlers einflussgeschichtlicher Deutung zufolge kann die Reflexionsdichte im Hattinberg-Briefwechsel als monologischer Prozess der Selbstgewinnung vor dem Hintergrund von Rilkes Psychoanalyse-Rezeption gedeutet werden, in: Psychoanalyse, S. 166 ff.

247 Repräsentativ für das psychologische bzw. tiefenpsychologische Forschungsparadigma ist Angelika Ebrecht, Rettendes Herz und Puppenseele; dies., Einsamste Gemeinsamkeit; für die ältere Forschung: Simenauer, Rainer Maria Rilke, S. 488 ff.

248 Zur ›narzisstischen‹ Selbstbezüglichkeit Rilkes vgl. Simenauer, ebd., S. 493, und Angelika Ebrecht, Einsamste Gemeinsamkeit, S. 108.

249 Vgl. Prater, Ein klingendes Glas, S. 404–409; Freedman, Rainer Maria Rilke 1906 bis 1926, S. 198–205; Leppmann, Rilke, S. 335–339.

Rezeption seines Werkes und posthume Mythenbildung zurückwirken. Aus dem Beispiel Rilkes erhellt vielmehr, dass heilige Autorschaft in der Moderne streckenweise als rein semantisch-literarisches Phänomen in den Blick gerät; als werknahe Erzählung vom Mönch, Mystiker, Priester oder Propheten, die zunächst um ihrer selbst willen angefertigt wird und später auch wieder ins poetische Werk einwandern kann (s. u.). Diese binnenliterarische Funktion gilt es zu berücksichtigen, will man die Sakralisierung von Kunst und Künstler um 1900 angemessen erfassen und nicht in jene Verkürzungen verfallen, zu denen Bourdieus Kultursoziologie verführen könnte.

Allein das ist Grund genug, sich mit der wichtigen Quelle der Hattingberg-Korrespondenz auseinanderzusetzen. Darüber hinaus sind vor dem Hintergrund meiner Fragestellungen zwei Aspekte des Briefwechsels besonders interessant: die Partnerbezogenheit von Rollenangeboten und der gemeinsame Redestil. In der Einleitung war davon die Rede, dass sich auktoriale Images nicht der Willkür selbstherrlicher Schöpfer-Dichter verdanken, sondern bedingt sind durch Diskurse und literarische Traditionen. Doch das ist nicht alles: Sie sind ebenso bedingt durch die Logik von Angebot und Nachfrage. Magda von Hattingberg macht deutlich, inwiefern die semantische Relationalität heiliger Autorschaft auch auf der Ebene der Gesprächspartner und Gemeindemitglieder angesiedelt ist. Neben Ellen Key und Karl von der Heydt erweist sie sich nämlich als dritter Briefpartner, der Rilke zum demütigen Gottsucher in der Tradition des *Stundenbuches* vereindeutigt. Seit der Lektüre der *Geschichten vom Lieben Gott* habe sie sich gewünscht, die Zueignungsempfängerin Ellen Key zu sein, »damit Sie wüssten, dass ich sie so, so, so lieb habe, die Gottesgeschichten wie ›niemand vorher‹« – so heißt es schon im ersten Brief.[250] Der Rodin-Essay, ein zweiter Text des frühen Rilke, der einsame und arme Kloster-Autoren im Stil des *Stundenbuches* entwirft, erscheint der Briefpartnerin gar als »göttliches Geschenk der Erleuchtung«.[251] Und in der Rhetorik des *Stundenbuches* appelliert Hattingberg auch weiterhin an Rilke. Die ersehnte Begegnung wird als »stille Stunde« oder »heilige Gemeinschaft« umschrieben, beim Gedanken an Rilke bekennt Hattingberg, dass sie »betete und [...] ehrfürchtig [war]«;[252] Rilke selbst wird darauf hingewiesen, »wie Gott Dich segnet«.[253] Das Vokabular des Betens, Segnens und der klösterlichen Stille macht deutlich, dass Hattingberg die Rolle des demütigen *Stundenbuch*-Heiligen nachfragt – und zwar zu einem Zeitpunkt, als Rilke diese Rolle bereits weitgehend aufgegeben hat. In zahlreichen anderen Korrespondenzen – und auch im Hattingberg-Briefwechsel – entwirft sich Rilke seit 1910 zunehmend als expressiver Dichter-Prophet des alten Testaments. Und sosehr sich Hattingberg im Übrigen als produktives und reproduktives Echo für einen lite-

250 Hattingberg an Rilke, 22.1.1914, HAT, S. 21.
251 Hattingberg an Rilke, 2.2.1914, HAT, S. 32.
252 Hattingberg an Rilke, 20.2.1914, HAT, S. 146.
253 Ebd., S. 154.

rarischen Selbstentwurf erweist, auf den sie sich bereitwillig einlässt, so wenig reagiert sie auf Rilkes Inspirationsmotive.

Eine so eindeutige Nachfragesituation zieht das entsprechende Angebot nach sich: Rilke inszeniert sich nicht nur als Seher-Prophet, sondern auch als klösterlich-minoritischer Heiliger in der Tradition des Frühwerks. So sei ihm z. B. nachdem er in Gedanken an die Adressatin seinen Schreibtisch aufgeräumt habe, zumute gewesen, »als sei etwas Schönes von Seele zu Seele geschehen, wie wenn der Kaiser den alten Männern die Füße wäscht oder der heilige Bonaventura das Essgeschirr in seinem Kloster«.[254] Als Demutsmetapher fungiert hier der franziskanische Ordensgeneral Bonaventura, der der Legende zufolge Geschirr abgewaschen habe, als man ihm 1273 den Kardinalshut überbrachte.[255] In den Kontext des *Stundenbuches* gehört auch, dass Rilke die Nacht vor der persönlichen Begegnung zwar als säkularisiertes Zeremoniell, als »Pagennacht vor der Ritterweihe« umschreibt, de facto aber als Nacht vor der Priesterweihe semantisiert: »Eines möchte ich die Nacht eh ich Dich sehe, Benvenuta, wachen und beten, und auf den Knien liegen und so nüchtern sein, als ob ich nie einer Nahrung bedürfte.«[256]

Schließlich zeigt die Hattingberg-Korrespondenz, dass in Rilkes Kommunikationsnetzwerk nicht notwendig ein zeitgenössischer, spezifischer Religionsersatz wie Vitalismus oder Religionspsychologie hinter der gemeinsamen Rede über den heiligen Autor stehen muss – die Pianistin Hattingberg hat an diesen Diskursen keinen Anteil. Vielmehr kann sich der gemeinsame Redestil im Klima von Säkularisierung und Re-Sakralisierung auch einem unspezifischen, hochgespannten Bibel- und Predigtton verdanken. Ganz in diesem Sinn spricht man sich streckenweise als »Schwester«,[257] »meine Schwester«[258] bzw. »mein Bruder«[259] an oder bemüht wiederholt die Formel, mit der in der Bibel Gleichnisse eingeleitet werden: »Siehe, mein Bruder«,[260] so appelliert Hattingberg an Rilke. »Sieh, die Natur spricht nicht von ihr […]. Sieh, Gott spricht nicht von ihr […]« – so lautet analog der Auftakt einiger Reflexionen Rilkes über die Liebe.[261] Ferner wird Hattingberg als »Du mir Benvenuta seit Ewigkeit« angerufen,[262] deren Herz Rilke »heilig« sei.[263] Die Partnerin bezeichnet ihrerseits den Wunsch nach einem Brief als »unbewußtes Gleichnis«[264] und verspricht, für ein Treffen zu »beten, wie ich noch nie gebetet habe«.[265] Of-

254 Rilke an Hattingberg, 22.2.1914, HAT, S. 165.
255 Vgl. Hiltgart Keller, Reclams Lexikon der Heiligen, S. 91.
256 Rilke an Hattingberg, 24./25.2.1914, HAT, S. 174.
257 Rilke an Hattingberg, 4.2.1914, HAT, S. 35.
258 Rilke an Hattingberg, 8.2.1914, HAT, S. 49.
259 Hattingberg an Rilke, 6.2.1914, HAT, S. 41.
260 Hattingberg an Rilke, 10.2.1914, HAT, S. 71.
261 Rilke an Hattingberg, 13.2.1914, HAT, S. 83.
262 Rilke an Hattingberg, 20./21.2.1914, HAT, S. 159.
263 Rilke an Hattingberg, 23.2.1914, HAT, S. 167.
264 Hattingberg an Rilke, 16./17.2.1914, HAT, S. 104.
265 Hattingberg an Rilke, 20.2.1914, HAT, S. 153.

fensichtlich fördern die Anonymität der Redesituation und die Gewissheit, einander aktuell nicht begegnen zu können, die Entstehung dieses gemeinsamen ›pathetisch-erhabenen‹ Sakralstils jenseits gängiger Ausdruckskonventionen.[266]

Auf der Basis solch gesteigerter Dialogizität ist nun Selbststilisierung zum heiligen Mönch bzw. Propheten risikoarm möglich, wie die bereits zitierten Beispiele – »Magda, meine Kunst ist von einer Herrlichkeit, wie nicht das Haus Davids herrlich war« und »Darum ging mich der Heilige so namenlos an« – gezeigt haben. Diese ›allmähliche gemeinsame Verfertigung des heiligen Rilke beim Schreiben‹ illustriert genau das, was Jochen Strobel als mögliche Funktion des Briefes für moderne Autoren namhaft macht. Privatbriefe seien nicht nur

> Experimentierfelder moderner Subjektivität, sondern sie bieten, davon nicht immer zu trennen, dem modernen Autor (und seinem jeweiligen Briefpartner) Raum für den Entwurf von Autorschaft, für Rollenbilder des Autors, die aus dem Dialog hervorgehen, und auch für die Reflexion über das ›Werk‹.[267]

Diese differenzierte Funktionsbeschreibung trifft auf Rilke in so hohem Maße zu, dass sie sich vielen weiteren Belegstellen und Korrespondenzen als Leitsentenz voranstellen ließe. Nirgendwo ist sie allerdings so ausschließlich gültig wie im Briefdialog mit Hattingberg, da hier die zusätzliche praktische Stoßrichtung der Mobilisation sozialer, kultureller und ökonomischer Ressourcen wegfällt.

Und ganz im Sinn des ausgefeilten Rollenbildes, »das aus dem Dialog hervorgeht«, darf auch das Franziskus-Motiv als Autorchiffre nicht fehlen. Allerdings begegnet es nicht in der mythopoetischen Version des *Stundenbuches* wie im Briefwechsel mit Ellen Key, sondern in der tradierten Gestalt der um 1900 hoch intersubjektiven Legende. Rilke inszeniert sich für die begeisterte Rezipientin der Liebe-Gott-Geschichten als moderner, lebensreformerischer Franziskus, der

> jahrelang in Schmargendorf [wohnte], in einem kleinen, wahrscheinlich längst verschwundenen Haus, das sich Villa Waldfrieden nennen ließ, dort die Geschichten vom lieben Gott [schrieb] und zwischendurch, über den Weg hinüber, [...] barfuß in

266 Auch wenn bei Angelika Ebrecht der Akzent auf Narzissmus, Monologizität und Selbstgewinnung liegt und Hattingberg, der psychoanalytischen Theorie Bions folgend, die Funktion des »mütterlichen Containers« zugewiesen wird, macht die Verfasserin ähnliche, in die Richtung eines intersubjektiven Sakralcodes weisende Beobachtungen wie die vorliegende Arbeit: »Zugleich war das Heilige ein gemeinsam geschaffenes Symbol, in dem sich beide über ihre unterschiedlichen Entwürfe des jeweils anderen verständigten. Denn auch Rilke phantasierte Benvenuta als reine, unschuldige Heilige. Er hoffte, sich in ihr seiner Schuld entledigen und die ›Reinheit‹ seiner Seele finden zu können«, in: Einsamste Gemeinsamkeit, S. 104 und S. 107. Analog habe sich in Hattingberg »von Rilke das Bild eines Heiligen verfestigt«, in: Rettendes Herz und Puppenseele, S. 154.

267 Strobel, Vom Verkehr mit Dichtern und Gespenstern, S. 13.

den menschenleeren ländlichen Dahlemer (oder Dahlem-) Wald zu den vertraulichen Rehen [ging].[268]

Der Zusammenhang von ›Schreiben eines heiligen Textes‹ und ›barfuß in der Natur bei den Tieren sein‹ weist auf die Franziskus-Rezeption um 1900 hin, die mit vorsentimentalischer Lebensunmittelbarkeit, Künstlertum und Offenbarungspoesie verschiedene Elemente von Rilkes Heiligenrolle diskursiv vorprägt und verknüpft.

Neben dem Autor, der sich in die Alleinheit verströmt oder Lebensunmittelbarkeit repräsentiert und damit kurrente Diskurse bedient, spielt in Rilkes Konzeption heiliger Autorschaft nämlich immer auch das Schreiben, genauer das Schreiben heiliger Texte eine herausragende Rolle. Franziskus steht dafür, man sieht es; darüber hinaus aber vergleicht sich Rilke zeitlebens mit biblischem bzw. kirchengeschichtlichem Personal, das explizit Verschriftung repräsentiert; so im Hattingberg-Briefwechsel mit dem Kirchenvater Hieronymus bzw. dessen Darstellung durch Dürer:

[...] dass doch Gott Einsicht hätte und mich auf der Stelle unauffällig durch einen Raben ernährte, ich könnte nur immer dasitzen wie der ›Hieronymus im Gehäus‹ und Dir schreiben. Kommt dann der Rabe mit seinem schönen runden Weltbrötchen, so nick ich nur in der Art, wies ein solcher Vogel fassen kann, und sage ›Danke, legs dorthin, bitte!‹ – und ... vergess es.[269]

Auch hier zeigt sich der Vorteil des radiären Netzwerks, Bilder zur Selbststilisierung mehrfach nutzen zu können, ohne Informationsfluss über interaktionelle Querverbindungen in Kauf nehmen zu müssen. Wie die meisten Sakralfiguren aus Rilkes Repertoire steht nämlich auch das Hieronymus-Motiv als Element der Selbstdarstellung nicht allein. Zwei Monate vor dem zitierten Schreiben hatte Rilke das Bild bereits zur Selbststilisierung erprobt, als er Katharina Kippenberg zu Weihnachten einen Druck des Dürer'schen ›Hieronymus im Gehäus‹ mit folgenden Worten übersandt hatte: »Beiliegendes kleines Bild stellt leider, wie Sie wissen, nicht mich dar, aber so möchte ich aussehen, den Löwen mit eingeschlossen.«[270] Wie der Autor sich hier für beide Respondentinnen als der sakralen Referenzfigur ähnlich und auch wieder unähnlich inszeniert, ist charakteristisch. Neben dem zitierten Wunsch, »wie der Heilige zu sein«, liefert die Inszenierung ein weiteres Beispiel für Rilkes Rhetorik der Uneigentlichkeit, die Selbstüberhöhung und Selbstverminderung verbindet. Meist konkretisiert sich diese Rhetorik als Paralipse oder als hypothetische Konstruktion, seltener – wie hier – als Ironie. Es geht nicht darum, dass Rilke wie Hieronymus, sondern dass er nicht wie Hieronymus ist; eine Relativierung, die in Anbetracht der patristischen Vergleichsfigur geboten scheint. Auch die weitere Relativierung durch Bezug auf

268 Rilke an Hattingberg, 8.2.1914, HAT, S. 54.
269 Rilke an Hattingberg, 16.–20.2.1914, HAT, S. 131.
270 Rilke an Katharina Kippenberg, 29.12.1913, KK, S. 83.

eine ikonische Repräsentation anstatt auf die historische Person des Kirchenvaters ist ein systematisches Phänomen, das in der Prophetenphase mit Memlings Johannes-Darstellung wieder auftauchen wird.

Zusätzlich verfremdet Rilke im Schreiben an Hattingberg die frühneuzeitliche Hieronymus-Ikonographie, die zwar fakultativ einen Löwen, aber keinen ernährenden Raben vorsieht,[271] indem er sie mit der Paul-von-Theben-Legende amalgamiert. Das ist schon aufgrund der Quellenlage naheliegend: Zu den historischen Schriften des Bibelübersetzers Hieronymus zählen die zwischen 375 und 390 entstandenen Viten des Paulus von Theben, Hilarion von Gaza und Malchos.[272] Es ist darüber hinaus aber auch funktional, da erneut der Konnex zwischen Autor und Werk hergestellt wird. Zur Erinnerung: Im *Stundenbuch* hatte Rilke die Legende des Paul von Theben poetisiert.[273]

Bei aller Selbstverkleinerung im Modus von Konditional und Ironie sorgt die Wahl der Referenzfigur allerdings unmissverständlich für komplementäre Überhöhung des Autors. Schließlich geht es nicht um einen beliebigen schreibenden Heiligen, sondern um die Verschriftungsinstanz des Textes aller Texte – und dennoch entsteht keine steile und fixierte Hierarchie zwischen Rilke und Respondent.

Dass der Dichter tatsächlich nicht als Monument wahrgenommen wird, sondern als ›Autor der Nähe‹, belegen spontane und spätere Reaktionen. So übermittelt Katharina Kippenberg dem »lieben und verehrten Freund aber erst einmal meinen Dank für den heiligen, wahrhaft heiligen Hieronymus im

271 Aus mittelalterlichen Autorenbildern entwickelt sich seit dem 14. Jahrhundert der Bildtypus des ›Hieronymus im Gehäus‹, der den Kirchenvater als gelehrten Greis in der Studierstube lesend oder schreibend zeigt und ihm aufgeschlagene Bibelübersetzungen oder Schreibutensilien als Attribute zuordnet. Parallel entsteht als alternativer Darstellungstypus der ›büßende Hieronymus‹ in topischer Wüstenlandschaft mit den Attributen Kreuz, Stein, Geißel, Totenschädel oder sonstigen Vanitassymbolen. Wichtigstes gemeinsames Attribut beider Typen ist der Löwe; ein Rabe taucht in einschlägigen Bildbeschreibungen nicht auf, vgl. Renate Miehe, Artikel »Hieronymus«, S. 519 ff. Ein Rabe mit Brot im Schnabel zählt allerdings neben dem aus Palmblättern geflochtenen Hemd zu den wichtigsten Attributen der byzantinischen und westlichen Paul-von-Theben-Ikonographie, vgl. Weigert, Artikel »Paulus von Theben«, S. 150 f.

272 Rilkes Hieronymus-Fiktion entsteht aus der produktiven Verknüpfung der historischen Autorpersönlichkeit Hieronymus mit ihrer fiktionalen Figur Paul von Theben: Wie Paul zieht sich auch Hieronymus in die Wüste (im nordsyrischen Chalkis) zurück, wo er ab 375 eine vorbildliche Eremitenexistenz führt. Diese ist der Askese und literarisch-exegetischem Tun gewidmet und bringt mit den gelisteten Viten die ältesten lateinischen Mönchslegenden hervor (vgl. Durst, Artikel »Hieronymus«, S. 91). Wenn Rilke den ›Hieronymus im Gehäus‹ mit dem Raben des Paul von Theben ausstattet, geht es offensichtlich um die paradoxe Engführung von ›gelehrter Verschriftung heiliger Texte‹ und heroischem, kontemplativem Anachoretentum, um den modernetypischen Gegensatz von schriftlicher Mittelbarkeit und schöpfungs- und gottnaher Unmittelbarkeit – Paul von Theben ist kein Schreiber, seine Vorbildhaftigkeit erschöpft sich im bedürfnislosen Leben, im späten Treffen mit einem anderen idealtypischen Eremiten, dem hl. Antonius und im Begraben-Werden durch Antonius und zwei Löwen.

273 Vgl. Anm. 195.

Gehäus, den ich schon lange lieb habe […]«.[274] Magda von Hattingberg wird die Hieronymus-Passage in ihrem Erinnerungsbuch zitieren und mit dem Kommentar versehen, sie habe »ein unfassbares Geschenk bekommen: seine Freude, seine Sorgen, seine schweren Tage und sein ›Da rette Du mich auch‹«.[275] In Katharina Kippenbergs Nekrolog schließlich wandelt sich – bezeichnend für ihre ›Arbeit am Autor‹ – das ironische Spiel mit der Möglichkeit in den Ernst der Idolatrie: Rilke könne »wie der heilige Hieronymus im Gehäus wohnen« und nähere »sich dem romantischen Menschen in seiner unbestrittenen Stille«.[276] Doch selbst in dieser Gleichsetzung Rilkes mit Hieronymus stellt Kippenberg auf die »stille« Demut des Autors ab, und nicht auf die Hybris des Vergleichs.

2.2.7 Funktionsspektrum und Grenzen der Franziskus-Figur

Die Franziskus-Figur ist geeignet, Ausmaß, poetische Selbstbezüglichkeit, aber auch Grenzen von Rilkes Selbststilisierung zum klösterlichen Heiligen sichtbar zu machen. Seine epistolaren Autor-Dramaturgien orientieren sich nämlich nicht nur implizit an Franziskus, etwa an der mythopoetischen Idealgestalt des *Stundenbuches* oder am zeitgenössisch-lebensreformerischen ›Barfußgeher‹ in den Korrespondenzen mit Key und Hattingberg. Für Lou Salomé, die zentrale Mentorin der Durchsetzungsphase, greift Rilke 1913, zu einem Zeitpunkt, als Prophetenvergleiche und Inspirationsvokabular immer wichtiger werden, nochmals auf Franziskus zurück. Und diesmal benennt er die Referenz- und Idealfigur heiliger Autorschaft explizit, den »heiligen Franz«:

> Wäre er [der Autor Rilke, für die Respondentin abgeschriebener Taschenbucheintrag vom gleichen Tag] ein Heiliger geworden, so hätte er aus diesem Zustand eine heitere Freiheit gezogen, die unendlich unwiderrufliche Freude der Armuth: denn so lag vielleicht der heilige Franz, aufgezehrt, und war genossen worden, und die ganze Welt war ein Wohlgeschmack seines Wesens. Er aber hatte sich nicht rein geschält, hatte sich aus sich herausgerissen und Stücke Schale mit fortgegeben, oft auch sich […] an einen eingebildeten Mund gehalten und geschmatzt dabei, und der Bissen war liegen geblieben. So sah er jetzt dem Abfall gleich und war im Weg, – soviel Süße auch in ihm gewesen war.[277]

Wenn Rilke vor der Kontrastfolie eines dionysisch reformulierten Franziskus solcherart über sich selbst reflektiert und dabei auf die Differenz zwischen Dichter und Heiligem abstellt, zeigt sich, wie systematisch die angesprochene

274 Katharina Kippenberg an Rilke, 10.1.1914, KK, S. 85.
275 Magda v. Hattingberg, Rilke und Benvenuta, S. 28.
276 Katharina Kippenberg, Rainer Maria Rilke zum Gedächtnis, S. 49.
277 Rilke an Salomé, 6.1.1913, LAS, S. 279.

Rhetorik der Uneigentlichkeit das Skandalon der Heiligenvergleiche ausblendet. Wieder verbirgt sich hinter der Negation die Möglichkeit, wie der Bezugsheilige sein zu können; Konstruktionen des Hypothetischen, die ihre formalen Parallelen in der poetischen Rede des mittleren und späten Werks haben[278] und damit einmal mehr die Einheit von Autor und Werk herstellen. Wer nun im Brief den Wunsch angibt, wie »der Heilige« (s. o.), wie Hieronymus oder auch Franziskus sein zu wollen, und dabei stets betont, das Ideal nicht erreichen zu können, wird offensichtlich weder als Dramaturg blasphemischer Grenzüberschreitungen wahrgenommen noch als entrückte, unerreichbare Sakralgestalt wie George. Lous Antwort belegt vielmehr erneut, dass Rilke konsequent als heiliger Autor der Nähe in den Blick gerät, dass seine Rhetorik der Uneigentlichkeit zu Identifikationen motiviert:

> Wenn ich Deinen Brief lese, und die Taschenbuchstelle [...], – dann, ja dann hab ich Dich bei mir. [...] Ja, ich hab Dich dann, sehe Dich wieder, und es ist wirklich das Trostvolle [...], dass Du solche heimliche Reise bis zu mir hin und bis in alle meine Anschauung vom Innersten des Lebens unternehmen kannst.[279]

Wie aber könne sie ihm, so fragt sich die Mentorin, »diese unbeschreibliche Nähe vermitteln?« Um die imaginierte Einheit und Übereinstimmung zwischen heiligem Autor und heiligem Briefpartner darzustellen, bemüht Lou in bewährter Manier ein christologisches Bild – mit der gleichen Selbstverständlichkeit, mit der Rilke das Franziskus-Motiv einträgt. In beiden Fällen, der für Lou zutreffenden »Seligkeit sich an alles hingegeben zu sehn« und dem für Rilke typischen »Entsetzen der Vermengung mit allem Unzugehörigen«, komme doch

> ganz derselbe Mensch zu Worte [...], – so gewiß derselbe, als der Mann am Kreuz und der Auferstandene Einer sind, – der Mensch, der, zwischen seligem Allbesitz und gemartertem Besessenwerden, nicht anders konnte als verzichten auf das, was die Andern ihre ›Entwicklung‹, ihren stetigen, förderlichen Daseinsablauf nennen.[280]

Selbstinszenierung als franziskanischer Heiliger löst, so zeigt der Antwortbrief, nicht Befremden, sondern Bestätigung in gleicher sakraler Höhenlage und individuellem semantischem Muster aus: Hier ist es der christliche Substanzgedanke, der funktionalisiert wird, um eine ›unio mystica‹ zwischen Rilke und Lou herzustellen. Warum solcher Austausch von religiösen Formeln in der sprachproduktiven Spannung von Säkularisierung und Re-Sakralisierung um 1900 nicht ungewöhnlich ist und heilige Autoren mit heiligem Gefolge entlassen kann, habe ich in diesem Kapitel zu zeigen versucht.

278 Zur hypothetischen Struktur der neuen Gedichte vgl. Fülleborn, Rilke 1906 bis 1910, S. 176; zum poetischen Prinzip von Negation und Paradoxie im Spätwerk vgl. auch Mun-Yeong Ahn, Die Paradoxiestruktur; zur Poetik des Hypothetischen im *Malte* vgl. Judith Ryan, »Hypothetisches Erzählen«; zur Poetik des Möglichen in den *Elegien* vgl. Stephens, »Alles ist nicht es selbst«.
279 Lou Salomé an Rilke, 13.1.1919, LAS, S. 281.
280 Ebd.

Ein weiteres Briefbeispiel präsentiert Franziskus als Element einer Reihe kultureller Gründungsmythen, die es zu überbieten gilt: »et pourtant, combien reste-t-il encore à réaliser après les Antiques, après Dante, après Saint François« – so formuliert Rilke seine künstlerische Aufgabe für die venezianische Freundin Mimi Romanelli, Schwester des Kunsthändlers Romanelli.[281] Ging es im zitierten Brief an die Mäzenin Schwerin darum, Meister Eckart zu überbieten, gilt dieses Programm nun für die Antike, Dante und Franziskus. Nicht nur als »mit den Mystikern in eine Reihe gestellt«[282] oder »in einer Ahnenreihe«[283] inszeniert sich Rilke hier, sondern implizit als deren Vollender. Erinnert sei an dieser Stelle an die Reihe deutscher Kulturmythen wie Goethe, Wagner, Nietzsche, die Thomas Mann zur Selbstverortung dient.[284] Im Kontrast zur profan-germanischen Signatur der Mann'schen Reihe, die auf nationale Repräsentanz abhebt, steht das gräzistisch-altitalienisch-sakrale Profil der Rilke-Reihe, die den Autor letztlich in ein überzeitliches und transkulturelles Tableau heiliger Stifterfiguren einfügt. Auslöser für solche Selbstplatzierung ist die gemeinsame Lektüre der *Fioretti* 1907 in Venedig,[285] die von Rilke ebenso wie mystische Schriften intensiv und langfristig rezipiert werden; bereits im Jahr zuvor – davon war eingangs die Rede – haben gesellige Franziskus-Lektüren in Capri stattgefunden.[286] Franziskus wird aber auch weiterhin Rilke als poetisches und poetologisches Motiv beschäftigen, auch jenseits der Phase, während deren er als Instrument der Selbstbeschreibung fungiert: Mehrfach verschenkt er Franziskus-Biographien,[287] spricht in vielen Briefen über Franziskus oder Repräsentationen von Franziskus[288] und plant gemeinsam mit Nanny Wunderly eine Übersetzung des Sonnengesangs.[289] In Muzot schließlich hängt ein Bild, das Franziskus in der ikonographischen Konfiguration der ›Sacra conversatione‹ zwischen Johannes dem Täufer und Antonius zeigt.[290]

Poetisches Korrelat dieser lebensweltlichen Präsenz ist der Eintrag der Franziskus-Figur in weitere fiktionale Texte jenseits der *Stundenbuch*-Phase:

281 Rilke an Romanelli, 25.8.1908, zitiert nach Stahl, Rilkes Franz von Assisi, S. 78. Stahl weist auf Kassner als möglichen Impulsgeber dieser Reihe hin. Die Antwortbriefe sind auch in der französischen Ausgabe *lettres à une amie venetienne*, Paris 1985, nicht wiedergegeben.

282 Wagner-Egelhaaf, Mystik der Moderne, S. 66.

283 Stahl, Rilkes Franz von Assisi, S. 78.

284 Vgl. Einleitung, Anm. 32.

285 Vgl. Stahl, Rilkes Franz von Assisi, S. 85.

286 Vgl. Anm. 107 und Ingeborg Schnack, Chronik, S. 258

287 An Mimi Romanelli, Nanny Wunderly und Schwester Frieda in Valmont; vgl. Stahl, Rilkes Franz von Assisi, S. 83.

288 Zum Beispiel an R. Sorge, 2.12.1913, vgl. ebd., S. 81.; z. B. auch S. Nádherný gegenüber, die Rilke von einem Franziskus-Gemälde im Wiener Kunstmuseum berichtet (Rilke an Sidonie Nádherný, 14.11.1907, SNB, S. 26).

289 Vgl. Rilke an Nanny Wunderly, 1.2.1920, NWV I, S. 140.

290 Vgl. Stahl, Rilkes Franz von Assisi, S. 87 f.

in das Gedicht *Die Heiligen* von 1906[291] und in den fiktiven *Brief des jungen Arbeiters* von 1922.[292] Es deutet sich die poetologische Dimension von Motiven an, die ursprünglich der Selbststilisierung dienten. Epistolarer Autor und fiktionales Werk sind so eng miteinander verknüpft, dass Figuren der Selbstdarstellung, zunächst Gedichten entlehnt wie Franziskus der Franziskus-Hymne des *Stundenbuches*, stets auch sekundär in die Welt der Fiktion wieder einwandern können. Rilkes Selbststilisierung zum heiligen Autor, das wird sich immer wieder zeigen, hat doppelte Funktion. Zum einen verfolgt sie – habituell bzw. unbewusst – soziale Ziele, die mit Durchsetzung, Selbstbehauptung und Gemeindemotivation zusammenhängen. Zum anderen ist diese Selbststilisierung auch selbstbezüglich, insofern ein permanentes motivisches Fließgleichgewicht zwischen brieflicher Autorsemantik und Dichtung herrscht. Bei Rilke lässt sich genau das beobachten, was der Briefforscher Strobel als vielfache »Verknüpfungen zwischen Brief und Œuvre« beschreibt, als »Verwertung von Briefen im Werk« und umgekehrt als »Spiegelungen des Werks im Brief«.[293] In diesem Sinn bietet das sakralisierte Autorbild der Briefe dem Stoffsucher Rilke nämlich ebenso wie andere Quellen und Intertexte ein Reservoir an Bildern, Gleichnissen, Motiven und rhetorischen Figuren, die sich für die Dichtung sekundär wieder nutzbar machen lassen. Das zeigt sich am Franziskus-Motiv, welches auch dann im poetischen Werk wieder auftaucht, wenn Rilke die entsprechende Autorrolle nicht mehr für sich in Anspruch nimmt. Das wird sich ebenso an Motiven aus dem semantischen Feld der Prophetie zeigen wie ›Johannes auf Patmos‹ und ›Jakob‹.

Für die Respondenten und Netzwerkmitglieder bahnt dieses kontinuierliche Aufeinander-Verweisen von Autor und Werk, so meine These, grenzüberschreitende Wahrnehmungsformen, die auf eine Entdifferenzierung von empirischem Autor, epistolarem Autor und fiktionalem Werk hinauslaufen. Im Rekonstruktionsabschnitt ist diese These anhand von Zitaten aus der Memorialliteratur zu belegen. Deutlich werden soll, in welchem Umfang Rilke von den Mitgliedern seines Netzwerks tatsächlich mit Franziskus identifiziert wurde. Dass dieser Identifikationsprozess durch den zeitgenössischen Franziskus-Diskurs gestützt wird, steht außer Frage.

Allerdings hat die Franziskus-Figur als Element epistolarer Autorsemantik auch Grenzen, die zeitlich und laufbahngeschichtlich markiert sind: Etwa um 1912 löst die auktoriale Rolle des Propheten zunehmend die des Heiligen ab, was natürlich nicht als scharfe Grenzziehung, sondern als langsamer Überlappungs- und Umstellungsprozess zu verstehen ist. Inwiefern der Habitus des

291 Vgl. Rilke, KA I, S. 368; Franziskus wird auch hier, ebenso wie im *Stundenbuch*-Hymnus, nicht namentlich genannt. Es gibt aber eine Reihe von Textelementen, die für Franziskus als erzähltes Subjekt und auch für Rilkes spezifische Franziskus-Rezeption sprechen, vgl. die ausführliche Interpretation des Gedichts von August Stahl, Franz von Assisi, S. 455 – 473.

292 Vgl. Rilke, KA IV, S. 738.

293 Strobel, Vom Verkehr mit Dichtern und Gespenstern, S. 12.

charismatischen Führers besonders im Rahmen solcher Umstellungsprozesse von den Geführten mit geformt wird, erhellt aus dem Stellenwert des Franziskus-Motivs in Rilkes Korrespondenz mit Marie Taxis. Seit 1910 gehört diese bis zu Rilkes Tod präsente, mächtige Vermittlungs- und Multiplikatorfigur dem Netzwerk an, wo sie Luise Schwerin und Ellen Key in der Rolle der älteren Mäzenin und Mentorin beerbt und Rilke auch von Karl von der Heydt unabhängiger werden lässt. Im Briefwechsel mit Taxis verzichtet Rilke zur Gänze auf Selbststilisierungen zum Heiligen des *Stundenbuches* zugunsten einer deutlichen Akzentuierung von Inspiration und Prophetie. Man kann das zweifelsohne als Ausdruck eines gewandelten auktorialen Selbstverständnisses und einer veränderten Position im literarischen Feld verstehen und daraus ableiten, wie eine bestimmte auktoriale Rolle langsam funktionslos wird. Andererseits ist ein solcher Habitus auch als Reaktion zu verstehen, insofern Taxis die Abschaffung der ›franziskanischen‹ Heiligenrolle bzw. den anstehenden Rollenwechsel aktiv befördert.

Bekanntermaßen hat die Fürstin für Rilke den Privatnamen »Dottor serafico« reserviert, der auch der Beiname Bonaventuras war.[294] Als Rilke ihr 1912 mitteilt, dass ihm »nicht sehr viel zur Arbeit« fehle,[295] illustriert Taxis' Antwort jedoch, dass der Kontext franziskanischer Demut für sie nicht relevant ist: »Indessen merke ich, dass ›die Engel‹ wieder ganz nahe sind – es rauschen Ihre Flügel. ... Wirklich ich bin ganz stolz darauf Sie *Dottor Serafico* genannt zu haben – und daß ich wußte, dass es damals noch nicht ganz richtig war –.«[296]

»Damals« bezieht sich auf den Sommer 1911, auf die Zeit vor der Entstehung der ersten Elegien im stürmischen Winter 1911/1912 in Duino und präzisiert damit die Codierung des Privatnamens: Es geht nicht um Bonaventura, sondern um den inspirativen Seraph der Elegien. Als mythopoetische Konstruktion rauscht er in Rilkes Texten und als trivialisiertes Mythem rauscht er dem inspirierten Autor die heiligen Texte zu; zumindest stellt es die Fürstin so dar, wenn sie in der assoziativen Sequenz ›Duino‹ – ›Rauschen‹ – ›Serafico‹ alle franziskanischen Konnotationen des Privatnamens suspendiert.[297] An der Gestaltung des charismatischen Autors ist die Respondentin insofern mitbeteiligt, als sie Akzente neu setzt; mit der Namensgebung, mit dem Verzicht auf Gebets- und Demutsformeln aus dem Geist des *Stunden-*

294 Der franziskanische Ordensgeneral, Kurienkardinal und Kirchenlehrer (1217–1274) trägt den Beinamen Doctor seraphicus oder Doctor ecclesiae, vgl. Dettloff, Artikel »Bonaventura«, S. 48 f.; vgl. auch Hiltgart Keller, Reclams Lexikon der Heiligen, S. 91 f.

295 Rilke an Marie Taxis, 12.7.1912, TT I, S. 171.

296 Marie Taxis an Rilke, 20.7.1912, TT I, S. 175.

297 Und nicht nur das: Der Kirchenlehrer und Konzilteilnehmer Bonaventura ist kaum mit blind-inspirierter Autorentätigkeit in Verbindung zu bringen, wie Rilke und Marie Taxis dies für Rilke in Anspruch nehmen, sondern allenfalls mit dem Gegenmodell des ›poeta doctus‹. Die philosophisch-theologischen und mystischen Schriften, die Schriftkommentare, Predigten und Ordensdiskussionen des mittelalterlichen Gelehrten illustrieren eindrucksvoll, dass Bonaventuras »Leben und Wirken [...] der Wissenschaft [gehörte]« (Dettloff, Artikel »Bonaventura«, S. 48).

buches und schließlich mit der expliziten Problematisierung der Heiligenrolle. Ob es den »Heiligen«, den Kassner in einer neuen Schrift mit dem »Gerechten« kontrastiere,[298] überhaupt gebe, zweifelt Marie Taxis ein halbes Jahr später.[299] Möglicherweise sei Franz von Assisi gemeint oder auch Kassner selbst, »aber in einer düsteren, härteren Tonart«, jedenfalls nicht Rilke, dem die Mäzenin andere semantische Räume reserviert: »Nein Dottor Serafico, Sie sind kein ›Heiliger‹ – und wenn Sie den ganzen Tag und die ganze Nacht auf Ihre Knie (auf Ihre geistigen Knie bien entendu) herum rutschen. Und es ist gut so. – Ein Heiliger hätte niemals die Elegien geschrieben.«[300]

Hatte Hattingberg den fiktionsnahen epistolaren Autor Rilke auf die Fiktionen des *Stundenbuches* und damit auf die Rolle des Heiligen eingeengt, so legt Marie Taxis Rilke entsprechend prononciert auf die Rolle des inspirierten, seraphisch rauschenden Propheten fest, die von nun an seinen Selbstentwurf bestimmen wird. Dies nimmt insofern nicht wunder, als Rilke in Briefen an die Mäzenin 1911 und 1912 wiederholt einen mythenträchtigen Zusammenhang zwischen ›ihrem‹ Schloss, ›ihrem‹ Text, den *Elegien* und seinem ›stürmischen‹ Inspirationserlebnis hergestellt hatte;[301] ein Zusammenhang, den Taxis auch in ihrem Gedenkbuch zur Geltung bringen wird. Nur allzu folgerichtig erscheint es also, wenn sich Rilke in der Korrespondenz mit Taxis nicht nur auf Selbststilisierungen zum Propheten beschränkt, sondern explizit die Heiligenrolle für passé erklärt:

> Nein, wenn ich manchmal durch ein kleines Loch in der Mauer meiner Apathie hinausschaue ins Wirkliche [...] – so staune ich, wie weit ich vom poverello jetzt bin [...] der heilige Franz, das ist viel, aber uns umfaßt es nicht mehr [...]. Nun handelt sichs drum zu diesem neuen ›Reichthum‹ [der alles durchdringenden Atmosphäre des Geldes] die neue Armuth zu finden [...] die richtige Armuth muß wieder von neuem innen in der Seele geboren werden und wird vielleicht gar nicht franziskanisch sein.[302]

Wie sehr Rilkes werknahes Autorbild von Existenz und Resonanz einer Gemeinde abhängt, wie sehr weiterhin dieses Autorbild von den einzelnen Respondenten, die es steuern soll, selbst gesteuert wird, zeigt die zeitliche Nähe kontrastierender Positionen: Der Brief an Marie Taxis, aus Assisi geschrieben, datiert vom Mai 1914. Nur kurze Zeit vorher, Anfang 1913 und 1914, hatte Rilke in den Korrespondenzen mit Hattingberg und Salomé Franziskus noch als unverkennbare Identifikationsfigur auf sich selbst bezogen.

In der Kommunikation mit der Akteurin Taxis, die über viele Jahre hinweg Rilkes soziale, kulturelle und wirtschaftliche Identität mitprägt bzw. stabili-

298 Es handelt sich um die Schrift *Der indische Gedanke*, erschienen 1913 bei Insel.
299 Marie Taxis an Rilke, 3.1.1913, TT I, S. 253.
300 Ebd.
301 Vgl. II. Hauptteil, Abschnitt 2.3.5 und 2.3.6.
302 Rilke an Marie Taxis, 18.5.1914, TT I, S. 377 f.

siert, sind dagegen offensichtlich die Grenzen des Bildes erreicht. Vergegenwärtigt man sich den für die Fürstin und Rilke spezifischen Warentausch – Bereitstellung des ›erhabenen‹ Produktionsortes Duino gegen Einschreibung des Ortes in den erhabenen Text – ist dies auch gar nicht anders möglich. Duino ist der Raum des auktorialen Propheten und der stürmischen Offenbarungsstimme, nicht der des heiligen Franziskus.[303]

2.2.8 Fortschreibung der Heiligenrolle in der Memorialliteratur

Martina Wagner-Egelhaaf äußert die Vermutung, Rilke habe eine synthetisierende Rezeptionshaltung in seiner Gemeinde unbewusst oder bewusst gefördert. Dies äußere sich dann in einer Synthese von »mystischen und eigenen Texten«, etwa wenn Sophia Schill Rilke nach dessen Tod »etwas Mädchenhaftes, etwas von Franz von Assisi in dessen Jugend«[304] attestiert.[305] Ich teile Wagner-Eglhaafs Meinung von synthetisierenden Wahrnehmungsformen, die Rilke in seinem Netzwerk habituell anstößt und die zu einschlägigen Fortschreibungen führen. Dass es sich dabei allerdings weniger um ein Amalgam aus »eigenen und mystischen Texten« denn um ein Amalgam aus Rilkes poetischen Texten und Rilkes epistolarem Selbstbild handelt, soll im folgenden Abschnitt anhand ausgewählter Beispiele nachgezeichnet werden. Wie sieht es im Detail aus, wenn ehemalige Netzwerkmitglieder als Gedenkautoren Rilkes Rolle des heiligen Mönchs und Mystikers fortschreiben und die Verknüpfung von Autor und Werk zum Gesamtkunstwerk dabei noch enger ziehen? Wie weit nehmen solche Motivkonstanzen Einfluss auf Rezeptionsgeschichte und Rilke-Forschung, inwiefern finden Umschreibungen auch im Eigeninteresse statt? Was – so lautet die Leitfrage – geschieht mit dem schriftlichen Rilke-Bild, wenn das Medium zwar gleich bleibt, aber die Verfasser wechseln?

Zunächst ist mit Elisabeth von Schmidt-Pauli von einer Akteurin zu handeln, die bisher noch nicht thematisch war. Die Ursache liegt in der Quellensituation: Die von 1917 bis etwa 1921 währende Korrespondenz Rilkes mit der sieben Jahre jüngeren Aristokratin liegt nicht als gesonderte Briefausgabe vor. Rilkes Briefe wurden von Schmidt-Pauli lediglich in Auszügen und ohne die

303 Diese wichtige Funktion der zitierten Franziskus-Passage – Distanzierung von einem auktorialen Modell, das die Respondentin ablehnt – wird in der Arbeit von Tina Simon zum Leserprofil Rilkes nicht berücksichtigt. Zwar gibt die Verfasserin die Passage als Langzitat wieder, legt den Akzent aber auf Rilkes »Problematisierung materiellen Besitzes«, die ihn auf Franz von Assisi zurückgreifen lasse. Für Simon steht die umfassende Dokumentation der Belege für Rilkes Franziskus-Rezeption im Vordergrund, nicht dessen subtile Abgrenzung, die sich (auch) auf die eigene Autorrolle bezieht, in: Rilke als Leser, S. 200.

304 1927, zitiert nach Ingeborg Schnack, Chronik, S. 1099.

305 Martina Wagner-Egelhaaf, Mystik der Moderne, S. 67.

Gegenbriefe der Verfasserin in ihrem Gedenkbuch wiedergegeben. Aufgrund dieses Hybrids aus Erinnerungsbuch und Briefausgabe soll das Verhältnis zwischen brieflicher Selbstdarstellung Rilkes und Schmidt-Paulis Fortschreibungspraxis an dieser Stelle diskutiert werden.

Elisabeth von Schmidt-Pauli wird als Volksschullehrerin 1909 zum Hochschulstudium zugelassen und studiert bis 1914 Theologie, Philosophie, Geschichte und Germanistik, kann das Studium aber wegen des Kriegsausbruchs nicht beenden. Als die unverheiratete, engagierte Katholikin Rilke 1917 in München begegnet, ist sie mit karitativen Projekten für Kriegsopfer beschäftigt. Nach Rilkes Tod, etwa ab 1929, beginnt sie eine Karriere als erfolgreiche Verfasserin religiöser Schriften.[306] Was Schmidt-Paulis Beziehung zu Rilke angeht, ist es ihre emphatische Rezeption des *Stundenbuches* als religiöse Erbauungsfibel, die sie zunächst die Nähe des Autors suchen lässt. Da Rilke seinerseits solch schwärmerischen Aneignungen eher fernsteht, bleibt die Beziehung tendenziell asymmetrisch: Schmidt-Pauli ist nach dem Klassifikationsmuster der vorliegenden Arbeit der Netzwerkklasse ›Schüler und Adepten‹ zuzuordnen, und der sporadische, zeitlich begrenzte Briefkontakt spricht für eine randständige Position in Rilkes Netzwerk.[307] Neben der Tatsache, dass die Existenz von Schülern grundsätzlich die Autorität des Lehrers beglaubigt und für geweihte Autoren einen wichtigen Schritt in Richtung Kanonisierung darstellen kann, kommt Elisabeth Schmidt-Pauli zu Rilkes Lebzeiten nur geringe sozialpraktische Relevanz für den Dichter zu; lediglich im Jahr 1921 ist sie wie viele andere Netzwerkmitglieder an der Schlosssuche für Rilke beteiligt (s. u.).

Darüber hinaus sind Rilkes Briefe an die jüngere Aristokratin, wie Schmidt-Paulis Biograph zutreffend anmerkt, »relativ unergiebig«.[308] Was motiviert also die Diskussion des Erinnerungsbandes im Rahmen meiner Arbeit? Es ist genau dieses seltsame Missverhältnis zwischen Rilkes epistolarer »Unergiebigkeit« und einer reichhaltigen Deutungs- und Fortschreibungspraxis der Gedenkautorin Schmidt-Pauli. Rilke stilisiert sich nämlich in den von Schmidt-Pauli zitierten Briefen an sie kaum zum heiligen Mönch entlang des literarischen Frühwerks, obwohl sich Schmidt-Paulis Idolatrie unzweifelhaft dem *Stundenbuch* verdankt: »Das Stundenbuch lag damals aufgeschlagen in unseren Herzen. Aus ihm beteten wir. Aus ihm atmeten wir.«[309] Zwar lässt Rilke seine Briefe grundsätzlich mit den klösterlichen Grußformeln »Schwester« bzw. »Bruder« beginnen und enden, so dass Schmidt-Pauli, die weder den Status der leiblichen Schwester noch den der Nonne hat, Rilke in

306 Vgl. Englert, Elisabeth v. Schmidt-Pauli, S. 66–72; Mursch, Bibliographie, S.107.
307 Nach Englert existieren etwa 17 Briefe Rilkes an Schmidt-Pauli, ebd., S. 69.
308 Ebd., S. 72.
309 Elisabeth v. Schmidt-Pauli, Rainer Maria Rilke, S. 119.

ihrem Gedenkbuch konsequent als »Bruder Rilke« führen kann.[310] Allerdings gehen Rilkes Konzessionen an den Erwartungshorizont der Verfasserin über solche Versatzstücke nicht hinaus; schließlich befindet er sich nach 1917 längst in der Laufbahnphase der Konsolidierung und Konsekration, wo die Autorrolle des inspirierten Propheten und antiken Pneumatikers diejenige des *Stundenbuch*-Anachoreten verdrängt hat. Ganz in diesem Sinn äußert Rilke in Briefen an Schmidt-Pauli Zweifel, »wie weit ich noch der bin, den Sie anreden, der Mensch, aus dessen tiefsten Antrieben und Erwartungen vor vielen Jahren das Stundenbuch hervorgegangen ist«.[311] Offensichtlich vorgenommene Rollenzuschreibungen werden dezidiert abgewiesen, insofern Rilke sich von Schmidt-Pauli »in jeder Weise« überschätzt fühlt; er müsse »anfangen zu versichern, was ich alles nicht bin und nicht kann: das meiste nicht«.[312]

Solche Distanzierungen vom auktorialen Profil des *Stundenbuches* verhindern allerdings keineswegs, dass die Gedenkbuchautorin Schmidt-Pauli dieses Profil in allen Facetten fortschreibt und überbietet. Und hier liegt auch der Grund für meine Auseinandersetzung mit Elisabeth von Schmidt-Pauli: An ihr wird sich zeigen, dass Vorstellungen vom selbstlosen Hagiographen zu verabschieden und in Analogie zum Mäzenatentum durch die Logik des Tauschhandels – Erinnerungskapital gegen Prestigegewinn – zu ersetzen sind. Als markantes Beispiel für vereinseitigende Rilke-Deutungen bzw. Umschriften ist Schmidt-Paulis Gedenkpraxis geeignet, die angenommenen systematischen Zusammenhänge zwischen schriftlichem Archiv, Netzwerkstruktur, Eigeninteressen der Multiplikatoren und Instrumentalisierung des Prestigeobjekts Rilke empirisch zu belegen und damit den Blick freizulegen auf grundsätzliche Probleme schriftlicher Multiplikation.

Da Schmidt-Pauli ihr Buch zu einem Zeitpunkt schreibt, als bereits große Teile des Briefwerks und auch etliche Memorialtexte gedruckt vorliegen, 1940, kann sie sich auf dieses breite Autor-Archiv beziehen und einen ›Erinnerungstext zweiter Ordnung‹ bzw. Summentext vorlegen.[313] Sowohl die Unterdrückung der eigenen Briefe an Rilke als auch breiter Rückgriff auf poetisches und epistolarisches Werk lassen vermuten, dass hier nicht auf die Subjektivität der Privatperson Schmidt-Pauli, sondern auf objektive Rilke-Kompetenz hingewiesen werden soll. Auf der Basis des privilegierten, exklusiven Zugangs zum Briefschreiber demonstriert die Verfasserin breit gefächertes Expertenwissen um Rilkes Leben und Werk. Da Schmidt-Pauli 17 Jahre vor dem Rilke-Buch begonnen hat, religiöse Schriften zu publizieren, und zwischen 1929 und 1956 insgesamt etwa 80 Einzeltitel vorlegen wird,[314] geht es bei dieser Kom-

310 Ebd., S. 85, 89, 95, 97–101, 110.

311 Rilke an Schmidt-Pauli, 3.12.1917, ebd, S. 55.

312 Rilke an Schmidt-Pauli, 14.10.1918, ebd., S. 67.

313 Die Schrift *Rainer Marie Rilke. Ein Gedenkbuch* erscheint zunächst bei Schwabe (Basel) und wird 1946 in Leipzig bei Bong & Co. wiederaufgelegt.

314 Schmidt-Paulis zwischen 1929 und 1956 entstandenes schriftstellerisches Werk umfasst etwa 80 Einzeltitel. Quantitativ dominiert Gebets-, Erbauungs- und Andachtsliteratur, die zum Teil in

petenzdemonstration offensichtlich um Festigung der eigenen Schriftstellerposition; einer Position in einem Spezialsegment des literarischen Marktes, dem der katholischen Biographik, Erbauungs- und Gebetsliteratur (s. u.). Um sich allerdings in diesem Marktsegment zu etablieren, bedarf es nicht allein der literarischen Kompetenz, sondern einer hochselektiven Zurichtung Rilkes, die Schmidt-Pauli trotz dessen brieflicher Distanz vom *Stundenbuch* konsequent vornimmt.

So entwirft sie in ihrem ambitionierten, 285 Seiten umfassenden Erinnerungsbuch ein Rilke-Bild, das die auktoriale Rolle des Heiligen und Mystikers qua Form durch die des Mystikers qua Inhalt ersetzt. Dabei geht aus Motiven des *Stundenbuches*, Figuren der christlich-mystischen Tradition und individuellen, mystizistischen Elementen ein künstlicher Autor hervor, der nicht mehr eng an Rilkes Dichtung orientiert ist. Vielmehr qualifizieren ihn als repräsentativen und allgemeingültigen Heiligen und Mystiker stereotype Merkmale des Sakralen. Rilke habe, so Schmidt-Pauli, magische Fähigkeiten[315] und führe eine exemplarische Vita, die als »schwerer Weg so vielen die Bahn öffnen sollte zu größerem Leben«.[316] Die Kapitelüberschriften »Der Pilger«, »Der Eingeweihte«, »Der Schauende« suggerieren einen mystischen Stufenweg der Vervollkommnung. Für dessen Darstellung bemüht die Verfasserin einen am *Stundenbuch*, »der Sprache aller Zeiten – der Sprache aller Menschen«,[317] zwar angelehnten, den Prätext hinsichtlich Irrationalität, Pathos, Geltungsanspruch und vor allem hinsichtlich Präsenz mystischer Figuren aber weit überbietenden religiösen Predigtstil. Motivkonstanz aus dem *Stundenbuch* und dem Briefwerk der Durchsetzungsphase ist zu beobachten mit Figuren wie »demütigem Lauschen«,[318] der »zu leistenden«, »äußersten Einsamkeit«,[319] dem Einmünden der »Lebensströme ins Urmeer des Lebens, [...] dem Lebensgrund alles Lebens, [wo] Rilke Gott [traf]«,[320] oder mit der kontinuierlich und redundant auf Rilke applizierten Pilgerfiktion.[321]

Im Vordergrund von Schmidt-Paulis Rilke-Entwurf steht aber die Mystik orthodox-christlicher Provenienz mit einem Stellenwert, den sie weder in Rilkes fiktionalem Werk noch in seinem epistolarischen Selbstentwurf je hat. Zwar ist das Armutsmotiv in Rilke-Paraphrasen wie dem »Mönch in der mystischen Armut seines Daseins«[322] oder dem »Letzten der mystisch Armen

mehrere Sprachen übersetzt wurde. Besonders breit rezipiert wurden allerdings ihre Heiligenbiographien, die großenteils um oder nach 1940 erscheinen und bis zu 15 Auflagen erreichen; 1940 erscheint auch das Rilke-Buch; vgl. Mursch, Bibliographie, S. 107 – 124.

315 Vgl. Elisabeth v. Schmidt-Pauli, Rainer Maria Rilke, S. 37 und S. 75.

316 Ebd., S. 137.

317 Ebd., S. 51.

318 Ebd., S. 15.

319 Ebd., S. 22.

320 Ebd., S. 131.

321 Vgl. ebd., S. 45 ff., 122, 148.

322 Ebd., S. 148.

in seiner furchtbaren Einsamkeit«[323] noch auf die Autorsemantik des *Stundenbuches* zu beziehen. Zum kanonischen Topos Meister Eckartscher Observanz verselbstständigt es sich allerdings endgültig dort, wo die Verfasserin Rilkes vermeintlichen Weg, »in die mystische Armut einzugehen«, an die Figur der »Ent-Werdung« rückbindet.[324] Solche Konstruktionen von Orthodoxie charakterisieren Schmidt-Paulis Individualstil, der von Rilkes Selbstbild systematisch abweicht. Dessen religiöse Skepsis wird ausgeblendet, Nähe zum katholischen Christentum hergestellt und mystischer Traditionsbestand an den Autor herangetragen. So bezieht sich z. B. die Behauptung, Rilke fühle »sich selbst aus Gottes Mund ausgehend« und sei ein »großer Töner des Wortes«,[325] auf die Figur des ›Ton Gottes‹ bei Jakob Böhme.[326] Auch die Rilke zugeschriebene existentielle Bewegung vom »sich verbergenden Gott« zum »innewohnenden Gott«, zum »Unsäglichen und Fernen, [der] sich jetzt im Innersten neben den Dichter gestellt [hatte]«,[327] ruht auf mystischen Subtexten auf. Das Bild des ›Innen als Gottesort‹ begegnet etwa bei Meister Eckart, Johannes Tauler und Heinrich Seuse.[328]

Zwar trägt Schmidt-Pauli auch vereinzelt Elemente der Prophetenrolle ein, die zum Zeitpunkt ihrer Korrespondenz mit dem Autor dessen Selbstentwurf bestimmt, doch liegt das Schwergewicht auf dem ›Mystiker‹ Rilke. So finden sich Zitate aus den ›Jubelbriefen‹ an Salomé und Taxis und auch vom »Geistessturm« ist die Rede, der »durch die Burg fegt«.[329] Die für Rilkes Prophetiesemantik charakteristischen alttestamentarischen Rollenfiktionen allerdings werden zugunsten des ›Mystikers‹ zur Gänze ausgeblendet – und das in einem Summentext, dessen Rilke-Entwurf nicht nur auf die Durchsetzungsphase zurückgeht. Schmidt-Paulis Rilke-Rekonstruktion gründet vielmehr in der Eigeninitiative einer Verfasserin, die aus Briefwerk und poetischem Werk selektiv ein bestimmtes Rilke-Mosaik klittert. Vor diesem kontextuellen Hintergrund muss man sich die Frage stellen, ob das, was Ulrich Fülleborn 1960 als »religiöse Schwärmerei« bezeichnet hat, Schmidt-Paulis Rilke-Verkürzung zum Heiligen und Mystiker, vielleicht nicht nur »im unmittelbaren Umgang mit dem Menschen Rilke« gründe, auch wenn solche Schwärmerei »dort genährt werden konnte«.[330] Zu gezielt und zu gezielt einseitig filtert die

323 Ebd., S. 191.

324 Ebd., S. 142; vgl. Meister Eckart, Werke I, S. 561; für diesen und weitere Hinweise auf mystische Quellen bedanke ich mich bei Donata Schoeller, Zürich.

325 Elisabeth v. Schmidt-Pauli, Rainer Maria Rilke, S. 133 und S. 268.

326 Vgl. Böhme, Werke, S. 95: »Gleich wie in allen kraefften Gottes der Marcurius aufsteiget und schallet / darinnen der himlische thon oder freude stehet / und der thon gehet aus allen craefften / und in der zusammenfügung des geistes in Gott / erhebet er sich / wan eine krafft die andere rueget, / und thönet oder schallet: Alßdan gehet auß der thon oder Schall / und steiget wieder auf in alle kraeffte des Vaters [...]«; vgl. auch S. 233 und S. 239.

327 Elisabeth v. Schmidt-Pauli, Rainer Maria Rilke, S. 76 und S. 112.

328 Vgl. Tauler, Predigten, S. 140; vgl. auch Donata Schoeller, Enthöhter Gott, S. 90 f.

329 Elisabeth v. Schmidt-Pauli, Rainer Maria Rilke, S. 113.

330 Fülleborn, Das Strukturproblem der späten Lyrik Rilkes, S. 19.

Verfasserin bestimmte auktoriale Elemente aus dem zugänglichen Quellenfundus. Berücksichtigt man stattdessen ihre beginnende Laufbahn als Erbauungsschriftstellerin, liegt die Annahme unbewusst-habitueller Anpassungen an die Bedingungen des religiösen Buchmarktes nahe.

Hier lässt sich exemplarisch die Logik des Tauschhandels mit symbolischen Gütern nachzeichnen und im Sinn der oben aufgestellten Hypothese auch hagiographisches ›Erinnerungskapital‹ solchen Tauschpraktiken zurechnen. Selbst Produktion von Erinnerungskapital ist, das wird in meiner Arbeit immer wieder deutlich werden, nicht von der »Ökonomie aller Praxisformen« ausgeschlossen, die Bourdieu postuliert.[331] Ursprünglich hatte Rilke im Tausch gegen symbolisches Kapital bzw. Dichter-Prestige den sozialen Kapitalpool der Aristokratin Schmidt-Pauli genützt: Auf Rilkes Bitten hin hatte Schmidt-Pauli im Frühjahr 1921 ein Schloss in Württemberg, sieben Besitzungen in Böhmen und ein Landhaus in Schlesien als mögliche Aufenthalts- und Arbeitsorte eruiert.[332] Dekaden später nützt dann die Respondentin das Prestigeobjekt ›Bekanntschaft und Korrespondenz mit Rilke‹ zur Konsolidierung ihrer Autorenposition.[333] Das erfordert Anpassung des Prestigeobjektes an Bedürfnisse, Waren und Codes des entsprechenden Marktsegments. Als Verfasserin von katholischer Gebets-, Andachts- und begleitender Messliteratur und von spirituellen Kinderbüchern hat sich Schmidt-Pauli 1940, als das Rilke-Buch erscheint, bereits einen Namen gemacht.[334] Dem Image der Autorin solcher kleiner Erbauungs- und Lehrschriften ist die Katholisierung Rilkes bzw. der Entwurf eines katholischen Mystikers mit Namen Rilke vermutlich eher förderlich als die Fortschreibung einer dem alten Testament entlehnten Prophetenfiguration.

Doch es geht nicht nur um Anschlussfähigkeit für eine bereits existierende Position im Feld religiöser Literatur, sondern um den Ausbau dieser Position zur Produzentin ›großer Fiktion‹: 1931 hatte Schmidt-Pauli mit einer Biographie der heiligen Elisabeth von Thüringen[335] einen ersten größeren fiktionalen Text vorgelegt, der bereits im Folgejahr ins Englische übertragen wird. Um und nach 1940, also ausgehend vom Rilke-Buch, werden dieser ersten Großerzählung all diejenigen Biographien und breit rezipierten bio-

331 Bourdieu, Die verborgenen Mechanismen der Macht, S. 51 f. und 71 f.

332 Vgl. Briefe Rilkes an Schmidt-Pauli vom 24.5.1921 und 21.6.1921, in: Elisabeth v. Schmidt-Pauli, Rainer Maria Rilke, S. 95–99 und S. 100 f.

333 Zwar veröffentlicht Schmidt-Pauli schon 1927 in der renommierten *Neuen Rundschau* fünf Briefe Rilkes an sie, doch noch ohne jeden weiteren Kommentar. Die Herausgeberin dieser »Briefe an eine Freundin von Rainer Maria Rilke« enttarnt ihre Identität lediglich in einer Fußnote und verschiebt die ausführliche Demonstration von Briefbeziehung und Kompetenz auf das Jahr1940 (Die Neue Rundschau. XXXVIII: Jahrgang der freien Bühne, Band 2, Berlin und Leipzig 1927, S. 301–308).

334 Aus der Bibliographie von Mursch geht hervor, dass Schmidt-Pauli zwischen 1929 und 1940 bereits über 50 solcher kleineren Schriften veröffentlicht hat; etliche von ihnen erleben zügig weitere Auflagen oder werden in verschiedene Sprachen übersetzt (Mursch, S. 107–113).

335 Elisabeth v. Schmidt-Pauli, Pilgerin auf Erden. Leben der Heiligen Elisabeth, Berlin 1931.

graphischen Sammlungen, u. a. über Maria Goretti, Bernhard von Clairvaux, Kardinal Faulhaber und Pius XII., folgen, die Schmidt-Paulis erfolgreiches Autorenprofil als Heiligenbiographin begründen.[336] Im Zusammenhang mit dem Platzwechsel von der Produzentin kleiner, liturgiebegleitender Erbauungsliteratur zur Produzentin großer Heiligenbiographik dürfte die Verschriftung und Exegese eines zeitgenössischen katholischen Heiligen und Mystikers noch mehr geleistet haben als nur Imagepflege. Es geht um die spezifische Legitimität der Verfasserin von Heiligenbiographik, um die apostolische Frage, welcher Schreiber Lizenzen zur Verschriftung des Heiligen hat, kurz, um den Aspekt der Zeugenschaft. Da Schmidt-Pauli an einem Gegenwartsheiligen, der noch ›zum Greifen nah‹ scheint, persönlichen, epistolarisch fixierten Anteil nachweisen und im klassischen Sinn Zeugnis ablegen kann, verkürzt sich der Abstand zum Heiligen als solchem, festigt sich Schmidt-Paulis Rolle als legitime Exegetin – der Erfolg ihrer Biographien im religiösen Buchmarkt nach dem Erscheinen der Rilke-Schrift spricht für diesen Zusammenhang.

Dieses Beispiel zeigt nicht nur, dass heilige Autorschaft doppelt nützlich sein kann, für den Autor und für entsprechend disponierte Mitglieder seiner Gemeinde, die an seinem Bild mitgearbeitet haben. Es soll auch verkürzenden Annahmen über das strukturelle Gefüge von charismatischem Autor und epistolarischem Primärpublikum entgegenarbeiten. Asymmetrische Dichotomien wie aktiv/passiv, auktorial/rezeptiv, intentional/gesteuert, Führer/Geführte erklären die Dynamik zwischen Rilke und seiner Gemeinde und Multiplikationsphänomene wie Mythen- und Klischeebildung nicht hinreichend. Angemessener scheint eine komplexere Sichtweise der betreffenden Kommunikationen, die kontingente und emergente Aspekte, Gesten- und Warentausch und den von Bourdieu immer wieder angemahnten »Erhalt sozialer Energie« mitmeint.[337]

Die posthume Rekonstruktion einer Rolle, die Rilke als überholt abgewehrt hatte, ist darüber hinaus geeignet, systematische Zusammenhänge zwischen brieflichem Archiv, extensivem Netzwerk und moderner exkludierter Individualität in der Rilke-Gemeinde zu veranschaulichen. Rilkes Charisma autoritätsloser Autorität lässt alle all das sein, was sie gern sein möchten, und Medialität hält sie voneinander fern. In diesem Sinn entlässt die heterogene

336 Rilke-Buch, 1940, zwei Auflagen; *Kolumbus und Isabella*, 1940, fünf Auflagen; *Pilger auf Erden* (Heiligenbiographien) 1941, 15 Auflagen; *Missa solemnis eines Lebens* (Faulhaber-Biographie), 1949, eine Auflage; *Niels Stensen*, 1952, zwei Auflagen; *Pius XII.*, 1952, vier Auflagen; *Die Heilige und ihr Mörder* (Maria Goretti-Biographie), 1952, fünf Auflagen; *Bernhard von Clairvaux*, 1953, eine Auflage; *Boten der Liebe* (Heiligenbiographien), 1954, vier Auflagen; auch Schmidt-Paulis Elisabeth-Biographie erlebt Zweit- und Drittauflagen nach 1940, nämlich 1941 und 1948; vgl. Mursch, Bibliographie, S. 114–124.

337 Bourdieu, Die verborgenen Mechanismen der Macht, S. 71; vgl. auch ders., Praktische Vernunft, S. 139 ff.: »Ist interessefreies Handeln möglich?«

Sozialformation ›Netzwerk‹ nicht nur hagiographische Zweitautoren mit unterschiedlichsten Eigeninteressen – Psychoanalytiker, Reformpädagogen, Literaturgeschichtler, Heiligenbiographen. Sie ermöglicht auch qua radiärem Strukturprinzip und niedrigem internem Vernetzungsgrad der Mitglieder die Verwirklichung dieser Interessen. Im Gegensatz zum George-Kreis werden die separierten Mitglieder der Rilke-Gemeinde nicht vom Totalitätsraum ›Gruppe‹ zur Gänze vereinnahmt, sondern bekleiden konflikt- und risikolos zahlreiche gemeindeunabhängige soziale Rollen. Separation und ehemals fehlende Stratifikation machen dann später normative Absprachen über Fortschreibungsformen und die Entstehung von Redemonopolen und -konkurrenzen unter dem Diktat der Mächtigen wie im George-Kreis unwahrscheinlich.[338]

In Rilkes Netzwerk kann jeder, zentraler oder peripherer Akteur, bekannter oder weniger bekannter Kulturproduzent, unabhängig unabhängige Erinnerungstexte verfassen und das Prestigeobjekt Rilke für publizistische Eigeninteressen nutzen; eine seltene Ausnahme stellt Hertha Königs Invektive gegen Loulou Albert-Lasards Gedenkbuch dar – das Buch sei lediglich Ausdruck von »Geltungsbedürfnis«.[339] Die prominenten Kulturträger Salomé und Kippenberg, die aufstrebende Pianistin Hattingberg oder die auf den katholischen Kulturraum beschränkte Akteurin Schmidt-Pauli jedenfalls nützen ungehindert entsprechende Freiheiten. Magda von Hattingberg etwa nimmt die Veröffentlichung von Rilkes Briefen gegen den Willen der Kippenbergs selbst in die Hand,[340] präsentiert ein Erinnerungsbuch mit eingelagerten Briefausschnitten und damit ein Beispiel für diese vom George-Kreis grundverschiedene ›Freiheit der Meinungsäußerung‹.

Elisabeth von Schmidt-Pauli schließlich publiziert eine vom ursprünglichen brieflichen Autorbild weit abweichende Rilke-Fiktion, ohne dass Kritik in der Gemeinde laut würde. Am Beispiel Schmidt-Pauli wird deutlich, dass die Sozialformation ›extensives Netzwerk‹ und das leitende Kommunikationsmedium Brief tatsächlich diejenigen Folgeprobleme für den Autor pro-

338 Zu den Konflikten und Konkurrenzsituationen, aus denen schließlich auch Redekonkurrenzen erwachsen, hat sich Breuer geäußert, in: Ästhetischer Fundamentalismus, S. 82–84. Für eine Monopolisierung von Rede- bzw. Schreibelizenzen im späten George-Kreis, der in einzelne Machtzentren zerfällt, sprechen Salins Bemerkungen über Wolters: Auch wenn Gundolfs schriftliche Äußerungen zu George [1920] leichter verständlich gewesen seien als Wolters George-Buch [1930], sei es doch »nicht zu verkennen, dass Wolters, nicht Gundolf uns eine Tür öffnete in ein völlig neues Reich und dass Wolters' Erlebnis des Herrschers nicht nur George neu sieht, sondern im Bild Georges und seiner Herrschaft den Ursprung weist und das Zeichen gibt für neuen Weltstoff und neuen Weltbau« (Salin, Um Stefan George, S. 132, zitiert nach Breuer, S. 82 f.). Exemplarisch für die memoriale Konkurrenzsituation sei ferner Robert Böhringer zitiert. In seiner Erinnerungsschrift *Mein Bild von Stefan George* ist nicht ohne Eifersucht von der »hohen Geistigkeit« Edith Landmanns die Rede, die begreiflich mache, »dass er [George] ihr manches sagte, womit er sonst zurückhielt, und was sie behütet hat« (S. 130). Er, Böhringer, habe anders als Landmann nicht gewagt, zu Lebzeiten Aufzeichnungen zu machen, was er jetzt, in Anbetracht der Dokumentationen von Landmann und Vallentin, bereue (ebd.).

339 Hertha König, Erinnerungen an Rainer Maria Rilke, S. 30.

340 Vgl. Nachwort der Herausgeber, HAT, S. 230.

duzieren, von denen bereits im Briefkapitel (1.1) die Rede war; Folgeprobleme, die sich mit Strobel als »Umschriften«, »neue Autorbilder« und »Verfälschungen« präzisieren lassen.[341] Hier zeigt sich die Kontingenz von Multiplikationsprozessen bzw. die unkalkulierbare Emergenz eines Autorbildes, das von dem Rilkes erheblich und systematisch abweicht und im medialen Kontinuum der Schrift ebenjene Kontinuität des Autors, die das Medium sichern soll, in Frage stellt.

Anders als im Falle von Schmidt-Pauli liegen die Briefwechsel von Ellen Key, Lou Salomé, Katharina Kippenberg und Magda von Hattingberg in selbstständigen Ausgaben vor, so dass das Verhältnis von epistolarer Kommunikation und Fortschreibung, Aneignung und Trivialisierung überprüft werden kann. Deshalb soll im Folgenden danach gefragt werden, wie sich ehemalige Gemeindemitglieder, die epistolarisch an der Erzeugung des Heiligen und Mystikers Rilke beteiligt waren, als Erinnerungsautoren verhalten. Sind hier semantische Kontinua oder Abbrüche zu verzeichnen und wie lassen sich solche Langzeitentwicklungen funktional deuten?

Zunächst fällt auf, dass genau die beiden Korrespondentinnen, die in die epistolarische Herstellung der Heiligen- und Mystikerrolle am engsten eingebunden waren, Key und Salomé, diese in ihren Rilke-Büchern ebenfalls nicht bruchlos fortschreiben, sondern im Eigeninteresse zurichten. Zwar begegnen bei Key einige charakteristische Elemente der ambivalenten Autorsemantik des *Stundenbuches:* Die Verfasserin vergleicht Rilke zweimal mit dem »quietistischen« Mystiker Angelus Silesius[342] – wobei sie allerdings nicht Rilke, sondern sich selbst zitiert.[343] Ferner sei Rilke ein »lebenszugewandter Mystiker«,[344] fühle »sich nie so erhoben, als wenn er kniet«,[345] und »was er bisher von Menschen empfangen« habe, sei »nur von Einsamen gekommen«.[346] Doch stehen im Vordergrund des widersprüchlichen Textes Keys Bemühungen, Rilke einerseits zum idealen Exponenten von Lebensglaube und »Lebensfrömmigkeit«[347] zu stilisieren, andererseits sein mittleres Werk als Verrat an dieser Lebensfrömmigkeit und als Verfallssymptom abzuqualifizieren. Fiedler hat darauf hingewiesen, dass der Essay von 1911 Key unter anderem als Folie für eine polemische Auseinandersetzung mit Rilke am Ende eines sich zuspitzenden Konflikts diente.[348] In diesem Sinn leuchtet die Diskontinuität zwischen der Mentorin von 1904, die epistolarisch an der Herstellung der Heiligenrolle beteiligt war, und der Multiplikatorin von 1911, die

341 Strobel, Vom Verkehr mit Dichtern und Gespenstern, S. 15 und S. 26; vgl. Kapitel 1.1, Anm. 62.
342 Vgl. Ellen Key, Ein Gottsucher, S. 224 und S. 226.
343 Vgl. Ellen Key an Rilke, 24.10.1904, EK, S. 114, wie Anm. 168.
344 Ellen Key, Ein Gottsucher, S. 172.
345 Ebd., S. 183.
346 Ebd., S. 160.
347 Ebd., S. 215.
348 Vgl. Einleitung des Herausgebers, EK, S. XVII; vgl. II. Hauptteil, Abschnitt 2.2.4, Anm. 139.

diese trotz Konstanz einzelner Motive allenfalls kontrovers fortschreibt, durchaus ein.

Das Gedenkbuch *Rainer Maria Rilke* der Psychoanalytikerin Lou Salomé wird nach zwei Auflagen, 1928 und 1929, 1988 wiederaufgelegt und erlebt 1993 eine weitere Zweitauflage[349] – von einer gewissen Relevanz für die Rezeptionsgeschichte der Autor-Werk-Einheit ist also auszugehen. Bei Salomé stehen nun Spekulationen über eine aus der mangelnden Leib-Seele-Integration des Dichters hervorgehende hypochondrische Neurose im Vordergrund; ferner werden Hypothesen zur Ätiologie von Rilkes zahllosen Somatisierungen geäußert. Seine Leiblichkeit sei für Rilke eine »missempfundene Behausung«,[350] die mit seinen »schöpferischen Anlagen« in Konkurrenz trete;[351] »bald mehr hypochondrische, bald mehr schmerzhafte, körperliche Überempfindlichkeiten« resultierten, so die Analytikerin, aus Rilkes »Zurückgeworfenheit auf den eigenen Körper«.[352] Zwar lässt sich auch diesem Text die Distinktionsfunktion der Heiligenrolle ablesen – »was ihn unterschied, noch jenseits aller künstlerischen Würdigung, was ihm von der Stirn strahlte, auch dann noch, wenn er am Boden lag, war dies: nie gab es jemanden, der heiligere Sorgen hatte als er« –,[353] doch bleiben im Übrigen die sprachlichen Versatzstücke dieser Rolle ausgeklammert. Das ist insofern folgerichtig, als die Multiplikatorin auch in der gemeinsamen brieflichen ›Arbeit am Autor‹ den heiligen Mönch und Mystiker – anders als Kippenberg und Hattingberg – nicht mit dessen eigenen Worten bestätigt hatte. Heilige Autorschaft erschien bei Salomé im sprachlichen Gewand der Christologie. Als Ausgangspunkt dieses individuellen Sakralcodes wurde ihre religionspsychologische Beschäftigung mit dem historischen Jesus von Nazareth diskutiert. Auch im erinnernden Schreiben bleibt Lou nun der gewählten Semantik treu: Dort firmiert Rilkes unbewältigte Körperlichkeit als »Kreuz«, »an das er genagelt ist, das ihn gewaltsam hochgereckt hält, bis daß er alle sieben Worte ausgesprochen (hinter deren allen sieben das eine Wort gemartert steht: ›Mich dürstet‹)«.[354] Im Prätext *Jesus der Jude*, Salomés religionspsychologischem Essay von 1896, stehen die am Kreuz gesprochenen Worte im Zentrum des Entwurfes vom homo religiosus, dessen Leiden an Gott mit seiner Glaubenskraft in eins falle.

Nimmt man Keys kontroverse Umschrift des heiligen Rilke zum Mystiker des Lebensglaubens und Lous Fortsetzung ihrer individuellen, religionspsychologischen Rilke-Stilisierung zusammen, wird Folgendes deutlich: Abhängig vom Grad des kulturellen Prestiges, das die jeweiligen Multiplikatoren als

349 Jeweils im Insel-Verlag.
350 Lou Salomé, Rainer Maria Rilke, S. 52.
351 Ebd., S. 15.
352 Ebd., S. 64.
353 Ebd., S. 81 f.
354 Ebd., S. 52.

selbstständige Kulturproduzenten erworben haben, dient das Medium ›Erinnerungstext‹ bzw. ›Rilke-Essay‹ offensichtlich nicht nur der Fortschreibung des Autors. Es fungiert auch als Medium der Selbstzitation und damit der Selbst-Fortschreibung des Verfassers und seiner individuellen Unternehmungen. Mag nun Rilke zur Fallstudie über Hypochondrie werden oder zum lebensreformerischen Idealtypus, zeigt sich hier jedenfalls eine weitere Facette im breiten Spektrum der Rilke-Instrumentalisierungen. Sie betrifft vor allem diejenigen ehemaligen – älteren – Respondenten, die sich nicht erst durch das Prestigeobjekt Rilke einen Namen machen müssen, sondern bereits kulturelle Bedeutung erlangt haben und nun dafür zu sorgen haben, dass die ihnen und ihren Projekten gewidmete Aufmerksamkeit erhalten bleibt.

Ganz anders ist das bei Katharina Kippenberg und Magda von Hattingberg. Beide Multiplikatorinnen schreiben die Heiligenrolle im Sinne eines epistolar-memorialen Kontinuums mit Rilkes eigenen Worten fort. Ihre Texte sind im Verhältnis zur epistolaren Quelle weder ausgeprägt abweichend wie Schmidt-Paulis Buch noch subtil ins Polemische gewendet wie Keys Essay, sondern motivisch am ›Gesamtkunstwerk Rilke‹ orientiert. Allerdings lässt sich hier exemplarisch Verdichtung, Steigerung und Trivialisierung nachzeichnen. Auch wenn Kippenberg als Netzwerkmitglied und Akteurin des Literaturbetriebs im nächsten Kapitel thematisch sein wird, da ihre Korrespondenz mit Rilke erst 1910 beginnt und er sich dort bevorzugt zum Propheten stilisiert, ist bereits an dieser Stelle von ihr zu handeln. Bezeichnend für die Multiplikatorin ist nämlich die Tendenz, dichte ›auktoriale Summen‹ zu bilden, die mehr ›Rilke‹ enthalten als das Urbild. Das zeigt sich etwa, wenn Kippenberg Rilke als heiligen Mönch entlang des *Stundenbuches* entwirft, obwohl er sich in der Korrespondenz nicht in diesem Sinn dargestellt hatte. Zwar ähnelt Kippenbergs Verfahren, sich mangels persönlicher epistolarer Angebote auf das verfügbare ›Archiv‹ von Briefwerk und poetischem Werk zu stützen und aus diesem Reservoir auktorialer Semantik zu zitieren, der Technik von Schmidt-Pauli. Dennoch unterscheiden sich Ergebnis und diskursive Dispositionen. Nicht orthodoxer Katholizismus ist die Basis von Kippenbergs Rilke-Aneignung, sondern eine zeittypische Gemengelage aus monistischen und vitalistischen Einheitsideen nietzscheanischer Prägung,[355] Mystikeuphorie und heterodoxem, antidogmatischem Protestantismus.[356] Dabei geht es der Verfasserin um die Konstruktion des ›absoluten Dichters‹, der ebenso wie Goethe

355 Vgl. etwa Katharina Kippenberg, Rainer Maria Rilke, 1948, S. 102 und S. 99; zu Kippenbergs Nietzsche-Rezeption vgl. Kippenberg an Rilke, 25.4.1910, KK, S. 11 f. Figuren der Allbeseelung Fechner'scher Provenienz finden sich auch in Kippenbergs Brief an Rilke vom 10.7.1919, KK, S. 354.

356 Vgl. etwa Katharina Kippenberg, Rainer Maria Rilke, 1948, S. 92, 94, 97.

überzeitlicher und universell gültiger Exponent des menschlichen Geistes ist.[357] Rilke stehe exemplarisch für

eine Vorstellung, die in der menschlichen Geistesgeschichte so oft vorkommt, daß sie typisch für sie zu sein scheint: ein Ewiges steigt vom Himmel hernieder, geht eine Verkörperung ein und kehrt in die größere Heimat zurück. So holt der Dichter ewige Gedanken aus dem Äther, sie nehmen Besitz von dem Leib der Sprache, doch bleiben sie nicht an ihn gebunden, sondern wandern in die große Menschheit aus.[358]

Dieser Passus ist bezeichnend für Kippenbergs Rilke-Aneignung, weil er die Konvergenz von zeittypischer Dichter-Sakralisierung und geistesgeschichtlichem Fachdiskurs sichtbar macht. Dessen Positionen zufolge habe sich der menschliche Geist im Werk des bedeutenden dichterischen Individuums objektiviert und stifte auf diese Weise überzeitliche Orientierung.[359] Und wer solche Positionen nicht nur als Theoretiker vertritt, sondern ihre Geltung am exklusiv zugänglichen persönlichen Beispiel aufzeigen kann, erwirbt Wettbewerbsvorteile im Kampf um eine Position im Feld der professionellen Literaturexegese.[360]

Wie sieht das im Einzelnen aus?

Kippenberg bildet mit charakteristischen Topoi wie »Demut«,[361] »Einsamkeit«[362] und entsprechenden Tätigkeitsbezeichnungen wie »Pilgern«,[363] »Knien«,[364] »Segnen« bzw. »gesegnet sein«[365] das autorsemantische Repertoire von *Stundenbuch* und Briefwerk konsequent auf Rilke ab, ohne je zwischen Fiktivität, Poetizität und Realität zu differenzieren. Geistesgeschichtliche Synthesepraxis und fiktionsnaher Selbstentwurf des Autors ergänzen einander, wenn Kippenberg der fiktionalen Figur Malte »eine Demut, ähnlich der des Heiligen« zuschreibt und gleichzeitig behauptet, »Malte Laurids an dieser Stelle [...] ganz mit dem Rainer Maria Rilke der Pariser Jahre identifizieren zu können«.[366] Das memoriale Echo Kippenbergs auf Rilkes epistolares ›Gesamtkunstwerk‹ ist ein Echo im eigentlichen Wortsinn – mehrstimmig insofern, als im Erinnerungstext nicht mehr nur Rilkes Stimme allein die Ent-

357 Vgl. Katharina Kippenberg, Rainer Maria Rilke, 1935, S. 12, 68, 132–144; zur wert- und normsetzenden Intention der Geistesgeschichte, die eine Konzentration exegetischer Bemühungen auf Kanonisches zur Folge habe, vgl. LG, S. 330 ff. Ergebnis dieser Selektionsprozesse ist, dass in Abgrenzung vom Literaten oder Schriftsteller Dichter und Dichtung zum überzeitlich gültigen Gegenstand der Disziplin bestimmt werden.

358 Katharina Kippenberg, Rainer Maria Rilke zum Gedächtnis, S. 50.

359 Vgl. Brackert, Zur Geschichte der Germanistik bis 1945, S. 554.

360 Vgl. II. Hauptteil, Abschnitt 2.3.8.

361 Katharina Kippenberg, Rainer Maria Rilke, 1948, S. 84, 33, 35, 282.

362 Dies., Rainer Maria Rilke, 1935, S. 17; Rainer Maria Rilke, 1948, S. 120, 235, 273.

363 Dies., Rainer Maria Rilke zum Gedächtnis, S. 46; Rainer Maria Rilke, 1948, S. 116 und S. 118.

364 Ebd., S. 85 und S. 87.

365 Katharina Kippenberg, Rainer Maria Rilke zum Gedächtnis, S. 46.

366 Dies., Rainer Maria Rilke, 1948, S. 33.

differenzierung von Autor und Werk vorantreibt, sondern ebenso der aus Kippenberg sprechende geistesgeschichtliche Diskurs.[367] Was Kippenbergs Umschriften erzeugen, ist eine superlativische und vermutlich umso eingängigere Variante des ›Gesamtkunstwerks‹, die einen wichtigen Schritt zum festen Rilke-Klischee wie etwa dem des ›heiligen, demütigen Mönches‹ darstellt.

Charakteristisch in diesem Sinn ist neben der Entdifferenzierung von Autor und Werk die Rhetorik des Hyperbolischen. Kippenberg dekontextualisiert und potenziert fiktionale und epistolare Figuren, wenn etwa aus dem betenden Mönch des *Stundenbuches* und dem betenden Autor der Briefe an Salomé und Hattingberg das »ungeheure Beten« der *Neuen Gedichte* hervorgeht. Für die Multiplikatorin gilt es »den Irren und Sträflingen«[368] und will doch so gar nicht zur Hässlichkeitsästhetik dieser Werkphase passen. Im Kippenbergs Rilke-Nekrolog von 1927 werden regelhaft *Stundenbuch*-Motive wie »frommes Stillhalten«[369] und »mühsames Pilgerleben«[370] durch Transzendenzzuschreibungen gesteigert. So vollziehe »sich in voller Stille und Andacht [...] die heilige Handlung des Dichtens«,[371] so verlange nach Rilkes Tod »der Schmerz um ihn nach einem Wunder« und frage, »ob bei diesem Sterben nicht überirdische Stimmen hörbar geworden oder himmlischer Rosenduft wie in der Legende sich verbreitet hätte«.[372]

Ein ähnlich trivialisierender Duktus der Steigerung und Überbietung bestimmt auch Hattingbergs memoriales Schreiben. Die Verfasserin entwirft aus Versatzstücken des *Stundenbuches* und der persönlichen Korrespondenz einen Autor, der »die Pilgerschaft, die Armut und den Tod erfahren« habe,[373] »gottgesegnet« sei und »fruchtbarer schöpferischer Einsamkeit« bedürfe.[374] Im Unterschied zur Universalisierung Rilkes bei Kippenberg steht bei Hattingberg allerdings das Individuelle und Private der Beziehung im Vordergrund. Die Verfasserin bezieht sich, anders als die Biographinnen des prototypischen deutschen Dichters und des prototypischen katholischen Mystikers, Kippenberg und Schmidt-Pauli, nicht von ungefähr nur auf die zwischen ihr und Rilke ausgetauschten Briefe. Was sie mit der Ostentation von privater Interaktion und Intimkommunikation demonstriert, ist nicht exegetische Kompetenz, sondern das Prestigeobjekt ›Liebesbeziehung mit Rilke‹. Was sie damit sichtbar macht, ist, dass die auktoriale Rolle des Heiligen und Mystikers

367 Laut Brackert gehöre die Annahme der »Identität von Leben und Werk« zu den Voraussetzungen der Geistesgeschichte, in: Zur Geschichte der Germanistik bis 1945, S. 555.

368 Katharina Kippenberg, Rainer Maria Rilke, 1948, S. 152.

369 Dies., Rainer Maria Rilke zum Gedächtnis, S. 40.

370 Ebd., S. 46.

371 Ebd., S. 48.

372 Ebd., S. 38.

373 Magda v. Hattingberg, Rilke und Benvenuta, S. 305.

374 Ebd., S. 160.

für unterschiedlich disponierte Gemeindemitglieder posthum unterschiedlichste Funktionen erfüllen kann. Neben den Gegenwartsheiligen für die Heiligenbiographin Schmidt-Pauli und den heiligen Repräsentanten des deutschen Geistes für die schriftstellernde Literaturgeschichtlerin Kippenberg (s. u.) tritt der Heilige der Liebe und des heroischen Liebesverzichts, der die gewesene Intimbeziehung einschließlich seiner Protagonistin zum Sakralgegenstanderhebt.[375] Auch hier sind Eigeninteressen im Spiel, die auf eine Profilierung Hattingbergs im Belletristiksegment hinauslaufen. Vor dem Rilke-Buch hatte sie bereits biographische Texte über Liszt und Wolf veröffentlicht,[376] später erscheinen Essays und ein Kinderbuch.[377] Es ist anzunehmen, dass die breite Rezeption des Rilke-Buches Hattingbergs Position als Textproduzentin gefestigt und zu späteren Doppelrollen-Bestimmungen wie der »Who is Who«-Definition »Pianistin und Schriftstellerin« beigetragen hat.[378] Hattingbergs ›Sonderweg‹ liegt in der abweichenden Akzentsetzung des Erinnerungstextes: Die Platzierung als Autorin wird über die Nobilitierung als Privatperson vorangetrieben.

Dass diese Form der posthumen Dichter- und Quelleninstrumentalisierung in einer Epoche monumentaler Autorschaft nicht ungewöhnlich ist und besonders konsequente briefliche Selbstdarsteller trifft, zeigt der Zeitgenosse und Rilke-Kritiker Benn. In der jüngst erschienenen Korrespondenz mit der Exgeliebten Ursula Ziebarth kommentiert die Adressatin und spätere Verfasserin literarischer Schriften ihre Beziehung zu Benn auf eine Art und Weise, die einen »einiges über Benn und Immenses über Ursula Ziebarth« erfahren

375 Auch die biographisch-psychologische Forschung kritisiert seit langem die Tendenz zur Vereinseitigung, exemplarisch Simenauer, der schon 1953 konstatiert, dass viele Schriften über Rilke »nichts als Heiligenbeschreibungen« seien. Diese Tendenz sei insbesondere dort zu beobachten, wo Schriften »mit der Autorität von Erinnerungsbüchern« aufträten, etwa bei Katharina Kippenberg, aber auch bei Marie Taxis, Regina Ullmann und Lou Salomé. Im Zusammenhang mit der als »schädlich« gewerteten Subjektivität und Emotionalität hagiographischer Memorialliteratur wird die Frage aufgeworfen, wie es »überhaupt zu einer solchen Verzerrung von Rilkes Gestalt kommen« konnte, in: Rainer Maria Rilke, S. 22 und S. 24 f. Der soziologische Zugriff, der Rilke nicht nur als erratische Dichtergestalt, sondern als Handelnden in einem Beziehungsgefüge anderer Handelnder versteht, ermöglicht eine neue Perspektive auf dieses alte Problem.

376 Magda v. Hattingberg, Franz Liszts deutsche Sendung. 1. Folge: Werdendes Volk (Hg. von Walter Pollak), Wien 1938; Magda v. Hattingberg, Hugo Wolf. Vom Wesen und Werk des größten Liedschöpfers, Wien 1941; wieder unter dem Titel *Hugo Wolf*, Wien 1953; auf Hattingbergs literarische Ambitioniertheit weist auch die Herausgabe des Textes *Mosis Tod. Ein Mysterium* von Alfred Schaeffer hin (vgl. Herausgeberkommentar, HAT, S. 227).

377 *Die Puppenhochzeit* (1949), vgl. Einleitung der Herausgeber, HAT, S. 15.

378 Zitiert nach Einleitung der Herausgeber, ebd.; Hattingberg instrumentalisiert zunächst das Prestigeobjekt ›Bekanntschaft mit Rilke‹ zur Positionierung im Feld der Musik und später das Prestigeobjekt ›Korrespondenz mit Rilke‹ zur Selbstplatzierung als Autorin. Wie gezielt sie dabei vorgeht, erhellt aus der Hartnäckigkeit, mit der Hattingberg die Veröffentlichung des Briefwechsels betreibt: Nach Anton Kippenbergs Weigerung setzt sie das Projekt selbstständig und in zweifacher Gestalt durch, zunächst 1940 als Erinnerungstext mit Langzitaten und dann 1954 als eigenständige Briefausgabe.

lässt. Es sei dies »eine ganz eigene Art, dem Dichter ein Denkmal zu setzen«, so Jenny Krätzschmar in ihrem Aufsatz zur Herausgeberin Ziebarth.[379] Wie auch bei Hattingberg steht hinter Ziebarths Erinnerungserzählung offensichtlich das Kalkül mit dem Voyeurismus einer Leseöffentlichkeit, die den großen Dichtermonumenten der Moderne Privatestes ablauschen will und dabei die Selbstaufwertung der Liebespartnerin zur Schriftstellerin bereitwillig mitvollzieht. Ursula Ziebarths selbstinszenatorisches Schreiben geschehe auf eine Öffentlichkeit hin, »die sich auf Autorschaft gründet«.[380] Ähnliches ließe sich auch von Magda von Hattingberg sagen.

Inwiefern nun ist Rilkes fiktionsnahes Selbstbild besonders geeignet, um den Wert des Adressaten als Privatperson zu steigern? Geeigneter auch als dasjenige Benns, zu dessen Habitus die Inszenierung von Demut bekanntermaßen nicht gehört hat? Weil, so meine These, der Komplementärentwurf von verkleinertem und überhöhten Autor Identifikationsangebote enthält. Sichtbar wird dieses identifikatorische Potential etwa, wenn Hattingberg sich zur Ko-Heiligen im Stil des *Stundenbuches* stilisiert. Solche Inszenierungen haben in ihrem Erinnerungstext – anders als in der privaten Redesituation des Briefes – den Status öffentlicher Selbstsakralisierung. Wenn die Verfasserin angibt, der ersten Begegnung mit Rilke »wie ein Pilger zum Heiligtum« entgegengegangen zu sein[381] oder Rilkes Zimmerinventar »wie mit segnenden Händen [zu] berühren«,[382] wenn sie erklärt, sie habe »ein neues, ein geheiligtes Gesicht bekommen, seit ich eine unsterbliche Seele mit meinen irdischen Augen erblickt hatte«,[383] so illustriert sie die Übertragbarkeit einer auktorialen Rolle auf den ehemaligen Respondenten; eine Rollenaneignung, die sich nur im hierarchisch unfesten Gefüge autoritätsloser Autorität denken lässt.

Ungeachtet unterschiedlicher Akzentsetzungen lässt sich den Erinnerungstexten von Hattingberg und Kippenberg ebenso die wirkungsästhetische Kehrseite des Identifikationsangebotes, radikale Distinktion, ablesen, wenn Rilke mit Merkmalen christologischer Alterität ausgestattet wird. Bei Hattingberg erscheint der ›ganz andere Rilke‹ als »meine Troststimme« und »mein Heiland«,[384] bei Kippenberg im Heilszusammenhang von Geburt, Tod und Auferstehung als ästhetisches Christus-Äquivalent: Wenn ein großer Dichter zur Welt komme, pflege »kein Stern über dem Hause anzukünden, daß ihr etwas Großes widerfahren ist«, nach Rilkes Tod aber würden »von dem in den Tod Übergegangenen Auferstehungen ausgehen, und wir werden, wenn wir nun mit ihm umgehen, meinen, neben einem verklärten Leib zu wandeln«.[385]

379 Jenny Krätzschmar, Orpheus' Briefe reloaded, S. 358.
380 Ebd., S. 357.
381 Magda v. Hattingberg, Rilke und Benvenuta, S. 47.
382 Ebd., S. 105.
383 Ebd., S. 49.
384 Ebd., S. 245.
385 Katharina Kippenberg, Rainer Maria Rilke zum Gedächtnis, S. 48.

Für beide Texte gilt – man sieht es – das trivialisierende Prinzip von Fortschreibung und Potenzierung und jeweils erhellt im Licht der holzschnittartigen Populärvariante, dass der Autor Rilke tatsächlich so ›funktioniert‹ hat, wie anhand der Briefanalysen angenommen wurde: als ebenso anschlussfähiges wie gut abgrenzbares Amalgam aus Identifikationsangeboten und Distinktionsimpulsen.

Fortschreibung und Potenzierung beschränken sich allerdings nicht nur auf den Bereich der unspezifischen Attribute und Tätigkeitsbezeichnungen. Beide Multiplikatorinnen identifizieren Rilke auch mit Franziskus, der zentralen Heiligenfigur aus seinem fiktionalen und epistolarischen Kosmos, und belegen damit deren ursprüngliche Einprägsamkeit. Hattingberg etwa schildert, wie sie geträumt habe, zwei braune Vögel hätten sich auf den Schultern des rezitierenden Dichters niedergelassen. Sie habe erkannt, das sei »doch gar nicht Rainer, das ist ja Franz von Assisi, der den Vögeln predigt«.[386] Kippenbergs Umgang mit dem Franziskus-Motiv zeigt dagegen systematische Tendenzen zu Steigerung und Überbietung, auch zur Selbstüberbietung: Die Verklärung Rilkes zur Franziskus-Gestalt wird innerhalb der einzelnen Auflagen ihrer Rilke-Biographie immer plakativer. Erscheint Rilke in der ersten Auflage 1935 als »neue Stimme«, die lediglich »im franziskanischen Geiste ihre Schöpfung [preist]«,[387] ist in der vierten Auflage die Metonymie des »franziskanischen Geistes« zum expliziten Vergleich mit Franziskus vereindeutigt. Rilke preist jetzt die menschliche Seele, »wie der heilige Franz die Schöpfung pries«[388] Einige Seiten weiter wird – ebenfalls neu in dieser Auflage – Franziskus dann Rilke als »Bruder im Herzen« an die Seite gestellt, als Bruder, der dem Dichter »über die Jahrhunderte hinweg [...] die Hand zu reichen [scheint]«.[389]

Multiplikation erscheint auch hier wieder im eigentlichen Wortsinn als Vervielfältigung, insofern Kippenberg das Franziskus-Motiv viel häufiger als Rilke selbst einsetzt. Vereindeutigung des ursprünglich Vieldeutigen aber und einprägsame Wiederholung des ohnehin schon Eindeutigen wirken trivialisierend und stellen den ersten Schritt zur Klischeebildung dar. Das rhetorisch raffinierte und variantenreiche Assoziationsgewebe aus Paralipsen, Fließ- und Wassermetaphern und weiteren Anspielungen auf die Franziskus-Hymne in Rilkes Briefen wird reduziert zur einfachen Ähnlichkeitsformel ›Rilke ist wie Franziskus‹ – zu einer unterkomplexen Formel, an die Hagiographie wie Polemik problemlos anschließen können. Wie reduktionistisch Erstere ist, blieb schon den Zeitgenossen nicht verborgen. All denjenigen Frauen würde sich etwa Rilkes spezifisches und originelles »Bösesein« nicht erschließen, die

386 Magda v. Hattingberg, Rilke und Benvenuta, S. 177.
387 Katharina Kippenberg, Rainer Maria Rilke, 1935, S. 178.
388 Dies., Rainer Maria Rilke, 1948, S. 311.
389 Ebd., S. 322.

»zuweilen den Einfall haben, [ihn] mit dem heiligen Franz von Assisi zu vergleichen«, beklagt 1946 Rudolf Kassner.[390]

Nun sind Kippenbergs und Hattingbergs Gedenkschriften relativ breit rezipiert worden: Kippenbergs Nekrolog erlebt zwei, der *Beitrag* vier Auflagen, Letzterer wird auch ins Französische übersetzt, Hattingbergs Erinnerungsbuch wird nach zwei deutschen Auflagen in viele Sprachen übersetzt.[391] Berücksichtigt man dieses Interesse der Leseöffentlichkeit, ist zu vermuten, dass Kontinuität einer Autorrolle über den Medienwechsel hinaus und das Ineinander von Motivkonstanz, Steigerung und Trivialisierung entscheidend waren für Mythen- und Klischeebildung.

Zusammenfassend sollte der kurze Durchgang durch die Memorialliteratur folgendes deutlich machen: Rilkes auktoriale Rolle des Heiligen und Mystikers wird im medialen Kontinuum der Schrift zwar ›mit eigenen Worten‹ fortgeschrieben. Dabei stellen aber Trivialisierung und Umschreibungen im Eigeninteresse die Kontinuität dieses epistolaren Selbstbildes in Frage. Jene Prozesse der Stereotypisierung und Klischeebildung, die im systematischen Kapitel ›Epistolarität‹ (1.1) angesprochen wurden, sind bei Multiplikatoren wie Hattingberg oder Kippenberg anzusetzen. Ihr jeweiliger Rilke-Entwurf ist zwar reduktionistisch, lässt aber Züge des ursprünglichen fiktionsnahen Autorbildes erkennen. Deutlich abweichende Entwürfe wie die katholische Rilke-Fiktion Elisabeth Schmidt-Paulis dagegen zeigen, welcher Konnex zwischen Mittelbarkeit, radiärem Netzwerk und freier Instrumentalisierung Rilkes besteht. Die kultursoziologischen Zusammenhänge sind insgesamt augenfällig: Wenn Lou Salomé aus Rilke eine psychoanalytische Fallstudie macht, Ellen Key ihn zur reformpädagogischen Projektionsfigur umschreibt, Katharina Kippenberg zum Repräsentanten des deutschen Geistes, Elisabeth Schmidt-Pauli zum katholischen Mystiker und Hattingberg zum Privaterlöser, dann zeigt sich, dass hagiographische Multiplikation zu den Kulturpraktiken zählt, die der Systemlogik des Tauschhandels folgen. Dem Autor ein Denkmal setzen bedeutet immer auch, sein symbolisches Kapital, konkret: den nahezu absoluten Weihegrad, den Rilke posthum erreicht, zu nutzen – sei es, um bestehende Positionen in verschiedenen Segmenten der Kulturproduktion zu festigen und sich anhaltendes Öffentlichkeitsinteresse zu sichern, sei es, um die eigene Durchsetzung voranzutreiben.[392] Das eklektische Hybrid aus

390 Kassner, Rilke, S. 40.

391 Katharina Kippenberg, Rainer Maria Rilke. Ein Beitrag, Leipzig 1935, 1938, 1942; die vierte Auflage erscheint 1948 bei Insel, Wiesbaden und bei Niehans und Rokitansky, Zürich; französische Auflagen: Rainer Maria Rilke. Un Témoignage, Paris 1942, zweite Auflage 1943; Der Nekrolog »Rainer Maria Rilke zum Gedächtnis« erscheint 1927 im *Inselschiff* und 1948 wieder in *Kleine Schriften;* Hattingbergs Buch erscheint 1943 und 1947 bei Andermann, Wien; zur weiteren Wirkungsgeschichte des Buches vgl. Einleitung der Herausgeber, HAT, S. 15.

392 Wie aus den Publikationsdaten im Anmerkungsapparat hervorgeht, erlebten einige der erwähnten Multiplikatorinnen ihre Erfolge als Kulturproduzentinnen in den Jahren der NS-

Selbstbild und Umschriften des Selbstbildes wiederum prägt zu einem nicht geringen Anteil die Rezeptionsgeschichte.

Löwensteins Forschungsabriss zum *Stundenbuch* etwa illustriert, wie es nach der ersten Phase hagiographischer Multiplikation durch ehemalige Netzwerkmitglieder weitergehen kann: Die Wirkungsgeschichte des Textes im akademischen Raum sei vor allem in ihren Anfängen gekennzeichnet durch religiöse bzw. theologische Interpretationen. Nur langsam habe sich eine kontrastierende Tradition poetologischer Lesarten ausdifferenziert und schließlich durchgesetzt.[393] Löwensteins Beitrag zu *Theologie und Ästhetik* des *Stundenbuches* ist nun von der berechtigten Frage motiviert, warum Rilkes erster langfristig erfolgreicher Gedichtband von der Forschung über einen längeren Zeitraum hinweg als religiöse Erbauungs- oder Bekenntnisschrift verstanden, aus heutiger Sicht auch missverstanden wurde. Und auch die Antwort des Verfassers – die hohe Dichte einschlägiger Metaphern und Motive, sämtlich dem Stoffreservoir ›Bibel‹ entlehnt, sei für vereinseitigende Lektüren verantwortlich[394] – ist sicherlich nicht unrichtig, allerdings in meinen Augen auch nicht hinreichend.

Allein die augenfällig autornahe Signatur zahlreicher, von Löwenstein angeführter Titel – Die Seelsorge Rilkes, Der Beter Rainer Maria Rilke, Rainer Maria Rilke. Mystik und Künstlertum, Rainer Maria Rilke als religiöser Dichter, Die Religiosität des Dichters Rainer Maria Rilke, Rainer Maria Rilke als Mystiker, Die Gottesanschauung Rainer Maria Rilkes[395] – zeigt, dass es mit Hinweisen auf die Semantik der Gedichte allein nicht getan ist. Es muss nach dem ›begleitenden‹ Selbstentwurf des Autors Rilke gefragt werden und nach der Rolle, die die Erinnerungsliteratur bei Vervielfältigung und Popularisierung dieses Selbstentwurfes gespielt hat. Dazu gibt es bisher keine systematischen Untersuchungen, jedoch durchaus einschlägige Randbemerkungen. So hat etwa Ulrich Fülleborn schon 1960 auf die wirkungsgeschichtliche Schlüsselstellung der Erinnerungsliteratur im Ausdifferenzierungsprozess verschiedener Forschungsstränge hingewiesen: In den Erinnerungsbüchern seien »einige Keime enthalten […], die sich in den großen Monographien nach verschiedenen Richtungen hin entfalten«, ferner schienen »Mensch und Künstler in Rilke eine zu dauernder Prüfung anregende Verbindung eingegangen zu sein«.[396] Der Stellenwert von Rilkes brieflicher Selbstdarstellung in der Erinnerungsliteratur rückt dabei allerdings nicht in den Blick. Und um-

Diktatur – sowohl mit Rilke-Büchern als auch mit anderen Texten. Das Verhältnis der jeweiligen Projekte zu den Diskursen der Macht würde sich als Gegenstand einer gesonderten Untersuchung anbieten.

393 Vgl. Löwenstein, Rainer Maria Rilkes Stundenbuch, S. 24–34.

394 Vgl. ebd., hier S. 126 ff.

395 Ebd., bibliographischer Anhang, S. 136 ff.

396 Fülleborn, Das Strukturproblem der späten Lyrik Rilkes, S. 19 und S. 29

gekehrt hat sich die Forschung zum Epistolographen Rilke kaum mit den Erinnerungstexten und ihrem Bezug zum Briefwerk auseinandergesetzt.

Diesem rezeptionsgeschichtlich wichtigen Zusammenhang zwischen epistolarem Autorbild und Memorialliteratur geht die vorliegende Arbeit nach, und zwar unter textanalytischer und handlungssoziologischer Perspektive. Der wissenschaftlichen Auseinandersetzung mit Rilkes problematischer Wirkungsgeschichte könnten sich neue Ausblicke eröffnen, wenn man über Fülleborns Beobachtungen hinausgehend im Einzelnen nachvollziehen kann, woher die zitierten »Keime« und die »Verbindung zwischen Mensch und Künstler« ursprünglich kommen.

Solche Detailbeschreibungen stellen nicht nur eine Ergänzung für das Verständnis der Rezeptionsgeschichte, etwa derjenigen des *Stundenbuches* dar. Von hier aus ließen sich auch Desiderate formulieren: Um den Blick auf poetologische und sozialgeschichtliche Fragen nicht zu verstellen, wäre es sinnvoll, auf germanistische Fortschreibung von Rilke-Klischees und auf Positiv- oder Negativbewertungen des historischen Akteurs zu verzichten.

Dies klingt wie eine Selbstverständlichkeit, denn natürlich ist die ungebrochene, hagiographische Klischee-Fortschreibung heute kein dominierendes Problem mehr. Hagiographische Tendenzen allerdings zeigen sich immer noch in der Rilke-Philologie, etwa in Storcks Briefanthologie *Briefe zur Politik.*[397] Daß das hier erzeugte Bild vom ›linken Rilke‹ einseitige und apologetische Züge hat und damit kontextorientierten sozialgeschichtlichen Fragestellungen im Weg steht, zeichnet etwa Peter Por in einer detaillierten Stellungnahme nach.[398] Vor allem aber leben Autornähe und Rilke-Klischees in der ›umgekehrten Hagiographie‹, der Polemik, weiter. Hier werden nach wie vor Wertungen ausgesprochen, und die Kritik an der empirischen Person und ihren Erzeugnissen – sie gibt sich heute nicht mehr ideologiekritisch, sondern nur noch kritisch – ist selbst schon fast zum Topos geworden.[399]

Es ist anzunehmen, dass die für die Geschichte der Rilke-Forschung nicht untypische Position der negativen oder positiven Autorbewertung leichter aufgegeben werden kann, wenn diese Position selbst als literaturgeschichtlicher Befund erkennbar wird; als Befund, dessen Spur über die Zwischenstation der Erinnerungsliteratur bis zur Briefkommunikation des Autors zurückverfolgbar ist.

397 Rainer Maria Rilke, Briefe zur Politik, künftig Sigle BP.
398 Vgl. Por, Rilke und die Politik, S. 156 – 161.
399 Vgl. exemplarisch Graf, In Rilkes Rauschen, S. 195 – 210; vgl. auch Porombka, »Wer jetzt lacht […] lacht mich aus.«

2.3 Rilke als Prophet

2.3.1 Sozialbiographischer Kontext

> Den Dichtern kann es nur zum Vorteil gereichen, wenn ihnen die Propheten rollen und die damit verbundenen Erlösungshoffnungen abgenommen werden. Sie werden dann zwar weniger verehrt, aber meistens fleißiger gelesen.
> Manfred Koch[1]

In Rilkes Konzeption heiliger Autorschaft wird die Rolle des innengeleiteten Heiligen und Mystikers während der mittleren Lebens- und Werksphase schrittweise durch die Prophetenrolle ersetzt – etwa zeitgleich mit der festen Etablierung und Konsolidierung. Den epistolaren Selbstentwurf bestimmt mehr und mehr eine expressive Semantik der Inspiration. Insofern »unterschiedliche Existenzbedingungen unterschiedliche Formen des Habitus hervorbringen«,[2] liegen dieser Wandlung des Habitus veränderte Bedingungen und Kontexte zugrunde. Die Rede ist von Veränderungen im literarischen Feld, von politischem Wandel und auf der Seite des Autors von laufbahnbedingten Positionsverschiebungen.

Was bedeutet Konsolidierung für Rilke, was impliziert es für Habitus und personelle Nahwelt, die Startsituation der Häresie hinter sich zu lassen? Nach Bourdieu werden »Sinn und sozialer Stellenwert biographischer Ereignisse, verstanden als Platzwahl und Platzwechsel in jenen Räumen [...], durch die jeweilige Struktur des Feldes bestimmt« (RK, S. 409 f.). Diese Etappen »im Prozeß sozialen Alterns« (RK, S. 410), in der von der Struktur des Feldes mitbedingten Laufbahn, können zum einen die Form von Platzveränderungen zwischen verschiedenen Sektoren annehmen; etwa dem der reinen und dem der kommerziellen Kunst. Zum anderen können sie sich »auf denselben Sektor des Feldes der Kulturproduktion beschränken und einer mehr oder weniger bedeutenden Akkumulation von Kapital entsprechen (Kapital an Anerkennung für Künstler des symbolisch dominierenden Sektors [...])« (RK, S. 409 f.). Ist ausreichend symbolisches Kapital akkumuliert worden bzw. setzen bereits institutionalisierende Transformationsprozesse in kulturelles Kapital ein, wie etwa öffentliche Würdigungen, Anerkennungen durch Akademien, Preisverleihungen etc., so kann der mit Deklassierung gleichzuset-

1 Manfred Koch, Rilke und Hölderlin, S. 200.
2 Bourdieu, Die feinen Unterschiede, S. 278.

zende Platzwechsel in den kommerziellen Sektor vermieden werden. Der Produzent rückt gemäß einer feldspezifischen Zeitstruktur (RK, S. 255) aus der Position des häretischen Avantgardisten in die des geweihten Avantgardisten und schließlich Klassikers auf. Bedingung dieses feldspezifischen Alterns und Vorrückens ist allerdings Nachrücken und Durchsetzung der nächsten Generation von Häretikern. Letzterer Vorgang ›versetzt‹ alle Akteure des Feldes der Avantgarde gemäß einer zeitlich schematisierbaren »Logik des Wandels« (RK, S. 257) um eine Position und verschiebt so die Struktur des Feldes.

Besonders plastisch lässt sich diese eigengesetzliche Verzeitlichung des Verhältnisses von Einzelakteur und Feld anhand von Rilkes Konsolidierungsphase nachzeichnen. Einerseits konnte der seit dem *Stundenbuch* zunehmend rezipierte Autor[3] ausreichend symbolisches Kapital akkumulieren, um in die Position des geweihten Avantgardisten aufzurücken. Andererseits hat sich mit den Expressionisten tatsächlich eine neue Generation – und nicht eine Vielzahl disparater Einzelakteure – feldbestimmend durchgesetzt. Als neue Avantgarde verschiebt sie bisherige Häretiker bzw. aufstrebende Avantgardisten wie Rilke in die nächste Position und verändert damit die Struktur des gesamten Feldes, verstanden als System objektiver Beziehungen. Zudem ist der Durchbruch der neuen Generation eng mit fundamentalem sozialhistorischem Wandel, mit Krieg und Revolutionszeit und den antibürgerlichen, linksliberalen, pazifistischen und revolutionären Tendenzen dieser Generation verbunden. Diese Tendenzen beeinflussen wiederum das Feld und dessen Verhältnis zur Medialität. Allein die literaturgeschichtlichen Stichworte ›Massenmedien‹ und ›publizistische Agitation‹ sowie die Problematisierung von Exklusivität und Preziosität weisen darauf hin, dass von einer graduellen Neubewertung symbolischer Güter und spezifischer Profite ausgegangen werden muss – was zu erfassen den Rahmen dieser Arbeit allerdings sprengen würde.

Was bedeutet es nun, dass Rilke ›ausreichend symbolisches Kapital‹ akkumulieren konnte?

Indikatorisch für einen symbolischen Kapitalpool Rilkes, der den Status des geweihten Avantgardisten herstellt und verbürgt, ist die Bestätigung durch etablierte Kollegen. Hofmannsthal bezeichnet das *Stundenbuch* als »wunderschönes neues Buch«[4] und die *Neuen Gedichte* als »immer neue Überraschung«,[5] Carossa gegenüber gar als »schönste Entwicklung eines Dichters, die mir je vorgekommen ist«. Rilke sei »in seinen Anfängen sehr abhängig« von ihm, Hofmannsthal, gewesen, »(ähnlich wie Sie von Dehmel, doch viel

3 Erstauflage 1905, zweite Auflage Sommer 1907.

4 Hofmannsthal an Rilke, 7.3.1906, in: Rilke, Briefwechsel Hofmannsthal, S. 45, künftig Sigle HvH.

5 Hofmannsthal an Rilke, 18.1.1908, HvH, S. 60.

stärker) – wie weit kann man über solche Anfänge hinauswachsen!«[6] Diese Inszenierung von Generosität belegt exemplarisch Bourdieus Diktum vom Konkurrenzkampf um das Monopol literarischer Legitimität. Unter anderem gehe es dabei um das Monopol, »aus eigener Machtvollkommenheit festzulegen, wer sich Schriftsteller (usw.) nennen darf [...] oder, wenn man so will, [um] das Monopol auf die Konsekration von Produzenten oder Produkten« (RK, S. 354). Nichts Geringeres als diese Monopolstellung nimmt Hofmannsthal Carossa gegenüber in Anspruch. Objekt der autoritativen Wertsetzung ist der Konkurrent Rilke, an dem, das zeigt der Passus, kein Weg mehr vorbeiführt.

Ähnliches gilt für Beer-Hofmann, der Rilkes Requien »wunderschön« findet,[7] für Arthur Holitscher, den die Lektüre des *Malte* zur Sentenz »mea res« veranlasst,[8] und für Walter Benjamin: In Rilkes *Jeremia* sei auf wundervolle Art eine Einsamkeit dargestellt, »in der sein Ich [das Ich des Menschen in einer Glaubengemeinschaft] gegen die Idee sich erhebt, um zu sich zu kommen«.[9] Schließlich zollt auch Karl Kraus Rilke indirekt Anerkennung, wenn in Berthold Viertels *Malte*-Rezension in der *Fackel* von »makellosem Stile«, dem »Wunder« der »Sprache« und der »erwählten Seele« die Rede ist.[10] Solche Stellungnahmen sind insofern bedeutsam, als gemäß des »Prinzips interner Hierarchisierung« am autonomen Pol des Feldes zunächst nur für Anerkennung durch konkurrierende Produzenten produziert wird (RK, S. 345 f.). Entsprechende Akte der Anerkennung, allen voran die ›Weihe‹ durch Hofmannsthal, leisten feldinterne Konsekration und stellen ein Äquivalent dar zu den institutionellen Konsekrationsinstrumenten der bürgerlichen, kommerziellen Kunst wie »Auszeichnungen, Preise, Akademiesitze und sonstige Ehrungen« (RK, S. 202). Solche Indizes feldexterner Konsekration, sprich Berühmtheit, sind für Rilke kaum relevant. Schließlich spiegelt sich in seiner Abstinenz vom Literaturbetrieb, in hoher, ›rastloser‹ Mobilität und nahezu programmatischer körperlicher Ungreifbarkeit die Haltung jener Produzenten reiner Kunst, »die die Assimilierung mit der bürgerlichen Kunst und das daraus sich ergebende gesellschaftliche Altern um jeden Preis vermeiden wollen [und] alle sichtbaren sozialen Zeichen von Konsekration [...] ablehnen« (RK, S. 201 f.).

Dagegen ist als Kriterium für feste Etablierung und Konsolidierung ein weiteres feldinternes Konsekrationsmoment anzuführen: der frühe Transfer in einen anderen Sprach- und Kulturraum durch einen geweihten Avantgardisten dieses Kulturraums. Gide, selbst etablierter Produzent mit besonderen »Antennen« für je spezifische »Mikroklimata« in unterschiedlichen Feldseg-

6 Hofmannsthal an Carossa, 29.1.1908, zitiert nach HvH, S. 184.

7 Beer-Hofmann an Rilke, 24.7.1912, in: Richard Beer-Hofmann, Werke, Band 7, S. 26.

8 Rezension in der *Neuen Rundschau,*1910, zitiert nach Storck, Katalog zur Ausstellung, S. 146.

9 Benjamin an Herbert Belmore, 4.8.1913, zitiert nach Jacob Steiner, Stimmen über Rilke, S. 71.

10 In: *Die Fackel*, Wien, Berlin, Jahrgang 12 (1910), Heft 309/310; zitiert nach Storck, Katalog zur Ausstellung, S. 147.

menten (RK, S. 431) überträgt nur ein Jahr nach der deutschen Erstausgabe zwei Fragmente des *Malte* ins Französische[11] und publiziert sie in der *Nouvelle Revue Française*, »der von Gide gegründeten und damals angesehensten Literaturzeitschrift Frankreichs«.[12] Bezeichnend für Rilkes Tendenz, stets auf ausgewogene gesellschaftliche und kulturelle ›Mittelpositionen‹ und Anschlussmöglichkeiten zu achten anstatt auf Exodus und Marginalität – auch über die Grenzen des deutschen Kultur- und Sozialraums hinaus –, ist die Position von Gides *NRF*-Projekt. Die spätere »dominierende Stellung« der *Nouvelle Revue Française* »im intellektuellen Feld Frankreichs« verdanke sich, so Bourdieu, einem »gemeinsamen Habitus« der *NRF*-Gruppe, bzw. einheitlicher Mitgliederdispositionen, »die dazu prädisponieren, eine mittlere oder zentrale Position zu besetzen: eine Position zwischen den ›Salons‹ und der Universität« (RK, S. 432).

Weiteres Indiz für Rilkes symbolischen Rang als ›Geweihter‹, aber auch für seinen modernen ›Sensus‹ der neuen Avantgarde gegenüber ist die Bestätigung durch ebendiese Häretikergeneration. Offensichtlich lassen sich die üblichen Frontstellungen zwischen ›Häretikern‹ und ›Geweihten‹ im Kampf um kulturelle Legitimität nicht auf Rilke abbilden: An die Stelle der Ostentation von Konkurrenzkämpfen bzw. der Abwehr des Neuen durch den Älteren tritt energiesparender Tauschhandel mit symbolischen Gütern und friedliche Koexistenz »zu Lebzeiten«.[13] Die Förderung der »Jüngsten« auf der Basis

11 Abschnitt 18 (Abbruchhäuser in Paris, der Sterbende in der Crèmerie), Abschnitt 28 (Ingeborgs Tod) und Abschnitt 29 (Die Hand), in: Rilke, KA III, S. 484–492 und S. 514–521.

12 Storck, Katalog zur Ausstellung, S. 197; die Übersetzung erscheint am 1.7.1911 in der *NRF*, Nr. 31. Schmeling betont, dass interkulturelle Offenheit und eine Tendenz zur kulturellen Grenzüberschreitung der beiden Autoren gemeinsame Voraussetzung für wechselseitige Vermittlungsprozesse sei; ohne Rilkes Internationalität und Frankophilie und den »ausgeprägten Deutschland-Bezug« der *NRF* wäre diese frühe und hermeneutisch nicht unproblematische Übertragung wohl kaum zustande gekommen. Ferner weist Schmeling auch auf die vermittelnde Funktion der zweisprachigen Luxemburgerin Aline Mayrisch-St. Hubert hin. Mayrischs Beitrag zum Übersetzungsprojekt – Einleitung, Rohübersetzung, Textauswahl – relativiere die Rolle Gides beträchtlich, in: Verlorene Söhne, S. 131 und S. 133 f. Dennoch darf die Aussagekraft einer Übertragung zu diesem frühen Zeitpunkt für Rilkes Position im Feld nicht unterschätzt werden.

13 Der Tendenz nach ist solch friedliche Koexistenz für Bourdieu erst im zeitlosen Raum des Kanons wahrscheinlich (RK, S. 249), da denjenigen, die Geschichte gemacht haben und darum kämpfen, als Klassiker zu überleben, ein konstitutives »Interesse an der Verewigung des gegenwärtigen Zustandes und am Stillstand der Geschichte« eigne, in: Praktische Vernunft, S. 70. Ein solches musealisierendes Interesse tritt bei dem sozial und ästhetisch äußerst beweglichen und in ständigen Revisionen befindlichen Rilke kaum je offen zutage und ist auch dann nicht prinzipiell handlungsleitend. So beschränkt sich Rilkes Kritik an der radikalen Abstraktionstendenz der Expressionistengeneration auf brieflich geäußerte Reflexionen zu den ästhetischen Grenzen, die Cézanne gesetzt habe, und zur fortschreitenden Entgegenständlichung in der zeitgenössischen bildenden Kunst. Paul Klees Graphik etwa sei die »Umschreibung von Musik«. Einem solchen »Sich-Verständigen der Künste hinter dem Rücken der Natur« habe er »nie ohne eine Art von Schauer zusehen« können (Rilke an Wilhelm Hausenstein, zitiert nach Herman Meyer, Die Verwandlung des Sichtbaren, S. 335).

seiner konsolidierten Autoritätsposition im Feld trägt Rilke deren Respekt ein, so etwa die schwärmerische Verehrung Werfels. Letzterer adressiert Rilke brieflich als »teuren Unsterblichen«[14] und bezeichnet ihn posthum als »den großen Dichter«.[15] Solcher Idolatrie war eine intensive Werfel-Rezeption Rilkes im Sommer 1913 vorausgegangen, in deren Rahmen er zahlreiche Netzwerkmitglieder brieflich auf Werfels Qualität hinweist[16] und Werfel zum Ausgangspunkt für den programmatischen Aufsatz *Über den jungen Dichter* nimmt. Der Aufsatz enthält über Werfel hinaus lobende Anspielungen auf die ganze Generation, zu der für Rilke Benn, Trakl, Heym, Wolfenstein und Becher zählen.[17] Intensiv und längerfristig rezipiert Rilke in den Jahren ab 1914 dann auch Trakl, mit dessen Gedichten er »sehr viel, sehr ergriffen umgegangen war«,[18] ferner Kafka, von dem er nie eine Zeile gelesen habe, »die mir nicht auf das Eigenthümlichste mich angehend oder erstaunend gewesen wäre«.[19] Schließlich setzt er sich intensiv mit Claire Golls literarischen Aktivitäten auseinander und empfiehlt 1919 ihr Gedichttyposkript *Gefühle* dem Insel-Verlag.[20]

Zinsertrag solcher symbolischer Investitionen ist die Anerkennung durch die neue Generation.[21] Ludwig von Ficker etwa bittet Rilke um einen Gedichtbeitrag für das Brenner-Jahrbuch 1915, das dem Gedenken Trakls gewidmet ist.[22] Ernst Stadler äußert sich 1914 in seiner Straßburger Vorlesung *Geschichte der deutschen Lyrik der neuesten Zeit* lobend über Rilke,[23] und Paul Zech widmet ihm 1913 eine Studie, die bezeichnenderweise in der Reihe *Der moderne Dichter* erscheint.[24] Noch deutlicher zeigt sich energiesparender Tauschhandel bzw. die Zirkularität von Konsekrationsprozessen in der Konstellation Rilke/Alfred Wolfenstein. Wenn Rilke, öffentlichen Auftritten zunehmend abhold, 1918 im Salon Hertha Königs Gedichte von Alfred Wol-

14 Werfel an Rilke, 28.8.1913, zitiert nach Storck, Katalog zur Ausstellung, S. 184.

15 In der Zeitschrift *Tage Buch*, Jahrgang 8, Heft 4 (1927), zitiert nach Storck, Katalog zur Ausstellung, S. 183.

16 Vgl. Freedman, Rainer Maria Rilke 1906 bis 1926, S. 189 und S. 545.

17 Vgl. Rilke, KA IV, S. 671–678, vor allem S. 677, vgl. auch Stellenkommentar S. 1034; zu Rilkes Expressionisten-Rezeption vgl. auch Kommentar in KA II, S. 427.

18 Rilke an Ludwig von Ficker, 8.2.1915, zitiert nach Ingeborg Schnack, Chronik, S. 493; vgl. Storck, Katalog zur Ausstellung, S. 193 f.

19 Rilke an Kurt Wolff, 17.2.1922, in: Kurt Wolff, Briefwechsel eines Verlegers, S. 152.

20 Rilke an Katharina Kippenberg, 11.8.1919, KK, S. 362; vgl. auch CG, Herausgeberkommentar, S. 146 f.

21 Natürlich gründet deren Anerkennung auch in gewissen poetologischen Parallelen, die Furness vor allem für den Malte-Roman geltend macht, in: Rilke and Expressionism, S. 158 f.

22 Rilkes Gedicht *So angestrengt wider die starke Nacht* von 1913 (KA II, S. 50) erscheint in: *Der Brenner*, Jahrgang 5, 1915 (vgl. Storck, Katalog zur Ausstellung, S. 193).

23 Vgl. Stadler, Dichtungen, S. 749.

24 Vgl. Zech, Rainer Maria Rilke von Paul Zech. Auch nach Rilkes Tod hat sich Zech in weiteren Studien mit dem Autor auseinandergesetzt. 1927 erscheint *Rainer Maria Rilke. Ein Requiem* in Berlin bei Off. Serpentis, 1930 die Biographie *Rainer Maria Rilke. Der Mensch und das Werk* in Dresden bei Jess; vgl. auch Furness, Rilke and Expressionism, S. 167.

fenstein rezitiert,[25] so ist dies als Konsekration des Jüngeren durch die etablierte Autorität zu werten. Vice versa anerkennt der Exponent der neuen Häretikergeneration Rilke als ebensolche Autorität, wenn er den literarisch Älteren wenig später in der expressionistischen Anthologie *Die Erhebung* mit dem sprechenden Untertitel *Jahrbuch für neue Dichtung und Wertung* mit vier Gedichten zu Wort kommen lässt.[26] Folgt man Bourdieu, so laufen vergleichbare Kreditakte zwischen Akteuren bei Kanonisierungsvorgängen um, wenn kanonische Autoren etwa mittels Vorworten »jüngere als solche kanonisieren, die wiederum sie als Meister oder Vorbilder kanonisieren« (RK, S. 363).

Der Umgang des Solitärs Rilke mit der neuen Häretikergeneration ist exemplarisch für seine phasenunabhängige Praxis des Anschlusses und der Integration. Schon der junge Autor hatte sich nach 1900 mit den literarisch Älteren arrangiert und bei aller Distinktion auf Gesten des Revolutionären verzichtet. In diesem Sinn setzt nun auch der etablierte Produzent nicht auf »Verewigung des gegenwärtigen Zustands«[27] und Kampf gegen die neue Generation, sondern auf Zeichen der Öffnung. Zu solchen Zeichen zählt neben den gelisteten Akten der Anerkennung Interesse an den Medien dieser Generation – Rilke bezieht die *Aktion*, die *Weißen Blätter* und die von Wolff verlegte Reihe *Der jüngste Tag.*[28] Sogar auf sporadische Präsenz in solchen Medien verzichtet er nicht: 1914 erscheint der Aufsatz *Puppen. Zu den Wachspuppen von Lotte Pritzel* in den von Franz Blei redigierten *Weißen Blättern,*[29] wenig später der Prosatext *Wir haben eine Erscheinung*[30] im Jahrbuch der Zeitschrift *Das neue Pathos* von Paul Zech[31] und wiederum wenig später der Schlusspassus (Zeile 21–27) dieses Textes in den *Weißen Blättern.*[32]

25 Vgl. Rilke an Aretin, 10.5.1918, ARET, S. 139; vgl. Storck, Katalog zur Ausstellung, S. 223.

26 Das *Jahrbuch* erscheint 1919 in Berlin bei S. Fischer, Rilke ist vertreten mit den Texten »Ausgesetzt auf den Bergen des Herzens« (1914, KA II, S. 115), »Ob ich damals war oder bin« (1913, KA II, S. 65), »Überfließende Himmel« (1913, KA II, S. 54) sowie mit »So angestrengt wider die starke Nacht« (1913, KA II, S. 50), was bereits im *Brenner* 1915 seine ›Expressionismus-Tauglichkeit‹ erwiesen hatte (vgl. Ingeborg Schnack, Chronik, S. 674). Ganz im Sinne meiner Argumentation äußert sich auch Furness, wenn er unter Berücksichtigung der Rilke-Satiren von Franz Blei und Kurt Schwitters darauf hinweist, dass Rilke »nichtsdestoweniger von Stadler gepriesen, von Zech analysiert und von Wolfenstein anthologisiert wurde«, in: Rilke and Expressionism, S. 169 (Übersetzung von mir).

27 Bourdieu, Praktische Vernunft, S. 70.

28 Vgl. Ingeborg Schnack, Chronik, S. 449 und S. 460; vgl. Storck, Katalog zur Ausstellung, S. 191.

29 *Die weißen Blätter.* Eine Monatsschrift. Erster Jg. 1913/14, Leipzig, März 1914, Nr. 7; vgl. auch KA IV, S. 685–692; es soll nicht verschwiegen werden, dass Franz Blei Rilke acht Jahre später in *Das große Bestiarium der modernen Literatur* karikierte als »Schoßtier«, das bei älteren Damen beliebt sei »wegen seiner sexuellen Stubenreinheit und des frommen, etwas blöden Augenaufschlags […]« (zitiert nach Furness, Rilke and Expressionism, S. 164).

30 KA II, S. 122.

31 *Das Jahrbuch der Zeitschrift ›Das neue Pathos‹ im Kriegsjahr 1914/15.* Es handelt sich um einen fehlerhaften Zweitdruck; zuerst war der Text erschienen in der ebenfalls dem Expressionismus

Bedeutsam sind solche Stellungnahmen schon allein deshalb, weil Rilke sich im Übrigen von Literaturbetrieb und Zeitschriftenkommunikation systematisch fernhält. Zusätzliche Signifikanz verleiht ihnen der Umstand, dass sie gegen Kippenbergs Willen geschehen. Rilke »unter den Mitarbeitern der ›Weißen Blätter‹« gesehen zu haben, erwecke in ihm ein »Gefühl wirklichen Missbehagens«, so Kippenberg, der nicht nur Rilkes Aufscheinen in »dieser Franz Bleischen Gründung, in der sich so viel hilfloser Dilettantismus und sterile Überhebung neben herzlich wenig Gutem breit macht« für unwürdig hält.[33] Vor allem bedauert der Verleger die scheinbare Aufgabe der Solitärsposition und bekundet damit trennscharfes Wissen um deren Distinktionsfunktion – ein Wissen, hinter dem das Kalkül mit dem Exklusiven und Auratischen steht: »Als einziger haben Sie sich seit einer langen Reihe von Jahren von der Mitarbeit an Zeitschriften ferngehalten, und das hat mit dazu beigetragen, Ihnen inmitten der Verwirrung unserer Zeit Ihre so besondere auch nach Aussen hervorgehobene Stellung zu geben.«[34]

Das hat ebenso dazu beigetragen, möchte man hinzufügen, die Position Kippenbergs, des Kulturverlegers, »Sachwalters« und »Hausvaters«[35] im literarischen Feld zu festigen. Kippenberg äußert nämlich im Folgenden die Befürchtung, Rilke werde »aus der bisher selbstgewollten Isolierung heraustreten und in Zeitschriften [...] vorab publizieren«, und gibt damit zu erkennen, dass es hier nicht zuletzt um ein Publikationsmonopol geht.[36] Rilkes Antwort indiziert nicht nur, wie ernst es ihm mit der Affirmation der neuen Generation ist. Seine Reaktion gibt auch den etablierten Status dessen zu erkennen, der sich solches Sympathisieren leisten kann. Höflich, aber bestimmt bekennt er sich zu der Publikation in den *Weißen Blättern*, die ihm Freude mache, »auch jetzt noch, da sie vorliegt«, und zur »Übertretung meiner sonstigen Grenzen«, die der Werfel-Rezeption geschuldet sei und der »Überraschung, an einer nächsten Generation so viel Theilnehmung und Lust zu haben [...]«. Seine »Enthaltsamkeit« wolle »damit durchaus nicht aufgegeben sein, doch ist sie in mir, nicht um mich herum, und so geh ich nur scheinbar aus ihr heraus, wo ich ihr einmal temperamentvoll widerspreche«.[37]

Rilke reklamiert hier die Solitärsposition und gleichzeitig Unabhängigkeit vom Solitarismus; er reklamiert auktoriale Selbstbestimmung und legt damit den Blick frei auf den Zusammenhang von Etablierung, wachsender Autonomie und Aktionsradius im Avantgarde-Feld. Dieser wachsenden Autono-

zuzurechnenden Zeitschrift *Zeit-Echo. Ein Kriegstagebuch der Künstler 1914/1915*, München, Heft 1, vgl. Ingeborg Schnack, Chronik, S. 484; vgl. auch Haefs, Zentren und Zeitschriften des Expressionismus, S. 446.

32 Vgl. Schnack, Chronik, S. 448.

33 Kippenberg an Rilke, 28.3.1914, AK I, S. 502.

34 Ebd.

35 Vgl. I. Hauptteil, Anm. 72 und 73.

36 Kippenberg an Rilke, 28.3.1914, AK I, S. 502.

37 Rilke an Kippenberg, 1.4.1914, AK I, S. 503 f.

mie ist nicht nur eine gewisse ›Habitusfreiheit‹ mit entsprechenden Ungereimtheiten zuzurechnen. Auch der Statuswandel vom Protegé zum Protektor ist ihr geschuldet und die Möglichkeit, unterschiedliche Protektionsakte zu demonstrieren: Rilke fördert in den Kriegsjahren nicht nur Expressionisten, sondern auch andere, mehr oder weniger erfolgreiche Einzelakteure wie Regina Ullmann oder die Lyrikerin Hertha König. Und in der Tat ist seine Position durch Akkumulation von symbolischem Kapital und beginnende feldinterne Konsekration so gefestigt, dass er affirmative Stellungnahmen gegebenenfalls auch gegen den Willen Kippenbergs wagen und etwaige Frontbildungen des Verlegers zur Generation der Jüngsten[38] unterlaufen kann.

Zu solcher Autonomie trägt auch das Interesse konkurrierender Verleger wie Fischer und Wolff nicht unwesentlich bei. Fischer, Rilke seit Jahren freundschaftlich verbunden, tritt 1908 in verdeckte Konkurrenz mit Kippenberg: Er unterstützt Rilke, der ihm für den Vorabdruck in der *Neuen Rundschau* die spätere 15. Aufzeichnung des *Malte* überlassen hatte,[39] mit 3000 Mark, obwohl Rilke sich an den Insel-Verlag gebunden fühlt und allenfalls mit kleineren *Rundschau*-Beiträgen ein »entsprechendes Äquivalent« in Aussicht stellen könne.[40] Das Angebot solle man »aber mit diesen Dingen nicht in Zusammenhang bringen«, Rilke möge »nach Belieben über die angebotene Summe [verfügen]«, kontert Fischer.[41] Zwar geht der Zinsgewinn dieser scheinbar zweckfreien verlegerischen Investition schließlich an den Konkurrenten Kippenberg; nicht zuletzt dank Fischers Zuschuss ist Rilke nämlich in der Lage, in Paris ungehindert an den *Neuen Gedichten anderer Teil* und am *Malte* zu arbeiten und beide Bücher dem Insel-Verlag zur Publikation zu übergeben. Doch ändert das nichts an der Tatsache, dass solche auch mit materiellen Mitteln ausgefochtenen verlegerischen Konkurrenzkämpfe die Position des Dritten, des Textproduzenten, symbolisch und faktisch stabilisieren.

Ein weiteres Beispiel liefert die Konstellation Wolff/Kippenberg/Rilke. Rilke lehnt zwar Wolffs Angebot ab, den Nobelpreisträger von 1913, Rabindranath Tagore, ins Deutsche zu übertragen,[42] publiziert aber den Puppen-Aufsatz 1914 in einer Zeitschrift des Verlages. Diese Publikation sowie eine gemeinsam mit Mechtilde Fürstin Lichnowsky geplante finanzielle Hilfsaktion – ein weiteres Beispiel für ›zweckfreies‹ verlegerisches Investieren – führt zur Konkurrenzsituation mit Kippenberg. Lichnowskys und Wolffs Projekt, Subskribenten aus privatem Kreis zur Zahlung von jährlich 100 Mark für Rilke

38 Vgl. Einleitung des Herausgebers, AK I, S. 29.

39 Die Aufzeichnung erscheint im Februarheft 1909, vgl. Unseld, Rainer Maria Rilke und seine Verleger, S. 205.

40 Rilke an Fischer, 29.3.1908, in: Samuel Fischer / Hedwig Fischer, Briefwechsel mit Autoren, S. 579.

41 Fischer an Rilke, 3.4.1908, ebd., S. 580.

42 Vgl. Ingeborg Schnack, Chronik, S. 454 f.; vgl. auch Brief Rilkes an Wolff vom 7.1.1914, in: Wolff, Briefwechsel eines Verlegers, S. 138 f.

zu gewinnen, konfligiert mit Kippenbergs seit 1911 laufender Hilfsaktion.[43] Schließlich verunmöglicht der Krieg die Realisierung eines Vorhabens, das Kippenberg später als »taktlose Aktion« bzw. als »große Taktlosigkeit« bezeichnen wird.[44] Entscheidend ist, dass sowohl die ›Kulturverleger‹ Kippenberg und Fischer als auch der ›Experimentierverleger‹ Wolff um Rilke konkurrieren. Solche Rivalitäten markieren nicht nur Rilkes Status für andere Akteure des literarischen Felds, sie stärken dem Autor selbst ganz praktisch den Rücken. Kippenberg, der in den verlegerischen Machtkämpfen der Moderne auf das überzeitlich Klassische setzt und Rilke eher als großen und singulären Kulturträger in der Nachfolge Goethes verstanden wissen will denn als Freund der Expressionisten, ist gegen die ›Alleingänge‹ seines Vorzeigeautors im eigentlichen Wortsinn machtlos.

Nun präsentiert sich bei aller anschlussfähigen Antizipation Rilkes die neue Häretikergeneration allerdings in einer Gestalt, die vom Selbstverständnis des elitären Auratikers kaum weiter abweichen könnte. Als »Gruppen- und Kulturbewegung«[45] zeichnet sich der Expressionismus durch intensive Vergemeinschaftungstendenzen aus, ferner durch agitatorische Öffentlichkeitspräsenz, Multimedialität und antiexklusive Orientierung auf ein Massenpublikum hin. Als Gesamtheit zahlreicher Gruppen, Zirkel, Kabaretts und Medienverbünde treibt er im Modus von »Gemeinsinn« und »Gemeinsamkeit«[46] politisch-aktionistische, mediale und ästhetische Zielsetzungen voran[47] und propagiert auf rhetorischer Ebene einen expressiven Gestus des ›Schreiens‹. Es ist anzunehmen, dass diese Generationensignatur für Konzeptionen ›leiser‹, exklusiver und singulärer Autorschaft zum Problem werden kann. Schließlich muss auch ›leise‹, auratische Autorschaft anhaltend Distinktion sicherstellen, um wahrnehmbar zu bleiben und langfristig Aufmerksamkeit zu erhalten.

Doch wie verschafft man sich Gehör, wenn die allgemeine Lautstärke im literarischen Feld steigt, wenn sich eine neue Generation lautstark in gesellschaftliche, politische und künstlerische Diskurse einmischt und das Echo ihrer Äußerungen aus zahlreichen Medien widerhallt? Eine Möglichkeit wäre der aufmerksamkeitsstiftende Umgang mit Zensur, Kritik und Polemik, wie ihn etwa Karl Kraus betreibt. Kraus' öffentlich bzw. medial ausgetragene Fehden mit Akteuren des Literaturbetriebs und auch seine juristischen Auseinandersetzungen sind Inszenierungen lautstarker Streitbarkeit, die Kritik

43 Vgl. AK I, Herausgeberkommentar, S. 688 f. und S. 606; Akteure dieser Hilfsaktion, die die Zahlung von jährlich 500 Mark pro Person zwischen 1912 und 1914 beinhaltete, waren Kippenberg, v. d. Heydt, Kessler und Kassner, vgl. I. Hauptteil, Kapitel 2.1 Anm. 60.

44 Später verfasste Notizen Kippenbergs zu dem Vorgang, zitiert nach Storck, Katalog zur Ausstellung, S. 188.

45 Haefs, Zentren und Zeitschriften des Expressionismus, S. 437.

46 Zmegac, Geschichte, S. 417.

47 Vgl. Haefs, Zentren und Zeitschriften des Expressionismus, S. 437–447.

und Polemik zum Distinktionsmittel instrumentalisieren.[48] Allerdings setzt ein solches Vorgehen die Bereitschaft zu medialer Präsenz und Betriebsamkeit im Literaturbetrieb voraus und ist damit Rilkes Konzeption von Autorschaft diametral entgegengesetzt.[49] Anders als die neue Generation insistiert Rilke nämlich von Ausnahmen abgesehen auch weiterhin auf konsequenter Abstinenz vom Literaturbetrieb – die zitierten Äußerungen an Kippenberg belegen das. Und doch ändert sich sein Habitus. Es fällt auf, dass Rilke zum einen seine soziale Nahwelt ›Netzwerk‹ beträchtlich erweitert und ausbaut und sich zum anderen eines deutlich expressiveren Duktus bedient, wenn er sich in Briefen als heiliger Autor entwirft. Ich gehe von folgender Annahme aus: Der Solitär, der allein und exklusiv bleiben und dennoch gehört werden will, reagiert hier habituell auf eine neue Generation, die u.a. durch die Stichworte ›Vergemeinschaftung‹, ›Lautstärke‹ und ›Anti-Exklusivität‹ zu beschreiben ist.

Vergrößerung der Gemeinde und Zunahme auktorialer Lautstärke setzen natürlich einen gewandelten Status des Autors voraus – er wurde bereits diskutiert und belegt. Dass Rilke diesen Statuswandel auch operationalisiert, erhellt aus gewissen Rollenverschiebungen innerhalb der hierarchisch beweglichen Briefgemeinde. Hier ersetzt nicht nur die werknahe Rolle des inspirierten Propheten diejenige des Heiligen und Mystikers. An die Stelle der vom frühen Rilke so bevorzugten dialogischen Rolle des Sohnes und Schülers tritt diejenige des gleichberechtigten Freundes, Partners, Konkurrenten und schließlich Lehrers. Wichtige Respondenten werden nun nicht mehr als »Meister« oder »Mutter« bezeichnet, sondern als »lieber Freund«[50] bzw. »Mein lieber und verehrter Freund«,[51] »verehrte Freundin«,[52] »mon cher Gide«,[53] »mein lieber Hofmannsthal«[54] oder »Du Lieber«[55] adressiert. Zwar ist mit der Relation Rilke/Marie Taxis eine gering ausgeprägte Mutter-Sohn-Konstellation weiterhin gegeben; Rilke brauche »es nothwendig […] wirklich ausgezankt zu werden wie ein baby der Sie ja auch eines sind, obwohl dabei ein großer Dichter«, so Taxis anlässlich einer Liebesaffäre Rilkes.[56] Dennoch fir-

48 Vgl. z.B. Arntzen, Die Funktion der Polemik bei Karl Kraus; ferner Sauerland, Wie wird und bleibt man.

49 Nur in der Frühphase von Rilkes ›hektischer Betriebsamkeit‹ im Literaturbetrieb ist mit einem »Offenen Brief« des Autors an Maximilian Harden, Herausgeber der *Zukunft*, (erschienen 28.1.1901) ein Beispiel gegeben für eine an Kraus angelehnte mediale Strategie: Rilkes sozial- und justizkritisches Plädoyer über einen Kindsmörderprozess zeige »in der Intention wie in der sprachkritisch begründeten Durchführung eine erstaunliche Nähe zu Kraus' Verfahrensweise […]«, so Storck, in: Rilke, Karl Kraus und »Die Fackel«, S. 79.

50 Rilke an Anton Kippenberg aus Duino und München 1912, AK I, S. 333–356.

51 Rilke an Anton Kippenberg, 8.8.1910, AK I, S. 226.

52 Rilke an Katharina Kippenberg, Anredeformel ab 1913, z.B. 10.6.1913, KK, S. 51.

53 Rilke an Gide, 18.2.1914, GB II, S. 445.

54 Rilke an Hofmannsthal, ab April 1906, HvH, S. 46.

55 Rilke an Münchhausen, 13.12.1920, TM, S. 109.

56 Marie Taxis an Rilke, 6.3.1915, TT I, S. 404.

miert auch diese ältere Mäzenin in der Korrespondenz seit 1912 als »liebste Freundin«.[57]

Entsprechend treten nun timide Unterwerfungs- oder Demutsbekundungen aus dem autorsemantischen Geist des *Stundenbuches* in den Hintergrund. Zwar persistieren Einsamkeit als inhaltliche und Ambivalenz zwischen Überhöhung und Verkleinerung als strukturelle Konstante. Der epistolarische Habitus allerdings wandelt sich von der leisen Innerlichkeit zum Expressiven und Eruptiven. Und er schöpft dabei, wie zu zeigen sein wird, erneut aus poetischen Prätexten, den sogenannten Prophetengedichten der *Neuen Gedichte.* Sie sind die Stoffquelle, anhand deren sich Rilke nach 1910 als expressiv-inspirierter Prophet entwirft. Auf die zentrale Bedeutung des Schrei-Motivs in diesen Gedichten hat Ulrich Fülleborn im Zusammenhang mit Rilkes Psalmen-Lektüre hingewiesen. Rilke habe »in jenen Jahren allen Ernstes unter dem Eindruck der Psalmen für sich selbst an die Möglichkeit einer ›expressionistischen‹ Poetik des Schreis« gedacht.[58] Entsprechende poetische Zeichen seien als »verzweifelter Appell zur geistig-geschichtlichen Umkehr« zu lesen.[59] In meinen Augen deutet sich hier aber nicht nur eine expressionistische Poetik des Schreis an, die 1912 im berühmten Einsatz der *Ersten Elegie* gipfelt und auf die geistesgeschichtliche Situation der Moderne reagiert.[60] In den Prophetengedichten wird, so meine These, auch die erste Stufe einer expressiven ›Autorsemantik des Schreis‹ entwickelt, die im schreienden und stürmenden Autor-Propheten des Briefwerks gipfelt und auf die Situation im literarischen Feld reagiert.

Wieder macht das Beispiel Rilke deutlich, dass bestimmte Konzepte von Autorschaft bestimmte Systemlogiken implizieren, denen die Akteure unbewusst Folge leisten; dass Wahlfreiheit nur an der Oberfläche gegeben scheint und ein tatsächlicher Spielraum zur Gestaltung des eigenen Images nicht sehr groß ist. In diesem Sinn ist es nämlich nur allzu folgerichtig, wenn sich Rilkes Habitus als Netzwerker und Selbstdarsteller wandelt, selbstbewusster, demonstrativer, plakativer wird. Schließlich geht es darum, auratischer Solitär zu bleiben, Statuswandel und Konsekration zu markieren und sich in einem veränderten literarischen Umfeld Gehör zu verschaffen. Diese Anforderungen plausibilisieren, warum Rilke nun nicht mehr als verschwindender Mönch,

57 Rilke an Marie Taxis, 23.7.1912, TT I, S. 181.

58 Fülleborn, Rilkes Gebrauch der Bibel, S. 23.

59 Ebd., S. 30.

60 Mit der poetologischen Dimension des Schrei-Motivs hat sich die Forschung auseinandergesetzt, so etwa Hella Montavon-Bockemühl, die der Präsenz des Motivs im Gesamtwerk nachgegangen ist, in: »Wer, wenn ich schriee …«; ferner Fülleborn, der vor dem Hintergrund der »spezifischen Modernität von Rilkes mittlerem Werk« die Durchsetzung des Motivs in dieser Phase und intertextuelle Bezüge zu Psalmen und Buch Hiob untersucht, in: Rilke 1906 bis 1910, S. 160 und S. 165 f.; ferner ders., Rilkes Gebrauch der Bibel, S. 22 f.: Letzten Endes sei die von der Psalmenlektüre her motivierte expressiv-dialogische Poetik nicht realisierbar gewesen, doch auch der für das Spätwerk charakteristische »Umschlag von Klage in Rühmung« sei im Psalter präfiguriert (S. 23).

sondern als weithin hörbarer Prophet in Erscheinung tritt. Dabei umfasst die entsprechende Laufbahnphase – natürlich mit den Überschneidungen und Unschärfen, die eine solche Periodisierung immer mitdenken muss – den Zeitraum von etwa 1910 bis nach der Vollendung der *Elegien* 1922 und bezieht die voneinander nicht scharf zu differenzierenden Bourdieu'schen Positionen ›geweihter Avantgardist‹ und ›Klassiker‹ mit ein.

An wen richtet sich nun die expressive Selbstgestaltung? Bereits Joachim Storck hat in seinem Ausstellungskatalog auf die Erweiterung von Rilkes Bekanntenkreis hingewiesen.[61] Diese quantitativen und qualitativen Veränderungen des Netzwerkes dürften u. a. dem Multiplikatoreffekt von Rilkes symbolischem und kulturellem Kapitalpool geschuldet sein. Schließlich erhöht Konsekration des Produzenten nicht nur den Fetischwert des Produktes, sie macht auch ihn selbst zum Prestigeobjekt. So äußert etwa die wichtige Mäzenin Hertha König, dass man sich 1910, als sie Rilke erstmalig begegnet, »noch nicht mit angehaltenem Atem zu[flüsterte]: ›Ich habe Rilke kennengelernt‹.« Später, 1917, sei Rilke bereits von einem großen Kreis von Menschen umgeben gewesen, »darunter einige, an denen *ihm* lag, und eine große Anzahl solcher, denen an dem Zusammensein mit Rilke lag«.[62] Ferner hat vermutlich auch der intrinsische Multiplikatoreffekt von sozialem Kapital – ›wer viele kennt, lernt ohne zusätzliche Mühen noch mehr kennen‹ – zur exponentiellen Ausdehnung des Netzwerks beigetragen.[63] Diese Dynamik ist nämlich besonders für eine ausgeprägt heterogene Sozialformation geltend zu machen, die von Beginn an Frauen und Männer, Aristokratie, Wirtschafts- und Besitzbürgertum, Skandinavien, Frankreich, Deutschland und Russland, Literaturbetrieb und Philosophie und obendrein noch verschiedene Altersklassen verknüpft. Es nimmt nicht wunder, dass auch weiterhin die führenden Klassen sowie verschiedenste Segmente des intellektuellen Feldes repräsentiert sind, dass ferner mehr und mehr Akteure aus der eigenen Generation hinzukommen.

Zur Funktionsklasse ›gleichaltrige Mäzenin‹ gehören etwa die Aristokratinnen Helene Gräfin Nostitz und Sidonie Baronesse Nádherný.[64] Nádhernýs Verbindungen zur ›nervösen‹ österreichischen Moderne und zu Karl Kraus einerseits und ihre Herkunft aus dem Industrieadel des 19. Jahrhunderts andererseits machen die böhmische Baronesse zum Bindeglied zwischen katholischer Aristokratie, Besitzbürgertum[65] und intellektuellem Feld. Für Rilke

61 Vgl. Storck, Katalog zur Ausstellung, S. 151 und 163.

62 Hertha König, Erinnerungen an Rainer Maria Rilke, S. 29 f. und S. 41.

63 Vgl. dazu Bourdieu, Die verborgenen Mechanismen der Macht, S. 64.

64 Obwohl Rilke mit Nádherný schon seit 1906 korrespondiert, intensiviert sich der Briefwechsel nach 1907 und wird bis 1926 fortgeführt, weshalb die Respondentin in diesem Abschnitt thematisch ist.

65 Eigentlich haben Nádhernýs als Angehörige des geadelten Besitzbürgertums einen ähnlichen Status wie Karl v. d. Heydt. Allerdings weisen Sidonie und ihre Brüder einen dezidiert aristo-

bieten Sidonie Nádherný und ihre Brüder einen Anschlussraum des Traditionellen und des Modernen, in dem sich der Autor sowohl mit Karl Kraus auseinandersetzen[66] als auch aristokratische Versorgungskontakte für die Schweizer Zeit knüpfen kann.[67] Ferner hilft Nádherný Rilke wiederholt aus monetären Engpässen: Im Frühjahr 1916 finanziert sie die Münchner Wohnung des Abwesenden für zwei Monate, nimmt im Dezember des gleichen Jahres zusammen mit Kraus an einer Hilfsaktion von Philip Schey teil, die Rilke 5500 Mark einträgt, und überweist im Februar und März 1918 Geldbeträge auf Rilkes Münchner Konto.[68]

Aus dem Adel sind weiterhin Helene Nostitz' Mann Albert Nostitz, Thankmar von Münchhausen, Gräfin Mariette Mirbach-Geldern-Egmont, die Schriftsteller Fürstin Lichnowsky und Rolf von Ungern-Sternberg und der Astronom Erwein von Aretin zu nennen. Aus dem Besitzbürgertum kommen Marianne Mitford, Tochter des Großindustriellen Fritz Friedländer-Fuld, und die ebenfalls zur Funktionsklasse ›gleichaltrige Mäzenin‹ gehörige Lyrikerin Herta König hinzu. Letztere beherbergt Rilke 1915 in München und 1917 in Gut Böckel und wird von ihm bei Katharina Kippenberg protegiert. Die

kratischen Habitus auf, der auch Boheme-Elemente wie Sidonies freie Liebesbeziehung zu Karl Kraus oder Johannes' Existenz als oppositioneller Libertin einschließt. Nicht die Insignien der besitzenden Klasse, Erwerbstätigkeit oder kultureller Konservatismus, zeichnen sie aus, sondern Teilhabe an modernetypischen Spannungen zwischen Tradition und Emanzipation. Als ›nervöse‹ Moderne und feudale Schlossbesitzer haben sie ihren sozialen Ort zwischen alter Aristokratie und kultureller Avantgarde und sollen in diesem Sinn nicht der Herkunftsklasse ihrer Vätergeneration, sondern dem Adel zugeordnet werden (vgl. Alena Wagnerová, Das Leben der Sidonie Nádherný, S. 15 ff., 44 ff., 50 ff., 68 ff.). Zusätzlich sind kulturhistorische Unterschiede zwischen dem Besitzbürgertum preußisch-protestantischer Provenienz, dem etwa v. d. Heydt angehört, und dem katholischen Industrieadel der Donaumonarchie zu berücksichtigen.

66 Die Wechselbeziehung zwischen Nádherný, Kraus und Rilke thematisiert Storck an verschiedenen Stellen (in: Rilke, Karl Kraus und »Die Fackel«, ferner im jüngst erschienenen Briefwechsel SNB). Demnach nähert sich Rilke Kraus nicht nur über Nádherný an, insofern er etwa der Respondentin im Dezember 1913 den Aufsatz »Über den jungen Dichter« zur Publikation in der *Fackel* anbietet (Rilke an Sidonie Nádherný, 26.12.1913, SNB, S. 198 und Kommentar S. 479) oder sich mit Kraus während seiner Militärzeit in Wien 1916 über die gemeinsame Anteilnahme an Nádherný verständigt (vgl. Storck, Rilke, Karl Kraus und »Die Fackel«, S. 81 f. und S. 91). Auch Abgrenzung von Kraus vollzieht Rilke über die Respondentin, wenn er Kraus in einem Warnschreiben an Nádherný als »Bewaffneten« und »geistigen Angreifer« bezeichnet (Rilke an Nádherný, 21.2.1914, SNB, S. 204). Die gemeinsame Kriegsgegnerschaft allerdings habe Kraus, den »Angreifer«, und Rilke, den »Dulder«, einander näher gebracht, so Storck (SNB, Herausgeberkommentar S. 612 und S. 513). Diese politisch motivierte Annäherung wiederum reflektiert Nádherný, wenn sie Rilke gegenüber ihre Freude zum Ausdruck bringt, »daß meine einzigen Freunde [...], Sie u. Karl Kraus, sich so gut verstanden« (Nádherný an Rilke, 25.12.1915, SNB, S. 268).

67 Nádherný vermittelt Rilke eine Einladung zu ihrer Freundin Mary Gräfin Dobrčensky in Nyon am Genfer See, wo sich Rilke im Oktober 1919 aufhalten wird.

68 Vgl. Nádherný an Rilke, 19.2.1916 und 9.12.1916, Rilke an Nádherný, 9.4.1918, SNB, S. 273, 298, 325; vgl. auch Herausgeberkommentar, S. 529 f. Aus Rilkes Briefen vom Frühjahr 1920 geht hervor, dass Nádherný auch zu diesem Zeitpunkt finanzielle Unterstützung angeboten hatte, vgl. Rilke an Nádherný, 21.2.1920, 4.3.1920 und 22.3.1920, SNB, S. 355–359.

Funktionsklasse der ›Kulturpoduzenten‹ erweitert sich um die etablierten Akteure Kassner,[69] Rolland[70] und Gide[71] und um die aufstrebenden Kulturproduzenten Kolb, Ullmann und Vollmoeller[72]; diejenige der ›institutionellen Akteure im Literaturbetrieb‹ um die Lektorin Kippenberg und die Übersetzerin Inga Junghanns. In der Klasse ›Lebensabschnittspartnerinnen‹ kommen die Malerin Loulou Albert-Lasard und Claire Studer-Goll hinzu, und mit Akteuren wie Else Hotop, Elisabeth von Schmidt-Pauli und Ilse Erdmann ist bereits das Segment ›Schüler und Adepten‹ präsent. In den Kreis der ›männlichen Mäzene‹ tritt ab 1912 der mit Rilke schon seit den Pariser Jahren bekannte Harry Graf Kessler, der sich nun an Kippenbergs Hilfsaktion beteiligt.[73]

Das Zentrum mäzenatischer Bemühungen stellt allerdings seit 1910 mehr und mehr die Fürstin Taxis dar. Die Mentorin Salomé dagegen behält als Vermittlungsfigur zwischen intellektuellem Feld und literarischem Unterfeld lebenslang eine wichtige Position im Netzwerk. In Anbetracht dieser exponentiellen Ausdehnung, die der gewählte Ausschnitt lediglich andeuten kann, gelingt es, von problematischen Mäzenen und Protektoren wie von der Heydt und Key unabhängig zu werden; beide konnten Rilkes »Durchbruch zur Moderne«, den er mit den *Neuen Gedichten* und dem *Malte* vollzogen hatte, nicht folgen.[74] Stattdessen sichern die wichtigen Vermittlungsfiguren zum Feld der Macht und zum literarischen Feld, Taxis und Katharina Kippenberg, von nun an vermittelte Öffentlichkeitspräsenz und vermittelte Präsenz im Literaturbetrieb.

Laut Bourdieu ist der Multiplikatoreffekt des sozialen Kapitals bei »Trägern eines berühmten Familiennamens, der auf ein ererbtes Sozialkapital deutet« besonders hoch. »Weil sie bekannt sind, lohnt es sich, sie zu kennen«,[75] und es öffnet sich ihnen Tür und Tor. Dies gilt in der späten Donaumonarchie schon für die magischen Wirkungen des Adelstitels als solchen. »Hätte Rodin Amelie Nádherný mit ihrer Tochter in sein Atelier eingeladen, wenn auf der Visitenkarte nicht Baronin gestanden hätte?«, fragt Sidonie Nádhernýs Biographin in diesem Zusammenhang.[76] Dies gilt aber natürlich besonders für Angehörige weithin bekannter und historisch bedeutsamer Hochadelsfamilien. So ist Marie Taxis als geborene Prinzessin Hohenlohe-Waldenburg-Schil-

69 Laut Storck habe sich Rilkes Beziehung zu Kassner 1907 und 1910 schrittweise intensiviert, in: Katalog zur Ausstellung, S. 154.

70 Rilke begegnet Rolland 1913 in Paris, vgl. Rilke an Ellen Key, 5.4.1913, EK, S. 226.

71 Kontinuierlicher brieflicher Austausch zwischen 1910 und 1914 und 1920 bis 1926.

72 Briefwechsel mit der Malerin und späteren Frau Hans Purrmanns begonnen 1906, intensiviert ab 1908; 1908 stellt Vollmoeller Rilke in Paris ihr Atelier als Wohnstätte zur Verfügung, vgl. Ingeborg Schnack, Chronik, S. 304.

73 Vgl. AK I, Herausgeberkommentar S. 606.

74 Fülleborn weist darauf hin, dass Rilke sich von seinem Mäzenatenkreis trotz ökonomischer Abhängigkeit nicht bestimmen ließ, in: Rilke 1906–1910, S. 169.

75 Bourdieu, Die verborgenen Mechanismen der Macht, S. 67.

76 Alena Wagnerová, Das Leben der Sidonie Nádherný, S. 113.

lingsfürst und verheiratete Fürstin von Thurn und Taxis aus dem böhmischen Zweig der Familie mit nahezu dem gesamten europäischen Hochadel verwandt.[77] Potenziert wird der Multiplikatoreffekt durch Taxis' Doppelrolle als Hocharistokratin und Salondame, insofern Salons »die wichtigste Verbindungsstelle zwischen dem Machtfeld und dem intellektuellen Feld darstellen«[78] und Marie Taxis beide Felder zusammenbringt. Während Rilkes zweitem Duino-Aufenthalt im Oktober 1911 etwa wird die klassenübergreifende Salonatmosphäre besonders deutlich. Rilke trifft nicht nur mit dem Philosophen Kassner, dem schottischen Gutsherrn Horatio Brown und Taxis'schen Familienmitgliedern zusammen. Oft sei auch das ›Quartetto triestino‹ gekommen: »sie blieben den ganzen Tag und da wurde herrlich gespielt«.[79] In diesem Sinn ist Marie Taxis als besonders leistungsfähige Vermittlungs- und Multiplikationsinstanz zu verstehen. Soziale Relationen – wie die zu Kassner, dem Schriftsteller Placci, den Aristokraten Pia Valmarana, Pauline Taxis, Aline Dietrichstein, Vera Czernin, Gegina Schlick-Hohenlohe, Erwein Aretin, Alexander und Pascha Taxis – werden gestiftet oder vertieft, angemessene Lebens- und Produktionssituationen hergestellt; dazu zählen Aufenthalte in den Wohnsitzen der Fürstin in Böhmen, Venedig, Wien und in Schloss Duino. Schließlich treibt Marie Taxis selbst die Transformation von symbolischem Prestige in objektiviertes Kulturkapital voran: Sie übersetzt Gedichte Rilkes ins Italienische, die 1926 in der Zeitschrift *Il Baretti* erscheinen werden.[80] Die in der Durchsetzungsphase mit Ellen Key besetzte Rolle der zentralen älteren Mäzenin und Protektorin hat in der europaweit ausgedehnten Nahwelt ›Netzwerk‹ ohne große Konflikte oder Strukturveränderungen eine langfristig erfolgreiche Neubesetzung gefunden.

In Abschnitt 2.1 wurde diskutiert, warum aristokratische (und großbürgerliche) Salondamen dazu disponiert sind, zwischen »der Welt der Kunst und der des Geldes« (RK, S. 397), zwischen Feld der Kulturproduktion und Machtfeld zu vermitteln. Mögen sie über noch so viel Sozialprestige und finanzielle Mittel verfügen, bleiben sie doch immer die Dominierten an der Gesellschaftsspitze. Rilkes Position im Feld der Kulturproduktion ist diesem Standort homolog. Mag er über noch so viel symbolisches Prestige verfügen, bekleidet er dennoch den niedrig kodifizierten Posten des Lyrikproduzenten und zählt damit nicht zu den institutionellen Machthabern im Feld. Diese Äquivalenzen können dazu beitragen, Rilkes Beziehungen zu verschiedenen Mäzenen besser zu verstehen: Während die asymmetrische Relation mit dem großbürgerlichen ›Machthaber‹ von der Heydt instabil und konfliktträchtig

77 Vgl. Monika Czernin, Duino, S. 36 ff.

78 RK, S. 396 f.; zur Bedeutung großbürgerlicher Salonkultur in Wien um 1900 für die individuelle Förderung von Künstlern vgl. Stekl, Wiener Mäzene im 19. Jahrhundert, S. 176 ff.

79 Marie Thurn und Taxis, Erinnerungen an Rainer Maria Rilke, S. 35 f.

80 Vgl. Ingeborg Schnack, Chronik, S. 1094.

bleibt, erweist sich Rilkes Beziehung mit der aristokratischen Vermittlerin Marie Taxis als dauerhaft stabil und ausgewogen.

Doch auch weibliche Intellektuelle wurden in Ergänzung von Bourdieus Thesen als geeignete Vermittler diskutiert, und zwar als Vermittler zwischen Kulturherrschern und Kunstproduzenten. So hatte etwa die Mentorin Key den Kontakt zu Brandes ermöglicht. Doch nicht nur das: Auch Einladungen in Schweden und finanzielle Unterstützung gehen auf das Konto der Reformpädagogin. Wer aber einem Gemeindemitglied die problematische Doppelrolle des Mäzens und des Mentors innerhalb des Kulturbetriebs überlässt, begibt sich in die Gefahr übergroßer Abhängigkeit und Manipulierbarkeit – Keys eigenmächtige Rilke-Deutung im Essay von 1911[81] illustriert dieses Problem. Solche Engpässe lassen sich nun, da Rilkes Netzwerk expandiert, vermeiden. Mit der Expansion geht nämlich ein gewisses Funktionen-Splitting bzw. ein Fortschreiten der funktionalen Differenzierung einher, insofern sich Keys Funktionen nun auf zwei Akteurinnen verteilen: auf Marie Taxis und die zweite künftige ›Säule‹ des Netzwerks, Katharina Kippenberg.

Der Funktion Taxis' als Vermittlerin und Multiplikatorin über die Feldgrenzen hinaus ist Kippenbergs Funktion im Binnenraum des literarischen Feldes äquivalent. In der Doppelrolle als Verlegersfrau und Lektorin ohne institutionelle Berufsausbildung zählt auch sie in ihrem Sektor zu den Beherrschten unter den Herrschenden – so wie Rilke. Die operative Macht bleibt insofern in den Händen ihres Mannes, als er sich Vertragsabschlüsse und Finanzverhandlungen vorbehält. Allerdings verfügt Katharina über weitreichende Befugnisse und Entscheidungsgewalt im Verlagssegment ›moderne Autoren‹. Aufgrund ihres großen Handlungsspielraums kann sie den Gewinn feldspezifischer symbolischer Profite und sekundär auch ökonomischer Kapitalien ermöglichen oder verhindern. So wird etwa das von Rilke empfohlene Typoskript *Gefühle* der Expressionistin Claire Studer-Goll nach einigem Hin und Her schließlich mit dem bündigen Verdikt »Studer – nein!« abgelehnt.[82] Sonette der heute weitgehend vergessenen Hertha König dagegen, ebenfalls von Rilke empfohlen, werden als »außerordentlich weich und dunkel [...], wie eine Kohlezeichnung mit musikalischen Linien« angenommen und verlegt.[83] Katharina Kippenberg, »wegen ihrer Stellung als oberste Richterin [...] von manchen Autoren gefürchtet«, reguliert den Zugang zu symbolischen Märkten ferner über Publikationshierarchien: Sie verfügt, wer in der verlagseigenen Zeitschrift *Inselschiff* nur mit Einzelgedichten vertreten sein darf oder eine eigene Buchausgabe erhält.[84]

81 Vgl. II. Hauptteil, Kapitel 1.1, Anm. 103.

82 Katharina Kippenberg an Rilke, 6.4.1921, KK, S. 418.

83 Katharina Kippenberg an Rilke, 12.7.1915, KK, S. 127; vgl. auch Katharina Kippenberg an Rilke, 15.12.1916, KK, S. 192 f.

84 Sarkowski / Jeske / Unseld, Der Insel-Verlag, S. 357.

Was Texte des bereits etablierten und berühmten Rilke betrifft, liegen verlegerische Entscheidungen zwar in Anton Kippenbergs Händen. Dennoch ist die einflussreiche Multiplikatorin, die ihren Mann während der Kriegsjahre sogar als Verlagschefin vertritt, von zentraler Bedeutung für den Autor. Und damit sind nicht etwaige mäzenatische Bestrebungen Kippenbergs gemeint; ein Wohnangebot des Fürsten Fürstenberg in Schloss Wartenberg, das die Freundin im Winter 1919/1920 vermittelt, lehnt Rilke ab.[85] Es geht um Katharina Kippenbergs Vermittlungsfunktion im Binnenraum des literarischen Feldes. Als Rilkes Freistellung vom Militärdienst 1917 zu bestätigen ist – Katharina Kippenberg hatte schon 1916 mit einer Eingabe zu dieser Freistellung beigetragen –,[86] macht sie ihn offiziell zum »literarischen Berater der Insel-Verlags«.[87] Das bedeutet nicht nur endgültige Sicherheit vor dem perhorreszierten Kriegsdienst; Rilke wird seine Beratungstätigkeit bis über das Kriegsende hinaus (bis 1921) fortsetzen. Es bedeutet auch Einbezug in den Literaturbetrieb in der neuen Rolle des Lektors und Kritikers, bedeutet größeren Überblick, Handlungsmacht und Zugang zu Informationen über potentielle Konkurrenten und aufstrebende Neulinge, die Nur-Autoren verwehrt sind.

Diese neue Funktion versetzt Rilke in die Lage, dem Literaturbetrieb als Textproduzent weiterhin fernbleiben und ihn als ferner, briefschreibender Berater trotzdem aktiv formen zu können. Die Gesamtausgabe des Charontikers Otto zur Linde etwa wird von Rilke unter Verweis auf »geschmacklose, schimpfige und überzählige« Gedichte abgelehnt.[88] Der jungen Schriftstellerin Hetta Mayr dagegen, einem »außerordentlich schwingenden Geist«, verhilft sein positives Votum zur Veröffentlichung des Manuskripts *Messiade*.[89] Dass er auch mit dieser Stellungnahme indirekt die Expressionistengeneration stützt, geht aus Brian Keith-Smiths textanalytischen Bemerkungen zur Expressivität Mayrs hervor.[90] Etliche weitere Jungautoren, denen der Aufstieg in den Kanon nicht gelingen wird, fallen Rilkes Sinn für Qualität zum Opfer: vom »Dilettantenbuch, ohne Abstand und Mitte«[91] ist da die Rede, von »amorphen Wortmassen«[92] oder auch vom »rekonvaleszenten Sprach-Taumel«.[93] Die Möglichkeit einer Doppelrolle von Literaturproduzent und Kritiker, die Rilke hier so energisch nutzt, ist spezifisch modern. Mit dem ›reinen‹ Roman habe

85 Vgl. Rilke an Katharina Kippenberg, 6.1.1920, KK, S. 384 f.

86 Vgl. Katharina Kippenberg an Rilke, 16.12.1915, KK, S. 157–159.

87 Katharina Kippenberg an Rilke, 14.2.1917, KK, S. 220.

88 Rilke an Katharina Kippenberg, 16.4.1921, KK, S. 420.

89 Rilke an Katharina Kippenberg, 10.3.1917, KK, S. 222; das von Rilke beurteilte Manuskript *Messiade* erscheint 1920 bei Insel (vgl. Ingeborg Schnack, Chronik, S. 1214).

90 »This little known text represents probably the most Expressionist text that Rilke ever came close to praising«, so der Verfasser, in: Rilke and the German Women Expressionists, S. 98.

91 Rilke an Katharina Kippenberg, 10.3.1917, KK, S. 222.

92 Ebd., S. 223.

93 Rilke an Katharina Kippenberg, 15.9.1919, KK, S. 377.

das Feld die Selbstreflexion von Literatur so weit vorangetrieben, dass der Schriftsteller zum kompetentesten Theoretiker seiner Erzeugnisse werde, dass »die Grenze zwischen Kritiker und Schriftsteller« verwische (RK, S. 382). Dieses Wissen um das Wissen des geweihten Textproduzenten macht sich Katharina Kippenberg zunutze, um Rilke als Kritiker zu inaugurieren.[94]

Doch ihre Vermittlungs- und Multiplikationsfunktion reicht noch weiter, bis hin zum posthumen Popularitätszuwachs des Autors. Mit den beiden 1927 und 1935 in der Insel-Bücherei erschienenen, sehr erfolgreichen Gedichtsammlungen *Ausgewählte Gedichte*[95] und *Der ausgewählten Gedichte anderer Teil* verdankt er sich nicht zuletzt der Multiplikatorin Kippenberg.[96] Subjektive Kehrseite dieser Popularisierungsfunktion ist Kippenbergs auktoriales Eigeninteresse, das sich in erster Linie anhand des Prestigeobjekts Rilke realisiert. Die Erinnerungstexte der Multiplikatorin, die ihre Prominenz als Rilke-Hagiographin begründet haben, waren im letzten Kapitel bereits thematisch. Inwiefern es auch hier nicht nur um Trivialisierung und Klischeebildung geht, sondern um Probleme des Tauschhandels, ist im letzten Abschnitt zu diskutieren.

Zurück zur Expansion des Netzwerks. Zunächst erweitert sich Rilkes soziale Nahwelt vom deutschen und skandinavischen Kulturraum auf Frankreich und die österreichisch-böhmisch-italienische Achse der Donaumonarchie. Zu einer weiteren schubhaften Ausdehnung kommt es nach dem Ortswechsel in die Schweiz 1919. Rilkes Bedarf an Mentoren und Protektoren, die Zugang zu spezifischen Profiten des literarischen Glaubensuniversums ermöglichen, ist zu diesem Zeitpunkt nicht mehr groß. Nun flüstert man sich »mit angehaltenem Atem zu ›ich habe Rilke kennengelernt‹«, nun indiziert auch der einsetzende Handel mit dem Fetisch ›Rilke-Brief‹ den Statuswandel zum geweihten Klassiker. Zur Erinnerung: Stefan Zweig hatte Rilke 1916 auf solchen Handel hingewiesen.[97] Als systematische ›Schwachstelle‹ ist nur noch der Bedarf nach ökonomischer Versorgung und Absicherung geblieben. Und der ist hoch, da Rilkes reicher symbolischer Kapitalpool nicht in blanke Münze mit entsprechendem Zinsertrag konvertiert werden kann – die Inflation verhindert diesen ›physiologischen‹ Umwandlungspozess. Trotz hoher Nachfrage und Neuauflagen von *Stundenbuch*, *Neuen Gedichten*, *Malte*, *Geschichten vom lieben Gott* und »zwei weiteren Gedichtbüchern«, trotz eines Autorenhonorars von z. B. 30000 Mark für die Neuauflage des *Stundenbuches*[98] bedeutet dies keinerlei ökonomische Stabilität im Gastland Schweiz. Am 20. 4. 1922 schätzt

94 Ausführlich mit »Rilke als Lektor am Insel Verlag« hat sich Tina Simon auseinandergesetzt, in: Rilke als Leser, S. 333 – 352.

95 Mit einer Auflage von fast 500000 Exemplaren meistgekaufte Lyriksammlung der Reihe.

96 Vgl. auch Sarkowski / Jeske / Unseld, Der Insel-Verlag, S. 362.

97 Vgl. II. Hauptteil, Kapitel 1.2, Anm. 91.

98 Vgl. Anton Kippenberg an Rilke, 10.3.1922, AK II, S. 263.

Anton Kippenberg den Devisenwert von 100000 Mark auf Rilkes Konto auf 2000 Franken.[99]

Rilke braucht also vor allem Mäzene und Mäzeninnen, und in diesem Sinn findet sich eine Anzahl von investitionsbereiten Akteuren mit materiellen Ressourcen. Neben Gräfin Dobrčensky und der aus Deutschland stammenden Ingenieurswitwe Gudi Nölke sind vor allem Carl Jakob Burckardts Schwester Dory Von der Mühll und ihre Mutter Helene Burckardt-Schazmann zu nennen; ferner der zum Besitzbürgertum gehörende Winterthurer Familienclan der Volkarts und Reinharts. Mary Dobrčensky, eine »sehr reiche« Freundin Nádhernýs,[100] beherbergt Rilke kurzfristig im Juni und Oktober 1919 in Nyon und unterstützt ihn weiterhin finanziell, als ihm diese Wohnmöglichkeit nicht zusagt.[101] Bei Dory Von der Mühll in Pratteln lebt Rilke 1920 für Monate. Nanny Wunderly-Volkart schließlich, Gattin eines Industriellen aus Meilen, ist in den Jahren 1919 bis 1926 Zentralfigur des Schweizer Freundeskreises. In intensivster, multiplexer Briefbeziehung mit Rilke verbunden, versorgt sie ihn in Muzot mit den Dingen des häuslichen Lebens, vermittelt 1920 seinen Aufenthalt in Schloss Berg und stellt den Kontakt zu ihren Cousins, den Brüdern Reinhart her. Werner Reinhart sichert dann als Mieter und späterer Käufer von Muzot Rilkes Existenz und dauerhaften Verbleib in der Schweiz. Um diese mäzenatischen Zentralfiguren sammelt sich ein größerer Kreis von Personen bzw. neuen Korrespondenten bildungs- und besitzbürgerlicher Provenienz, die eine Gemeinde in der Gemeinde mit vergleichsweise höherem internen Vernetzungsgrad bilden – der bisher so mobile Rilke ist in seinen letzten Lebensjahren verhältnismäßig ortsständig.[102] Wie funktioniert nun Rilkes Beziehung mit dieser mäzenatischen Gemeinde?

Frey bestimmt das Mäzenatentum in Anlehnung an Mauss als »Form des Austauschs in entwickelten Gesellschaften«.[103] Allerdings eignet der materiellen Gabe immer auch ein aggressives oder zumindest drohendes Element.[104] Wer schenke, zeige »nicht nur seine Verfügungsgewalt über die Dinge, sondern

99 Vgl. auch weitere Briefe Kippenbergs an Rilke, die die Problematik von Geldentwertung und Mäzenatenabhängigkeit Rilkes in der Schweiz beleuchten, z.B. 18.12.1919, 7.6.1921 und 8.12.1921, AK II, S. 154 f., 222, 240–242.

100 »Damit sie sich wegen Mary keine Skrupeln machen, bemerke ich, daß sie sehr reich ist […]« (Nádherný an Rilke, 28.1.1919, SNB, S. 337).

101 Man wolle in wechselseitigem Einverständnis das Wohnangebot in »eine fortgesetzte Anleihe« umwandeln, so Rilke an Nádherný am 5.8.1919 (SNB, S. 347). Storck macht im Kommentarteil darauf aufmerksam, dass Geldüberweisungen aus Deutschland zu diesem Zeitpunkt unmöglich geworden sind (vgl. SNB, S. 347 und S. 548).

102 Einen guten Überblick über das schweizerische Netzwerksegment gibt der Briefband BSF bzw. das Adressatenverzeichnis S. 707–722.

103 Frey, Macht und Moral des Schenkens, S. 18; vgl. auch Frey / von Stockhausen, Potlatsch in Preußen?, S. 21. Frey bezieht sich auf Mauss' Anthropologie des Schenkens: Die Gabe – Form und Funktion des Austauschs in archaischen Gesellschaften, Frankfurt 1968 (zuerst Paris 1925).

104 Vgl. Bourdieu, Praktische Vernunft, S. 164; vgl. Sarasin, Stiften und Schenken, S. 201.

auch über denjenigen, dem diese Dinge zugedacht sind«.[105] Zudem verpflichte die Gabe grundsätzlich »zur Gegengabe, und zwar zu einer größeren«.[106] Der möglichen Erniedrigung des Künstler-Empfängers[107] wirkt also dessen symbolisches Prestige, das auch den mäzenatischen Geber adelt, entgegen. Je größer dieser symbolische Gegenwert, desto ausgeglichener der Tausch. Man kann sich gut vorstellen, dass das Beschenkt-Werden mit Geld oder mit einem Schloss, wie es Rilke mit von der Heydt und nun mit Reinhart erlebt, die Erniedrigung des Empfängers birgt; dass diese Erniedrigung ferner in dem Maß abnimmt, wie Rilkes Prestige als Autor wächst.

Und in der Tat ist Rilkes feldexterner Konsekrationsgrad mittlerweile so hoch, der Statuswandel zum Kulturmonument vollzogen, dass man von einem symbolischen Gleichgewicht der Kräfte ausgehen kann: Im April 1920 bezeichnet der Schweizer Werbefachmann und Kurdirektor von Pontresina, Hanns Buchli, Rilke als »einen der berühmtesten lebenden Dichter«, dessen »Beherbergung für die Schweiz ehrenvoll und gewinnbringend« sei. Gerichtet ist dies vielsagende Schreiben an Heinrich Rothemund, Chef der schweizerischen Fremdenpolizei, und es geht dabei um Rilkes Aufenthaltsverlängerung. Dass Rilke für den Kurdirektor ein »gewinnbringender« Importartikel ist, wirft nicht nur ein Schlaglicht auf die Konvertierbarkeit von symbolischem in ökonomisches Kapital. Für Buchli, der Rilke in Pontresina wünscht, sei ferner »sein Aufenthalt deswegen von besonderem Wert, [...] weil sich seine hiesigen Eindrücke zweifellos in seinen Arbeiten auswirken werden«.[108] Hier zeigt sich klares Kalkül mit den Weihen kanonischer Kunst, die auch auf den Schweizer Kurort abfärben sollen. Nimmt man diese Stellungnahme der frühen Touristikindustrie als Konsekrationsindiz, wird nachvollziehbar, warum mäzenatische Versorgung in der Schweiz so selbstverständlich in Gang kommt. Plausibel wird ferner, dass Rilkes ›Gegengaben‹ – von der Heydt wurden die *Neuen Gedichte* zugeeignet, Werner Reinhart die Valéry-Übertragungen[109] – jetzt auch einen höheren symbolischen Tauschwert haben. Und tatsächlich sind Rilkes Mäzenen-Beziehungen nun im Effekt auch stabiler. Im Gegensatz zu den Auseinandersetzungen mit dem dominanten von der Heydt ist Rilkes Relation zu den Brüdern Reinhart, vor allem zu Werner Reinhart, konfliktfrei.

Die mäzenatische Dynamik im Gastland Schweiz ist allerdings nicht nur durch den »gewinnbringenden« Importartikel Rilke zu erklären. Es sind hier auch systematische Aspekte auf Schenkerseite namhaft zu machen. Mäzene wie die Reinharts dominieren zwar im Machtfeld. Als Angehörige von »Großbürgertum und Geschäftskreisen« besetzen sie allerdings kulturell beherrschte Positionen (RK, S. 411). Aufgrund dieses Prestigegefälles, das die

105 Frey, Potlatsch in Preußen, S. 21.
106 Bourdieu, Praktische Vernunft, S. 164.
107 Vgl. Frey, Potlatsch in Preußen, S. 21.
108 Zitiert nach BSF, Kommentarteil, S. 544.
109 1925 bei Insel unter dem Titel: Paul Valéry, Gedichte; vgl. II. Hauptteil, Kapitel 1.2, Anm. 120 und 121.

felderübergreifende Autorität des kulturellen Glaubensuniversums herstellt,[110] streben sie nach Umwandlungen vom Besitzbürger zum Bildungsbürger.[111] Unter den verschiedenen Elementen, die für Sarasin das »Spiel des großen Schenkens« motivieren, Metamorphose, Deutungsmacht, Distinktion, Repräsentation und politische Inszenierung des Privaten, seien »die Verheißungen dieser Metamorphose vielleicht der heimliche Antrieb allen Mäzenatentums«; gültig für öffentliche, institutionelle wie für private, individuelle Kunstförderung.[112] Am Beispiel des Basler Mäzens Brüderlin Ende des 19. Jahrhunderts führt Sarasin exemplarisch eine solche Metamorphose vor. Brüderlin habe sich vom Besitzbürger, der monetären Luxus zur Schau stellt, zum bibliophilen Sammler und Kunstexperten gewandelt. Hinter dem euphemistischen »Schleier des zweckfreien Kunstgenusses« versuchten er und viele andere, »den Erinnerungscode an ihre Existenz umzuprogrammieren«. Der Tauschgewinn läge darin, nicht als Bankier, sondern als Sammler, »als ein ›Anderer‹, möglicherweise ein ›Besserer‹, im Gedächtnis der Nachwelt fortzuleben«.[113]

Genau diese, am Schweizer Besitzbürgertum gewonnene Logik der Metamorphose gilt auch für die Brüder Reinhart. Als Angehörige der besitzenden Großbourgeoisie und Teilhaber einer im Indienhandel erfolgreichen Winterthurer Firma eint die drei Brüder Werner, Georg und Oskar[114] der Dualismus von ökonomischer Erwerbstätigkeit und Kunstförderung. Und jeweils läuft diese zweipolige Existenz auf den mehr oder weniger expliziten Platzwechsel in den bildungsbürgerlichen Sektor und auf entsprechende »Umprogrammierung des Erinnerungscodes« hinaus: Georg Reinhart markiert seinen bildungsbürgerlichen Status durch Sammler- und Publikationstätigkeit und dilettierende Kunstproduktion. Der mit zwei Ehrendoktortiteln versehene Kunstmäzen Oskar Reinhart firmiert in der Einleitung zum Briefwechsel Rilke/Brüder Reinhart als »Kunstsammler von internationalem Rang

110 Die anhaltend gültige Hierarchie der Felder hinsichtlich Prestige und Deutungsmacht spiegelt sich im apologetischen Duktus der Herausgebereinleitung zum Briefwechsel Rilke/Brüder Reinhart (BR, S. 9–24). Werner Reinhart wird hier ausgewiesen als »Freund der Musik und der Komponisten«, als »Mäzen und Sammler indischer Kunst«, als »Besitzer von Muzot und Burgherr Rilkes« und am Ende dieser Reihe als »Unternehmer, der er zuerst und zuletzt und dazwischen war und bleiben musste« (S. 18).

111 Vgl. II. Hauptteil, Abschnitt 2.2.5.

112 Da sich private Förderung einzelner Künstler anders als die öffentliche Praxis des Spendens und Stiftens im Zwielicht von »Zeigen und Schweigen« (Sarasin, Stiften und Schenken, S. 209) vollzieht und die Funktionsbereiche von Repräsentation, Demonstration und Distinktion in den Hintergrund treten, ist der Erfolg privater Tauschbeziehungen aus Schenkerperspektive wohl eher durch das Verhältnis von Investition und späterem symbolischem Zinsertrag bestimmt. So hat etwa der Erwerb des Schlosses Muzot zur späteren Integration des Schenkers Reinhart in den Mythos von ›Haus und Geistessturm‹ geführt, s. u.

113 Sarasin, Stiften und Schenken, S. 207 f.

114 Auszunehmen ist Hans Reinhart, der als Dichter und Übersetzer primär dem Feld der Kulturproduktion zuzurechnen ist.

und Ruhm«.[115] Hier zeigt sich in Analogie zu Sarasins Beispiel das veränderte Erinnerungsmuster: Nicht etwa die lebenslange Kaufmannstätigkeit Oskar Reinharts wird als »Lebenswerk« ausgewiesen, sondern die bedeutende »Sammlung Oskar Reinhart am Römerholz« sowie die »Stiftung Oskar Reinhart«.[116] Werner Reinhart schließlich vollzieht die Metamorphose durch Sammlertätigkeit, ausgedehnte institutionelle und private Musikförderung, aktive Teilnahme am Musikbetrieb als Klarinettist und schließlich durch Anmietung und Erwerb von Muzot. Die Initiation in das Universum der Intellektuellen indiziert auch hier die Ehrendoktorwürde, die dem »vornehmen und verständnisvollen Förderer von Musik und Dichtung« von der Universität Zürich 1932 verliehen wird.[117]

Den Eingang ins kulturelle Gedächtnis als ein »Anderer« und gegebenenfalls »Besserer« dagegen bahnt vermutlich Reinharts hoher Bekanntheitsgrad als unermüdlicher Förderer Rilkes. Um ideale Wohn- und Arbeitsbedingungen für den Autor herzustellen, ist es nämlich mit dem Erwerb des abgelegenen Turmes aus dem 13. Jahrhundert voller historischer Gegenstände und Zeichen nicht getan. Anhaltende Restaurierungs-, Modernisierungs- und Ausstattungsarbeiten bürden dem Mäzen zusätzliche finanzielle Lasten auf; darüber hinaus möchte Rilke sich auch hier nicht binden und jederzeit die Möglichkeit zum Ortswechsel haben.[118] So riskant und aufwendig die Investition also erscheint, schreckt Werner Reinhart nicht vor ihr zurück und kann dann den entsprechend hohen Zinsertrag einstreichen. Rilke bleibt und beendet, was er seherisch in Aussicht gestellt hat: den unvollendeten Elegien-Zyklus. Ist der Name der Fürstin Taxis untrennbar mit dem ersten Elegien-Ort Duino verknüpft und gemeinsam mit diesem in die Ewigkeit des kulturellen Gedächtnisses eingegangen, verhält es sich nun mit Reinharts Namen und dem zweiten Elegien-Ort Muzot ähnlich. Zwar gibt es keine ›Muzotter Elegien‹. Wann immer aber die Geschichte vom Suchen, Finden und Bewohnbar-Machen des Turmes erzählt wird, sei es in Erinnerungsschriften oder späterer biographischer Literatur, ist auch vom »großzügigen Gastfreund« Werner Reinhart die Rede.[119]

Muzot wiederum ist untrennbar mit dem Rilke-Mythos vom ›Geistessturm‹ verknüpft. In den sogenannten ›Jubelbriefen‹ vom Februar 1922 ist im Zusammenhang mit dem anfallsartigen, inspirierten Schreibprozess wiederholt auch vom Ort dieses Schreibens die Rede. Er sei nach dem »Sturm aus Geist und Herz« hinausgegangen, schreibt Rilke, und habe »das kleine Muzot ge-

115 Einleitung des Herausgebers, BR, S. 21.

116 Einleitung des Herausgebers, BR, S. 22.

117 Einleitung des Herausgebers, BR, S. 21.

118 Vgl. Rilke an Werner Reinhart, 20.7.1921, BR, S. 212.

119 Salis, Rainer Maria Rilkes Schweizer Jahre, S. 79; exemplarisch ferner Marie Thurn und Taxis, Erinnerungen an Rainer Maria Rilke, S. 108; Katharina Kippenberg, Rainer Maria Rilke, 1948, S. 326; Dory von der Mühll, Basler Erinnerungen II; Freedman, Rainer Maria Rilke 1906 bis 1926, S. 363; Holthusen, Rainer Maria Rilke in Selbstzeugnissen, S. 141.

streichelt wie ein großes Tier –, die alten Mauern, die mirs gewährt haben«.[120] In der Memorialliteratur wird diese Engführung von Ort und Geschehen wieder und wieder aufgegriffen, etwa im Gedächtnisbuch *Stimmen der Freunde* von 1931: Das »Gastgeschenk Schweizer Freunde« sei »dem Dichter zur Heimstätte letzten Glücks, zum Hieronymus-Gehäus« geworden.[121] Es entsteht der Mythos von Muzot, der sich in der Rilke-Philologie vereinzelt bis heute findet: »Dieser Ort, der uralte Turm« sei »auserwählt« gewesen »für die Gnade, die die Vollendung des großen Werkes möglich machte«, so der Briefforscher Ferencz Szász im Jahr 2005.[122] Distanzierter spricht Holthusen 1958 vom »weltweiten Ruhm«, der »sich [...] um jenen schlichten Walliser Turmblock Muzot herum gebildet« habe. Dieser Turm sei »das Herzstück der Lebensmythe, die unter dem Namen Rilke verbreitet ist«.[123] Eine »Lebensmythe«, in die der Mäzen Reinhart als ›lachender Dritter‹ mit hohem symbolischem Reingewinn stillschweigend mit eingebunden ist.

Dass die für das späte Netzwerk wichtige Relation zwischen Rilke und Werner Reinhart an dieser Stelle verhandelt wird und nicht in den textanalytischen Abschnitten, gründet in dem bereits bekannten systematischen Zusammenhang zwischen Selbststilisierung und Weiblichkeit. Obwohl Rilkes Beziehung zu Reinhart stabiler ist als die zu von der Heydt, bleibt auch hier der Austausch weitgehend beschränkt auf sachliche, alltagspraktische, vereinzelt auch ästhetische Themen. Die Beziehung ist wie die meisten Männerfreundschaften Rilkes uniplex. Auktoriales Rollenspiel ist auch in dieser Phase den Korrespondenzen mit Frauen vorbehalten und taucht im Briefwechsel mit Reinhart kaum auf. Erzeugt und erhalten wird die Relation mit dem Mäzen weniger über Präsentation eines sakralen Selbstbildes als über den intensiv genutzten Fetisch Brief selbst und über die Zueignung der Valéry-Übertragungen.

Zusammenfassend lässt sich sagen, dass Rilkes Konsolidierungs- und Etablierungsphase, der die Position des geweihten Avantgardisten und späteren Klassikers entspricht, durch Vergrößerung des Netzwerks und durch einen veränderten schriftsprachlichen Habitus charakterisiert ist. An die Stelle von (Merkmals-)Armut und Innerlichkeit rücken Inspiration und Offenbarung, was sich im Profilwandel der Heiligenrolle selbst schon andeutete, etwa in der Klostermetapher. Doch auch dann, wenn sich Rilke als seherischer Prophet, als poeta vates im engeren Sinn entwirft, changiert er zwischen Selbstverkleinerung und Selbstüberhöhung. Und auch dann tritt das epistolarische Ich als fiktionsnahes ›Gesamtkunstwerk‹ in Erscheinung; es sind

120 Rilke an Anton Kippenberg, 9.2.1922, AK II, S. 256; vgl. Abschnitt 2.3.7.

121 Buchheit, Stimmen der Freunde, S. 153; weitere Beispiele finden sich bei Lou Salomé, Rainer Maria Rilke, S. 96 f.; Salis, Rainer Maria Rilkes Schweizer Jahre, S. 96; Katharina Kippenberg, Rainer Maria Rilke, 1948, S. 328; Marie Thurn und Taxis, Erinnerungen an Rainer Maria Rilke, S. 108: »Hier im Wallis sollte der Dichter sein Werk vollenden – sein Leben und sein Werk ...«.

122 Szász, »ich bin überm Berg!«, S. 213.

123 Holthusen, Rainer Maria Rilke in Selbstzeugnissen, S. 149.

diese beiden strukturellen Konstanten, die die Einheit von Rilkes epistolarem Selbstbild verbürgen. Wie sehr sie den ›Leitfaden‹ abgeben, werden die folgenden textanalytischen Passagen zeigen.

Wie im letzten Kapitel soll dieses Selbstbild anhand einschlägiger Briefpassagen diskutiert werden, allerdings ergeben sich gewisse Änderungen in der Vorgehensweise.

Bislang wurden die entsprechenden Zitate nach Adressaten und nach Motiven gegliedert. In Anbetracht der Fülle an Textbelegen und der zunehmenden Größe des Netzwerks bietet sich nun eine Ordnung ausschließlich nach Motiven und Bildzusammenhängen an. Zwar ist dem zentralen semantischen Komplex Franziskus – Fließen – Gebet der Durchsetzungsphase nun derjenige von Johannes auf Patmos – Stürmen – Diktat äquivalent; doch rankt sich um diesen zentralen Komplex ein so vielfältiges Repertoire an Bildfeldern und personalen Vergleichen, dass Übersichtlichkeit nur exemplarisch gewonnen werden kann.

Außerdem wird das Verhältnis von Respondentenrang und Selbststilisierung mit zunehmender Netzwerkgröße kontingenter. Hatte sich Rilke in der Durchsetzungsphase vor allem für wichtige Mentoren und Mäzene als Heiliger entworfen, begegnet der inspirierte Prophet Rilke in Briefen an zentrale und auch periphere Netzwerkmitglieder. Zwar inszeniert sich Rilke bevorzugt für die zentrale Mäzenin Taxis als ›rauschender‹ oder beidhändig schreibender Vates (s. u.). Nicht selten lösen aber auch beliebige unbekannte Adressaten wie die Studentin Marlise Gerding inspirierte Selbstdarstellungen entlang der Prophetengedichte aus, so dass Gliederung nach Personen nicht sinnvoll ist. Schließlich sind selbst so artifizielle Briefe wie diejenigen Rilkes nicht nur als geplanter Artefakt zu verstehen. Als Träger »pragmatischer Intentionalität«[124] ist auch ihnen zumindest potentiell jene Spontaneität und Unüberlegtheit zuzuschreiben, die privater Kommunikation zwischen zwei konkreten Individuen eignet. Und da versteht es sich von selbst, dass Rilkes Möglichkeiten der systematischen oder auch spontanen Selbststilisierung zunehmen, wenn sein Bekanntenkreis derart anwächst; dass Selbststilisierung nicht notwendig mit wichtigen Funktionen des Adressaten korreliert.

Zudem würde ein solches instrumentelles Verständnis von Selbststilisierung bei Rilke grundsätzlich zu kurz greifen – ganz unabhängig vom Ausmaß der Korrespondenz. Schon im letzten Kapitel wurde darauf hingewiesen, dass Rilkes werknahes Selbstbild nicht nur auf seinen Sachbezug zu befragen ist. Es dient nie allein dem Zweck, verschiedene Funktionsträger appellativ zu erreichen, zu motivieren, zu nobilitieren oder für bestimmte Leistungen zu entlohnen, sondern ist auch durch literarischen Selbstbezug charakterisiert. Verstanden als Intertext und Stoffquelle, wandern Elemente dieses Selbstbilds nicht selten sekundär wieder in den Raum der Dichtung ein. Dies gilt für das

124 Bürgel, Der Privatbrief, S. 10.

Motiv ›Franziskus‹ aus der Durchsetzungsphase und gilt nun, in der Konsekrationsphase, umso mehr. Schließlich nimmt ja die Komplexität des dichterischen Werks zu. Damit vergrößert sich auch das Repertoire vieldeutiger Künstlerchiffren und -figuren, die im Sinne des diskutierten ›Fließgleichgewichts‹ zwischen Brief und Dichtung zirkulieren und (epistolaren) Autor und Werk zum textuellen ›Gesamtkunstwerk‹ verschmelzen. Ursprünglich aus poetischen Texten wie den *Neuen Gedichten* oder auch dem *Malte* entlehnt, dienen sie zunächst der brieflichen Selbstdarstellung oder der Adressatenstilisierung und werden dann später im poetischen Werk ›wiederverwertet‹. Dies kann in enger zeitlicher Anbindung an entsprechende epistolarische Manöver geschehen oder auch viel später, mit ähnlichen oder auch völlig anderen Konnotationen.

Das Bild des brennenden Dornbusches etwa gehört in den Kontext einer facettenreichen Moses-Semantik, die Rilke in den Jahren 1911/12 brieflich entwickelt. In einem Schreiben an Lou Salomé bezeichnet es deren »Leben«.[125] In dem 1913 niedergeschriebenen Gedichtzyklus *Fünf Sonette* fungiert das Bild dann als Metapher für einen existentiellen Wahrnehmungseindruck.[126] Beispiel für größere Zeitintervalle ist das Bild von Jakob im Kampf mit dem Engel. Es begegnet 1901 und 1906 in den Gedichten *Der Schauende*[127] und *Der Engel*[128] und fungiert später, in einem Schreiben vom Winter 1911 an Sidonie Nádherný, als Rilke-Vergleich. Erst 1923 taucht die Figur im poetischen Werk wieder auf, und zwar im Wallis-Gedicht *So wie Jakob mit dem Engel rang.*[129] Wenn hier »so wie Jakob« ein Weinstock »mit dem Sonnen-Riesen« ringt,[130] ist dem Bild ein ganz neues Signifikat zugeordnet – es zeigt sich, wie flexibel und multifunktional Rilkes Autorsemantik sein kann.[131]

Aus dieser zunehmend binnenliterarischen Funktion heraus erklärt sich in meinen Augen auch die Kontingenz bzw. scheinbare Beliebigkeit, mit der Rilke seinen Selbstentwurf in bedeutende oder weniger bedeutende Korrespondenzen einträgt. Wem es nicht nur – bewusst oder unbewusst – auf Wirkungen in der Welt sozialen Handelns und Tauschhandelns ankommt, sondern auch auf poetische Prozesse, der nützt unter Umständen jede assoziative Anregung oder auch einfach nur den (poetisch) richtigen Moment, um sich als werknahe

125 Rilke an Lou Salomé, 10.1.1912, LAS, S. 247.

126 Rilke, KA II, S. 71, Gedicht I, Zeile 13/14 und Gedicht II, Zeile 1 – 4.

127 Rilke, *Buch der Bilder*, KA I, S. 332.

128 Rilke, *Neue Gedichte*, KA I, S. 472.

129 Rilke, KA II, S. 297.

130 Ebd., Zeile 1 – 2.

131 Auch dies hat poetologische Parallelen: Es ist bekannt, dass Leitbilder aus Rilkes Mythopoesien nicht nur als solche vieldeutig sind, sondern von Gedicht zu Gedicht ihre Bedeutungen wandeln. Stephens ist etwa den verschiedenen poetologischen Funktionen des ›Engels‹ in den *Elegien* nachgegangen. Der Engel, an dessen kontextueller Zugehörigkeit und Bedeutung sich ganze Interpretengenerationen der älteren Forschung abgearbeitet haben, steht Stephens zufolge »als Name für eine Reihe semantischer Verschiebungen ein […], die als analog zu Handlungen auf einer Bühne gesehen werden können«, in: »Alles ist nicht es selbst«, S. 338.

Kunstfigur ins Werk zu setzen. Das hat allerdings methodische Konsequenzen für die vorliegende Arbeit: Die Bereiche ›Soziologie‹ und ›Semantik‹ werden sich an manchen Stellen überzeugend verknüpfen lassen, etwa wenn sich Rilke für wichtige Respondentinnen wie Taxis, Kippenberg oder Nádherný zum Propheten stilisiert. Bisweilen werden sie aber auch als disparate Aspekte nebeneinanderstehen oder sich gar spiegelverkehrt zueinander verhalten: So erhält z. B. der zentrale Mäzen Reinhart nur sachbezogene Briefe, während die praktisch funktionslose Briefgeliebte Magda von Hattingberg mit allen Facetten der Prophetenrolle konfrontiert wird. Es würde der Komplexität und Mehrschichtigkeit von Rilkes Selbstdarstellung im Brief nicht gerecht, sie eindimensional außerliterarischen Wirkungsabsichten zuzurechnen. Letztlich ist aber natürlich auch die partielle Selbstreflexivität eines künstlichen Autorbildes soziologisch zu erklären, da sie charakteristisches Produkt des völlig autonomen, nach eigener Logik funktionierenden literarischen Feldes der Moderne ist; eine Logik, die zunehmend das Primat der artistischen Form und Geformtheit vor jeglichem Wirklichkeitsbezug impliziert.

Ferner sind Rilkes kunstvolle Inszenierungen inspirierter Autorschaft insofern bedingt und relativ, als sie sich einer spezifischen Dialogizität verdanken. Auch für Rilkes auktoriale Rolle des Propheten gilt nämlich, was schon für die Heiligenrolle belegt wurde – die kooperative Herstellung. Besonders dann, wenn sich die Adressaten auf seinen hochgespannten Verkündigungston einlassen, kann in gemeinsamer Arbeit am Autor das Bild des prophetischen Rilke entstehen, kann an der Erzählung vom inspirierten Schreibprozess weiter und weiter gewoben werden. Besonders trifft das für Katharina Kippenberg zu, die nicht selten selbst ›treibende Kraft‹ der Autorerfindung ist.

Nun bedeutet die sprachliche Analyse der Prophetenrolle nicht nur für die Rilke-Forschung einen zusätzlichen Blickwinkel. Rilkes seherisches Vokabular auf seine Funktion im Gefüge literarischer Kommunikation hin zu befragen, bietet auch eine Ergänzung der Forschung zum Inspirationsdiskurs der Makroperiode Moderne. Arbeiten zu diesem Thema setzen sich entweder mit historischen Stellungnahmen poetologischer, produktionsästhetischer oder philosophischer Observanz von der Antike bis in die Moderne auseinander[132] oder sie beschränken sich auf Literarhistorisches.[133] Gemeinsam ist ihnen jedoch die schwer zu beantwortende Frage nach dem Wesen der Inspiration.[134] Auf der Basis eines essentialistischen Inspirationsbegriffs werden systemati-

132 Zum Beispiel die folgenden, ideen- bzw. begriffsgeschichtlichen Beiträge: Gellhaus, Enthusiasmos und Kalkül; Barmeyer, Die Musen; Lohse, Dichterische Inspiration?

133 Zimmermann etwa stellt literarische Anwendungsbeispiele in den Mittelpunkt, in: Der Dichter als Prophet.

134 In jüngster Zeit wird versucht, das Wesen intensiver, ›inspirierter‹ Produktionsphasen, etwa bei Rilke und Kafka, neurophysiologisch bzw. kognitionspsychologisch zu erklären, vgl. Sandra Kluwe, Furor poeticus.

sche kreativitätstheoretische Annahmen in die historische Beweisführung eingetragen. Barmeyer beispielsweise geht von einer identifizierbaren »identischen Grundstruktur der Inspirationserfahrung« aus, wobei sich deren jeweilige Darstellungsform dem kulturellen Kontext verdanke.[135] Analog formuliert Gellhaus das Postulat einer spezifischen »Rezeptivität des Dichters«, die sich als »Grenzerfahrung« oder »Evidenzerlebnis« aktualisiere; als »dem anderen Zustand« wird dieser Grenzerfahrung ein epiphanisches Moment zugeschrieben.[136] Anhand von Kafka äußert Lohse die Vermutung, Inspiration sei nicht nur Voraussetzung, sondern Bestandteil des Schreibprozesses.[137] Für Zimmermann schließlich ist die »Dominanz des Imaginativen« Kriterium verschiedener Spielarten »seismographischer« Dichterrede.[138]

Man sieht – der essentialistische Blick auf eine etwaige transsubjektive bzw. überindividuelle Dimension des Produktionsaktes eint die genannten Arbeiten. Und naturgemäß ist bei diesen kreativitätstheoretischen, poetologischen und bewusstseinsgeschichtlichen Untersuchungen, die Inspiration als systematisch gegeben und historisch aktualisiert verstehen, die soziologische Dimension nicht mitgemeint. Dabei erscheint es mir durchaus sinnvoll, zwischen Inspiration und Inspirationsbeschreibung zu differenzieren und die Frage nach der Leistung von Inspirationsbeschreibungen für den Autor in einem bestimmten sozialgeschichtlichen Kontext zu stellen. Rilke, neben George wichtiger Exponent modernen Sehertums und gleichzeitig äußerst erfolgreicher Netzwerker, bietet sich für eine solche soziologische Perspektivierung an. Rilkes seherischer Enthusiasmus ist nämlich auch in den zitierten Beiträgen thematisch, allerdings nicht als sozialer Habitus, sondern als poetologische Kategorie. So spricht Gellhaus unter Berufung auf Nietzsche von einer »Wiederbelebung des ›ekstatisch-enthusiastischen Dichtungsverständnisses‹ in der Moderne« und führt neben Hofmannsthal und Musil auch Rilke an. Dabei liegt der Akzent aber ausdrücklich auf dessen Dichtung und nicht auf dem inspirativen Selbstverständnis des Briefschreibers: Die Berührungspunkte mit Nietzsche lägen »weniger in den unmittelbar auf den Vorgang der Inspiration und Medialität bezogenen Äußerungen Rilkes in Briefen«. Vielmehr sei die »poetologische Reflexion der späten Gedichte auf die Erfahrung der Autonomie des poetischen Prozesses hin« zu befragen.[139] Ähnlich führt Lohse Rilke als Inspirationsbeispiel in der Moderne an und betont auch die wechselnde semantische Akzentsetzung in unterschiedlichen Werksphasen, perspektiviert diese Beobachtungen allerdings auf poetologische Fragestellungen und Konsequenzen hin.[140]

135 Barmeyer, Die Musen, S. 207.
136 Gellhaus, Enthusiasmos und Kalkül, S. 26 f.
137 Lohse, Dichterische Inspiration?, S. 300.
138 Zimmermann, Der Dichter als Prophet, S. 41.
139 Gellhaus, Enthusiasmos und Kalkül, S. 87.
140 Vgl. Lohse, Dichterische Inspiration?, S. 290.

Die Forschungslücke, die man zwischen textzentrierten poetologischen Enthusiasmus-Analysen und subjektzentrierter biographischer Ausleuchtung des modernen Vates Rilke namhaft machen könnte,[141] versucht vorliegende Arbeit zu schließen. Schließlich gilt es, die überwältigende epistolarische Evidenz für inspiriertes Rollenspiel zu berücksichtigen und sich nicht nur auf ›poetologische Reflexionen‹ der späten Texte zu beschränken. Hinsichtlich semantischer Traditionen wird sich die vorliegende Arbeit auf die gelisteten Beiträge beziehen, dabei aber auf systematische Annahmen zur Natur der Inspirationserfahrung verzichten. Mir geht es lediglich um die Funktion des Inspirationsmodells für den Einzelautor Rilke – was die Beobachtung einschließt, dass Letzterer nicht auf rationale Konzeptionen von Autorschaft wie poeta faber oder doctus abstellt, sondern auf das irrationale Modell des Vates. Vor allem wird es um die zentrale Frage gehen, mit welchen semantischen Mitteln Rilke Inspiration konstruiert.[142] An welche Überlieferungsstränge schließt er an und von welchen weicht er ab? Inwiefern wird dabei soziale Distinktion erzeugt, inwiefern mit Identifikationsangeboten operiert? Solche und ähnliche Fragen sind es, die als Ergänzung bisheriger, bewusstseinsgeschichtlicher Enthusiamos-Forschung in Betracht zu ziehen sind.

Zwar liegt mit der bereits im ersten Teil erwähnten Habilitationsschrift von Mehnert eine Einzelfallanalyse vor, die zwischen Erfahrungs- und Beschreibungsebene differenziert, doch auch ohne sozialgeschichtliche Perspektivierung. Hier wird nicht nach der »›Faktizität‹ des dichterischen ›Genies‹« gefragt, sondern nach seinem »in einem bestimmten Code definierten Selbstverständnis«.[143] Aus Mehnerts Überlegungen lässt sich ableiten, dass Rilke mit Baudelaire die Selbstthematisierung als Inspirierter teilt, dass Inspiration aber unterschiedlich konstruiert wird. Baudelaire rekurriert für die Autorrolle des inspirierten Dandys auf Semantiken traditioneller und zeitgenössischer medizinischer und psychologischer Wissensbestände; sowohl Humoralpathologie und Temperamentenlehre als auch Elemente der zeitgenössischen Melancholie-Debatte gehen in diesen Autorschaftsentwurf ein. Rilke dagegen bezieht das semantische Material zur Konstruktion des blind inspirierten Autor-Mediums aus alttestamentarischen und ikonischen Quellen sowie zeitgenössischen spiritistischen Vorstellungen. Vor allem aber schreibt er sich

141 Als repräsentatives Beispiel der Rilke-Biographik sei auf Freedman verwiesen, der im Kontext der Elegienverschriftung von »schöpferischer Strömung […] von nie gekannter Wucht und Intensität«, von »schöpferischer Eingebung« und – ohne Anführungszeichen – von »Patmos-Stimme« spricht. Schließlich bescheinigt der Verfasser Rilke, »Rimbauds Vorstellung vom Dichter als einem Seher« verwirklicht zu haben, »der alle inneren und äußeren Erfahrungen in sich sammelt, um sie in überpersönliche Dichtung umzuformen«, in: Rainer Maria Rilke 1906 bis 1926, S. 374, 399, 376, 390.

142 Blamberger hat auf diese wichtige Differenzierung zwischen Erfahrungs- und Beschreibungsebene hingewiesen, in: Das Geheimnis des Schöpferischen, S. 37 f.

143 Mehnert, Melancholie und Inspiration, S. 13 f.

als »Begeisterter« bzw. vom »Geistessturm« Erfüllter[144] in die philosophisch-ästhetische Tradition seherischer Dichtung ein, deren Kontinuität von der Antike bis ins 18. Jahrhundert in der Begeisterungsformel gründet.

Mehnert nun beschränkt sich zwar auf die Konstruktion von Inspiration, zieht aber die Frage nach der Funktion des Inspirationsmodells für literarische Kommunikation im ausgehenden 19. Jahrhundert nicht in Betracht. Dies entspricht dem älteren diskursgeschichtlichen Methodenparadigma, das den Autor als Schnittstelle von Diskursen versteht, nicht als Akteur im sozialen Raum. Da in der Zwischenzeit das Interesse am auktorialen Subjekt und an den relationalen Strukturen im literarischen Feld gewachsen ist, möchte ich als Ergänzung zu den gelisteten Beiträgen zur Inspirationsforschung Rilke als sozialgeschichtlichen Modellfall für die Krisenepoche um 1900 vorstellen und seine spezifische Konstruktion von Inspiration einer ›Funktionsprüfung‹ unterziehen. Im Sinne von Joch und Wolf ist nach dem »distinktiven Antrieb« von Rilkes Selbstinszenierungen zu fragen; in der Einleitung war von dieser soziologischen Erweiterung philologischer Verfahren die Rede. Anhand der Briefe Rilkes, der Antworten der Briefpartner und der späteren Erinnerungsschriften wird sich erweisen, dass Inspirationsbeschreibungen zur Positionierung und Ortsbestimmung des konsekrierten Avantgardisten beitragen, zentrale Funktionsträger im Netzwerk auszeichnen, bestimmte Textkorpora auf bestimmte Weise markieren und damit deren Rezeption steuern können. Es soll klar werden, dass das Inspirationsmodell in der von Rilke konstruierten Form Distinktion herstellt, ohne unüberwindliche Gräben zu erzeugen, und deshalb im Konkurrenzkampf um kulturelle Präsenz und Dauer außerordentlich leistungsfähig ist.

2.3.2 Autorsemantik in den ›Prophetengedichten‹

Natürlich lässt sich der Wandel von Rilkes epistolarem Charismatikerprofil nicht nur auf Strukturwandel im literarischen Feld und auf die veränderte Position des Autors zurückführen. Wenn sich Rilke auch weiterhin entlang poetischer Prätexte selbst erfindet, ist vielmehr zunächst nach poetologischem Wandel als Möglichkeitsbedingung neuer Autorsemantiken zu fragen. Gemeint ist die stilistische und thematische Umorientierung des mittleren Werks.[145] Es ist bekannt, dass im *Malte* und den *Neuen Gedichten* ein kontrastreicherer, polemisch schärferer und härterer Duktus die jugendstilhafte Musikalität des Frühwerks ablöst;[146] dass Rilke sich ferner mit der Tendenz zur

144 Vgl. Abschnitt 2.3.5.

145 Trotz »Übergänglichkeiten und Interdependenzen«, etwa zum *Stundenbuch*, sei »an der Eigenständigkeit von Rilkes mittlerem Werk nicht zu zweifeln«, so Engel in KA I, S. 843.

146 Zur Rhetorik des Polemischen im Malte-Roman vgl. Michaela Bertolini, Dissonanzen in Orpheus' Gesang.

Ästhetik des Hässlichen, Kruden und Kreatürlichen auch motivisch von den harmonisierenden, vitalistischen und mystizistischen Bildern des *Stundenbuches* distanziert. Dass diese poetologische Neuorientierung auch die Grundlage liefert für eine zunächst lyrisch, später epistolarisch ins Werk gesetzte expressive Autor- und Inspirationssemantik, wird zu zeigen sein.

Wirft man einen Blick in die Geschichte des Inspirationsmodells, so scheint Letzteres von Beginn an durch die Merkmale Außenlenkung, Intentionslosigkeit und Autoritätsverzicht, ferner Berufung und Privilegierung bestimmt – im Gegensatz zum Kompetenzmodell. Letztbegründungen liefert der Inspirationsdiskurs insofern, als der Textproduzent über diesen Merkmalskatalog als Offenbarungsinstanz und der Text als Offenbarung ausgewiesen ist. Dies gilt sowohl für das »literarisch-mythische Modell«[147] der vorchristlichen Antike als auch für das theologische Modell der christlichen Antike und des Mittelalters.[148] Nun verbinden sich die gelisteten Merkmale in Rilkes Prophetengedichten mit einer ›ekstatischen‹ Expressivität, die aus der objektivistischen Radikalisierung poetischen Sprechens hervorgeht. Die unwillkürliche Offenbarungsrede des Inspirierten ist als eruptives, kreatürliches Sich-Entäußern inszeniert – und ruht als ›dichterischer Wahnsinn‹ ebenfalls auf den Überlieferungen des Inspirationsdiskurses auf:[149]

Enthusiastische Ekstase konkretisiert sich zunächst im Topos des furor poeticus bzw. des ›rasenden Dichters‹, der sich laut Gellhaus in der nachhomerischen Epoche mit dem aufkommenden Dionysoskult verbreitet haben muss[150] und der dann in der gepflegten Semantik seine Spur hinterlässt. Diese Spur reicht von der Figur der göttlichen Mania im *Phaidros*[151] und der Analogie zwischen Dichtern und Bakchen im *Ion*[152] über die paulinische Kritik an ekstatischer Glossolalie[153] und den Typus des hellenistisch-christlichen Ekstatikers[154] bis zu Marsilio Ficinos *De poetico furore.*[155] Im Rahmen der Ge-

147 Unglaub, Die ältere Freundin als ›femme inspiratrice‹, S. 248.

148 Die Merkmale, die in einschlägigen vorchristlichen Texten, etwa *Ion* oder *Phaidros*, das Inspirationsgeschehen konstituieren, wie Bewusstlosigkeit, enthusiastische Gotterfülltheit und Privilegiertheit, diskutiert umfassend Barmeyer, in: Die Musen, S. 91 ff. Sichtbar werden sie als Dichterweihe, spezifische Empfänglichkeit oder Berufung durch die Muse (Pindar, Dithyrambisches Fragment, 61, vgl. Barmeyer, S. 18 ff.). Laut Bultmann begegnet die Vorstellung von der Geisterfüllung, die das Subjekt der Inspiration als Medium einer sich äußernden göttlichen Macht versteht, dann auch in der christlichen Antike. Der Geisterfüllte erscheint hier als Pneumatiker, als Behältnis des göttlichen ›Atems‹, in: Theologie des Neuen Testaments, S. 159 und 157 ff.

149 Auch Blamberger geht im Zusammenhang mit der bewussten Gestaltung von Inspirationserlebnissen von »tradierten Darstellungs- und Deutungsmustern der Inspiration« aus, in: Das Geheimnis des Schöpferischen, S. 35.

150 Vgl. Gellhaus, Enthusiasmos und Kalkül, S. 36.

151 Vgl. Phaidros, 245a.

152 Vgl. Ion, 534a; vgl. auch Barmeyer, Die Musen, S. 101 f.

153 Vgl. 1 Kor 14,2–19.

154 Vgl. Bultmann, Die Theologie des Neuen Testaments, S. 159.

nieästhetik kommt es zu Wiederbelebungen des Topos, etwa mit Heinses »dionysischer Ästhetik«.[156] Auch Friedrich Schlegels frühe Einlassungen zur dionysischen Raserei, die »›Besessenheit und höhere Eingebung‹ als Grundbestandteile von Dichtung überhaupt festschreiben« wollen,[157] gehören in diesen Kontext; ferner Hölderlins Figur des »frohlockenden Wahnsinns«, der »in heiliger Nacht plötzlich die Sänger ergreift« aus der Elegie *Brot und Wein.*[158] Rilkes individuelle Reformulierung des furor poeticus, die Eruptivität der bewusstlosen Propheten-Kreatur, fügt sich – man sieht es – in eine wirkmächtige Tradition ein.

Im zweiten Buch des *Stundenbuches*, dem *Buch von der Pilgerschaft,* sind zwar bereits vereinzelt Elemente einer solchen radikalen ›Autorpoetik der Entäußerung‹ aufzufinden; etwa das Bild des epileptisch-ekstatischen Mönchs im Gedicht *Ein Pilgermorgen,* das bereits Propheten- und Schrei-Vergleiche ins Spiel bringt.[159] Doch verdichten sich solche Elemente in diesem Zyklus, dem Engel eine »neue Härte und Konkretheit« attestiert,[160] noch nicht zu einem programmatischen Zusammenhang wie in den Prophetengedichten. Letztere geben nun die poetische Grundlage für Rilkes epistolare Prophetenrolle ab. Historische Quelle und Bildervorrat für die sieben Einzeltexte, die nicht als Zyklus gefasst sind und bis auf *Josuas Landtag* alle den *Neuen Gedichten anderer Teil* angehören,[161] sind alttestamentarische Texte – prophetische Texte im engeren Sinn wie etwa das Buch Josua, ferner die Psalmen Davids.[162]

Im Zuge der poetologischen Umorientierung werden in diesen Gedichten sowohl der Vorgang der ›Begeisterung‹ als auch das komplementäre Sich-Entäußern mit einer gewissen Gewaltsamkeit belegt. ›Begeisterung‹ und Entäußerung erscheinen als Phänomene, die sich quasi hinter dem Rücken des Subjektes, ohne dessen willentliche Einwirkung, aber unter Ausnutzung seiner vorreflexiven, animalischen Elementarkräfte vollziehen. Da der Produktionsprozess zwar weiterhin zum Numinosum stilisiert wird, sich aber die Stoßrichtung ändert, ist das Vokabular im Vergleich zum *Stundenbuch* entsprechend radikalisiert. Aus den kulturell gebahnten, ›sozialisierten‹ Sprechhandlungen des Betens und Flehens werden protosprachliche Laut-

155 Untertitel seiner lateinischen Übersetzung des *Ion* von 1482; vgl. Till, Artikel »Inspiration«, S. 150.

156 Gellhaus, Enthusiasmos und Kalkül, S. 83.

157 Lohse, Dichterische Inspiration?, S. 289.

158 Hölderlin, Sämtliche Werke, Band 1, S. 287, Zeile 47/48.

159 Vgl. Rilke, KA I, S. 225 ff., Zeile 50 und 81.

160 Engel, KA I, S. 766.

161 Vgl. Josuas Landtag, KA I, S. 457 f.; Tröstung des Elia, KA I, S. 518 f.; Saul unter den Propheten, KA I, S. 519 f.; Samuels Erscheinung vor Saul, KA I, S. 520; Ein Prophet, KA I, S. 521; Jeremia, KA I, S. 521 f.; Mohammeds Berufung, KA I, S. 582 f.

162 Laut Fülleborn sei es Rilke darum gegangen, »die literarischen Zeugnisse Altisraels genau zu lesen und sie sich gleichzeitig poetisch anzuverwandeln«, in: Rilkes Gebrauch der Bibel, S. 25.

bildungen wie Schreien, Brüllen, Fluchen, Heulen.[163] Im Gedicht *Jeremia* etwa äußert das lyrische Ich, seine Stimme sei »von Anfang an ein Heulen« gewesen.[164]

Ferner rücken in das neue semantische Feld anstelle der humanen Tätigkeiten des ›Pilgerns‹ und ›Kniens‹ elementare Bewegungsbilder aus der unbelebten Natur ein wie Feuer, Wasser- und Windmetaphern. Auch hier ist auf überlieferte Bildbestände hinzuweisen, die dem eifrigen Bibelleser Rilke vermutlich bekannt waren: Die Tradition der alttestamentarischen Theophanie präsentiert Gott im Medium elementarer Naturbilder wie ›Sturm‹, ›Feuer‹, ›Gewitter‹ und ›Flut‹.[165] Bei Rilke bezeichnen solche Elementarbilder in charakteristischen, langgezogenen Wie-Vergleichen entweder ›Begeisterung‹ oder unmittelbare (Selbst-)Entäußerung des ›Begeisterten‹ und sind insofern nicht selten mit Schrei-Metaphern verknüpft. Im Gedicht *Josuas Landtag* etwa ist »der plötzliche Ausbruch einer prophetischen ›Stimme‹ und ihre Übermacht« dargestellt.[166] Dafür bedient sich Rilke nicht nur eines eruptiven Wasservergleichs: »So wie der Strom am Ausgang seine Dämme / durchbricht mit seiner Mündung Übermaß, / so brach nun durch die Ältesten der Stämme / zum letzten Mal die Stimme Josuas.«[167] In der vierten Strophe begegnet als Rückblende auch das Schrei-Motiv: »[...] eh / sies noch gedachten, wie er eigenmächtig / zu Gibeon die Sonne anschrie: steh:«[168]

Eine ähnliche Verknüpfung präsentiert das Gedicht *Ein Prophet*. Hier bezeichnen Feuer- und Vulkanmetaphern inspirierte Schau und sprachliche Entäußerung, an die Stelle von ›Schreien‹ tritt ›Fluchen‹: »[...] hell vom Feuerschein aus dem Verlauf / der Gerichte, die ihn nie vernichten, – / sind die Augen, schauend unter dichten / Brauen [...]«, so heißt es in der ersten Strophe.[169] Die prophetischen Worte aber seien »Eisenstücke, Steine / die er schmelzen muß wie ein Vulkan, / um sie in dem Ausbruch seines Mundes / auszuwerfen, welcher flucht und flucht; [...]«.[170]

163 Fülleborn weist auf die Präsenz der dem Motiv ›Schreien‹ zugeordneten Wortfamilie »Heulen«, »Rufen« und »Klagen« in den Psalmen und auf Rilkes intensive Rezeption entsprechender Passagen hin (ebd., S. 22). Hella Montavon-Bockemühl zieht die Parallele zum »Schreien«, »Stöhnen« und »Brüllen« des sterbenden Kammerherrn Christoph Detlev Brigge im Malte-Roman, in: »Wer, wenn ich schriee ...«, S. 10 und S. 15.

164 Rilke, KA I, S. 522, Zeile 18.

165 Zum Beispiel »Feuer« und »Wetter« (Jes 66,15) bzw. »Donnern und Blitzen«, »Feuer« und »Rauch« (Ex 19,16 – 18), »Feuer« (Lev 9,24), »Bergbeben« (Jes 5,25), »Wetter und Sturm« (Nah 1, 3), »Blitz« und »Wetter« (Sach 9, 14), »Wind« und »Feuer« (Ez 1,4), »Erdbeben« und »Sintflut« (Ri 5,4, Ps 68,9), »Wind«, »Hagel«, »Blitze«, »Donnern« (Ps 18,10 – 15), »Feuer«, »Blitze« (Ps 97); vgl. Dillon, Artikel »Acts of the Apostles«, S.731; McKenzie, Artikel »Aspects of Old Testament thought«, S. 1294.

166 Engel, KA I, S. 926.

167 Rilke, KA I, S. 457, Zeile 1 – 4.

168 Ebd., Zeile 15 f.

169 Rilke, KA I, S. 521, Zeile 2 – 5.

170 Ebd., Zeile 9 – 12.

Die Verbindung von Elementarmetaphorik und ›Schreien‹ spielt auch in *Tröstung des Elia* eine maßgebliche Rolle: Eingangs fällt das »weitgeschleuderte Vertrauen« des erzählten Subjekts Elia »zurück als Feuer [...] von ferne«.[171] In der dritte Strophe beklagt dieses Subjekt, dem prophetisch-poetischen furor zur Gänze verfallen, seinen Werkzeugstatus: »[...] da lief er wie ein Irrer in das Land, / so lange bis er unterm Ginsterstrauche / wie weggeworfen aufbrach in Geschrei / das in der Wüste brüllte: Gott, gebrauche / mich länger nicht. Ich bin entzwei.«[172]

Dieser Passus ist deshalb für Rilkes spätere Selbstdarstellung besonders bedeutend, weil sich in der Komplementarität von Berufen-Sein und Benützt-Sein auktoriale Ambivalenz zwischen Überhöhung und Verkleinerung abzeichnet. In diesem Zusammenhang ist auf Ulrich Fülleborn hinzuweisen, der in den Prophetengedichten Kippfiguren im Verhältnis zwischen Gott und Mensch beobachtet, wie sie bereits im *Stundenbuch* durchgespielt wurden. Hier wie dort verhindere die Wechselseitigkeit von »Brauchen und Gebrauchtwerden«[173] feste Hierarchisierungen. Und hier wie dort, so lässt sich ergänzen, ist damit eine auktoriale Rolle präfiguriert, die durch die komplementären Pole von Macht und Ohnmacht, Übersteigerung und Verkleinerung bestimmt ist und die für ihre ›Zielgruppe‹ Distinktion erzeugt und gleichzeitig Nähe des Unnahbaren suggeriert.

Jenseits aller Komplementarität verweist die Drastik der Sequenz Wegwerfen – Aufbrechen – Schreien – Brüllen deutlich auf die Ästhetik des zeitgleich entstehenden *Malte* und lässt ahnen, wie weit sich eine entsprechende Autorrolle vom auktorialen Modell des *Stundenbuches* entfernen wird. Denn auch wenn Rilke die Drastik dieses Repertoires für seine Selbstkonstruktion abschwächt, bleibt die Distanz zum harmonisierenden Vokabular des Fließens, Segnens, Betens, der Stille, Tiefe und klösterlichen Kontemplation augenfällig. In diesem Zusammenhang ist auch auf den Gestalt- und Funktionswandel von Wasser- und Fließmetaphern hinzuweisen. Im *Stundenbuch* und in Briefen der Durchsetzungsphase bezeichnete das vitalistische Bild vom mündenden Strom ›dionysische‹ Selbstauflösung des Autor-Heiligen in die Alleinheit. Dieser Bedeutungsrahmen hat sich mit der poetologischen Umstellung des mittleren Werks grundlegend gewandelt, insofern es nun nicht mehr um Harmonisierung, sondern um Zerrissenheit und Eruptivität geht. In *Josuas Landtag* ist von einem gewaltsamen Strom die Rede, der »am Ausgang seine Dämme durchbricht mit seiner Mündung Übermaß«. Das ist keine maßvolle Mündung, Vereinigung oder Selbstgewinnung mehr, sondern im Gegenteil Zerrissenheit und Missverhältnis, ›Durchbruch‹ und ›Übermaß‹. Inspiration erscheint – charakteristisch für Rilke – als Elementarkraft, die ihr Subjekt passiviert und seiner selbst beraubt. Die Nähe zum Expressionismus

171 Rilke, KA I, S. 518, Zeile 3 f.
172 Ebd., Zeile 11 – 15.
173 Fülleborn, Rilkes Gebrauch der Bibel, S. 28.

und damit zu einer Generation, auf die Rilke als geweihter Avantgardist reagieren muss, um nicht ins Abseits einer frühen Klassizität zu geraten, ist hier augenfällig.

Allerdings soll nicht unerwähnt bleiben, dass Rilkes Selbstentwurf im Brief weitaus weniger animalisch ausfällt als die Inspirationsbilder der Prophetengedichte; weniger animalisch und auch in qualitativer Hinsicht verändert, da Rilke im Brief die Akzente anders setzt. Während in den lyrischen Prätexten – ähnlich wie in den Theophanie-Beschreibungen des Alten Testaments – ein breites Spektrum von Elementarmetaphern zum Einsatz kommt, Wasser, Feuer, Dammbruch, Vulkanausbruch,[174] stehen als Signifikanten für den inspirierten Autor Rilke Sturm- und Windmetaphern ganz im Vordergrund. Umgekehrt gebraucht Rilke die Sturmvokabel in den Prophetengedichten nur ein einziges Mal, so dass man den Eindruck gewinnt, sie sei der epistolaren Selbstdarstellung im Brief reserviert. Mögliche Ursachen diskursiver und sozialbiographischer Natur sind weiter unten zu diskutieren.

An dieser Stelle sei lediglich auf die lyrische Ausnahme hingewiesen, auf den Text *Tröstung des Elia.* In der fünften Strophe geht es tatsächlich um Theophanie, und zwar um die Art und Weise, wie Gott dem Elia erscheint: »Im Sturme nicht und nicht im Sich-Zerspalten / der Erde […]«, sondern »im sanften Sausen seines Blutes«, in dem das erzählte Subjekt »den angekommnen Alten« vernimmt.[175] Der alttestamentarische Prätext[176] bietet nicht nur eine für Rilke attraktive paraliptische Reihe von Negationen – zunächst geht es darum, wie Gott dem Elia *nicht* erscheint, wie er vielmehr dem Moses erschienen ist.[177] Er ermöglicht ferner die Verknüpfung zweier wichtiger Elemente von Rilkes brieflichem Inspirationsrepertoire: ›Sturm‹ und ›Moses‹. Mit Moses bzw. mit dem ›brennenden Dornbusch‹ wird Rilke sich selbst und andere vergleichen; Windmetaphern aller Stärken aber, vom »Sturm« des Moses zum gemilderten ›Rauschen‹, das dem »sanften Sausen« des Elia ähnelt, konturieren immer wieder die Inspiration des Autors. Wie brauchbar auch diese Elemente eines individuellen Sakralcodes, ›Moses‹, ›Sinai‹ und ›Sturm‹, zur späteren Überhöhung, Trivialisierung und Mythenbildung durch Multiplikatoren sind, wird sich anhand von Katharina Kippenbergs Rilke-Biographie (Beitrag I und II) zeigen.

Nun konstituiert sich die Autorrolle des Propheten im Brief nicht nur über Elementares und kreatürliche Naturhaftigkeit, sondern auch über die Kulturpraxis des Schreibens. Solche Inszenierungen von ›Schriftinspiration‹ ruhen ebenso auf fiktionalen Prätexten auf, nämlich auf der Diktat-Rhetorik aus dem Malte-Roman. Da der vorliegende Abschnitt einen Überblick über die

174 Vgl. auch McKenzie, Artikel »Aspects of Old Testament thought«, S. 1294: »The Elements of the theophanies suggest not only the storm, but also earthquake and possibly volcanic eruption.«

175 Rilke, KA I, S. 519, Zeile 21 – 27.

176 Vgl. 1 Kön, 19, 11 – 12.

177 Vgl. Walsh / Begg, Artikel «Kings«, S. 172: »The whole scene, including Elijah's veiling his face, recalls the theophany promised to Moses in Exod 33,18 – 23.«

Prophetengedichte geben wollte, sind diese Prätexte im Zusammenhang entsprechender Briefstellen zu diskutieren.

Die Prophetengedichte deuten unter den gewandelten Prämissen einer Ästhetik des Hässlichen und ungeschönt Existentiellen biblische Stoffe um – so weit der poetologische Konsens. Warum ist es darüber hinaus überhaupt legitim, sie als implizite Poetik von Autorschaft zu lesen? Weil sich das »schrittweise Hineinnehmen ins eigene Leben«, das Fülleborn für das *Stundenbuch* reklamiert,[178] auch hier nachzeichnen lässt. In der Durchsetzungsphase hatte Rilke in Briefen an Kappus zunächst einsame und arme Künstler-Heilige aus dem semantischen Geist des *Stundenbuchs* als überpersönliche Idealgestalten entworfen, um diese Modelle dann in anderen Korrespondenzen auf sich selbst anzuwenden. Ähnliches geschieht auch jetzt: Personal und Bildlichkeit der Prophetengedichte rücken schrittweise in den Raum persönlicher (Brief-)Kommunikation ein. Dort fungieren sie zunächst als vieldeutiges Metaphernarsenal ohne direkten Bezug zum epistolarischen Ich, schließlich dann auch als Rilke-Signifikanten. Allerdings liegt zwischen der Abfassung der Gedichte in Paris zwischen 1906 und 1908 und ihrer Anverwandlung für den epistolaren Selbstentwurf ein Zeitraum von mehreren Jahren. Warum? Damit der Übertragungsprozess in Gang kommt, muss Rilke erst nach Spanien reisen. Während dieser Bildungsfahrt, die ihn 1912 von Toledo über Córdoba und Sevilla nach Ronda führt, überlagern sich Raumerfahrung des Erhabenen, biblische Intertexte und Prophetensemantik. Erst das Bedürfnis nach ästhetischer Überformung des Erlebten bahnt den Eintritt prophetischer Bilder aus der Dichtung in den Raum der Briefkommunikation.

2.3.3 Zwischenspiel: Die Spanienreise

Da sich biographische und poetologische Forschung intensiv mit der Spanienreise als Erlebnisgrundlage für den Aufbruch ins Spätwerk auseinandergesetzt haben, wurden auch die hier in Rede stehenden Briefpassagen öfters zitiert und auf biographische, werkgeschichtliche und ästhetische Implikationen hin befragt.[179] Schließlich machen sie exemplarisch sichtbar, wie Rilke Landschaft wahrnimmt, wie er Außenräume in Seelenräume transformiert. Dass Spanien in Analogie zu Duino, Capri oder Les Baux als Raum des Erhabenen firmiert, ist ebenso Konsens[180] wie die Bedeutung des erhabenen

178 Fülleborn, Rilke um 1900, S. 298; vgl. II. Hauptteil, Abschnitt 2.2.3, Anm. 109.

179 Zum Beispiel Engel, KA II, S. 421–426; Helmut Naumann, Rilke und Toledo; ferner BlRG, Heft 22 (99), Rilke in Spanien; hier vor allem Anna Lucia Giavotto Künkler, Spanien als Erscheinung.

180 Vgl. exemplarisch Jutta Wermke, der zufolge sich an der spanischen Landschaft »die Vision unverminderter Wirklichkeit« entzünde. In Rilkes an El Greco geschultem Blick auf Toledo dominiere die »Höhendimension als Bewegungslinie«. Die Folge sei ein »beunruhigtes«

Raumes für die Poetik der Verräumlichung innerer Prozesse im Spätwerk. Rilke ästhetisiert die spanische Landschaft, die imagologisch durch »ekstatische Gemälde« El Grecos vorgeprägt ist[181] und der Jutta Wermke in diesem Zusammenhang »Bildcharakter« attestiert,[182] zum alttestamentarischen Raum des Archaischen, des Elementaren und der Prophetie. Er fasse »Faszinosum und Tremendum« dieser Natur »konsequent in Bilder des Alten Testaments […] als des Zeugnisses einer Religion, die Tod und Leben, Herrlichkeit und Schrecken noch als Einheit gelten zu lassen vermochte«.[183] Poetologisch rührt das an Rilkes zentrale Konzeption von der Conditio humana, die er eher als anthropologische Gegebenheit denn als Produkt sozialer Konstruktionen und Kontexte versteht.

Doch es gibt noch andere Fragen, die man an die Spanienbriefe herantragen kann – etwa: Was ist die Funktion der Briefe für den Autor Rilke und sein epistolares Selbstbild? Meiner Meinung nach fungieren sie in Analogie zur Kappus-Korrespondenz als Gelenkstelle zwischen impliziter Autorpoetik in der Lyrik und späterer expliziter Selbstinszenierung im Brief entlang lyrischer Vorgaben. Bilder und personale Vergleiche aus dem semantischen Feld der Prophetengedichte wandern hier in den Raum persönlicher Kommunikation ein. Dabei bezeichnen sie zunächst nicht den Autor Rilke, sondern Stadt, Landschaft, Wahrnehmungseindrücke. Eine Ausnahme von dieser anfangs ›neutralen‹, autorfernen Verwendung prophetischer Semantik gibt es allerdings. Seinem Verleger teilt Rilke mit, er werde »wie Josua, die Sonne hier festhalten müssen, denn sowie sie nachlässt fühlt sich die Stadt [Toledo] sehr kalt an […]«.[184]

Doch bis auf diesen Selbstvergleich mit Josua, Prophet des Alten Testaments und ›Titelheld‹ des lyrischen Prätexts *Josuas Landtag*, sind Künstlertum und Auktorialität in den prophetischen Sprachspielen der Spanienbriefe noch nicht thematisch. Vielmehr stellen Propheten das angemessene, erhabene und inspirierte Personal dar, mit dem die biblische Landschaft zu bestücken ist. Er gehe, schreibt Rilke an Nádherný, »dort auf und ab, wo Propheten gehen können«.[185] Zwei Wochen früher imaginiert Rilke auch in einem Schreiben an die zentrale Mäzenin Taxis »einen Propheten« als Bewohner des Zeichenraumes Spanien; einen Sehertypus, der dezidiert an die gewaltsamen Inspirationen der Prophetengedichte erinnert: Er müsse »immer wieder an einen Propheten denken bei dieser Gegend, an einen, der aufsteht vom Mahl, […] und über den gleich, auf der Schwelle des Hauses noch, das Prophezeien

Schauen, dass dennoch die Wahrnehmung befreie, in: Landschaft als ästhetische Konstruktion, S. 278.

181 Fülleborn, Rilkes Gebrauch der Bibel, S. 32; vgl. auch Villadangos, Die spanische Malerei bei Rilke, zu El Greco vor allem S. 34–38.

182 Jutta Wermke, Landschaft als ästhetische Konstruktion, S. 279.

183 Ebd., hier S. 280.

184 Rilke an Anton Kippenberg, 9.11.1912, AK I, S. 365.

185 Rilke an Sidonie Nádherný, 26.11.1912, SNB, S. 151.

kommt, eine immense Sehung rücksichtsloser Gesichte«. Allerdings wird hier mit der vorangestellten parataktischen Reihe »Welt, Schöpfung, Gebirg und Schlucht, Genesis« der Bezug zur konkreten, historisch-mythischen Figur ›Moses‹ hergestellt.[186] Das ist wichtig, denn Moses taucht als vieldeutiges Zeichen immer wieder auf und illustriert, wie multifunktional Rilkes Prophetensemantik sein kann.

So ist ›Moses‹ zum einen Vergleichsgröße für die Stadt Toledo, wenn Rilke Salomé mitteilt, es gebe »keine Worte, [...] wie über alles hinaus diese Stadt mitten in ihrer ungebändigten Landschaft vor mir stand [...] strafend und aufrichtend zugleich wie Moses da er mit Lichthörnern vom Gebirge kam [...]«.[187] Zum anderen können auch Empfindungen, die Toledo weckt, mit dem Moses-Bild umschrieben werden: »[...] wie Moses nicht der Erscheinung mächtig war, sondern erschrak und verstummte und nur den Widerschein davon vor sich her auf seinen Zügen trug« – so bäume »sich einem das Herz vor dieser Stadt [...]«, berichtet Rilke ganz im Stil der *Neuen Gedichte* an Nádherný.[188]

2.3.4 Briefprophetie und alttestamentarische Vorbildfiguren

Ist der Bildzusammenhang zwischen Altem Testament, Prophetengedichten und erhabenem Zeichenraum ›Spanien‹ erst einmal epistolarisch installiert, ist es nur noch ein kleiner Schritt zur Einschreibung des Autor-Ichs in diesen nicht mehr fiktionalen Bildraum; ein Schritt, den Rilke mit dem Josua-Vergleich im zitierten Schreiben an Anton Kippenberg bereits gewagt hatte.[189] Ein Jahr später vollzieht er ihn erneut, wenn er für Hattingberg retrospektiv das Spanien-Erlebnis beschreibt und poetisiert. Er wolle der unbekannten Briefpartnerin versichern, dass Spanien »ohne Gleichen« gewesen sei, »es war das alte Testament [...]«. Und wie im zitierten Schreiben an Nádherný lehnt er sich im Folgenden an die Struktur der *Neuen Gedichte* an:

> Umsoviel als eine Erscheinung, die einer hat, das bloße Dastehn eines Menschen übertrifft, um genau soviel überwog diese Stadt, diese Landschaft das Dasein der Landschaft, wie wir es kennen. Und da schaute man nun und war, wie Moses, mit dem ganzen Gesicht ans Ungeheure verpflichtet.[190]

186 Rilke an Marie Taxis, 13.11.1912, TT I, S. 227.

187 Rilke an Lou Salomé, 19.12.1912, LAS, S. 273 f.

188 Rilke an Sidonie Nádherný, 26.11.1912, SNB, S. 152. Zum Wie-Vergleich, der die »Stilphysiognomie der Neuen Gedichte weitgehend« bestimme und bis zur »Verkehrung des Verhältnisses von Sach- und Bildsphäre« reiche, vgl. Engel, KA II, S. 911.

189 Ein Antwortbrief auf dieses Schreiben existiert nicht; vielmehr hat sich für den Zeitraum von 27.10.1912 bis 18.12.1912 nur eine Reihe von fünf Briefen Rilkes an Kippenberg erhalten.

190 Rilke an Hattingberg, 26.1.1914, HAT, S. 23.

Aus der Vergleichsgröße ›Moses‹ für die prophetische Stadt ist die Vergleichsgröße für den prophetischen Autor geworden – ein Wechsel der Signifikate, für den sich das erste Antwortschreiben an die neue Respondentin anzubieten scheint. Hattingberg hatte nämlich zuvor in charakteristisch hochgespannter Tonlage Rilke als »guten Geist« bezeichnet und damit den Weg geebnet für das sakrale Redeklima, das besonders dieser Korrespondenz weiterhin eignen wird.[191] Dass die Respondentin dabei nicht konkret auf Rilkes prophetische Semantik eingeht und stattdessen einen eher unspezifischen Gebets- und Predigtstil favorisiert, ändert nichts an der Intersubjektivität dieses Kommunikationsraumes. Vielmehr motiviert dialogisches Beten, Segnen und wechselseitige Heiligsprechung im körperlosen Raum anonymer Briefkommunikation, wie sie in Abschnitt 2.2.6 diskutiert wurde, offensichtlich auch zu weiteren prophetischen Selbstvergleichen. Und so zeigt sich in der Korrespondenz mit Hattingberg nicht nur, wie die rückblickende, zunehmend stilisierende Erzählung über Spanien plötzlich den Autor Rilke mitmeint. Sie zeigt auch, wie sich die neue epistolarische Rolle vom Vermittlungskontext der Spanienreise löst und verselbstständigt.

Einen Monat später greift Rilke nämlich den Selbstvergleich mit der alttestamentarischen – und lyrischen – Figur Josua, den er schon Kippenberg gegenüber bemüht hatte, auch für Hattingberg wieder auf. Dabei geht es um Rilkes Ängste, einer praktischen Liebesbeziehung nicht standhalten zu können. Die Adressatin sei das wegweisende »Gestirn, und will mir scheinen zu meiner Feldschlacht, zu meinem Siege, aber ich bin nicht wie Josua und wags nicht und trau mirs nicht zu, daß ichs vermöchte: die Sonne zu halten«.[192]

Zum einen erhellt aus diesem Passus, wie Rilke sich auch ohne Spanien-Bezug als Prophet entlang lyrischer Prätexte entwirft. Zum anderen fällt ein Schlaglicht auf divergierende Akzentsetzungen in Gedicht und Brief. Der prophetische Protagonist des Josua-Gedichts erscheint Fülleborn zufolge als nietzscheanischer Übermensch, mit »dem Willen zur Macht über die Zeit, die Naturgesetze und über Gott, der mit ihm die ›Herr-und-Knecht-Rolle‹ tauschen muß […]«.[193] Der prophetische Autor im Brief schillert dagegen zwischen Überhöhung und Verkleinerung. Zwar bezieht er sich auf ein »Gestirn«, ist aber *nicht* wie der Übermensch Josua, und natürlich ist auch hier in der Negation die prophetische Seinsweise als Möglichkeit impliziert. Nach wohlbekanntem Muster[194] relativiert Rilke wie in den vergleichbaren Franziskus- und Hieronymus-Passagen für Salomé und Kippenberg das Skandalon des Vergleichs und verbindet Distinktion mit Identifikationsangeboten. Das Identifikationsangebot ist hier ein doppeltes: Es beinhaltet neben Selbstnegativierung zum Nicht-Propheten auch Adressatenweihe. Bereits für die

191 Hattingberg an Rilke, 22.1.1914, HAT, S. 21.
192 Rilke an Hattingberg, 23.2.1914, HAT, S. 167.
193 Fülleborn, Rilkes Gebrauch der Bibel, S. 26.
194 Zu den poetologischen Parallelen vgl. II. Hauptteil, Abschnitt 2.2.7, Anm. 277.

Mentorin Salomé hatte der junge Autor Rilke angemessene Positionen in seinem fiktionsnahen Kosmos heilig-klösterlicher Kunst kreiert, als er sie zur »ernährenden« Stimme und zum »hellen Stern« des Autor-Eremiten stilisiert hatte.[195] Analoges geschieht nun mit der Briefgeliebten. Für Hattingberg kreiert der etablierte Autor eine angemessene Position in seinem fiktionsnahen Kosmos heilig-prophetischer Kunst, wenn er ihr aus der lyrischen Konfiguration Josua/Sonne die Rolle des »Gestirns« zuweist.

Man sieht: Rilke suggeriert sowohl als Autor-Heiliger wie als Autor-Prophet nicht unerreichbare Monumentalität, sondern paradoxerweise Größe und Greifbarkeit. Im Gegensatz zum Antipoden George sind seine Selbstsakralisierungen so beschaffen, dass sie den Respondenten nicht in den Abgrund unheiliger Bedeutungslosigkeit stürzen, sondern Symmetrie und damit ›heilige Dyaden‹ erzeugen. Dass solche Überhöhung und Einbindung des Adressaten in das Gesamtkunstwerk tatsächlich identifikatorisch wirkt, erhellt aus Hattingbergs späterer Nutzung des Passus. In ihrem Erinnerungsbuch teilt die Verfasserin Auszüge aus einem »dernière lettre à B.« mit, der ihr angeblich von unbekanntem Absender zusammen mit ihren Briefen an Rilke im Jahr 1927 zugestellt worden sei.[196] Weder hat sich dieser Brief je gefunden, noch gab Hattingberg auf die Frage nach dem Original eine Antwort;[197] ferner scheint es ganz und gar unplausibel, dass Rilke nach dem Ende der Liebesbeziehung im April 1914 irgendwann einen quasi testamentarischen Brief geschrieben haben sollte, der Hattingberg »das Vermächtnis meines Lebens in Deine gesegneten Hände« legt.[198] Wenn der Brief aber fingiert ist, wovon man ausgehen kann, ist er als Akt der Selbstdarstellung zu verstehen; und dann zeigt er auch, wie groß die Integrationskraft von Rilkes Adressatenweihe ist. Hattingberg wählt nämlich die besagte Josua-Gestirn-Passage, um ihren eigenen, fingierten Rang als ›Vermächtnisverwalterin‹ zu beglaubigen:

Und ich? – Im Lichte Deines strahlenden Daseins zu mir ist alles Verborgene […] meiner Natur endgültig klargeworden. Da warst Du, Benvenuta, mein Gestirn, und wolltest mir scheinen zu meiner Feldschlacht, zu meinem Siege. Ich aber war nicht

195 Vgl. II. Hauptteil, Abschnitt 2.2.4.

196 Magda v. Hattingberg, Rilke und Benvenuta, S. 301 f.

197 Als Hattingberg das Konvolut 1957 dem Deutschen Literaturarchiv Marbach zum Verkauf anbietet, fehlt ausgerechnet dieses Schreiben. Als Bernhard Zeller schriftlich bei Frau v. Hattingberg nachsucht, ob denn »das Original dieses Briefes noch« existiere, erhält er auf seine Fragen keine Antwort (zitiert nach HAT, S. 232).

198 Zu deutlich sind die Anzeichen für eine starke Abkühlung und schließliche Distanzierung Rilkes, die auch durch Hattingbergs musikalisch-publizistische und gesellschaftliche Ambitionen ausgelöst worden sein dürfte, vgl. auch II. Hauptteil, Abschnitt 2.2.6, Anm. 243; vgl. auch einschlägige Bemerkungen Rilkes an Marie Taxis: »Entre nous soit dit: mir ist die allzu eindringliche Gethulichkeit der Frau v H nicht ganz lieb […]« (24.2.1915, TT I, S. 401); »Frau v. Hattingberg war hier, sehr befreundet, wie es scheint, mit der Prinzessin Titi, – aber, Gott, wie fremd und wie voll Geschäftigkeit und Fortkommen! Wenn ich denke—« (2.10.1915, TT I, S. 445).

wie Josua und *wagte* es nicht und traute mir's nie zu, dass ich's vermöchte: *die Sonne zu halten.* Aber wenn ich's auch nie erreichte, so hat mich Gott doch auf den Berg geführt und hat mir Dich gezeigt. *Dich, Benvenuta!* […].[199]

So zumindest habe sich Rilke laut Hattingberg geäußert. Dass die Respondentin ausgerechnet diesen früher geschriebenen Briefpassus wiederverwendet, um einen Vermächtnisbrief zu fingieren und ihre Bedeutung als ›Ko-Heilige‹ für die Nachwelt zu fixieren, illustriert eindrucksvoll dessen primäre Wirkung. Offensichtlich war hier zwar Distinktion wirksam, aber nicht Ausgrenzung; vielmehr gemeinsame Distinktion zweier heilig-prophetischer Akteure und in diesem Sinn auch Identifikation des Briefpartners mit dem Autor.

Wie sich die epistolare Konstruktion des Autor-Propheten vom Vermittlungskontext der Spanienreise löst und verselbstständigt, erhellt nicht nur aus der Korrespondenz mit Hattingberg. So begegnen etwa die ›ekstatisch‹-expressiven Äußerungsformen des Schreiens und Heulens als Merkmale inspirierter Auktorialität, wenn Rilke in einem Schreiben an Helene Gräfin Nostitz geistig-gesellschaftliches Umdenken der kriegführenden Parteien herbeiwünscht. An Cézanne denke man »wie an einen Propheten«, und man sehne sich »nach einem solchen Schreier und Heuler –, aber sie sind alle vorher fortgegangen, die Greise, die die Macht gehabt hätten, jetzt vor den Völkern zu weinen«.[200] Die Adressatin solchen Appells ist nicht nur kosmopolitische Salondame mit Verbindungen nach Preußen, Russland, Frankreich und Italien, zum Hochadel und zu Künstlern wie Hauptmann, Max Reinhardt und Rodin. Als Weimarer Freundin von Hofmannsthal, Kessler, Henry van de Velde und Ludwig von Hofmann gilt sie konkret als »verbindendes Element des [Weimarer] Kreises«, als Bindeglied im »problematischen Verhältnis zwischen Rilke und Hofmannsthal«, als Vermittlungsinstanz Rilkes zum Künstlerzirkel der Goethestadt.[201] Es ist also nicht unbedeutend, dass Nostitz, die den oben diskutierten Typus der Multiplikatorin und Vermittlerin zwischen intellektuellem Feld und Machtfeld repräsentiert, Rilkes prophetische Rhetorik akzeptiert und bestätigt. Zunächst, indem sie sich auf den gemeinsamen Freund Rodin bezieht. Dessen »düstere Prophezeiungen« habe sie, wie Rilke, »auch nicht recht ertragen«.[202] Wie selbstverständlich aber auch diese Multiplika-

199 Magda v. Hattingberg, Rilke und Benvenuta, S. 302.

200 Rilke an Helene Nostitz, 12.7.1915, HN, S. 92; zu beachten ist eine Parallelpassage an Ellen Delp vom 10.10.1915, die die Weltkriegssituation als Entstehungskontext solcher Warnprophetie ausweist. Im Schreiben an Delp ist von »drei, fünf, zehn« Zusammenstehenden bzw. vom Schreien des »Einen, ders nicht mehr erträgt« die Rede, in: Rainer Maria Rilke, Briefe in zwei Bänden, Bd. 1, S. 598, künftig BNaI.

201 Laut dem Einleitungstext des Herausgebers zu Nostitz' Erinnerungen gehörte das Ehepaar Nostiz-Wallwitz »mit Harry Graf Kessler und Henry van de Velde […] zum Weimarer Kreis, der sich zum Ziel gesetzt hatte, die Goethestadt wieder zu einem Zentrum kulturellen Lebens zu machen«, in: Helene v. Nostitz, Aus dem alten Europa, S. 2 und S. 10.

202 Helene v. Nostitz an Rilke, 16.7.1915, HN, S. 94.

torin Rilke selbst als Propheten mitdenkt und imaginiert, erhellt erst später aus ihrem Erinnerungstext:

> Er ist einer der wenigen, die sich in das dunkle Tal der letzten Einsamkeit hineinwagen und von dort aus uns Unaussprechliches verkünden. [...] Das Verhältnis zu nahestehenden Menschen pflegte er wie seine Kunstwerke. Wie ein Geist, der über den Wassern schwebt, wachte er über sie.[203]

Fast erübrigt sich der Hinweis, dass Rilke in vielen Briefen auf das semantische Feld ›Moses‹ zurückgreift und sich deshalb für spätere Multiplikatoren Assoziationen zum Buch Genesis geradezu anbieten.

Dass es bei seinen Konstruktionen idealer, ›prophetischer‹ Autorschaft jenseits des Spanien-Kontexts nicht nur um Verständigungen über Vorbildfiguren, sondern konkret um Rilke-Projektionen geht, wird zudem in der Korrespondenz mit Marie Taxis deutlich. »Wenn Gott ein Einsehn hat«, so schreibt Rilke 1913, »so lässt er mich bald ein paar Räume auf dem Land finden, wo ich ganz nach meiner Art wüthen kann und wo die Elegieen aus mir den Mond anheulen dürfen von allen Seiten, wie's ihnen zu Muth ist.«[204] Sicherlich verdankt sich die ironische Färbung neben Rilkes grundsätzlicher epistolarer Tendenz zur Uneigentlichkeit auch einem gewissen Anpassungsbedarf an den spontanen, quasi-mündlichen Briefstil der Marie Taxis. Schließlich ist die Fürstin, die sich über Rilkes Brief »gekugelt« hat,[205] zu diesem Zeitpunkt wichtigste Mäzenin, Protektorin und soziale Drehscheibe in Rilkes Nahwelt; bereits vor der Spanienreise im Juli 1912 hatte Rilke künftige Schreibakte zum »Geheul unter den Geheulen« ironisiert.[206] Dennoch ist auch hier unverkennbar die Inspirationssemantik der Prophetengedichte im Spiel und konturiert ein epistolares Autor-Ich in unmittelbarer Nähe zur fiktionalen Welt dieser Texte.

Nun darf die Bedeutung der Spanienerfahrung als Vermittlungsinstanz nicht verabsolutiert werden, da Rilke sich schon seit 1911 vereinzelt als Inspirierter im Stil der Prophetengedichte entwirft. In einem Schreiben an die Mäzenin Taxis vom Frühsommer dieses Jahres etwa beklagt Rilke das Ausbleiben einer »wörtlichen und unaufhörlichen Berufung«. Überformt wird diese persönliche Standortbestimmung durch den Verweis auf tatsächlich berufene Künstler, die dem Propheten Mohammed ähnlich seien: »Es gibt doch Menschen, über die das so kommt (und über den Künstler muß es doch kommen, so gut wie über Mohammed mindestens) die Aufgabe, die immer da ist und immer genau und immer verlangend.«[207]

203 Helene v. Nostitz, Aus dem alten Europa, S. 110; vgl. auch II. Hauptteil, Abschnitt 2.2.3, Anm. 129.

204 Rilke an Marie Taxis, 27.12.1913, TT I, S. 345.

205 Antwortschreiben Marie Taxis an Rilke, 3.1.1914, TT I, S. 346.

206 Rilke an Marie Taxis, 12.7.1912, TT I, S. 171.

207 Rilke an Marie Taxis, 31.5.1911, TT I, S. 42.

Nach dem systematischen Muster von Negation, Wunsch und Möglichkeit ist der Autor Rilke auch bei diesem Prophetenvergleich zumindest mitgemeint – bezeichnet wird, wie Rilke zwar aktuell nicht ist, als Künstler aber sein könnte, nämlich wie Mohammed. Auch dieser Vergleich ruht auf einem lyrischen Prätext auf, dem 1907 entstandenen letzten Prophetengedicht *Mohammeds Berufung.*[208] Zwar geht es in diesem Gedicht um Textrezeption, um das Lesen, und nicht um elementare Lautäußerungen. Doch auch hier steht der Zusammenhang zwischen Berufung und Inspiration im Zentrum: Die Berufung des moslemischen Religionsgründers konkretisiert sich als inspirierter, gesteigerter Lesevorgang.[209] Zu erwähnen bleibt noch, dass die Adressatin des getarnten Selbstvergleichs mit Mohammed Rilke zum Zeitpunkt dieses Schreibens bereits zweimal auf verschiedenen Besitzungen beherbergt hat; auf Besitzungen, die auch künftig angemessene Arbeitsbedingungen in Aussicht stellen.

Nur kurze Zeit später wird Rilke nämlich erneut Taxis' Gast sein. Diesmal für sechs Monate und an einem Ort, der bereits vor der Spanienreise als weiterer erhabener Landschaftskontext Künstlertum, auktoriales Ich und Bildraum der Prophetengedichte miteinander vermittelt: Duino. Das adriatische Felsenschloss ist nicht nur werkgeschichtlich von entscheidender Bedeutung. Es steht auch im Zentrum von Rilkes fiktionsnaher Selbstschöpfung und später im Zentrum jenes Autormythos, an dem die Multiplikatoren, Rilke zitierend und trivialisierend, konsequent weben.[210]

Die folgenden Passagen sind sämtlich im ›Elegienwinter‹ 1911/1912 in Duino geschrieben. Dabei erweist sich die landschaftliche Anordnung von Felsen, Burg und stürmischem Meer als Spanien-analoger Kontext nicht nur für die Suche nach einer neuen, expressiveren Sprache. Es geht auch um neue, expressivere Ausdrucksformen von Autorschaft. So reflektiert Rilke in einem Brief an Ilse Sadée, die offensichtlich um fachmännische Beurteilung der Texte eines befreundeten Lyrikers angesucht hatte, vor allem seinen eigenen auktorialen Standort. Ähnlich wie in den Briefen an Kappus wird das zwar in ein überindividuelles, allgemeingültiges Idealiter gegossen, doch weist nicht zuletzt die zentrale Schrei-Figur so wie einst ›Einsamkeit‹ auf den mitgemeinten

208 Vgl. Rilke, KA I, S. 582 f.

209 Zu Rilkes einschlägigen Lektüren von Koran und populärer Mohammed-Biographik, vgl. Ingeborg Solbrig, Zu Rilkes Gedicht *Mohammeds Berufung*; Kuschel, »Gott von Mohammed her fühlen«.

210 Vgl. Lou Salomé, Rainer Maria Rilke, S. 69: »Duino, die geliebte Geburtsstätte der ersten Elegien«; Katharina Kippenberg, Rainer Maria Rilke, 1948, S. 178: »Es war eine alte burgartige Feste, vor deren Mauern das Meer rauschte und um die die Stürme im Winter gewaltig tobten. Vom Dezember an war er da wirklich allein, im Januar schrieb er die erste Elegie nieder, wobei der Versanfang […] ihm wie von einer fremden Stimme plötzlich zugerufen war«; Magda v. Hattingberg, Rilke und Benvenuta, S. 178: »Unsagbar einsam war es hier, kein Schiff, kein Segel zu sehen; der Wind hatte sich gelegt, das Meer wurde zu einem riesigen blauen Spiegel, die Zeit versank. Ich verstand, dass Rainer oft hier gewesen war, er hatte mir diese Stelle beschrieben und gesagt, dass hier der erste Entwurf zu den Elegien entstanden sei.«

Produzenten der Prophetengedichte hin. Was man mit einundzwanzig Jahren schreibe, sei »ein Schrei, – denkt man bei einem Schrei daran, ob er hätte anders geschrieen sein müssen?« Weiterhin wird ein idealtypischer dichterischer Bildungsgang geschildert, und zwar mit jener Bildlichkeit von Schrei, Expressivität und Eruptivität, wie sie aus den Prophetengedichten bekannt ist:

Die Entwicklung wird immer die sein, dass man sich die Sprache voller, dichter, fester macht (schwerer), und dies hat dann freilich nur Sinn für einen, der sicher ist, dass auch der Schrei in ihm unablässig, unaufhaltsam zunimmt, so dass er später unter dem Druck unzähliger Atmosphären aus allen Poren des fast undurchdringlichen Mediums gleichmäßig austritt.[211]

Die Forschung hat darauf hingewiesen, dass dieser Passus in den Kontext von Rilkes Sprach- und Darstellungskrise nach dem Abschluss des *Malte* gehört. Rilke formuliere hier plastisch den Prozess der Steigerung von Sprache »bis an die Grenze des Sagbaren«.[212] Jenseits solch werkorientierter Beobachtungen ist aber ebenso auf die Wandlung von Rilkes auktorialem Habitus hinzuweisen. Offensichtlich lotet er hier das dramaturgische Potential der Prophetengedichte für neue, plakativere Formen der Selbstbeschreibung aus. Dass er selbst mitgemeint ist, legen zeitgleiche, konkrete Selbst- und Fremdstilisierungen aus dem semantischen Geist der Prophetengedichte nahe.

In einem Schreiben an Sidonie Nádherný etwa vergleicht Rilke sich mit dem alttestamentarischen Jakob. Der Aufenthalt, »zumal an den Windtagen«, sei »nicht ohne Strenge«, aber er, Rilke, könne sich ja »mit der Einsamkeit einrichten, auch wo gar keine Ausrede möglich ist«. ›Einsamkeit‹, das einheitsstiftende Epitheton aller Künstler-Mönche, Künstler-Mystiker und Künstler-Propheten in Rilkes projektivem Kosmos,[213] stellt auch hier das Bindeglied zwischen alter und neuer Rolle dar. Weiter geht es nämlich nicht mit dem einsamen Eremiten der Heiligenlegende, sondern mit dem Patriarchen aus dem zweiten Buch Moses: »So leist ichs nur wie Jakob mit dem Engel: sie [die Einsamkeit] ist ja natürlich die stärkere, und doch wird's mein Schaden nicht sein«.[214]

Worauf Rilke hier in charakteristischer Inspirationssemantik anspielt, ist der unmittelbar beendete Entstehungsprozess der *Ersten Elegie.*[215] Dem erhaben-hymnischen Schrei-Text in erhabener Sturm-Landschaft wird ein Autor-Prophet zugeordnet, der im erhabenen Kampf mit Gott unterliegt und doch siegt.[216] Aus der Jakobs-Chiffre geht unzweifelhaft hervor, wie Rilke den zurückliegenden Schaffensvorgang verstanden haben will: nicht mehr als mystischen Weg in die heilige Innerlichkeit, sondern als paradoxen – demütig-

211 Rilke an Ilse Sadée, 26.12.1911, in GB I mitgeteilt unter N.N., S. 298.
212 Krischke, Rilke liest Fabre d'Olivet, S. 88 f.
213 Vgl. II. Hauptteil, Abschnitt 2.2.3.
214 Rilke an Sidonie Nádherný, 4.2.1912, SNB, S. 130.
215 Am 21.1.1912 abgeschlossen, vgl. Engel, KA II, S. 625.
216 Vgl. Gen 32,23–33.

sieghaften – Kampf mit den Mächten der Offenbarung. Auch hier ist die Selbstinszenierung eng an frühere Dichtung angelehnt; und auch in den entsprechenden Prätexten, die das Motiv des prüfenden Engels aufgreifen, *Der Schauende* und *Der Engel*, ist die komplementäre Erniedrigung und Erhöhung des (Kunst-)Schaffenden vorgeprägt: sein »Wachstum« sei es, »der Tiefbesiegte von immer Größerem zu sein«;[217] ferner kämen Engel zum Inspirierten, »dich ringender zu prüfen […] und griffen dich als ob sie dich erschüfen / und brächen dich aus deiner Form heraus«.[218] So knapp diese Selbstdarstellung aus Duino also, so wichtig ist sie hinsichtlich poetischer Kontexte und Steuerung der Elegienrezeption. Folgerichtig adressiert sie eine bedeutende Figur im Netzwerk: Nádherný baut nicht nur ihr Schloss als »eine der möglichen Rückzugslinien in [Rilkes] Leben« ein,[219] sie gewährt wiederholt materielle Unterstützung, müht sich während der Einberufungsmisere im Winter 1915/16 um Rilke[220] und stellt als exemplarische Intellektuelle ohne Bildungstitel eine wichtige Brücke zu Karl Kraus und Ludwig von Ficker dar. Leider haben sich ihre Briefe an Rilke vor 1914 nicht erhalten, ferner existiert auch kein Erinnerungstext Nádhernýs, so dass über einen etwaigen gemeinsamen prophetischen Redestil nichts ausgesagt werden kann.

Aus den zitierten Briefstellen erhellt nun, dass Selbstvergleiche mit Mohammed und mit alttestamentarischen Prophetenfiguren wie Moses, Josua, Jakob zum Konzept heiliger Autorschaft des etablierten Rilke gehören und von erhabenen Landschaftskontexten wie Spanien oder Duino angestoßen werden. Auch wenn die Systematik dabei überrascht und ganz zu den Spezifika des Dichters gehört, steht Rilke grundsätzlich mit der identifikatorischen Aneignung des ›Alten Bundes‹ in den Jahren nach 1910 nicht allein. Wie weit er sich etwa, wie eingangs behauptet, den Autorfigurationen des Expressionismus annähert, erhellt aus einer Invektive Werfels von 1913 gegen die perhorreszierten »Skribenten«. Letztere sollten sich, so Werfel, »abkehren von dem ungeheuren Beruf, den sie nicht ertragen können. […] Möchten sie fühlen, daß diese Erde Jesaia und Tolstoi getragen hat.«[221]

Im gleichen Jahr beruft sich noch ein weiterer Zeitgenosse auf biblische Autormodelle. Der Literat, so Thomas Mann in seinem Essay *Der Künstler und der Literat* (1913), sei »ehrenhaft bis zur Heiligkeit, ja, als Wissender und Richtender den Propheten des Alten Bundes verwandt« und stelle »auf seiner vornehmsten Entwicklungsstufe den Typus des Heiligen vollkommener dar als irgendein Anachoret einfacherer Zeiten«.[222] Selbst wenn gerade Mann für sich selbst das Konzept ›repräsentativer Autorschaft‹ favorisiert, teilt auch er

217 Rilke, KA I, S. 333, Zeile 33/34.
218 Rilke, KA I, S. 472, Zeile 9–12.
219 Blume, Vorwort zur älteren Ausgabe, S. 14.
220 Vgl. Nachwort des Herausgebers, SNB, S. 613 f.
221 Werfel, Zwischen Oben und Unten, S. 475.
222 Thomas Mann, Gesammelte Werke X, S. 69, zitiert nach Marx, »Ich aber sage Ihnen …«, S. 11.

den zeittypischen Impuls der visionären Dichtersakralisierung. Und auch Franz Kafka nimmt, ebenso wie Rilke, Werfel und Mann, die Figur des Autor-Propheten alttestamentarischer Prägung zur Stilisierung von Autorschaft in Anspruch:

Wie hätte ich schlafen können, da ich [...] entsetzt war über das, was mir in den Schoß gefallen war', so entsetzt im gleichen Sinn wie man von den Propheten erzählt, die schwache Kinder waren [...] und hörten, wie die Stimme sie rief und sie waren entsetzt und wollten nicht und stemmten die Füße in den Boden [...] und wussten auch nicht, denn es waren Kinder, daß die Stimme schon gesiegt hatte [...], womit aber noch nichts über ihr Prophetentum ausgesagt war, denn die Stimme hören viele, aber ob sie ihrer wert sind, ist auch objektiv noch sehr fraglich [...].[223]

Gerade die für Rilke charakteristische Ambivalenz zwischen Erhöhung und gewaltsamer Erniedrigung, Erwähltheit und Besiegt-Werden prägt auch Kafkas Selbstdeutung. Ob man in Anbetracht dieser Aussagen analog zum Franziskus-Diskurs von einem regelrechten Propheten-Diskurs sprechen kann, bleibt dahingestellt; jedenfalls wird erneut deutlich, inwiefern Autor-Images nicht allein der gestalterischen oder strategischen Willkür ihrer Träger überlassen, sondern tendenziell von zeittypischen Ausdrucksformen gebahnt sind.

Allerdings nützt Rilke, der sich vom ›Anachoreten‹ zum ›Propheten‹ gewandelt hat, in Duino alttestamentarische Gleichnisrede nicht nur zur Selbst- und damit Dichterstilisierung. Das widerspräche dem Habitus autoritätsloser Autorität, der den Respondenten immer wieder die Position der Ko-Heiligen oder Ko-Propheten reserviert. Letztere Tendenz zeigt sich erneut in der Korrespondenz mit der lebenslangen Mentorin Lou Salomé. Stand die Respondentin schon in den ›Gebeten‹ der *Stundenbuch*-Phase nicht selten im Zentrum von Sakralisierungsakten, wird sie nun in die Prophetie des Zweiten Buchs Mosis eingebunden. Zu ihr, so lässt Rilke Lou 1912 wissen, rede er nämlich »so Inneres wie die Menschen im Alten Testament, ein ganzes Spruchband: denn was da in deines Lebens brennendem Dornbusch steht, das ist genau das, was auch über mich Macht haben soll«.[224] Bei diesem Manöver wird nicht nur die Adressatin und Multiplikatorin via Sinai-Anspielung in den Propheten-Status erhoben. Auch der Autor schreibt sich in den gemeinsamen Binnenraum von heiligem, inspiriertem Sprechen und heiligen, inspirierten Sprechern ein: Seine epistolaren Mitteilungen sind dem »Spruchband-Reden« biblischen Personals ähnlich.

Es wurde bereits darauf hingewiesen, dass Rilke und Salomé sakrale Gesten und Hohlformeln seit Beginn der Durchsetzungsphase austauschen. Dabei hatte die Unterschiedlichkeit der jeweiligen Prätexte – Heiligenlegende oder

223 Franz Kafka an Milena Jesenská, 3.6.1920, in: Franz Kafka, Briefe an Milena, S. 40 f.
224 Rilke an Lou Salomé, 10.1.1912, LAS, S. 217.

Christologie – die Kommunikation nicht behindert. In diesem Sinn kommt nun in Duino zum franziskanischen Repertoire das ›erhabene‹ Vokabular aus alttestamentarischen Prätexten und Prophetengedichten hinzu. Auch wenn sich Salomés Briefe an Rilke nach Duino nicht erhalten haben und ihre unmittelbaren Reaktionen nicht überprüft werden können, geht es offensichtlich in dieser Korrespondenz auch weiterhin vor allem um den störungsfreien, formalisierten Austausch von säkular-religiösen Redeelementen beliebiger Provenienz. Dafür spricht, dass Rilke Lou gegenüber nicht nur auf die Bücher Mosis, sondern erneut auf Franziskus zurückgreift. Zur Erinnerung: Am 10. 1. 1912 hatte Rilke aus Duino Lous Leben mit dem brennenden Dornbusch, am 19. 12. 1912 aus Spanien Toledo mit Moses und am 6. 1. 1913 aus Spanien sich selbst mit Franziskus verglichen. Lou hatte auf letztere Geste sofort mit dem Passionsbild vom »Mann am Kreuz« und seinem »seligen Allbesitz« reagiert.[225] Sechs Monate später wird sie Rilkes dichterische Zukunft mit folgenden Worten umreißen: »Alles ist so gut, Du. Alles was vor Dir liegt, sind Offenbarungen, und sie sind endlos.«[226]

Solche Austausch-Sequenzen fügen sich ein in Beobachtungen, die Auerochs zum Verhältnis von autoritativ-verbindlicher Offenbarungsreligion und heterodoxer Kunstreligion macht. Wesentlich sei für das Kunstwerk, dass es inspiriert sei, nicht wer es inspiriert habe. Daraus erkläre sich der »häufig zu beobachtende Formalismus der kunstreligiösen Rede von Inspiration, Offenbarung, Geheimnis, Ritual etc.«[227] Wie sehr solcher Formalismus die Kommunikation in heterogenen Sozialformationen erleichtern kann, zeigt sich immer wieder an Rilkes Netzwerk, besonders im Briefdialog mit der Mentorin Lou Salomé.

2.3.5 Briefprophetie und Sturm

Im ›Seelenraum‹ Duino findet ein weiteres Bildfeld des Elementaren erstmalig Anwendung auf Autorschaft: der Sturm. Dabei zeigt sich exemplarisch, wie diskursive Bestände des kulturellen Gedächtnisses, fiktionale Prätexte und ästhetisierte Landschaft des Erhabenen in eine für Rilke langfristig zentrale Inspirationschiffre eingehen. Windmetaphern bezeichnen nämlich weiterhin in Rilkes Briefen nicht nur den Entstehungsprozess der *Ersten Elegie*, sondern verfestigen sich langfristig zum Beschreibungsinstrument der Elegiengenese – auch 1922 im Wallis, wo keine Bora weht. Nun gehört das Element Luft als Träger des inspirativen Gehalts seit den Urtexten des Inspirationsdiskurses zu dessen Zeichenrepertoire. In der archaisch-griechischen Antike etwa ist es die Museninvokation der Theogonie Hesiods, die das Bild vom Einhauchen auf-

225 13.1.1919, vgl. II. Hauptteil, Abschnitt 2.2.7, Anm. 278 und 279.
226 Lou Salomé an Rilke, 17.8.1913, LAS, S. 297.
227 Auerochs, Die Entstehung der Kunstreligion, S. 95.

ruft.[228] Im alttestamentarisch-jüdischen Schrifttum bedeutet ein und dasselbe hebräische Wort ›Wind‹ und ›Geist‹.[229] In den von Rilke bevorzugt rezipierten Psalmen und im Buch Genesis bezeichnet ›Wind‹ Gottes Atem als inspirativ vermitteltes Lebensprinzip[230] – hier wurzelt die langfristig wirksame Engführung von ›Luft‹ und ›Gotterfülltheit‹, die den christlichen Inspirationsdiskurs prägen wird.

Der ›Pneuma‹-Terminus der klassisch-antiken Wissenschaft ist zwar auch mit ›Seele‹ als Lebensprinzip verknüpft, fungiert aber zunächst als naturphilosophischer und medizinischer Terminus ohne Transzendenzbezug.[231] Erst im hellenistisch-paulinischen Christentum wird der Begriff mit enthusiastischen Konnotationen aufgeladen. Der »typische Pneumatiker des Hellenismus« sei erfüllt »von geheimnisvoller göttlicher Macht, die ihn zu wunderbaren Erkenntnissen und Taten befähigt«.[232] Unzweifelhaft werden hier, wie schon 800 Jahre zuvor bei Hesiod, Inspiration und Pneuma bzw. ›Wind‹ zusammengedacht; insbesondere, da Bultmann auch weitere wichtige Requisiten des Inspirationsdiskurses wie Ekstase und momentane Depersonalisation anführt.[233]

Auch bei Rilkes Selbststilisierungen geht es um das Element ›Luft‹, und ganz im Sinn der skizzierten antiken Diskursformation, um die Verknüpfung von ›Luft‹, ›Geisterfülltheit‹ und ohnmächtiger Medialität.[234] Allerdings nicht um den ›sanften‹ enthusiasmierenden Hauch der antiken Museninvokation bzw. das »Fluidum«[235] des christlichen Pneumatikers,[236] sondern um die Elementargewalt von Sturm und Orkan. Vom »Orkan«, »Orkan im Geist« oder »ouragan de cœur et d'esprit« etwa spricht Rilke 1922 im Zusammenhang mit der Vollendung des Elegienzyklus.[237] Die Wendung ins Expressive konkreti-

228 »So sprachen die beredten Töchter des großen Zeus, brachen den herrlichen Zweig eines üppig grünenden Lorbeers, schenkten ihn mir als Stab und hauchten mir göttlichen Sang ein, damit ich Künftiges und Vergangenes rühme« (Hesiod, Theogonie, S. 7, Zeile 29 – 33).

229 Vgl. McKenzie, Artikel »Aspects of Old Testament thought«, S. 1290.

230 Zum Beispiel in Ps 33,6, der zu dem von Rilke gesondert markierten Korpus der David-Psalmen gehört, ferner in Ps 18,16 und 104,29, sowie Gen 2,7; vgl. auch McKenzie, Artikel »Aspects of Old Testament thought«, S. 1290 f.

231 Vor allem bei Anaximenes von Milet, Aristoteles und bei den Stoikern; auf der Basis stoischer und hippokratischer Tradition entsteht im 1. Jahrhundert n. Chr. die medizinische Schule der Pneumatiker, vgl. Vallance, Artikel »pneuma« und »Pneumatists«, S. 1202 f.

232 Bultmann, Theologie des Neuen Testaments, S. 159.

233 Ebd., S. 157 und S. 159.

234 Selbstverständlich beschreibt Rilke sich nicht als vom transzendenten Geist christlicher Offenbarung erfüllt, sondern vom immanenten Geist dichterischer Offenbarung, also streng genommen von sich selbst. Davon wird unten ausführlich zu handeln sein.

235 Bultmann, Theologie des Neuen Testaments, S. 58.

236 Die Nähe von ›pneuma‹ und ›dynamis‹ und damit die Richtung der uneigentlichen Verwendung von ›pneuma‹ im hellenistischen Christentum belegt Bultmann an zahlreichen Textstellen, v. a. der Paulusbriefe, ebd., S. 158.

237 Mit den zitierten Briefen an Lou Salomé und Baladine Klossowska setzt sich u. a. ausführlich Abschnitt 2.3.7 auseinander.

siert sich ferner in entsprechenden Verben wie ›brausen‹ oder ›krachen‹ bzw. im etwas gemilderten ›rauschen‹. Das ist individuell und sorgt für diejenige Lautstärke, die dem heilig-auratischen Autor auch dann noch Gehör verschafft, wenn dramatische Gesten und lautes Pathos im literarischen Feld an der Tagesordnung sind. Nun lässt sich die Steigerung des inspirativen Hauches zum Sturm allerdings nicht nur mit Rilkes individueller Naturwahrnehmung im stürmischen Duino in Verbindung bringen. Vielmehr ist nach Intertexten und historisch-semantischen Voraussetzungen zu fahnden. Schließlich ist Fülleborns Diktum von der Intertextualität des Rilke'schen Œuvres auch für die werknahen epistolaren Selbstinszenierungen des Autors geltend zu machen.[238]

Da nun Rilke spätestens seit den *Neuen Gedichten* profunde Kenntnis von Altem und Neuem Testament unterstellt werden kann,[239] liegen auch hier wieder Annahmen über die Bibel als Stoffreservoir nahe. In Frage käme etwa die Tradition der Theophanie. Sie spielt, wie zu zeigen war, bereits in den Prophetengedichten eine wesentliche Rolle, sie könnte auch den historisch-semantischen Ausgangspunkt für den stürmisch Inspirierten abgeben. Schließlich manifestiert sich Gott dem Jerome-Kommentar zufolge in Bildern des Sturmes, Gewittersturmes oder Feuersturmes: »The one natural phenomenon with which Yahweh is most frequently associated is the storm.«[240] Die Expressivität alttestamentarischer Sturmmetaphorik[241] bezieht sich allerdings auf den erscheinenden Gott, nicht auf einen geist-oder gotterfüllten Menschen. Lediglich in der Pfingstsequenz der Apostelgeschichte wird eine Inspiration mit ähnlich gewaltsamen Sturmbildern wie die Emanationen des Alten Testaments beschrieben: »Und es geschah schnell ein Brausen vom Himmel als eines gewaltigen Windes und erfüllte das ganze Haus, da sie saßen. Und es erschienen ihnen Zungen zerteilet wie von Feuer, und er setzte sich auf einen jeglichen unter ihnen.«[242]

Folgerichtig rückt auch der Jerome-Kommentar die Pfingsterzählung in die Nähe theophanischer Beschreibungen des Alten Testaments.[243] In diesem Sinn, als Bindeglied zwischen Theophanie und ›sanftem‹ pneumatischem Enthusiasmus, stellt sie dann auch einen möglichen Subtext für Rilkes Selbstinszenierung dar. Hier ist das menschliche Subjekt nämlich nicht nur Beobachter, sondern konstitutiver Bestandteil eines expressiven Sturm-Geschehens. Im Vergleich zum Alten Testament hat also eine Umstellung der

238 Rilkes Dichtung sei als selbstreferentielle Textwelt zu verstehen, die sich »intertextuell mit anderen Textwelten verknüpft, sich an sie anschließt oder von ihnen distanziert« (Fülleborn, Rilkes Gebrauch der Bibel, S. 34).

239 Vgl. ebd., S. 24.

240 McKenzie, Artikel »Aspects of Old Testament thought«, S. 1294.

241 Exemplarisch in Ps 18,8–16 und bei Nah 1,2–8.

242 Apg 2,2, zitiert aus: Die Bibel oder die ganze Heilige Schrift, Das Neue Testament, S. 137.

243 Sturm, Wind und Feuer seien Ausdrucksformen für den göttlichen Ursprung des Geistes; vgl. Dillon, Artikel »Acts of the Apostles«, S. 731.

Perspektive von Gott auf den Menschen stattgefunden, im Vergleich zu den üblichen pneumatischen Vorstellungen von griechischer und christlicher Antike ist eine Zunahme der Lautstärke zu verzeichnen. Beides ist für Rilke, den inspirierten Vates des expressionistischen Jahrzehnts, von Bedeutung – Lautstärke und Anthropozentrismus.

Man kann also folgende Hypothese formulieren: zu Rilkes Selbstinszenierung als vom Geistessturm Erfüllter gehört der Kontext der Pfingsterzählung – selbst wenn der Autor für seine Dichtung zeitlebens alttestamentarische Quellen bevorzugt hat und neutestamentarische Figuren im Übrigen nicht zum Repertoire seiner Selbstdarstellung gehören. Die Zeitgenossen liefern Belege für diese Hypothese: Sie nehmen Rilke intuitiv als Pfingsterscheinung war. In Muzot habe nach dem Abschluss der Elegien eine »beinah pfingstliche Atmosphäre« geherrscht, »der Dichter selbst ein neuer Mensch, ein vom Werk Erlöster, ein Feiernder und Befreiter«, so Katharina Kippenberg in ihrem Erinnerungsbuch.[244] Und Wilhelm Hausenstein äußert im »Gedächtnisbuch« *Stimmen der Freunde* von 1931, dass man dem Chiemsee nach einem Besuch Rilkes anmerke, »dies Herz, dies Auge, diese Sohle« sei da gewesen. Da gewesen auf eigentümlichste Weise:

> Nun flog es aus den Scheiteln der Landschaft auf wie geheime Pfingstflammen, unmerkliche Pfingstflammen, als eine Schar von Lichtern zarter als die Heiligenscheine von Heiligen, die sich scheuen, als Heilige angesehen zu sein. Die Welt glänzte leise um das Haupt dieses Menschen; aber noch schöner war, dass sein inniger Geist leise aus dem Antlitz der Welt flammte.[245]

Weiter unten wird zu zeigen sein, inwiefern schon Katharina Kippenbergs Korrespondenz mit Rilke die Relevanz des Kontexts ›Pfingsten‹ bestätigt.

Vorab lässt sich also sagen, dass an die Stelle der früheren vitalistischen Wassermetaphorik expressive Sturmmetaphorik rückt und den rauschenden, ›fließenden‹ Mystiker durch den rauschenden, elementar bewegten Propheten ersetzt. Möglichkeitsbedingungen dieses Habituswandels sind, wie gezeigt wurde, meteorologischer Kontext, semantische Traditionen der griechischen, alt- und neutestamentarischen Antike und die freie Verfügbarkeit solcher Semantiken im Rahmen des modernen Säkularisierungsschubs. Allerdings ist an dieser Stelle auch zu fragen, warum das Sturmmotiv in Rilkes brieflichen Selbstentwürfen der Konsolidierungsphase so dominant ist. Während sich die Propheten der lyrischen Prätexte in der Tradition des furor poeticus schreiend, heulend oder fluchend entäußern, stellt sich das Verhältnis von Sturm- und Schreimetaphorik im Raum der Briefkommunikation etwa spiegelverkehrt dar. Wo Rilke ganz explizit sich selbst meint und nicht nur mitgedacht werden kann, bleibt es in der Regel beim Stürmen oder Rauschen. Warum

244 Katharina Kippenberg, Rainer Maria Rilke, 1948, S. 324.
245 Hausenstein in: Buchheit, Stimmen der Freunde, S. 88 f.

diese Akzentverschiebung zwischen Fiktion und fiktionsnahem Selbstentwurf?

Fülleborn versteht die übermächtige und gebieterische Schrei-Stimme in den Prophetengedichten als Indikator für den Subtext Nietzsche, den man etwa in *Josuas Landtag* mithöre.[246] Stehen nun in den Gedichten solche Vereinseitigungen zum großen Individuum im Vordergrund, verhindert die Sturmmetapher die Stillstellung des Autors zum Monument. Rilke gebraucht das Bild nämlich ausschließlich transitiv – ›vom Sturm bewegt werden‹ – und tilgt auf diese Weise nietzscheanische Macht- und Autoritätskonnotationen der Prätexte. Was bleibt, ist der reine Objektstatus des autoritätslosen Autor-Propheten. Hier konkretisiert sich diejenige Abgrenzung vom Antipoden George, von der bereits im ersten Hauptteil die Rede war: George überträgt Nietzsches Persönlichkeitskult ungefiltert auf die eigene Person und stellt im Unterschied zum reinen Inspirationsmodell stets auch auf Kompetenz und Autorität über den Produktionsprozess ab. Rilke dagegen stilisiert Artefakt und Schaffensprozess zum Offenbarungsgeschehen und entwirft folgerichtig den Produzenten als passives Medium und inspirativ Bevormundeten; das Bild des dichterischen Wahnsinns tritt dabei in den Hintergrund. Offensichtlich geht es auch bei der Umcodierung des gebieterisch schreienden Propheten der Fiktion zum stürmisch bewegten Autor-Propheten des Briefwerks um Anschlussmöglichkeiten; um jene Balance zwischen Distinktion und Identifikationsangeboten, die George nie, Rilke dagegen zeitlebens im Auge gehabt hat.

Welches sind nun konkrete Briefbeispiele für den stürmisch bewegten Autor?

Im Januar 1912 verfasst Rilke in Duino das *Marienleben* und die *Erste Elegie*. Er »schreibe wie ein Verrückter«, teilt er seiner abwesenden Gastgeberin Marie Taxis mit, doch »was thuts, Sie werden schon fühlen, dass ich keine Wahl hatte. Die Stimme, die sich meiner da bedient, ist mehr als ich – […]«. Zwar wird der gelingende Arbeitsprozess einer »Stimme« zugeschrieben, allerdings nicht einer, die gebieterisch schreit. Vielmehr artikuliert sich die inspirative Bevormundung in Form eines Medienwechsels, als ›gemilderte‹ synästhetische Qualität des hör- und fühlbaren Rauschens: »Ich rausche nur wie der Busch, in den der Wind gefahren ist, und muß mirs geschehen lassen.«[247] Auch wenn Taxis' Antwortbriefe aus dieser Zeit nicht erhalten sind, geht aus ihrer späteren Bemerkung vom »Nahen der Engel« und vom »Rauschen Ihrer Flügel« hervor, wie sehr sie sich auf Rilkes Duineser Habitus einlässt.[248]

Meiner Auffassung nach dient der Bildzusammenhang Sturm – inspirierte Textproduktion – Elegien u. a. dazu, die Multiplikatorin Taxis zu nobilitieren,

246 Vgl. Fülleborn, Rilkes Gebrauch der Bibel, S. 26.
247 Rilke an Marie Taxis, 12.1.1912, TT I, S. 91.
248 Marie Taxis an Rilke, 20.7.1912, TT I, S. 175.

zu motivieren und langfristig in das Gefüge von Autor und Werk einzubinden. Erstmalig wird dieser Bildzusammenhang 1912 in Duino hergestellt, im zitierten Schreiben und in weiteren Briefen. Zehn Jahre später wird er sich zum ›Sturm von Muzot‹ verselbstständigen und dortselbst ein Produkt mit Namen *Duineser Elegien* hervorbringen. Es sind also gewisse Latenzen zu berücksichtigen, die die Mäzenin erst nach Fertigstellung der Elegien in den umfassenden Besitz symbolischer Gegenwerte kommen lassen. Laut Bourdieu entspricht das den Prinzipien der vorkapitalistischen Gabentausch-Ökonomie, wo »das Intervall die Funktion hatte, Gabe und Gegengabe gegeneinander abzuschirmen und zwei vollkommen symmetrische Handlungen als unverbundene Einzelhandlungen erscheinen zu lassen«.[249] Die zeitlich abgeschirmte Gegengabe schließt nun einen überraschend hohen Zinsgewinn mit ein: Nicht nur die Elegien-Zueignung, von der noch die Rede sein wird, fixiert die Mäzenin im kulturellen Gedächtnis, sondern auch der Werktitel. Schließlich ist davon auszugehen, dass der eigentlich naheliegende Titel ›Muzotter Elegien‹ nicht nur aus klanglichen Gründen vermieden wurde.

Die Reaktion der Memorialautorin Taxis spricht jedenfalls dafür, dass der Zusammenhang von Duino, Sturm, Inspiration und Elegienproduktion tatsächlich nobilitierend und motivierend gewirkt hat: Sie verschriftet sechs Jahre nach Rilkes Tod die Legende von der Sturmstimme, die dem Dichter an der windumtosten Adriaküste den Text über das Schreien, »Wer, wenn ich schriee …« zuschreit.[250]

Doch nicht nur in der Korrespondenz aus Duino mit der Besitzerin von Duino spielt das Bild des inspirierten Rauschens eine Rolle. Auch für die zweite weibliche Zentralfigur des Netzwerks, Katharina Kippenberg, werden inspirative Windmetaphern wiederholt aufgerufen. Er, Rilke, sei »so sehr abhängig vom Gehör her« und erinnere sich noch, »wie wochenlang, auf Duino damals, das Brausen der Stille dem ersten Auftritt des Elegien-Anfangs vorauszog« – so heißt es 1920.[251] 1922 informiert der Dichter Kippenberg über die unterschiedlichen Entstehungszeiten der Sonette. Dann fährt er mit einer charakteristischen Inspirationsbeschreibung fort: »Dazwischen aber brauste der große Sturm der Elegien herein.«[252]

249 Bourdieu, Praktische Vernunft, S. 163.

250 Marie Thurn und Taxis, Erinnerungen an Rainer Maria Rilke, S. 49.

251 Rilke an Katharina Kippenberg, 6.1.1920, KK, S. 385. Weiterer möglicher Subtext für das Oxymoron »brausende Stille« ist die reduzierte Theophanie der Elias-Passage aus dem ersten Buch der Könige, die Rilke auch in *Tröstung des Elia* eingetragen hat: Gott erscheint dem Elia nicht im Sturm, nicht im Erdbeben und nicht im Feuer, sondern in einem »stillen, sanften Sausen«, in: Die Bibel oder die ganze Heilige Schrift, Das Alte Testament, S. 376; vgl. auch Walsh / Begg, die betonen, wie wichtig die Bewahrung der sprachlichen Paradoxie bei der Übersetzung sei: »The command precedes an enigmatic theophany in which traditional manifestations […] are reduced to mere precursors of a mysterious, ›sound of fine silence‹«, in: Artikel »Kings«, S. 172.

252 Rilke an Katharina Kippenberg, 23.2.1922, KK, S. 155.

Aus Kippenbergs Antwort geht nicht nur hervor, wie sehr in dieser Beziehung das Gegenüber treibende Kraft der gemeinsamen, dialogischen Rilke-Stilisierung ist. Auch die Relevanz des Kontexts ›Pfingsten‹ wird deutlich. Zunächst bemüht die Geistesgeschichtlerin Inkarnationsbilder, die am gehobenen Ton der Evangelien angelehnt sind. Rilke habe immer wieder nach der »Vereinigung mit der Aufgabe« gesucht, habe die Aufgabe »inkarnieren« müssen, »die auf und niederschwebte, und durch ihr Fleisch musste sie hindurchgehen, und so wird ein Mensch benutzt, in Reinheit benutzt – zu was?« Der Dichter, so fährt Kippenberg fort, sei nämlich »die Frau und wird ihr Übermaß erleiden an beiden Äußersten«.[253] Doch das Bild von der Jungfrauengeburt, das weit über Rilkes Selbststilisierungen hinausgeht, genügt noch nicht. Ausgehend von Rilkes Sturmvokabel ›brausen‹ entfaltet Kippenberg nun ein regelrechtes Pfingstszenario, an dessen Inspirationen nicht nur der Dichter (Rilke) als Repräsentant der Menschheit, sondern die ganze Menschheit selbst teilhat:

Nun denken Sie doch, wie es zu Ihnen kam im Brausen, und ist dann dahinter nicht ein ganzes Reich, und die kurze Menschlichkeit wird gekrümmt und gebogen, sie ist nur ein Durchgang, und es braust in ihrer Gestalt, die sie hat leihen müssen, wieder heraus, und immer bleibt das, woher es genommen, das schöne Undurchdringliche und die Bürgschaft für den Glauben. Der Dichter aber muß wohl alle Leiden im Symbol an sein Herz nehmen und nachher in den Äther hinaufhalten, daß er mit der Erde sich mische.[254]

Exemplarisch illustriert dieser Passus die Künstlerrolle im intellektuellen Feld um 1900, wie sie im ersten Hauptteil unter allgemeinen Kriterien thematisch war: Christliche und nietzscheanische Elemente verschmelzen zu einem neureligiösen Code, in dessen Zentrum die Erlösergestalt ›Künstler‹ steht. Kippenbergs Dichter-Universalisierung zeigt aber auch, dass die Zeitgenossen Rilkes Rede vom »Brausen« durchaus als Pfingstangebot wahrnehmen konnten. Ganz in diesem Sinn wird die Mit-Begeisterte wenig später Rilkes Hauptwerk zur »großen Dreieinigkeit der Elegien, brausend entfaltet zuerst in dem Turm von Muzotte« und zum »Takt der befreiten Geist-lichkeit selbst« verklären.[255]

Wie sehr Rilkes Konzept heiliger, charismatischer Autorschaft von der (semantischen) Kooperativität und auch Kühnheit der Geführten getragen ist, erhellt besonders deutlich an der zentralen Respondentin Kippenberg. Dies entspricht sehr genau einer wichtigen Überlegung Strobels zum Verhältnis von Autorbildern und Briefkommunikation. An Briefen sei ablesbar, »dass der Leser den Autor (mit)konstituiert, der erste Leser, also der ursprüngliche Adressat, ebenso sehr wie ein späterer Leser, der Nachlaßverwalter, Biograph

253 Katharina Kippenberg an Rilke, Ende Februar 1922, KK, S. 457.
254 Ebd.
255 Katharina Kippenberg an Rilke, 21./26.8.1922, KK, S. 470.

und Editor«.[256] Manchmal seien beide identisch und so ist auch die Briefpartnerin und Mentorin Kippenberg identisch mit der Gedenkautorin und Multiplikatorin Kippenberg. In beiden Situationen erweist sie sich als Leserin, die Rilkes facettenreiche Rollenbilder heiliger Autorschaft wesentlich mitkonstituiert; von der Situation der Biographin bzw. Gedenkautorin und ihren Eigeninteressen wird noch ausführlich zu handeln sein.

Bislang war nur vom Bild des Sturmes die Rede bzw. vom Oxymoron der brausenden Stille, so als sei der zum pneumatischen Geschehen dazugehörende ›Geist‹ stillschweigend impliziert. Doch ist dies nicht durchwegs der Fall. Vor allem in den sogenannten ›Jubelbriefen‹, die Rilke im Februar 1922 schreibt, verknüpft er explizit »Geist« und »Sturm«. Diese Briefgruppe ist wegen ihrer herausragenden Bedeutung für Rilkes Selbstentwurf und den langlebigen Autormythos allerdings in Abschnitt 2.3.7 gesondert zu behandeln. Deshalb seien hier andere Beispiele aus dem Umfeld der Elegienproduktion angeführt, die den Eintrag der Begeisterungsformel in das Bild vom stürmisch bewegten, intentionslosen Autor-Propheten vorführen.

Marie Taxis etwa wird im zeitlichen Kontext des inspirierten Duineser Rauschens und Stürmens über den »einfahrenden Geist« informiert: »[...] der Geist fährt so unwirsch aus und ein, kommt so wild und bleibt so plötzlich aus, daß mir zumuth ist, als ging ich, körperlich, dabei in Stücke.«[257]

Wie deutlich auch diese Passage an der Semantik der Prophetengedichte angelehnt ist, erhellt ein Blick in *Tröstung des Elia.* Wenn das erzählte Subjekt »wie ein Irrer in das Land« läuft und schließlich »wie weggeworfen« Gott bittet, »gebrauche / mich länger nicht. Ich bin entzwei«,[258] ist im Gedicht ebenso wie im Brief der Enthusiasmus als gewaltsamer Verschleiß eines Werkzeugs dargestellt.

›Sturm‹ und ›Begeisterung‹, passives Benützt-Werden und enthusiastische Erhebung, Verkleinerung und Selbstüberhöhung: Auf ähnliche Weise entwirft sich Rilke nach Vollendung der Elegien für unterschiedlichste jüngere Netzwerkmitglieder und künftige Multiplikatoren. Da ist etwa die 16 Jahre jüngere Gräfin Margot Sizzo, die mit Rilke seit 1922 korrespondiert und ihn nie kennenlernen wird. Von Ingeborg Schnack als Symbol für »Geist und Tradition, verständnisvolle Offenheit und wortlose Gemeinschaft« des 1918 untergegangenen ›alten Europa‹ bezeichnet,[259] ist Margot Sizzo der Netzwerkkategorie der ›Schüler und Adepten‹ zuzuordnen. Rilke betreibt in seinen Briefen an die ungarische Aristokratin, deren Gegenbriefe leider nicht erhalten sind, nämlich ausgeprägte Selbst- und Werkexegese. Um die Rilke-Rezeption der Adressatin zu steuern, werden bestimmte Korpora auf bestimmte Weise markiert. So sei etwa Sizzos »Eifer zu den Gedichten des Ma-

256 Strobel, Vom Verkehr mit Dichtern und Gespenstern, S. 15.
257 Rilke an Marie Taxis, 19.2.1912, TT I, S. 115.
258 Rilke, KA I, S. 518, Zeile 12–15.
259 Nachwort des Herausgebers, Sizzo, S. 153.

rien-Lebens« nicht gerechtfertigt, da es 1912, in Duino, um mehr und Höheres gegangen sei, nämlich um »die vielleicht größte und reinste Arbeit meines Herzens«. Der »Strom des begnadeten Geistes« sei so gewaltig gewesen, dass er »auch noch diese kleine Mühle des Marien-Lebens mit unterhalten durfte«.[260] Rilke schreibt das kurz vor Beendigung der *Elegien* und legt so mit der Begeisterungsformel eindeutig fest, auf welches – unfertige – Korpus sich das Leserinteresse zu konzentrieren habe. Wenig später sind die *Elegien* dann abgeschlossen und Rilke bekräftigt mit der Sturmfigur den Rang des Textes. Seine Arbeit scheine nun gerettet, und »ein kleiner Band ›Sonette‹« sei ihm »in den Unvorsehlichkeiten des Arbeitssturms gewissermaßen hinzugeschenkt worden«.[261]

Sehr ähnlich äußert er sich 1923 in einem Schreiben an die Übersetzerin des Malte-Romans, Inga Junghanns, mit der er seit 1915 in lockerem brieflichem Kontakt steht. Wieder zeigen sich die Vorteile des separierten schriftlichen Netzwerks: Redundanzen, die die Einprägsamkeit eines literarisierten Selbstbildes erhöhen, sind problemlos möglich; zwischen Margot Sizzo in Ungarn und Inga Junghanns in Kopenhagen besteht keine Querverbindung. Es sei ihm, Rilke, gelungen, die Elegien zu beendigen, doch damit nicht genug, »es wurde mir daneben, in einem Ansturm des Geistes, den ich körperlich kaum ertrug, so ungeheuer unaufhaltsam war er –, noch ein ganzes Buch Sonette geschenkt [...]«.[262]

Aus Junghanns' übernächstem Brief geht hervor, dass auch diese Respondentin Rilkes Selbstentwurf als geisterfüllter Dichter-Prophet bestätigt und potenziert. Sie fasse die Sonette als »seelische Visionen auf«; Rilke, der »unendlich zu verehrende Freund«, sei den gewöhnlichen Menschen, »die wir noch im Tale herumtrotteln«, weit voraus: »Nur, abends manchmal, wenn Sie auf einem der hellen Hügel, wo die Tempel errichtet sind, dasitzen, werden Töne aus der Tiefe menschlicher Behausungen Ihrem still lauschenden Herzen zugetragen werden. – Ihr Wort aber wendet sich nach oben.«[263]

Die Dänin, die Rilke hier so emphatisch als übermenschliche Alteritätsfigur in den »Tempeln« des Heiligen entwirft, wird sich als wichtige Vermittlungsfigur für die außerdeutsche Rilke-Rezeption erweisen: 1927, im Jahr nach Rilkes Tod, erscheint ihre *Malte*-Übersetzung im Jespersen-Forlag in Kopenhagen.[264]

Ähnlich emphatisch reagiert auch die von Rilke protegierte Expressionistin Claire Goll. Als Rilke ihr zeitgleich mit dem Junghanns-Schreiben von »ungeheuren Stürmen des Ergriffenwerdens« berichtet, die er durchgemacht habe,[265] kommuniziert Goll Verständnis, »dass Du mir nicht schreiben

260 Rilke an Margot Sizzo, 6.1.1922, Sizzo, S. 16 f.
261 Rilke an Margot Sizzo, 17.3.1922, Sizzo, S. 24.
262 Rilke an Inga Junghanns, 5.4.1923, IJ, S. 222.
263 Inga Junghanns an Rilke, 2.7.1923, IJ, S. 229.
264 Vgl. Ingeborg Schnack, Chronik, S. 1097.
265 Rilke an Claire Goll, 11.4.1923, CG, S. 36.

konntest während Gott Dich berührte«.[266] Claire Goll lebt zu diesem Zeitpunkt mit ihrem Mann in Paris und kann als Verbindungsfigur zum französischen Expressionismus, Surrealismus und Kubismus gesehen werden.

Was beide Respondentinnen mit ihrer Rilke-Erhöhung illustrieren, ist die funktionale Kehrseite von dessen Nähesuggestionen. Ebenso wie seine auktoriale Rollenspiele zu Identifikationen motivieren, erzeugen sie offensichtlich auch die Distinktion des Heiligen. Vergleichbare Alteritätskonstruktionen finden sich in der Memorialliteratur: Wilhelm Hausenstein bittet »den Himmel, er möge uns diesen Schutzengel lassen«,[267] Hattingberg bezeichnet Rilke als »Troststimme« und »Heiland«.[268]

Rilkes stürmische Inspirationsbeschreibungen, die den Bezug zur Pfingsterzählung herstellen und ebenso zum eigenen poetischen Werk, erweisen sich als typisch moderne Bricolage-Textur: distinguierend, originell, unverwechselbar und – gut wiedererkennbar. Wie sehr sie nämlich vor allem ein Schrift- und Kommunikationskunstwerk sind, zeigt sich später in der Einheitlichkeit der gemeindeinternen Ab- und Fortschreibepraxis: »Wie im Sturm, so stand er« (Salomé, 1928), »Ansturm des Geistes« (Junghanns, 1931), »Ein Sturm« (Kapitelüberschrift Salis, 1938), »Da fegte ein Geistessturm durch die Burg« (Schmidt-Pauli, 1942), »Sturm der Elegien« (Dory Von der Mühll, 1945), »alles sollte wie ein Sturm ausbrechen« (Albert-Lasard, 1952) – das sind sämtlich Zitationen ohne Anführungszeichen.[269]

Trotz aller Unverwechselbarkeit ist allerdings Folgendes zu berücksichtigen: Mit seinem Inspirationsvokabular schließt Rilke auch ganz dezidiert an enthusiastische Dichter-Poetiken des ausgehenden 18. Jahrhunderts an. Dort wird nicht nur die Begeisterungsformel zum Leittopos.[270] Auch Rilkes Elementargewalten als Zeichen des Enthusiasmus finden sich schon in Hölderlins Lyrik, welche Rilke 1914 intensiv rezipiert.[271] In der Patmos-Hymne etwa ist ein Pfingstszenario entfaltet: »Drum sandt er ihnen / Den Geist, und freilich bebte / Das Haus und die Wetter Gottes rollten / Ferndonnernd über / die ahnenden Häupter […]«.[272] Und auch das Inspirationsbild des Sturmes ist präsent, z. B. in der Feiertagshymne: »Und tieferschüttert, die Leiden des

266 Claire Goll an Rilke, 1.5.1923, CG, S. 38.

267 Hausenstein in: Buchheit, Stimmen der Freunde, S. 90.

268 Magda v. Hattingberg, Rilke und Benvenuta, S. 245.

269 Vgl. Lou Salomé, Rainer Maria Rilke, S. 96; Inga Junghanns in: Buchheit, Stimmen der Freunde, S. 108; Salis, Rainer Maria Rilkes Schweizer Jahre, S. 85; Elisabeth v. Schmidt-Pauli, Rainer Maria Rilke, S. 113; Loulou Albert-Lasard, Wege mit Rilke, S. 33.

270 Zur Begeisterung als Thema des Hyperion-Romans, vgl. Gellhaus, Enthusiasmos und Kalkül, S. 261 ff.

271 Von Hellingrath erhält Rilke 1913 und 1914 die von ihm besorgten Bände mit Übersetzungen, früher Lyrik und Spätwerk, vgl. KA II, S. 524; vgl. ferner das Gedicht *An Hölderlin*, KA II, S. 123; Manfred Engel zufolge projiziert Rilke hier ein monumentalisiertes Selbstbild in die prophetische Vorbildfigur (KA II, S. 526).

272 Friedrich Hölderlin, wie Anm. 158, hier S. 353, Zeile 100–104.

Stärkeren / Mitleidend, bleibt in den hochherstürzenden Stürmen / Des Gottes, wenn er nahet, das Herz doch fest«.[273]

Man sieht: wenn der moderne Autor Rilke systematisch »Sturm« und »Begeisterung« in seine Selbstdarstellungen einträgt, dann schreibt er sich bei aller Individualität in die mit Klopstock und Hölderlin geweihte Traditionslinie deutschsprachiger Dichter-Seher ein.[274]

2.3.6 Briefprophetie und automatisches Schreiben

Den Produktionsprozess und sein Subjekt mit Bildern des Elementaren, Vorsprachlichen allerdings für hinlänglich bezeichnet zu halten hieße, ihn um eine wesentliche Dimension Rilke'scher Autorsemantik zu verkürzen: die der Textualität bzw. des Schreibens. Rilkes fiktionale und epistolarische Prophetenfigurationen beziehen – ebenso wie die Heiligenfigurationen mit Hieronymus – sehr wohl Schreibmächtigkeit mit ein; allerdings eine Schreibmächtigkeit der ganz besonderen Art. Wie lässt sich der schier unüberbrückbare Abstand zwischen unmittelbarer bewusstloser Selbstentäußerung und mittelbarer, reflexiver Schreibhandlung bewältigen? Anders gefragt – wie kann der Autor-Prophet auch als Schreibender dem Prinzip der Autoritätslosigkeit treu bleiben? Die Brückenfunktion übernimmt der Topos des ›automatischen‹, d. h. fremdbestimmten Schreibens, der in den zeitgenössischen Mystik- und Spiritismusdebatten kurrent ist und auch im literarischen Diskurs eine Rolle spielt. Schon zwischen radikalen Formexperimenten der modernen Avantgarde und écriture automatique existiert ein deutlicher Zusammenhang, wie Baßler unter Bezug auf Kandinskys Programmschrift *Das Geistige in der Kunst* von 1911 betont. Die »mediumistische Rhetorik des Empfangens, des Stimmenhörens und des Diktats« sei lange vor dem Surrealismus »gängige Münze in den Programmdiskursen von bildender Kunst und Literatur«.[275] Wenn Rilke als automatisch schreibender Prophet in Erscheinung tritt, befindet er sich also im Zentrum einer ebenso aktuellen wie breit anschlussfähigen Diskursformation und kann mit Intersubjektivität rechnen – was sich allerdings erst schrittweise aus biographischen und poetologischen Entwicklungen ergibt.

Schon vor der Jahrhundertwende rezipiert Rilke Schriften des Okkultisten Carl du Prel und nimmt 1912 selbst an spiritistischen Sitzungen seiner zentralen Mäzenin Taxis teil, deren Sohn Pascha als Schreibmedium fungiert.[276]

273 Ebd., S. 241, Zeile 64–66.

274 Zur Bedeutung Klopstocks für den erhabenen Rede-Gestus der *Elegien* aktuell Katrin Kohl, »Ruf-Stufen hinan«; zu Rilke und Hölderlin, vgl. Manfred Koch, Rilke und Hölderlin; ders., Hermeneutik des Leids; Singer, Rilke und Hölderlin.

275 Baßler, Maltes Gespenster, S. 246.

276 Rilkes minutiöses Protokoll der Sitzungen ist wiedergegeben als Beilage 3 in TT II, S. 897–914; zu Rilkes intensiver und differenzierter Auseinandersetzung mit dem Spiritismus, vgl. Martina

Die Praxis automatischen Schreibens, von mittelalterlichen Mystikern ebenso favorisiert wie von modernen Geisterbeschwörern, bildet darüber hinaus die poetologische Grundlage für das Motiv der schreibenden Hand im Malte-Roman.[277] Georg Braungart (Spiritismus) und Martina Wagner-Egelhaaf (Mystik) haben diese diskursiven Bezüge nachgewiesen.[278] Baßler zufolge ruht allerdings nicht nur das Motiv der Schreib-Hand auf dem Topos der écriture automatique auf, sondern auch die »Rhetorik des Diktats« in der 44. Aufzeichnung, dem Memoirendiktat des Grafen Brahe.[279] Diese »Rhetorik des Empfangens« bemühe Rilke dann auch für briefliche Beschreibungen der Entstehung von Elegien und Sonetten.[280] Damit ist Baßler einer der wenigen, die den Zusammenhang von Poetologie und Selbstdarstellung – Fülleborns »Hineinnehmen ins eigene Leben« – für die Phase des expressiven Autor-Propheten geltend machen. Er bemerkt ferner, dass sich dies gelegentlich »zum Selbstvergleich mit Johannes auf Patmos« steigere.[281]

Zu ergänzen ist, dass auch dieser Selbstvergleich auf Rilkes literarischem Werk aufruht. In der 57. Aufzeichnung des *Malte* ist von Goethe die Rede, der sich vor Bettine »demütigen hätte [...] müssen [...] in seinem ganzen Staat und schreiben, was sie diktiert, mit beiden Händen, wie Johannes auf Patmos, knieend«.[282] Und auch hier liegt dem Inspirationsbild eine biblische Prophetengestalt zugrunde, der Apokalyptiker Johannes. Wie bei Rilkes Hieronymus-Vergleich ist dieser heilige Schreiber ebenfalls ikonisch vermittelt:[283] 1906 hatte Rilke im Johannes-Spital in Brügge den Johannes-Altar Hans Memlings gesehen und produktiv missverstanden. Den gemäß mittelalterlicher Schreiberikonographie mit Feder und Federmesser ausgestatteten Apokalyptiker wird er nämlich künftig als beidhändig-inspiriert Schreibenden interpretieren.[284] Vor der Analyse einschlägiger epistolarer Stellungnahmen ist nun zu-

King, Astronomie und Dichtung, S. 168 ff. Rilke kannte auf jeden Fall du Prels Bücher *Der Spiritimus* und *Das Rätsel des Menschen.*

277 Vgl. Rilke, KA III, S. 490.

278 Georg Braungart kommt zu der Schlussfolgerung, dass »im Zentrum der Poetik des Malte-Romans [...] das automatische Schreiben des Spiritismus« stehe, in: Spiritismus und Literatur um 1900, S. 93. Martina Wagner-Egelhaaf spricht sich für mystische Subtexte aus, insofern der mystischen Tradition nicht nur die zur Vision gesteigerte Schau, sondern auch das Phänomen des automatischen Schreibens bekannt sei, in: Mystik der Moderne, S. 99.

279 Vgl. Rilke, KA III, S. 559–563; Baßler weist auf die etymologische Verwandtschaft von ›diktieren‹ und ›dichten‹ hin, in: Maltes Gespenster, S. 244; vgl. hierzu Kluge, Etymologisches Wörterbuch, S. 198: Beide Termini sind Lehnwörter aus dem Intensivum »dictare« von »dicere«.

280 Baßler, Maltes Gespenster, S. 244.

281 Ebd., S. 245.

282 Rilke, KA III, S. 598 f.

283 Die prätextuelle Gleichwertigkeit »literarischer, bildkünstlerischer und sonstiger Stoffe und Motive« wertet Fülleborn als Indiz dafür, dass Rilke »als einer der ersten in das semiotische Zeitalter eingetreten ist«, in: Rilkes Gebrauch der Bibel, S. 24 f.

284 Zum Missverständnis vgl. Stahl in KA III, S. 997. Patricia Linden geht von einer »bewusst gewählten Interpretation« aus, in: Spiegelschrift und Marginalität, S. 90. Für Wagner-Egelhaaf

nächst Folgendes festzuhalten: In Analogie zu ›Sturm‹ wird auch das Bild des inspiriert schreibenden Autor-Propheten systematisch verschiedensten Netzwerkmitgliedern übermittelt. Dabei ist die Schreibmächtigkeit des Autors

fällt nicht nur die Figur des automatischen Schreibens, sondern auch die personale Johannes-Chiffre unter Mystik bzw. Mystizismus. Der Evangelist Johannes biete sich »einer mystischen Besetzung am ehesten« an: die gängige Rede von der »Johannes-Mystik« sei durch das für eine besonders enge Gottesschau stehende Hauptattribut »Adler« plausibilisiert. Ferner spreche für mystische Schriftinspiration die zentrale Rolle des Buches bzw. Schreibens in der Anfangssentenz des Johannesevangeliums und im 10. Kapitel der Apokalypse – Johannes muss dort ein Buch verschlingen. Aus dieser Zuordnung des Johannes zum Kontext mystischer Inspiration leitet die Verfasserin ihre Deutung von Rilkes Bild des potenzierten Schreibens ab. Sowohl die Diktat-Figuren im *Malte* als auch die Selbstvergleiche mit Johannes auf Patmos stellen sich demnach als Ausprägungen neuer Mystik bzw. Artikulationen mystischer Erfahrung in der Moderne dar, in: Mystik der Moderne, S. 98–101. Dies ist aus mehreren Gründen problematisch. Zum einen ist bereits ein Verständnis des Evangelisten Johannes als Mystiker theologisch umstritten, insofern laut Bultmann jegliches mystiktypische »Interesse an Seelendisziplin und seelischen Erlebnissen« im letzten Evangelium fehle und auch »die für die Mystik charakteristischen negativen Gottesprädikationen«. Dies veranlasst Bultmann zu der Feststellung, Johannes sei kein Mystiker, in: Theologie des Neuen Testaments, S. 419. Zum anderen stellt sich die Frage, ob es legitim ist, den Evangelisten Johannes mit dem Apokalyptiker auf Patmos – und nur auf ihn bezieht sich Rilke – voraussetzungslos zu identifizieren, wie es Wagner-Egelhaaf tut, wenn sie Schreibergestalt, Lieblingsjünger und buchverschlingenden Johannes gleichsetzt. Adela Yarbro Collins betont im New-Jerome-Kommentar die großen stilistischen, theologischen bzw. eschatologischen Unterschiede, die sich weder durch unterschiedliche Verschriftungszeitpunkte noch verschiedene Schreiber bzw. Sekretäre erklärten. Collins kommt zu dem Schluss, der Verfasser der Apokalypse sei ein frühchristlicher Prophet namens Johannes, über den nichts weiter als sein Name bekannt sei. Ist nun die Zuschreibung des Etiketts ›Mystik‹ zum Johannesevangelium schon problematisch, erweist sie sich für die Apokalypse als vollends unmöglich. Denn diese ist nicht Mystik, ist vielmehr im Graubereich zwischen politischem Sendschreiben und Prophetie angesiedelt. Im Prolog wird der Text als »Apokalypse« bezeichnet und damit auf eine in der Antike gebräuchliche Textsorte festgelegt, die propagandistische, ideologisch-politische Funktionen erfüllt. Andererseits ist er expressis verbis mehrfach als »Weissagung« gekennzeichnet (1, 3; 22, 7; 10, 11) und damit Johannes' Prophetenstatus impliziert. Das veranlasst Collins, die Johannes-Offenbarung trotz der Zuordnung zur Textsorte ›Apokalypse‹ im Kontext frühchristlicher Prophetie zu lesen. Darüber hinaus lassen sich epistolare Elemente des frühchristlichen Sendschreibens an die gentilen Gemeinden identifizieren, die vermutlich der Verbannungssituation auf Patmos geschuldet sind, in: Artikel »The Apokalypse«, S. 996 f. Auch Patricia Linden äußert sich zur Funktion der Apokalypse als prophetisches Send- und Trostschreiben an die kleinasiatischen Gemeinden, die die verschlüsselte Form bedinge, in: Spiegelschrift und Marginalität, S. 257. Johannes auf Patmos ist demnach als Prophet zu verstehen und die Apokalypse als ein Text, der apokalyptische, prophetische und epistolare Merkmale vereint; Mystik ist kaum zu seiner Klassifizierung geeignet. Und ebenso wenig ist Mystik in meinen Augen zur Klassifizierung von Rilkes Johannes-Deutung geeignet. Zeitlicher Kontext und das expressive Vokabular des gewaltsamen Schreibens und ›Geschrieben-Werdens‹ codieren den Apokalyptiker vielmehr als prophetischen Vates. Wagner-Egelhaafs Interpretation zeigt, wie schnell das »Passepartout Mystik« (Manfred Engel, KA I, S. 737) auf sakralisierende oder esoterische Äußerungsformen der Moderne appliziert wird ohne genaue Differenzierung, welchen Intertexten sich diese Äußerungsformen verdanken. Zwar illustriert eine solche Vereinseitigung die Dominanz des mystischen bzw. neomystischen Diskurses in der Moderne. Es darf dabei aber nicht der Blick verstellt werden auf die semantische Vielfalt sakraler Ausdrucksformen und -formeln um 1900, die eine genaue Quellenprüfung nahelegt.

kenntlich gemacht als Schreibohnmacht im wörtlichen Sinn. Als Zeichen der Auszeichnung fungiert diese paradoxe, mächtige Ohnmacht dennoch, insofern sie einem ins Übermenschliche gesteigerten Seh- und Aufzeichnungsvorgang geschuldet ist, dem ›potenzierten Schreiben‹. Die Motivik des gesteigerten Schreibens nützt Rilke, basierend auf der Diktat-Rhetorik des Malte-Romans, für seine briefliche Selbststilisierung auf zweierlei Weise: zum einen als Diktat-Metapher im engeren Sinn, zum anderen als personalen Vergleich mit dem Apokalyptiker Johannes.

Zuerst ist von der Diktat-Metapher zu handeln. Sie wird in der Folge zum roten Faden von Rilkes produktionsästhetischen Reflexionen und zum vielleicht legendärsten Merkmal seines Autorschaftskonzepts.[285] Ebenso wie ›Sturm‹ und ›Einsamkeit‹ rückt das Diktat langfristig ins feste Formelrepertoire von Rilkes schriftsprachlichem Habitus ein und ermöglicht die Engführung zweier auktorialer Inszenierungsmuster: Schreien und Schreiben. Beides prophetisch-erhaben, beides blind-autoritätslos, werknah und expressiv. Tatsächlich begegnet die Verknüpfung von Schreien und Schreiben zur auktorialen Standortbestimmung nach dem Abschluss des Malte-Romans. Auf die Nachfrage einer ihm unbekannten Studentin, Marlise Gerding, schildert Rilke 1911 rückblickend die *Stundenbuch*-Produktion in einer ganz neuen Tonart; nicht mehr als Ergebnis kniender, pilgernder, betender Versenkung ins eigene Innere und auch nicht als vitalistische Vereinigung mit dem Lebensurgrund, sondern als expressives Inspirationsgeschehen.

Es hätten sich Worte eingestellt, »die aus mir austraten und im Recht zu sein schienen, Gebete, wenn man will [...].« Schließlich sei ihm »die Stärke und das Wiedereinsetzen dieser inneren Diktate« aufgefallen und er habe angefangen, »Zeilen davon aufzuschreiben«. Nicht nur eine derartige Selbststilisierung zum passiven Medium poetischer Offenbarung ist im Zusammenhang mit dem *Stundenbuch* neu; noch ungewöhnlicher scheint die folgende Deutung des Textes als Schrei aus dem semantischen Geist der Prophetengedichte. Das *Stundenbuch* sei

> ein im wirklichsten Sinn aufrichtiges, mit allen Anzeichen des Nicht-anders-könnens, wie der Schrei sie an sich hat, den man zurückhielt und der sich plötzlich doch losreißt, ohne Rücksicht darauf, ob für ihn Raum ist in der dichten Welt.[286]

Diese offenkundige Distanzierung vom Selbstbild der Durchsetzungsphase gipfelt in der Distanzierung von dessen Kernmetapher, dem Gebet:

285 Sandra Kluwe spricht vom »Leitmotiv seiner Briefe, das in verschiedenen Zusammenhängen begegnet«, in: Krisis und Kairos, S. 176.

286 Rilke an Marlise Gerding, 14.5.1911, GB I, S. 281.

> Andererseits, von der Arbeit aus gesehen, hat es [das Stundenbuch] die Lust aller Kunst an sich selbst und ist dadurch anders als das Gebet, hat eine Eitelkeit, die das Gebet nicht besitzt. Aber was ist Gebet, – wissen wirs?[287]

Zur Debatte steht ein Wandel der Selbst- und der Werkdeutung. Wenn Rilke sich selbst und seine Dichtung entweder zum mystisch-innerlichen oder zum expressiv-prophetischen Sakralgegenstand stilisiert, entscheidet nämlich offensichtlich weniger der betreffende Text über das gewählte Beschreibungsrepertoire. Es ist vielmehr der Zeitpunkt und damit die in bestimmten Laufbahnphasen erforderliche ›Lautstärke‹ der Gesten, die Selbst- und Werkdeutung regelt. Mit dem Gerding-Brief als Quelle für Rilkes inspiratives Selbstverständnis haben sich bereits einige Arbeiten auseinandergesetzt; allerdings nicht unter der Annahme, dass der Produktionsprozess des *Stundenbuches* zu unterschiedlichen Zeitpunkten unterschiedlich semantisiert wird und Rilke um 1910 aus gänzlich veränderter Perspektive auf den Zyklus blickt. Vielmehr dient der zitierte Passus als Beleg dafür, dass Rilke sich zeitlebens als Inspirierter dargestellt habe, sowohl in der Frühphase des *Stundenbuches* als auch während der Entstehung des Spätwerks.

Für Erich Unglaub etwa ist es die Musenfigur Lou, die den jungen Dichter Rilke zum *Stundenbuch* inspiriere. Unter ihrem Einfluss kleide sich das lyrische Ich in dem Zyklus »in die Rolle des christlichen Mönches« und wähle somit »die ›andere‹ Form der Inspiration«, in der schließlich für die Muse kein Platz mehr sei. Begründet wird diese Auslegung des *Stundenbuches* als Inspirationsprogramm mit »späteren Kommentaren« – ebenjenem Gerding-Brief, wo Rilke angegeben habe, »die Worte dieser ›Gebete‹ seien »aus inneren Diktaten« gekommen«.[288] Wie zu zeigen war, ist das streng genommen ein Anachronismus: Der junge Rilke entwirft sich während der Entstehung des *Stundenbuches* gerade nicht als expressiv Inspirierter, sondern als leiser, innengeleiteter Mönch des Monismus. Wolfgang Braungart zufolge nimmt Rilke »für die Entstehung des *Stunden-Buch* die Inspirationspoetik in Anspruch, die für R. generell und insbesondere später für die *Duineser Elegien* so wichtig ist«.[289] Ähnlich steht für Sandra Kluwe fest, dass Rilke schon bei der Abfassung des *Stundenbuches* »die Erfahrung des ›Diktats‹« gemacht habe und sich »für das Inkommensurable der Inspiration« eine psychologische Erklärung zurechtgelegt habe.[290] Als Beleg ziehen auch diese Autoren den Gerding-Passus heran. Ferner vertritt Löwenstein die Auffassung, dass Rilke lebenslang dem »Programm der dichterischen Inspiration« folgt. Und auch er beruft sich mit dem Gerding-Passus und Rilkes Orkan-Brief an Marie Taxis aus dem Jahr 1922 auf Rilkes epistolare Selbstdeutungen der Konsekrationsphase.[291]

287 Ebd.
288 Unglaub, Die ältere Freundin als ›femme inspiratrice‹, S. 256.
289 Wolfgang Braungart, Das Stunden-Buch, S. 218.
290 Sandra Kluwe, Krisis und Kairos, S. 170 f.
291 Löwenstein, Poetik und dichterisches Selbstverständnis, S. 212, Anm. 531.

Natürlich ist eine Deutung der *Stundenbuch*-Semantik als Inspirationsprogramm unter der Bedingung eines sehr weit gefassten Inspirationsbegriffs plausibel, insbesondere wenn man die diskursgeschichtlich relevante Beziehung zwischen Mystik und Inspiration berücksichtigt.[292] Sie wird aber Rilkes sukzessiven und je systematischen Verknüpfungen von Mystik/Innerlichkeit und Inspiration/Expressivität nicht gerecht, die die vorliegende Arbeit zum Thema hat. Die Beispiele aus der Rilke-Forschung machen deutlich, dass Rilkes Selbstbild gerne als statisches Inspirationskonzept interpretiert wird. Hier aber kann »Philologie von [...] Soziologie lernen, auf welche konkrete Situation im literarischen Feld ein Autor reagiert, wenn er ein Bild seiner selbst [...] in Umlauf bringt« – auf diese programmatische Forderung von Joch und Wolf wurde bereits in der Einleitung hingewiesen.[293] So zeigt ein periodisierendes Beobachtungsraster, das auch soziokulturelle Kontexte wie die expressionistische Konkurrenten-Generation einbezieht, wie beweglich Rilke tatsächlich ist, wie weit er seine sakralen Selbstinszenierungen an unterschiedliche Feld- und Laufbahnbedingungen anpasst.

Die Diktat-Figur als ›roter Faden‹ von Rilkes Inspirationskonzept beherrscht auch weiterhin seine Selbstbeschreibungen, nicht nur in den ›Jubelbriefen‹ vom Frühjahr 1922, sondern bereits in den Jahren zuvor. Vor allem in Lehrer-Schüler-Konstellationen, etwa Rilkes Korrespondenz mit dem Gymnasiasten Xaver von Moos, stellt sie eine Möglichkeit dar, steile Hierarchien zu vermeiden. Es kann nicht anders als asymmetriemindernd gewirkt haben, wenn der Lehrer Rilke nicht vom Gehorchen des Schülers, sondern von seinem eigenen »athemlosen Gehorchen« spricht. Dieses hätten die Orpheus-Sonette hervorgebracht:

> Sie sind vielleicht das geheimste, mir selber, in ihrem Aufkommen und sich-mir-Auftragen, räthselhafteste Diktat, das ich je ausgehalten und geleistet habe; der ganze erste Theil ist, in einem einzigen athemlosen Gehorchen, zwischen dem 2. und dem 5. Februar 1922 niedergeschrieben [...].[294]

Eine Woche vorher hatte Rilke auch der Adeptin Margot Sizzo berichtet, er habe nichts tun können, »als das Diktat dieses inneren Andrangs rein und gehorsam hinzunehmen«.[295]

Autoritätslose Autorität und netzwerktypische Redundanzen, Distinktion und Identifikationsangebote für eine Vielzahl von heterogenen Gemeindemitgliedern: Das Programm rundet sich schließlich durch ein Phänomen, das mit dem »Schreier und Heuler Cézanne« schon in der Korrespondenz mit Nostitz beobachtet wurde. Es ist nie der Autor Rilke allein, der durch das jeweilige Weihe-Etikett be- und ausgezeichnet wird, sondern nach dem

292 Vgl. II. Hauptteil, Abschnitt 2.2.1.
293 Joch / Wolf, Feldtheorie als Provokation der Literaturwissenschaft, S. 14.
294 Rilke an Xaver von Moos, 20.4.1923, BSF, S. 350.
295 Rilke an Margot Sizzo, 12.4.1923, Sizzo, S. 60.

Prinzip der Hierarchielosigkeit auch andere Autorfiguren. So lässt sich die Diktatmetapher nicht nur auf auktoriale Vorbildinstanzen projizieren – von Kierkegaard heißt es, er sei »ein unendlicher Anspruch ans Herz, ein Diktat, ein Donner und eine Stille wie die Stille der Blumen« –,[296] sondern auch auf Rilkes Adeptengemeinde. Das Manuskript *Abendgespräche* von Rilkes Protegé Hertha König etwa habe »die Art eines einem empfänglichen Geiste innerlich aufgegebenen Diktats [...]«.[297] Mit diesen Worten empfiehlt es der Protektor Rilke der Lektorin Katharina Kippenberg und erzielt damit auch den gewünschten Erfolg.

Die zweite Variante des écriture-automatique-Topos, den Selbstvergleich mit Johannes auf Patmos, setzt Rilke entsprechend seiner Prägnanz wesentlich dosierter ein. Das Bild stellt so etwas wie eine Summenformel dar, in der ›Schrei‹, ›Sturm‹, ›Diktat‹ und ›Begeisterung‹ enggeführt werden. Naheliegenderweise sind die Ausgangspunkte wieder der Sturmort Duino, seine Besitzerin Marie Taxis und die Entstehung der *Ersten Elegie* im Januar 1912:

Ich zögere unendlich, liebe Fürstin, nach dem Diktat von neulich, das mir hier auf diesem Pathmos so stürmisch eingerufen wurde, daß ich, wenn ich daran denke, meine, wie der Evangelist in Brügge im Johannisspital, mit beiden Händen geschrieben zu haben, nach rechts und links, um nur alles Eingegebene aufzufangen[298]

– so steigert und überbietet Rilke vier Tage nach dem zitierten Rausche-Brief die dort begonnene inspirative Selbstinszenierung für Marie Taxis. Das mag »die Ausweitung der mediumistischen Rhetorik des Diktats zur Legitimierung einer vom Autor nicht mehr kontrollierten Semiose seiner neuartigen Texturen« sein.[299] Auf jeden Fall ist es die Ausweitung der mediumistischen Rhetorik des Diktats zur Legitimierung einer exklusiven Autorrolle; ferner zur Markierung eines heilig-poetischen Spitzentexts und zur Nobilitierung einer Mäzenin, ohne die all das nicht möglich gewesen wäre.

Eine analoge Ähnlichkeitsbeziehung zwischen Autor und Apokalyptiker bzw. zwischen dichterischem Schaffensprozess und prophetischem Schreib-Automatismus stellt Rilke im sakralen Kommunikationsraum mit Hattingberg her. Die Brief-Geliebte hatte Rilke zuletzt wissen lassen, dass man sich wohl schon seit jeher kenne, »auf einem anderen Stern, ›im Himmel‹ [...] Noch ehe wir als *Menschen* zur Erde kamen«.[300] Solcherart zur werknahen, erhabenen Selbstbeschreibung motiviert, greift Rilke die Patmos-Figur auf:

Wie auf dem Memling in Brügge der Evangelist Johannes: so möchte ich Dir schreiben hier auf meiner steinigen Herzinsel über die der Sturm der Begeisterung

296 Rilke an Ilse Erdmann, 18.8.1915, in: Rilke, Briefwechsel Ilse Erdmann, S. 40, künftig Sigle ERD.
297 Rilke an Katharina Kippenberg, 11.6.1917, KK, S. 235.
298 Rilke an Marie Taxis, 16.1.1912, TT I, S. 92.
299 Baßler, Maltes Gespenster, S. 245.
300 Magda v. Hattingberg an Rilke, 14.2.1914, HAT, S. 88.

fährt, Dir schreiben mit dieser rechten Hand, Dir schreiben mit dieser linken Hand, dem Spruchstrahl gehorchen und nicht aufhören, Dir zu schreiben.[301]

Mit ›Begeisterung‹, ›Sturm‹ und ›Diktat‹ ist das gesamte Inventar von Rilkes Inspirationssemantik für die unbekannte Pianistin Hattingberg versammelt und verdichtet; ein Hinweis, dass auch die Patmos-Figur nicht nur durch Sachbezug, durch Adressatenweihe und Rezeptionslenkung bestimmt ist. Das Briefschreiben selbst markiert Rilke als Akt heilig-inspirierten Schreibens, als Literaturproduktion. Folgerichtig geht es wie in den Sprachspielen mit der Heiligenrolle auch hier u. a. um literarischen Selbstbezug – um ein poetisches Autorbild, das um seiner selbst oder um der Dichtung willen hergestellt wird.

Dass dies so ist, dass der automatisch schreibende Apokalyptiker-Autor tatsächlich selbst wieder als Stoffquelle und Intertext fungiert, legt nämlich die weitere Entwicklung der Figur nahe. Offensichtlich hat sie Rilke im Jahr nach der Hattingberg-Begegnung als genuin poetisches Element beschäftigt. Wie anders erklärte es sich sonst, dass er sie zunächst scheinbar zufällig in die Korrespondenz mit Erwein Aretin einträgt. Der Astronom Aretin, mit Rilke in uniplexer, sachbezogener Relation verbunden,[302] ist weder ein Kenner des Werks noch der biographischen Situation des Autors und macht daraus auch kein Hehl: Rilkes »Bedrücktsein« bedaure er zwar aufrichtig, kenne ihn »aber viel zu wenig, um mit Gegengiften kommen zu können«.[303] Zudem beschränkt sich Aretin auf Informationsaustausch, historische und politische Reflexionen und vermeidet jedes sakralisierende Pathos. Und doch setzt Rilke im nächsten Schreiben die Selbsterklärung mit einer voraussetzungsreichen Anspielung fort, die für den Adressaten alles andere als erklärend gewesen sein dürfte:

Die Gründe meiner Bedrücktheit, um die Sie sich so liebenswürdig besorgen, liegen wohl am Tiefsten in diesem ›Freisein‹, in diesem Ausbleiben des inneren Befehls und Berufs, auf den unsereiner hoffnungslos angewiesen ist. Pathmos ist eine dürre Insel, und es ist ein trübes Ansehen auf ihr, wenn einen nicht das ungeheuerste Diktat überstürzt, dass man ihm mit beiden Händen nachschreibe… Es gab Zeiten –[304]

Die Funktion dieses scheinbar kontingenten Eintrags erhellt kurze Zeit später: Sie ist weniger dialogischer denn poetologischer Art. Vier Monate nach dem zitierten Brief wandert die Patmos-Figur nämlich wieder in den Raum der Dichtung ein – im Sinne des motivischen ›Fließgleichgewichts‹ zwischen epistolarem und poetischem Werk, das schon für die Heiligenrolle namhaft gemacht wurde. Nachdem sich Rilke im Oktober zusätzlich mit Dürers Apo-

301 Rilke an Hattingberg, 16.–20.2.1914, HAT, S. 112.

302 Zur Beziehung Rilke/Aretin, die von der zeittypischen Polarität zwischen Szientismus und Irrationalismus geprägt ist und konkret Astronomie, Astrologie, Okkultismus, Mathematik, Geschichte und Zeitgeschehen zum Gegenstand hat, vgl. Martina King, Astronomie und Dichtung.

303 Aretin an Rilke, 3.8.1915, ARET, S. 45 f.

304 Rilke an Aretin, 7.8.1915, ARET, S. 47.

kalypse-Zyklus beschäftigt hat,[305] entsteht im November das Gedicht *Siehe, denn kein Baum soll dich zerstreuen.* Der Text thematisiert die Patmos-Inspiration des Schreibers Johannes aus der Perspektive eines lyrischen Gott-Ichs, das in der dritten Strophe den entsprechenden Befehl erteilt:

Und sollst schreiben, ohne hinzusehen; / denn auch dieses ist von Nöten: Schreibe! / leg die Rechte rechts und links auf den / Stein die Linke: daß ich beide treibe. / Und nun will ich ganz geschehn.[306]

Wie sehr der Autor Rilke tatsächlich in Textwelten lebt und wie schlecht sich die empirisch-historische Person nachträglich von diesem Kunstraum abgrenzen lässt, erhellt aus den intertextuellen Verflechtungen des automatischen Schreibers. Zum einen fungiert das epistolare Autor-Ich als Intertext für Rilkes Dichtung und nimmt damit direkt Einfluss auf fiktionale Kommunikation. Zum anderen ruht dieses künstliche Selbstbild seinerseits auf wirkmächtigen Intertexten auf. Schließlich lässt sich das Bild des inspirierten Autor-Apokalyptikers nicht nur auf Bibel, Memling-Ikonographie und zeitgenössischen écriture-automatique-Diskurs beziehen. Auch hier ist mit der Patmos-Hymne, die dem »Inspiriertesten unter den Inspirierten« geweiht sei,[307] der Subtext ›Hölderlin‹ mitzudenken; und mitzudenken ist dabei auch, wie konsequent Rilke sich bei aller auktorialen Autopoiesis in den Kanon geweihter, inspirierter Textproduzenten einschreibt.

Nach diesem Überblick über Rilkes Selbstvergleiche mit Prophetenfiguren, über Schrei-, Sturm-, Begeisterungs- und Diktatmetaphorik lässt sich die Autorrolle des inspirierten Propheten als Komplementärkonzeption zusammenfassen.[308] Entsprechende Selbststilisierungen sind angesiedelt zwischen elementarer Unmittelbarkeit und textueller Mittelbarkeit, zwischen intentionslosem, ohnmächtigem Schöpfertum und Beerbung religiöser, gründungsmythischer Kulturpositionen. Im Gegensatz zu George bleibt Rilke nicht hinter dem Paradigma moderner, vom Text absorbierter Autorschaft zurück.

305 Vgl. KA II, S. 544 f.

306 Rilke, KA II, S. 143, Zeile 16–20.

307 Lohse, Dichterische Inspiration?, S. 295.

308 An dieser Stelle ist darauf hinzuweisen, dass Sandra Kluwe im 6. Kapitel ihrer Monographie unter der Teilüberschrift »a) ›Sturm‹, ›Gnade‹, ›Diktat‹: Topoi in Rilkes Selbstdeutung des Kairos von Duino« eine Repertoire-Besichtigung vornimmt, die auf den ersten Blick Parallelen zu meinem Vorgehen aufweist, in: Krisis und Kairos, S. 170–178. Auch hier wird dem Zusammenhang zwischen Bora in Duino und antiker Pneuma-Topik nachgegangen (S. 172), ein »prophetisches Modell« namhaft gemacht (S. 174) und der Bezug zu Johannes-Apokalypse (S. 174) und modernem Spiritismus-Diskurs (S. 176 f.) hergestellt. Fundamentale Unterschiede in Heuristik und Zielsetzung – Kluwe konzentriert sich unter den Prämissen des poststrukturalistisch-psychoanalytischen Methodenparadigmas auf kreativitätstheoretische und produktionsästhetische Fragestellungen – erhellen allerdings aus Überlegungen wie dieser: »In Wirklichkeit ist der Gehorsam gegenüber der ›Gewalt‹ des Duineser ›Diktats‹ freilich nur das Symptom von Rilkes zwangsneurotischer Fixierung auf sein Größen-Selbst, den eigentlichen Diktator des Diktats« (S. 174).

In seinen Inspirationsszenarios bemächtigt sich der Text des Autors, entsteht quasi hinter dessen Rücken und sorgt für eine Umkehrung der Autoritätsverhältnisse. Mit Macht ausgestattet ist in dieser Konzeption allerdings nicht mehr die Instanz der Eingebung, die vom Inspirationsdiskurs bis ins 18. Jahrhundert als transzendent gedacht wurde.[309] Barmeyer hat gezeigt, dass nach Tilgung des Transzendenzbezuges aus dem Inspirationsmodell in der Moderne an die Stelle des vormalig mit »Musen«, »Gott« oder »(heiliger) Geist« benannten ›wahren Autors‹ »anonyme ontologisch-metaphysische Wirklichkeiten« treten. Diesen unverfügbaren Grund des Produktionsaktes zu benennen, hätten Autoren mit Termini wie das ›Wunderbare‹, ›Unsichtbare‹ oder ›Unbekannte‹ immer wieder unternommen. Als Beispiele zitiert Barmeyer mit Rimbaud, Baudelaire, Cocteau und Breton Autoren aus dem französischen Symbolismus und Surrealismus, ferner auch Positionen des Dada und Gottfried Benn.[310]

Nun begegnet dieses nicht mehr transzendente, Autor und Text äußerliche Dritte der Inspiration gelegentlich auch bei Rilke. Da ist etwa vom »einfahrenden« oder »begnadeten Geist« die Rede, oder auch – weniger anonym und dafür ironisch – vom geisthaften, Gedichte diktierenden Doppelgänger C.W. im Zyklus *Aus dem Nachlass des Grafen C.W.*[311] Sehr viel häufiger allerdings entfällt die von Barmeyer namhaft gemachte »anonyme ontologische Größe«[312] zugunsten einer gewissermaßen gesteigerten Modernität Rilkes: In die Subjektposition des unverfügbaren ›wahren‹ Autors rückt nun der Text. Ihm fällt die Schaffensmacht der Musen zu, er erzeugt sich in einem Zirkel, wie er autopoetischer nicht sein könnte, selbst.[313] Zum Ausdruck kommt das in

309 Während die Erfahrungsseelenkunde den Referenzpunkt bereits in das Subjekt selbst verlagert, indem sie bestimmte psychische Dispositionen als Inspirationsprinzip annimmt, denkt die rationalistische Enthusiasmos-Kritik bei Shaftesbury den Transzendenzbezug für die ›gute‹, nicht fanatische Begeisterung durchaus mit. Bei Klopstock wird der Umschlagspunkt von Transzendenz zur Immanenz in der Inspirationsquelle der unsterblichen Seele und im »Geist-Schöpfer« Terminus angesetzt, in dem individuelle seelische Aspekte und überindividuelle Anteile am »Geist« kurzgeschlossen seien, vgl. Gellhaus, Enthusiasmos und Kalkül, S. 202 f. Bei Hölderlin verbinden sich in der fiktionalen Musenfigur Diotima subjektiv-personenhafte und überindividuell-allegorische Elemente, die einen Transzendenzbezug in der Tradition der antiken Musenkonzeption noch zulassen, vgl. Gellhaus, ebd., S. 255. Ferner korrespondiere, so Lohse, im Kompositum des »Heilig-Nüchternen« dem »vorausgesetzten, als Promotor unleugbaren und insofern anwesenden Heiligen die Erfahrung von dessen Abwesenheit«, in: Dichterische Inspiration?, S. 299.

310 Vgl. Barmeyer, Die Musen, S. 210 ff.

311 Vgl. II. Hauptteil, Abschnitt 2.3.7.

312 Barmeyer, Die Musen, S. 212.

313 Natürlich ist Rilke auch hier nicht der Erste. Intrapoetisch findet sich das Konzept des ›autoritären‹ Textes schon bei Klopstock, von wo es »bis in die Anfänge der Lyrik zurückverfolgt werden kann«, so Gellhaus, Enthusiasmos und Kalkül, S. 243. Lohse zitiert eine Briefpassage Goethes, in der von bestimmten Gedichten gesagt wird: »Ich machte sie nicht, sie machten mich« (WA, Abt. I, Bd. 33, S. 31, zitiert nach: Dichterische Inspiration?, S. 289).

einschlägigen Personifikationen und Anthropomorphismen. Rilke spricht von Elegien, die aus dem Dichter »den Mond anheulen«, davon, dass »die ›Saltimbanque‹-Elegie [...] zur Welt [kam]«,[314] oder von *Stundenbuch*-»Gebeten«, die »sich einstellen«.[315] Die letztere Figur wird wortgetreu nach 1922 mehrfach zur Personifikation der Orpheus-Sonette eingesetzt. Diese Gedichte hätten sich, »oft viele an einem Tag, völlig unerwartet ein[gestellt]«, schreibt Rilke 1923 an Margot Sizzo.[316] Die chronologische Abfolge der Texte sei berechtigt, »weil oft mehrere Sonette an einem Tage, ja beinah gleichzeitig, sich einstellten, so dass mein Bleistift Mühe hatte, mit ihrem Auftreten Schritt zu halten« – so die ausführlichere Version für Katharina Kippenberg 1922.[317]

Charakteristische Redundanzen bzw. Mehrfachnutzungen des einprägsamen Motivs gefährden auch hier die Suggestion von Exklusivität nicht: Zu zerdehnt ist Rilkes weitläufiges Netzwerk, zu separiert leben einander unbekannte Mitglieder wie Katharina Kippenberg in Leipzig und Margot Sizzo im ungarischen Adamocz. Schließlich wirkt die autopoetische Erzählung vom Text, der sich im Medium seines Autors selbst herstellt, nachhaltig auf die Gemeinde. Immer wieder wird Rilke Bescheidenheit, Demut, Bedürfnislosigkeit und antiheroische körperliche Beschaffenheit attestiert, niemals Hybris oder monumentale Ferne beklagt. Er habe nicht rasten dürfen, »wenn der Körper sich auflehnen wollte gegen das Allzuviel«, habe »gehorchend mit eiligem Bleistift schreiben, schreiben« müssen, so etwa die Schweizer Mäzenin Dory Von der Mühll.[318] Für Katharina Kippenberg wirkt »das Wort Ende« am Schluss des Elegienmanuskripts »wie ein inbrünstiger Kniefall nach einer Erhörung«.[319] Marie Taxis schließlich teilt mit, dass es über Rilke »wie ein Fieber« gekommen sei, er nicht habe schlafen können, »nicht essen, nur fort und fort schreiben« und schließlich nach einer privaten Lesung der Sonette die Knie gebeugt habe, »um mir die Hände zu küssen«.[320] Diese integrative Wirkung im Raum sozialen Handelns und Tauschhandelns ist vermutlich weniger der produktionstheoretischen Modernität von Rilkes Konzeption geschuldet[321] als vielmehr ihrem antihierarchischen Potential; einem Potential, das in Georges Vorstellungen von priesterlicher Autokratie nicht enthalten ist.

314 Rilke an Nanny Wunderly, 15.2.1922, NWV I, S. 672.
315 Vgl. Anm. 286.
316 Rilke an Margot Sizzo, 12.4.1923, Sizzo, S. 60.
317 Rilke an Katharina Kippenberg, 23.2.1922, KK, S. 455.
318 Dory Von der Mühll, Basler Erinnerungen II.
319 Katharina Kippenberg, Rainer Maria Rilke, 1948, S. 325.
320 Marie Thurn und Taxis, Erinnerungen an Rainer Maria Rilke, S. 113.
321 Vgl. Gellhaus zu Derridas Konzept vom unendlichen Text »im Sinne einer sich selbst fortzeugenden und gebärenden Weltschrift«, deren Autoren nur noch Kopisten seien, in: Enthusiasmos und Kalkül, S. 11 f.

An dieser Stelle lohnt ein Seitenblick auf den Zeitgenossen und potentiellen Konkurrenten Rilkes im Avantgarde-Feld, Gottfried Benn. Für eine gewisse Konkurrenzsituation im Kampf um kulturelle Legitimität spricht zumindest, dass der elf Jahre jüngere Benn Rilke ebenso geschätzt wie kritisiert, zuweilen sogar mit ätzendem Spott bedacht hat. Nicht zuletzt Rilkes Inspirationskonzept des sich selbst erzeugenden Textes wird von Benn in *Figuren*, entstanden zwischen 1940 und 1945, gegeißelt:

Ein warmes Bad, Meudon, und dann ist auch das noch zu rauh – eine kleine schöpferische Krise und drei Monate Viareggio oder Capri sind dem Künstler gestaltbar, die er in Kniehosen [...] verlebt und: ›da wollte ein kleines Klingen in mir anheben, vielleicht ein ganz kleines nur nach so langer Zeit, und da erschien es mir nicht gut, mit diesem Klangkeim in die große Eisenbahn und dann zu neuen Eindrücken in Genua und Dijon zu fahren und wichtig, die, wenn auch noch so kleine Niederkunft hier abzuwarten.‹ Ein ganz Kleines nur und eine gute Wärme, Gemisch von männlichem Schmutz und lyrischer Tiefe, bezärtelt von Duchessen, hingeströmt in Briefen an die breithüftige Ellen Key – das ist die Größe von 1907 [...].[322]

Der inspirationskritische Gestus weist voraus auf Benns rationalistische Produktionsästhetik der Machbarkeit, die er 1951 in seiner Marburger Lyrik-Rede ausformulieren wird. Doch gerade dieser Apologet des poeta-faber-Modells und Rilke-Kritiker präsentiert in früheren Schriften Inspirationsfiguren, die denen Rilkes überraschend ähneln. In der autobiographischen Schrift *Lebensweg eines Intellektualisten* inszeniert Benn 1934 die Entstehung der Morgue-Gedichte als mediales Geschehen und Selbstkonstitution des Textes. Es sei ein

Zyklus von sechs Gedichten [gewesen], die alle in der gleichen Stunde aufstiegen, sich heraufwarfen, da waren, vorher war nichts von ihnen da; als der Dämmerzustand endete, war ich leer, hungernd, taumelnd und stieg schwierig hervor aus dem großen Verfall.[323]

1915 hatte Rilke Marie Taxis mitgeteilt, es sei »wieder eine Elegie da [...]«.[324]

Die komplementäre Präsenz von rationalen und irrationalen Elementen in Benns produktionsästhetischen Reflexionen, auf die auch Barmeyer hinweist,[325] ist auffällig; auffällig gerade für einen, der sich so vehement gegen Rilkes mediumistische Selbststilisierung wendet. Klar wird dabei, dass dessen Entwurf inspirierter, autoritätsloser Autorschaft keinesfalls so abwegig gewesen sein muss, wie Benns Injurie nahe legt und dass Rilke für Benn und seine Generation nicht nur der »weich Werdende«, »von jeder Schwermut zu

322 Benn, Gesammelte Werke, Band 4, S. 278 f.
323 Benn, ebd., S. 45.
324 Rilke an Marie Taxis, 2.12.1915, TT I, S. 459.
325 Barmeyer, Die Musen, S. 31 ff.

jedem Reim und zum lieben Gott« Treibende ist.[326] Offensichtlich hat vielmehr das Inspirationskonzept der elitären und gewaltsamen Depersonalisierung auch für den Rilke-Antipoden und strengen Nietzscheaner Benn durchaus eine gewisse Anziehungskraft,[327] und nicht nur für ihn.

Mit Hermann Bahr, dem Programmatiker der Wiener Moderne und ›Mann von Übermorgen‹, erweist bereits 1916 ein für neue Entwicklungen hellhöriger Vertreter der älteren Generation der Vorstellung vom autonomen, anthropomorphen Text seine Referenz. Seine Schrift *Expressionismus*, so beginnt Bahr den besagten Text, habe »sich gewissermaßen selbst geschrieben. Es erging mir seltsam mit ihr. Ich hatte sie nicht vor und staune noch, wie sie mich auf einmal überkam.«[328] Ebenso wie Benn, der sich in der Textsorte ›Autobiographie‹ zum Medium der textuellen Selbstzeugung stilisiert, bedient sich auch Bahr mit dem kunsttheoretischen Essay einer nicht-fiktionalen Gattung; einer Gattung, deren Autorfunktion durchaus auf den realen Textproduzenten bezogen werden kann und zur Profilierung eines inspirativen Selbstbildes geeignet ist.

Und auch Else Lasker-Schüler, von deren Tendenzen zur Selbstsakralisierung und Selbstfiktionalisierung bereits die Rede war, entwirft sich im Prosatext *Ein Brief* als passives »Gefäß der Eingebung«:[329] So habe sich stets ohne eigenes »Zutun« in ihr »Dichtung [gestaltet]«.[330] Dabei bedient sich die Autorin, die sich »demütig vor [der] eigenen Erleuchtung« beugt,[331] ähnlicher Inspirationstopoi wie Rilke und lässt ebenso wie er den Intertext Hölderlin mithören. Im Dichter werde gedichtet, so Lasker-Schüler, er könne sich selbst nichts vornehmen, plötzlich streife ihn »ein wetternder Vers, ein feuriger oder ein sanftschmeichelnder, des Dichters Leben«. Er erlebe »Blütezeit und Herbst, geplündert von den launigen Stürmen der Welt«.[332]

Man sieht: Figuren der textuellen Selbstzeugung und Depersonalisation sowie Sturmtopik gehören zum allgemeinen Repertoire von Vates-Inszenierungen in der Moderne. Als Möglichkeiten expressiver Selbstgestaltung werden sie offensichtlich besonders von jenen Akteuren in Anspruch genommen, die dem Expressionismus nahestehen oder eine solche Nähe insinuieren wollen. Allerdings verdichtet Rilke diese Elemente mit größerer Konsequenz und Systematik als andere zu einem literarisierten Selbstbild und erreicht damit eine hohe Einprägsamkeit.

326 Benn, Gesammelte Werke, Band 4, S. 56.

327 Zu Benns facettenreichem Umgang mit dem Thema Autorschaft in unterschiedlichsten Textsorten – fiktionaler Prosa, Gedichten, Essays, Reden, Briefen –, vgl. allgemein Martínez, Gottfried Benn.

328 Bahr, Expressionismus, S. 7.

329 Anne Overlack, Was geschieht im Brief?, S. 186.

330 Else Lasker-Schüler, Verse und Prosa, S. 45, zitiert nach Overlack, ebd.

331 Else Lasker-Schüler, Konzert, S. 194, zitiert nach ebd., S. 184.

332 Else Lasker-Schüler, Verse und Prosa, S. 44 f., zitiert nach ebd., S. 188.

Nun sind zwar die Figuren von textueller Selbstzeugung und von intentionsloser, sich ins Werk transponierender Autorschaft spezifisch modern. In ähnliche Richtung weist z. B. auch Döblins Projekt einer an psychiatrischem Expertenwissen geschulten Poetik der auktorialen Objektivität und ›Depersonisation‹.[333] Und doch würde solche Tilgung des Künstlersubjekts dem Projekt heiliger Autorschaft unter den problematischen Bedingungen der Epoche kaum zuarbeiten, bliebe es bei diesen Ohnmachtsbekundungen. Entscheidend ist die oben angesprochene Komplementarität zwischen ohnmächtigem Autor-Objekt und übermenschlichem Autor-Monument.[334] Via Einschreibung in eine Prophetenreihe von Moses (Hattingberg), Josua (Anton Kippenberg, Hattingberg), Mohammed (Taxis) und Jakob (Nádherný) bis hin zu Johannes auf Patmos (Taxis, Hattingberg, Aretin) kehrt der absorbierte Autor als universaler religiöser Sinnstifter zurück. Er deckt Altes, Neues Testament und Koran ab und zeigt, wie Kunst und Künstler im nietzscheanischen Zeitalter die großen Weltreligionen und ihre historischen Exponenten beerben und so auf das Bezugsproblem postmetaphysischer Leere reagieren.

Dabei ist Nietzsche nicht nur der Subtext für Rilkes implizite Autorschaftspoetik in den Prophetengedichten, sondern auch für inspirierte Selbstbilder im Sinne Rilkes und Lasker-Schülers. Gemeint ist die Schrift *Ecce homo*.[335] Eine spätere Beschreibung des Zarathustra-Inspirationserlebnisses in diesem Text hat laut Blamberger zum einen die gleiche Funktion wie derartige Inspirationsbeschreibungen, Selbststilisierung.[336] Zum anderen inszeniert Nietzsche hier auch in ähnlicher Weise prophetische Rede, insofern der Stil des Passus ebenso wie derjenige Rilkes altestamentarischen Prophetenvisionen entlehnt ist. »Mit dem geringsten Rest von Aberglauben in sich würde man«, so Nietzsche, »die Vorstellung, bloss Incarnation, bloss Mundstück, bloss medium übermächtiger Gewalten zu sein, kaum abzuweisen wissen«, dies sei dichterische »Offenbarung«.[337] Das erinnert bereits deutlich an Rilkes ›alttestamentarische‹ Semantik medialer, überwältigter Autorschaft. Weiterhin ist von der inspirativen »Entzückung« die Rede,

333 Was bei Rilke in der Auseinandersetzung mit Cézanne im Herbst 1907 zum Tragen kommt, intentionslose Objektivität, Autoritätsabwehr und die Vorstellung von der Transposition des Künstlers ins Werk, hat seine produktionstheoretische Parallele in Döblins Schrift *An Romanautoren und ihre Kritiker* (Berliner Programmm) von 1913, vgl. I. Hauptteil, Anm. 49.

334 Vergleichbar Sandra Kluwes psychoanalytische Perspektive, der zufolge sich im Diktat-Topos »ohnmächtig-passiver ›Gehorsam‹ und ›diktat‹orische Allmacht wechselseitig kompensieren«, in: Krisis und Kairos, S. 175 f.

335 Vgl. Nietzsche, KSA 6, S. 339 f. Nachweisbar ist für Rilke laut Manfred Engel nur die Lektüre von Tragödienschrift und *Unzeitgemäße Betrachtungen*, es sind aber weitere Lektüren wahrscheinlich (vgl. KA I, S. 617). Die Schrift *Ecce homo* aus dem Nachlass erscheint erstmalig 1908. Die schon in der KA vermutete Zarathustra-Lektüre (ebd.) ist von einer neueren Monographie belegt worden: Katja Brunkhorst, ›Verwandt-verwandelt‹.

336 Vgl. Blamberger, Das Geheimnis des Schöpferischen, S. 36.

337 Nietzsche, KSA 6, S. 339.

deren ungeheure Spannung sich mitunter in einen Thränenstrom auslöst, bei der der Schritt unwillkürlich bald stürmt, bald langsam wird; ein vollkommnes Ausser-sich-sein mit dem distinktesten Bewusstsein einer Unzahl feiner Schauder und Überrieselungen bis in die Fußzehen.[338]

Hier weist Blamberger Topoi aus den Offenbarungsberichten von Jesaia und Jeremia nach wie körperliche Erschütterung und Überwältigt-Sein von der übermächtigen Botschaft.[339] Als direkter Beleg für alttestamentarische Prätexte und die Identifikation Nietzsches mit dessen Exponenten mag auch seine prägnante Schlusswendung gelten: »Dies ist meine Erfahrung von Inspiration; ich zweifle nicht, dass man Jahrtausende zurückgehn muss, um jemanden zu finden, der mir sagen darf ›es ist auch meine‹«.[340]

Sosehr sich der prophetische Sinnstifter Nietzsche und der prophetische Sinnstifter Rilke hier anzunähern scheinen, geht es bei Rilke doch immer auch um Abgrenzung von Nietzsche – im Gegensatz zu George und auch Benn. Zwar inszenieren beide Autoren »momentane Depersonalisation«[341] im Rekurs auf die Schriften des Alten Bundes. Doch betont Nietzsche jenseits der Überwältigung stets auch Genialität, also Selbstmächtigkeit und aktives Schaffen. Inspiration geschehe »im höchsten Grade unfreiwillig, aber wie in einem Sturme von Freiheits-Gefühl, von Unbedingtsein, von Macht, von Göttlichkeit«.[342] Das ist für Rilke durch und durch untypisch. Selbst wenn er sich in eine Reihe erhabener Namen einfügt wie Moses, Josua oder Johannes, bleibt er dabei doch stets der Empfangende, stellt konsequent auf Passivierung und ohnmächtige Medialität ab. Im ersten Hauptteil wurde die Behauptung aufgestellt, Rilke vertrete im Gegensatz zum Nietzscheaner George Positionen des ›reinen‹, antiken und mittelalterlichen Inspirationsdiskurses. George dagegen bleibe dem subjektzentrierten Inspirationskonzept der Autonomieästhetik verhaftet.[343] Rilkes epistolarer Habitus belegt nun diese Hypothese. In den Differenzen zwischen Nietzsches und Rilkes Aneignung alttestamentarischer Texte wird die Distanz des Letzteren zum ›Übermenschen‹ und zur Selbstvergottung Nietzsches wie Georges sichtbar. Erwächst aus Nietzsches Autorschaftskonzept die Folgeproblematik eines rigiden Antimodernismus, bietet Rilke Lösungsansätze. Wie nämlich das Beispiel George lehrt, ist Nietzsches Künstler-Konzept den modernen Paradigmen von Kommunikation, Beschleunigung, Individualisierung, Pluralisierung und Funktionalisierung kaum anzupassen und verfällt der Monotonie des Monumentalen.

Dem stellt Rilke eine bewegliche Semantik von Autorschaft entgegen, die ebenso nietzscheanisch und modernitätskritisch ist, wie sie dessen proble-

338 Ebd.
339 Vgl. Blamberger, Das Geheimnis des Schöpferischen, S. 36.
340 Nietzsche, KSA 6, S. 340.
341 Blamberger, Das Geheimnis des Schöpferischen, S. 36.
342 Nietzsche, KSA 6, S. 340.
343 Vgl. I. Hauptteil, Abschnitt 3.2.

matische Modernitätskritik überwindet. Distinktion ist zur Herstellung eines stabilen auktorialen Profils im unübersichtlichen Konkurrenzkampf der Selbstbilder um 1900 unbedingt erforderlich, das wurde schon gesagt. Hier liegt die Leistung von Rilkes Komplementärkonzeption: Die Vergleiche mit Moses, Josua, Jakob und Johannes auf Patmos sowie Figuren des Schreiens, Stürmens oder des pfingstlichen Geistessturms markieren Herausgehobenheit, privilegierten Wahrheitszugang und eruptive Schöpferkraft des Autors. Sie erzeugen Distinktion, stellen aber doch nicht jene unüberbrückbare Distanz her, die das Heilige eigentlich impliziert. Vielmehr leisten sie offensichtlich gleichzeitig Adressatenweihe, integrieren ein Netzwerk ohne Gruppenidentität und offerieren Identifikationsmöglichkeiten für die Mitglieder.

Es konnte gezeigt werden, dass Rilkes Repertoire anschlussfähig genug ist, um eine heterogene, regional zerdehnte und funktional differenzierte Kerngruppe von Netzwerkmitgliedern je individuell anzusprechen und zu motivieren. Thematisch waren u.a. der deutsche Verleger Anton Kippenberg und seine Frau, die Lektorin Katharina Kippenberg in Leipzig, die in der Schweiz und in Kopenhagen lebende dänische Übersetzerin Inga Junghanns, die deutsch-jüdische Expressionistin Claire Goll in Paris und die mobile deutsch-russische Intellektuelle Salomé; ferner Marie Taxis, europaweit agierende Mäzenin und Salondame, die Aristokratinnen Nádherný und Nostitz, jeweils Gelenkstellen zur künstlerischen Avantgarde in Weimar und Wien, die ungarische Adeptin Gräfin Margot Sizzo sowie die deutsche Briefgeliebte Hattingberg – wobei dies nur ein exemplarischer Ausschnitt ist.

Nun spiegelt sich in der Heterogenität der Empfänger nicht nur Ausdehnung und potentielle Reichweite des Netzwerks wider. Es zeigt sich auch, wie intensiv Rilke in dieser wichtigen Phase an seinem Netzwerk arbeitet. Bei allem literarischen Selbstbezug und aller Kontingenz der Kommunikation kristallisiert sich nämlich doch Folgendes heraus: Die auktoriale Prophetenrolle wird u.a. denjenigen Funktionsträgern kommuniziert, die soziale und ökonomische Absicherung sowie Vermittlung des Autors mit einer breiteren Rezeptionsöffentlichkeit in Aussicht stellen. In den bestätigenden Reaktionen der Respondenten und in ihren späteren Erinnerungsschriften zeigt sich, dass diese Rolle zum einen tief internalisiert worden ist. Da sich die Netzwerkmitglieder innerhalb der gleichen Rhetorik- und Codegrenzen bewegen wie der Autor, wird dessen Selbststilisierung offensichtlich nicht als Grenzüberschreitung wahrgenommen, allenfalls als integrative Grenzziehung gegenüber der Außenwelt. Zum anderen entstehen Binnenräume der Symmetrie und ›seherischen‹ Verwandtschaft, die die Kluft zwischen prophetischem Autor und praktischem Funktionsträger nie zu tief werden lassen. Als Beleg soll exemplarisch diejenige Respondentin zu Wort kommen, die auch funktionell im Zentrum von Rilkes Netzwerk steht: Marie Taxis. Dem bereits zitierten Briefpassus von den »rauschenden Flügeln« des inspirierten »Dottor serafico« (1912) lässt Taxis nämlich eine kurze Revision ihrer noch jungen Beziehung zu Rilke folgen. Wenn sie daran denke, wie schnell man sich kennengelernt habe und wie schnell alles gegangen sei, vermute sie doch »dass ein sonderbares Fatum uns zusammen brachte – Nur der kurze merkwürdige Besuch in Paris [...] und dann kamen Sie her und es war gleich alles ganz klar, natürlich und von jeher dagewesen –«.[344]

Von jeher da gewesen und langfristig wechselseitig effizient, ließe sich anfügen und als Muster für etliche erschriebene Netzwerkbeziehungen geltend machen.

2.3.7 Instrumente der Rezeptionslenkung

Öfters schon ist auf sie verwiesen worden, nun sollen sie endlich thematisch sein: die berühmten ›Jubelbriefe‹. Unmittelbar nach Vollendung der Elegien und Sonette im Februar 1922 teilt Rilke das glückliche Gelingen sieben zentralen Netzwerkmitgliedern mit: der Partnerin Baladine Klossowska (9.2.), dem Verleger Anton Kippenberg (9.2.), der langjährigen Mentorin Salomé (11.2.), der zentralen Mäzenin Taxis (11.2.) sowie der Kerngruppe der lokalen Mäzene Nanny Wunderly (10.2., 11.2., 12.2.), Werner Reinhart (14.2.) und Dory Von der Mühll (1.3.).[345] Selbst wenn die Diktatfigur in diesen Schreiben nicht als solche auftaucht, hat sie sich bis 1922 als Chiffre für intentionslose, inspirierte Textproduktion verfestigt. Deshalb können die Jubelbriefe als ‚heilige Diktate' verstanden und von den komplementären ‚profanen Diktaten', die weiter unten zu diskutieren sind, abgegrenzt werden.

Die ›Jubelbriefe‹ sind aus verschiedenen Gründen als gesonderter Komplex zu betrachten und zusammenhängend auf ihre kommunikative Funktion zu befragen. Zunächst weisen sie semantische, strukturelle und graphische Übereinstimmungen und insgesamt eine auffällige und vereinheitlichende Überformalisierung auf; alle Briefe enthalten äquivalente Passagen mit mittelständigen Elementen, so dass man den Eindruck von Mittelachsensym-

344 Marie Taxis an Rilke, 20.7.1912, TT I, S. 175.

345 Hier soll es nicht um die Frage gehen, wie sich Rilkes Kreativitätsschub im Februar 1922 erklärt und ob er sich demjenigen Phänomen verdankt, das als historische Diskursformation mit der Bezeichnung ›Inspiration‹ versehen wurde. Es steht lediglich zur Debatte, mit welchen semantischen Mitteln Inspiration in den Jubelbriefen konstruiert wird. Anders ist der Argumentationsverlauf bei Adriana Cid, Mythos und Religiosität. Zwar werden auch hier einschlägige Zitate aus den Schreiben an Kippenberg, Salomé und Taxis gelistet, wird im Zusammenhang mit diesen als einheitlich enthusiastisch befundeten Dokumenten ebenso wie in vorliegender Arbeit die Überzeugung formuliert, Rilke habe sich selbst zum »Inspirationsdichter« stilisiert und den Schaffensprozess als »eine Art religiöse Erfahrung« dargestellt (S. 67). Allerdings differenziert Cid nicht zwischen »Beschreibungsebene und Erfahrungsebene« (Blamberger, Das Geheimnis des Schöpferischen, S. 37), wenn sie vom »sehnsüchtigen Warten auf Inspirationsmomente« (S. 66) spricht oder die Vermutung äußert, Rilke habe »beides [kombiniert], Arbeit und Inspiration« (S. 68). Ferner wird im Hinblick auf Lektüre der Orpheus-Sonette eine »passive, gehorsame Haltung« für angemessen erklärt und damit eine Rezeptionsnorm formuliert, die am Selbstverständnis des inspirierten Autors Rilke angelehnt ist (S. 69).

metrie gewinnt.[346] Diese Parallelen erlauben die Rede vom Korpus und rücken es, wie zu zeigen sein wird, in die Nähe kanonischer bzw. liturgischer Texte. Ferner enthalten die Schreiben neben konsequent durchgehaltener Windmetaphorik auch Exklamationen des Betens und Dankens, so dass sich eine hybride Beschaffenheit aus Inspirationsbildern und rituellen Elementen des Dankgottesdienstes ergibt. Hybride Beschaffenheit und graphische Überformalisierung weisen die Texte innerhalb von Rilkes epistolarem Kosmos der Selbsterfindung als Summentexte heiliger Autorschaft aus: Produzent und Produktionsprozess erscheinen als Subjekt und Objekt von Offenbarungsgeschehen und liturgischem Ritual. Dass Rilke die Elegien als sein Hauptwerk betrachtet hat, ist Konsens in der biographischen Forschung. Berücksichtigt man nun einerseits diese Selbsteinschätzung und andererseits die Selektion der Briefempfänger, so bieten sich Schlussfolgerungen zur Funktion der Jubelbriefe an. Ich gehe von der Annahme aus, dass sie der Markierung des Elegienzyklus als Hauptwerk und der Steuerung seiner primären Rezeption durch die Gemeinde dienen – natürlich unter Berücksichtigung all dessen, was schon über Spontaneität und Unbewusstheit des (sprachlichen) Habitus gesagt wurde.

Dass die Jubelbriefe dann tatsächlich langfristig die Rilke-Rezeption gesteuert haben, insofern auch das Augenmerk einer breiteren Öffentlichkeit auf das Spätwerk fokussiert wurde, ist schließlich Rilkes testamentarischem Einverständnis in eine etwaige Publikation des Briefwerks geschuldet: 1940 erschienen in der von Ruth und Carl Sieber herausgegebenen Brief-Reihe die *Briefe aus Muzot 1921–1926*, darin enthalten die Schreiben an Marie Taxis und Lou Salomé, 1934 wurde Rilkes Jubelbrief an Kippenberg veröffentlicht.[347] Seither werden die Schreiben, die Stephens einer »Dramatisierung der Entstehungsgeschichte« zurechnet, in der Rilke-Literatur unermüdlich zitiert.[348] Die Rilke-Literatur zeige, »mit welchem Erfolg Rilke durch die dramatisierte

346 Die graphische Überformalisierung fehlt im französischen Schreiben an Baladine Klossowska.

347 Vgl. Rainer Maria Rilke, Briefe Muzot, S. 100–103, künftig Sigle BMzt; Rainer Maria Rilke, Briefe an seinen Verleger, S. 354 f.

348 Die Fülle an Belegen ist hier so groß, dass exemplarisch zu verfahren ist. Für die biographische Fraktion: Else Buddeberg, Rainer Maria Rilke, S. 404 f. (Langzitate aus den Briefen an Kippenberg, Klossowska, Wunderly, Taxis); Angelloz, Rainer Maria Rilke, S. 310 (Langzitat aus dem Brief an Taxis); Leppmann, Rilke, S. 431 f. (Langzitat aus dem Brief an Taxis); Prater, Ein klingendes Glas, S. 577–580 (Langzitate aus den Briefen an Kippenberg, Wunderly, Taxis und Salomé); Freedman, Rainer Maria Rilke 1906 bis 1926, S. 390 f. (Langzitate aus den Briefen an Klossowska, Salomé und Taxis); Schank, Rainer Maria Rilke, S. 112 f. (farblich hervorgehobenes Langzitat aus dem Brief an Taxis); für die philologische Fraktion: KAS, S. 138 (Langzitate aus den Briefen an Kippenberg und Taxis); für die psychoanalytische Fraktion: Sandra Kluwe, Krisis und Kairos, S. 333 f. (Langzitate aus den Briefen an Taxis und Salomé); exemplarisch für autorferne Positionen, die die Funktion der Briefe als Medium der Selbststilisierung mitreflektieren, ist Manfred Koch, Der Gott des innersten Gefühls, S. 49, Anm. 4. Hier wird aus Rilkes Jubelbrief an Marie Taxis zitiert.

Entstehungsgeschichte das ›würdige Heim‹ für den endgültigen Gedichttext schuf […]«,[349] wie erfolgreich er, anders gesprochen, die Rezeption steuerte.

So sattsam diese Quellen also bekannt sind, nicht zuletzt dank Manfred Engels Zusammenstellung in der Materialiensammlung zu den Elegien,[350] erscheint mir eine erneute Präsentation dennoch sinnvoll. Bei aller unermüdlichen Wiedergabe fungieren die Jubelbriefe nämlich in der Regel als Selbst- bzw. Werkskommentar und sind kaum je als solche Gegenstand der wissenschaftlichen Auseinandersetzung. Seit ihrer zusammenhängenden Bearbeitung in Storcks älterer Briefmonographie hat sich nur noch Ferencz Szász jüngst Rilkes Jubelbrief an Kippenberg angenommen. Allerdings verzichtet der Verfasser auf einen Vergleich mit den anderen Texten des ›Korpus‹[351] und auf die Einordnung des Schreibens in Rilkes Gesamtkonzept heiliger Autorschaft. Statt dieser externen, sozialgeschichtlichen Perspektive vertritt Szász eine nicht mehr fraglos selbstverständliche Norm des ›guten Briefes‹, deren idealer Exponent Rilkes Schreiben an Kippenberg sei. Szász' textanalytische Ausführungen folgen dann letztlich diesen normativen Prämissen. Rilkes Briefe seien als solche »Kunstwerke« mit »Ganzheitscharakter«, das in Rede stehende Blatt von einer »vornehmen Schönheit«, der »Schluss des Briefes genial«. Ferner habe sich Rilke auf den »Trancezustand« vorbereiten müssen, und die Inspiration sei »mit großen seelischen und körperlichen Erschütterungen verbunden« gewesen.[352]

In Abgrenzung von dieser autornahen Position möchte ich die Jubelbriefe als potenzierte Selbstbeschreibungen vorstellen. Basierend auf der Hypothese, sie markierten die Elegien als Hauptwerk und steuerten die Rezeption, sollen die Texte formal und inhaltlich verglichen werden. Dabei sind zunächst zwei komplementäre Charakteristika festzuhalten: Individualisierung und Typisierung. Die Jubelbriefe richten sich nicht nur an wichtige und wichtigste Multiplikatoren und Mäzene im operativen Zentrum des Netzwerkes, sondern beziehen jeden Einzelnen individuell und persönlich ins Offenbarungsgeschehen ein. Auf der anderen Seite enthalten sie formelhafte, stereotype Requisiten, die die Dokumente einheitlich als heilige Texte ausweisen. Inwiefern diese an Oralität erinnernde Formelhaftigkeit und Redundanz der Einprägsamkeit und Wiedererkennbarkeit dient, wird sich zeigen. Zunächst ist vom Individuellen und Individualisierenden zu handeln. Nanny Wunderly etwa, der Schenkerin von Naturalien, Gebrauchsgegenständen und anhaltender Aufmerksamkeit, wird bescheinigt, sie sei »doch sicher vorangeflogen, unbeirrt, immer«, habe ferner »dem Geist den Raum des Athmens offengehalten –«.[353] Für die langjährige Mentorin Salomé evoziert Rilke den Kontext der

349 Stephens, »Alles ist nicht es selbst«, S. 320.

350 Vgl. Fülleborn / Engel, Rilkes ›Duineser Elegien‹, erster Band, S. 232–240.

351 Das sei als Projekt geplant, so der mittlerweile verstorbene Verfasser, in: »ich bin überm Berg!«, S. 199 f.

352 Szász, ebd., S. 198, 209, 214, 202 f.

353 Rilke an Nanny Wunderly, 10.2.1922, NWV I, S. 668.

gemeinsamen Russlandreise, dem das Pferde-Bild des 20. Sonetts an Orpheus (erster Teil) entstamme:

Und stell Dir vor, [...] eben vorher, [...] schrieb ich, machte, das Pferd, weißt Du, den freien glücklichen Schimmel mit dem Pflock am Fuß, der uns einmal, gegen Abend, auf einer Wolga-Wiese im Galopp entgegensprang –:

> Wie
> hab ich ihn gemacht, als ein »Ex-voto« für Orpheus![354]

Rilkes Gastgeber und Muzot-Besitzer Werner Reinhart wird durch die Lehensherr-Antonomasie ins heilige Geschehen integriert. Zweimal platziert Rilke die Wendung in der prägnanten Position in Seitenmitte, die in anderen Jubelbriefen liturgischen Gesten reserviert ist:

> Ein kleinstes Wort nur, mein lieber
> Lehensherr und Freund,
> aber groß zu Ihrem
> und unseres Muzots Ruhm,

so beginnt der Brief, um etwas später den Winterthurer Mäzen erneut in einer Kurzzeile hervorzuheben:

> Heil! Also Muzot! Heil! Dem Lehens-Herrn![355]

Die doppelte Heil-Exklamation ist auch doppeldeutig: nicht nur auf Ort und Schenker lässt sie sich beziehen, sondern auch auf den kreativen Vorgang selbst. Reinhart wird damit zum aktiven Partizipanten des »Heils«-Geschehens nobilitiert und seine Verewigung als bildungsbürgerlicher »Anderer und Besserer« im kulturellen Gedächtnis gebahnt; schließlich perspektiviert Rilke den stereotypen Inhalt des Schreibens hier explizit auf den »Ruhm« des Hausbesitzers hin, nicht etwa auf den Ruhm des Autors.

Auch Anton Kippenbergs spezifischer Funktion, der Sicherung wirtschaftlicher Kontinuität, trägt Rilke Rechnung: »Und: mein lieber Freund: *dies:* dass *Sie* mirs gewährt haben, mirs geduldet haben: zehn Jahre! Dank! Und immer geglaubt: *Dank!*«[356]

Im Schreiben an die zentrale Mäzenin Taxis schließlich spiegelt sich der komplexe Tauschhandel mit materiellen, sozialen und symbolischen Gütern, der die beiden Partner verbindet. Zunächst fällt auf, dass hier von Muzot keine Rede ist. Das ist durchaus nicht selbstverständlich. In den Briefen an Salomé, Kippenberg, Reinhart und Klossowska teilt Rilke mit, er habe »das kleine Muzot [...] gestreichelt wie ein großes altes Thier«,[357] »gestreichelt wie ein

354 Rilke an Lou Salomé, 11.2.1922, LAS, S. 444 f.
355 Rilke an Werner Reinhart, 14.2.1922, BR, S. 272 f.
356 Rilke an Anton Kippenberg, 9.2.1922, AK II, S. 256.
357 Rilke an Lou Salomé, 11.2.1922, LAS, S. 445.

großes Thier«,[358] »die alten Mauern gestreichelt«[359] bzw. sei hinausgegangen »pour caresser ce vieux Muzot«.[360] In der individuellen Version für die Besitzerin von Duino dagegen geht es nur um den ersten Elegien-Ort, der, so Rilkes Darstellung, bis in das aktuelle Inspirationsgeschehen hineinwirkt. Von der zehnten Elegie zittere ihm noch die Hand, »von der letzten, großen: (zu dem, in Duino einst, begonnenen Anfang [...])«; der »Orkan im Geist« sei »wie *Damals* auf *Duino*« gewesen.[361] Diese Akzentuierung des ersten Elegien-Orts unter Ausblenden des zweiten ist insofern folgerichtig, als die Duino-Anspielungen hinführen zur eigentlichen symbolischen Schenkung an Marie Taxis – der Zueignung:

> Eine, hab ich *Kassner* zugeeignet. Das Ganze ist *Ihr's*, Fürstin, wie sollts nicht! Wird
> heißen:
>
> Die Duineser Elegien
> Im Buch wird (: denn ich kann Ihnen nicht geben, was Ihnen, seit Anfang, gehört hat) keine Widmung stehen, mein ich, sondern:
> Aus dem Besitz ....[362]

Die Art und Weise, wie die konventionelle Widmung umgangen wird, illustriert, dass es hier nicht um weniger, sondern um mehr geht. Tatsächlich überbietet Rilke alle Dedikationskonventionen, wenn er den Begriff der Zueignung auf seinen eigentlichen Gehalt hin festlegt, auf den des Eigentums. Auf die »Befremdlichkeit der Widmungsformel« hat schon Genette hingewiesen,[363] insofern Rilke die symbolische Ordnung, der die Kategorie der Zueignung angehöre, scheinbar negiert und sie in eine materielle transformiert. Aber natürlich weist auch diese Formel Marie Taxis nicht als faktische Besitzerin aller künftig zu druckenden Exemplare aus. Wie alle Zueignungsempfänger ist sie »weitaus mehr und weitaus weniger«.[364] Genau auf dieses »Mehr« aber zielt Rilkes individuelle Zueignungssentenz. Wie er in diesem Brief zur symbolischen Inbesitznahme auffordert, das erfüllt auf moderne, eigenwillige Weise die klassischen Funktionen von Zueignung: diese sei »immer demonstrativ, ostentativ, exhibitionistisch«.[365] Der Brief aber demonstriert und exhibiert, sobald er mit Rilkes Erlaubnis öffentlich geworden ist, das, was auch die Zueignung zur Schau stellt: die Beteiligung des Zueignungsadressaten am Werk. Als »eine Art idealer Inspirator« ist er einbezogen, gehört er dem Werk

358 Rilke an Anton Kippenberg, 9.2.1922, AK II, S. 256.
359 Rilke an Werner Reinhart, 14.2.1922, BR, S. 374.
360 Rilke an Baladine Klossowska, 9.2.1922, zitiert nach Fülleborn / Engel, Rilkes ›Duineser Elegien‹, erster Band, S. 232.
361 Rilke an Marie Taxis, 11.2.1922, TT II, S. 697 f.
362 Ebd., S. 698.
363 Genette, Paratexte, S. 137.
364 Ebd.
365 Ebd., S. 132.

in gewisser Weise an – Genette erinnert daran, dass der »Bürge im Lateinischen auctor« geheißen habe.[366] Vor allem aber ist Marie Taxis nie mehr aus dem Werk zu eliminieren, nachdem Rilke sie zweifach in den Text eingeschrieben hat: mit der ungewöhnlichen Zueignung und dem zur Legende gewordenen, ungewöhnlichen Brief über die ungewöhnliche Zueignung, der künftig in kommentierten Ausgaben mit abgedruckt werden wird.[367]

Man sieht: der Adressatenbezug, den Rilke herstellt, ist je persönlich und spezifisch. So persönlich, dass das im Übrigen formelhaft dargestellte heilige Szenario für die Angesprochenen auch zum je eigenen Geschehen geworden sein dürfte oder zumindest zu einem Binnenraum heiliger, erhabener Gemeinsamkeit; wie sehr, wird aus den Antworten erhellen. Wie sieht es nun aus, das typisierte heilige Szenario? Nahezu identische expressive Windmetaphern und entsprechende Verben bezeichnen den inspirierten Produktionsakt bzw. sein depersonalisiertes Subjekt. Es sei »ein Orkan« gewesen, »wie auf *Duino* damals: alles, was in mir Faser, Geweb war, Rahmenwerk, hat gekracht und sich gebogen. An Essen war nicht zu denken«,[368] so lautet die Version für Salomé und fast gleichlautend diejenige für Taxis: »Alles in ein paar Tagen, es war ein namenloser Sturm, ein Orkan im Geist (wie *Damals* auf *Duino*), alles, was Faser in mir ist und Geweb, hat gekracht, – an Essen war nie zu denken, Gott weiß, wer mich genährt hat.«[369]

Auch das für Nanny Wunderly gebrauchte Vokabular unterscheidet sich kaum. »Nicht einen Tag länger«, bekennt Rilke, hätte er es ausgehalten, »(wie in Duino damals, – ärger) alles, was Geweb in mir ist, Bindung, krachte im Sturm … ich muß schon gut gefügt sein, dass ich's ausgehalten habe«.[370] Kurzvarianten dieser inspirativen Zentralformel bezeichnen das Geschehen für Anton Kippenberg, Dory Von der Mühll und Baladine Klossowska. Vom »namenlosen Sturm in Herz und Geist, über dem dies rapide zustande kam«,[371] ist die Rede, vom »Sturm aus Geist und Herz«[372] bzw. vom »ouragan de cœur et d'esprit« und von der »tempête divine«.[373] Möglichkeitsbedingung von Einheitlichkeit und Redundanz, übrigens auch der Redundanz, mit der die

366 Ebd., S. 133.

367 KA II, S. 593.

368 Rilke an Lou Salomé, 11.2.1922, LAS, S. 444.

369 Rilke an Marie Taxis, 11.2.1922, TT II, S. 698. Forster macht unter Bezugnahme auf Maurice Zermattens Buch *Les années valaisannes de Rilke* (Sierre 1951) darauf aufmerksam, dass Rilkes Behauptung, er habe in diesen Tagen nichts essen können, Bestandteil der »Rilke-Legende« sei. Rilkes Haushälterin sei »nichts Ungewöhnliches in seinem Betragen« aufgefallen, während »er selbst fühlte, daß er ungeheure Gebote an das Universum von sich gab und unfähig war, an Essen oder Rast zu denken«, in: Dichten in fremden Sprachen, S. 108, Anm. 27.

370 Rilke an Nanny Wunderly, 10.2.1922, NWV I, S. 668 f.

371 Rilke an Dory Von der Mühll, 1.3.1922, BSF, S. 276.

372 Rilke an Anton Kippenberg, 9.2.1922, AK II, S. 256.

373 RMR an Baladine Klossowska, 9.2.1922, zitiert nach Fülleborn / Engel, Rilkes ›Duineser Elegien‹, erster Band, S. 232.

Figur des gestreichelten Hauses‹ zum Einsatz kommt, ist wieder die Radiärstruktur von Rilkes Netzwerk: Die Briefempfänger in Göttingen, Wien, Meilen, Leipzig, Basel, und Berlin sind räumlich und sozial so weit separiert,[374] dass die Rilke'sche ›Rundmail‹ gerade nicht als solche, nicht als öffentliches Rundschreiben erscheint. Hier weiß keiner vom anderen, zumindest wird nicht systematisch über den Kreis der Informierten informiert. Das bewahrt die Illusion von Singularität und Exklusivität, die zusätzlich durch den je individuellen Adressatenbezug gestützt wird; die Reaktionen sprechen dafür: »Ach [...] lieber Rainer, wie hat er [Gott] Dich beschenkt, und wie Du mich«, so lautet die Eingangspassage von Salomés Anwortbrief.[375] Für Taxis ist die Zueignung »ein Stolz und eine Freude die ich Ihnen gar nicht schildern kann«. Rilke müsse ihr die Elegien selbst vorlesen, »wie werde ich darauf warten – könnten wir uns nicht in Venedig *rendez-vous* geben?«[376]

Wenn allerdings posthum die Information zu zirkulieren beginnt, wird der Zusammenhang zwischen ›oraler‹ Formelhaftigkeit bzw. Redundanz und Einprägsamkeit bzw. Wiedererkennbarkeit transparent. In diesen zentralen Dokumenten der Rezeptionslenkung gelingt es Rilke, jene systematischen hermeutischen Probleme von Schriftkommunikation und schriftlicher Überlieferung, die in Kapitel 1.1 und in den Abschnitten zur Gedenkliteratur immer wieder angesprochen wurden – Umschrift, Deutung, Abweichung – durch das Gegenprinzip der rituellen Wiederholung in gewisser Weise zu überwinden. Wie sehr die Redundanz, mit der Rilke Sturmfiguren in die Jubelbriefe einarbeitet, der Kontinuität seines Inspirationskonzeptes dienlich ist, geht nämlich aus der Forschungsgeschichte hervor. Hier setzt Rilkes inspirative Selbstbeschreibung ein Fortschreibungsritual in Gang – mit Anführungszeichen oder auch ohne solche Signale der Uneigentlichkeit.

Vom »einzigartigen Sturm schöpferischer Hervorbringung« (Bassermann, 1947)[377] und der Kapitelüberschrift »Die Briefe im ›Arbeitssturm‹« (Storck, 1957)[378] über »den großen ›Schaffenssturm‹ vom Februar 1922« (Mason, 1964)[379] zur »Stimme, die er auf Duino im Sturm gehört hatte« und die »auf Muzot noch einmal zu ihm [sprach]« (Heller, 1966)[380] bis hin zum »›namenlosen Sturm‹ einer geradezu eruptiven Produktivität« (Stahl, 1978)[381] und zum

374 Kippenbergs kennen Lou Salomé und Baladine Klossowska, Nanny Wunderly kennt Dory Von der Mühll und Baladine Klossowska, doch steht man jeweils nicht in dauerhaftem Kontakt miteinander.

375 Lou Salomé an Rilke, 16.2.1922, LAS, S. 446.

376 Marie Taxis an Rilke, 16.2.1922, TT II, S. 699 f.

377 Bassermann, Der späte Rilke, S. 421.

378 Storck, Rainer Maria Rilke als Briefschreiber, S. 276–293.

379 Mason, Rainer Maria Rilke. Sein Leben und Werk, Göttingen 1964; zitiert nach Fülleborn / Engel, Rilkes ›Duineser Elegien‹, zweiter Band, S. 216.

380 Heller, Die Reise der Kunst ins Innere und andere Essays, Frankfurt 1966; zitiert nach ebd., S. 240.

381 Stahl, Rilke-Kommentar, S. 301.

hereinbrechenden »Sturm der Elegien« (Unseld, 1978)[382] ist ein Kontinuum zu verzeichnen, das bis in die jüngste Zeit reicht: »Rilke schien auf einen Arbeitssturm zuzugehen« (Freedman, 1996),[383] »Auf Muzot brach erst Anfang Februar der ›Sturm‹ los, ähnlich wie im Januar 1912 in Duino« (Szász, 2005),[384] »Der ›Sonettensturm‹ kommt völlig unerwartet, mit ungeheurer Intensität und dennoch verblüffender Präzision« (Gerok-Reiter, 1996),[385] »Rilke hat [einen Brief Ilse Erdmanns] kurz vor dem ›Sturm‹ von Muzot empfangen« (Stahl, 2002)[386] – so lauten aktuelle Zitationen aus biographischen, epistologischen, poetologischen und philologischen Beiträgen. Offensichtlich haben zwei verschiedene Gedächtnisprinzipien, das schriftliche des (Brief-)Archivs und das quasi-mündliche der Redundanz, einander so effektiv zugearbeitet, dass am Ende jeder weiß, was gemeint ist und der prägnante Gehalt weitgehend unverändert bewahrt bleibt. Dabei ist die Sturm-Figur alles andere als voraussetzungsfrei verständlich – und wurde doch bis hin zum langlebigen Autor-Mythos repetiert. Dieser Zusammenhang zwischen »Sturm« im Brief und festem, einprägsamem Rilke-Klischee ist es, der beispielhaft illustriert, wohin sich wirkungsgeschichtliche Fragen auch richten könnten: nicht nur auf poetische und poetologische Gegenstände, sondern auf auktoriale Selbstbilder und ihre Rezeptionsgeschichte und schließlich auf etwaige wechselseitige Beeinflussungen.

Was in diesen Briefen im Vergleich mit früheren Selbststilisierungen nun neu hinzukommt, ist die Überstrukturierung des graphischen Erscheinungsbildes. Prägnante Kurzzeilen werden auf unterschiedliche Weise hervorgehoben, entweder in randständiger oder in Mittelposition. In diesem Sinn ist allen genannten Schreiben eine gewisse Symmetrisierung gemeinsam,[387] die zunächst den Subtext ›Buchkunst‹ nahelegt. Da die überdimensionierte Ausgabe des Holz'schen *Phantasus*, 33 x 44 cm, 1916 bei Insel erscheint und Katharina Kippenberg Rilke auf das Buch hinweist,[388] ist die Rezeption dieses Buches durch Rilke anzunehmen. Jenseits dieses Prototyps der Mittelachse durchzieht mittelachsige Symmetrisierung des Druckbildes als Gestaltungsprinzip die Geschichte der deutschen Buchkunstbewegung. Zahlreichen Beispiele aus

382 Unseld, Rainer Maria Rilke und seine Verleger, S. 216.

383 Freedman, Rainer Maria Rilke 1906 bis 1926, S. 370.

384 Szász, »ich bin überm Berg!«, S. 203.

385 Anette Gerok-Reiter, Wink und Wandlung, S. 15.

386 Stahl, Marginalien zur Rilke-Forschung, 2002, S. 206.

387 Dass das Druckbild dem handschriftlichen Erscheinungsbild entspricht, bestätigt eine Abbildung von Rilkes Brief an Kippenberg bei Szász, »ich bin überm Berg!«, S. 206 f. Zum weiteren Vergleich hat mir das Schweizerische Rilke-Archiv freundlicherweise Kopien von Rilkes Briefen an Dory Von der Mühll und an Nanny Wunderly vom 10.2., 11.2. und 12.2. überlassen. Graphische Überstrukturierung und Symmetrisierung mit zentrierten Kurzzeilen konnten für alle Dokumente verifiziert werden.

388 »Den giganten Phantasus von Arno Holz sehen Sie sich vielleicht bei Jaffé erst einmal an, ehe Sie Ihr Bücherbrett damit beschweren« (Katharina Kippenberg an Rilke, 15.9.1916, KK, S. 176).

einschlägigen Bildbänden und Katalogen belegen diese Dominanz der Symmetrie zwischen Blocksatz und Mittelachse, etwa die dreibändige *Faust*-Ausgabe der Ernst-Ludwig-Presse (1922–1924),[389] Kurt Wolffs Ausgabe von Heyms *umbra vitae* von 1924[390] oder die von Carl Ernst Poeschel gedruckte und von Walter Tiemann illustrierte Jugendstil-Ausgabe von Byrons *Manfred* (1900).[391] Schließlich zeigt Melchior Lechters Gedenkschrift für Stefan George aus dem Jahr 1934, dass die Mittelachse auch in den Liturgie-Simulationen heiliger Autorschaft eine Rolle spielt: Ebenso wie das Titelblatt ist der gesamte, aus Gedicht-Zitaten, gehobener Verklärungsprosa und graphischen Phantasiesymbolen montierte Text nach diesem Prinzip angeordnet.[392]

Stichwort Titelblatt: Aus vielen Abbildungen der zitierten Buchkunst-Bände geht hervor, dass sich Symmetrisierung vor allem in der Gestaltung von Titelblättern durchgesetzt hat – ungeachtet ihrer etwaigen jugendstilhaften, expressionistischen oder streng-typographischen Prägung.[393] Nun kann Kenntnis des zeitgenössischen Spektrums typographischer Buch- und Titelgestaltung bei einem langjährigen Autor des Buchkunst-Verlegers Kippenberg ohnehin vorausgesetzt werden. Erhärtet werden einflussgeschichtliche Annahmen noch durch den Umstand, dass der Leipziger Buchkünstler Tiemann, der in der Zusammenarbeit mit Kippenberg einen unverwechselbaren Stil entwickelte und das Verlagsprofil maßgeblich mitprägte, in mehreren Ausgaben des *Stundenbuches* dessen Titelblatt mittelachsig formierte: zunächst 1905 für die Erstausgabe, die bei Poeschel und Trepte in einer gotisch adaptierten Schrift gedruckt wird.[394] Schließlich legt Tiemann eine abgeänderte Version für den Erstdruck in der Insel-Presse vor, eine nach dem Vorbild der Janus-Presse gegründete bibliophile Privatpresse.[395] 1921, im Jahr vor der Abfassung der Jubelbriefe, erscheint diese limitierte Bütten-Sonderausgabe, in der die mittelachsige Anordnung der Titelzeilen besonders prägnant erscheint:

Rainer Maria Rilke

Das Stundenbuch

enthaltend die drei Bücher
Vom menschlichen Leben
Von der Pilgerschaft

389 Vgl. Eyssen, Buchkunst in Deutschland, S. 3.

390 Vgl. ebd., S. 165.

391 Anneliese Hübscher, Walter Tiemann, S. 69.

392 Vgl. Lechter, Zum Gedächtnis Stefan Georges.

393 Hier ist neben Jürgen Eyssens Buch und dem Bildband von Albert Kapr, *Traditionen Leipziger Buchkunst*, noch folgender Katalog anzuführen: Quarg / Schmitz, Deutsche Buchkunst im 20. Jahrhundert.

394 Vgl. Anneliese Hübscher, Walter Tiemann, S. 96, Abbildung S. 81.

395 Vgl. Schmidt-Künsemüller, William Morris und die neuere Buchkunst, S. 143.

Von der Armut
Und vom Tode[396]

Nur wenig später verleiht nun Rilke seinen Summentexten heiliger Autorschaft ein paralleles formales Profil, das modellhaft illustriert, wie kulturelle Wissensbestände unbewusst in den Habitus sakraler Autorschaft eingehen können. Dabei ist die hervorgehobene Mittelposition unter anderem mit Gebets- oder Offenbarungsvokabeln besetzt, die auch diese Texte, ebenso wie Lechters George-Gedenkbuch, als liturgienah ausweisen und zeigen, worum es hier geht: um die Zelebration von Dankgottesdienst im Medium des Briefes. Im Schreiben an Taxis etwa ist diese Position besetzt mit ›Amen‹, der Finalvokabel allen liturgischen Sprechens:

Aber nun ists. Ist. Ist.
Amen.[397]

In anderen Briefen verzichtet Rilke auf die Finalvokabel, akzentuiert aber den assoziierbaren Passionshintergrund deutlicher, wenn er für Nanny Wunderly in Mittelposition den Ausruf

Es ist gethan, *gethan!*
[...]
Dieses, nun Seiende[398]

platziert, oder ähnlich Dory Von der Mühll mitteilt,

die große, die entscheidende Hauptsache ist gethan. Ist gethan.
Ist gethan.
(Ist das nicht wie Musik,
das zu sagen?).[399]

Gleichnisrede in der Art ›Amen, es sei‹ oder auch das ›Es ist vollbracht‹ des Johannesevangeliums stehen als religiöse Formeln hinter dieser Darstellungsweise.[400] Im Schreiben an Salomé besetzt zwar das oben zitierte »Wie« des »Ex-voto«-Vergleiches die Mittelposition. Dennoch präsentiert auch dieser Brief wenig später mit

Sie sind. Sie sind[401]

eine vergleichbare, zwischen Schöpfungs- und Passionskonnotationen schillernde Exklamation – hier im liturgischen Format der randständigen Kurzzeile. Eine ähnliche Kurzzeile begegnet mit

396 Abbildung bei Kapr, Traditionen Leipziger Buchkunst, S. 47.
397 Rilke an Marie Taxis, 11.2.1922, TT II, S. 698.
398 Rilke an Nanny Wunderly, 10.2.1922, NWV I, S. 669.
399 Rilke an Dory Von der Mühll, 1.3.1922, BSF, S. 276.
400 Vgl. Johannes 19, 30.
401 Rilke an Lou Salomé, 11.2.1922, LAS, S. 445.

Genug, es ist da[402]

im Schreiben an Kippenberg. Gerade diese Hervorhebung von Gebetsäquivalenten als Einzelzeile akzentuiert nämlich insofern neben ›Buchkunst‹ den Subtext ›Liturgie‹, als sie dem graphischen Erscheinungsbild von Messbüchern entspricht: Performative Aufforderungen wie ›Lasset uns beten‹ oder die Finalvokabel ›Amen‹ sind stets als randständige Einzelzeile markiert.[403] Ein dezidiert modernes Gemisch aus sakralen und zeitgenössisch ästhetizistischen Elementen, künstlich, distinguierend und hochindividuell – so ließe sich die Signatur dieser Briefe beschreiben. So ließe sich auch gegen Forschungspositionen argumentieren, die hier kommunikative Unmittelbarkeit geltend machen und von »atemlosen Briefen«,[404] von »wahrhaft ekstatischen Zeilen« und vom »Ergriffensein«[405] sprechen oder dem Autor ein psalmodierendes »Halleluja! Singt dem René ein neues Lied« zurufen.[406] Ohne Zweifel sind Signale der Spontaneität in den Autographen auszumachen, wie ein für Rilke ungewöhnlich unruhiges Schriftbild mit ausladenden Ober- und Unterlängen, Verschreibungen, Korrekturen und wechselnder Buchstabengröße.[407] Und dennoch ist augenfällig, dass Rilke selbst in diesem ›aufgeregten‹ Moment einen ausgeprägten Form- und Stilisierungswillen an den Tag legt. Die Jubelbriefe sind bei aller Spontaneität doch in erster Linie Schriftkommunikation, und gerade in ihrer formalen Gestaltung Artefakte, die auf das Gesamtkunstwerk der Moderne verweisen. Für ihre Artistik spricht nicht zuletzt der Umstand, dass sie selbst wieder Quelle für Dichtung geworden sind. 1938 verfasst der germanophile englische Dichter W. H. Auden ein Gedicht, dass Rilkes Muzot-Inspiration zum Gegenstand hat und in der letzten Strophe die Figur des ›gestreichelten Hauses‹ poetisiert:

Awed, grateful, tired, content to die, completed
He went out in the winter night to stroke
That tower as one pets an animal.[408]

Prägnant, wie die Inszenierungen von Sakralität in den Briefen an weibliche Mäzene und Mentoren ausfallen, zeichnet sich auch hier eine Gender-Diffe-

402 Rilke an Anton Kippenberg, 9.2.1922, AK II, S. 256. In der bei Szász abgebildeten Handschrift ist die Zeile etwas eingerückt, aber nicht mittig zentriert, vgl. Anm. 386.

403 Sowohl für lateinische als auch für neuere deutschsprachige katholische Missales gelten diese seit langer Zeit unverändert tradierten Konventionen im Druckbild: Der Text ist zweifarbig in rote Rubriken und schwarze Textteile gegliedert und durchsetzt mit Kurzzeilen. Für Einsicht in entsprechende Dokumente danke ich Herrn Pater Dr. Wolfgang Winhardt (†), Benediktinerabtei Schäftlarn/Obb.

404 Erich Heller, Die Reise der Kunst ins Innere und andere Essays, Frankfurt 1966; zitiert nach Fülleborn / Engel, Rilkes ›Duineser Elegien‹, zweiter Band, S. 240.

405 Storck, Rainer Maria Rilke als Briefschreiber, S. 283.

406 Sandra Kluwe, Krisis und Kairos, S. 333.

407 Derartige Phänomene sind vor allem in den Briefen an Nanny Wunderly vom 9.2. und 11.2. zu beobachten.

408 Zitiert nach Fülleborn / Engel, Rilkes ›Duineser Elegien‹, dritter Band, S. 219 f.

renz ab. Die beiden Jubelbriefe an männliche Adressaten, an Anton Kippenberg und Werner Reinhart, lassen sich nämlich als profanierte Varianten des heilig-liturgischen Summentexts lesen. Zwar wird Kippenberg mit dem Inspirationsbild vom »Sturm aus Geist und Herz« ein Element der Prophetenrolle und mit der zitierten Kurzzeile ein Gebetsäquivalent kommuniziert. Weitere liturgienahe Wendungen allerdings vermeidet Rilke in beiden Schreiben und ersetzt mittelständige Offenbarungsformeln wie »Amen« oder »es ist gethan« mit einer Aussage zur subjektiven Befindlichkeit:

> Ich bin überm Berg!,[409]

so lautet die Version für Kippenberg, und fast identisch diejenige für Reinhart:

> ich bin über den Berg.[410]

Was für die weiblichen Adressaten als religiöses Offenbarungsgeschehen und Transzendenzerfahrung dargestellt wird, reformuliert Rilke für Reinhart und Kippenberg als innengeleitete (Selbst-)Erfahrung. Als Begründungshypothese für diese systematischen Unterschiede soll erneut risikoarme Positionenhomologie bzw. riskante Positionenasymmetrie vorgeschlagen werden. Rilkes Position des Dominierten unter den Dominierenden im intellektuellen Feld – und das bleiben Künstler selbst als geweihte Klassiker, insofern sie nicht etwa selbst in die Verlegerbranche wechseln – ist den dominierten Positionen der reichen aristokratischen oder bürgerlichen Ehefrauen Marie Taxis, Nanny Wunderly, Dory Von der Mühll homolog. Deren Prestige ruht nicht auf institutionalisierten Funktionen, Weihen oder Rängen auf und sie sind wie die meisten Frauen um 1920 systematisch von den Bereichen öffentlicher, politischer oder ökonomischer Handlungsmacht ausgeschlossen. Natürlich ist diese Positionenhomologie ebenfalls für die Kulturproduzentinnen Lou Salomé und Baladine Klossowska geltend zu machen, so dass für alle angeführten weiblichen Netzwerkmitglieder hochartifizielle liturgische Szenarios mit vermutlich geringerem Risiko entfaltet werden können.

Anders ist das mit Kippenberg und Reinhart, die als institutionelle Machthaber in Literaturbetrieb und Handelswesen Positionen kultureller und ökonomischer Dominanz innehaben. Ihren Beziehungen zu Rilke ist bei aller Ausgewogenheit ein höheres Instabilitätspotential zuzuschreiben, das nicht in der Psychologie der Beteiligten, sondern in Systemzwängen gründet. Daher rührt in meinen Augen u. a. auch Rilkes rhetorische Zurückhaltung – im Vergleich zu den Parallelbriefen an Frauen. Exemplarisch lässt sich den Gender-Varianzen der ›Rundmail‹ vom Februar 1922 ablesen, wie alle zentralen Respondenten informiert und ins heilige Geschehen einbezogen werden und dennoch Risikounterschiede berücksichtigt werden können; wie der

409 Rilke an Anton Kippenberg, 9.2.1922, AK II, S. 255.
410 Rilke an Werner Reinhart, 14.2.1922, BR, S. 273.

Summenbrief heiliger Autorschaft als Instrument von Rezeptionslenkung in abgestufter ›Dosierung‹ zum Einsatz kommt.

Lässt sich nun die Wirkung dieses Instruments den Antworten ablesen? Sicherlich sind prägnantere Belege für die Rezeptionslenkungs-Hypothese in der Memorialliteratur aufzufinden, etwa bei Salis oder Katharina Kippenberg (s. u.). Erste Indizien begegnen allerdings bereits in den Antwortbriefen von Taxis, Salomé, Kippenberg und Reinhart.[411] Salomés Reaktion etwa illustriert sowohl gelungene Rezeptionslenkung als auch gelungene Anhebung des Adressaten in die Höhenlage heiliger Dichtung. Im Sinne des jahrzehntelang gemeinsam eingeübten hohen Brieftons setzt die Respondentin auch hier den Dialog mit einer ›Bricolage‹-Textur aus Bibelanspielungen fort. Sie habe gelesen und »geheult« vor Freude, »und es war gar nicht nur Freude, sondern ein Mächtigeres, als würde ein Vorhang zerteilt, zerrissen, und alles auf einmal still und gewiß und vorhanden und gut«.[412] Wer so spricht, wer den Subtext ›Passionsgeschichte‹ zumindest mithören lässt[413] – es konnte gezeigt werden, dass das seit den religionspsychologischen Schriften charakteristisch für Lous epistolaren Habitus ist –, der schreibt der in Rede stehenden Dichtung tatsächlich die Position des letztgültigen, übermenschlichen Textes zu.

Und in diesem Sinn fährt Salomé fort, wenn sie den langwierigen Entstehungsprozess der zehnten Elegie mit einer weiteren, schwergewichtigen Hohlformel umschreibt: der Eingangssentenz des Johannesevangeliums. Sie wisse, »als sei es heute, wie der Anfang der letzten Elegie Dich quälte [...] Sie war schon so lange Jahre Dir auf den Lippen, ein Wort auf das man sich nicht besinnen kann, und das doch da ist; im Anfang war dies Wort«.[414] Wer so spricht, wer der Dichtung die Schöpfungsqualitäten des mit Gott identisch gedachten Johannes-›Wortes‹[415] zuschreibt, der hat den intendierten Rang dieser Dichtung offensichtlich verinnerlicht; verinnerlicht insofern, als sich eine solche Zuschreibung selbst mit sakralem Vokabular kaum mehr überbieten lässt. So wie die Dichtung in die Spitzenposition des glaubensgeschichtlich »wirkenden Wortes« rückt,[416] so platziert Salomé deren Urheber

411 Die Antworten von Nanny Wunderly und Dory Von der Mühll liegen nach Auskunft des Berner Rilke-Archivs nicht vor.

412 Lou Salomé an Rilke, 16.2.1922, LAS, S. 446.

413 Vgl. Lk 23,45: »Und die Sonne verlor ihren Schein, und der Vorhang des Tempels zerriß mitten entzwei«; Mk 15,38: »Und der Vorhang im Tempel zerriß in zwei Stücke von obenan bis untenaus«; Mt 27,51: »Und siehe da, der Vorhang im Tempel zerriß in zwei Stücke von obenan bis untenaus«; Zitate sämtlich aus: Die Bibel oder die ganze Heilige Schrift, Das Neue Testament, S. 103, S. 64, S. 40.

414 Vgl. Joh 1,1.

415 Zur inhaltlichen Tradition der pre-johanneischen Hymne, aus der die Anfangssentenz vermutlich stammt, und zur Frage, ob ›Theos‹ ohne Artikel Prädikat des ›Wortes‹ ist, vgl. Pheme Perkins, Artikel »The Gospel according to John«, S. 951.

416 Zur Identität von Werk und Wort im Wort-Verständnis des Johannesevangeliums, vgl. Bultmann, Theologie des Neuen Testaments, S. 413.

im Zentrum christlicher Heiligenfigurationen. Es sei möglich, so die Tiefenpsychologin, »dass eine Reaktion eintritt, weil das Geschöpf den Schöpfer aushalten musste, dann laß Dich davon nicht erschrecken (so fühlen sich auch die Marien nach der ihrem Zimmermann unfaßlichen Geburt)«.[417] Diese Sequenz aus Passionsbild, Johannes-Sentenz und Marienmetapher stellt selbst für den emphatischen Sakralstil Salomés eine ungewöhnliche Verdichtung dar. Insofern kann sie auch die oben gemachte Annahme von der doppelten Funktion des Jubelbriefes plausibilisieren: Einerseits wird der Rang des Elegien-Textes bestätigt. Andererseits spricht hier eine sich mit dem heiligen Autor identifizierende Ko-Heilige, die über ihre Qualitäten zur heilig-ästhetischen Textexegese informiert.

Gelingende Rezeptionslenkung und Adressatenweihe reflektieren auch Taxis' und Reinharts Antwortschreiben. Er könne sich »wohl denken, was das Erreichte für Sie bedeutet«, lässt der zum »Lehensherrn« nobilitierte Reinhart Rilke wissen und kommt, ebenfalls in gehobenem Ton, auf seine Eigenbeteiligung an diesem »Erreichten« zu sprechen: »[...] auch ich segne im Stillen die Stunde die uns das gute alte Muzot finden und Ihnen aufthun ließ«.[418] Von »Stolz« und »Freude« der Mäzenin Taxis über die Zueignung war bereits die Rede, auch von Taxis' Wunsch nach einem privaten Treffen, denn »*Sie* müssen mir sie vorlesen«. Und auch diese Respondentin bleibt der religiösen Rhetorik der Jubelbriefe treu, wenn Sie Rilke als »Gottbegnadeten« bezeichnet. Ferner übernimmt Marie Taxis Rilkes intendierte Werkhierarchie mit den Elegien in der Spitzenposition, wenn sie ihnen – noch ohne Textkenntnis – nationalen Repräsentanzcharakter zuschreibt: »Ich freue mich rasend und möchte es Ihnen fort wiederholen – und nicht nur für Sie, den Gottbegnadeten, und für uns freue ich mich – ich freue mich für Deutschland und wie ich es ihnen jetzt schreibe, habe ich die Augen voller Thränen.«[419]

Schließlich nimmt auch Kippenberg an der Vorab-Kanonisierung der Elegien als Hauptwerk teil, wenn er Rilke beglückwünscht »zur Vollendung eines Werks, das, nachdem was Sie mir bisher davon anvertrauen wollen, das Höchste verspricht«.[420] Dabei lässt Kippenberg allerdings auch seinen eigenen symbolischen Zinsgewinn nicht aus den Augen – einen für die Verlegerrolle spezifischen Gewinn, den der Respondent auf prägnante Weise in Worte fasst:

> Sie danken mir, lieber Freund, und beschämen mich dadurch tief! Was ich *Ihnen* verdanke und immer wieder danke, brauche ich das auszusprechen? [...] Uns Verlegern geht es wie den Mimen: die Nachwelt flicht uns keine Kränze, aber indem wir den besten unserer Zeit genugthun, dürfen auch wir unseres Namens Dauer vorwegnehmen.[421]

417 Lou Salomé an Rilke, 16.2.1922, LAS, S. 447.
418 Werner Reinhart an Rilke, 6.3.1922, BR, S. 274.
419 Marie Taxis an Rilke, 16.2.1922, TT II, S. 699.
420 Anton Kippenberg an Rilke, 17.2.1922, AK II, S. 259.
421 Ebd.

Die Figur der Litotes kaschiert die eigentliche und sehr präzise Aussage. Nicht nur im Tauschhandel zwischen Autor und Mäzenen steht deren Eingang ins kulturelle Gedächtnis zur Debatte, etwa durch Dedikationen oder epistolarische Heiligsprechungen. Gerade auch beim Kulturverleger der Moderne, der sich durch wechselseitige Identifikation mit dem Autor auszeichnet und den intellektuellen Rang des kongenialen Interpreten beansprucht,[422] geht es offensichtlich um Verewigungsprozesse; genauer gesagt um die Mit-Aufnahme in die Überzeitlichkeit des Kanons, um die Fixierung im kulturellen Gedächtnis als Verleger-Vates, dem bis heute von seinen ideellen Erben durchaus Kränze geflochten werden.[423]

Allerdings ist diese sekundäre Verewigung einer Autorenförderung geschuldet, die scheinbar von allen Eigeninteressen frei und nur der reinen Kunst verpflichtet ist. Deshalb darf die Unsterblichkeit des Verlegers als Ziel nicht explizit benannt, sondern nur rhetorisch verkleinert ins Spiel gebracht werden, deshalb muss auch Rilkes Dank rhetorisch abgewehrt werden. Die von Bourdieu immer wieder thematisierte Praxis der Euphemisierung, die überall dort systematisch Handlungsstrukturen überlagert, wo mit Glaubensartikeln gehandelt wird, ist auch in Kippenbergs Schreiben unverkennbar. Und deshalb weist Kippenbergs ›Beschämung‹ in meinen Augen auch nicht auf eine kommunikative »Störung« hin, auf eine »Beleidigung«, wie Szász vermutet,[424] sondern auf das Gegenteil. Aus Bourdieus Theorie der Praxis erhellt, dass hier ein repräsentatives Beispiel für gelungenen Tauschhandel und entsprechende Verständigungskonventionen vorliegt.

Zusammenfassend geben die Komplexe von Jubelbrief und Antwort, soweit erhalten, nicht nur ein Beispiel für die Funktion von Inspirationsbeschreibungen. Darüber hinaus sind sie geeignet, die in Kapitel 1.2 des zweiten Hauptteils angestellten Überlegungen zur Struktur von Rilkes Netzwerk zu plausibilisieren. Weitreichende inhaltliche und formale Übereinstimmungen in Rilkes Sendschreiben weisen, wie bereits gesagt, auf die Radiärstruktur eines Netzwerks der vielen Einzelnen hin. Die durchgehende Zuschreibung von Charisma in den Antwortbriefen aber macht die besondere Eigenart dieses Radiärgebildes sichtbar: Es handelt sich um ein geführtes Netzwerk. Wenn Salomé Rilke mit der Gottesmutter gleichsetzt und »alles« als »still und gewiß und vorhanden und gut« erlebt, wenn Taxis ihn als »Gottbegnadeten« anspricht und »Stolz und Freude« erfährt, wenn ähnlich Anton Kippenberg »Ihre Freundschaft und die Dienerschaft an Ihrem Werk« als »mein Glück und

422 Vgl. I. Hauptteil, Abschnitt 2.2.

423 Vgl. etwa der ideelle Erbe Siegfried Unseld: »Das also war Anton Kippenberg für Rilke: Partner, Ratgeber, geduldig den Schaffensprozeß des Dichters Begleitender, in allem ein Freund.« Rilkes Beziehung zu Kippenberg bezeichnet Unseld als ihm »höchst sympathische, weil zu erstrebende, einmalige Beziehung zwischen einem Autor und einem Verleger« in: Rainer Maria Rilke und seine Verleger, S. 218 f. und S. 172.

424 Szász, »ich bin überm Berg!«, S. 215.

mein Stolz« ausgibt,[425] dann ist schon im Modus des Dienens das Führen mit angesprochen; dann sind auch die Weber'schen Kriterien charismatischer Herrschaft wie »außeralltägliche Qualität« und »Bewährung« bzw.»Wohlergehen der Anhänger« erfüllt.[426] Offensichtlich integrieren und verfestigen der einheitliche Eindruck von Charisma und die daraus emergierende Führungsrolle Rilkes das Gebilde – aller modernen Unverbundenheit zum Trotz. Es zeigt sich, dass diejenigen kohäsiven Aspekte, die im ersten Hauptteil für nicht wenige Gruppenbildungen um 1900 diskutiert wurden, auch Rilkes Netzwerk grundsätzlich von den losen Beziehungsgeflechten der Gegenwart unterscheiden.

Markieren Rilkes Jubelbriefe die *Duineser Elegien* als Hauptwerk, so sind die das »Parallelprojekt«[427] *Aus dem Nachlass des Grafen C.W.* begleitenden Briefe als komplementäres Phänomen mit komplementärer Funktion zu verstehen. In den Gedichten des Ende 1920 entstandenen Zyklus, die den sogenannten Auftaktgedichten zuzurechnen sind, reflektiert Rilke »oft sehr autornah« grundsätzliche Seinsthemen, auch das »in ihm gerade Gegenwärtigste und Persönlichste«.[428] Hohe Ansprüche an ästhetische Gestaltung oder allgemeine Gültigkeit werden dabei nicht gestellt. Dennoch bereite Rilke, so Engel, »im bescheidenen Rahmen des *Nachlasses* unübersehbar die opera magna seines Spätwerks vor.«[429] Werkgeschichtlich sind die Texte also nicht ohne Bedeutung, doch sieht Rilke selbst das anders und lenkt die Rezeption deshalb in ganz bestimmte Bahnen. Dass er den *Nachlass* primär als minderwertig einschätzt, erhellt aus brieflichen Anspielungen, etwa an Erwein von Aretin im Frühjahr 1921. Der Winter im schweizerischen Schloss Berg sei nun hingegangen, »leider nicht so ergiebig und besinnlich für mich, wie das, den Umständen nach, möglich gewesen wäre [...]«.[430]

In diesem Sinn bedarf das Korpus für Rilke, ebenso wie die Elegien, einer entsprechenden Markierung, um auch vom Primärpublikum ›Gemeinde‹ als minderwertig wahrgenommen zu werden. Hinzu kommt, dass die erlebnishafte Nähe der Texte zum empirischen Autor für Rilke ungewöhnlich und nicht unproblematisch ist. Schließlich zieht er es vor, sein empirisches Ich zu tarnen, sich entlang artifizieller poetischer Text zum Kunstprodukt zu stilisieren und auf diese – literarische – Weise ein Gesamtkunstwerk zu erzeugen, zieht das Gemachte dem Natürlichen vor. Folgerichtigerweise stellt Rilke dort auf Distanz zum Text ab, wo die fiktionalen Sprechinstanzen dem empirischen Autor tatsächlich nahe kommen und nicht nur von einer primären Rezeptionsgemeinde mit diesem identifiziert werden. Bewerkstelligt wird solches mit

425 Anton Kippenberg an Rilke, 17.2.1922, AK II, S. 259.
426 Weber, Wirtschaft und Gesellschaft, S. 179.
427 Engel, KA II, S. 568.
428 Ebd., S. 568 f.
429 Ebd., S. 568.
430 Rilke an Aretin, 20.3.1921, ARET, S. 94.

Hilfe der Diktatfigur, die im Kontext des *Nachlasses* auf ganz neue Weise zum Einsatz kommt – als Stellvertreterfiktion des Grafen C.W.:

Keinerlei Bibliothek hier vorfindend [...] machte ich mich, in halber vorläufiger Produktivität daran, ein Heft Gedichte zu verfassen, das ich vorgab, hier im Schranke gefunden zu haben. Es war sehr merkwürdig –, die Feder wurde mir buchstäblich ›geführt‹ Gedicht für Gedicht, bis auf ein paar Stellen, wo man mich erkennen würde, wars auch weder meine Art noch meine Ansicht, die da ganz fertig [...] zum Ausdruck kam.[...] Das ging im Fluge an 3 Abenden vor sich –, und schon am zweiten setzte ich, ganz fließend, ohne einen Moment zu überlegen aufs Titelblatt ›*Aus dem Nachlaß des Grafen C.W.*‹ (wie im Dictat ebenfalls) ohne mir einen Namen bei diesen Initialen zu denken, – aber so durchaus sicher, daß es das sei. Was war das alles?[431]

Die in den Jahren zuvor schrittweise etablierte Figur des prophetisch-automatischen Schreibens wird hier für Marie Taxis um die wesentliche semantische Dimension des Heiligen verkürzt. Das Ergebnis ist eine profane Schwundstufe medialer Autorschaft, die Rilke als Diktatverschriftung ohne alle religiösen Konnotationen inszeniert. Das entstehende Gedichtkorpus sei eine »kuriose Sache«, für die er »in angenehmster Weise, gar keine Verantwortung« habe, lässt er zwei Wochen früher Nanny Wunderly wissen und fährt dann fort:

Sie [die Spielerei] war reizvoll und so reizte sie mich weiter – (übrigens ist das Ganze die Arbeit kaum dreier Tage und gemacht, so wie man strickt – vermuthe ich), – jetzt erst versteh ich's, wie sich's hervorthun konnte, Tag für Tag: zu eigener Produktion noch nicht eigentlich fähig und aufgelegt, musste ich mir, scheints, eine Figur gewissermaßen ›vorwändig‹ machen, die das, was sich etwa doch schon, auf dieser höchst unzulänglichen Stufe der Concentration, formen ließ, auf sich nahm: das war Graf C.W. Ein Dilettant, streng genommen.[432]

Zunächst fällt auf, wie Rilke seine eigenen Autorrollen hierarchisiert: Das Schreiben »mit beiden Händen wie der Evangelist in Brügge« von 1912 kontrastiert dem ›dilettantischen‹ »gemacht, wie man strickt« von 1920. Hinter der Hierarchie der Autorrollen aber wird die intendierte Hierarchie der Texte sichtbar, mit den Elegien in der Spitzenposition und ›minderwertigen‹ Auftaktproduktionen in nachgeordneter Position. Merkmale des jeweils Heiligen und Prophetischen oder des Profanen und Ironischen weisen die entsprechenden Produktionsakte als letztgültiges Numinosum oder als vorläufiges Spiel aus und verpflichten die Adressaten auf entsprechende Rezeptionshaltungen. Zwar geht es immer um Mittlerschaft, doch variiert das Verhältnis von

431 Rilke an Marie Taxis, 15.12.1920, TT II, S. 631 f.

432 Rilke an Nanny Wunderly, 30.11.1920, NWV I, S. 349; eine ausführliche interpretatorische Auseinandersetzung mit dem Zyklus, die auch einschlägige Briefpassagen und Entstehungskontexte einschließt, findet sich bei Boventer, Rilkes Zyklus ›Aus dem Nachlass des Grafen C.W.‹. Boventer fordert nachdrücklich dazu auf, Rilkes Bewertung der Texte nicht unkritisch zu übernehmen (S. 20 ff.).

Selbstüberhöhung und Selbstverminderung. Je größer der relative Anteil an sakralem Vokabular, desto größer erscheint der Autor, bis hin zu Selbstvergleichen mit Prophetenfiguren. Je geringer dieser Anteil, desto weiter verflüchtigt sich der Größenautor und schließlich auch der Autor als solcher – bis hin zum ironischen Spiel zwischen Präsenz und Absenz, zwischen empirischem Ego und fiktivem Dilettanten-Alter: Der Graf dichte

> manches, was ich nie gebilligt haben würde, das ist seine Sache, ist oft ungeschickt, oft allzu geschickt, wie alle Dilettanten –, in manchem aber, einigen wenigen ›Treffern‹, hat er meine Zustimmung, ja, um aufrichtig zu sein, meinen Neid erregt –, da kommt er mir manchmal recht nah (der gute Graf, in seinen Nebenstunden, hat er doch gewisse Vorgefühle gehabt!).[433]

Was Rilke hier spielerisch evoziert, ist ein komödiantisches ›Autor-Diminutiv‹. Es tritt an die Stelle eines empirischen Autor-Subjekts, das mit der Verweigerung von Textherrschaft vor allem auktoriale Verantwortung verweigert und auf Distanz zum Erzeugnis geht. Zwar verweist die Stellvertreterfiktion C.W. auf den Verfasser mit den gleichen Initialen: ›Carl‹ und ›Wilhelm‹ sind zwei von Rilkes zahlreichen Vornamen.[434] Gleichzeitig stellt sie den Ausnahmefall einer ironisch vollzogenen Dissoziation von Autor und Werk dar, im Gegensatz zur üblicherweise konstruierten Autor-Werk-Einheit. Ironisch insofern, als der Akt des Fingierens explizit mitreflektiert ist: »Ich bildete mir, ganz oberflächlich, eine Figur ein, die Situation that ein Übriges und Behülfliches, da aber besagtes Heft, trotz aller Imagination, doch nicht zum Vorschein kam, was blieb übrig, als es zu verfassen?«[435]

Komödiantisches Autor-Diminutiv und inspiriertes Werkzeug heilig-poetischer Offenbarung verhalten sich zueinander wie die polaren Gattungen der antiken Rede, wie das Personal von Komödie und Tragödie. Sie sprechen in niederer, umgangssprachlicher (»kuriose Sache«, »Treffer«) oder erhabener Stillage (s. o.) und zeigen den weiten Horizont von Rilkes Autorschaftsfigurationen auf, die der Rezeptionsgemeinde einen entsprechend weiten Verstehenshorizont abverlangen. So signalisiert Marie Taxis zunächst Neugierde für »diese höchst merkwürdigen Gedichte ›Aus dem Nachlaß des Grafen C.W.‹, die sie gerne hören würde, »besonders das ägyptische!«[436] Auf die ungewohnte Autorrolle geht sie dabei noch nicht ein. Als ihr Rilke aber wenig später Gedichtabschriften des zweiten Zyklusteils und einen weiteren kommentierenden Brief schickt,[437] legt die Respondentin tatsächlich jene distanzierte Lektürehaltung an den Tag, um die es Rilke offensichtlich zu tun ist. Taxis findet den *Nachlass* nun »merkwürdig«. Sie komme »aus dem Staunen nicht

433 Rilke an Nanny Wunderly, 30.11.1920, NWV I, S. 349.
434 Vgl. Engel, KA II, S. 567.
435 Rilke an Nanny Wunderly, 30.11.1920, NWV I, S. 349.
436 Marie Taxis an Rilke, 7.1.1921, TT II, S. 636.
437 Vgl. Rilke an Marie Taxis, 6.3.1921, TT II, S. 644.

heraus – es ist so vieles ganz anders als Sie – so wirklich wie dictiert – freilich wieder Dinge die nur Sie, die Sie allein schreiben konnten [...]«.[438] Besonders die gelungene Suggestion von auktorialer Fremdheit indiziert, dass Marie Taxis Rilkes implizite Bewertungshierarchie übernommen hat. Nun ist die Figur des ironischen Diktats eine Ausnahme in Rilkes Inspirationskonzept und stellt gewissermaßen dessen äußerste Grenze dar. Aber auch sie wird von der Gemeinde akzeptiert, verselbstständigt sich zur Rezeptionsnorm und prägt langfristig die Wirkungsgeschichte des Korpus (s. u.) – ebenso wie die verschiedenen Gestaltungen heilig-prophetischer Inspiration.

Anhand zahlreicher Beispiele konnte diese breite Akzeptanz inspirativer Selbstdarstellungen belegt werden. Trotz Selbstvergleichen mit Moses, Josua, Jakob und Johannes auf Patmos gibt es in Rilkes sozialer Nahwelt zumindest keine überlieferten Anzeichen von Hybrisverdacht – sieht man einmal ab von Claire Golls Vermutung, viele Liebesbriefe Rilkes seien u.a. »von der Sorge nach Unsterblichkeit« und »mit einem Blick über die Schulter auf die Nachwelt« diktiert.[439] Vielmehr hat sich Rilkes Selbstbild zum paradoxen Topos des ›demütigen Übermenschen‹ verfestigt – eine aus heutiger Sicht eher unwahrscheinliche Entwicklung. Gründe für diese breite Akzeptanz wurden diskutiert, etwa der allen Beteiligten gemeinsame neureligiöse Code, Rilkes Identifikationsangebote, das systematische Phänomen der Adressatenweihe.

Allerdings hat sein Inspirationsmodell offensichtlich für diejenigen, die sich nicht direkt angesprochen, integriert und aufgewertet fühlen durften, sprich für die Welt außerhalb des brieflichen Netzwerks, ein hohes Irritations- und Provokationspotential. Das macht sich schon bei den ehemaligen Zeitgenossen bemerkbar, etwa in der zitierten Polemik Benns oder auch in Emil Barths abschätzigem Notat, Rilkes unzugängliche »Privat-Religion« trete »am offensten in den Briefen« zutage.[440] Auch von der Germanistik wird Rilke nicht nur als ›Beter‹ bejubelt. Vielmehr hält man seine Inspirationsbeschreibungen auch für verstiegen, Hugo Friedrichs bekannte Injurie von 1956 spricht dafür:

Inspirative Ergriffenheit als alleiniger Ausweis dichterischer Qualität sank schon seit dem frühen 19. Jahrhundert im Kurs. Allerdings gibt es Nachspiele. Die öffentliche Meinung ist sogar bei ihnen hängengeblieben. Ihr bewundertes Muster ist ein deutscher Dichter des 20. Jahrhunderts, der künstlerische Größe hat, aber geschlechtslos ist. Ihm wurde das Gedicht ›auferlegt‹ in ›Nachtstürmen‹, es sprang ihm

438 Marie Taxis an Rilke, 3.4.1921, TT II, S. 646.

439 Claire Goll, Rilke und die Frauen; zuerst 1927 unter dem Titel »Rilke et les femmes« in *Les Nouvelles Littéraires*, Paris; zitiert nach der im Briefwechsel abgedruckten deutschen Übersetzung, CG, S. 88.

440 Brief an Georg Gussmann vom 27.12.1948, zitiert nach Arnold, Rilke?, S. 48; dieser Band versammelt allgemeine polemische Äußerungen von Zeitgenossen, die nicht zum Netzwerk gehören, also nicht durch intensive Briefkommunikation auf das inspirative Modell ›eingeschworen‹ wurden, u.a. Kraus, Benn, Brecht und Thomas Mann.

›ins weit offene Gefühl‹, so daß ›die Hand zitterte und die Gewebe krachten‹; nachher berichtete er dann ausführlich von ›solchem Geworfenwerden‹ an Fürstinnen, Gräfinnen, Damen, an ›sehr werte, liebe Herren‹, mit vielen ›irgendwie‹ und ›irgendwo‹ und mit den edelsten Genitiven. Das hat fatale Folgen gehabt und zu trüber Verwechslung dieses einen Falles mit dem Dichten überhaupt geführt.[441]

Abgesehen davon, dass Rilkes Selbstmedialisierung tatsächlich überaus folgenreich bzw. wirkmächtig war ist nach möglichen Ursachen solcher Polemik zu fragen. Wieso kann Rilkes Inspirationsmodell derart provozieren, zu solcher Emotionalität verleiten, derartige Ratlosigkeit hervorrufen? Vielleicht sind es gar nicht nur Hybris und Verstiegenheit, die zur Verstiegenheitsschelte führen.[442] Schließlich erweist sich Rilkes Hybris bei genauer Betrachtung als schwer greifbar, stets in ihr Gegenteil, die Selbstverkleinerung, eingebettet. Stattdessen will ich eine andere Begründungshypothese vorschlagen: die der Anschlussproblematik. Zieht man die historische Inspirationsforschung heran, zeigt sich nämlich, dass Rilke die geschichtliche Diskursentwicklung im 18. Jahrhundert bis zu einem gewissen Grad überspringt und auf ein historisch weit entferntes Inspirationsmodell zurückgreift: das der Antike und des christlichen Mittelalters.[443]

Zwar steht außer Zweifel, dass er sich semantisch in die Tradition Klopstocks und Hölderlins einschreibt. Auf der Ebene der auktorialen Konzepte und Ideen aber ist Rilke insofern der Antike näher, als er die Reflexivitätszunahme nicht mitvollzieht, die den Enthusiasmos des 18. Jahrhunderts auszeichnet. Sei es die Spannung zwischen Vernunftwissen und Offenbarungswissen bei Hölderlin, die in der Selbstvermittlung des Bewusstseins aufgehoben werden soll,[444] die Komplementarität von Begeisterung und Erinnerung bei Schiller[445] oder auch die Polarität zwischen Enthusiasmos und Ironie bei Schlegel und Solger[446] – aus Gellhaus' Überlegungen zum Inspirationsdiskurs des 18. Jahrhunderts geht hervor, dass ›Enthusiasmos und Kal-

441 Friedrich, Die Struktur der modernen Lyrik, S. 161 f.

442 Manfred Engel hat Friedrichs Polemik aus anderer Perspektive widerlegt. Friedrich vertrete einen einseitigen und verkürzenden Modernitätsbegriff, einen »ästhetischen Monotheismus« des Nur-Apollinischen, aus dem »alles ausgegrenzt wird, was sich nicht bruchlos einpassen lässt«, u. a. Rilke, Hofmannsthal und die Expressionisten, in: Rilkes »Duineser Elegien« und die moderne deutsche Lyrik, S. 1 f.

443 Vgl. hierzu Scholz, der auf die Dreiteilung der aristotelischen causa efficiens in Bonaventuras Kommentar des Lukasevangeliums aufmerksam macht. Der menschliche Verfasser habe in dieser triplex causa efficiens eine nachgeordnete Position nach den eigentlichen Verfasserinstanzen ›Heiliger Geist‹ bzw. ›göttliche Gnade‹, in: Alciato als emblematum pater et princeps, S. 325.

444 Vgl. Gellhaus, Enthusiasmos und Kalkül, S. 261 ff.; vgl. dazu auch Gellhaus' und Lohses Überlegungen zum Oxymoron der ›nüchternen Trunkenheit‹, das bereits in der Spätantike und Patristik topisch geworden ist und das in »Hälfte des Lebens« wieder aufgenommen wird (Gellhaus, ebd., S. 69 ff.; Lohse, Dichterische Inspiration?, S. 293 f.).

445 Vgl. Gellhaus, ebd., S. 256.

446 Vgl. Gellhaus, ebd., S. 85 f.

kül‹, Unmittelbarkeit und Reflexivität stets dialektisch aufeinander bezogen sind. Solche Einträge von Reflexivität und Mittelbarkeit allerdings fehlen, wenn sich Rilke zum Propheten stilisiert.[447] Schließlich knüpft sich an die Zunahme von Reflexivität auch eine Zunahme von Autorität des Schöpfers über das von ihm Geschaffene, wie der Geniediskurs gezeigt hat.

Dieser, die Geschichte des Inspirationsmodells prägende Reflexions- und Autoritätszuwachs, die Verschiebung vom Medialen zum Genialen ist es, worauf Rilke konsequent verzichtet. Im ersten Hauptteil war davon bereits die Rede,[448] und jetzt erhellt die Plausibilität dieser Annahme im Licht empirischer Belege. Es konnte gezeigt werden, dass Rilke systematisch auf reine, unvermittelte ›Begeisterung‹ abstellt, auf Irrationales und Überpersönliches, auf auktoriale Heteronomie. Zwar wurde dabei auch klar, dass Rilke den historischen Autonomisierungsprozess von Dichtung durchaus mitvollzieht – Letztere wird zunehmend unabhängig von göttlicher Urheberschaft, bei Rilke stellt sich der Text sogar selbst her. Nur zieht der ›Inspirierte von Muzot‹ originellerweise nicht die Konsequenzen, die sich für die Autorinstanz aus diesem Autonomisierungsprozess ergeben: so autonom Rilkes Text ist, so fremdbestimmt bleibt sein Verfasser.

Dass dieses Autormodell auf geschichtlich weit entferntenKonzeptionen aufruht und damit zeitgenössische zivilisations- und modernitätskritische Impulse mit anklingen, lässt sich wiederum anhand historischer Inspirationsforschung belegen. Orientiert man sich an Barmeyer, tauchen in klassisch-griechischen Texten zur Inspiration genau diejenigen Merkmale irrationaler und autoritätsloser Produktion auf, die Rilkes Inspirationssemantik prägen. Von Bewusstlosigkeit etwa ist in *Ion* und *Nomoi* die Rede: »Ein leichtes, geflügeltes und heiliges Wesen« sei der Dichter, »und nicht eher vermögend zu dichten, bis er begeistert worden ist und bewußtlos und die Vernunft nicht mehr in ihm wohnt«.[449] Den Vergleich des Inspirierten mit einer Quelle, die das »auf ihn Zukommende bereitwillig ausströmen läßt«, interpretiert Barmeyer als bewusstlose Medialität.[450]Auch Gewaltsamkeit ist für ihn ein wichtiges Element der platonischen Inspiration, das sich in bestimmten Verben wie

447 Natürlich gibt es produktionsästhetische Überlegungen, die in diese Richtung weisen. Es steht außer Frage, dass der überaus belesene Rilke unermüdlich auf die Bedingungen poetischen Sprechens reflektiert hat, beispielsweise in einem Schreiben an Margot Sizzo: »Schreiben zu können ist, weiß Gott, nicht minder ›schweres Handwerk‹, um so mehr, als das Material der anderen Künste von vorneherein von dem täglichen Gebrauch abgerückt ist, während des Dichters Aufgabe sich steigert um die seltsame Verpflichtung, sein Wort von den Worten des bloßen Umgangs und der Verständigung gründlich, wesentlich zu unterscheiden. Kein Wort im Gedicht (ich meine hier jedes ›und‹ oder ›der‹, ›die‹, ›das‹) ist identisch mit dem gleichlautenden Gebrauchs- und Konversationsworte […]« (Rilke an Margot Sizzo, 17.3.1922, Sizzo, S. 28 f.). Nur geht solche Reflexivität eben nicht in Rilkes Selbstbeschreibungen als Inspirierten ein.

448 Vgl. I. Hauptteil, Abschnitt 3.2.

449 Nomoi, 719c, Ion, 534a; vgl. Barmeyer, Die Musen, S. 102.

450 Vgl. Barmeyer, ebd.

»antreiben«[451] und »erregen«[452] konkretisiere.[453] Ferner existiere in antiken Inspirationstexten von Hesiod über Bakchylides bis zu Pindar die Auffassung vom Dichter als Seher-Propheten, weniger im Sinne der mantischen Voraussage als der Verkündigung »überzeitlicher Bedeutung«.[454] Nicht zu vergessen ist schließlich die Figur des Werkes, das seinen Schöpfer transzendiert. Dory Von der Mühll teilt Rilke mit, dass Elegien und Sonette ihm erschienen »als ob es nicht meine wären (weil sie ohnehin, ihrer Natur nach, *mehr* sind als ›von mir‹)[...]«. Die Fürstin habe gestaunt und »ich, wenn ich ganz wahr sein darf, ja, ich staunte mit [...]«.[455] Auch diese Figur gehört, folgt man Lohse, in historisch ältere Inspirationskonzeptionen. Es kommt in ihr nämlich »jene göttlichen Beseelung« bzw. entgötterte Beseelung zum Ausdruck, »die nach antiker und mittelalterlicher Vorstellung das Werk über seinen Schöpfer hinaushebt«.[456]

Bei aller augenscheinlichen Gegenwartsflucht und Distanz zur Moderne gründen nun Originalität und Modernität von Rilkes prophetisch-medialem Selbstbild, aber auch ein gewisses Irritationspotential meiner Meinung nach in dem spannungsvollen Widerspruch von antikem Autoritätsverzicht und gesteigerter Textautonomie. Zum einen wird ein langer diskurs- und literaturgeschichtlicher Prozess von Brechungen, Infragestellungen und Funktionsverschiebungen des Inspirationsmodells zurückgenommen bzw. ignoriert; ein Prozess, der unter den Prämissen einer stetigen Zunahme von Reflexivität und literarischer Autopoiesis den Inspirationstopos zum »Reflexionstopos«[457] hat werden lassen. Schließlich konfligiert Rilkes Inspirationskonzept auch mit zeitgenössischen radikalen Reformulierungen des poeta-faber-Modells: Flaubert ist hier zu nennen oder auch der von Rilke verehrte Valéry, der »den Dichter immer wieder mit einem Ingenieur verglich«.[458] Zum anderen wird ein Text präsentiert, der stellvertretend für den Autor die unhintergehbare Autorität der Offenbarung in Anspruch nimmt. An solchem Geltungsanspruch, so die implizite Prämisse, kommt niemand vorbei, ist auch faktisch eine ganze Generation von Respondenten nicht vorbeigekommen. Die *Elegien* seien »in einer Art von heiligem Rausch entstanden [...], [sie] wenden sich an niemanden mehr, wie die Elemente der Natur entrollen sie sich nach

451 Ion, 534c, weitere Beispiele für ›treiben‹ oder ›antreiben‹ bei Homer, Demodokos und Pindar gibt Barmeyer, ebd., S. 102.

452 Phaidros, 245a.

453 Vgl. Barmeyer, Die Musen, S. 104.

454 Ebd., S. 107–110.

455 Rilke an Dory Von der Mühll, 23.6.1922, BSF, S. 300.

456 Lohse, Dichterische Inspiration?, S. 309.

457 Ebd., S. 292.

458 Barmeyer, Die Musen, S. 11. Vgl. hierzu auch Helen Sword, die Rilke mit Coleridge vergleicht: »Not since Coleridge, in fact, who claimed that ›Kubla Khan‹ was the product of a drug-induced dream, has any western poet of such stature insisted more on the visionary origins of his own works and less on the skill and craft involved in giving it form«, in: Engendering Inspiration, S. 54.

ihren eigenen Gesetzen«, so das repräsentative Glaubens-Profil der Multiplikatorin Albert-Lasard.[459]

Hinter dem historisch weit zurückliegenden Modell vom bewusstlosen Inspirationsdichter verbirgt Rilke einen Autoritätsanspruch, der im Bild des sich selbst beherrschenden Offenbarungstexts deutlich zutage tritt. Es liegt auf der Hand, dass eine solche Verknüpfung von antiker auktorialer Heteronomie und moderner Textautonomie für Rezipienten des 20. Jahrhunderts nicht ohne weiteres zugänglich und nachvollziehbar ist; schließlich erfährt die seit dem 18. Jahrhundert kontinuierlich wirksame Idee der auktorialen Textherrschaft hier eine historisch zerdehnte, quasi autorlose Reformulierung. Dass diese Konzeption auf der anderen Seite für viele Leser, ja für ein sich etablierendes Forschungssegment überaus anschlussfähig und langfristig traditionsbildend ist, gründet in meinen Augen nicht nur in der beschriebenen Komplementarität zwischen Selbstverkleinerung und Monumentalität. Vielmehr ist es auch einer trivialisierenden Zitations- und Fortschreibepraxis der Gemeinde geschuldet, die Multiplikation mit Popularisierung verbindet.[460]

2.3.8 Fortschreibung der Prophetenrolle in der Memorialliteratur

Will man sich über die Bedeutung der Memorialliteratur für die Langlebigkeit von Rilkes Inspirationsmodell informieren, ist zunächst nach Fortschreibungen prophetischer Selbstinszenierungen zu fragen. Inwiefern werden Versatzstücke dieser Rolle schriftlich überliefert? Wo lassen sich Tendenzen zur Verkürzung, Verdichtung, Steigerung festmachen? Auch hier gilt natürlich, was schon im Schriftlichkeitskapitel und in Abschnitt 2.2.8 des zweiten Hauptteils dargelegt wurde: Frühere Erinnerungsschriften wie diejenigen von Marie Taxis und Lou Salomé, von mir als ›Memorialtexte erster Ordnung‹ bezeichnet, rekurrieren nur auf die persönlichen, schriftlichen oder mündlichen Begegnungen der Verfasserinnen mit Rilke. Für ›Memorialtexte zweiter Ordnung‹ wie Katharina Kippenbergs *Beitrag* von 1935 oder Salis' *Rainer Maria Rilkes Schweizer Jahre* von 1936 gilt insofern eine andere Quellensituation, als bis 1935 Teile von Werk und Briefwerk erschienen sind und die Verfasser auf dieses breite Archiv zurückgreifen können. Vor allem für Katharina Kippenberg ist dies Bedingung der Möglichkeit, ›auktoriale Summen‹ zu bilden, Rilke im Sinne des geistesgeschichtlichen Paradigmas zu heroi-

459 Loulou Albert-Lasard, Wege mit Rilke, S. 177.

460 Diesen Zusammenhang hat Holthusen, noch der traditionellen Autornähe verpflichtet, schon früh skizziert: »Alle brieflichen Zeugnisse aus diesen Tagen sind in einer bewußt ›prophetischen‹ Sprache abgefaßt. Der Dichter kann gar nicht anders, als gerade diesen Vorgang einer dichterischen Ergriffenheit ohnegleichen […] als ein Ereignis von übernatürlicher Größe zu beschreiben und dadurch schon alles Material bereitzulegen für die künftige Legendenbildung und die vielen Hagiographien und pseudoreligiösen Schwarmgeistereien einer schier unüberschaubaren Rilke-Literatur«, in: Rainer Maria Rilke in Selbstzeugnissen, S. 148.

sieren und seine Autorrollen weit über das von ihm bekannte Maß hinaus zu verdichten und zu potenzieren. Eine solche systematische Praxis der Steigerung und Trivialisierung lässt sich nämlich nicht nur Kippenbergs Umgang mit dem einsamen, demütigen, segnenden, knienden und pilgernden Autor-Mönch des *Stundenbuches* ablesen.[461] Auf vergleichbare Weise überhöht die Multiplikatorin auch den inspirierten Propheten der mittleren und späten Werksphase und auch hier greift sie mangels persönlicher epistolarer Angebote auf das Briefarchiv zurück.

So findet sich etwa Rilkes Selbst- und Fremdstilisierungsmotiv ›Moses‹ sowohl bei Lou Salomé als auch sieben Jahre später bei Katharina Kippenberg, allerdings in unterschiedlicher Funktion und Deutlichkeit. Zur Erinnerung: Rilke hatte in einem Brief an Salomé 1912 die Stadt Toledo mit »Moses, da er mit Lichthörnern vom Gebirge kam«, verglichen und im Jahr zuvor Lous Leben mit dem »brennenden Dornbusch«. Und so schreibt die Multiplikatorin das Wortfeld ›Moses‹ dann auch fort, allerdings mit ironischen Untertönen, die sich auf die wachsende Hermetik der Rilke'schen Dichtung beziehen. Diese habe sich langsam umgekehrt »in Beschwörungen, die kaum Anteilnehmer gestatteten«. Zwar habe Rilkes Sprachmacht »hier ihre Triumphe« gefeiert, sei aber verstehbar

> nur für die, welche Erlebnisse von gleicher Mächtigkeit und Tiefe, unerlöst wartend, mit sich herumtrugen. Den übrigen mochte manchmal der Dichter vorkommen wie ein Moses, der, vom Gebirg niedersteigend, über der ihn ganz hinnehmenden Offenbarung versäumt hätte, die zehn Tafeln in extenso vollzuschreiben.[462]

Im Gegensatz zu Lou Salomé schreibt Katharina Kippenberg nicht nur Motive fort, sondern erweist sich auch posthum als treibende Kraft der Autorstilisierung. Ihr gegenüber hatte sich Rilke nämlich auf die zitierten Inspirationsfiguren von »Stille und Sturm«, »Arbeitssturm« und »sich einstellenden Gedichten« beschränkt und auf Selbstvergleiche mit prophetischen Vorbildfiguren verzichtet. Doch ist solch persönliche Informationsvergabe auch nicht unbedingt notwendig, da es schließlich 1935 ein ›geschichtetes‹ Autor-Archiv gibt aus Brieftexten und ersten Erinnerungstexten, die auf diese Brieftexte Bezug nehmen. Der Insel-Lektorin ist der zitierte Passus aus Salomés Erinnerungsbuch ebenso zugänglich wie die Moses-Briefzitate an Salomé und auch Rilkes Briefpassus an Hattingberg, dem zufolge er »wie Moses mit dem Gesicht ans Ungeheure verpflichtet« gewesen sei: Salomés Erinnerungsbuch und die frühen Briefausgaben erscheinen zwischen 1928 und 1940 im eigenen Verlag, Magda von Hattingberg übergibt ihr Briefkonvolut den Kippenbergs 1935 und auch Lous Korrespondenz dürfte Kippenberg bald nach Rilkes Tod

461 Vgl. II. Hauptteil, Abschnitt 2.2.8.
462 Lou Salomé, Rainer Maria Rilke, S. 88.

zugänglich gewesen sein.[463] Solche Schichten eines schriftlichen Gedächtnisses müssen dann auch als Textgrundlage angenommen werden, wenn Kippenberg aus dem Einzelmotiv ›Moses‹ einen opulenten szenischen Handlungsablauf macht:

> Es war ein Stück Vollkommenheit, die in dieser Einheit von Schöpfer und Schöpfung zu erfahren uns beschieden war. Der Dichter sah aus, als wäre er vom Berge Sinai gekommen, seine Stirn leuchtete in einem heiligen Schein, wie göttlicher Odem wehte es um sie, ein unbeschreiblicher Glanz lag auf seinen Lidern, und wenn er aus seiner großen Entrücktheit einmal aufsah, so waren seine Augen blau metallen.[464]

In Anbetracht der breiten Rezeption des Erinnerungsbuches scheint nicht nur Kippenbergs Dramatisierung der Moses-Figur zum Rilke-Superlativ wichtig. Ebenso bedeutsam ist die Reduktion von poetischer Bedeutungsvielfalt. Die polysemische Moses-Figur, mit der Rilke einst die Stadt Toledo oder sich selbst bezeichnet hatte, wird zur unterkomplexen Rilke-Formel vereindeutigt; naturgemäß ist auch von der Ironie nichts zu spüren, die Salomé eingetragen hatte. Ferner tritt an die Stelle jener tendenziell negativen Rhetorik des Möglichen, die Rilkes prophetische Selbstvergleiche kennzeichnet, eine Verdichtung von positiven Sakralattributen wie »heiliger Schein«, »göttlicher Odem«, »unbeschreiblicher Glanz«; eine Verdichtung, wie sie in Rilkes Selbstbeschreibungen nie zu beobachten ist.

Verdichtung, Steigerung, Reduktion: Kippenbergs Übernahme des Moses-Motivs zeigt nicht nur, wie anschlussfähig Rilkes Prophetenrolle für zentrale Netzwerkmitglieder ist und wie nachhaltig Autor und Werk als »Einheit von Schöpfer und Schöpfung« wahrgenommen werden. Sie bietet darüber hinaus ein repräsentatives Beispiel für den Übergang vom ›hohen‹, komplex literarischen Autorbild zum trivialen und populären Autormythos, auch zur narrativen Breite, zur Erzählung vom Autor. Im letzten Kapitel wurde bereits darauf hingewiesen, dass Kippenberg, anders als Hattingberg, weniger auf Ostentation und Veröffentlichung von Privatheit abstellt.[465] Kippenbergs memoriale Aneignung des Prestigeobjekts Rilke spricht vielmehr dafür, dass es der Akteurin im literarischen Feld vor allem um Universalisierung ihres Sujets geht; eines Sujets, dass sich offensichtlich als Repräsentant des deutschen Geistes erweisen soll. Kippenberg vergleicht Rilke nämlich nicht nur mit dem historisch-mythischen Einzelindividuum Moses, sondern verallgemeinert ihn zum Typus des alttestamentarischen Propheten. Man fühle »schon in den Briefen im Dezember 1921«, dass Dichtung sich ankündige, so doku-

463 Da Kippenberg eigener Aussage zufolge nach Rilkes Tod dessen Jubelbrief an Salomé gelesen habe (Rainer Maria Rilke zum Gedächtnis, S. 124), ist anzunehmen, dass ihr die Korrespondenz mit Lou relativ früh bekannt war.

464 Beitrag I, S. 187; Beitrag II, S. 329.

465 Vgl. II. Hauptteil, Abschnitt 2.2.8.

mentiert die Exegetin zunächst ihre exegetische Kompetenz, um prophetisch fortzufahren:

Er mag es haben kommen hören wie der Prophet des alten Bundes das Nahen des Herrn, wo er zu ihm gerissen wird unter Stammeln und Gebet, und kann sich nicht wehren und ist nur Gefäß. Er mag aufgeschreckt sein, weil ein Gesicht ihn angeblickt, das still zu ihm sagte ›komm‹ und trug ihn über sich selber davon.[466]

Gewaltsamkeit, ekstatische Prophetie und autoritätslose Medialität: Kippenberg versammelt zentrale Requisiten von Rilkes Inspirationssemantik, wie sie sich dem kundigen Leser in Briefen und Prophetengedichten erschließt. Die Demonstration solcher Kennerschaft ist es offensichtlich, um die es der Verfasserin zu tun ist, mehr als um die Zurschaustellung privater Briefbeziehungen. Schließlich gehen auch weitere Kernmerkmale von Rilkes Inspirationskonzept in Kippenbergs Erinnerungstext ein, die ihr nicht persönlich, zumindest nicht epistolarisch kommuniziert wurden, u.a. das anthropomorphisierende Bild von der Geburt eines Textes: Sie habe »ahnungslos an ein ungeborenes Gedicht gerührt, das sich schmerzhaft mahnend in ihm regte [...]«, teilt Kippenberg in ihren Paris-Erinnerungen mit.[467]

Schließlich darf bei dieser umfassenden Kompetenzdemonstration vor allem die Zentralformel von Rilkes Inspirationskonzept, das ›Diktat‹ nicht fehlen; allerdings kommt sie erst in der vierten Auflage des *Beitrags* hinzu. Das entspricht zum einen der bereits diskutierten Tendenz Kippenbergs, auch innerhalb der einzelnen Auflagen Steigerungen einzubauen. Zum anderen illustriert es, wie der Insel-Lektorin nach und nach weitere Teile des epistolaren Autor-Archivs zugänglich und für Fortschreibungen verfügbar werden. Offensichtlich bezieht sich Kippenberg nämlich auf Rilkes erstmals 1940 publizierten Brief an Xaver von Moos, auf Bilder wie »räthselhaftestes Diktat« und »athemloses Gehorchen«,[468] wenn sie Folgendes mitteilt:

Die Sonette, schrieb er einige Wochen nach ihrem Entstehen, seien vielleicht das gehorsamste und rätselhafteste Diktat, das er je ausgehalten und geleistet habe. Mit Recht nennt er sie ein Diktat, denn er lernte sie erst jetzt im Vorlesen, wie es in einem anderen Briefe heißt, nach und nach begreifen, und man müsse sich gewissen Dunkelheiten in Ihnen unterwerfen.[469]

466 Katharina Kippenberg, Rainer Maria Rilke, 1935, S. 160; Variante in: dies., Rainer Maria Rilke, 1948, S. 273: »[...] und ihn über sich selber davontrug«; sehr ähnlich die Formulierung im Nekrolog, wo es unter Bezugnahme auf das *Stundenbuch* heißt: »zu dieser Zeit wäre der Dichter seiner besonderen Berufung recht inne geworden, und es wäre ihm geschehen, wie den Propheten des alten Bundes, die, nachdem sie Gott schon lange gedient hatten, eines Tages von ihm bei Namen gerufen wurden, so dass sie tief erschraken« (Rainer Maria Rilke zum Gedächtnis, S. 42 f.).

467 Katharina Kippenberg, Erinnerungen an Rainer Maria Rilke in Paris, S. 124.

468 Rilke an Xaver von Moos, 20.4.1923, BSF, S. 350.

469 Katharina Kippenberg, Rainer Maria Rilke, 1948, S. 296; der Brief an Moos wird 1940 in dem Briefband BMzt bei Insel veröffentlicht (S. 205).

Schließlich fügt die Multiplikatorin noch die für Rilke charakteristische Idee des antiken, autoritätslosen Enthusiasmos hinzu, wenn sie das Sonetten-›Diktat‹ umschreibtals »kostbares Beispiel von der Ausgießung des Geistes, die ein Dichter ohne Willen und fast ohne Bewußtsein auffängt«.[470] Und auch hier ist auf die sedimentierten Schichten schriftlicher Rilke-Überlieferung hinzuweisen, die Kippenberg zur Verfügung stehen: 20 Jahre früher hatte Lou Salomé in ihrem Erinnerungsbuch Verinnerlichungstendenzen in den *Neuen Gedichten* verglichen mit »Ausgießung des Geistes, der seine innerste Beteiligung und Bezogenheit nicht länger an sich halten, sich an der realen Wiedergabe nicht genügen kann«.[471] Allerdings ist von der Bewusstlosigkeit des Inspirierten bei Lou noch keine Rede; sie kommt erst bei Kippenberg zur ›Geistausgießung‹ hinzu und demonstriert erneut, wie beschlagen die Verfasserin im Kosmos von Rilkes inspirativen Selbstbeschreibungen ist.

Mit ›Moses‹, ›Diktat‹, Textgeburt, Begeisterung und gewaltsamer Depersonalisation ist nämlich tatsächlich Rilkes prophetisches Repertoire aus Briefen und *Neuen Gedichten* weitgehend versammelt; versammelt von einer Akteurin des Literaturbetriebes, deren exegetische Kompetenz ein solcher Summentext unzweifelhaft zur Schau stellt. »Gleich die Einführung« sei »meisterhaft«, schreibt in diesem Sinne der Zeitgenosse Harry Graf Kessler, und ebenso seien es »die vielen eingestreuten Aperçus, die eine ganz besondere echt Rilkesche Atmosphäre schaffen«.[472] Und auch Albrecht Goes bestätigt Kippenbergs exegetische Qualitäten, wenn er auf ihre »große, von vielen Seiten her kommende Kenntnis Rilkes« zu sprechen kommt.[473] Wie zu zeigen war, vermittelt Kippenberg diese Kenntnis über Verdichtungen und Potenzierungen von Rilkes monastischen und prophetischen Selbstentwürfen, die dann schließlich mehr ›Rilke‹ enthalten als die epistolaren Quellentexte: In keiner bekannten Korrespondenz sind Inspirationsfiguren in vergleichbarer Dichte versammelt wie in Kippenbergs ›Nachdichtung‹. Mehr und gleichzeitig weniger, insofern an die Stelle der Komplexität von Rilkes werknahen Autorfigurationen die Unterkomplexität des Kitsches tritt.

Dass dieser erste Schritt zum festen Rilke-Klischee allerdings auch ein wichtiger Schritt zur Popularisierung eines Autorbildes und zur Entstehung eines langlebigen Autormythos ist, zeigt die Attraktivität von Kippenbergs *Beitrag* selbst für Akteure, die Rilkes Dichtung fernstehen. Ricarda Huch, der »der Sinn für Rilke ganz und gar fehlt«, die »die Art seiner Religiosität nicht versteht« und die »Duineser Elegien unverständlicher als böhmisch« findet, liest den *Beitrag* mit »viel Genuß«. Er enthalte »so eigentümliche Betrachtungen, noch dazu so schön ausgedrückt, daß man ohne zu wissen wie von

470 Katharina Kippenberg, Rainer Maria Rilke, 1948, S. 296.
471 Lou Salomé, Rainer Maria Rilke, S. 88.
472 Kessler an Katharina Kippenberg, 10.9.1936, zitiert nach Zeller, Die Insel, S. 284
473 Goes an Katharina Kippenberg, 10.12.1938, zitiert nach Zeller, ebd.

Seite zu Seite gelockt wird«.[474] Laut Heinz Sarkowski sei Kippenbergs Buch »für lange Zeit [...] die angemessenste Darstellung vom Wesen Rilkescher Dichtung« geblieben.[475] Man kann sich vorstellen, wie das Pathos dieser »angemessensten Darstellung« dem Pathos des bis heute wirksamen kollektiven Rilke-Mythos zugearbeitet hat.

Nun lassen sich auch Kippenbergs wirkungsvolle Demonstrationen von philologischer Kompetenz mit der Fiktion vom selbstlosen und in Verehrung befangenen Hagiographen nicht zufriedenstellend begründen. Auch hier ist im Sinne des »Prinzips der Erhaltung sozialer Energie«[476] nach etwaigem Zinsgewinn aus dem Prestigeobjekt Rilke zu fragen. Ein Blick in *Die Geschichte des Insel-Verlages* erhellt die Zusammenhänge. Dort heißt es, Katharina Kippenberg habe auktoriale Ambitionen lange Zeit zugunsten zeitaufwendiger Lektorats- und Herausgebertätigkeiten hintanstellen müssen, »Eigenes musste [...] immer wieder zurücktreten«.[477] Das lässt darauf schließen, dass Kippenberg solche Ambitionen immerhin zuzuschreiben sind. Nach Rilkes Tod bieten nun exklusive Kenntnis von Leben und Werk des kanonischen Klassikers sowie exklusiver Zugang zu schriftlichen Überlieferungsbeständen die Möglichkeit, diese Interessen endlich zu verwirklichen. So wie Elisabeth von Schmidt-Pauli Rilke instrumentalisiert, um den prestigeträchtigen Rollenwechsel von der Verfasserin kleiner Erbauungsschriften zur Autorin großer Fiktion in Gang zu setzen, kann nun auch Katharina Kippenberg den prestigeträchtigen Rollenwechsel von der Lektorin zur Schriftstellerin vollziehen. Ganz in diesem Sinn spricht Bernhard Zeller dann auch vom »literarischen Schaffen« Kippenbergs, dessen Mittelpunkt Rilke gebildet habe.[478] Ihr Werk umfasst den *Beitrag*, eine »eingehende Deutung der Elegien und Sonette«[479] sowie die aus dem Nachlass herausgegebenen *Kleinen Schriften.*

Die Tendenz zur narrativen Ausgestaltung, zur epischen Breite und zur kenntnisreichen Verdichtung von Rilkes Inspirationsrepertoire bei Kippenberg erklärt sich nun aus diesen Ambitionen: Wenn »literarisches Schaffen« die Handlungsgrundlage ist, geht es weniger um philologisch exakte Überlieferung denn um Konturierung eines poetischen Individualstils. Was für den Autor-Heiligen des *Stundenbuches* bereits dargelegt werden konnte – als Gegenwartsheiliger, heiliger Repräsentant des deutschen Geistes und Heiliger der Liebe kann er posthum unterschiedlichste Funktionen erfüllen – lässt sich weiterhin verfolgen: Rilkes epistolares Selbstbild dient posthum unterschiedlichsten Multiplikatoren zu unterschiedlichsten Positionierungen.

474 Huch an Katharina Kippenberg, 24.11.1935, zitiert nach Zeller, ebd., S. 285.
475 Sarkowski / Jeske / Unseld, Der Insel-Verlag, S. 362.
476 Bourdieu, Die verborgenen Mechanismen der Macht, S. 71; vgl. II. Hauptteil, Abschnitt 2.2.8.
477 Sarkowski / Jeske / Unseld, Der Insel-Verlag, S. 361 f.
478 Zeller, Die Insel, S. 282.
479 Ebd.; gemeint ist folgende Schrift von Kippenberg: Rainer Maria Rilkes Duineser Elegien und Sonette an Orpheus, Wiesbaden 1946.

Dass z.B. der 35-jährige Geschichtsprofessor Jean von Salis mit der Erinnerungsschrift *Rainer Maria Rilkes Schweizer Jahre* seine Rolle als Historiker markiert, erhellt aus Objektivitätsbekundungen, die bis in die Gegenwart reichen. Salis habe 1936 das »bis dahin genaueste Buch über Rilke« publiziert und »mit der Objektivität des Historikers [...] Maßstäbe für alle künftigen Biographen« gesetzt, so Storck im Jahr 2004.[480] Dabei rekurriert auch Salis auf Rilkes inspiratives Selbstbild und schreibt dieses autornah fort, etwa wenn von Rilkes »dichterischer Sendung« die Rede ist und von der »vollkommenen Unterordnung unter die geheimnisvollen Kräfte und Stimmen [...], denen er voll Demut als Werkzeug diente«.[481] Allerdings ist Salis' Stil tatsächlich tendenziell sachlicher und ohne jenes Pathos und jene Poetizität, die Kippenberg eignet. Vor allem aber zeigen der umfangreiche Anmerkungsapparat und die philologische Zitationspraxis, dass er sich an wissenschaftlichen Konventionen orientiert.[482] So wie der junge Wissenschaftler also epistolare Quellen, vor allem den ihm exklusiv zugänglichen Briefwechsel mit Nanny Wunderly nützt, um seine Rolle als Historiker zu markieren, so markiert Kippenberg ihre angestrebte Position als Schriftstellerin. Eine Bemerkung von Ingeborg Schnack weist in diese Richtung: der *Beitrag* sei »eher ein Gedicht in Prosa als eine wissenschaftliche Arbeit«.[483] Wie problematisch es für die Kontinuität eines auktorialen Selbstbildes sein kann, wenn Letzteres der Profilierung seiner Multiplikatoren in unterschiedlichen Segmenten des kulturellen Marktes dient, erhellt nach Elisabeth von Schmidt-Pauli und Magda von Hattingberg nun auch an Katharina Kippenberg und Jean von Salis. Und es wird erneut deutlich, dass auch Gedenkpraktiken, ähnlich wie mäzenatisches Handeln, der »Reproduktion bzw. Konstruktion sozialer Positionen«[484] dienen und Wettbewerbsvorteile im Konkurrenzkampf um kulturelle Legitimität einbringen.

Nach diesen Beispielen für Konstanz bzw. produktive Aneignung prophetischer und inspirativer Motive ist nun weiterhin zu fragen, ob sich Rilkes Markierung der Elegien als Hauptwerk in der Erinnerungsliteratur niedergeschlagen hat. Lässt sich der Versuch, die Elegienrezeption mittels des ›heiligen Diktats‹ von Muzot zu steuern, den Memorialtexten ablesen? Dass die Rezeption tatsächlich in den angenommenen Bahnen verlaufen ist, indiziert zunächst ein gewisser Fetischwert, der offensichtlich allen Jubelbriefen eignet. Unterschiedlichsten Erinnerungsschriften wie der psychoanalytischen Fallstudie Salomés, den Duino-zentrierten Erinnerungen von Marie Taxis, dem biographisch-poetischen Epos Kippenbergs oder der Historiographie des

480 Storck, Leben und Persönlichkeit, S. 24.
481 Salis, Rainer Maria Rilkes Schweizer Jahre, S. 100.
482 Vgl. ebd., S. 209–223.
483 Zitiert nach Sarkowski / Jeske / Unseld, Die Insel, S. 362.
484 Sarasin, Stiften und Schenken, S. 204.

Jean von Salis ist nämlich eines gemeinsam: Sie alle geben einheitlich ihre jeweiligen Jubelbriefe als Lang-oder Kompilationszitate wieder.[485]

Taxis und Salomé können dabei auf eigene Briefe zurückgreifen, während die Summenautoren Kippenberg und Salis in Ermangelung solcher ihre Nähe zu Jubelbrief-Adressaten zur Schau stellen: Salis zitiert vorzugsweise aus den zu diesem Zeitpunkt noch nicht edierten Briefen an seine »Mitarbeiterin« Nanny Wunderly,[486] Kippenberg aus dem Jubelbrief an ihren Mann. Auch wenn die Gedenkbücher grundsätzlich auf ganz unterschiedliche Verfasserintentionen hin zugeschnitten sind, darf offensichtlich dem authentischen Dokument des Inspirationsgeschehens nichts von seiner Authentizität genommen werden. Sogar die Mittelachsensymmetrisierung ist bei Salis und Marie Taxis ins Druckbild übernommen – ein Beleg dafür, dass sie von den Multiplikatoren als Gestaltungsprinzip wahrgenommen wurde. Ferner illustrieren kommentierende Eingangsbemerkungen und Einschübe, die konsequent der Semantik der Jubelbriefe und der Prophetengedichte verpflichtet sind, wie gering hier die Distanz der Multiplikatoren zum Autor-Ich der Jubelbriefe und zur Autor-Werk-Einheit im Allgemeinen ist.

Bei Salomé etwa heißt es, Rilke sei »wie im Sturm« gestanden, habe »wie Schreie im Winde [...] das Geschehende« herübergerufen, bevor der Jubelbrief wiedergegeben wird.[487] Ohne Zweifel spielt Lou hier auf den Auftaktgestus der *Ersten Elegie* an. Wenn sie dabei den empirischen Autor als ›Schreienden im Wind‹ inszeniert, der der Verfasserin keine Elegie, sondern den zitierten Jubelbrief zuschreit, dann kommen sich Realität und Fiktion tatsächlich außerordentlich nahe; dann zeigt sich exemplarisch, wie Multiplikatoren Autor und Werk als Einheit wahrnehmen und damit den Grundstein legen für einen langlebigen Rilke- und Elegien-Kult.

Jubelbriefe als Instrument der Rezeptionslenkung: Salis berichtet von einem »über die Maßen herrlichen Brief« an den Verleger Kippenberg; ein Brief, dessen Inhalte der Multiplikator dann mit Quellennachweis teilweise wörtlich zitiert, teilweise szenisch dramatisiert:

> Fast kann er's nicht fassen, dass dieses möglich war – dieser ›Sturm aus Herz und Geist‹, in dem er ringend und stöhnend, tief in die Nächte hinein an seinem Stehpult beim Kerzenlicht die lange, allzu lange verhaltenen Gesänge niederschrieb ... Die Feder, die er kaum mehr halten kann, schreibt noch dieses, in tiefer Nacht, an den Freund und Verleger (dem er für zehn Jahre Geduld aus erfülltem Herzen dankt): ›Ich bin hinausgegangen, in den kalten Mondschein und habe das kleine Muzot gestrei-

485 Vgl. Lou Salomé, Rainer Maria Rilke, S. 96 f.; Marie Thurn und Taxis, Erinnerungen an Rainer Maria Rilke, S. 110 f.; Katharina Kippenberg, Rainer Maria Rilke, 1948, S. 328; Salis, Rainer Maria Rilkes Schweizer Jahre, S. 96–98.

486 Vgl. die Zueignung: »Frau Nanny Wunderly, der Beraterin und Mitarbeiterin dankbar zugeeignet« (Salis, Rainer Maria Rilkes Schweizer Jahre, S. 5).

487 Lou Salomé, Rainer Maria Rilke, S. 96 f.

chelt wie ein großes Tier –, die alten Mauern, die mirs gewährt haben. Und das zerstörte Duino.‹[488]

Ähnlich verfährt Katharina Kippenberg, wenn sie in der vierten Auflage des *Beitrags* den Jubelbrief an ihren Mann als szenisch angereicherte Zitatencollage präsentiert – im Unterschied zum Wissenschaftler Salis allerdings ohne Quellennachweis. Rilke habe das Haus

›gestreichelt wie ein großes, altes Tier‹, als die Elegien vollendet waren und er nach dem ›Orkan im Geiste‹, nach dem ›Wirbel im Herzen‹, nach dem großen Sturm, der in seinen Mauern getobt, hinaus ins Freie trat, in die stille, mondbeschienene Landschaft, wo höchstens das leise Säuseln ihn umwehte, in dem Gott sich kund tat.[489]

Auch diesen Passus kennzeichnet das für Kippenberg charakteristische Ineinander von Poetizität, Verdichtung und Kompetenzdemonstration. Wer nämlich die Sturmmetaphorik des Jubelbriefes um die Figur des »leisen Säuselns, in dem Gott sich kund tat« bereichert, der stellt gleichzeitig etliches Vorwissen zur Schau: nicht nur alttestamentarische Quellenkenntnis, sondern auch die Tatsache, dass Rilke das »sanfte Sausen« der Elias-Theophanie in das Gedicht *Tröstung des Elia* eingetragen hatte.[490] Dass Kippenberg dieses Vorwissen um Rilkes semiotische Präferenzen exklusiv übermittelt wurde, geht aus einem anderen Erinnerungstext hervor. In Paris habe man darüber gesprochen, dass »auch eine seiner Lieblingsstellen die von dem sanften Sausen sei, in dem der Herr kommt, nachdem er nicht im Sturm gewesen.«[491]

Mag nun schriftstellerisches, tiefenpsychologisches oder historisch-wissenschaftliches Eigeninteresse die jeweiligen Gedenkschriften motivieren, lässt sich dem Umgang mit Rilkes ›heiligen Diktaten‹ doch einheitlich Folgendes entnehmen: Offensichtlich haben die Multiplikatoren sie als Summentexte heiliger Autorschaft ernst genommen und sich mit dem dargestellten Inspirationsgeschehen identifiziert. Ferner spiegelt sich in der poetischen Höhenlage, der die zitierten Passagen verpflichtet sind, das Prinzip der Adressatenweihe wider. Teleologische Deutungsformeln wie »Gipfelhöhen der Erfüllung«, »begnadete Augenblicke innerer Erleuchtung«,[492] »ekstatischer Durchbruch«,[493] oder »er hatte den Gipfel erreicht, die höchste Spitze erklommen und Gottes Antlitz erschaut«[494] sprechen dafür, dass sich die Verfasser als Ko-Autoren des heiligen Geschehens verstehen oder zumindest als privilegierte Exegeten. Plumpe hat darauf aufmerksam gemacht, dass Rilkes

488 Salis, Rainer Maria Rilkes Schweizer Jahre, S. 95 f.
489 Katharina Kippenberg, Rainer Maria Rilke, 1948, S. 328.
490 Vgl. Anm. 175, 176, 177.
491 Katharina Kippenberg, Erinnerungen an Rainer Maria Rilke in Paris, S. 126.
492 Salis, Rainer Maria Rilkes Schweizer Jahre, S. 100.
493 Lou Salomé, Rainer Maria Rilke, S. 99.
494 Marie Thurn und Taxis, Rainer Maria Rilke, S. 5.

Inspirationskonzept »unter den Bedingungen moderner Literaturkommunikation […] allenfalls als originelle Selbstbeschreibung« wirke. Eine »Publikumsverpflichtung auf Nachvollzug« sei nicht gegeben, »wie auch Recht und Wirtschaft nicht auf den Einfall gekommen sind, statt des – wie immer inspirierten – Autors den ›Inspirator‹ – Götter, Engel, Musen – als Inhaber der Verwertungsrechte an den ›inspirierten‹ Texten anzuerkennen«.[495] Und dennoch hat der Nachvollzug faktisch stattgefunden, so unwahrscheinlich er auch sein mag. Motivkonstanzen in der Forschung und langlebige Rilke-Klischees im außerwissenschaftlichen Raum sprechen dafür und es scheint mir wichtig, in Ergänzung zu Plumpe darauf hinzuweisen. Er hat stattgefunden »unter den Bedingungen moderner Literaturkommunikation« und ganz ohne regelpoetische Publikumsverpflichtung, auch wenn sich ein gewisses Irritationspotential ebenso in polemischen Gegenstimmen manifestiert.

Breit rezipierten Erinnerungstexten aus der Rilke-Gemeinde wie den Schriften von Salis und Kippenberg ist in diesem Antizipationsprozess die Rolle des Vermittlers zwischen Autor und »nachvollziehendem« Publikum zuzuschreiben. Beide Bücher haben je vier Auflagen und den Transfer in einen anderen Sprach- und Kulturraum erlebt;[496] beide Bücher verlagern, wie zu zeigen war, ein komplexes Autorbild des literarischen Höhenkamms auf die Ebene der trivialen Nacherzählung und stellen damit die »originelle Selbstbeschreibung« – und sich selbst – auf Dauer. Nicht zu vergessen ist dabei natürlich die Art und Weise, wie die Mäzenin und Multiplikatorin Taxis den Zusammenhang zwischen Duino, ›Sturm‹, ›Schrei‹ und Elegien verschriftet, dabei eine wirkmächtige Rilke-Legende in die Welt und sich selbst ein Denkmal setzt:

Rilke stieg zu den Bastionen hinunter, die […] durch einen schmalen Weg am Fuße des Schlosses verbunden waren. […] Rilke ging ganz in Gedanken versunken auf und ab, da die Antwort auf [einen Geschäftsbrief] ihn sehr beschäftigte. Da auf einmal, mitten in seinem Grübeln, blieb er stehen, plötzlich, denn es war ihm, als ob im Brausen des Sturmes eine Stimme ihm zugerufen hätte:

›Wer, wenn ich schriee, hörte mich denn aus der Engel Ordnungen?‹ …

Lauschend blieb er stehen. ›Was ist das?‹ flüsterte er halblaut … ›was ist es, was kommt?‹ Er nahm sein Notizbuch, das er stets mit sich führte, und schrieb diese Worte nieder und gleich dazu noch einige Verse, die sich ohne sein Dazutun formten. Wer kam? … Er wußte es jetzt; der Gott … […] Am Abend aber war die ganze Elegie niedergeschrieben.[497]

495 Plumpe, Autor und Publikum, S. 384.

496 Zu Kippenberg vgl. II. Hauptteil, Abschnitt 2.2.8, Anm. 390; Jean Rudolf von Salis, Rainer Maria Rilkes Schweizer Jahre, Frauenfeld und Leipzig 1936; zweite und dritte Auflage: ebd., 1938 und 1952; Neuauflage 1975, stb. Nr. 289; zwei englischsprachige Auflagen: Rainer Maria Rilke. The years in Switzerland, London 1964, und California UP 1966.

497 Marie Thurn und Taxis, Erinnerungen an Rainer Maria Rilke, S. 48.

Auch dieser offensichtliche Nachvollzug von Rilkes Selbstbild als inspirierter Autor durch eine zentrale Multiplikatorin dürfte nämlich für die Akzeptanz des Publikums von großer Bedeutung gewesen sein, berücksichtigt man die breite Rezeption des Textes: Taxis' *Erinnerungen* erleben sieben Auflagen und werden ins Französische und Englische übersetzt.[498] Von der älteren Rilke-Forschung, vor allem von ihrem biographischen Segment, wird dann auch diese Legende autornah fortgeschrieben. Was sich in diesen Tagen ereigne, sei nicht »ein willentlich angetriebener ›Arbeits‹-Prozeß im Sinne Rodins oder Cézannes, sondern ein geheimnisvolles Inspiriert- und Ergriffenwerden, das die alte platonische Vorstellung von der ›göttlichen‹ Sendung des Dichters wieder zu bestätigen scheint«, so etwa Holthusen. Rilke habe sich »später, im Gespräch mit der Duineser Gastfreundin, erinnert«, wie es zugegangen sei. Es folgt die Wiedergabe von Taxis' Legende in indirekter Rede.[499] Ähnlich ist sie nachzulesen bei Steiner,[500] Leppmann,[501] Prater,[502] schließlich aktuell bei Schank,[503] Freedman[504] oder unter psychoanalytischer Perspektive bei Kluwe.[505] Es steht außer Zweifel: Autornaher, bisweilen sogar identifikatorischer Nachvollzug charakterisiert u.a. die Rezeptionsgeschichte von Rilkes »originellen Selbstbeschreibungen«. Berücksichtigt man sein schriftliches Konzept der Selbstmedialisierung, entsprechende semantische Kontinuitäten zwischen Briefwerk und Memorialliteratur und ferner systematische Komplexitätssprünge, so wird das Inwiefern und das Warum dieses unter modernen Bedingungen unwahrscheinlichen Nachvollzuges deutlich.

Ebenso wie sich deutliche Spuren für den Nachvollzug des Inspirationsangebots und für die Steuerung der Elegienrezeption finden, lässt sich der Memorialliteratur die Wirkung des Gegenmodells, des ›profanen‹ Diktats ablesen. Tatsächlich wurde damit die Rezeption des Gedichtzyklus *Aus dem Nachlass des Grafen C.W.* in Bahnen gelenkt, die bis heute Geltung haben. Dabei fällt auch hier mit wachsendem zeitlichem Abstand zum epistolaren Urtext die Tendenz zur szenischen Anreicherung und trivialen Nacherzählung ins Auge. Bei Marie Taxis, die sich auf persönliche Informationen beziehen kann, ist die Uneigentlichkeit und Vermitteltheit der brieflichen Schilderung in gewisser Weise noch präsent; zwar nicht als Akt des Fingierens, aber als

498 Zunächst München, Oldenbourg, 1932, 1933, 1937; Neuauflage Frankfurt am Main 1966 (besorgt von Georg Blokesch), vier Auflagen, zuletzt 1994; Memoirs of a Princess (übersetzt von Nora Purtscher Wydenbruck), London 1959; Souvenirs sur Rainer Maria Rilke. Herausgegeben von Maurice Betz, Paris 1936.

499 Holthusen, Rainer Maria Rilke in Selbstzeugnissen, S. 108.

500 Vgl. Steiner, Stimmen über Rilke, S. 199 f.

501 Vgl. Leppmann, Rilke, S. 342.

502 Vgl. Prater, Ein klingendes Glas, S. 345 f.

503 Vgl. Schank, Rainer Maria Rilke, S. 111.

504 Vgl. Freedman, Rainer Maria Rilke 1906 bis 1926, S. 123.

505 Vgl. Sandra Kluwe, Krisis und Kairos, S. 169.

Vorstellung. Rilke habe »während des Schreibens das Gefühl [gehabt], dieser geheimnisvolle C.W. sitze ihm gegenüber an der anderen Seite des Kamins«.[506]

Den späteren Versionen von Jean von Salis und Katharina Kippenberg liegt die Idee zugrunde, das Gedichtkorpus sei Rilke von einer real existierenden Geisterscheinung diktiert worden. Es hätten sich Verse eingestellt, »merkwürdige, fremde Verse, die Rilke vor sich hersagte [...], und die doch, schien ihm, nicht von ihm stammen konnten«, so der Multiplikator Salis. Schließlich habe er eines Abends »in der Tiefe des halbdunklen Raums eine Gestalt beim Kaminfeuer sitzen« sehen, einen Herrn »in der Tracht des 18. Jahrhunderts, der sich dort in einem Sessel niedergelassen hatte, den Kopf auf die eine Hand gestützt, und stumm ins Feuer blickte«.[507] Analog wird auch bei Katharina Kippenberg aus Rilkes ironischem Spiel mit der auktorialen Spaltung der Ernst des Geisterdiktats, aus dem sämtliche ›Als ob‹-Signale getilgt sind:

> Eines Abends nämlich bemerkte er plötzlich auf dem Stuhl ihm gegenüber vor dem Kamin einen altmodisch gekleideten Herrn, der ihm Verse vorlas. Darunter einige, die er kurz vorher selbst, aber wie durch einen fremden Mund, sich vorgesprochen hatte. Er schrieb diese Verse nach und nannte sie die Gedichte des Grafen C.W.[508]

Beide Nacherzählungen beziehen sich offensichtlich auf eine zusätzliche Darstellung des Vorgangs, die die Briefeditoren Ruth und Carl Sieber im Kommentarteil von Rilkes *Briefen an seinen Verleger* (1934) mitteilen. Auch in dieser ersten legendenhaften Nacherzählung ist die Rede vom »altmodisch gekleideten Herrn«, der Rilke »aus einer alten vergilbten Handschrift Gedichte vorgelesen [habe]«, Verse, die Rilke bereits »vor sich hingesprochen [...] und dann nachgeschrieben habe«. Dies alles habe Rilke, so Ruth und Carl Sieber, Anton Kippenberg bei seinem Besuch in Berg im Januar 1921 erzählt.[509] Ob Rilke diese spiritistische Neugestaltung tatsächlich zuzuschreiben ist, erscheint mir in Anbetracht seiner epistolaren Bemühungen um Uneigentlichkeit und Reflexivität höchst zweifelhaft. Entscheidend ist vielmehr, dass Ruth und Carl Sieber die Nacherzählung schriftlich fixieren und sie damit Multiplikatoren wie Salis und Kippenberg zugänglich machen.

Beide nützen sie dann als Quelle, selbst wenn Salis im Folgenden auch aus den einschlägigen Briefen an Nanny Wunderly zitiert.[510] Damit wird dem Eindeutigen, Populären und Narrativen der Vorzug gegeben vor der Komplexität der epistolaren Urtexte. Deren Literarizität, die den ironischen Brechungen und der Metaebene des Machens, Vorstellens, Fingierens geschuldet war, weicht in der Legende der Siebers der Unterkomplexität des Geisterplots; eines Plots, der offensichtlich geeignet ist, den für die Memorialliteratur

506 Marie Thurn und Taxis, Erinnerungen an Rainer Maria Rilke, S. 104.

507 Salis, Rainer Maria Rilkes Schweizer Jahre, S. 54.

508 Katharina Kippenberg, Rainer Maria Rilke, 1948, S. 269.

509 Anmerkung des Herausgebers zu S. 326, in: Rilke, Briefe an seinen Verleger, S. 470.

510 Vgl. Salis, Rainer Maria Rilkes Schweizer Jahre, S. 56 f.

charakteristischen Weg zur trivialen und anschlussfähigen Autor-Fabel erneut zu beschreiten. Wie anschlussfähig diese Fabel tatsächlich für weitere exegetische Projekte ist, erhellt aus ihrer Prädominanz in der frühen Forschung. Auch diese beziehe sich nämlich kaum auf Rilkes Briefe an Wunderly, sondern stets auf die Sieber-Erzählung und illustriere so den »Hang, Rilke in einem möglichst mystischen Licht sehen zu wollen«, so Boventer in seiner maßgeblichen Studie zum *Nachlass*-Zyklus.[511]

Was nun die Überlieferer dieser Erzählung, Jean von Salis und Katharina Kippenberg erzeugen, ist ein quasi autorfreier Raum, der die Nichtaufnahme ins Gesamtwerk legitimiert: Rilke habe die »Verfasserschaft« abgelehnt, den Zyklus »– wirklich oder bildlich – als das Diktat eines unbekannten Verstorbenen« verstanden;[512] Rilke habe die Gedichte »so ganz als die eines Fremden« anerkannt, »dass er sie nicht in seine Gesammelten Werke aufnehmen wollte«.[513] Hier zeichnet sich etwas ab, was mir noch wichtiger erscheint als die signifikanten Trivialisierungsbewegungen vom Höhenkammautor zum einprägsamen Populärmythos: die Übernahme von Rilkes Bewertungsschema. Entsprechende Rezeptionshaltungen lassen sich nämlich allen drei Memorialautoren, Taxis, Salis und Kippenberg ablesen, wenn die angebliche Fremdheit der Texte ausgespielt wird; wenn von »merkwürdigen, fremden Versen« die Rede ist, vom »fremden Mund« (s. o.), oder auch von »Stellen«, die sich laut Rilke »ihm nie so geformt hätten«.[514]

Insistiert man nämlich wie die Multiplikatoren auf Fremdheit, auf dem Ernst des dissoziativen Spiels, dann bestätigt man nicht nur Rilkes werkinterne Kanonbildung mit den Elegien in der Spitzen- und dem *Nachlass* in untergeordneter Position. Gleichzeitig lässt sich die charismatische Führungs- und Identifikationsfigur vor der Bedrohung durch qualitativ mindere, ›unheilige‹ Schaffensaktebewahren. Dieses zugrunde liegende Rezeptionsmuster – die Texte sind zwar schlecht, aber sie sind ja nicht von ihm – wird sogar ganz explizit ausformuliert. Man müsse beim Lesen des Manuskripts »unbedingt einräumen […], daß der gereimte ›Nachlaß‹ des alten Schlossbewohners nicht zu Rainer Maria Rilkes Werken gerechnet werden darf«. Die Gedichte seien nicht nur »der Art nach anders als Rilkes eigene Gedichte«, sie seien »vor allem nicht gut genug, um als solche anerkannt zu werden« – so die Einschätzung von Salis.[515] Auch die Art und Weise, wie Rilkes polare Autorfigurationen des Erhabenen und des Komödiantischen polare Rezeptionshaltungen zu Elegien und *Nachlass* evozieren können, lässt sich Salis' Kommentaren entnehmen. Während die Elegien »Gipfelhöhen der Erfüllung« darstellen, Dichtung bei ihrem Verfasser zu »Magie« wird und »sein Gesang

511 Boventer, Rilkes Zyklus ›Aus dem Nachlass des Grafen C.W.‹, S. 12.
512 Salis, Rainer Maria Rilkes Schweizer Jahre, S. 55.
513 Katharina Kippenberg, Rainer Maria Rilke, 1948, S. 269. Tatsächlich wird der Zyklus erstmalig 1950 vom Insel-Verlag aus dem Nachlaß herausgegeben.
514 Marie Thurn und Taxis, Erinnerungen an Rainer Maria Rilke, S. 104.
515 Salis, Rainer Maria Rilkes Schweizer Jahre, S. 56.

[…] Unsichtbares und Unvernehmliches [offenbart]«,[516] heißt es vom *Nachlass* »allein, es klingelt nur, es singt nicht, es ist gemacht, nicht gewachsen, es sind Exerzitien, zu denen sich Rilke in einer aufgeräumten Verfassung verstanden hat […]«.[517]

Dass auch letztere Einschätzung traditionsbildend ist und für die Wirkungsgeschichte des *Nachlasses* von erheblicher Bedeutung, erhellt aus historischen und aktuellen Stellungnahmen: Während Holthusen 1958 die »mondän-betulichen Gedichtanfänge«[518] moniert und Prater 1986 den »glatten Reim und die gefälligen Bilder«,[519] bewertet Stefan Schank den Zyklus als »einen der wenigen künstlerischen Fehlschläge des reifen Rilke«. Über die meisten Gedichte der zweiten Folge vom März 1921 empfiehlt der Verfasser gar »den Mantel des Schweigens« zu breiten[520] – ein eher drastisches Urteil in Anbetracht der Tatsache, dass sowohl Manfred Engel als auch Anthony Stephens den *Nachlass* als Auftaktprojekt verstehen, das »vieles aus der Entstehungszeit der Elegien in Miniatur« widerspiegle.[521] Wie zu zeigen war, entsprechen solche Urteile genau jener Rezeptionstendenz, die vom Autor ursprünglich in Gang gesetzt und von der Gemeinde vervielfältigt und popularisiert wurde. Die ebenso implizite wie wirkungsvolle Kanonbildung Rilkes erlaubt offensichtlich auch jenen Interpreten kritische Töne, die ansonsten tendenziell die Autornähe von biogaphischem (Holthusen, Prater) oder literaturpsychologischem (Schank) Zugriff repräsentieren.

Zusammenfassend sollte der zweite Überblick über die Erinnerungsliteratur Folgendes sichtbar machen: Ebenso wie Rilkes ›leise‹ Heiligenrolle wird auch der expressivere Habitus des inspirierten Propheten von den Memorialautoren bestätigt und fortgeschrieben. Vergleichbare Phänomene der Trivialisierung, Vereindeutigung und Klischeebildung lassen sich auch hier beobachten, etwa wenn Katharina Kippenberg prophetische Motive des Briefwerks zu narrativen Summen ausweitet, die mehr ›Rilke‹ enthalten als der Urtext. Berücksichtigt man dabei den Umstand, dass populäre Nacherzählungen wie die Schriften Kippenbergs oder auch Taxis' nicht nur den Autor Rilke auf Dauer stellen, sondern auch ihre jeweiligen Verfasser, erhellt erneut die Plausibilität von Bourdieus »Ökonomie aller Praxisformen«.[522] In den Gedenkschriften spiegelt sich ferner auch das weite Funktionsspektrum von Rilkes Diktat-

516 Ebd., S. 99 f.

517 Ebd., S. 56 f.

518 Holthusen, Rainer Maria Rilke in Selbstzeugnissen, S. 138. Weitere kritische oder ambivalente Stellungnahmen der früheren Forschung listet Boventer, Rilkes Zyklus ›Aus dem Nachlass des Grafen C.W.‹, S. 11 f.

519 Prater, Ein klingendes Glas, S. 541.

520 Schank, Rainer Maria Rilke, S. 133 f.

521 Stephens, Einzelgedichte, S. 402; vgl. auch Engel, KA II, S. 568.

522 Bourdieu, Die verborgenen Mechanismen der Macht, S. 51 f. und 71 f.; vgl. II. Hauptteil, Abschnitt 2.2.8, Anm. 330.

Figurationen zwischen Dankgottesdienst und komödiantischer Selbstauslöschung: Die ›Diktate‹ als solche sind als motivisches Kontinuum ebenso präsent wie die dahinter sichtbare Texthierarchie.

Was ist nun der Mehrwert, der sich für die Forschung aus diesem Kapitel ergibt, wo liegt etwaiges Anschlusspotential für weitere Unternehmungen? In Abgrenzung von biographischen, epistolographischen oder literaturpsychologischen Positionen wurde Rilke nicht als briefschreibende Privatperson verstanden, sondern als erfolgreicher Autor der Moderne. Dabei ging es um Fragen, die bisher nicht systematisch untersucht wurden, auch wenn episodisch von inspirativer Selbststilisierung die Rede ist.[523] Warum wählt Rilke genau dieses Modell von Inspiration und kein anderes? Welches sind die relevanten Kontexte? Was leistet das Modell für den Autor in einer bestimmten Phase seiner Laufbahn? Solche Fragen können dazu beitragen, Mechaniken und Dynamiken literarischer Kommunikation zu erhellen, die auch den wissenschaftlichen Sektor mitbetreffen. Denn auch im Falle des ›prophetischen Rilke‹ reicht der lange Arm des auktorialen Selbstentwurfs – freilich nur in Einzelfällen – bis in die aktuelle Forschung hinein, ohne als literaturgeschichtlicher Befund selbst greifbar zu werden. Mit dem Bild des ›Sturms‹ wurde bereits ein Beispiel für diejenige semantische Kontinuität vorgelegt, die in meinen Augen auf langlebige Positionen der Autornähe und Autorbewertung hinweist. Aber auch andere Beispiele zeigen, dass Rilkes einprägsame und von der Gemeinde noch einprägsamer gemachte Selbstbeschreibungen gelegentlich in neueren germanistischen Texten aufzufinden sind, etwa das ›Dikat‹.

So reiht Gisela Dischner Rilke 1999 in einen Traditionszusammenhang »hypnagogischer Zustände des Ergriffenseins«[524] von Jakob Böhme über Novalis, Poe und Baudelaire bis hin zur »Epiphanienlehre«[525] des James Joyce. Rilke, »der selbst nicht Eingreifende«, stehe unter dem Eindruck eines »Numinosen, das stärker ist als er, unter dessen Diktat er schreiben muß«.[526] Bestimmte Metaphern seien ein Hinweis, dass Rilke »den Gedanken von ›Autorschaft‹ längst durchschritten« habe und sich »als Diener oder Priester höherer Mächte« verstehe.[527]

Auch das literaturpsychologische Forschungsparadigma erweist sich als Ort motivischer Kontinuitäten. Hajo Drees etwa wiederholt 2001 in seiner Studie zur autobiographischen Selbsttherapie Rilkes dessen Figur der textuellen Selbstkonstitution: »For two years, he had felt these ›songs‹ bottled up inside him«, teilt der Verfasser mit, oder »[...] these ›songs‹ slowly started to

523 Etwa bei Adriana Cid, für die in den Jubelbriefen »das Echo des platonischen Enthusiasmus mit[klingt]«, in: Mythos und Religiosität, S. 66; vgl. auch Sandra Kluwe, die in den Jubelbriefen »Rilkes Hang zur Selbstmythisierung« befundet, in: Krisis und Kairos, S. 335.

524 Gisela Dischner, Wandlung ins Unsichtbare, S. 34 und S. 37.

525 Ebd., S. 7.

526 Ebd., S. 27.

527 Ebd., S. 39.

materialize in The Duino Elegies«. Von den Elegien heißt es ferner, »[they] finally came to him«.[528] Während Drees auf Rilkes Personifikations-Rhetorik Bezug nimmt, findet sich bei Prater (1986) die Semantik der Jubelbriefe: Die Elegien seien in einem »jähen Sturm der Eingebung [...] entworfen« worden, und nun in Muzot »war plötzlich [der Geist] über ihm«.[529] Künkler hingegen, die sich 1999 motivgeschichtlich mit dem Einfluss der Spanienreise auf die späten Elegien auseinandersetzt, bezeichnet Rilkes angebliche Vorausahnungen in Toledo als »prophetische Antizipation«.[530]

Diktat, Geistessturm, textuelle Selbsterzeugung und Prophetie – die Reihe unverkennbarer Motivkonstanzen ließe sich verlängern. Man sieht, dass solche Indizien subjektiver Autornähe und Autorbewertung ein literaturgeschichtlicher Befund sind, dessen Spur sich über die Multiplikatoren bis hin zum Briefschreiber Rilke zurückverfolgen lässt. An dieser Stelle ist an Manfred Kochs Diktum anzuschließen, das dem Kapitel als Motto vorangestellt wurde: Den Dichtern die Prophetenrollen abnehmen heißt, sie aus einem komplexen Gewebe von diskursiven Traditionen, Handlungsrollen und literarischen Darstellungsformen freizulegen; heißt im konkreten Fall die artifiziell hergestellte Autor-Werk-Einheit rekonstruktiv zu entflechten. Das ermöglicht nicht nur einen vom Autor unverstellten Zugriff auf das Werk, im Sinne des »weniger verehrt und fleißiger gelesen Werdens« von Manfred Koch. Die Entflechtung fördert ebenso den unverstellten Blick auf den Autor als kontextabhängige Determinante literarischer Kommunikation, auf sozial-, ideen- und wirkungsgeschichtliche Anschlussfragen. In diesem Sinn versteht sich die vorliegende Arbeit zum einen als Modellanalyse mit dem Ziel, die Logik heiliger Autorschaft in der Moderne freizulegen. Zum anderen geht es ihr auch um ergänzende Aspekte für die Rilke-Forschung, etwa die Phasenhaftigkeit von Rilkes Selbstinszenierungen, immanent wirksame Motive und Traditionen, deren kommunikative Funktion und Überlieferung durch Rilkes soziale Nahwelt und nicht zuletzt um Rekonstruktion des ›Gesamtkunstwerks Rilke‹.

528 Drees, Rainer Maria Rilke, S. 100 und S. 102.
529 Prater, Ein klingendes Glas, S. 575 f.
530 Anna Lucia Giavotto Künkler, Spanien als Erscheinung, S. 19.

Schluss

Nachdem der Leser den langen Weg durch nahezu 400 Seiten mit mir gegangen ist, mag er sich fragen, wo er nun steht. Zur Ortsbestimmung sollen neun Thesen präsentiert werden, die in der Summe das Ergebnis der vorliegenden Arbeit darstellen:

1. Heilige Autorschaft ist eine erfolgversprechende Möglichkeit, auf das Krisenbewusstsein der Moderne zu reagieren.
2. Die Praxis heiliger Autorschaft erweist sich nur begrenzt als Ergebnis freier Wahl, sondern folgt immanenten Logiken und Diskursregeln.
3. Heilige Autorschaft ist ein relationales Projekt, das nur mit einer Gemeinde verwirklicht werden kann.
4. Bei Rilke ist diese Gemeinde so beschaffen, dass sie seine Marginalisierung trotz lebenslangen Solitarismus verhindert und ihn mit den führenden Segmenten der Klassengesellschaft vermittelt.
5. Selbstdarstellung als heiliger Autor ist besonders effizient, wenn sie unterschiedlichen Feld- und Laufbahnbedingungen angepasst wird.
6. Rilkes Realisierung heiliger Autorschaft ist nicht nur modernitätskritisch und gegenwartsflüchtig, sondern auch ausgesprochen modern.
7. Rilke steuert als heiliger Autor die Rezeption seines Werks und prägt damit nachhaltig die Forschungsgeschichte.
8. Die Beziehung zwischen heiligem Autor und Multiplikator ist eine Tauschhandelsbeziehung.
9. Der gewählte Kommunikationsmodus der Schrift hat für Rilke paradoxe Folgen: Er stellt den Autor auf Dauer und bahnt die Entstehung eines populären Mythos, und er wird der Dauerhaftigkeit von Rilkes Selbstentwurf zum Problem.

Anhand dieser Ergebnisse wird Folgendes deutlich: Im Hintergrund der vorliegenden Arbeit stand die Frage ›Wie funktioniert ein Autor?‹, die als Anschlussgedanke an die klassisch gewordene Frage ›Was ist ein Autor?‹ zu verstehen ist. Damit ist gleichzeitig auf eine Forschungslücke hingewiesen und partiell an ihrer Füllung gearbeitet: Eine umfassende Geschichte der Autorschaft existiert bisher nicht und stellt doch ein dringendes Forschungsdesiderat dar. Als Teilaspekt dieses komplexen Gegenstands wurde der Versuch unternommen, ein Tableau heiliger Autorschaft in der Moderne zu entwerfen, das die Wechselwirkungen zwischen Literatur, extraliterarischem Handlungsraum und kultureller Überlieferung aufzeigt. Es wurde deutlich, dass die Moderne keine Einbahnstraße in die Säkularisierung darstellt, sondern das

Prinzip ›Religion‹ als Sakralisierung von Kunst und Künstler weiterführt; diese Sakralisierung stellt eine zentrale Konstante des modernen Literaturbetriebs dar und hält sich bis in die Gegenwart. Damit steht vorliegende Arbeit im Kontext der Selbstverständigung darüber, was Moderne eigentlich ist, welche Bedeutung Religion und Literatur in dieser Epoche zukommt.

Ferner liegt ihr Modellgewinn in der Profilierung einer immanenten Logik heiliger Autorschaft. Schließlich ist die Anzahl von distinkten Autorschaftskonzeptionen theoretisch und historisch begrenzt, und so stellt sich eigentlich immer wieder die Frage nach Systemkonsequenzen und inneren Logiken. Da der Systemzwang als solcher wohl stets gleich bleibt – das zeigt schon die Konsequenz, mit der sich Dichterfürsten des 18. Jahrhunderts zu Monumenten der Bedeutsamkeit stilisieren – gilt es, der jeweiligen Logik auf die Spur zu kommen. Damit eröffnet sich ein gangbarer Weg, das kontingente ›Tiefschürfen‹ in der je einzelnen Biographie durch systematisches Nachdenken über Autorschaft zu ersetzen. Geeignet ist dieses Modell, das zeigt sich am Beispiel Rilkes, für kulturhistorisch relevante Großautoren. Vor allem kanonisierte Klassiker der Moderne wie Benn, Böll, Frisch oder Grass, die der gesellschaftlichen Orientierung dienen – etwa als ›Vorbilder‹ oder ›Buhmänner‹ – könnte man auf diese Weise einer methodisch fundierten Funktionsprüfung unterziehen und so zum besseren Verständnis des komplexen literarischen Lebens im 20. Jahrhundert beitragen.

Summary

Self-aggrandisement and self-denigration, the vocabulary of inspiration and neo-mysticism, visionary monastic asceticism: Rainer Maria Rilke has a wide range of self-projections as a ›holy author‹. Thus like Stefan George he is to be counted among the writers of the classical modern period who developed sacred conceptions of authorship in the post-metaphysical crisis around 1900. These conceptions not only provided convincing ways of inventing meaning for a society suffering from alienation and the loss of religion; they also secured their originators a safe position in the diversified book-market. For the establishment and success of holy authorship the decisive factor is a community of disciples, mentors and adepts, who contribute to the authority of the leader by confirming it. Rilke's contemporary Max Weber reserved the term »charismatic rulership« for this model, as his remarks on the George circle show; Weber's model is, however, at least as suited to describing Rilke's community of admirers, which in contrast to the George-circle, is neither hierarchically organised nor subject to strict rules. The large number of patrons, mentors, publishers, intellectuals, mistresses, artists and litterateurs with whom the retiring poet had long and intensive friendships, turns out to be a flexible, Europe-wide network. Its members support Rilke both in intellectual and material terms, support his peculiar life-form so characteristic of the modern period. They share with him a religious-secular search for meaning, which culminates in the emphatic affirmation of Rilke's poetical work. With the help of this radial network, each member fulfilling specific functions, integrated by Rilke's charisma and above all by his massive correspondence, throughout his life Rilke is able to occupy the position of the unconditional artist with a calling to produce pure art. Unlike George's ceremonious poetical liturgies and the charismatic bodily presence of the »Master« Rilke relies on absence, on the charismatic effect of bodily withdrawal and on the potential of the letter: in his letters Rilke is auratic in the sense identified by Walter Benjamin – unapproachably distant and yet near – because letters make highly personal communication possible, while the medium of writing preserves the distance necessary to Rilke's self-projection. Authorship with a religious tinge is not being *performed* here as in the George-circle; rather, it is being *formed as text*, using a huge range of religious intertexts, which are fashionable around 1900 among intellectuals and which thus provide shared semantic coordinates for Rilke's both heterogenous and heterodox community. However Rilke's epistolary personality is not merely to be referred to collective religious knowledge; it also refers to his own poetic works with the result that poet and poetry form a unity in the eyes of the community – the total work of art typical of the modern period. At the outset of his charismatic career Rilke projects himself above all as a humble monk, in mystical negativity or a vitalist St. Francis figure. In so doing he was no only referring to the contemporary reception of mysticism, monistic thinking and the reformulation of the Saint of Assisi's thought in life-reformers' terms, but also to his own very successful cycle of poems *The Book of Hours.* This habit – projecting himself on the basis of his own texts as a highly artificial authorial figure – is continued in the next phase of his career in which he consolidates his position, after *Malte* is finished. Following the prophetic poems from the cycle *New Poems* Rilke models himself after 1910 as an inspired poet, as a shouting medium, one moved by »the storm of inspiration« to aesthetic prophecy. In this way he is able to present himself in a way compatible with the self-presentation of the upcoming generation of the Expressionists. Just as in the early phase of the *Book of Hours,* he does not appear himself as a monumental priest of art in the style of George, but rather as a flexible prophet, of power and powerlessness, self-empowerment and self-denigration, authority and loss of authority, opposites which are effectively integrated. Referring to canonical texts, elements from the Old Testament and Apocalypse are amalgamated when, in letters, Rilke compares himself with Moses or Joshua or with St. John writing »automatically« on Patmos. The apogee of this highly literary self-presentation is formed by the letters which Rilke wrote from Duino on finishing the Elegies: with elements of Pentecostal theophany or illumination they refer to ancient ideas about Pneuma and to the Acts of the Apostles, and integrate the recipient of the letter in the sacred process of composition and offer very attractive opportunities for identification to the select group of ›initiates‹. The succession of quotations which continues to the present day among literary critics shows just how effectively Rilke marked the Elegies as his *chef d'oeuvre* and was thereby able to control the reading of his texts with these letters. His treatment of the addressees as equals is a very characteristic strategy for his conception of holy authorship. His self-portrait as an artist emerges from his correspondence as a product of dialogue and is hence dependent on the affirmation of the addressee. And the answers of his correspondents (most of them women) adopt his elevated style and inscribe individual secular religious metaphors in the correspondence, so that in the end Rilke's authorial roles are produced cooperatively – via an exchange of Biblical or mystical formulae. This ›communal production of the holy Rilke in writing‹ continues up to the memorial literature produced by his disciples. In turn this is deeply significant for the history of the reception of Rilke's *oeuvre.* His former correspondents propagate the picture of Rilke in their very widely read books. Of course, this picture is altered – trivialised, interpreted and interfered with in the interests of the individual authors of these memoirs. The result is an effective, and highly oversimplified Rilke-myth, still relevant today, which provided his correspondents, as a side effect with positions in cultural memory. Rilke's correspondence and the memoirs of his correspondents raise fundamental questions about group communication, and the sociology and semantics of holy authorship; they also provide some answers.

Anhang

Quellen: Briefwerk

Liste der Empfänger von Widmungsgedichten (Auswahl)

Loulou Albert-Lasard (3 x), Renée Alberti (2 x), Nora Allantini, Ea von Allesch, Lou Andreas-Salomé, Pfarrer Wilhelm Becker, Richard Beer-Hofmann, Hedwig Bernhard (2 x), Alice Bürer, Helene Burckhardt-Schazmann, Hans Carossa, Fanette Clavel, Clotilde von Derp, Veronika Erdmann, Peter Eysoldt, Alice Fähndrich, Robert Faesi, Anita Forrer, Bruno Frentz, Edmund Karl von Freyhold, Stina Frisell, Stefan George, Hedwig Griefenberg, Elisabeth von Gonzenbach, Familie Gugelberg-von Moss, Grete Gulbransson (2 x), Hermann Haller, Henriette Hardenberg, Rene d'Harnoncourt, Johanna von Hartenau, Magda von Hattingberg (4 x), Marie von Hefner-Alteneck, Lisa Heise, Bernt von Heiseler, Julie Heller, Karl von der Heydt, A. W. Heymel, Hugo von Hofmannsthal, Fritz Hünich (2 x), Witold Hulewicz, Ellen Key, Anton und Katharina Kippenberg, Baladine Klossowska (4 x), Alma Koenig, Oskar Kokoschka, Ernst Krenek, Helene Kröller-Müller, Johanna von Kunesch, Dr. Landolt, Lorenz Lehr, Marguerite Masson-Ruffy, Margarethe von Maydell, Thankmar von Münchhausen, Gertrud von Mumm, Sidonie Nádherný (3 x), Nora Nikisch, Gudi Nölke, Gertrud Ouckama Knoop, Max Picard, Oskar Reichel, Hans Reinhart (2 x), Werner Reinhart (4 x), Agnes Renold-Wunderlich, Paula Riccard, Ruth Rilke (2 x), Sophie Rilke, Mimi Romanelli, Lia Rosen, August und Hedda Sauer (2 x), Lily Schalk, Eva Schreier, Manon Solms, Elisabeth Solomon, Franziska Stöcklin, Hellmuth Lucius von Stoedtner, Marie Taxis, Marie Therese Taxis, Pauline Taxis (2 x), Lotte Tronier-Funder, Regina Ullmann, Ehepaar Verrijn-Stuart, Dory Von der Mühll (2 x), Elisabeth von Wechmar, Margarete Weisgerber-Collin, Marga Wertheimer, Grete Wiesenthal, Inge von Wildenkron, Hanna Wolff, Charlie Wunderly, Nanny Wunderly-Volkart (6 x).

Liste der Netzwerkmitglieder

(Personen, die mehr als 15 Briefe Rilkes in einem Zeitraum von mehr als 12 Monaten erhielten; die Nennung von Personen, die weniger als 10 Briefe Rilkes erhielten, wurde besonders begründet)

Aristokratie: Erwein Freiherr von Aretin, Astronom; Madeleine Princesse de Broglie; Aline Gräfin Dietrichstein; Alice Fähndrich, geb. Freiin von Nordeck zur Rabenau (Briefe nicht publiziert, wichtige Mäzenin); Aurelia Duchessa Gallarati-Scotti; Victor Emil Freiherr von Gebsattel, Psychoanalytiker; Mary Gräfin Gneisenau, Schriftstellerin; Alexander Prinz zu Hohenlohe Waldenburg-Schillingsfürst;

Mechtilde Fürstin Lichnowsky, Schriftstellerin; Marie-Therese Gräfin Mirbach-Geldern; Thankmar Freiherr von Münchhausen, Schriftsteller; Johannes Freiherr Nádherný von Borutin; Sidonie Freiin Nádherný von Borutin; Helene Gräfin von Nostitz-Wallwitz; Nora Purtscher, geb. Gräfin von Wydenbruck; Guido von Salis-Seewis, Architekt; Elisabeth von Salis-Seewis; Elisabeth Freiin Schenk zu Schweinsberg; Philipp Freiherr von Schey-Rothschild, Offizier; Elisabeth von Schmidt-Pauli; Gräfin Luise Schwerin; Margot Gräfin Sizzo-Noris; Manon Gräfin Solms-Laubach; Marie Fürstin von Thurn und Taxis; Rolf Freiherr von Ungern-Sternberg, Schriftsteller; Gudrun von Uexküll, geb. Gräfin Schwerin; Agapia Contessina Valmarana.

Hohes Beamtentum: Antoine Contat, Schweizerischer Vizekanzler; Leonie Mercanton-Contat, seine Frau; Anita Forrer, Tochter des Rechtsanwaltes und Nationalrats Forrer.

Bildungsbürgertum bzw. bildungsbürgerlicher Habitus: Lou Andreas-Salomé, Schriftstellerin und Psychoanalytikerin; Maurice Betz, Schriftsteller und Herausgeber; Hans Bodmer, Präsident des Lesezirkels Hottingen und Herausgeber; Carl Jacob Burckhardt, Historiker; Eva Cassirer, Deutschlehrerin und Kunstmalerin; Ellen Delp, Schauspielerin; Ilse Erdmann; Samuel und Hedwig Fischer, Verlegerehepaar; Wilhelm Hausenstein, Kunsthistoriker; Magda von Hattingberg, Pianistin; Marie Herzfeld, Literaturkritikerin; Else Hotop, Schauspielerin; Witold Hulewicz, Schriftsteller und Übersetzer (vermutlich weniger als zehn Briefe, wichtiger Kulturvermittler für den polnischen Sprachraum); Axel Juncker, Verleger; Inga Junghanns, Übersetzerin; Franz Xaver Kappus, Offizier und Schriftsteller; Rudolf Kassner, Philosoph; Ellen Key, Reformpädagogin; Anton Kippenberg, Verleger; Katharina Kippenberg, Lektorin; Gertrud Ouckama Knoop; Paul Morisse, Buchhändler; Hans Reinhart, Schriftsteller und Übersetzer; Mimi Romanelli, Schwester des Kunsthändlers Romanelli; August Sauer, Literaturprofessor; Hedda Sauer, Schriftstellerin; Jeanne Sépibus-de-Preux, Arztgattin; Jean Strohl, Zoologieprofessor; Frida Strohl-Moser; Annette de Vries-Hummes, Schauspielerin; Theodora Von der Mühll, Architektengattin und Schwester von C. J. Burckardt; Yvonne de Wattenwyl, Diplomatengattin; Kurt Wolff, Verleger.

Besitzbürgertum bzw. besitzbürgerlicher Habitus: Fanette Clavel-Respinger, Gattin eines Schweizer Großindustriellen; Karl von der Heydt, Bankier; Elisabeth von der Heydt, Bankiersgattin; Hertha König, Kunstsammlerin und Schriftstellerin (qua bildungsbürgerlichem Habitus ließe sich König auch der vorangehenden Kategorie zuordnen); Marianne Mitford, Tochter des Großindustriellen Friedländer-Fuld; Gudi Nölke, Ingenieursgattin; Georg Reinhart, Kaufmann; Oskar Reinhart, Kaufmann; Werner Reinhart, Kaufmann; Marianne Weininger, Industriellengattin; Nanny Wunderly-Volkart, Industriellengattin.

Künstler bzw. Akteure im Bereich autonomer Kulturproduktion: Loulou Albert-Lasard, Malerin; Paula Becker, Malerin; Alexander Benois, Maler; Albertina Cassani-Böhmer, Kabarettistin; Andre Gide, Schriftsteller; Claire Goll, Schriftstellerin; Dora Herxheimer, Malerin; Hugo von Hofmannsthal, Schriftsteller; Arthur Holitscher, Schriftsteller; Tora Vega Holmström, Malerin; Baladine Klossowska,

Malerin; Annette Kolb, Schriftstellerin; Erika Mitterer, Schriftstellerin; Ernst Norlind, Maler und Schriftsteller; Carlo Placci, Schriftsteller; Auguste Rodin, Bildhauer; Romain Rolland, Schriftsteller; Regina Ullmann, Schriftstellerin; Paul Valéry, Schriftsteller; Emile Verhaeren, Schriftsteller; Mathilde Volmoeller, Malerin; Stefan Zweig, Schriftsteller; Marina Zwetajewa, Lyrikerin (sieben Briefe in vier Monaten, wichtige Multiplikatorin); Oskar Zwintscher, Maler.

„Neuer Mittelstand": Lisa Heise, Klavierlehrerin, Gärtnerin, Sekretärin und Schriftstellerin (nur neun Briefe, exemplarischer Typus der „Lebenslehre"-Korrespondenz).

Kleinbürgertum und Arbeiterklasse: Frieda Baumgartner, Haushälterin; Leni Gisler, Haushälterin; Marthe Hennebert, Arbeiterin.

Nichtadeliges Militär: Lily Ziegler, Offiziersgattin.

Literatur

Siglenverzeichnis Rainer Maria Rilke

Werke

KA I: Rilke, Rainer Maria: Gedichte 1895 bis 1910. Herausgegeben von Manfred Engel und Ulrich Fülleborn, Frankfurt am Main und Leipzig 1996.

KA II: Rilke, Rainer Maria: Gedichte 1910 bis 1926. Herausgegeben von Manfred Engel und Ulrich Fülleborn, Frankfurt am Main und Leipzig 1996.

KA III: Rilke, Rainer Maria: Prosa und Dramen. Herausgegeben von August Stahl, Frankfurt am Main und Leipzig 1996.

KA IV: Rilke, Rainer Maria: Schriften. Herausgegeben von Horst Nalewski, Frankfurt am Main und Leipzig 1996.

SW III: Rilke, Rainer Maria: Sämtliche Werke. Band 3. Herausgegeben vom Rilke-Archiv. In Verbindung mit Ruth Sieber-Rilke. Besorgt durch Ernst Zinn, Wiesbaden 1959.

Gesammelte Briefausgaben

BF04: Rilke, Rainer Maria: Briefe aus den Jahren 1904 bis 1907. Herausgegeben von Ruth Sieber-Rilke und Carl Sieber, Leipzig 1939.

BMzt: Rilke, Rainer Maria: Briefe aus Muzot 1921 bis 1926. Herausgegeben von Ruth Sieber-Rilke und Carl Sieber, Leipzig 1940.

BNal: Rilke, Rainer Maria: Briefe in zwei Bänden. Herausgegeben von Horst Nalewski, Frankfurt am Main und Leipzig 1991.

BP: Rilke, Rainer Maria: Briefe zur Politik. Herausgegeben von Joachim W. Storck, Frankfurt am Main und Leipzig 1992.

BSF: Rilke, Rainer Maria: Brief an Schweizer Freunde. Erweiterte und kommentierte Ausgabe. Herausgegeben von Rätus Luck. Unter Mitwirkung von Hugo Sarbach, Frankfurt am Main und Leipzig 1994.

GB I: Rilke, Rainer Maria: Briefe. Herausgegeben vom Rilke-Archiv in Weimar in Verbindung mit Ruth Sieber-Rilke, besorgt durch Karl Altheim. Erster Band, Frankfurt am Main 1987.

GB II: Rilke, Rainer Maria: Briefe. Herausgegeben vom Rilke-Archiv in Weimar in Verbindung mit Ruth Sieber-Rilke, besorgt durch Karl Altheim. Zweiter Band, Frankfurt am Main 1987.

GB III: Rilke, Rainer Maria: Briefe. Herausgegeben vom Rilke-Archiv in Weimar in Verbindung mit Ruth Sieber-Rilke, besorgt durch Karl Altheim. Dritter Band, Frankfurt am Main 1987.

Einzelbriefausgaben

AF: Rilke, Rainer Maria / Forrer, Anita: Briefwechsel. Herausgegeben von Magda Kerényi, Frankfurt am Main 1982.

AK I / AK II: Rilke, Rainer Maria: Briefwechsel mit Anton Kippenberg 1906 bis 1926. Herausgegeben von Ingeborg Schnack und Renate Scharffenberg (2 Bde.), Frankfurt am Main und Leipzig 1995.

ARET: Der Dichter und sein Astronom. Der Briefwechsel zwischen Rainer Maria Rilke und Erwein von Aretin. Herausgegeben von Karl Otmar von Aretin und Martina King, Frankfurt am Main und Leipzig 2005.

BR: Rilke, Rainer Maria: Briefwechsel mit den Brüdern Reinhart 1919–1926. Herausgegeben von Rätus Luck. Unter Mitwirkung von Hugo Sarbach, Frankfurt am Main 1988.

CG: „Ich sehne mich sehr nach Deinen blauen Briefen". Rilke, Rainer Maria / Goll, Claire, Briefwechsel. Herausgegeben von Barbara Glauert-Hesse, Frankfurt am Main und Leipzig 2003.

EK: Rilke, Rainer Maria: Briefwechsel mit Ellen Key. Mit Briefen von und an Clara Rilke-Westhoff. Herausgegeben von Theodore Fiedler, Frankfurt am Main und Leipzig 1993.

ERD: Erdmann, Ilse / Rilke, Rainer Maria: Ein Briefwechsel. Herausgegeben von Wilhelm Köhnel, Waldkirch 1998.

HAT: Rilke, Rainer Maria: Briefwechsel mit Magda von Hattingberg „Benvenuta". Herausgegeben von Ingeborg Schnack und Renate Scharffenberg, Frankfurt am Main und Leipzig 2000.

HN: Rilke, Rainer Maria / Nostitz, Helene von: Briefwechsel. Herausgegeben von Oswalt von Nostitz, Frankfurt am Main 1976.

HvH: Hofmannsthal, Hugo von / Rilke, Rainer Maria: Briefwechsel 1899–1925. Herausgegeben von Rudolf Hirsch und Ingeborg Schnack, Frankfurt am Main 1978.

IJ: Rilke, Rainer Maria / Junghanns, Inga: Briefwechsel. Herausgegeben von Wolfgang Herwig, Wiesbaden 1959.

JUN: Rilke, Rainer Maria: Briefe an Axel Juncker. Herausgegeben von Renate Scharffenberg, Frankfurt am Main 1979.

KAS: Rainer Maria Rilke und Rudolf Kassner. Freunde im Gespräch. Briefe und Dokumente. Herausgegeben von Klaus E. Bohnenkamp, Frankfurt am Main und Leipzig 1997.

KEH: Rilke, Rainer Maria: Die Briefe an Karl und Elisabeth von der Heydt 1905–1922. Herausgegeben von Ingeborg Schnack und Renate Scharffenberg, Frankfurt am Main 1986.

KK: Rilke, Rainer Maria / Kippenberg, Katharina: Briefwechsel 1910–1926. Herausgegeben von Bettina von Bomhard, Wiesbaden 1954.

LAS: Rilke, Rainer Maria / Andreas-Salomé, Lou: Briefwechsel. Herausgegeben von Ernst Pfeiffer, Frankfurt am Main 1975.

LH: Rilke, Rainer Maria: Briefwechsel mit einer jungen Frau (Lisa Heise). Herausgegeben von Horst Nalewski, Frankfurt am Main und Leipzig 2003.

MV: „Paris tut not". Rilke, Rainer Maria / Vollmoeller, Mathilde, Briefwechsel. Herausgegeben von Barbara Glauert-Hesse, Göttingen 2001.

MZ: Rilke, Rainer Maria / Zwetajewa, Marina: Ein Gespräch in Briefen. Herausgegeben von Konstantin M. Asadowski, Frankfurt am Main 1992.

NWV I / NWV II: Rilke, Rainer Maria: Briefe an Nanny Wunderly-Volkart. Im Auftrag der Schweizerischen Landesbibliothek und unter Mitarbeit von Niklaus Bigler. Besorgt durch Rätus Luck, Frankfurt am Main 1977.

Rilke, Rainer Maria: Briefe an seinen Verleger 1906 bis 1926. Herausgegeben von Ruth Sieber-Rilke und Carl Sieber, Leipzig 1934.

ROD: Rilke, Rainer Maria / Rodin, Auguste: Der Briefwechsel und andere Dokumente zu Rilkes Begegnung mit Rodin. Mit Abbildungen. Herausgegeben von Rätus Luck, Frankfurt am Main und Leipzig 2001.

Sizzo: Rilke, Rainer Maria: Die Briefe an Gräfin Sizzo 1921–1926. Herausgegeben von Ingeborg Schnack, Frankfurt am Main 1977.

SNB: Rilke, Rainer Maria / Nádherný von Borutin, Sidonie: Briefwechsel 1906–1926. Herausgegeben und kommentiert von Joachim W. Storck unter Mitarbeit von Waltraud und Friedrich Pfäfflin, Göttingen 2007.

SZ: Rainer Maria Rilke und Stefan Zweig in Briefen und Dokumenten. Herausgegeben von Donald A. Prater, Frankfurt am Main 1987.

TM: Rilke, Rainer Maria: Briefwechsel mit Thankmar von Münchhausen 1913 bis 1925. Herausgegeben von Joachim W. Storck. Mit einem Geleitwort von Maleen Gräfin von Hatzfeld und Hieronyma Baronin Speyart van Woerden, Frankfurt am Main und Leipzig 2004.

TT I / TT II: Rainer Maria Rilke und Marie von Thurn und Taxis: Briefwechsel. Besorgt durch Ernst Zinn, mit einem Geleitwort von Rudolf Kassner, Zürich 1951.

Quellen

Albert-Lasard, Loulou: Wege mit Rilke, Frankfurt am Main 1985 [zuerst 1952].

Andreas-Salomé, Lou: Im Kampf um Gott. Neuausgabe, herausgegeben von Hans Rüdiger Schwab, München 2007 [zuerst 1885].

– Rainer Maria Rilke, Leipzig 1928.

Bahr, Hermann: Expressionismus, München 1916.

Baudelaire, Charles: Œuvres complètes. Herausgegeben von Claude Pichois, Band 2, Paris 1975.

Beer-Hofmann, Richard: Werke. Briefe 1895 – 1945. Herausgegeben von Alexander Košenina, Band 7, Paderborn 1999.

Benjamin, Walter: Das Kunstwerk im Zeitalter seiner technischen Reproduzierbarkeit (erste Fassung), in: Ders.: Gesammelte Schriften. Herausgegeben von Rolf Tiedemann und Hermann Schweppenhäuser, Bd I 2, Frankfurt am Main 1991, S. 431 – 471.

Benn, Gottfried: Gesammelte Werke in vier Bänden. Herausgegeben von Dieter Wellershoff, Wiesbaden 1966.

Betz, Maurice: Rilke in Paris. Übertragen und herausgegeben von Willi Reich, Zürich 1948.

Böhme, Jakob: Werke. Herausgegeben von Ferdindand van Ingen, Frankfurt am Main 1997.

Böhringer, Robert: Mein Bild von Stefan George, München 1951.

Breysig, Kurt: Stefan George. Gespräche, Dokumente, Amsterdam 1960.

Buchheit, Gerd (Hg.): Rainer Maria Rilke. Stimmen der Freunde. Ein Gedächtnisbuch. Freiburg im Breisgau 1931 [enthält u. a. kurze Beiträge von Wilhelm Hausenstein, Helene v. Nostitz, Inga Junghanns, André Gide und Regina Ullmann].

Dehmel, Richard: Dichtungen, Briefe, Dokumente. Herausgegeben von Paul Johannes Schindler, Hamburg 1963.

Die Bibel oder die ganze Heilige Schrift des Alten und Neuen Testaments nach der deutschen Übersetzung D. Martin Luthers. Durchgesehen im Auftrag der Deutschen, Evangelischen Kirchenkonferenz, Stuttgart 1911.

Döblin, Alfred: An Romanautoren und ihre Kritiker (1913) in: Ders.: Schriften zu Ästhetik, Poetik und Literatur. Herausgegeben von Erich Kleinschmidt, Olten und Freiburg im Breisgau 1989, S. 119 – 123.

Fischer, Samuel / Fischer, Hedwig: Briefwechsel mit Autoren. Herausgegeben von Dierk Rodewald und Corinna Fiedler, Frankfurt am Main 1989.

George, Stefan / v. Hofmannsthal, Hugo: Briefwechsel. Herausgegeben von Robert Böhringer, Berlin 1938.

Glöckner, Ernst: Begegnung mit Stefan George. Auszüge aus Briefen und Tagebüchern 1913 – 1934. Herausgegeben von Friedrich Adam, Heidelberg 1972.

Gundolf, Friedrich: George, Berlin 1920.

Gundolf, Friedrich: George. Neuauflage der dritten, erweiterten Auflage von 1930, Darmstadt 1968.

Gundolf-Salomon, Elisabeth: Stefan George. Zwei Vorträge. Amsterdam 1965, S. 34–76 [ursprünglich gehalten in Oxford, 1944].

Hattingberg, Magda von: Rilke und Benvenuta. Ein Buch des Dankes, Wien [2]1947.

Hauptmann, Gerhart: Kunst und Jugend, in: Ders.: Sämtliche Werke. Band VI. Herausgegeben von Hans-Egon Hass, Frankfurt am Main, Berlin 1963, S. 692–694.

Hesiod: Theogonie. Übersetzt und herausgegeben von Otto Schönberger, Stuttgart 2005.

Hildebrandt, Kurt: Erinnerungen an Stefan George und seinen Kreis, Bonn 1965.

Hölderlin, Friedrich: Sämtliche Werke und Briefe in drei Bänden. Band 1. Herausgegeben von Jochen Schmidt, Frankfurt am Main 1992.

Kafka, Franz: Briefe an Milena. Herausgegeben und mit einem Nachwort versehen von Willy Haas, New York 1960.

Kassner, Rudolf: Rilke. Gesammelte Erinnerungen 1926–1956. Herausgegeben von Klaus E. Bohnenkamp, Pfullingen 1976.

– Sämtliche Werke in 10 Bänden. Herausgegeben von Ernst Zinn und Klaus E. Bohnenkamp, Pfullingen 1969–1991.

Key, Ellen: Ein Gottsucher (Rainer Maria Rilke), in: Ellen Key: Seelen und Werke. Essays, Berlin 1911, S. 153–233.

– Assisi, in: Ellen Key: Seelen und Werke. Essays, Berlin 1911, S. 233–267.

Kippenberg, Katharina: Rainer Maria Rilke. Ein Beitrag, Leipzig [1]1935.

– Rainer Maria Rilke. Ein Beitrag, Zürich [4]1948.

– Erinnerungen an Rainer Maria Rilke in Paris, in: Dies.: Kleine Schriften, gedruckt unter Zulassung Nr. 13, Heppenheim 1948 [zuerst 1942], S. 117–128.

– Rainer Maria Rilke zum Gedächtnis, in: Dies.: Kleine Schriften, gedruckt unter Zulassung Nr. 13, Heppenheim 1948 [zuerst Inselschiff, 1927], S. 38–50.

Klabund: Franziskus, in: Werke. Herausgegeben von Julian Paulus, Band 2, Heidelberg 1999, S. 7–69.

König, Hertha: Erinnerungen an Rainer Maria Rilke. Rilkes Mutter. Herausgegeben und mit einem Nachwort versehen von Joachim W. Storck, Frankfurt am Main und Leipzig 2000.

Landmann, Edith: Gespräche mit Stefan George, Düsseldorf 1963.

Lasker-Schüler, Else: Konzert. Prosa, München 1986 [zuerst 1932].

– Verse und Prosa aus dem Nachlaß. Herausgegeben von Werner Kraft, München 1986.

Lechter, Melchior: Zum Gedächtnis Stefan Georges. Mit einem Nachwort und zehn Symbolen, Berlin 1934.

Mann, Thomas: Gesammelte Werke, Band 3, Frankfurt am Main 1990.

Meister Eckeharts Schriften und Predigten. Aus dem Mittelhochdeutschen übersetzt und herausgegeben von Hermann Büttner, Jena 1903.

– Werke I. Texte und Übersetzungen. Herausgegeben von Niklaus Largier, Frankfurt am Main 1993.

Musil, Robert: Gesammelte Werke in neun Bänden. Herausgegeben von Adolf Frisé, Reinbek bei Hamburg 1978.

Nevar, Elya Maria (alias Else Hotop): Freundschaft mit Rilke. Begegnungen – Gespräche – Briefe und Aufzeichnungen, Bern-Bümpliz 1946.

Nietzsche, Friedrich: Sämtliche Werke. Kritische Studienausgabe in 15 Bänden (KSA 1–15). Herausgegeben von Giorgio Colli und Mazzino Montinari, München Neuausgabe 1999.

Nostitz, Helene von: Aus dem alten Europa. Menschen und Städte, Reinbek bei Hamburg 1964 (zuerst 1950).

Novalis: Werke, Tagebücher und Briefe Friedrich von Hardenbergs. 3. Band der kommentierten Ausgabe. Herausgegeben von Hans-Joachim Mähl, München 1987.

Platon: Sämtliche Werke in vier Bänden. Übersetzt von Friedrich Schleiermacher. Neu herausgegeben von Ursula Wolf, Reinbek bei Hamburg 2004.

Plessner, Helmuth: Grenzen der Gemeinschaft. Eine Kritik des sozialen Radikalismus. Mit einem Nachwort von Joachim Fischer, Frankfurt am Main 2001 [zuerst 1924].

Salin, Edgar: Um Stefan George. Erinnerung und Zeugnis. 2., erweiterte Auflage, München und Düsseldorf 1954.

Salis, J.R. von: Rainer Maria Rilkes Schweizer Jahre. Geschrieben zum zehnten Jahrestag seines Todes am 29. Dezember 1936, Frauenfeld und Leipzig ^{2}1938 [zuerst 1936].

Schmidt-Pauli, Elisabeth von: Rainer Maria Rilke. Ein Gedenkbuch. Zweite, durchgesehene Auflage, Leipzig-Berlin 1946.

Simmel, Georg: Gesamtausgabe in 20 Bänden. Herausgegeben von Otthein Rammstedt, Frankfurt am Main 1989–2005.

Stadler, Ernst: Dichtungen, Schriften, Briefe. Kritische Ausgabe. Herausgegeben von Klaus Hurlebusch und Karl Ludwig Schneider, München 1983.

Tauler, Johannes: Predigten. Übertragen und herausgegeben von G. Hofmann, Band 1, Einsiedeln 1987.

Thormaehlen, Ludwig: Erinnerungen an Stefan George. Aus dem Nachlaß herausgegeben von Walther Greischel, Hamburg 1962.

Thurn und Taxis-Hohenlohe, Fürstin Marie von: Erinnerungen an Rainer Maria Rilke. Deutsche Ausgabe besorgt von Georg H. Blokesch, Frankfurt am Main ^{3}1988.

Tönnies, Ferdinand: Gemeinschaft und Gesellschaft, Leipzig 1887.

Von der Mühll, Theodora [Dory]: Basler Erinnerungen an Rilke I und II, in: Neue Zürcher Zeitung vom 16. und 23. Juni 1945 (Nr. 944 und 980), jeweils Abschnitt „Literatur und Kunst", Blatt 4.

Weber, Max: Wirtschaft und Gesellschaft. Grundriss der verstehenden Soziologie (zuerst 1922), Frankfurt am Main 2005.

Werfel, Franz: Zwischen Oben und Unten. Prosa, Tagebücher, Aphorismen, Literarische Nachträge. Aus dem Nachlass herausgegeben von Adolf Klarmann, München, Wien 1975.

Wolff, Kurt: Briefwechsel eines Verlegers 1911–1963. Herausgegeben von Bernhard Zeller und Ellen Otten, Frankfurt am Main 1966.

Wolters, Friedrich: Stefan George und die Blätter für die Kunst. Deutsche Geistesgeschichte seit 1890, Berlin 1930.

Zech, Paul: Rainer Maria Rilke von Paul Zech, Berlin 1913.

Zweig, Stefan: Briefe 1920 – 1931. Herausgegeben von Knut Beck und Jeffrey B. Berlin, Frankfurt am Main 2000.

Forschungsliteratur

Ahn, Mun-Yeong: Die Paradoxiestruktur beim späten Rilke, Diss. masch., Bonn 1985.

Amstutz, Nathalie: Autorschaftsfiguren. Inszenierung und Reflexion von Autorschaft bei Musil, Bachmann und Mayröcker, Köln, Weimar, Wien 2004.

Andresen, Sabine / Baader, Meike Sophia: Wege aus dem Jahrhundert des Kindes. Tradition und Utopie bei Ellen Key, Neuwied, Kriftel 1998.

Angelloz, Joseph F.: Rainer Maria Rilke. Leben und Werk, aus dem Französischen von Alfred Kuoni, Zürich 1955.

Ansel, Michael: Zwischen Anpassung und künstlerischer Selbstbehauptung. Gottfried Benns Publikationsverhalten in den Jahren 1933 bis 1936, in: Matías Martínez (Hg.): Gottfried Benn – Wechselspiele zwischen Biographie und Werk, Göttingen 2007, S. 35 – 71.

Ansel, Michael / Friedrich, Hans-Edwin / Lauer, Gerhard (Hg.): Die Erfindung des Schriftstellers Thomas Mann, i. Dr., Berlin 2009.

Arnold, Heinz Ludwig (Hg.): Rilke? Kleine Hommage zum 100. Geburtstag. Zusammengetragen und veranstaltet von Heinz Ludwig Arnold, München 1975.

Arntzen, Helmut: Die Funktion der Polemik bei Karl Kraus, in: Sigurd Scheichl / Edward Timms (Hg.): Karl Kraus in neuer Sicht. Londoner Kraus-Symposium, München 1986, S. 46 – 76.

Assman, Aleida und Jan: Nachwort, in: Dies. und Christof Hardmeier (Hg.): Schrift und Gedächtnis. Beiträge zur Archäologie der literarischen Kommunikation, München 1983, S. 265 – 281.

Auerochs, Bernd: Die Entstehung der Kunstreligion, Göttingen 2006.

– Drei Stilisierungsweisen. Charisma bei Buber, George, Mann. In: Michael Ansel / Hans-Edwin Friedrich / Gerhard Lauer (Hg.): Die Erfindung des Schriftstellers Thomas Mann, i. Dr., Berlin 2009.

Bäumer, Rolf: Autor, in: Dieter Borchmeyer / Viktor Zmegac (Hg.): Moderne Literatur in Grundbegriffen, 2., neu bearbeitete Auflage, Tübingen 1994, S. 33 – 41.

Barmeyer, Eike: Die Musen. Ein Beitrag zur Inspirationstheorie, München 1968.

Barth, Ulrich: Artikel „Säkularisierung I“, in: Theologische Realenzyklopädie. Band XXIX, Berlin 1998, S. 620 – 633.

Bassermann, Dieter: Der späte Rilke, München 1947.

Baßler, Moritz: Maltes Gespenster, in: Moritz Baßler / Hildegard Châtellier (Hg.): Mystik, Mystizismus und Moderne in Deutschland um 1900, Straßburg 1998, S. 239 – 255.

Bernhardt, Rüdiger: „Ich bestimme mich selbst.“ Das traurige Leben des glücklichen Peter Hille [1854 – 1904], Jena 2004.

Bertolini, Michaela: Dissonanzen in Orpheus’ Gesang. Untersuchungen zur Polemik im Prosawerk Rainer Maria Rilkes, St. Ingbert 1995.

Blamberger, Günter: Das Geheimnis des Schöpferischen oder: Ingenium est ineffabile? Studien zur Literaturgeschichte der Kreativität zwischen Goethezeit und Moderne, Stuttgart 1991.

Blasberg, Cornelia: „Auslegung muß sein“. Zeichen-Vollzug und Zeichen-Deutung in Stefan Georges Spätwerken, in: Wolfgang Braungart / Ute Oelmann / Bernhard Böschenstein (Hg.): Stefan George: Werk und Wirkung seit dem ›Siebenten Ring‹, Tübingen 2001, S. 17 – 33.

Blume, Bernhard: Vorwort zur älteren Ausgabe der Briefe Rilkes an Sidonie Nádherný von Borutin, Frankfurt am Main 1973, S. 7 – 20.

– Some Thoughts on Rilke’s Letters, in: Boston University Journal 45/2 (1976), S. 14 – 21.

– Existenz und Dichtung. Essays und Aufsätze. Ausgewählt von Egon Schwarz, Frankfurt am Main 1980.

Böschenstein, Bernhard: Hofmannsthal und die Kunstreligion um 1900, in: Wolfgang Braungart / Gotthard Fuchs / Manfred Koch (Hg.): Ästhetische und religiöse Erfahrungen der Jahrhundertwenden. Band 2: um 1900, Paderborn 1998, S. 111 – 123.

Bogdal, Klaus Michael: Akteure literarischer Kommunikation, in: Jürgen Fohrmann / Harro Müller: Literaturwissenschaft, München 1995, S. 273 – 297.

Bohnenkamp, Klaus E.: Der reine Dichter. Rainer Maria Rilke im Urteil Robert Musils und Stefan Zweigs, in: BlRG 26 (2005), S. 99 – 147.

Borchmeyer, Dieter: Gesamtkunstwerk, in: Dieter Borchmeyer / Viktor Zmegac (Hg.): Moderne Literatur in Grundbegriffen, 2., neu bearbeitete Auflage, Tübingen 1994, S. 181 – 184.

Bourdieu, Pierre: Die feinen Unterschiede. Kritik der gesellschaftlichen Urteilskraft. Übersetzt von Bernd Schwibs und Achim Russer, Frankfurt am Main 1987.

– Die Intellektuellen und die Macht. Herausgegeben von Irene Dölling. Aus dem Französischen von Jürgen Bolder, unter Mitarbeit von Ulrike Nordmann und Margareta Steinrücke, Hamburg 1991.

– Sozialer Sinn. Kritik der theoretischen Vernunft. Übersetzt von Günter Seib, Frankfurt am Main 1993.

– Soziologische Fragen. Aus dem Französischen von Hella Beister und Bernd Schwibs, Frankfurt am Main 1993.

– Die verborgenen Mechanismen der Macht. Schriften zur Politik und Kultur 1. Herausgegeben von Margareta Steinrücke. Aus dem Französischen von Jürgen Bolder unter Mitarbeit von Ulrike Normann u. a., Hamburg 1997.

– Streifzüge durch das literarische Feld. Texte von Pierre Bourdieu. Herausgegeben von Louis Pinto, Konstanz 1997.

– Praktische Vernunft. Zur Theorie des Handelns. Aus dem Französischen von Hella Beister, Frankfurt am Main 1998.

– Die Regeln der Kunst. Genese und Struktur des literarischen Feldes. Übersetzt von Bernd Schwibs und Achim Russer, Frankfurt am Main 2001 [Sigle RK].

Boventer, Hans: Rilkes Zyklus ›Aus dem Nachlass des Grafen C.W.‹. Versuch einer Eingliederung in Rilkes Werk, Berlin 1969.

Brackert, Helmut: Zur Geschichte der Germanistik bis 1945, in: Helmut Brackert / Jörn Stückrath (Hg.): Literaturwissenschaft. Ein Grundkurs, Hamburg 2001, S. 549–564.

Braungart, Georg: Spiritismus und Literatur um 1900, in: Ästhetische und religiöse Erfahrungen der Jahrhundertwenden. Bd 2: um 1900, Paderborn 1998, S. 85–93.

Braungart, Wolfgang: Ritual und Literatur, Tübingen 1996.

– Ästhetischer Katholizismus. Stefan Georges Rituale der Literatur, Tübingen 1997.

– Ästhetische Religiosität oder religiöse Ästhetik? Einführende Überlegungen zu Hofmannsthal, Rilke und George und zu Rudolf Ottos Ästhetik des Heiligen, in: Braungart, Wolfgang / Fuchs, Gotthart / Koch, Manfred, s.u., S. 15–31.

– Das Stunden-Buch, in: Manfred Engel (Hg.): Rilke-Handbuch. Leben – Werk – Wirkung. Unter Mitarbeit von Dorothea Lauterbach, Stuttgart und Weimar 2004, S. 216–227.

– Der Maler ist ein Schreiber. Zur Theo-Poetik von Rilkes Stunden-Buch, BlRG 27/28 (2006/2007), S. 49–76.

Braungart, Wolfgang / Fuchs, Gotthard / Koch, Manfred (Hg.): Ästhetische und religiöse Erfahrungen der Jahrhundertwenden. Band II: um 1900, Paderborn 1998.

Breuer, Stefan: Ästhetischer Fundamentalismus. Stefan George und der deutsche Antimodernismus, Darmstadt 1995.

Brittnacher, Hans Richard / Porombka, Stefan / Störmer, Fabian: Poetik der Krise. Rilkes Rettung der Dinge in den ›Weltinnenraum‹, Würzburg 2000.

Brunkhorst, Katja: ›Verwandt-verwandelt‹. Nietzsche's Presence in Rilke, München 2006.

Buddeberg, Else: Rainer Maria Rilke. Eine innere Biographie, Stuttgart 1954.

Bürgel, Peter: Der Privatbrief. Entwurf eines heuristischen Modells, in: DVjs 50 (1976), S. 281–297.

Bultmann, Rudolf: Theologie des Neuen Testaments. 8., durchgesehene, um Vorwort und Nachträge wesentlich erweiterte Auflage. Herausgegeben von Otto Merk, Tübingen 1980 [zuerst 1958].

Burgdorf, Dieter: Benn als Fest- und Gedenkredner, in: Matías Martínez (Hg.): Gottfried Benn – Wechselspiele zwischen Biographie und Werk, Göttingen 2007, S. 85–113.

Cid, Adriana: Mythos und Religiosität im Spätwerk Rilkes, Frankfurt am Main und Bern, New York, Paris 1992.

Cofalla, Sabine: Die Gruppe 47: Dominante soziale Praktiken im literarischen Feld der Bundesrepublik Deutschland, in: Markus Joch / Norbert Christian Wolf (Hg.): Text und Feld. Bourdieu in der literaturwissenschaftlichen Praxis, Tübingen 2005, S. 353–371.

Collins, Adela Yarbro: Artikel „The Apoklaypse (Revelation)“, in: The New Jerome Biblical Commentary. Edited by Raymond E. Brown, Joseph A. Fitzmyer, Roland E. Murphy, London 1992, S. 996–1016.

Csáky, Moritz: Zwischen Oralität und Literalität. Überlegungen zum Brief aus einer kulturtheoretischen Perspektive, in: András F. Balogh / Helga Mitterbauer (Hg.): Der Brief in der österreichischen und ungarischen Literatur, Budapest 2005, S. 17–29.

Czernin, Monika: Duino, Rilke und die Duineser Elegien, Müchen 2004.

Detering, Heinrich (Hg.): Autorschaft. Positionen und Revisionen, Stuttgart 2002.

– *Der Litterat.* Inszenierung stigmatisierter Autorschaft im Frühwerk Thomas Manns, in: Michael Ansel / Hans-Edwin Friedrich / Gerhard Lauer (Hg.): Die Erfindung des Schriftstellers Thomas Mann, i. Dr., Berlin 2009.

Dettloff, Werner: Artikel „Bonaventura“, in: Theologische Realenzyklopädie in 37 Bänden. Herausgegeben von Gerhard Krause, ab Band 13 von Gerhard Müller, Berlin 1981–2006, Band VII, S. 48–55.

Dillon, Richard J.: Artikel „Acts of the Apostles“, in: The New Jerome Biblical Commentary. Edited by Raymond E. Brown, Joseph A. Fitzmyer, Roland E. Murphy, London 1992, S. 722–767.

Dischner, Gisela: Wandlung ins Unsichtbare. Rilkes Deuten der Dichterexistenz, Berlin und Bodenheim 1999.

Drees, Hajo: Rainer Maria Rilke. Autobiography, Fiction and Therapy, New York 2001.

Durst, Michael: Artikel „Hieronymus“, in: Lexikon für Theologie und Kirche in 11 Bänden. Dritte, völlig neu bearb. Auflage. Herausgegeben von Walter Kasper. Fünfter Band, Freiburg 1998, S. 91–93.

Durzak, Manfred: Epigonenlyrik. Zur Dichtung des George-Kreises, in: JDSG 13 (1969), S. 482–529.

Ebneter, Curdin: Dienen als „blühende und fruchtende Lebensform“. Rilkes Beglückung durch Leni, in: Rudi Schweikert (Hg.): Korrespondenzen. Festschrift für Joachim W. Storck aus Anlaß seines 75. Geburtstages, St. Ingbert 1999, S. 367–381.

Ebrecht, Angelika: Rettendes Herz und Puppenseele. Zur Psychologie der Fernliebe in Rilkes Briefwechsel mit Magda von Hattingberg, in: Anita Runge / Lieselotte Steinbrügge (Hg.): Die Frau im Dialog. Studien zur Theorie und Geschichte des Briefes, Stuttgart 1991, S. 147–173.

– Einsamste Gemeinsamkeit. Zur Psychoanalyse der Fernliebe in Rainer Maria Rilkes Briefwechsel mit Magda von Hattingberg, in: Hans Richard Brittnacher / Stephan Porombka / Fabian Störmer (Hg.): Poetik der Krise. Rilkes Rettung der Dinge in den ›Weltinnenraum‹, Würzburg 2000, S. 99–123.

Einfalt, Michael: Sprache und Feld. Französischsprachige Literatur im Maghreb und das literarische Feld Frankreichs, in: Markus Joch / Norbert Christian Wolf: (Hg.): Text und Feld. Bourdieu in der literaturwissenschaftlichen Praxis, Tübingen 2005, S. 261–277.

Engel, Manfred: Rilkes „Duineser Elegien“ und die moderne deutsche Lyrik. Zwischen Jahrhundertwende und Avantgarde, Stuttgart 1986.
– Rilke-Forschung heute. Einige Überlegungen zum Verhältnis von Autoren-Forschung und Fachgeschichte anlässlich einer Sammelrezension, in: IASL 24/1 (1999), S. 106–131.
– (Hg.): Rilke-Handbuch. Leben – Werk – Wirkung. Unter Mitarbeit von Dorothea Lauterbach, Stuttgart und Weimar 2004.
– Rilke als Autor der literarischen Moderne, in: Ebd., S. 507–528.
– Rilkes späteste französische Gedichte, in: BlRG 26 (2005), S. 11–24.
Englert, Ludwig: Elisabeth von Schmidt-Pauli. Gedenkworte beim Trauerkonvent am 23.10.1956, in: Siegfried Mursch (Hg.): Sentire cum Petro et Episcopo – Vivere cum Ecclesia. Eine Dokumentation des Kardinal-Faulhaber-Kreises, München 1979, S. 63–86.
Exner, Richard: Ach, armer Rilke: Leser und Narziß – Kühnheit der Furcht – Zeitgenossenschaft – Sprache der Fische, in: Rilke heute. Beziehungen und Wirkungen. Zweiter Band, Frankfurt am Main 1976, S. 59–95.
Eyssen, Jürgen: Buchkunst in Deutschland. Vom Jugendstil zum Malerbuch, Hannover 1980.
Faber, Richard: Roma aeterna. Zur Kritik der „Konservativen Revolution“. Würzburg 1981.
– Männerrunde mit Gräfin. Die „Kosmiker“ Derleth, George, Klages, Schuler, Wolfskehl und Franziska zu Reventlow, Frankfurt am Main 1994.
Fick, Monika: Sinnenwelt und Weltseele. Der psychophysische Monismus in der Literatur der Jahrhundertwende, Tübingen 1993.
– Sinnstiftung durch Sinnlichkeit. Monistisches Denken um 1900, in: Wolfgang Braungart / Gotthard Fuchs / Manfred Koch (Hg.): Ästhetische und religiöse Erfahrungen der Jahrhundertwenden. Band 2: um 1900, Paderborn 1998, S. 69–85.
Fiedler, Theodore: Zarathustras Kind. Zu Nietzsche, Lou und Rainer im *Florenzer Tagebuch*, in: Rudi Schweikert (Hg.): Korrespondenzen. Festschrift für Joachim W. Storck aus Anlaß seines 75. Geburtstags, St. Ingbert 1999, S. 293–319.
– Psychoanalyse, in: Manfred Engel (Hg.): Rilke-Handbuch. Leben – Werk – Wirkung. Unter Mitarbeit von Dorothea Lauterbach, Stuttgart und Weimar 2004, S. 165–173.
– Skandinavien, in: Ebd., S. 116–124.
Fischer, Ernst: Der Schutzverband deutscher Schriftsteller 1909–1933, Frankfurt am Main 1980 (Archiv für Geschichte des Buchwesens).
Forster, Leonhard: Dichten in fremden Sprachen. Vielsprachigkeit in der Literatur, München 1974.
Franck, Georg: Ökonomie der Aufmerksamkeit. Ein Entwurf, München, Wien 1998.
Frank, Karl Suso: Artikel „Paulos v. Theben“, in: Lexikon für Theologie und Kirche in 11 Bänden. Dritte, völlig neu bearb. Auflage. Herausgegeben von Walter Kasper. Siebter Band, Freiburg 1998, S. 1528 f.

Frecot, Janos: Die Lebensreformbewegung, in: Klaus Vondung (Hg.): Das wilhelminische Bildungsbürgertum. Zur Sozialgeschichte seiner Ideen, Göttingen 1976, S. 138–153.

Freedman, Ralph: Rainer Maria Rilke. Der junge Dichter 1875 bis 1906. Aus dem Amerikanischen von Curdin Ebneter, Frankfurt am Main und Leipzig 2001.

– Rainer Maria Rilke. Der Meister 1906 bis 1926. Aus dem Amerikanischen von Curdin Ebneter, Frankfurt am Main und Leipzig 2002.

Frey, Manuel: Macht und Moral des Schenkens. Staat und bürgerliche Mäzene vom späten 18. Jahrhundert bis zur Gegenwart, Berlin 1999.

Frey, Manuel / Stockhausen, Tilmann von: Potlatsch in Preussen? Schenkriten an der Berliner Gemäldegalerie im 19. Jahrhundert, in: Jürgen Kocka / Manuel Frey (Hg.): Bürgerkultur und Mäzenatentum im 19. Jahrhundert, Berlin 1998, S. 18–38.

Friedrich, Hugo: Die Struktur der modernen Lyrik. Von der Mitte des neunzehnten bis zur Mitte des zwanzigsten Jahrhunderts, Reinbek bei Hamburg 1988 (zuerst 1956).

Fügen, Hans Norbert: Die Hauptrichtungen der Literatursoziologie und ihre Methoden. Ein Beitrag zur literatursoziologischen Theorie, Bonn 1964.

– Gesellschaft und Literatur. Aufsätze zur Literatursoziologie, Hamburg 1994.

Fülleborn, Ulrich: Das Strukturproblem der späten Lyrik Rilkes. Voruntersuchungen zu einem historischen Rilke-Verständnis, Heidelberg 1960.

– Rilke 1906 bis 1910: Ein Durchbruch zur Moderne, in: Rilke heute. Der Ort des Dichters in der Moderne, Frankfurt am Main 1997, S. 160–181.

– Rilkes Gebrauch der Bibel, in: Dieter Lamping / Manfred Engel (Hg.): Rilke und die Weltliteratur, Düsseldorf und Zürich 1999, S. 19–39.

– Rilke um 1900 unter postmoderner Perspektive, in: Ders.: Besitz und Sprache. Offene Strukturen und nicht-possessives Denken in der deutschen Literatur. Ausgewählte Aufsätze. Herausgegeben von Günter Blamberger, Manfred Engel und Monika Ritzer, München 2000, S. 288–305.

Fülleborn, Ulrich / Engel, Manfred: Rilkes ›Duineser Elegien‹. Erster Band. Selbstzeugnisse, Frankfurt am Main 1983.

– Rilkes ›Duineser Elegien‹. Zweiter Band. Forschungsgeschichte, Frankfurt am Main 1982.

– Rilkes ›Duineser Elegien‹. Dritter Band. Rezeptionsgeschichte, Frankfurt am Main 1982.

Füssel, Stephan: Das Autor-Verleger-Verhältnis in der Kaiserzeit, in: York-Gothart Mix (Hg.): Naturalismus. Fin de siècle. Expressionismus 1890–1918 (Reihe Hansers Sozialgeschichte der deutschen Literatur), München 2000, S. 137–155.

Furness, Ray: Rilke and Expressionism, in: Herbert Herzmann / Hugh Ridley (Hg.): Rilke und der Wandel in der Sensibilität, Essen 1990, S. 157–171.

Gellhaus, Axel: Enthusiasmos und Kalkül. Reflexionen über den Ursprung der Dichtung, München 1995.

Genette, Gérard: Paratexte. Das Buch vom Beiwerk des Buches. Mit einem Vorwort von Harald Weinrich. Aus dem Französischen von Dieter Hornig, Frankfurt am Main / New York 1992.

Gerhards, Jürgen / Anheier, Helmut K.: Zur Sozialposition und Netzwerkstruktur von Schriftstellern, in: Zeitschrift für Soziologie 16 (1987), S. 385–394.

– Das literarische Kräftefeld als ausdifferenziertes und intern stratifiziertes System, in: Jürgen Gerhards (Hg.): Soziologie der Kunst. Produzenten, Vermittler und Rezipienten, Opladen 1997, S. 125–143.

Gerok-Reiter, Anette: Wink und Wandlung. Komposition und Poetik in Rilkes „Sonette an Orpheus", Tübingen 1996.

Giavotto Künkler, Anna Lucia: Spanien als Erscheinung, Vision, Unmöglichkeit und Aufgabe: Rilke auf dem Weg zur Vollendung der Duineser Elegien, in: BlRG 22 (1999), S. 11–23.

Goez, Werner: Artikel „Franciscus von Assisi", in: Theologische Realenzyklopädie in 37 Bänden. Herausgegeben von Gerhard Krause, ab Band 13 von Gerhard Müller, Berlin 1981–2006, Band XI, S. 299–307.

Goffman, Erving: Wir alle spielen Theater. Die Selbstdarstellung im Alltag. Aus dem Amerikanischen von Peter Weber-Schäfer. Mit einem Vorwort von Lord Ralf Dahrendorf, München 1983 [zuerst 1959].

Goody, Jack / Watt, Ian / Gough, Kathleen: Entstehung und Folgen der Schriftkultur. Übersetzung von Friedhelm Herborth. Mit einer Einleitung von Heinz Schlaffer, Frankfurt am Main 1991.

Graf, Guido: In Rilkes Rauschen, in: Hans Richard Brittnacher / Stephan Porombka / Fabian Störmer: Poetik der Krise. Rilkes Rettung der Dinge in den ›Weltinnenraum‹, Würzburg 2000, S. 195–210.

Grimm, Gunter, E. (Hg.): Metamorphosen des Dichters. Das Rollenverständnis deutscher Schriftsteller vom Barock bis zur Gegenwart, Frankfurt am Main 1992.

Grimm, Reinhold: Von der Armut und vom Regen. Rilkes Antwort auf die soziale Frage, Königsstein/Ts. 1981.

Groppe, Carola: Die Macht der Bildung. Das deutsche Bürgertum und der George-Kreis 1890–1933, Köln, Weimar, Wien 1997.

– Konkurrierende Weltanschauungsmodelle im Kontext von Kreisentwicklung und Außenwirkung des George-Kreises: Friedrich Gundolf – Friedrich Wolters, in: Wolfgang Braungart / Ute Oelmann / Bernhard Böschenstein (Hg.): Stefan George: Werk und Wirkung seit dem ›Siebenten Ring‹, Tübingen 2001, S. 265–282.

Gruber, Bettina: Einleitung, in: Dies. (Hg.): Erfahrung und System. Mystik und Esoterik in der Literatur der Moderne, Opladen 1997, S. 9–27.

Günther, Katharina: Literarische Gruppenbildung im Berliner Naturalismus, Bonn 1972.

Haefs, Wilhelm: Zentren und Zeitschriften des Expressionismus, in: York-Gothart Mix (Hg.): Naturalismus. Fin de siècle. Expressionismus 1890–1918, München 2000, S. 437–454.

– Geist, Geld und Buch. Thomas Manns Aufstieg zum Erfolgsautor im S. Fischer Verlag in der Weimarer Republik, in: Michael Ansel / Hans-Edwin Friedrich /

Gerhard Lauer (Hg.): Die Erfindung des Schriftstellers Thomas Mann, i. Dr., Berlin 2009.

Hahn, Marcus: Die armen Hirnhunde: Gottfried Benn und die Neurologie um 1910, in: Matías Martínez (Hg.): Gottfried Benn – Wechselspiele zwischen Biographie und Werk, Göttingen 2007.

Haß, Ulrike: Militante Pastorale. Zur Literatur der antimodernen Bewegungen im frühen 20. Jahrhundert, München 1993.

Hein, Peter Ulrich: Die Brücke ins Geisterreich. Künstlerische Avantgarde zwischen Kulturkritik und Faschismus, Reinbek bei Hamburg 1992.

Hepp, Ulrich: Untersuchungen zur Psychostilistik am Beispiel des Briefwechsels Rilke – Cvetaeva – Pasternak, Wiesbaden 2000.

Hermand, Jost: Die deutschen Dichterbünde. Von den Meistersingern bis zum PEN-Club, Köln, Weimar, Wien 1998.

Hermsen, Thomas: Kunstförderung zwischen Passion und Kommerz. Vom bürgerlichen Mäzen zum Sponsor der Moderne, Frankfurt am Main 1997.

Hinck, Walter: Magie und Tagtraum. Das Selbstbild des Dichters in der deutschen Lyrik, Frankfurt am Main 1994.

Höger, Alfons: Der Autor als neuer Prophet: Frank Wedekind, in: Irmela Schneider (Hg.): Die Rolle des Autors. Analysen und Gespräche. Stuttgart 1981, S. 45 – 51.

Holler, Verena: Felder der Literatur. Eine literatursoziologische Studie am Beispiel von Robert Menasse. Frankfurt am Main 2003.

Holthusen, Hans Egon: Rainer Maria Rilke in Selbstzeugnissen und Bilddokumenten, Hamburg 1979 [zuerst 1958].

Huber, Martin / Lauer, Gerhard (Hg.): Nach der Sozialgeschichte. Konzepte für eine Literaturwissenschaft zwischen Historischer Anthropologie, Kulturgeschichte und Medientheorie; Tübingen 2000.

Hübscher, Anneliese: Walter Tiemann, in: Albert Kapr (Hg.): Traditionen Leipziger Buchkunst, Leipzig 1989, S. 66 – 114.

van Ingen, Ferdinand: Rebellische Mystik. Anmerkungen zu Rilkes Blasphemien, in: Joseph Kohnen / Hans-Joachim Solms / Klaus-Peter Wegera (Hg.): Brücken schlagen… „Weit draußen auf eigenen Füßen“. Festschrift für Fernand Hoffmann, Frankfurt am Main 1994, S. 99 – 113.

Ingold, Felix Philipp / Wunderlich, Werner: Nach dem Autor fragen, in: Dies. (Hg.): Fragen nach dem Autor: Positionen und Perspektiven, Konstanz 1992, S. 9 – 16.

Jäger, Georg: Keine Kulturtheorie ohne Geldtheorie. Grundlegung einer Theorie des Buchverlags, Siegen 1995.

Jannidis, Fotis / Gerhard Lauer / Matías Martínez / Simone Winko (Hg.): Rückkehr des Autors. Zur Erneuerung eines umstrittenen Begriffs, Tübingen 1999.

– Rede über den Autor an die Gebildeten unter seinen Verächtern. Historische Modelle und systematische Perspektiven, in: Ebd., S. 3 – 35.

Jannidis, Fotis: Figur und Person. Beitrag zu einer historischen Narratologie, Berlin 2004.

Joch, Markus / Wolf, Norbert Christian: Text und Feld. Bourdieu in der literaturwissenschaftlichen Praxis, Tübingen 2005.

– Feldtheorie als Provokation der Literaturwissenschaft, in: Ebd., S. 1 – 25.

Joch, Markus: Ein unmöglicher Habitus. Heines erstes Pariser Jahrzehnt, in: Ebd., S. 137 – 159.

Jurt, Joseph: Das literarische Feld. Das Konzept Pierre Bourdieus in Theorie und Praxis, Darmstadt 1995.

Kahl, Michael: Lebensphilosophie und Ästhetik. Zu Rilkes Werk 1902 – 1910, Freiburg im Breisgau 1999.

Kapr, Albert (Hg.): Traditionen Leipziger Buchkunst, Leipzig 1989.

Keith-Smith, Brian: Rilke and the German women Expressionists, in: Herbert Herzmann / Hugh Ridley (Hg.): Rilke und der Wandel in der Sensibilität, Essen 1990, S. 91 – 107.

Keller, Hiltgart L.: Reclams Lexikon der Heiligen und der biblischen Gestalten. Legende und Darstellung in der bildenden Kunst. 8., durchgesehene Auflage, Stuttgart 1996.

Keupp, Heiner (Hg.): Soziale Netzwerke, Frankfurt am Main 1987.

King, Martina: Astronomie und Dichtung. Nachwort, in: Der Dichter und sein Astronom. Der Briefwechsel zwischen Rainer Maria Rilke und Erwein von Aretin. Herausgegeben von Karl Otmar von Aretin und Martina King, Frankfurt am Main und Leipzig 2005, S. 154 – 204.

Kittler, Friedrich: Aufschreibesysteme 1800, 1900, München 1985.

Klausnitzer, Ralf: Jenseits der Schulen und Generationen? Zur literarischen Beziehungspolitik eines Solitärs, in: Michael Ansel / Hans-Edwin Friedrich / Gerhard Lauer (Hg.): Die Erfindung des Schriftstellers Thomas Mann, i. Dr., Berlin 2009.

Kluge, Friedrich: Etymologisches Wörterbuch der deutschen Sprache. 24., durchgesehene und erweiterte Auflage. Bearbeitet von Elmar Seebold, Berlin und New York 2002.

Kluncker, Karlhans: Der George-Kreis als Dichterschule, in: Roger Bauer / Eckhard Heftrich / Helmut Koopmann / Wolfdietrich Rasch / Willibald Sauerländer / J. Adolf Schmoll gen. Eisenwerth (Hg.): Fin de siècle, Frankfurt am Main 1977, S. 467 – 489.

Kluwe, Sandra: Krisis und Kairos. Eine Analyse der Werkgeschichte Rainer Maria Rilkes, Berlin 2003.

– Furor poeticus. Ansätze zu einer neurophysiologisch fundierten Theorie der literarischen Kreativität am Beispiel der Produktionsästhetik Rilkes und Kafkas, in: www.literaturkritik.de, Nr. 2 (Februar 2007).

Koch, Manfred: Rilke und Hölderlin, in: Maria Teresa Furtado / Maria Helena Silva/ Manuela Ribeiro Sanches / Gerd Hammer (Hg.): Rilke 70 Anos Depios. Actas do Colóquio interdisciplinar, Lissabon 1997, S. 193 – 203.

– Der Gott des innersten Gefühls. Zu Rilkes ästhetischer Theologie, in: Der Deutschunterricht 5 (1998) S. 49 – 60.

– Rilkes Engel oder Der heilige Kampf um die Sprache, in: Wolfgang Braungart / Gotthard Fuchs / Manfred Koch (Hg.): Ästhetische und religiöse Erfahrungen der Jahrhundertwenden. Band 2: um 1900, Paderborn 1998, S. 123 – 141.

Rilke und Hölderlin. Hermeneutik des Leids, in: BlRG 22 (1999), S. 91 – 102.

Kocka, Jürgen / Frey, Manuel: Bürgerkultur und Mäzenatentum im 19. Jahrhundert, Berlin 1998.

Kohl, Katrin: „Ruf-Stufen hinan“: Rilkes Auseinandersetzung mit dem Erhabenen im Kontext der deutschen Moderne in: Adrian Stevens / Fred Wagner (Hg.): Rilke und die Moderne. Londoner Symposion, München 2000, S. 165 – 181.

Kolk, Rainer: Literarische Gruppenbildung. Am Beispiel des George-Kreises 1890 – 1945, Tübingen 1998 [Sigle LG].

Kopp, Michaela: Rilke und Rodin. Auf der Suche nach der wahren Art des Schreibens, Frankfurt am Main 1999.

Košenina, Alexander: „Der wahre Brief ist seiner Natur nach poetisch“. Vom Briefschreiber zum Autor – am Beispiel Hofmannsthals, in: Heinrich Detering (Hg.): Autorschaft. Positionen und Revisionen, Stuttgart 2002, S. 241 – 257.

Krätzschmar, Jenny: Orpheus' Briefe reloaded. Zu *Hernach. Gottfried Benns Briefe an Ursula Ziebarth,* in: Jochen Strobel (Hg.): Vom Verkehr mit Dichtern und Gespenstern. Figuren der Autorschaft in der Briefkultur, Heidelberg 2006, S. 347 – 363.

Kreuzer, Helmut: Die Bohème. Analyse und Dokumentation der intellektuellen Subkultur vom 19. Jahrhundert bis zur Gegenwart, Stuttgart 1968.

Krischke, Roland: Rilke liest Fabre d'Olivet, in: BlRG 26 (2005), S. 75 – 99.

Kröll, Friedhelm: Die Eigengruppe als Ort sozialer Identitätsbildung. Motive des Gruppenanschlusses bei Schriftstellern, in: DVjs 52 (1978), S. 652 – 671.

Kühnel, Jürgen: Artikel „Poeta Vates“, in: Metzlers Literaturlexikon. Begriffe und Definitionen. Herausgegeben von Günther und Irmgard Schweikle. Zweite, überarbeitete Auflage, Stuttgart 1990, S. 353.

Künzel, Christine / Schönert, Jörg (Hg.): Autorinszenierungen, Würzburg 2007.

Kunisch, Hermann: Rainer Maria Rilke. Dasein und Dichtung, Berlin 1975 [zuerst 1944].

Kurz, Gerhard: Der deutsche Schriftsteller: Hölderlin, in: Gunter E. Grimm (Hg.): Metamorphosen des Dichters. Das Rollenverständnis deutscher Schriftsteller vom Barock bis zur Gegenwart, Frankfurt am Main 1992, S. 120 – 135.

Kuschel, Karl-Josef: „Gott von Mohammed her fühlen“. Rilkes Islam-Erfahrung und ihre Bedeutung für den religionstheologischen Diskurs der Zukunft, in: BlRG 24 (2002), S. 67 – 94.

Lamping, Dieter / Engel, Manfred (Hg.): Rilke und die Weltliteratur, Düsseldorf und Zürich 1999.

Lauterbach, Dorothea: Frankreich, in: Rilke-Handbuch. Leben – Werk – Wirkung. Unter Mitarbeit von Dorothea Lauterbach, Stuttgart und Weimar 2004, S. 60 – 88.

– „... fast zu jung im Gebrauch einer zweiten Sprache“. Zu Rilkes französischer Naturlyrik, in: BlRG 26 (2005), S. 25 – 43.

Lehmann, Jürgen: Übersteigen und Übersetzen. Zum Problem der Grenzüberschreitung bei Rainer Maria Rilke und Marina Cvetaeva, in: Dieter Lamping / Manfred Engel (Hg.): Rilke und die Weltliteratur, Düsseldorf und Zürich 1999, S. 263 – 281.

Lepenies, Wolf: Melancholie und Gesellschaft, Frankfurt am Main 1969.

– Gesellschaftsferne und Soziologie-Feindschaft im Kreis um Stefan George, in: Ders.: Die drei Kulturen. Soziologie zwischen Literatur und Wissenschaft, München 1985, S. 311–335.
– Stefan George, Georg Simmel, Max Weber, in: Ebd., S. 335–357.
Leppmann, Wolfgang: Rilke. Sein Leben, seine Welt, sein Werk, Bern und München 1981.
Lichtblau, Klaus: „Innerweltliche Erlösung vom Rationalen" oder „Reich diabolischer Herrlichkeit"? Zum Verhältnis von Kunst und Religion bei Georg Simmel und Max Weber, in: Richard Faber / Volkhard Krech (Hg.): Kunst und Religion. Studien zur Kultursoziologie und Kulturgeschichte, Würzburg 1999, S. 51–78.
Linden, Patricia: „*Im Manuskript an den Rand geschrieben". Spiegelschrift und Marginalität in Rainer Maria Rilkes *Die Aufzeichnungen des Malte Laurids Brigge*, Tübingen 2005.
Link-Heer, Ursula: Manieristische Konfigurationen am Fin de siècle: Robert de Montesquiou, Stéphane Mallarmé, Marcel Proust, in: Erika Greber / Bettine Menke (Hg.): Manier – Manieren – Manierismen, Tübingen 2003, S. 193–212.
Linke, Hansjürgen: Das Kultische in der Dichtung Stefan Georges und seiner Schule, München 1960.
Linse, Ulrich: Die Jugendkulturbewegung, in: Klaus Vondung (Hg.): Das wilhelminische Bildungsbürgertum. Zur Sozialgeschichte seiner Ideen, Göttingen 1976, S. 119–138.
– Zurück, o Mensch, zur Mutter Erde. Landkommunen in Deutschland 1890–1933, München 1983.
– Geisterseher und Wunderwirker. Heilssuche im Industriezeitalter, Frankfurt am Main 1996.
Lipp, Wolfgang: Stigma und Charisma. Über soziales Grenzverhalten, Berlin 1985.
Löwenstein, Sascha: Poetik und dichterisches Selbstverständnis. Eine Einführung in Rainer Maria Rilkes frühe Dichtungen (1884–1906), Würzburg 2004.
– „Gebete können nicht zur Diskussion gestellt werden". Abriß einer Forschungsgeschichte zum *Stunden-Buch* anlässlich der Erstveröffentlichung vor 100 Jahren, in: BlRG 26 (2005), S. 235–256.
– Rainer Maria Rilkes Stundenbuch. Theologie und Ästhetik, Berlin 2005.
Lohse, Nikolaus: Dichterische Inspiration? Überlegungen zu einem alten Topos und zur Frage der Entstehung von Texten, in: Axel Gellhaus (Hg.): Die Genese literarischer Texte. Modelle und Analysen, Würzburg 1994, S. 287–311.
Luck, Rätus: Schweiz, in: Manfred Engel (Hg.): Rilke-Handbuch. Leben – Werk – Wirkung. Unter Mitarbeit von Dorothea Lauterbach, Stuttgart und Weimar 2004, S. 112–116.
Luhmann, Niklas: Das Kunstwerk und die Selbstreproduktion der Kunst, in: Dorothee Kimmich / Rolf Günter Renner / Bernd Stiegler: Texte zur Literaturtheorie der Gegenwart, Stuttgart 1996, S. 379–393.
Magerski, Christine: Die Konstituierung des literarischen Feldes in Deutschland nach 1871. Berliner Moderne, Literaturkritik und die Anfänge der Literatursoziologie, Tübingen 2004.

Mahr, Johannes: „Die Regeln gehören zu meiner Materie nicht". Die poetischen Schriften von Friedrich Gottlieb Klopstock, in: Gunter E. Grimm (Hg.): Metamorphosen des Dichters. Das Rollenverständnis deutscher Schriftsteller vom Barock bis zur Gegenwart, Frankfurt am Main 1992, S. 35 – 50.

Mann, Katja: Ellen Key. Ein Leben über die Pädagogik hinaus, Darmstadt 2004.

Martens, Wolfgang: Lyrik kommerziell. Das Kartell lyrischer Autoren 1902 – 1933, München 1975.

Martínez, Matías: Gottfried Benn – Wechselspiele zwischen Biographie und Werk, Göttingen 2007.

Marx, Friedhelm: Künstler, Propheten, Heilige. Thomas Mann und die Kunstreligion der Jahrhundertwende, in: Thomas-Mann-Jahrbuch 11 (1998), S. 51 – 61.

– „Ich aber sage Ihnen …" Christusfigurationen im Werk Thomas Manns, Frankfurt am Main 2002.

– Heilige Autorschaft? *Self-Fashioning*-Strategien in der Literatur der Modern, in: Heinrich Detering (Hg.): Autorschaft. Positionen und Revisionen, Stuttgart 2002, S. 107 – 121.

Mason, Eudo C.: Merline und die besitzlose Liebe. Zu Rilkes Briefwechsel mit Merline, in: Ders.: Exzentrische Bahnen. Studien zum Dichterbewusstsein der Neuzeit, Göttingen 1963, S. 265 – 283.

– Rilke und Stefan George, in: Ebd., S. 208 – 250.

Mattenklott, Gerd: Bilderdienst. Ästhetische Opposition bei Beardsley und George, München 1970.

McKenzie, John L.: Artikel „Aspects of Old Testament thought", in: The New Jerome Biblical Commentary. Edited by Raymond E. Brown, Joseph A. Fitzmyer, Roland E. Murphy, London 1992, S. 1284 – 1315.

Mehnert, Henning: Melancholie und Inspiration. Begriffs- und wissenschaftsgeschichtliche Untersuchungen zur poetischen „Psychologie" Baudelaires, Flauberts und Mallarmés. Mit einer Studie über Rabelais, Heidelberg 1978.

Meizoz, Jérôme: Die *posture* und das literarische Feld. Rousseau, Céline, Ajar, Houellebecq, in: Markus Joch / Norbert Christian Wolf (Hg.): Text und Feld. Bourdieu in der literaturwissenschaftlichen Praxis, Tübingen 2005, S. 177 – 189.

Mellmann, Katja: Emotionalisierung. Von der Nebenstundenpoesie zum Buch als Freund. Eine emotionspsychologische Analyse der Literatur der Aufklärungsepoche, Paderborn 2006.

Meyer, Hermann: Die Verwandlung des Sichtbaren. Die Bedeutung der modernen bildenden Kunst für Rilkes späte Dichtung, in: Ders.: Zarte Empirie. Studien zur Literaturgeschichte, Stuttgart 1963, S. 287 – 336.

Meyer, Theo: Nietzsche und die Kunst, Tübingen und Basel 1993.

Miehe, Renate: Artikel „Hieronymus", in: Lexikon der christlichen Ikonographie in acht Bänden. Herausgegeben von Wolfgang Braunfels 1968 – 1976, sechster Band, Freiburg 1976, S. 519 – 529.

Mittag, Susanne: Else Lasker-Schüler: Der Entwurf einer rücksichtslos poetischen Existenz, in: Irmela Schneider (Hrsg): Die Rolle des Autors. Analysen und Gespräche. Stuttgart 1981, S. 64 – 71.

Mix, York-Gothart (Hg.): Naturalismus. Fin de siècle. Expressionismus 1890 – 1918, München 2000.
– Wahre Dichtung und Ware Literatur. Lyrik, Lohn, Kunstreligion und Konkurrenz auf dem literarischen Markt 1760 – 1810, in: Markus Joch / Norbert Christian Wolf (Hg.): Text und Feld. Bourdieu in der literaturwissenschaftlichen Praxis, Tübingen 2005, S. 109 – 137.
Mohler, Armin: Die konservative Revolution in Deutschland 1918 – 1932. Ein Handbuch, Stuttgart 1950.
Montavon-Bockemühl, Hella: „Wer, wenn ich schriee…" R. M. Rilke – Dichtersprache und Schrei, Essen 1994.
Müller, Manfred: Wo beginnt die Rilke-Legende? Die Konsolidierung einer literaturgeschichtlichen Wertung, in: Edda Bauer (Hg.): Rilke-Studien. Zu Werk und Wirkungsgeschichte, Berlin und Weimar 1976, S. 231 – 257.
Müller, Wolfgang G.: Der Brief, in: Klaus Weissenberger (Hg.): Prosakunst ohne Erzählen. Die Gattungen der nicht-fiktionalen Kunstprosa, Tübingen 1985, S. 67 – 87.
Müller-Salget, Klaus: Entselbstung und Selbstbehauptung. Der Erzähler Alfred Döblin, in: Gunter E. Grimm (Hg.): Metamorphosen des Dichters. Das Rollenverständnis deutscher Schriftsteller vom Barock bis zur Gegenwart, Frankfurt am Main 1992, S. 214 – 228.
Müller-Seidel, Walter: Über Marcel Reich-Ranicki. Aufsätze und Kommentare. Herausgegeben von Jens Jessen, München 1985, S. 99 – 112.
Mursch, Siegfried: Elisabeth v. Schmidt-Pauli. Bibliographie der selbstständigen Veröffentlichungen (1929 – 1976), in: Ders. (Hg.): Sentire cum Petro et Episcopo – Vivere cum Ecclesia. Eine Dokumentation des Kardinal Faulhaber-Kreises, München 1979, S. 92 – 107.
Muschg, Walter: Zerschwatzte Dichtung, in: ders.: Die Zerstörung der deutschen Literatur, Bern 1958.
– Tragische Literaturgeschichte, München [5]1983 [zuerst 1948].
Naumann, Helmut: Rilke und Toledo, in: BlRG 18 (1991), S. 111 – 132.
Naumann, Ursula: Artikel „Ullmann, Regina", in: Metzler Autorenlexikon. Deutschsprachige Dichter und Schriftsteller vom Mittelalter bis zur Gegenwart. Zweite, überarbeitete und erweiterte Auflage. Herausgegeben von Bernd Lutz, Stuttgart, Weimar 1997.
Neidhart, Friedhelm: Gruppensoziologie. Kölner Zeitschrift für Soziologie und Sozialpsychologie, Sonderheft 25 (1983).
– Themen und Thesen zur Gruppensoziologie, in: Ebd., S. 12 – 34.
Nickisch, Reinhard M. G.: Brief, Stuttgart 1991.
Nipperdey, Thomas: Religion im Umbruch. Deutschland 1870 – 1918, München 1988.
– Deutsche Geschichte 1866 – 1918. Erster Band: Arbeitswelt und Bürgergeist, München 1998 (Sigle AB).
– Wie das Bürgertum die Moderne fand, Stuttgart 1998.
Ohlerich, Gregor: Sozialistische Denkwelten. Modell eines literarischen Feldes der SBZ/DDR 1945 bis 1953, Heidelberg 2005.

Ong, Walter J.: Oralität und Literalität: die Technologisierung des Wortes. Aus dem Amerikanischen übersetzt von Wolfgang Schömel, Opladen 1987.

Ort, Claus-Michael: Körper, Stimme, Schrift. Semiotischer Betrug und ›heilige‹ Wahrheit in der literarischen Selbstreflexion Thomas Manns, in: Michael Ansel / Hans-Edwin Friedrich / Gerhard Lauer (Hg.): Die Erfindung des Schriftstellers Thomas Mann, i. Dr., Berlin 2009.

Overlack, Anne: Was geschieht im Brief? Strukturen der Brief-Kommunikation bei Else Lasker-Schüler und Hugo von Hofmannsthal, Tübingen 1993.

Pagni, Andrea: Rilke um 1900. Ästhetik und Selbstverständnis im lyrischen Werk, Nürnberg 1984.

Parr, Rolf: Interdiskursive As-soziation. Studien zu literarisch-kulturellen Vereinen, Gruppen und Bünden zwischen Vormärz und Weimarer Republik, Tübingen 2000.

Perkins, Pheme: Artikel „The Gospel according to John“, in: The New Jerome Biblical Commentary. Edited by Raymond E. Brown, Joseph A. Fitzmyer, Roland E. Murphy, London 1992, S. 942–985.

Plumpe, Gerhard: Autor und Publikum, in: Helmut Brackert / Jörn Stückrath (Hg.): Literaturwissenschaft. Ein Grundkurs, Hamburg 2001, S. 377–391.

Pollak, Michael: Wien um 1900. Eine verletzte Identität, Konstanz 1997.

Por, Peter: Rilke und die Politik. Anläßlich einer selbstzensierten Anthologie, in: LiLi 25, Heft 97 (März 1995), S. 152–162.

Porombka, Stefan: „Wer jetzt lacht […] lacht mich aus.“ Lachen mit Rilke, in: Hans Richard Brittnacher / Stephan Porombka / Fabian Störmer: Poetik der Krise. Rilkes Rettung der Dinge in den ›Weltinnenraum‹, Würzburg 2000, S. 63–84.

Prater, Donald A.: Ein klingendes Glas. Das Leben Rainer Maria Rilkes, München 1986.

Quarg Gunter / Wolfgang Schmitz: Deutsche Buchkunst im 20. Jahrhundert, Köln: Katalog anlässlich der Ausstellung der Universitäts- und Stadtbibliothek, 1995.

Raible, Wolfgang: Vom Text und seinen vielen Vätern, oder: Hermeneutik als Korrelat der Schriftkultur, in: Aleida und Jan Assmann / Christof Hardmeier (Hg.): Schrift und Gedächtnis. Beiträge zur Archäologie der literarischen Kommunikation, München 1983, S. 20–23.

Rasch, Wolfdietrich: Zur deutschen Literatur seit der Jahrhundertwende. Gesammelte Aufsätze, Stuttgart 1967.

Reichel, Peter: Protest und Prophetie vor 1933. Fundamentalistische Strömungen und die Suche nach irdischen Paradiesen, in: Merkur 46 (1922), S. 763–781.

Renner, Ursula: Lou Andreas-Salomé (1861–1937). „Nicht nur Wissen, sondern ein Stück Leben“, in: Barbara Hahn (Hg.): Frauen in den Kulturwissenschaften. Von Lou Andreas-Salomé bis Hannah Arendt, München 1994, S. 26–44.

Ridley, Hugh: Gottfried Benn und Rilke, in: Herbert Herzmann / Hugh Ridley (Hg.): Rilke und der Wandel in der Sensibilität, Essen 1990, S. 147–157.

Ries, Thorsten: Notizbuchexperimente. Strategien der Textproduktion in Gottfried Benns ›Arbeitsheften‹, in: Matías Martínez (Hg.): Gottfried Benn – Wechselspiele zwischen Biographie und Werk, Göttingen 2007, S. 203–231.

Ris, Roland: Blick auf die Schweiz – durchs Fenster: Erinnerndes Wahrnehmen beim späten Rilke, in: Jacob Steiner (Hg.): Rainer Maria Rilke und die Schweiz. Begleitband zur Ausstellung der Präsidialabteilung der Stadt Zürich, Berlin 1992, S. 81–101.

Rohkrämer, Thomas: Eine andere Moderne? Zivilisationskritik, Natur und Technik in Deutschland 1880–1933, Paderborn 1999.

Roos, Martin: Stefan Georges Rhetorik der Selbstinszenierung, Düsseldorf 2000.

Ryan, Judith: „Hypothetisches Erzählen". Zur Funktion von Phantasie und Einbildung in Rilkes *Malte Laurids Brigge,* in JDSG 15 (1971), S. 341–376.

Sallmann, Klaus: Artikel „Varro", in: Der Kleine Pauly. Lexikon der Antike in fünf Bänden, Band 5, München 1979, S. 1131–1139.

Sarasin, Philipp: Stiften und Schenken in Basel im 19. und 20. Jahrhundert. Überlegungen zur Erforschung des bürgerlichen Mäzenatentums, in: Jürgen Kocka / Manuel Frey (Hg.): Bürgerkultur und Mäzenatentum im 19. Jahrhundert, Berlin 1998, S. 192–212.

Sarkowski, Heinz / Jeske, Wolfgang / Unseld, Siegfried: Der Insel Verlag 1899–1999. Die Geschichte des Verlages, Frankfurt am Main 1999.

Sauerland, Karol: Wie wird und bleibt man als Intellektueller eine unabhängige Instanz, in: Stefan H. Kaszynski / Sigurd Scheichl (Hg.): Karl Kraus – Ästhetik und Kritik. Beiträge des Kraus-Symposiums Poznan, München 1987, S. 191–203.

Sautter, Karl: Geschichte der Deutschen Post. Teil 3: Geschichte der Deutschen Reichspost (1871–1945), Frankfurt am Main 1951.

Schäfer, Constanze Gabriele: Projizierte Sehnsucht und schöpferische Begegnung. Die Bedeutung Russlands und Deutschlands für das Leben und Werk R. M. Rilkes und M. Cvetaevas sowie ihr Briefwechsel, Frankfurt am Main 1996.

Schäfers, Bernhard (Hg.): Einführung in die Gruppensoziologie. Geschichte, Theorien, Analysen, Heidelberg 1980.

– Gruppenbildung als Reflex auf gesamtgesellschaftliche Entwicklungen am Beispiel der deutschen Jugendbewegung, in: Friedhelm Neidhart (Hg.): Gruppensoziologie. Kölner Zeitschrift für Soziologie und Sozialpsychologie, Sonderheft 25 (1983), S. 106–125.

Schank, Stefan: Rainer Maria Rilke, München 1998.

Scharffenberg, Renate: Der Beitrag des Dichters zum Formwandel der äußeren Gestalt des Buches um die Wende vom 19. zum 20. Jahrhundert, Diss. masch., Marburg 1955.

Scheideler, Britta: Zwischen Beruf und Berufung. Zur Sozialgeschichte der deutschen Schriftsteller von 1880 bis 1933, Frankfurt am Main 1997 [Sigle BB].

Schenk, Michael: Netzwerke, in: Friedhelm Neidhart (Hg.): Gruppensoziologie. Kölner Zeitschrift für Soziologie und Sozialpsychologie, Sonderheft 25/1983, S. 88–106 [Sigle NG].

– Soziale Netzwerke und Kommunikation, Tübingen 1984 [Sigle NK].

– Soziale Netzwerke und Massenmedien. Untersuchungen zum Einfluß der persönlichen Kommunikation, Tübingen 1995 [Sigle NM].

Schings, Hans-Jürgen: Melancholie und Aufklärung. Melancholiker und ihre Kritiker in Erfahrungsseelenkunde und Literatur des 18. Jahrhunderts, Stuttgart 1977.

Schiwy, Günther: Rilke und die Religion, Frankfurt am Main und Leipzig 2006.

Schlaffer, Heinz: Einleitung, in: Goody, Jack / Watt, Ian / Gough, Kathleen: Entstehung und Folgen der Schriftkultur. Übersetzung von Friedhelm Herborth, Frankfurt am Main 1991, S. 7 – 23.

Schmeling, Manfred: Verlorene Söhne. Rilke und Gide im übersetzerischen Dialog, in: Dieter Lamping / Manfred Engel (Hg.): Rilke und die Weltliteratur, Düsseldorf und Zürich 1999, S. 123 – 149.

Schmidt, Jochen: Geschichte des Genie-Gedankens in der deutschen Literatur, Philosophie und Politik 1750 – 1945. Band 2: Von der Romantik bis zum Ende des Dritten Reiches. 2., durchgesehene Auflage, Darmstadt 1988.

Schmidt-Künsemüller, Friedrich Adolf: William Morris und die neuere Buchkunst, Wiesbaden 1955.

Schmitz, Victor A.: Stefan George und Rainer Maria Rilke. Gestalt und Verinnerlichung, Bern 1978.

Schnack, Ingeborg: Rainer Maria Rilke. Chronik seines Lebens und seines Werkes 1875 – 1926. Zweite, neu durchgesehene und ergänzte Auflage, Frankfurt am Main und Leipzig 1996.

Schneider, Irmela (Hrsg): Die Rolle des Autors. Analysen und Gespräche. Stuttgart 1981.

Schneider, Jost: Sozialgeschichte des Lesens. Zur historischen Entwicklung und sozialen Differenzierung der literarischen Kommunikation in Deutschland, Berlin 2004.

Schoeller, Donata: Enthöhter Gott – vertiefter Mensch. Zur Bedeutung der Demut ausgehend von Meister Eckart und Jakob Böhme, Freiburg 1999.

Schöne, Albrecht: Über Goethes Brief an Behrisch vom 10. November 1767, in: Herbert Singer / Benno von Wiese (Hg.): Festschrift für Richard Alewyn, Köln und Graz 1967, S. 193 – 230.

– Säkularisation als sprachbildende Kraft. Studien zur Dichtung deutscher Pfarrersöhne. Zweite, überarbeitete und ergänzte Auflage, Göttingen 1968.

Scholz, Bernhard F.: Alciato als emblematum pater et princeps. Zur Rekonstruktion des frühmodernen Autorbergiffs, in: Fotis Jannidis / Gerhard Lauer / Matías Martínez / Simone Winko (Hg.): Rückkehr des Autors. Zur Erneuerung eines umstrittenen Begriffs, Tübingen 1999, S. 321 – 353.

Schwarz, Egon: Das verschluckte Schluchzen. Poesie und Politik bei Rainer Maria Rilke, Frankfurt am Main 1972.

Schweikert, Rudi: Korrespondenzen. Festschrift für Joachim W. Storck aus Anlaß seines 75. Geburtstages, St. Ingbert 1999.

Schweizer, Thomas: Netzwerkanalyse als moderne Strukturanalyse, in: Ders. (Hg.): Netzwerkanalyse. Ethnologische Perspektiven, Berlin 1989, S. 1 – 35.

Schwiefert, Fritz: Rainer Maria Rilke, Straßburg 1913.

Sela-Sheffy, Rakefet: Literarische Dynamik und Kulturbildung. Zur Konstruktion des Repertoires deutscher Literatur im ausgehenden 18. Jahrhundert, Gerlingen 1999.

Selbmann, Rolf: Dichterberuf. Zum Selbstverständnis des Schriftstellers von der Aufklärung bis zur Gegenwart, Darmstadt 1994.

Serry, Hervé: Symbolisches Kapital und intellektuelle Affinität der Verlage. Der Fall der Editions du Seuil (1935 - 1975), in: Markus Joch / Norbert Christian Wolf (Hg.): Text und Feld. Bourdieu in der literaturwissenschaftlichen Praxis, Tübingen 2005, S. 277 - 291.

Simenauer, Erich: Rainer Maria Rilke. Legende und Mythos, Frankfurt am Main 1953.

Simon, Tina: Rilke als Leser. Untersuchungen zum Rezeptionsverhalten. Ein Beitrag zur Zeitbegegnung des Dichters während des Ersten Weltkrieges, Frankfurt am Main 2001.

Singer, Herbert: Rilke und Hölderlin, Köln 1957.

Solbrig, Ingeborg: „Da las er: so dass sich der Engel bog". Zu Rilkes Gedicht *Mohammeds Berufung* (1907), in: MAL 15 (1980), S. 33 - 45.

Sprengel, Peter: Geschichte der deutschsprachigen Literatur 1900 - 1918, München 2004.

Spörl, Uwe: Gottlose Mystik in der deutschen Literatur um die Jahrhundertwende, Paderborn 1997.

Stahl, August: Rilke-Kommentar zum lyrischen Werk, München 1978.

– Franz von Assisi: der unvergleichliche Heilige Rilkes. Eine Interpretation des Gedichtes *Die Heiligen*, in: Rudi Schweikert (Hg.): Korrespondenzen. Festschrift für Joachim Storck aus Anlaß seines 75. Geburtstags, St. Ingbert 1999, S. 455 - 473.

– Marginalien zur Rilke-Forschung, jeweils in: BlRG 24 (2002), S. 199 - 215, BlRG 25 (2004), S. 209 - 224 und BlRG 26 (2005), S. 259 - 280.

– Rilkes Franz von Assisi. Spuren, Kontext, Ethik, in: BlRG 27/28 (2006/2007), S. 76 - 107.

Steiner, Jacob: Stimmen über Rilke, in: Insel Almanach auf das Jahr 1967, Frankfurt am Main 1966, S. 69 - 93.

– Rilke. Vorträge und Aufsätze, Karlsruhe 1986.

Stekl, Hannes: Wiener Mäzene im 19. Jahrhundert, in: Jürgen Kocka / Manuel Frey (Hg.): Bürgerkultur und Mäzenatentum im 19. Jahrhundert, Berlin 1998, S. 164 - 191.

Stephens, Anthony: Ästhetik und Existenzentwurf beim frühen Rilke, in: Rilke heute. Beziehungen und Wirkungen. Zweiter Band, Frankfurt am Main 1976, S. 95 - 115.

– „Alles ist nicht es selbst" – Zu den Duineser Elegien, in: Ulrich Fülleborn / Manfred Engel: Rilkes ›Duineser Elegien‹. Zweiter Band. Forschungsgeschichte, Frankfurt am Main 1982, S. 307 - 349.

– Einzelgedichte 1910 - 1922, in: Manfred Engel (Hg.): Rilke-Handbuch. Leben – Werk – Wirkung. Unter Mitarbeit von Dorothea Lauterbach, Stuttgart und Weimar 2004, S. 384 - 405.

Stiening, Gideon: Briefroman und Empfindsamkeit, in: Klaus Garber / Ute Széll (Hg.): Das Projekt Empfindsamkeit und der Ursprung der Moderne. Richard Alewyns Sentimentalismus-Forschungen und ihr epochaler Kontext, München 2005, S. 161 - 190.

Storck, Joachim W.: Rainer Maria Rilke als Briefschreiber, Diss. masch., Freiburg 1957.

– Rainer Maria Rilke. 1875 – 1975. Katalog zur Ausstellung des Deutschen Literaturarchivs im Schiller-Nationalmuseum Marbach am Neckar, Stuttgart 1975.

– Nachbarschaft und Polarität. Überlegungen zum Hintergrund des Briefwechsels zwischen Hugo von Hofmannsthal und Rainer Maria Rilke, in: MAL 15 (1982), S. 337 – 370.

– Judentum und Islam in der Sicht Rainer Maria Rilkes, in: Rilke heute. Der Ort des Dichters in der Moderne, Frankfurt am Main 1997, S. 37 – 81.

– „… dieser Blick ist mir noch immer eingeprägt…" Rilke, Karl Kraus und „Die Fackel", in: BlRG 23 (2000), S. 77 – 95.

– Das Briefwerk, in: Manfred Engel (Hg.): Rilke-Handbuch. Leben – Werk – Wirkung. Unter Mitarbeit von Dorothea Lauterbach, Stuttgart und Weimar 2004, S. 498 – 506.

– Leben und Persönlichkeit, in: Ebd., S. 1 – 25.

Strobel, Jochen: Vom Verkehr mit Dichtern und Gespenstern. Figuren der Autorschaft in der Briefkultur, in: Ders. (Hg.): Vom Verkehr mit Dichtern und Gespenstern. Figuren der Autorschaft in der Briefkultur, Heidelberg 2006, S. 7 – 32.

Sword, Helen: Engendering Inspiration. Visionary Strategies in Rilke, Lawrence, and H.D., Ann Arbor 1995.

Szász, Ferenc: Nur ein Brief? Rainer Maria Rilkes Brief an Lou Andreas-Salomé vom 25. Juli 1903, in: Rudi Schweikert (Hg.): Korrespondenzen. Festschrift für Joachim Storck aus Anlaß seines 75. Geburtstags, St. Ingbert 1999, S. 329 – 351.

– „ich bin überm Berg!" Rainer Maria Rilkes Brief an Anton Kippenberg über die Vollendung der *Duineser Elegien*, in: András F. Balogh und Helga Mitterbauer (Hg.): Der Brief in der österreichischen und ungarischen Literatur, Budapest 2005, S. 197 – 217.

– Chronologische Konkordanz zu Rainer Maria Rilkes gedruckter Korrespondenz, Mai 2006: www.rilke.ch/brief-konkordanz.pdf.

Szodrzynski, Joachim: Der Nachrichtendienst und sein Dichter – Carl Zuckmayers *Geheimreport*. Überlegungen zu einem deutschen Intellektuellen, in: Markus Joch / Norbert Christian Wolf (Hg.): Text und Feld. Bourdieu in der literaturwissenschaftlichen Praxis, Tübingen 2005, S. 335 – 353.

Tenbruck, Friedrich / Ruopp, Wilhelm: Modernisierung-Vergesellschaftung-Gruppenbildung-Vereinswesen, in: Friedhelm Neidhart (Hg.): Gruppensoziologie. Kölner Zeitschrift für Soziologie und Sozialpsychologie, Sonderheft 25 (1983), S. 65 – 74.

Thomé, Horst: Modernität und Bewußtseinswandel in der Zeit des Naturalismus und des fin de siècle, in: York-Gothart Mix (Hg.): Naturalismus. Fin de siècle. Expressionismus 1890 – 1918, München 2000, S. 15 – 28.

Thurn, Hans Peter: Die Sozialität des Solitären. Gruppen und Netzwerke in der bildenden Kunst, in: Friedhelm Neidhart (Hg.): Gruppensoziologie. Kölner Zeitschrift für Soziologie und Sozialpsychologie, Sonderheft 25 (1983), S. 287 – 318.

– Kunst als Beruf, in: Jürgen Gerhards (Hg.): Soziologie der Kunst. Produzenten, Vermittler, Rezipienten, Opladen 1997, S. 103 – 125.

Till, Dietmar: Artikel „Inspiration“, in: Reallexikon der deutschen Literaturwissenschaft in drei Bänden. Herausgegeben von Klaus Weimar, Harald Fricke und Jan-Dirk Müller, Berlin 1997 – 2003, Band 2, S. 149 – 152.

Tomasevksij, Boris: Literatur und Biographie, in: Fotis Jannidis / Gerhard Lauer / Matías Martínez / Simone Winko: Texte zur Theorie der Autorschaft, Stuttgart 2000, S. 49 – 62.

Tommek, Heribert: J.M.R. Lenz. Sozioanalyse einer literarischen Laufbahn, Heidelberg 2003.

– Trennung der Räume und Kompetenzen. Der Glaube an die Gelehrtenrepublik: Klopstock, Goethe, Lenz (1774 – 1776), in: Markus Joch / Norbert Christian Wolf (Hg.): Text und Feld. Bourdieu in der literaturwissenschaftlichen Praxis, Tübingen 2005, S. 89 – 109.

Tyrell, Hartmut: Zwischen Interaktion und Organisation I. Gruppe als Systemtyp, in: Friedhelm Neidhart (Hg.): Gruppensoziologie. Kölner Zeitschrift für Soziologie und Sozialpsychologie, Sonderheft 25 (1983), S. 75 – 87.

Unglaub, Erich: Die ältere Freundin als ›femme inspiratrice‹ des Dichters, in: Ders.: Rilke-Arbeiten, Frankfurt am Main 2002, S. 245 – 259.

Unseld, Siegfried: Rainer Maria Rilke und seine Verleger, in: Ders.: Der Autor und sein Verleger. Vorlesungen in Mainz und Austin, Frankfurt am Main 1978, S. 172 – 241.

Vallance, J.T.: Artikel „pneuma“ und „Pneumatists“, in: The Oxford Classical Dictionary. Third Edition. Edited by Simon Hornblower and Antony Spawforth, Oxford, New York 1996, S. 1202 – 1203.

Vietta, Silvio: Egon Vietta und Gottfried Benn – Kritischer Dialog in schwierigen Zeiten, in: Matías Martínez (Hg.): Gottfried Benn – Wechselspiele zwischen Biographie und Werk, Göttingen 2007, S. 273 – 295.

Villadangos, Pablo: Die spanische Malerei bei Rilke. Eine ständige Präsenz, in: BlRG 22 (1999), S. 25 – 47.

Vobis, Gertrud: Die jüdische Minderheit in Westeuropa: Die literarischen Salons im 19. Jahrhundert als Quelle für Netzwerkanalysen, in: Thomas Schweizer (Hg.): Netzwerkanalyse. Ethnologische Perspektiven, Berlin 1989, S. 167 – 185.

Vondung, Klaus: (Hg.): Das wilhelminische Bildungsbürgertum. Zur Sozialgeschichte seiner Ideen, Göttingen 1976.

– Zur Lage der Gebildeten in der wilhelminischen Zeit, in: Ebd., S. 20 – 34.

Wachsmuth, Dietrich: Artikel „Vates“, in: Der Kleine Pauly. Lexikon der Antike in fünf Bänden, Bd. 5, München 1979, S. 1146 – 1147.

Wagner-Egelhaaf, Martina: Mystik der Moderne. Die visionäre Ästhetik der deutschen Literatur im 20. Jahrhundert, Stuttgart 1989.

Wagnerová, Alena: Das Leben der Sidonie Nádherný. Eine Biographie, Hamburg 2003.

Walsh, Jerome T. / Begg, Christopher T.: Artikel „1 – 2 Kings“, in: The New Jerome Biblical Commentary. Edited by Raymond E. Brown, Joseph A. Fitzmyer, Roland E. Murphy, London 1992, S. 160 – 185.

Weigert, C.: Artikel „Paulus von Theben“, in: Lexikon der christlichen Ikonographie in acht Bänden. Herausgegeben von Wolfgang Braunfels 1968 – 1976, achter Band, Freiburg 1976, S. 150 f.

Welsch, Ursula / Wiesner, Michaela: Lou Andreas-Salomé. Vom „Lebensurgrund“ zur Psychoanalyse, München 1988.

Welsch, Ursula: Das leidende Genie. Lou Andreas-Salomés Einschätzung von Rainer Maria Rilkes Problematik, in: Lou Andreas-Salomé. Herausgegeben von der Rilke-Gesellschaft, Karlsruhe 1986, S. 55 – 72.

Wermke, Jutta: Landschaft als ästhetische Konstruktion zur Überwindung der „gedeuteten Welt“. Ein Interpretationsansatz für Rainer Maria Rilke, in: JFDH (1990), S. 252 – 308.

Wilhelmi, Christoph: Künstlergruppen in Deutschland, Österreich und der Schweiz seit 1900. Ein Handbuch, Stuttgart 1996.

Winckler, Lutz: Autor, Markt, Publikum. Zur Geschichte der Literaturproduktion in Deutschland, Sonderband 138, Berlin 1986.

Winkler, Michael: Der George-Kreis, in: York-Gothart Mix (Hg.): Naturalismus. Fin de siècle. Expressionismus 1890 – 1918, München 2000, S. 231 – 243.

Wittmann, Reinhard: Geschichte des deutschen Buchhandels. Ein Überblick, München 1991.

Wodtke, Friedrich Wilhelm: Rilke und Klopstock, Diss. masch., Kiel 1948.

Wolf, Norbert Christian: Wie viele Leben hat ein Autor? Zur Wiederkehr des empirischen Autor- und Werkbegriffs in der neueren Literaturtheorie, in: Heinrich Detering (Hg.): Autorschaft. Positionen und Revisionen, Stuttgart 2002, S. 376 – 390.

Wucherpfennig, Wolf: Antworten auf die naturwissenschaftlichen Herausforderungen in der Literatur der Jahrhundertwende, in: York-Gothart Mix (Hg.): Naturalismus. Fin de siècle. Expressionismus 1890 – 1918, München 2000, S. 155 – 175.

Wülfing, Wulf / Bruns, Karin / Parr, Rolf (Hg): Handbuch literarisch-kultureller Vereine, Gruppen und Bünde 1825 – 1933, Stuttgart 1998.

Wunberg, Gotthart: Wiedererkennen. Literatur und ästhetische Wahrnehmung in der Moderne, Tübingen 1983.

Zeller, Bernhard (Hg.): Die Insel. Katalog zur Sonderausstellung des Deutschen Literaturarchivs im Schiller-Nationalmuseum Marbach am Neckar 1965.

Zens, Maria: *Noblesse oblige* – Kommentare zur Position des Autors im literarischen Feld. Ein Beitrag zu Pierre Bourdieus Kulturtheorie und Wilhelm Raabes Korrespondenz, in: Jochen Strobel (Hg.): Vom Verkehr mit Dichtern und Gespenstern. Figuren der Autorschaft in der Briefkultur, Heidelberg Winter, 2006, S. 193 – 219.

Zimmermann, Rolf Christian: Der Dichter als Prophet. Grotesken von Nestroy bis Thomas Mann als prophetische Seismogramme gesellschaftlicher Fehlentwicklungen des 20. Jahrhunderts, Tübingen und Basel 1995.

Zipfel, Frank: Fiktion, Fiktivität, Fiktionalität. Analysen zur Fiktion in der Literatur und zum Fiktionsbegriff in der Literaturwissenschaft, Berlin 2001.

Zitko, Hans: Die Resistenz des Charisma. Zu den Rollenbildern des Künstlers in der Moderne, in: Richard Faber (Hg.): Kunst und Religion im 20. Jahrhundert, Würzburg 2001, S. 19–34.

Zmegac, Viktor: Bemerkungen zur Rezeptionsgeschichte Rilkes, in: Hans-Peter Bayerdörfer / Karl Otto Conrady / Helmut Schanze (Hg.): Literatur und Theater im Wilhelminischen Zeitalter, Tübingen 1978, S. 62–77.

– Geschichte der deutschen Literatur vom 18. Jahrhundert bis zur Gegenwart. Band 2/2, 4., unveränderte Auflage, Weinheim 1995.

Index